Peter Schäfer

Alltag in den Vereinigten Staaten

Peter Schäfer

Alltag in den Vereinigten Staaten

Von der Kolonialzeit bis zur Gegenwart

STYRIA

Die Deutsche Bibliothek – CIP-Einheitsaufnahme

Schäfer, Peter:
Alltag in den Vereinigten Staaten :
Von der Kolonialzeit bis zur Gegenwart / Peter Schäfer. –
Graz ; Wien ; Köln : Verl. Styria, 1998
ISBN 3-222-12565-1

Printed in Austria
Umschlaggestaltung: Peter Salmutter, Graz
Layout und Umbruch: Verlag Styria, Graz
Druck und Bindung: M. Theiss, Wolfsberg
ISBN 3-222-12565-1

Inhalt

Vorwort

Bei der Lektüre der zahlreichen farbigen und fesselnden Amerikabücher, die europäische Besucher Nordamerikas seit der Gründung der Vereinigten Staaten verfaßten, beeindrukken besonders die vielen detaillierten Informationen und Meinungen über das tägliche Leben der Amerikaner, über ihre Alltagsverhältnisse, über den „amerikanischen Charakter". Man hört die unterschiedlichsten Meinungen. Charles Dickens (1811–1870), der große englische Romancier, der 1842 Amerika besuchte, zog in seinen „American Notes" ein überwiegend positives Fazit, wenn er schrieb: „Die Amerikaner sind von Natur aus aufrichtig, tapfer, herzlich, gastfreundlich und liebenswürdig. Geisteskultur und Veredelung der Sitten scheinen ihre Warmherzigkeit und glühende Begeisterung noch zu steigern, und gerade diese Eigenschaften, die der gebildete Amerikaner in so hohem Maße besitzt, lassen ihn zu einem der teuersten und edelmütigsten Freunde werden. Nie war ich von jemandem so eingenommen wie von diesen Menschen, und niemandem brachte ich mein vollstes Vertrauen und meine Wertschätzung so bereitwillig und freudig entgegen wie ihnen."[1] Einige Jahrzehnte nach Dickens, 1876 bis 1878, weilte der polnische Schriftsteller Henryk Sienkiewicz (1846–1916) in den USA. Er kam in seinen „Briefen aus Amerika" auf ein Thema zu sprechen, das die meisten europäischen Besucher an den amerikanischen Verhältnissen faszinierte: „In Amerika ist das anders. Die Demokratie ist hier nicht nur eine staatliche, sondern auch eine sittliche Angelegenheit. Sie existiert nicht nur als Institution und Theorie, sondern auch in der Praxis. Hier sind die Angehörigen der von mir erwähnten verschiedenen Stände einander wirklich und wahrhaftig gleich. Sie können zusammen leben, sich anfreunden, gehören der einen Gesellschaft an, sitzen an einem Tisch, kurzum – sie stehen nicht auf verschiedenen Stufen der gesellschaftlichen Leiter, und zwar einfach deshalb nicht, weil es diese Leiter und diese Stufen überhaupt nicht gibt."[2]

Der Dichter Chateaubriand (1768–1848) und der Soziologe Tocqueville (1805–1859), der Schriftsteller Dickens und der Diplomat Bryce (1838–1922), die Frauenrechtlerin Martineau (1802–1876) und die Amerikabesucherin Trollope (1815–1882), der Auswanderungsexperte Bromme (1802–1866) und der Amerikareisende Möllhausen (1825–1905), der Historiker Brogan (1900–1974) und der Anthropologe Gorer (1905–1985), der Schriftsteller Koeppen (1906–1996) und der Journalist Peter von Zahn (* 1913) – um nur diese Namen auszuwählen – schildern immer wieder den Unterschied des amerikanischen Alltags und des amerikanischen Lebens zu den ihnen vertrauten europäischen Verhältnissen. Die Schilderung ihres Amerikaerlebnisses aus den unterschiedlichen zeitlichen Epochen und im Licht der verschiedenen nationalen Erfahrungen erweist sich als eine vorzügliche Quelle für das Studium der amerikanischen Alltagsgeschichte.

So kam es, daß ich nach der mehrjährigen Beschäftigung mit dem Amerikabild dieser und anderer englischer, französischer, deutscher, polnischer, russischer und ungarischer Autoren – und nach einigen eigenen Besuchen Amerikas, die mir erst durch die veränderten Zeitläufte der jüngsten Vergangenheit möglich wurden – den Entschluß faßte, für meine Studenten an der Universität Jena eine über mehrere Semester gehende Alltagsgeschichte der Vereinigten Staaten zu lesen.

Das Alltagsleben in Amerika, dessen geschichtlicher Entwicklung über fast vier Jahrhunderte ich mich damit zuwandte, besteht aus einer unendlichen Fülle von Tatsachen, Details, Lebensumständen und Zusammenhängen, die hinter den Ereignissen der „großen Politik" oder den Entwicklungen von Wirtschaft, Gesellschaft und Kultur liegen, mit denen sich der Historiker zumeist in erster Linie beschäftigt. Zum Alltag gehört zunächst der Lebenszyklus der Menschen von der Geburt über die Kindheit, das Erwachsensein und Alter bis zum Tod. Zu untersuchen sind die sexuellen Beziehungen, das sexuelle Verhalten in den einzelnen Epochen der amerikanischen Geschichte, die Bevölkerungsentwicklung, aber auch die Wirkung von Krankheiten und Seuchen, die Ernährungs- und Lebensweise einschließlich von Kleidung und Mode.

Zum Alltag gehören ferner die Beziehungen zwischen den Geschlechtern (gender history) und das tägliche Leben in der Ehe und Familie (family history). Heirat, Kindererziehung, die Art des Wohnens und Zusammenlebens unter einem Dach, aber ebenso die Schule und das Studium der Heranwachsenden fällt in diesen Zusammenhang. Besonders große Veränderungen ergaben sich im Laufe der Jahrhunderte in der Stellung der Frau in Familie und Gesellschaft. Die amerikanischen Frauen haben ihren unverwechselbaren Beitrag zur Entwicklung des Landes und seines Alltags geleistet. Auf dieses Thema wird immer wieder im Laufe der Darstellung zurückzukommen sein.

Von entscheidendem Einfluß auf das tägliche Leben ist die Arbeitswelt in Stadt und Land. Die amerikanischen Farmer, die das Land fruchtbar gemacht und mit aufgebaut haben, gelten mit Recht als das Rückgrat der amerikanischen Demokratie. Die Handwerker, Kaufleute, Unternehmer, die Plantagenbesitzer oder die Angehörigen der freien Berufe haben ihren Beitrag zum amerikanischen Alltag geleistet. Die Arbeiter – als Kinder der Industriellen Revolution und der Industrialisierung im 19. und 20. Jahrhundert – stellten schließlich nicht nur einen erheblichen Prozentsatz aller Arbeitskräfte. Ihr Einfluß auf die sozialen Verhältnisse und das tägliche Leben, auf eine eigene Alltagskultur der „kleinen Leute" bildet ebenfalls einen bevorzugten Gegenstand dieses Buches.

In steter Veränderung war das Leben der Amerikaner in der Freizeit. Die Feste und Feiern, der Kanon der Freizeit im Jahresablauf, die Zeit für Muße und Erholung, für sportliche Betätigung oder für kulturelle Aktivitäten sind ein Teil der Alltagsgeschichte ebenso wie das im 19. Jahrhundert in größerem Umfang beliebt werdende Reisen. Auch der Alltag des geistigen Lebens verdient unsere Aufmerksamkeit, besonders das in der amerikanischen Tradition tief verwurzelte religiöse Leben. Aberglauben und Irrglauben haben ebenfalls ihre Spuren in der Geschichte des Landes hinterlassen, nicht nur mit den Hexenverfolgungen in Salem um 1692, sondern auch mit verschiedenen Hexenjagden politischer Art in unserem Jahrhundert.

Ein spezifisches Moment der amerikanischen Alltagsgeschichte sind die Beziehungen der Rassen. Im Mittelpunkt dieser Thematik steht das Verhältnis der weißen Amerikaner und der Indianer – der Native Americans – zueinander sowie das Zusammenleben der weißen und schwarzen Amerikaner – der Afroamerikaner. Beides gehört zu den dunklen Seiten in der Geschichte Nordamerikas. Der Alltag der Rassenbeziehungen hat das Gesicht Amerikas schon in der Kolonialzeit mit geprägt. Das Erbe der weißen Vorherrschaft über Indianer, schwarze Sklaven und freie Schwarze hat den American Way of Life seit der Gründung der USA belastet.

Vor 150 Jahren beschäftigte sich George Perkins Marsh (1801–1882), ein enzyklopädisch gebildeter Gelehrter und Pionier des amerikanischen Umweltschutzes, in einem Vortrag am Union College (Schenectady, New York), das zu den älteren Hochschulen des Landes gehört, kritisch mit dem Zustand der amerikanischen Geschichtsschreibung. Er wandte sich gegen eine Geschichtsschreibung „von oben", aus der Sicht der Regierenden, und empfahl statt dessen Geschichte „von unten" zu schreiben, aus dem Blickwinkel und aus den Erfahrungen des Volkes. Dies sei nur durch eine Kenntnis seines Alltagslebens zu erreichen. „Daher müssen wir die Schicksale der Massen kennen, ihre Meinungen, ihren Charakter, ihre leitenden Impulse, ihre beherrschenden Hoffnungen und Befürchtungen, ihr Handwerk, ihre Industrie und ihren Handel; wir müssen sie bei ihrer täglichen Arbeit auf dem Feld, in der Fabrik und auf dem Markt betrachten; wir müssen die Erhabenheit ihrer Kirchen schauen, die Zeremonien ihrer Trauer und ihre freudigen Feste; wir müssen in den privaten Bereich ihrer Häuslichkeit eindringen und die Geheimnisse ihrer Haushaltsführung lüften; es gilt, die moralischen Einflüsse und die natürlichen Gründe zu untersuchen, die ihren Charakter geprägt und ihre Lebensweise bestimmt haben; damit wir, kurz gesagt, uns befähigen, ihr Dasein zu bestimmen."[3] Marsh rückte mit dieser Ansicht eine historische Untersuchung des Alltagslebens, der sozialen und häuslichen Verhältnisse, in den Blick der historischen Zunft.

Es dauerte auch in den USA – von Einzelstudien einiger Autoren wie James Schouler (1839–1920) oder Francis Underwood (1825–1894) abgesehen – lange, bis diese programmatische Forderung nach einer Alltagsgeschichtsschreibung verwirklicht werden sollte. Seit 1927 erschien das in seiner Art bahnbrechende sozialgeschichtliche Reihenwerk „A History of American Life", das von den Historikern Arthur M. Schlesinger (1888–1965) und Dixon R. Fox (1887–1945) herausgegeben wurde und schließlich 13 Bände umfaßte. Noch heute findet der Leser in diesem glänzend geschriebenen Werk eine Fülle von Tatsachen und Anregungen aus alltagsgeschichtlicher Sicht.

Seit einiger Zeit verfügen wir mit den Bänden der „The Everyday Life in America Series", die von dem Historiker Richard Balkin (* 1938) seit 1988 herausgegeben wird, über eine vorzügliche, detaillierte Geschichte des amerikanischen Alltags seit der Kolonialzeit. Die Autoren dieser Reihe, von der inzwischen fünf Bände erschienen sind, knüpfen an die Meinung des bedeutenden holländischen Historikers Johan Huizinga (1872–1945) an, nach welcher die charakteristischen Seiten einer Epoche sich in ihren trivialen und gewöhnlichen Dingen, in ihrem Alltagsleben mindestens ebenso deutlich zeigen, wie in ihren geistigen und philosophischen Manifestationen.

In jüngster Zeit erscheint eine vorwiegend statistisch angelegte Reihe „Almanacs of American Life", ebenfalls von Richard Balkin herausgegeben, von der inzwischen bereits drei Bände vorliegen, alle mit einer Fülle vor allem quantitativer Daten zur Geschichte des amerikanischen Alltags versehen. Der Verfasser verdankt diesen alltagsgeschichtlichen Darstellungen viele Anregungen, historische Informationen und Einblicke in das Andersartige der Lebensverhältnisse vergangener Epochen.

Eine reichhaltige und besonders anschauliche Quelle für das amerikanische Alltagsleben und den „amerikanischen Charakter“ besitzen wir mit künstlerischen Zeugnissen der Vergangenheit, in erster Linie mit der seit dem 19. Jahrhundert reich fließenden Genremalerei. Amerikanische Maler wie William S. Mount (1807–1868), George C. Bingham (1811 bis 1879) oder Winslow Homer (1836–1910) haben mit genauem Blick, sozialer Schärfe und häufig kritischer Einstellung das Alltagsleben ihrer Zeit künstlerisch geschildert. Der Leser wird einige ihrer Bilder und auch die anderer Maler in diesem Buch wiederfinden. Im 20. Jahrhundert ergänzt die Fotografie diese bildlichen Zeugnisse des amerikanischen Alltags mit eindringlichen Fotografien des sozialen Lebens. Amerikanische Fotografen wie Walker Evans (1903–1975), Dorothea Lange (1895–1965) und der gebürtige Schweizer Robert Frank (* 1924) dokumentierten das Gesicht des amerikanischen Alltags in der Mitte dieses Jahrhunderts auf eine bis heute unerreichte Weise, authentisch, kritisch und engagiert.

Der Bildteil dieser illustrierten Alltagsgeschichte ist dem Verfasser ein besonderes Anliegen. Er soll die Darstellung nicht nur ergänzen oder lebendiger werden lassen, sondern er ist ein Hauptteil der Darstellung selbst. Mit einem Lexikon historischer Begriffe, das im Anhang des Buches seinen Platz hat, sollen dem Leser notwendige Informationen zu Details der amerikanischen Geschichte leichter gemacht werden.

Ein Buch dieser Art ist nur dank der Unterstützung durch Kollegen, Bibliotheken und Institutionen zu schreiben. Ulrike Skorsetz (Jena) und Jörg Nagler (Kiel) waren immer bereit, zu helfen. Zu danken ist den Bibliothekarinnen der Universitätsbibliothek Jena, den Mitarbeitern der Niedersächsischen Universitätsbibliothek Göttingen und der Bibliothek des John-F.-Kennedy-Instituts für Nordamerikastudien der Freien Universität Berlin. Der Dank gilt der Fotostelle der Friedrich-Schiller-Universität Jena, besonders Frau Karin Henschel, für die geduldige Zusammenarbeit bei der Anfertigung der Bildreproduktionen. Die Studenten meiner alltagsgeschichtlichen Vorlesung haben mich ermutigt, das Thema weiter zu verfolgen. Herr Jens Ackermann hat mit Rat und Tat die Auswahl der Bilder gefördert.

Dem Verlag Styria und besonders Dr. Hubert Konrad danke ich für die Drucklegung und die Sorgfalt und Mühe bei der Herausgabe des Buches.

Ohne meine Ehefrau, Ursula Schäfer, ist das Buch – das ich nun der wohlwollenden Lektüre seiner Leser empfehle – nicht zu denken. Ich danke ihr für Ermutigung, Rat und Kritik.

Peter Schäfer

KAPITEL 1

Die Anfänge der kolonialen Besiedlung und Entwicklung im 17. Jahrhundert

Die Gründung von Jamestown

Die ersten von England ausgehenden Versuche, in Nordamerika zu siedeln, erfolgten 1585, als sieben Schiffe 107 Siedler auf Roanoke, einer Insel an der Küste des heutigen North Carolina, an Land setzten. Die Siedler blieben einen Winter dort, kehrten dann aber, weil die Vorräte knapp wurden, in die Heimat zurück. 1587 kam eine zweite Gruppe von 110 Siedlern, unter ihnen 17 Frauen und neun Kinder, nach Roanoke. Als drei Jahre später, 1590, ein englisches Schiff die Insel anlief, fand man die Siedlung verlassen. Von den Bewohnern fehlte jede Spur. Man weiß nicht, was aus ihnen geworden ist. Wahrscheinlich haben sie sich aus Mangel an Nahrungsmitteln den Indianern dieser Gegend angeschlossen.

Erfolgreicher waren 105 britische Siedler, die 20 Jahre später, im Mai 1607, am James River den Ort Jamestown im späteren Virginia [Abb. 1] gründeten. Nach einer mehrmonatigen Überfahrt von England via Azoren und Westindien betrat damals eine gemischte Gesellschaft amerikanischen Boden, der 35 „Gentlemen", ein Pfarrer der anglikanischen Kirche, ein Arzt, 40 Soldaten und eine Anzahl von Handwerkern und Arbeitern angehörten. Es waren Menschen, die von der Hoffnung erfüllt waren, in der „Neuen Welt" reich zu werden, Gold zu finden, auf das sagenhafte „El Dorado" zu stoßen. Ausgerüstet wurde diese koloniale Expedition mit ihren drei Schiffen durch die London Company, eine Handels- und Kolonialgesellschaft, deren Geldgeber in erster Linie wirtschaftliche Motive hatten. Eine Instruktion, die der Leiter der Expedition mitbekam, lautete, einen Platz zu finden, der sicher vor spanischen Angriffen wäre. Spaniens Reich erstreckte sich zu jener Zeit bis ins heutige Florida. Außerdem mußte der Platz einen Zugang zur offenen See haben. Hier sollte man ein Fort anlegen, eine Stadt errichten und die Umgebung erkunden. Die Wahl fiel auf Jamestown, benannt nach dem englischen König James I. (Regierungszeit 1603 bis 1625), auf einen Ort, der in der Nähe der Chesapeake Bay gelegen war, einer langgestreckten Meeresbucht an der atlantischen Küste, an deren Ufern die Kolonie Virginia und später (1633) auch Maryland entstehen sollten. Jamestown war durch einen Flußkanal für Schiffe erreichbar und durch seine Lage auf einer Halbinsel geschützt. Die Siedler rodeten einen Landstrich, umgaben die Siedlung mit festen Palisaden und bauten eine Anzahl einfacher Hütten. Zumeist waren es primitive Fachwerkhäuser, aus Holz und Lehm hergestellt, mit Strohdächern gedeckt, die einen oder zwei Räume hatten [Abb. 2 und 3].

Anfangs entwickelten sich die Verhältnisse in Jamestown günstig. Die Indianer der Umgebung zeigten sich nach einigen Tagen des Abwartens freundlich. Ihr Häuptling Powhatan

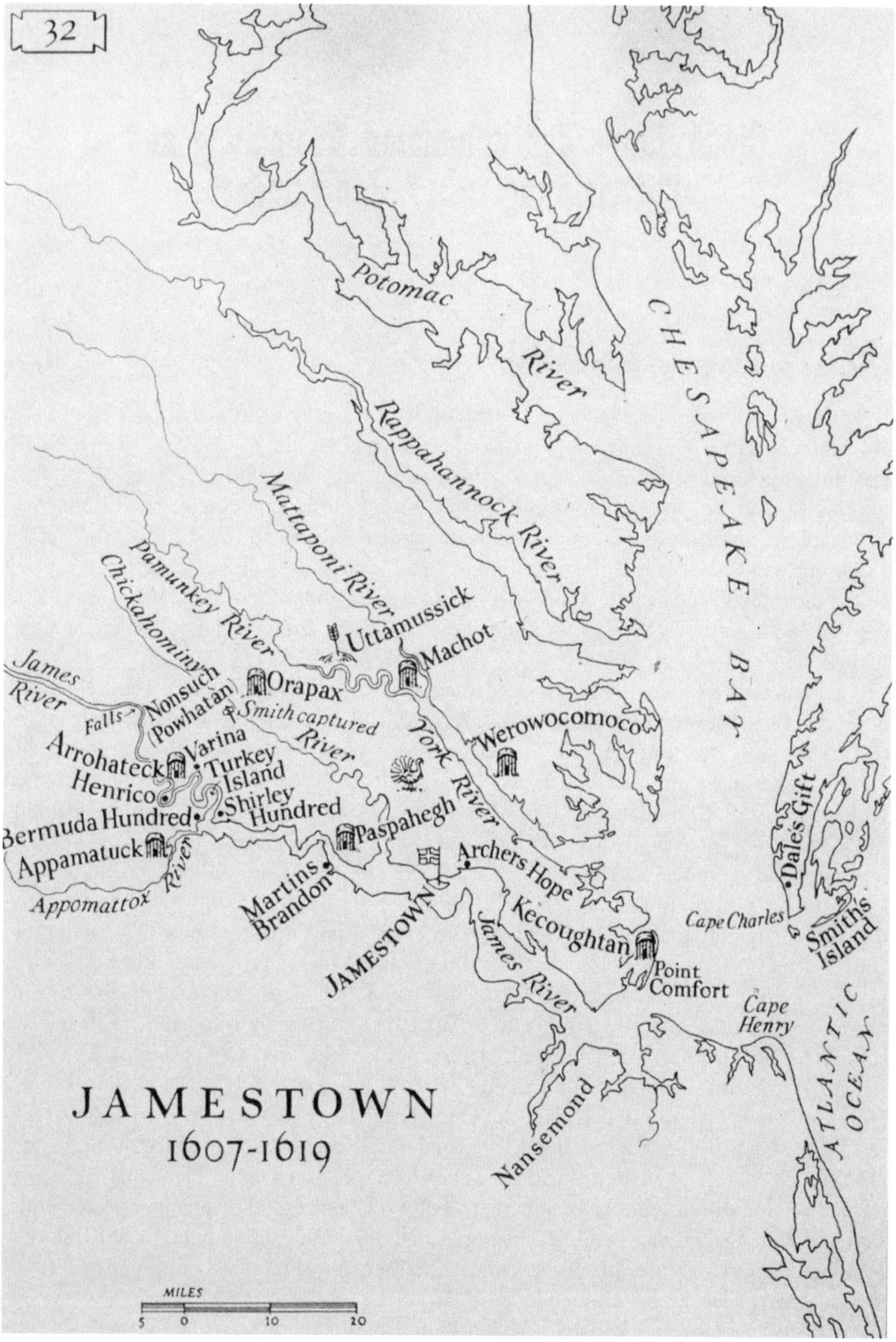

1 *Karte von Jamestown und weiteren benachbarten Siedlungen 1607–1619.*

2 *Ansicht der Ortslage des historischen Jamestown. Erhalten sind lediglich einige Ruinen und die Grundrisse einer Plantage und einer Kirche aus den 1640er Jahren.*

bot Lebensmittel und Gastfreundschaft an, wodurch die Vorräte ergänzt werden konnten. Einige Siedler begannen die Nachbarschaft zu erkunden, in der Hoffnung, auf Gold zu stoßen, das sie im Nu reich machen würde.

Die wirklichen Reichtümer Virginias lagen aber in anderen Gegebenheiten der Neuen Welt, deren Landschaft und Natur von einem der aktivsten Männer unter den frühen Siedlern, John Smith, sehr bald begeistert für seine englischen Landsleute beschrieben wurden. Smith (1579/80–1631) war mit den ersten Siedlern im Frühjahr 1607 nach Jamestown gekommen. Er erkundete die nähere und weitere Umgebung von Jamestown, soll dabei auch einmal – seinem eigenen Bericht nach – von den Indianern Powhatans gefangengenommen und nur durch das Eingreifen der jungen Tochter dieses Häuptlings, Pocahontas (ca. 1595 bis 1617), gerettet worden sein. Smith erkundete in der folgenden Zeit den Potomac und den Rappahannock sowie einen Teil der Chesapeake Bay. Später (1624) befürwortete er in seiner „Generall Historie of Virginia, New-England, and the Summer Isles" die englische Kolonisierung in Nordamerika und beschrieb aus eigener Kenntnis – und unter Verwendung der Erzählungen anderer – detailliert die Reichtümer und Schönheiten, die Tier- und Pflanzenwelt, das Leben und die Bräuche der dort in der näheren Umgebung von Jamestown lebenden – von ihm mit 5000 Personen angegebenen – Indianer. Smith war vom Nutzen Virginias und der anderen damals entstehenden englischen Kolonien überzeugt. Er beschrieb die Berge, Hügel und Ebenen, die Täler, Flüsse und Bäche Virginias, die alle praktischerweise in die schöne Chesapeake Bay fließen und damit den Ort für künftige Häfen, Anlege-

3 *Rekonstruierte Hütten der Jamestown-Siedlung von 1607 im musealen Teil des „Colonial National Historical Park" Jamestown Island, Virginia.*

plätze und Verkehrsverbindungen bieten würden. In der Tat entstanden hier, durch die natürlichen Verhältnisse begünstigt, bald Plantagen an den schiffbaren Flüssen oder in Küstennähe, die für das Wirtschaftsleben der Region von zentraler Bedeutung wurden. Ihrer Lage wegen werden sie Tidewater-Plantagen genannt, da sie im Bereich der Atlantikgezeiten liegen.

Smith pries als erster unter den amerikanischen Kolonisten das fruchtbare und herrliche Land, dessen westliche Grenze noch unbekannt war. Der heiße Sommer Virginias erinnerte ihn an Spanien, den anhaltend kalten Winter verglich er mit dem Winter in Frankreich und England. „Die milde Luft, die Fruchtbarkeit des Bodens und die Lage der Flüsse sind so vorteilhaft für die Natur und Zwecke des Menschen, daß kein anderer Platz dieser Breite oder dieses Klimas dem Vergnügen, Profit und Unterhalt der Menschen besser entspricht."[4]

Die indianischen Verhältnisse in der Chesapeake-Region

Nordamerika, das die Jamestown-Siedler nun auf Dauer betraten, war in Europa zu jener Zeit noch weitgehend Terra incognita. Im Gefolge von Handel und Fischfang gab es zwar schon einzelne Kontakte zu den indianischen Stämmen an der Küste und auch erste Zeichnungen, die auf persönlichen Beobachtungen beruhten, von Jacques Le Moyne aus Florida (1533–1588) und John White aus Virginia (gest. 1593). Sie wurden dann von Theodor de Bry (1528–1598) in den reichbebilderten Bänden seiner „Großen Reisen" seit 1591 in Frankfurt am Main in Kupfer gestochen. Brys Bilder zeigen die Indianer von Virginia bis Florida in positiver Sicht und antikisierender idealer Pose im Alltagsleben, in ihren Siedlungen und ihrer Kleidung [Abb. 4 und 5]. Aber darüber hinaus waren die Zahl, der Aufenthaltsort, die Lebensweise und Kultur der nordamerikanischen Indianer in Europa unbekannt.

Da die „Native Americans", die Indianer auf dem Gebiet der ersten britischen Kolonien, keine schriftlichen Quellen und wenig archäologische Überreste hinterlassen haben, sind die Kenntnisse über sie bis zum heutigen Tag begrenzt geblieben. Es gilt als sicher, daß ihre Vorfahren vor 20.000–40.000 Jahren aus Asien über die Beringstraße nach Amerika gekommen sind, als damals infolge der Eiszeit eine Verbindung zwischen beiden Kontinenten bestand. Nach und nach verbreiteten sie sich dann über die westliche Hemisphäre. Die

4 *„Town of Secota": Siedlung der Algonkin-Indianer in der frühen Kolonialzeit. Zu sehen ist eine offene Ansiedlung mit Hütten, Gärten, einem Tabakfeld und Maisfeldern (mit einem Wächter), einem Festplatz und weiteren Einzelheiten.*

5 *„Von der Stadt Pomeiooc": Eine weitere Siedlung der Algonkin, die in der Nähe der Roanoke-Insel gelegen war. Das Bild zeigt eine durch Palisaden geschützte Ansiedlung, mit einigen Charakteristischen Langhäusern und dem „Tempel" des Medizinmannes (A).*

Schätzungen darüber, wie viele Indianer nach 1492, in der nachkolumbianischen Zeit, nördlich des Rio Grande, auf dem Gebiet der heutigen Vereinigten Staaten und Kanadas, lebten, gehen extrem auseinander. Die Zahlenangaben in den neueren Handbüchern zur Geschichte der USA schwanken zwischen 1–2 Millionen einerseits und 10–12 Millionen andererseits. Verbreitet findet man eine Größenordnung von 5–7 Millionen Indianern, die nach 1492 in Nordamerika gelebt haben sollen. Diese Angabe erscheint heute glaubwürdiger als die oberen oder unteren Grenzwerte. Von den europäischen Entdeckern, Händlern, Matrosen oder Fischern übertragene Krankheiten und Seuchen, die im vorkolumbianischen Amerika unbekannt gewesen waren – wie Windpocken, Malaria, Masern, Gelbfieber, Typhus oder Dysenterie – führten in ganz Amerika zu einem katastrophalen Bevölkerungsrückgang, der zwischen 75 und 95 Prozent der indianischen Bevölkerung hinwegraffte. Diese mit der Entdeckung und Eroberung Amerikas einhergehende Bevölkerungskatastrophe erfaßte – teilweise zeitlich verzögert – auch die indianischen Kulturen nördlich des Rio Grande. Diese Kulturen standen im wesentlichen noch auf einer steinzeitlichen Entwicklungsstufe, sie teilten sich in Hunderte von Stämmen auf und sahen auf die Natur mit einer religiösen Achtung, welche die Umwelt eher als Bestandteil des eigenen Lebens respektierte als eigennützig auszubeuten trachtete. Die indianische Lebensweise befand sich in der vorkolumbianischen Zeit in einer Art „kosmischen Harmonie", in einem „Gleichgewicht zwischen Natur und Kultur".[5]

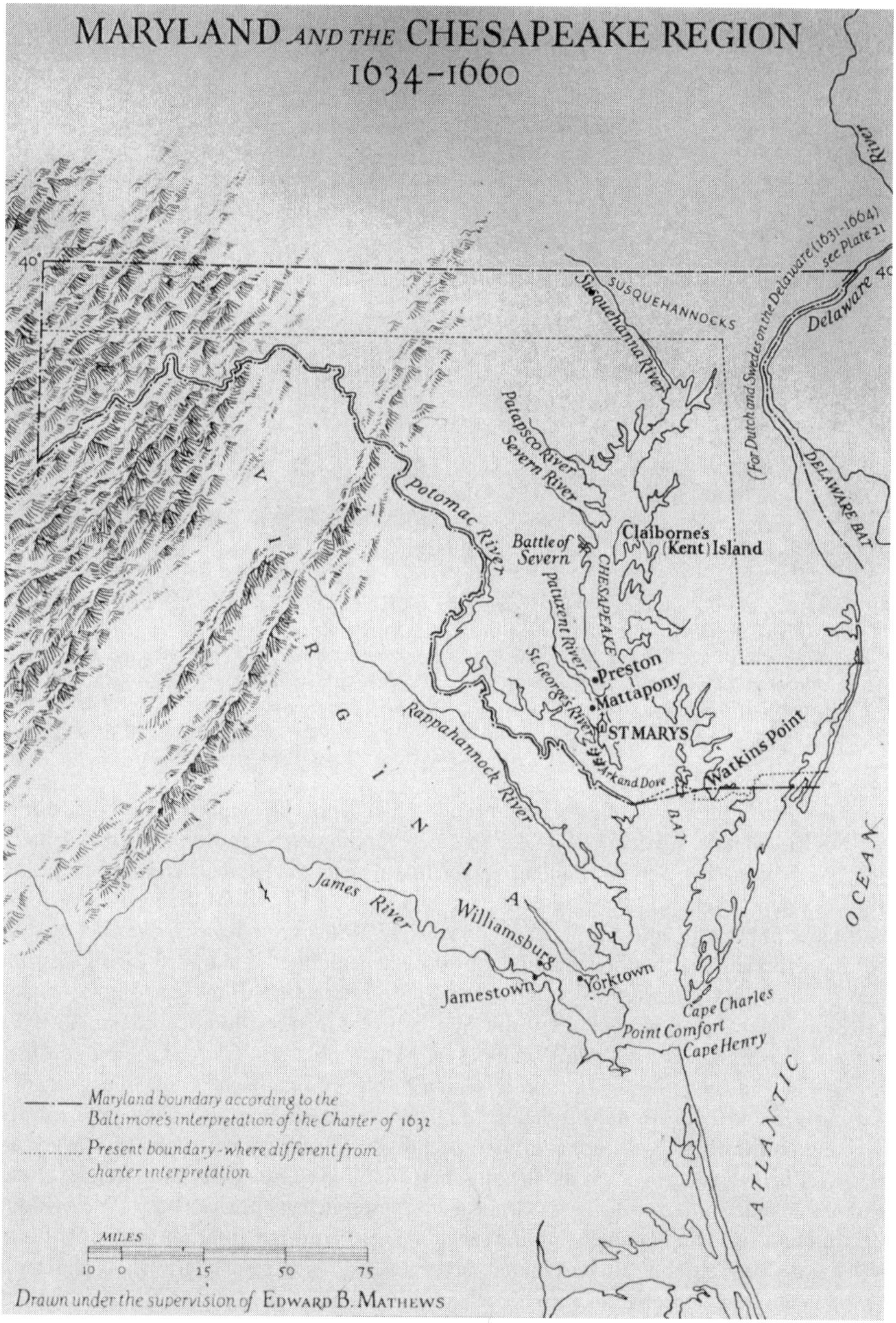

6 *Maryland und Chesapeake-Region 1634–1660.*

Um 1600 lebten schätzungsweise 500.000 Indianer entlang der östlichen Atlantikküste, an der die 13 britischen Kolonien entstanden, aus denen später die USA hervorgingen. Vielleicht 30.000 von ihnen hielten sich im Bereich der 200 Meilen langen, bis zu 35 Meilen breiten Chesapeake Bay auf [Abb. 6], deren Küsten seit 1607 von der London Company kolonisiert wurden. Vom europäischen Standpunkt aus gesehen waren die zur Algonkin-Sprache zählenden Stämme der Chesapeake-Region die in mancher Hinsicht am weitesten entwickelten indianischen Gesellschaften. Sie betrieben Ackerbau, kultivierten das „indian corn", also den Mais, pflanzten Bohnen und Kürbis an und kannten den Fruchtwechsel, um den Boden zu schonen. Sie waren als Fischer erfolgreich und stellten dem Wild mit Fallen oder auf der Jagd nach. Ganz allgemein erfreuten sie sich einer ausbalancierten, gesunden Ernährung. Ihre Felder waren klein und von spärlichem Umfang im Vergleich zum verfügbaren Land, da das Roden der Bäume und die Urbarmachung neuen Landes mit den vorhandenen Mitteln sehr mühselig war. Infolgedessen erschienen den europäischen Ankömmlingen die Küsten Nordamerikas häufig nahezu unbewohnt.

Die Indianer der Chesapeake-Region wohnten in mit Palisaden umzäunten Dörfern, deren Lage in Abhängigkeit von der Jahreszeit wechseln konnte. Auf den Bildern de Brys [Abb. 4 und 5] fällt die Kleinheit der Dorfanlagen auf, die nur aus 12 bis 15 Hütten bestanden. Meist lagen die Wohnorte an einem Fluß oder in der Nähe einer Quelle. Man lebte dort in mit Matten oder Rinden bedeckten Hütten. Die Männer verbrachten ihre Zeit meist mit Fischen, Jagen oder der Kriegführung. Frauen und Kinder leisteten die übrige Arbeit, sie arbeiteten auf den Feldern, bereiteten die Speisen, stellten Matten und Körbe, Töpfe und Schalen her. Jede Nation oder Gemeinschaft von Dörfern wurde von einer Anzahl von Häuptlingen regiert, die in einem Stammesrat zusammenwirkten. Zur Zeit der Gründung von Jamestown waren die einheimischen Völker der Region in einer Konföderation zusammengeschlossen, an deren Spitze der Häuptling Powhatan als Chef der Pamunkey-Nation stand. Kriegszüge spielten eine große Rolle im Leben der Stämme, sei es, daß sie religiös motiviert waren, sei es, daß sie der Kontrolle des Territoriums und seiner Wildbestände und Lebensmittelvorräte galten. Die Stämme waren klein, die Waffen weniger tödlich als die europäischen Feuerwaffen.

Die Indianer, die in der Nähe der Chesapeake Bay lebten, verfügten um 1607 bereits über Kenntnis der Fremden aus Europa, die nun auf Dauer kamen. Seit 100 Jahren waren ihre Schiffe beobachtet worden. Kontakte bestanden hauptsächlich zum Handelsaustausch oder durch Begegnungen mit Besatzungen von Fischereischiffen. Man kannte die Werkzeuge, Waffen und den Schmuck der Europäer, und für einen indianischen Führer wie Powhatan schien zunächst der Vorteil eines freundschaftlichen Umgangs mit den Neuankömmlingen größer als der Gewinn durch ein feindliches Verhalten.

Die anfängliche Entwicklung von Jamestown

Für die Siedler von Jamestown ergaben sich dennoch bald Schwierigkeiten und Gefahren. Hunger und Krankheit reduzierten in den ersten sieben Monaten die Zahl der Siedler von 105 auf 32. Die Lage von Jamestown am Rand eines Sumpfes war alles andere als gesund. Typhus und Dysenterie hatte man unwissentlich aus der englischen Heimat mitgebracht. Das Flußwasser des James River enthielt im Sommer Salzwasseranteile und war als Trinkwasser ungeeignet. Die Lebensmittelvorräte reichten nicht über den Winter hinweg.

Powhatan blieb glücklicherweise freundlich gesonnen und versorgte die Siedlung in dieser ersten kritischen Zeit mit Nahrungsmitteln.

Die düstere Lage verbesserte sich im Herbst 1608 mit der Wahl von Captain John Smith zum Präsidenten des Rates von Jamestown. Smith, ein entschlossener Offizier, Entdecker, Abenteurer und Verfasser der ersten Beschreibung von Virginia, veranlaßte die Siedler, Mais anzubauen, die Verteidigungsanlagen zu verstärken und weitere Hütten für sich, ihre Güter und Vorräte zu bauen. Bald trafen auch neue Siedler, darunter einige Frauen, sowie der benötigte Proviant aus England ein. In den folgenden Jahren wechselten Notzeiten und Phasen langsamen Wachstums in der Entwicklung der jungen Kolonie in Virginia ab, die dann 1624 den Status einer königlichen Kolonie erhielt. Die Zahl der Siedler vergrößerte sich langsam, und mit dem Anbau von Tabak gewann Virginia auch bald eine wichtige wirtschaftliche Bedeutung. Die inzwischen gespannter gewordenen Beziehungen zu den indianischen Stämmen wurden zeitweilig wieder verbessert, als 1614 der Tabakpflanzer John Rolfe (1585–1622) die junge Tochter von Häuptling Powhatan, Pocahontas [Abb. 7], heiratete. Rolfe hatte sich in das neunzehnjährige Mädchen, in die schöne, intelligente und liebenswürdige Häuptlingstochter, verliebt und vom Gouverneur die Erlaubnis zu dieser damals ungewöhnlichen Eheschließung eines Engländers und einer Indianerin erwirkt. Pocahontas war einige Zeit zuvor von den Siedlern als Geisel genommen worden, hatte sich dann zum Christentum bekehren lassen und war auf den Namen Rebecca getauft worden. Sie heiratete den Engländer Rolfe in dem beiderseitigen Bestreben, die Beziehungen zwischen Siedlern und Indianern friedlich zu gestalten. Dieser Frieden hatte acht Jahre Bestand. 1616 nahm Rolfe seine indianische Gattin in Begleitung einiger indianischer Mädchen nach London mit. Dort wurde sie mit der Achtung begrüßt und aufgenommen, die einer Prinzessin gebührt. Der Bischof von London gab für sie ein Fest, und sie wurde auch am Hof von James I. dem König und der Königin vorgestellt. Auf der Rückfahrt nach Amerika starb Pocahontas, jetzt Mrs. Rolfe, 1617 als junge Frau an Windpocken. Später wurde ihr Leben zur Legende, zum Mythos verklärt, als eines der seltenen Beispiele friedlichen Zusammenlebens zwischen den „Native Americans" und den amerikanischen Kolonisten.[6]

7 Pocahontas – nach dem Gemälde eines unbekannten Malers aus dem Jahre 1616. Die Tochter des Häuptlings Powhatan heiratete den Siedler John Rolfe und ging mit ihm 1616 nach England, wo sie als indianische Prinzessin auch am Hofe von James I. empfangen wurde. Die höfische Kleidung wird von ihr bei dieser Gelegenheit getragen worden sein. Der Maler stellt sie unter ihrem eigentlichen Mädchennamen Matoaka bzw. mit ihrem christlichen Namen als Rebecca vor.

Das Jahr 1619 wurde aus drei Gründen für die weitere Entwicklung der Kolonie Virginia wichtig: Erstens wählten die Pflanzer Virginias in diesem Jahr die erste legislative Vertretungskörperschaft auf amerikanischem Boden (Virginia Assembly), der 22 Bürger als

8 *Sklaven bei Arbeiten auf einer Tabak- bzw. Zuckerplantage in Virginia.*

Mitglieder angehörten. Sie war ein den Gouverneur beratendes und gesetzgebendes Organ, dessen Gesetze allerdings der Bestätigung der Londoner Zentrale bedurften. Zweitens kamen auf einem holländischen Schiff die ersten 20 afrikanischen Sklaven nach Jamestown, was den Beginn der Sklaverei in Virginia markierte. Drittens trafen nun Schiffe mit jungen heiratswilligen Frauen aus England in Jamestown ein. Virginische Pflanzer hatten jeweils 120 Pfund Tabak für die Passage einer Frau bezahlt. Frauenmangel war ein Kennzeichen der frühen kolonialen Entwicklung, besonders in der Chesapeake-Region.

Trotz Mangels, Krankheiten und hoher Sterblichkeit wuchs die Zahl der Kolonisten seit 1630 infolge des ständigen Zuzugs aus England deutlich an:

Tabelle 1

Bevölkerung Virginias (geschätzt)

1620	2.180	1640	10.292
1630	2.450	1650	18.236 (davon 405 Schwarze)

Quelle: R. C. Simmons, The American Colonies.
From Settlement to Independence, New York/London 1981, S. 24.

Die Anfänge der britischen Kolonie in der Chesapeake-Region waren in erster Linie wirtschaftlich bestimmt. In der Kolonie Virginia entwickelte sich nach und nach die Plantagenwirtschaft zur vorherrschenden Wirtschaftsform. Im Vordergrund stand dabei bald der Tabakanbau für den europäischen Markt, wobei schwarze Sklaven als unentbehrliche Arbeitskräfte auf den Feldern eingesetzt wurden [Abb. 8].

Nach anfänglich friedlichen Beziehungen zu den Indianern begann 1622 eine Kette von blutigen Feindseligkeiten. Mit dem Übergang zur Plantagenwirtschaft und dem Anbau von Tabak wuchs der Landanspruch der Kolonie rasch an. Wälder wurden abgeholzt, der Wildbestand wurde reduziert. Nicht mehr Handel mit den Indianern, sondern Expansion in das Indianerland hinein stand nunmehr auf der Tagesordnung der Kolonisten. Konflikte zwischen Indianern und Siedlern wurden unvermeidlich, nach dem schon John Smith gelegentlich mit Gewalt gegen die Indianer vorgegangen war. 1622 wurden bei einem Massaker 350 Kolonisten (Männer, Frauen und Kinder) von Indianern getötet. In den beiden folgenden Jahren gingen die Siedler mit gleicher Grausamkeit gegen die Indianer vor. In einem Indianerkrieg der Jahre 1644 bis 1646 siegten schließlich die Kolonisten über die Algonkin-Stämme, auf deren Hilfe man nicht länger angewiesen war. Das Ergebnis war die Zerstörung der Konföderation ihrer Stämme. Den Indianern wurde bei Todesstrafe verboten, die Jamestown-Halbinsel zu betreten. Sie mußten den König von England als Souverän anerkennen. Es wurde zu einem Glaubenssatz der Kolonisten, daß die beiden unterschiedlichen Kulturen bzw. Lebensformen unvereinbar seien und nicht friedlich nebeneinander bestehen könnten. Die Rassenbeziehungen wurden damit langfristig bereits in der Kolonialzeit auf die totale Unterwerfung der indianischen Kultur bzw. auf die unerbittliche Feindschaft zwischen Siedlern und Indianern eingestellt.

Die Anfänge der Kolonisierung Neuenglands

Ein zweites Zentrum der britischen Besiedlung Nordamerikas entstand seit 1620 weiter nördlich, in einer New England genannten Region [Abb. 9]. Während in Virginia von Beginn an in religiöser Hinsicht die anglikanische Kirche vertreten war [Abb. 10], allerdings dort nicht das koloniale Leben dominierte, begründeten die puritanischen „Pilgrims“, die „Pilgerväter“, 1620 in Neuengland mit der Plymouth-Kolonie einen religiösen Zufluchtsort für ihre in England verfolgten Glaubensgenossen. Die Puritaner gehörten einer christlichen Sekte an, welche die anglikanische Kirche in ihrer englischen Heimat entweder reformieren oder sich gar strikt von ihr trennen wollte. 1609 hatten die Pilgerväter aus religiösen Gründen ihre Heimat in Yorkshire verlassen und waren nach Holland geflohen. Auf der „Mayflower“ gingen sie nun – 102 Personen – im September 1620 in See, um in Amerika eine neue Heimat zu finden. Im Unterschied zur anfänglichen Besiedlung Virginias traten die Pilgerväter großenteils mit ihren Familien die Reise in die Neue Welt an, und so war an Bord der „Mayflower“ auch eine Anzahl von Frauen und Kindern. Im November erreichte man die Küste nahe von Cape Cod im heutigen Massachusetts. Nach einigem Hin und Her – die Reise sollte eigentlich weiter südlich enden – entschieden sich die Pilgerväter für ihren künftigen Wohnort, den sie New Plymouth nannten. Ausschlaggebend für die Wahl des Ortes waren der Zugang zum Meer, ein naher Hügel, auf dem sich eine Siedlung anlegen und verteidigen ließ, und die Existenz einiger verlassener Maisfelder,

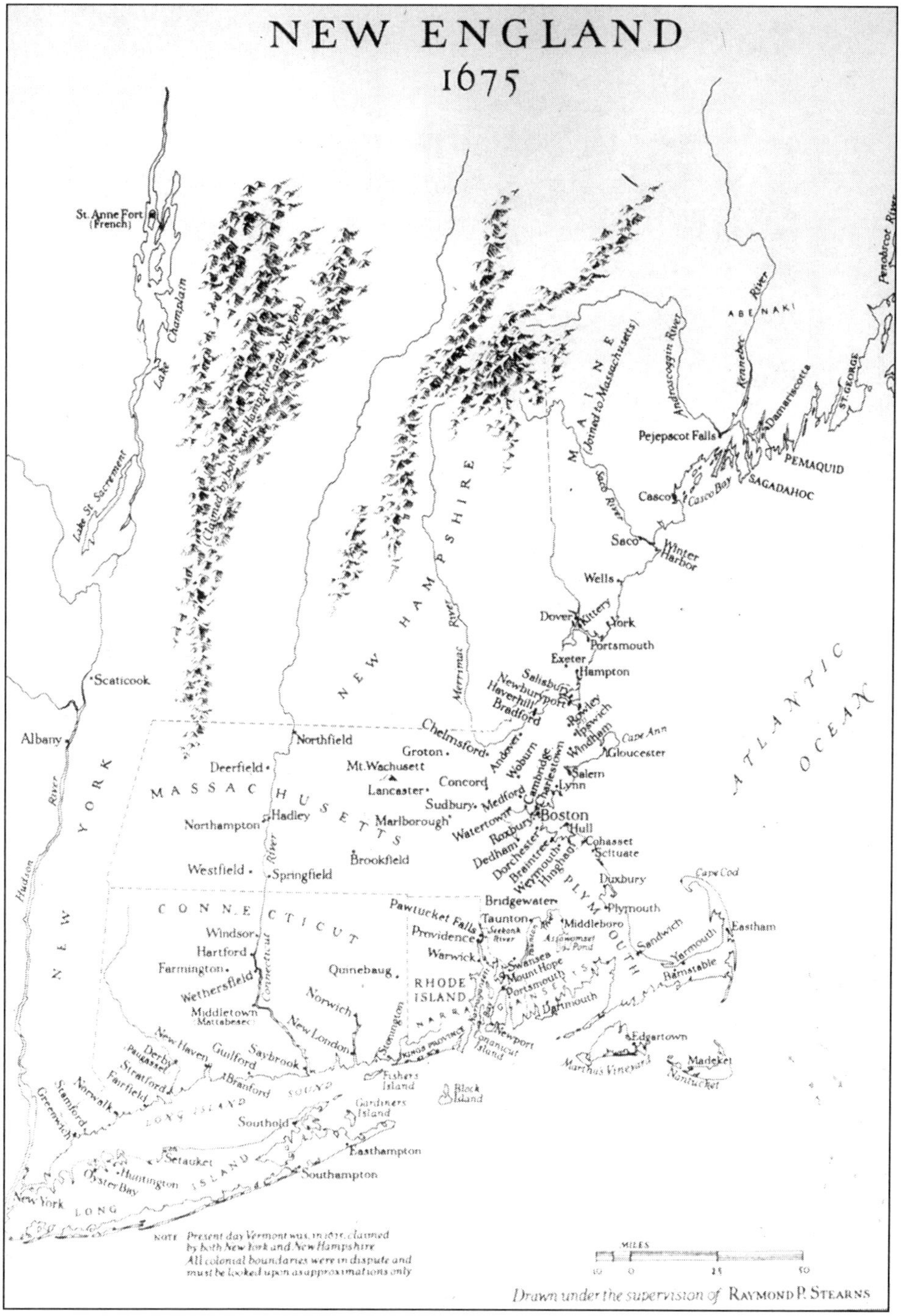

9 *Neuengland 1675.*

10 *Newport Parish Church („Old Brick Church") in Smithfield, Virginia, aus dem Jahr 1632. Älteste erhaltene Kirche in Virginia, nach dem Vorbild der heimischen englischen Kirchen im gotischen Stil erbaut.*

deren frühere indianische Besitzer an einer Epidemie gestorben waren. Wie in Jamestown begann man zunächst damit, Hütten zu errichten, die von einem Palisadenzaun geschützt wurden [Abb. 11]. Während in Jamestown anfangs Rivalitäten und Spannungen zwischen den maßgeblichen Sprechern der Siedler das Gemeinschaftsleben erschwerten, gab es unter den „Pilgervätern" zunächst weniger Streit. Die puritanischen Kirchenältesten hatten ihre Autorität bereits während der Überfahrt im berühmten Mayflower-Compact besiegelt und damit ebenfalls ihre politische Macht begründet.

Trotz eines relativ milden Winters hatte auch diese zweite dauernde britische Niederlassung in Nordamerika große Anfangsschwierigkeiten. In den ersten fünf Monaten nach der Landung starb fast die Hälfte der Siedler, geschwächt durch die lange Überfahrt und belastet durch die Anpassung an eine neue, fremde Umgebung. Allerdings hatten die „Pilgerväter" genügend Nahrungsmittel für den Winter mitgebracht, und im Frühjahr 1621 konnten sie dann selbst mit dem Maisanbau beginnen. Damals gab es den ersten Kontakt zu den hier lebenden, infolge einer durch europäische Fischer eingeschleppten Epidemie nur noch wenigen Indianern, die gegen 8000 Menschen gezählt haben sollen. Man lernte von ihnen den Anbau und die Zubereitung von Mais und Kürbis und die Düngung des Bodens mit Fischabfällen. Die frühen Siedler lernten es, Wasser auf indianische Weise zu erhitzen, indem sie heiße Steine in das Wasser warfen. Nach einer zeitgenössischen Quelle waren Rat

11 *Hütten der Siedler in Salem, Massachusetts. Rekonstruktion.*

und Hilfe der Indianer den Siedlern auf vielerlei Weise nützlich. „Sie waren unsere ersten Lehrmeister für den Anbau des indian corn, lehrten uns die Auswahl des besten Saatguts und die Wahl der geeigneten Jahreszeit."[7]

Wie im Falle der Jamestown-Kolonie war dieser Umstand ein gewichtiger Überlebensfaktor für die europäischen Neuankömmlinge. Die „Pilgerväter" glaubten anfangs den in Europa verbreiteten Nachrichten, nach denen die Indianer grausam, barbarisch und treulos seien. Nun mußten sie feststellen, daß der Häuptling des örtlichen Wampanoag-Stammes Massassoit (ca. 1580–1661) um die Freundschaft der Siedler warb. Er war am Handel interessiert und wollte die europäische Siedlung als Verbündeten in den lokalen Indianerkriegen gewinnen, was denn auch gelang. Infolgedessen konnten die „Pilgerväter" ihre erste Ernte auf amerikanischem Boden in Sicherheit einbringen. In Anerkennung dieser göttlichen Fügung schlachteten sie einige wilde Truthähne und feierten den ersten Thanksgiving Day, zu dem auch Massassoit eingeladen wurde. Das traditionelle englische Erntedankfest gewann auf diese Weise in Amerika seinen besonderen Charakter. Thanksgiving wird seitdem am vierten Donnerstag im November als ein Fest der Familie gefeiert, wobei bis heute Truthahn und Kürbiskuchen die charakteristischen Hauptbestandteile des Thanksgiving-Essens bilden. Einige Zeit später (1637) begann auch in Neuengland mit dem Massaker an den Pequot-Indianern eine Kette von Feindseligkeiten zwischen Siedlern und Indianern, bis es auch dort schließlich keine autonomen Indianerstämme mehr gab.

John Smith hatte schon 1614 erstmals die Küsten des von ihm „New England" genannten Gebietes erkundet. Er beschrieb 1624 Land und Leute der dortigen englischen Ansiedlung und lobte die Fruchtbarkeit des Bodens, die von den Indianern angelegten Gärten und Maisfelder, das massenhafte Vorkommen von Holz, den Fischreichtum und das gesunde Klima. Nach seiner Meinung war Neuengland ein exzellenter Platz für die Gesundheit und Produktivität der Menschen, wie es ihn kein zweites Mal auf der Welt gebe.
Die neue Plymouth-Kolonie zählte schließlich 7000 Einwohner. Seit 1691 war sie ein Be-

12 *George H. Boughton (1833–1905) „Pilgerväter auf dem Kirchgang". Das 1867 geschaffene populäre Gemälde des angloamerikanischen Malers B. zeigt die neuenglischen Puritaner und ihre Familien auf dem Kirchgang. Die Unsicherheit des Lebens der frühen Siedler spiegelt sich in der Mitnahme der Waffen zur Kirche wider.*

standteil von Massachusetts, einer weiteren puritanisch geprägten Koloniegründung in Neuengland, die seit 1629 von der Massachusetts Bay Company geschaffen wurde. Hier entstanden auch 1630 mit Boston das bald bedeutendste städtische Zentrum der Region und ein wichtiger Hafen. In diesen neuenglischen Kolonien bestimmten kleine Farmen, Fischfang und Pelzhandel das wirtschaftliche Leben. Fisch war zunächst der wichtigste Handelsartikel der neuen Kolonie. Charakteristisch wurde die Entstehung zahlreicher kleinerer Städte entlang der Küste, die von Schiffs- und Bootsbau und einem wachsenden Handel mit Europa, Westindien und den spanischen oder portugiesischen Besitzungen vor der afrikanischen Küste lebten.

Tabelle 2

Bevölkerung von Plymouth und Massachusetts (geschätzt)

1620	102	1640	8.932
1630	506	1650	14.037

Quelle: Simmons, American Colonies, S. 24

Wie in Virginia entstanden auch in Plymouth und Massachusetts Selbstverwaltungsorgane. In Massachusetts stand dem Gouverneur seit 1634/36 ein General Court zur Seite, der anfangs aus 18 gewählten Mitgliedern bestand und die notwendigen Gesetze und Verordnungen traf. Das tägliche Leben wurde auf besondere Weise vom Einfluß der streng religiös auftretenden puritanischen Kirchenältesten geprägt. Die Kirche war damals nicht nur der religiöse Mittelpunkt, sondern ebenso eine zentrale kulturelle Institution und ein wichtiger sozialer Zusammenhalt. Sie war der Pol des lokalen Lebens und das Zentrum der Information. Die Kirche sorgte für die Armen und beförderte die Erziehung. Gottesdienst und Predigt, die regelmäßig am Sonntag besucht wurden [Abb. 12], erweiterten den geistigen Horizont der Menschen, boten ihnen Trost, Hilfe und einen sozialen Zusammenhalt. Die Bibel fehlte in fast keinem Haushalt, aus ihr lernten die Kinder das Lesen, sie diente der täglichen Erbauung. All dies traf auf die kolonialen Verhältnisse im 17. Jahrhundert generell zu, es galt aber besonders für die Neuengland-Kolonien, in denen der religiöse Einfluß mit der Gründung und Entwicklung der Kolonien durch die puritanischen „Pilgerväter" so eigentümlich verwoben war.

Die Puritaner

Die Puritaner waren theologisch Kalvinisten. Der Schweizer Reformator Calvin (1509 bis 1564) lehrte, daß die Welt unabdingbar sündig sei. Nur die wenigen, die Gott auserwählt habe, könnten gerettet werden. Mit dieser spezifischen Heilserwartung unterschieden sich die Puritaner nicht nur von der Lehrmeinung der anglikanischen Kirche, sondern auch von der Ansicht Martin Luthers (1483–1546), nach der allein der Glaube selig mache. Für die Puritaner waren ein fester Glaube und ein gottgefälliges Leben Voraussetzungen für das künftige Seelenheil. Der Einfluß der Kirchenältesten auf die Gemeinschaft der Gläubigen und ihr tägliches Leben war damit von vornherein erheblich. Frömmigkeit und Intoleranz gingen vielfach Hand in Hand. Perry Miller (1905–1963), der Historiker des puritanischen Neuengland, sieht in der Frömmigkeit den Grundzug des puritanischen Geistes. Ein frommes und gottgefälliges Leben bedeutete im puritanischen Neuengland die Autorität der Kirche und ihrer Lehrmeinungen, ebenso wie die Heiligkeit des Sonntags, den Verzicht auf Alkohol, Kartenspiel und ähnliche Vergnügungen. Sarkastisch beschrieb der Journalist H. L. Mencken (1880–1956) die asketische Weltauffassung des Puritanismus als „die quälende Furcht, daß irgendwer irgendwo glücklich sein könne".[8]

Die zweite Phase der britischen Kolonisierung in Nordamerika

Nachdem die englische Revolution seit 1640 in den Kolonien zunächst das Gewicht der lokalen Kräfte verstärkt hatte, begann mit der Restauration der Stuart-Monarchie seit 1660 eine neue, zweite Phase der britischen Kolonisierung. Nacheinander kamen als neue Kolonien die Carolinas (1663), New York (1664), New Jersey (1664) und schließlich Pennsylvania (1682) hinzu. Damit erweiterte sich die wirtschaftliche Bedeutung der Kolonien, und der Zugang der Siedler zum Land wurde erleichtert, so wurden z. B. in den Carolinas jedem freien Siedler 100 Acres (40 ha) Land zur Verfügung gestellt. Die kolonialen Verhältnisse wurden immer mannigfaltiger, im Norden und in den mittleren Kolonien herrschte der Ackerbau auf kleinen und mittleren Farmen vor, im Süden – von Maryland bis zu den beiden Carolinas – machte die mit Sklaven betriebene Plantagenwirtschaft Fortschritte. In South Carolina wurde 1685 neben der Tabakpflanzung der Reisanbau eingeführt. Auch in religiöser Hinsicht wurden die bestehenden Verhältnisse noch mannigfaltiger. Pennsylvania wurde durch den Quäker William Penn (1644–1718) gegründet und bot dieser auf Gewaltlosigkeit orientierten christlichen Religionsgemeinschaft eine besondere Heimstatt. [Abb. 13]. Maryland war die Gründung des katholischen Lord Baltimore (1605–1675), der, um Kolonisten unterschiedlicher Glaubensgemeinschaften anzuziehen, eine tolerante Kirchenpolitik verfolgte. Die Katholiken waren in Britisch-Nordamerika zunächst zahlenmäßig nur schwach verbreitet. Die überwiegend protestantische Bevölkerung der Kolonien stand dem Katholizismus ablehnend, wenn nicht feindlich gegenüber. Der katholische Gottesdienst war in den meisten Provinzen lediglich geduldet. Die Messe durfte nur im privaten Rahmen gelesen werden. Erst 1732 konnte man in Philadelphia eine katholische Messe öffentlich in einer Kirche abhalten.

Im ursprünglich holländischen Neu Amsterdam [Abb. 14], aus dem dann seit 1664 das britische New York wurde, bestand eine besonders komplexe und tolerante Situation. Hier lebten holländische Kalvinisten, deutsche Lutheraner, Angehörige verschiedener christlicher Sekten und Juden friedlich nebeneinander und akzeptierten das Recht jeder Gemeinschaft, ihren speziellen Glaubensregeln entsprechend Gottesdienst zu halten. Hier konnten dann auch jüdische Kolonisten 1728 die erste Synagoge in Amerika errichten.

All diese Kolonien bildeten schließlich einen nahezu zusammenhängenden Siedlungsstreifen von New Hampshire (1679) bis South Carolina. Besiedelt waren zunächst meist die Flußtäler, die an fruchtbaren Boden grenzten und mit den Flüssen eine gute Verkehrsverbindung besaßen [Abb. 15].

Tabelle 3

Bevölkerung der britischen Kolonien in Nordamerika (geschätzt, ohne Indianer)

1640	26.600
1680	151.500
1700	250.900

Quelle: The Encyclopedia of Colonial and Revolutionary America, hg. v. John Mack Faragher, New York 1990, S. 336.

Obgleich geprägt durch das europäische Mutterland, war die Gesellschaft in den nordamerikanischen Kolonien nicht einfach ein Abklatsch der europäischen Verhältnisse. Vielmehr wurde die amerikanische Gesellschaft im 17. Jahrhundert großenteils durch demographische Merkmale einer entstehenden europäischen Siedlungskolonie gekennzeichnet. Da die amerikanische Bevölkerung anfangs aus eingewanderten Siedlern bestand und das Leben in den Kolonien hart war, fehlten von Beginn an die Oberklassen der traditionellen, aristokratischen europäischen Gesellschaft. Es gab keinen Hochadel, es gab überhaupt kaum Aristokraten, es fehlte sogar ein Großteil der in Europa üblichen oberen Mittelklasse. Natürlich gab es Ausnahmen. So waren an der Verwaltung der Kolonien mit den Gouverneuren häufig vom König eingesetzte Lords beteiligt. Die reichen Pflanzer des Südens ahmten mit ihren Herrenhäusern und in ihrem Lebensstil den englischen Landadel nach, aber sie wurden nicht zu den Stammvätern einer erblichen Aristokratie. Der demokratische Charakter der späteren USA hat darin eine seiner bevölkerungs- und siedlungsgeschichtlichen Wurzeln.

13 *Benjamin West (1738–1820): Penns Vertrag mit den Indianern (1771). Dieses frühe Historiengemälde schildert die Bemühungen des Quäkers William Penn um friedliches Zusammenleben mit den Indianern in Pennsylvania. Der Vertrag wurde 1683 geschlossen.*

14 *Stadthuys (Rathaus) in Neu Amsterdam, erbaut 1641–1642, nach einem zeitgenössischen Stich. Der Straßenzug mit dem Rathaus läßt den holländischen Baustil im späteren New York erkennen.*

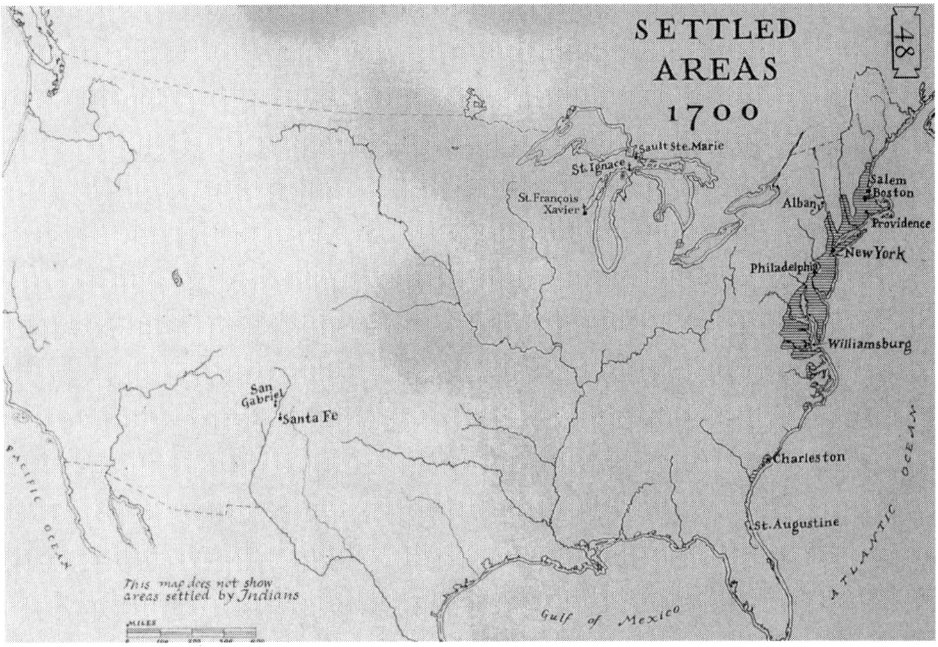

15 *Besiedelte Gebiete in Britisch-Nordamerika um 1700.*

Drei weitere Grundtatsachen sind ebenfalls für die spätere koloniale Entwicklung von Bedeutung geworden:

Erstens bestand die große Anziehungskraft der Neuen Welt für die europäischen Siedler im Überfluß an Wäldern und Holz, in den zahlreichen schiffbaren Flüssen mit ihrem Reichtum an Fischen und in dem – wie es ungeachtet des Vorhandenseins der Indianer, der „Native Americans“, schien – frei zur Verfügung stehenden Land von unbegrenzter Dimension.

Zweitens verbanden die Siedler die natürlichen Reichtümer Nordamerikas an Pflanzen, Tieren (Pelzhandel!) und Bodenschätzen und die von den Indianern kultivierten Erzeugnisse des Ackerbaus (Mais, Kürbis, Tomate, Tabak) mit dem aus Europa mitgebrachten Saatgut für Getreide und mit den ebenfalls aus der Heimat eingeführten Haustieren, den Kühen und Schweinen, den Schafen, Ziegen und Pferden, zu einer leistungsfähigen kolonialen Wirtschaft.

Drittens brachten die Kolonisten allerdings unfreiwillig aus Europa neben den bereits erwähnten Infektionskrankheiten wie Windpocken, Malaria, Masern oder Typhus verschiedene europäische Schädlinge nach Amerika mit, so die „black fly“, eine lästige Fliegenart, und die Küchenschabe, ebenso die graue Ratte und den Samen einiger Unkrautarten, die bislang in Amerika nicht verbreitet gewesen waren.

Wer waren die ersten Siedler und woher kamen sie?

Nach den neueren kolonialgeschichtlichen Forschungen verließen bis 1700 etwa 380.000 Menschen die Britischen Inseln, um sich in den englischen Besitzungen in Nordamerika und im karibischen Raum niederzulassen. Neben den Kolonien an der Atlantikküste, aus denen später die USA hervorgingen, verfügte England im 17. Jahrhundert über Besitzungen in Neuschottland (Nova Scotia) und Neufundland (Newfoundland), auf den Bermudas, den Bahamas, auf Barbados und weiteren Inseln im karibischen Raum. Der spanische Einfluß erstreckte sich bis nach Florida, wo mit St. Augustine 1565 die älteste europäische Niederlassung auf dem Gebiet der heutigen Vereinigten Staaten entstand. Frankreich kolonisierte in Kanada (die Gründung von Quebec fiel in das Jahr 1608), später auch in Louisiana an der Mississippi-Mündung. Die holländischen Besitzungen im Hudson-Tal und die schwedischen Stützpunkte am Delaware hatten keine langfristige Bedeutung, brachten aber ebenfalls kulturelle Einflüsse auf das Leben der Kolonien mit sich.

Die Mehrheit der ersten britischen Siedler kam aus England und Wales, erst später auch aus Schottland und Irland. Ihnen folgten im 17. Jahrhundert über 10.000 Europäer aus anderen Ländern, vor allem aus Holland und Frankreich, seit 1683 auch aus Deutschland. Damals ließ sich eine Gruppe von Mennoniten aus Krefeld, einer streng auf die Bergpredigt ausgerichteten christlichen Sekte, in Germantown, Pennsylvania, nieder. Von ihnen ging einige Jahre später (1688) der erste kollektive Protest gegen die Sklaverei in den Kolonien aus. Germantown ist heute ein Stadtteil von Philadelphia. Pennsylvania wurde, nicht zuletzt wegen der religiösen Toleranz in dieser Kolonie, in der Folge ein bevorzugtes Siedlungsgebiet der deutschen Auswanderer.

Im 17. Jahrhundert mußten rund 350.000 Schwarze als Sklaven ihre Heimat in Afrika verlassen und wurden zwangsweise in die britischen Kolonien in Amerika verschifft. Drei Viertel von ihnen kamen auf die Plantagen in den britischen Westindien-Besitzungen, das restliche Viertel wurde nach Nordamerika verkauft. Dort nahmen die Chesapeake-Kolonien nahezu 120.000 Siedler und 25.000 Sklaven auf.

In die Mittelatlantik-Kolonien gingen 20.000 Kolonisten und einige tausend Sklaven. Weniger als 20.000 Europäer und so gut wie keine Sklaven gingen nach Neuengland.

Die Mehrheit der Siedler kam demnach zunächst aus England. Der typische Kolonist aus Südengland war ein unverheirateter, noch junger Mann, um die 20 Jahre alt. Er besaß häufig handwerkliche Fähigkeiten und wurde von optimistischen Erwartungen über die Verhältnisse in der Neuen Welt beseelt. Er ging zumeist nach Virginia oder Maryland, und die Anziehungskraft der Neuen Welt war eine stärkere Triebkraft für ihn als die Unzufriedenheit mit seiner englischen Heimat oder seine schlechte Lage dort.

Die meisten Auswanderer aus den nördlichen Teilen der Britischen Inseln (Nordengland, Ulster, Schottland) kamen dagegen als Teil einer intakten Familie nach Amerika. Der Haushaltsvorstand war in diesem Fall üblicherweise ein Mann in den Dreißigern, häufig ein Farmer, geprägt von bitteren Erfahrungen in seiner alten Heimat. Hohe Steuern, ruinöse Pachtforderungen, Arbeitslosigkeit oder Unterbeschäftigung waren nicht selten für diesen Personenkreis die Gründe der Auswanderung. Diese Auswanderer gingen gewöhnlich mit ihrer Familie nach Pennsylvania, New York oder North Carolina. Die „Pilgerväter" und die auf sie folgenden Puritaner waren zumeist Farmer und Handwerker aus East Anglia und West Country, wo die englische Tuchindustrie in den zwanziger und dreißiger Jahren des

17. Jahrhunderts unter schweren Krisenerscheinungen litt. In Neuengland – ihrer religiösen Wahlheimat – fanden diese Menschen dann die wirtschaftliche und soziale Sicherheit, die ihnen in England nicht zuteil geworden war.

Im Unterschied zu früheren Auffassungen betont die heutige Forschung den Umstand, daß der durchschnittliche Siedler im 17. Jahrhundert nicht ausgesprochen arm war. Er gehörte nicht zum Bodensatz der damaligen europäischen Gesellschaft, sondern er rekrutierte sich meist aus den arbeitenden Schichten der Manufakturarbeiter, Landarbeiter, Handwerker und Farmer.

Einige Kolonisten – nicht nur die afrikanischen Sklaven – kamen auch gegen ihren Willen nach Amerika, so z. B. verurteilte Verbrecher, denen man die Wahl ließ, sich zwischen Bestrafung oder Auswanderung zu entscheiden, oder Waisenkinder, die in die Neue Welt geschickt wurden. Aber die Mehrzahl der europäischen Einwanderer kam freiwillig. Es waren häufig couragierte, energische Personen, die einen neuen Start im Leben suchten: Farmer und Ladeninhaber, Handwerker und Arbeiter. Ihnen schlossen sich bald auch Frauen auf der Suche nach einem Ehemann an. Motive der Auswanderer waren einesteils wirtschaftliche Gründe bis zur Hoffnung, rasch reich zu werden, andernteils der Wunsch, den Gottesdienst dem eigenen Glauben entsprechend gestalten zu können. Aber alle diese Auswanderer verstanden sich – jedenfalls soweit sie aus England kamen – zunächst und noch für längere Zeit weiter als Engländer, als Untertanen der britischen Krone. Infolgedessen blieb der Zusammenhang der Kolonien mit der Entwicklung des Mutterlandes im 17. Jahrhundert ausgeprägt erhalten. Die Kolonien spürten durchaus die politischen Auswirkungen der Englischen Revolution seit 1640, des anschließenden Bürgerkrieges, der Restauration der Stuart-Monarchie und schließlich der „Glorreichen Revolution“ von 1689, die von den Kolonien in mehreren Aufständen reflektiert wurde. Ebenso war die Abhängigkeit der Kolonien von Wirtschaft, Kultur oder Wissenschaft des Mutterlandes für lange Zeit unbedingt spürbar.

Zu den sozialen und demographischen Gegebenheiten der frühen Auswanderung in die britischen Kolonien in Nordamerika kommen noch einige weitere Tatsachen hinzu. Außerhalb von Neuengland bestand zunächst die Hälfte bis zu zwei Dritteln der europäischen Einwanderer aus „indentured servants“, „gedungenen Dienern“. Dies waren unfreie Arbeitskräfte auf Zeit, jüngere unbemittelte Personen, die sich als Gegenleistung für die Schiffsreise über den Atlantik, für Verpflegung und Schutz auf vier Jahre oder mehr einem Herrn als Arbeitskräfte verpflichtet hatten. Wenn sie dann am Ende ihres Dienstverhältnisses die Freiheit erhielten, wurde ihnen in der Regel ein kleines Landstück zur Verfügung gestellt und/oder eine Geldsumme ausgezahlt. Bis 1700 mögen es annähernd 100.000 Einwanderer gewesen sein, die als „indentured servants“ ihre Überfahrt nach Amerika antraten.

Des weiteren können wir feststellen, daß die Bevölkerung in den nördlichen und mittleren Kolonien sowie dann gegen Ende des 17. Jahrhunderts auch die der südlichen Kolonien durch das natürliche Bevölkerungswachstum sehr rasch zunahm. In den Neuengland-Kolonien betrug die Wachstumsrate, nachdem die Anfangseinwanderung abgeschlossen war, 2,6 bis 2,7 Prozent im Jahr. Dadurch verdoppelte sich – einmal abgesehen von den Neueinwanderern – die Bevölkerungszahl hier alle 25 bis 27 Jahre. Dagegen war in Virginia und Maryland das Bevölkerungswachstum in den ersten Jahrzehnten nach dem Beginn der Besiedlung noch kritisch. Nur der ständige Zustrom neuer Einwanderer sicherte das Überleben dieser Kolonien. Eine hohe Sterberate ließ dort vor 1660 das Durchschnittsalter nicht über 48 Jahre hinausgelangen. In Maryland begann die natürliche Bevölkerungszunahme – unabhängig von der Einwanderung – dann nach 1680 positiv zu werden. Erst zu dem Zeitpunkt, als die in Virginia und Maryland geborenen Kolonisten im heiratsfähigen Alter waren, begann dort die Sterberate zu sinken, weil dieser Personenkreis nun über Abwehrstoffe gegen die dortzulande akuten Seuchen verfügte. Damit entwickelte sich gegen Ende des 17. Jahrhunderts auch in Virginia die Bevölkerungszahl rapide. 1710 lebten in Virginia bereits 78.000 Menschen (55.000 Weiße und 23.000 Schwarze). Nachdem einmal die Krisenjahre in der Anfangsentwicklung der Kolonien, besonders der Chesapeake-Region, durchgestanden waren, lag schließlich die Lebenserwartung in Britisch-Nordamerika höher als im Mutterland. Die Geburtenrate in Amerika entsprach etwa der europäischen, aber die Sterberate war deutlich niedriger.

Außerdem war die amerikanische Bevölkerung des 17. Jahrhunderts jung. Zum einen deswegen, weil der typische Auswanderer ein junger Erwachsener war, zum anderen wegen des frühen Heiratsalters, der Geburtenhäufigkeit und der geringeren Kindersterblichkeit in den Kolonien. Diese Faktoren bildeten ebenfalls eine wichtige Voraussetzung für das rasche weitere demographische Wachstum der Kolonien.

Die Rolle und Struktur der frühen amerikanischen Familie

Die Familie war eine, wenn nicht die Grundlage der kolonialen Gesellschaft [Abb. 16a und 16b]. Sie schützte den einzelnen seit der Geburt. Sie gab seinem Arbeitsleben einen Sinn, und sie versorgte ihn im Alter. Für jedermann war sie ein Mittel, das Leben zu meistern. Ebenso war die Familie die Basis, auf der andere soziale Institutionen errichtet waren. Die Regierung, die Kirche, die örtliche Gemeinschaft, sie alle funktionierten auf der Grundlage der Familie.

Lange Zeit ging die Forschung davon aus, daß die moderne Kleinfamilie, bestehend lediglich aus den Eltern und ihren Nachkommen, in Amerika entstanden sei. In den Jahrhunderten zuvor war in Europa ein ausgedehnterer Familienverband, die Großfamilie, die Norm gewesen. Eltern, Kinder, Brüder, Schwestern, Tanten, Onkel, Neffen, Nichten, Großeltern – all diese Glieder einer Familie lebten in Europa bis zur frühen Neuzeit in einem Dorf zusammen, nicht selten auch unter einem Dach. Die geringe Mobilität der Menschen war teilweise für diesen Zustand mitverantwortlich. Bis zur Industriellen Revolution – also bis tief in das 18. Jahrhundert hinein – war Reisen für die Mehrzahl der Bevölkerung in Europa nur selten möglich. Man hatte weder die Muße dazu noch die Mittel oder das Bedürfnis. Die große Mehrheit der Menschen blieb ihrer Heimat verhaftet. Sie lebte, arbeitete und starb nahe dem Ort ihrer Geburt. Das Fehlen ökonomischer Möglichkeiten bestärkte noch die Abhängigkeit der Kinder von den Eltern, speziell vom Vater, der allein über das mehr oder weniger große Vermögen verfügte, falls es denn dieses gab. Die Gesellschaft des alten Europa war infolgedessen ausgeprägt patriarchalisch, wobei der Vater bestimmte, wo die Familie lebte und wie sie ihr Leben gestaltete. Als eine Folge dieser Lebensumstände wurde erst spät geheiratet. Männer heirateten gewöhnlich eher gegen das dreißigste als gegen das zwanzigste Lebensjahr. Frauen waren bei der Heirat im allgemeinen in ihren zwanziger Jahren. Eine weitere Folge dieser Zusammenhänge waren eine relativ stärker eingeschränkte Fruchtbarkeit der Bevölkerung und ein geringeres Bevölkerungswachstum.

Nach dieser lange üblichen, heute nicht mehr ungeteilt gültigen Auffassung wurde dieser Zyklus ausgedehnter Familienverbände, patriarchalischer Kontrolle, später Eheschließung und geringerer Fruchtbarkeit erstmals von den amerikanischen Kolonisten infolge der in den Kolonien bestehenden Umstände durchbrochen. Überwiegend junge Erwachsene gingen in die Neue Welt und zerrissen damit die traditionellen patriarchalischen Bande. Mit der Überquerung des Atlantiks begann eine neue Form der Mobilität, die sich dann in den Kolonien und an der Siedlungsgrenze noch weiter ausprägte, immer verbunden mit der Hoffnung auf ein besseres Leben. Der natürliche Reichtum Amerikas erlaubte es den Eltern und ihren Kindern nicht selten, ihren Lebensunterhalt allein auf sich gestellt zu bestreiten, ohne direkten Zusammenhang mit der Großfamilie, deren Angehörige zumindest in der ersten Generation der Kolonisten – und ebenso bei den nachfolgenden Auswanderern – in der Regel weit entfernt in Europa weilten. Im Gesamtergebnis dieser Tatsachen kam es daher – zumindest in der Tendenz der Familienentwicklung – zu einem neuen Lebensstil, der auf dem Aufkommen der Kleinfamilie beruhte. Allerdings spielten im Laufe der Zeit generell gesehen die verwandtschaftlichen Beziehungen über den Rahmen der engeren Familie hinaus auch im kolonialen Amerika durchaus eine beträchtliche Rolle.

Eine weitere Konsequenz der neuen Lebensbedingungen in den Kolonien war die frühe Eheschließung für die meisten Paare und eine entsprechend erweiterte Fruchtbarkeit der Familien. Männer heirateten in den Kolonien normalerweise im Alter von 21 Jahren und Frauen im Alter von 18 Jahren, am Beginn der fruchtbarsten Lebensphase beider Geschlechter. Daraus erklärt sich ebenfalls der rasche Bevölkerungsanstieg der Kolonien bis zur Mitte des 18. Jahrhunderts.

Neuere vergleichende Familienforschungen haben indessen ergeben, daß der Unterschied zwischen den europäischen Verhältnissen in der frühen Neuzeit und den nordamerikanischen Verhältnissen im 17. und 18. Jahrhundert doch nicht so kraß war, wie lange angenommen wurde. Teile der Bevölkerung waren auch in England auf der Suche nach Arbeit unterwegs, die Familienverbände waren oft weniger ausgedehnt, die moderne Kleinfamilie entstand auch in Europa bereits vor dem Zeitalter der Industriellen Revolution. Andererseits sind die Ähnlichkeiten im Heiratsalter und in der Fruchtbarkeit der Ehen zwischen den Neuengland-Kolonien und dem Mutterland größer als man früher gemeint hat. Die im Vergleich zum Mutterland größere Fruchtbarkeit der Familien in Amerika erklärt sich im 17. und 18. Jahrhundert nach neueren Forschungen eher aus dem vor allem im Norden der Kolonien gegebenen geringeren Auftreten von Seuchen und aus der geringeren Kindersterblichkeit.

Beträchtlich waren jedenfalls noch im 17. Jahrhundert die Unterschiede der Familienverhältnisse zwischen Neuengland und den südlichen Kolonien. Hier im Süden war lange Zeit die Familie noch die Ausnahme, da die meisten Siedler Männer waren. Erst nach 1700 wurde in Maryland, Virginia und in den beiden Carolinas die Familie ebenfalls die Regel.

Schließlich verschwanden die patriarchalischen Züge der Familie im kolonialen Amerika nicht so rasch, wie mitunter behauptet worden ist. Insbesondere im 17. Jahrhundert war die Kontrolle des Vaters über die erwachsen werdenden Kinder noch fest verankert.

16a *Unbekannter Künstler: Alice Mason, 1670. Die nüchtern-sachliche Darstellung eines kleinen zweijährigen Mädchens aus Neuengland im Sonntagsstaat der Oberschicht.*

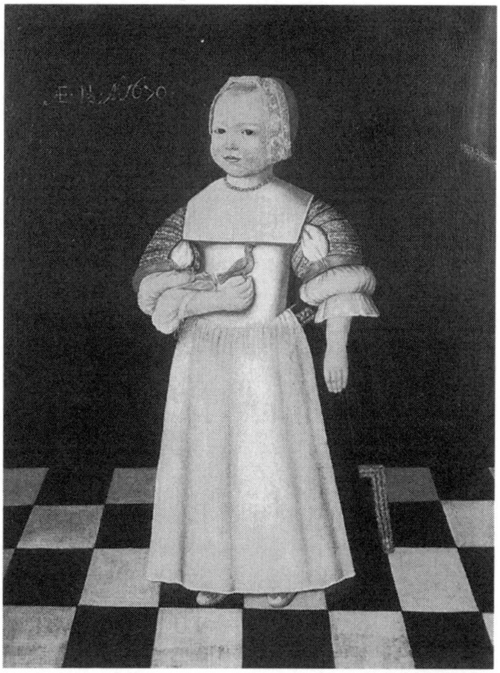

16b *Henry Gibbs, unbekannter Künstler 1670. Der Vater des kleinen Jungen war Kaufmann und Pastor in Boston, auch dieser Knabe stammt aus dem gehobenen Bürgertum. Bekleidet ist der Junge mit einem Rock, damals gleichermaßen das Kleidungsstück kleiner Kinder beiderlei Geschlechts.*

Die Stellung der Frau

Auch die Stellung der Frau war in der frühen Kolonialzeit eher traditionell, d. h. durch eine weitgehende Abhängigkeit vom Mann, durch Rechtlosigkeit und fehlende Gleichberechtigung gekennzeichnet. Die Kolonisten brachten nach Amerika tief wurzelnde Überzeugungen von der Inferiorität, der Minderwertigkeit der Frau mit. Durch Gott und Natur ausgestattet sei die Frau sündiger veranlagt, ihren Emotionen unterworfen und psychologisch abhängig. Man erwartete von ihr, daß sie ihre Rolle als Hausfrau widerspruchslos übernahm. Ihre Aufgaben waren eindeutig festgelegt: fröhlicher Gehorsam gegenüber dem Ehemann, Ernährung, Pflege und Erziehung der Kinder und die Besorgung des Haushalts [Abb. 17]. Die in der Männerwelt damals herrschenden Auffassungen über die Rolle der Frau lassen vermuten, daß die meisten Frauen in den Kolonien, jedenfalls bis zur Amerikanischen Revolution des 18. Jahrhunderts, ihren untergeordneten Status stillschweigend akzeptiert haben. Von einer namenlosen Frau aus Virginia ist das Wort überliefert: „Einer der ersten Entschlüsse, den ich nach der Eheschließung faßte, bestand darin, mich nie auf einen Disput mit meinem Ehemann einzulassen."[9]

Sowohl die sozialen Bräuche als auch die gesetzlichen Bestimmungen der Kolonialzeit sahen vor, daß die Frauen ehrerbietig und machtlos zu sein hatten. Das Schicksal der Anne

17 *Unbekannter Maler: Mrs. Freake und ihre Tochter Mary (c. 1674). Das Gemälde stammt aus Neuengland und zeigt eine ungewöhnlich farbig gekleidete Frau aus der Oberschicht mit ihrer Tochter. Kleidung und Schmuck stammen aus Europa. Das Bild gilt als das schönste Werk der amerikanischen Malerei des 17. Jahrhunderts.*

Hutchinson (um 1600–1643) zeigte im frühen Massachusetts diesen Umstand deutlich. Anne Hutchinson war eine intelligente, willensstarke Frau, die mit einem angesehenen Kaufmann in Boston verheiratet war und 13 Kinder großgezogen hatte. Sie veranstaltete in ihrem Bostoner Heim religiöse Zusammenkünfte, in denen sie ihre eigene Auslegung der religiösen Fragen vortrug und die Autorität der puritanischen Kirchenältesten in Frage stellte. Ihre Vorwürfe gegen die puritanische Geistlichkeit brachten sie 1637 vor den General Court der Kolonie. Der Gouverneur von Massachusetts, John Winthrop (1587/88–1649), erklärte in der Gerichtsverhandlung gegen Hutchinson, er sei nicht bereit, mit einer Vertreterin des weiblichen Geschlechts zu diskutieren. Als „eine Frau, ungeeignet für unsere Gesellschaft“

wurde sie 1638 aus Massachusetts verbannt. Sie ging nach Rhode Island, wo sie sich mit ihrer Familie und einigen Anhängern niederließ. Dort trafen sie dann mehrere schwere Schicksalsschläge. Ein Baby kam tot zur Welt, ihr Mann starb einige Zeit später. Dies wurde bereitwillig von der puritanischen Kirchenführung als Gottesurteil gedeutet. 1642 verlegte Anne Hutchinson ihren Wohnsitz auf das damals holländische Long Island, wo sie ein Jahr später bei einem Indianerangriff ums Leben kam.

Frauen konnten, anders als ihre männlichen Geschlechtsgenossen, im kolonialen Amerika nicht wählen, kein politisches Amt übernehmen, keine öffentlichen Schulen oder Colleges besuchen, nicht Prediger werden. Eine Ausnahme machten nur die Quäker, die keine bezahlten Priester kannten und in deren Gemeindezusammenkünften von Gott inspirierte Frauen ebenso wie Männer das Wort ergreifen durften. Frauen konnten in den Kolonien keinen Prozeß anstrengen, keine Verträge schließen, kein Eigentum besitzen, ausgenommen unter außergewöhnlichen Bedingungen. Allerdings brachten die Bedingungen der Neuen Welt einige erste Verbesserungen im Status der Frauen mit sich. Frauen hatten bei der anfänglichen Besiedlung der Kolonien gemeinsam mit ihren Männern ein erhebliches Maß der Anstrengungen auf den Farmen, an der Siedlungsgrenze oder in den Städten mitzutragen. Dies und der Frauenmangel, wie er sich besonders in der Frühzeit der Kolonialentwicklung zeigte, ließ ihren Wert deutlicher hervortreten, als dies in Europa der Fall war. Ebenso führte beispielsweise die puritanische Sorge um ein wohlgeordnetes Familienleben zu gesetzlichen Regelungen, welche Frauen vor physischer Mißhandlung schützten. In Neuengland war es dem Mann verboten, die Frau zu schlagen, und dieses Verbot galt auch im umgekehrten Fall. Auch wurde hier die Ehescheidung gestattet, was im Süden, z. B. in Maryland, nicht der Fall war. Dann kam es bereits zu kolonialen Gesetzen, die der Ehefrau eine größere Kontrolle über das Vermögen einräumten, das sie in die Ehe mitgebracht hatte oder das ihr nach dem Tod des Ehemanns verblieben war. Aber die generelle Auffassung über die von Gott gewollte Unterordnung der Frau blieb in der Neuen Welt auf lange Zeit fest verwurzelt. Eine in London 1688 von einem Mann verfaßte und veröffentlichte, prompt nachgedruckte Schrift mit dem bezeichnenden Titel „Das Neujahrsgeschenk der Dame" stellte apodiktisch fest: „Es besteht Ungleichheit unter den Geschlechtern, und zwar für die bessere Ökonomie der Welt. Der Mann, der die Gesetze gibt, hat den besseren Anteil am Verstand, der beiden gegeben ist."[10]

Die soziale Ordnung – wie sie im europäischen Mutterland bestand – wurde in den britischen Kolonien des 17. Jahrhunderts nicht zerstört. Ebensowenig wurde diese Welt gänzlich umgekrempelt. Doch entstanden in diesem damaligen überseeischen Ausläufer der europäischen Gesellschaft soziale Umschichtungen und Freiräume für Veränderungen. In ruhigen Jahren und bei stabilen Verhältnissen führten einige dieser Veränderungen zurück zu den mehr traditionellen Lebensformen. Andere Veränderungen konnten mit der Zeit Teil eines kontinuierlich neu gestalteten Lebensstils werden.

Wohnung, Nahrung, Jahresrhythmus

Die ersten Unterkünfte der Siedler bestanden in der Chesapeake-Region ebenso wie in Neuengland aus primitiven Hütten. Es waren kleine ein- oder höchstens anderthalbstöckige Holz- oder Lehmhütten, mit Stroh oder Rasen gedeckt und mit einer Feuerstelle aus Stein oder Lehm. Einen Fortschritt bildeten die durch skandinavische Siedler im Laufe des

18a *Dioramabild vom Leben und der Arbeit der frühen Siedler in Maryland. Aus dem Darnell Young People's Museum.*

18b *Inneres eines Blockhauses der Siedler in der Kolonialzeit. Museale Rekonstruktion aus dem Darnell Young People's Museum.*

19 *Parson Capen House in Topsfield, Massachusetts aus dem Jahre 1683. Das zweistöckige Haus mit Mansarde gehörte einem bessergestellten Besitzer. Die ärmeren Bewohner, die Neuankömmlinge und diejenigen, die sich anschickten, in die Wildnis zu gehen, mußten sich mit einstöckigen Häusern begnügen.*

17. Jahrhunderts eingeführten und seit dem 18. Jahrhundert verbreitet zu findenden Blockhäuser (log cabin). Das Blockhaus [Abb. 18a und 18b] bzw. anders konstruierte Holzhäuser waren bei dem allgemeinen Überfluß an Holz leicht zu errichten und eigneten sich hervorragend als Unterkunft für den Neuankömmling in der amerikanischen Wildnis. Ein Reisender durch New Jersey beschrieb 1679 ein solches Blockhaus als besser und fester als die sonst üblichen Häuser auf dem Land. Es bestand gänzlich aus Baumstämmen, die der Länge nach in der Mitte gespalten waren. Die ganze Konstruktion wurde ohne einen Nagel oder Bolzen errichtet. Decken und Dach wurden ebenfalls ohne große Mühe fertiggestellt. Fensteröffnungen waren klein. Glasfenster waren – anders als bei den Häusern in der Stadt – zunächst die Ausnahme. Die Türen waren breit, aber so niedrig, daß man sich beim Eintreten bücken mußte. „Diese Häuser sind sehr fest und warm", schloß der zeitgenössische Bericht.[11]

Die Häuser der frühen Kolonialzeit besaßen bei allen regionalen Unterschieden gemeinsame Züge. So gab es im Haus noch keine Räume für spezifische Gelegenheiten, keine Schlafräume, Speisezimmer oder Badezimmer. Die Toilette befand sich ganz überwiegend außerhalb des Hauses. Im allgemeinen kam man vom Flur in einen Hauptraum („hall"), voll vom Rauch und den Gerüchen des täglichen Lebens, zumal das Leben im Haus sich um die lebensnotwendige Feuerstelle herum abspielte. In dieser „Halle" wurde gekocht und gegessen. Hier kam die Familie zur Andacht und zum Gebet zusammen. Hier wurden beim flakkernden Licht der Feuerstelle bzw. der Kieferfackeln die notwendigen Arbeiten verrichtet, die es im Haus zu leisten gab. Mit der Zeit wurde dann die Küche separat untergebracht, in der Chesapeake-Region wegen der Hitze im Sommer sogar in einem eigenen Küchengebäude. Anders als im Mutterland waren die Häuser meist unterkellert, um im Sommer Vorräte kühl halten zu können.

Die vermögende Oberschicht konnte sich größere Häuser in der Stadt bzw. Herrenhäuser auf der Plantage leisten, die, soweit sie aus dem 17. Jahrhundert noch erhalten sind, als Schmuckstücke der kolonialen Architektur vom Geschmack und Stilempfinden der Zeit zeugen. In den Städten Neuenglands waren diese Häuser meist aus Holz, zweistöckig mit einer Mansarde, wie das Parson Capen House in Topsfield, Massachusetts, aus dem Jahr 1683 [Abb. 19]. Es enthielt zwei Räume in jedem Stockwerk und einen zentralen Kamin. Unten befand sich die „Halle". Im oberen Geschoß und in der spärlich mit Fenstern versehenen Mansarde waren die Schlafräume gelegen. Gerahmte Glasfenster waren bei der besseren Klasse der Häuser bereits in der ersten Hälfte des 17. Jahrhunderts allgemein verbreitet. Ein schönes Beispiel der neuenglischen Bauweise ist das Whipple House in Ipswich, Massachusetts, aus dem Jahr 1639, das durch seine kreuzweise angeordneten Giebel auffällt [Abb. 20a], oder das ansehnliche „Haus mit den sieben Giebeln" [Abb. 20b], das 1668 in Salem, Massachusetts, gebaut wurde. Die Möbel wurden im 17. Jahrhundert entweder aus England importiert oder aus einheimischen Hölzern und mit einfachen Mitteln von Tischlern angefertigt [Abb. 20c].

Die frühen Herrenhäuser in Virginia und Maryland waren in der Regel aus rotem Backstein im Stil der englischen Herrenhäuser errichtet. Auch sie zeugen vom Geschmack und der Wohnkultur im kolonialen Amerika. Bacon's Castle aus dem Jahr 1665 ist das älteste noch erhaltene dieser Herrenhäuser in Virginia, südlich des James River gelegen [Abb. 21]. Es wurde von einem reichen Pflanzer und Kaufmann angelegt und besticht durch die solide Bauweise und elegante Architektur. Die Farmhäuser des 17. Jahrhunderts waren spärlich möbliert. Nur die reiche Oberschicht der Kolonien konnte Möbel aus England oder Holland kommen lassen, um ihre Häuser einzurichten. In der Chesapeake-Region verfügte anfangs nur jede dritte Familie über Stühle oder gar Sessel. Man saß auf Bänken, Kisten, Kissen oder Matten. Auch Bettstellen waren dort und in der Plymouth-Kolonie in der ersten Zeit nicht überall vorhanden. Das Alltagsleben der einfachen Leute spielte sich auf engem Raum, bei geringem Komfort und ständig harter Arbeit ab.

Allgemein fiel den Besuchern des frühen Amerika der schlechte Zustand der Zähne, ganz besonders bei den Frauen, auf. Dies hing vermutlich auch mit der Vorliebe für süße Speisen, heiße Suppen und Gefrorenes zusammen. Davon abgesehen schwankte der Gesundheitszustand der Menschen im 17. Jahrhundert von Region zu Region. Allgemein aber war er im Norden weit besser als im Süden, wo bis zur Mitte des Jahrhunderts die Sterblichkeit durch Seuchen erheblich blieb. Die Ernährung der Kolonisten war – vor allem in der Anfangsphase der Besiedlung – häufig nicht ausreichend. Hunger war ein Begleiter der ersten Jahre und Jahrzehnte in Amerika. Aber chronische Hungersnöte, diese alltägliche Begleiterscheinung des damaligen Lebens in England und auf dem Kontinent, waren in Amerika eine Seltenheit. Die Siedler ernährten sich mit dem Fortgang des Lebens in den Kolonien im allgemeinen besser und waren auch zumeist widerstandsfähiger als die Menschen in ihrer früheren Heimat. Da es keine großen Städte gab, konnten Epidemien nicht das gleiche Unheil anrichten, wie dies lange Zeit in Europa der Fall war. Dazu kam, daß die

20a *Whipple House in Ipswich, Massachusetts aus dem Jahre 1639. Ein sehr schönes Beispiel eines großen neuenglischen Wohnhauses mit kreuzweise angeordneten Giebeln, einer Tür auf der Langseite und mit verglasten Fenstern.*

20b *Das „Haus mit den sieben Giebeln" (1668), Salem, Massachusetts.*

medizinische Versorgung in den Kolonien jedenfalls nicht schlechter als in England gewesen zu sein scheint.

Die *Ernährung der Kolonisten* war – nach den anfänglichen Schwierigkeiten der Umstellung auf eine fremde Umwelt – in der Regel kein Problem. Der Reichtum an Fisch, an Wild, an Waldfrüchten wie Heidelbeeren, Brombeeren und Walderdbeeren bereicherte die Mahlzeiten. Erdbeeren mit Milch und Zucker war eine beliebte Speise. Zumeist war das Essen der Siedler jedoch wenig abwechslungsreich und ohne Geschmack. Kartoffeln wurden erst im 18. Jahrhundert – auf dem Umweg über Schottland und Irland – in den Speisezettel der Kolonien aufgenommen. Die Holländer und Deutschen steuerten Kohl bzw. Sauerkraut zur kolonialen Küche bei. Küchenkräuter wurden in den Hausgärten gezogen. Allerdings hielten die Siedler englischer Herkunft an der wenig abwechslungsreichen Kost der Heimat fest. Gemüse war bei ihnen nicht beliebt, roh verzehrt galt es als ungesund. Wurzelwerk, Rüben, Karotten und Zwiebeln wurden zusammen gekocht, bis sie eine breiartige Masse ergaben. Zum Frühstück gab es einen Maisbrei mit Milch oder Sirup. Lunch oder Dinner bestanden in der Regel aus Eintopf wie Stew oder Suppe, deren Inhalt von der Jahreszeit abhängig war. Erst im 18. Jahrhundert und bei den besser situierten Familien kamen getrennte Gerichte von Fleisch und Gemüse auf die Tafel. Erst dann wurde neben dem seit eh und je üblichen Messer und dem Löffel die Gabel als Speisegerät eingeführt.

Bald lernten die Kolonisten indianische Gerichte zu schätzen. In Tontöpfen gebackene Bohnen waren eine beliebte Speise in Neuengland. Kürbis (pumpkin) war eine gängige Nahrung und wurde für Brei oder Kuchen verwendet. Mais wurde auf verschiedene Art zubereitet. Im Süden bevorzugte man Grütze aus Maismehl. Die Einseitigkeit einer hauptsächlich aus Mais bestehenden Nahrung, die leicht zu Pellagra, einer chronischen Vitamin-B-Mangelerkrankung, hätte führen können, glich man durch die reichlich vorhandenen Fische, das wilde Geflügel und anderes Wild aus. Zu einer besonderen Seite der amerikanischen Ernährung wurde frühzeitig die Vorliebe für Süßes und Süßspeisen. Zucker war durch die relative Nähe Westindiens weniger kostspielig als in Europa. Wo er fehlte, wurde mit Sirup, Honig oder Ahornzucker gesüßt. Aus England und Holland wurden frühzeitig Bienen eingeführt, so daß auch an Honig kein Mangel war.

Unter den Getränken rangierten im einfachen Volk Milch und Bier an erster Stelle. Wasser war wenig beliebt und wurde nur getrunken, wenn es keine Alternative gab. Die Siedler kannten anfangs weder Tee, Kaffee oder Schokolade. Diese Getränke wurden in England erst in der Mitte des 17. Jahrhunderts üblich und in den Kolonien noch später heimisch. Recht bald wurde in den Kolonien Bier gebraut. Mit dem Weinanbau dauerte es etwas länger. Whisky aus Mais und Apfelbranntwein wurden von den Farmern gebrannt. Trotz kolonialer Gesetze und kirchlicher Ermahnungen war ausgiebiges Trinken weit verbreitet. Die Tage, an denen die lokale Miliz trainierte, waren, wenn wir den Zeitgenossen glauben können, vor allem Tage, an denen Alkohol reichlich floß. Die Wohlhabenderen ließen Wein und Cognac aus Frankreich kommen. Das einfache Volk bevorzugte Bier. Hopfen und Malz wurden in den Kolonien angebaut. Die Holländer brauten Bier aus Weizen. Brauereien entstanden allerorts, in Virginia seit 1629, in Massachusetts seit 1637. In Pennsylvania warb man Einwanderer mit dem Hinweis auf die große Brauerei in Philadelphia. Rum, der aus von Westindien eingeführter Melasse hergestellt wurde, war ebenfalls von Anfang an beliebt. Im Norden ergänzte man Bier und Rum mit kräftigem Apfelwein (cider), der seitdem ein Lieblingsgetränk auf dem Land wurde. Überall verstand man sich auch bereits in

20c *Raum im Thomas Hart House in Ipswich, Massachusetts; etwa 1640.*

21 *Bacon's Castle (1665), das älteste erhaltene Herrenhaus in Virginia. Der linke Flügel des Gebäudes ist der älteste Teil des Hauses. Der Name „Bacon's Castle" erklärt sich daraus, daß sich die Aufständischen der Rebellion unter Nathaniel Bacon (1647–1676) gegen den Gouverneur von Virginia (Bacon's Rebellion) 1676 einige Zeit in dem Haus verschanzt hatten.*

dieser Frühzeit der Kolonien auf die Herstellung von Mixgetränken, sei es eine Mischung von Cider und Rum, von Cider und Met oder ein gesüßtes und mit Spirituosen angereichertes, gewärmtes Bier.

Der *Rhythmus des Lebens* bzw. der *Ablauf des Jahres* folgte den durch den christlichen Kalender und Jahreskreis in der europäischen Heimat vorgegebenem Traditionen. Die ersten Siedler maßen die Zeit noch nach unterschiedlichen Kalendern. Holländer, Deutsche und Schweden benutzten bereits die neue Zeitrechnung des Gregorianischen Kalenders. Die Engländer hielten bis 1752 an der alten Zeitrechnung des Julianischen Kalenders fest, die um zehnTage differierte. Erst dann wurde auch in den Kolonien die neue Zeitrechnung eingeführt. Die in England üblichen Feiertage blieben auch in den Kolonien allgemein erhalten. Dazu gehörten vor allem der Lady's Day (das Fest der Verkündigung Mariä) am 25. März, die Feier des Mittsommers (Johannisfest) am 24. Juni, Michaelis am 29. September und Weihnachten am 25. Dezember. Weitere Feiertage wie Karfreitag, Ostersonntag oder St.-Valentins-Tag (14. Februar) kamen hinzu. Entsprechend der christlichen Tradition wurde der Sonntag als Tag der Ruhe und Besinnung begangen. Im puritanischen Neuengland wurde darauf streng geachtet. Arbeit, öffentliche Belustigungen, Lärm oder ein Besuch der Schenke waren an diesem Tag in Boston und anderswo streng verpönt. In Plymouth ging man so weit, selbst jede Zusammenkunft in Privathäusern zu untersagen. Im holländischen Neu Amsterdam, dem späteren New York, folgte man am Sonntag dem kontinentalen Brauch. Nach dem Besuch der Kirche konnte man den Tag verleben, wie man wollte, und die Gaststätten waren offen. In der Chesapeake-Region wurde die ursprünglich strenge Einhaltung der Sonntagsruhe, während der jede Arbeit, jeder Handel, selbst das Mahlen der Maiskörner verboten war, bald gelockert. Hier wie in den meisten ländlichen Gegenden wurde schließlich die Sonntagsruhe nur sehr lässig eingehalten.

Der Lebens- und Arbeitsrhythmus der Männer wurde hauptsächlich durch die wechselnden Aufgaben in der Landwirtschaft im Ablauf der Jahreszeiten bestimmt. Das Klima der Kolonien war zwischen Massachusetts und South Carolina durch erhebliche Gegensätze bestimmt. Der Winter war im Nordosten anhaltend und erheblich kälter als in den entsprechenden Breiten der Alten Welt. Aber auch der Süden kennt frostreiche Winter. Im Sommer sind lange Hitzezeiten auch im Norden nicht ungewöhnlich. Der Übergang vom Sommer zum Winter erfolgt langsam und allmählich und wird im Herbst regelmäßig von der herrlichen Laubfärbung des „Indian summer“ , wie der Altweibersommer dort heißt, begleitet. Der Frühling tritt dagegen rasch ein. Diese klimatischen Gegebenheiten bildeten mit ihren konstanten Abläufen und ihren Wechselfällen in der Gestaltung des täglichen Wetters den Rahmen für die Arbeit der Kolonisten und Siedler. Im Frühjahr wurde gesät und angebaut, im Sommer pflegte und besorgte man die Felder, im Herbst wurde geerntet, im Winter wurde die kommende Aussaat vorbereitet, wurden Zäune repariert, Holz geschlagen und ähnliche Arbeiten verrichtet. Für die Frau bestand weniger Abwechslung. Sie hatte stets zu kochen, Wäsche zu waschen, die Kinder zu versorgen, das Haus in Ordnung zu halten. Sie kümmerte sich um den Küchengarten und das Kleinvieh.

Die Mühsal der Sorge um den Lebensunterhalt und das tägliche Einerlei der Arbeit wurden durch verschiedene Arten der Entspannung und Unterhaltung unterbrochen, die in den Kolonien im Schwange waren und vor allem wieder den Männern vorbehalten blieben. Die Jagd, der Fischfang, die Vogeljagd dienten der Bereicherung des Speisezettels, wurden aber bald ein Sport, der eher um seiner selbst willen betrieben wurde. Andere Vergnügungen in der Chesapeake-Region und anderswo boten die von Beginn der kolonialen Entwicklung an populären Pferderennen, die Hahnenkämpfe und die damals beliebte Stierhatz (bull baiting), die ebenfalls aus England importiert worden war. Im Süden verbrachte man den Winter im Haus, und die Familien der Plantagenherren vertrieben sich die Zeit mit Tanz oder Kartenspiel. Im Norden waren Schlittschuhlaufen, Schlittenfahrten und Ausflüge mit Pferdeschlitten ein bevorzugtes Wintervergnügen.

Während des 17. Jahrhunderts verstärkten sich in Amerika die Unterschiede zu dem aus Europa übernommenen Jahresrhythmus. Es gab bald kein übereinstimmendes Fest mehr, das alle Kolonisten – wo immer sie lebten – gleichzeitig begangen hätten. Ein Teil von ihnen bevorzugte das Weihnachtsfest, ein anderer Teil Thanksgiving oder andere Erntefeste. Wie in landschaftlicher oder wirtschaftlicher Hinsicht bestanden auch in Hinblick auf den Jahresablauf, die Sitten, Gebräuche und Feiertage erhebliche regionale Unterschiede im kolonialen Amerika.

Aberglauben, Hexenwahn und Hexenverfolgung

In der frühen Neuzeit blühte in Europa wie in den Kolonien bei Gebildeten und einfachen Leuten der Glaube an göttliche und andere Zeichen, an Vorherbestimmungen und Wunder einer unsichtbaren Welt. Kometen, Nordlichter oder Erdbeben konnten als Warnungen vor einem göttlichen Strafgericht gelten. Die Mondphasen wurden aufmerksam verfolgt. Farmer richteten sich bei Aussaat und Ernte, beim Schlachten und bei anderen notwendigen Tätigkeiten nach der Stellung des Mondes. Gute und schlechte Vorzeichen, wie die noch heute beunruhigende schwarze Katze über den Weg, waren verbreitet. Die Deutschamerikaner glaubten, wenn Neujahr auf einen Sonntag falle, so würden ein milder Winter und schöner Frühling folgen. Den an den ersten drei Tagen des neuen Jahres Geborenen stünde ein unglückliches Leben bevor. Wer über ein Grab stolperte, mußte rückwärts darüber springen, sonst würde bald ein Verwandter sterben. All diese Vorbedeutungen waren eng mit dem Alltagsleben jener Zeit verflochten.

Kein Aberglaube des 17. Jahrhunderts hat mehr Schaden gestiftet und Aufsehen erregt als der Hexenwahn und die Hexenprozesse in Neuengland gegen Ende des Jahrhunderts. Sie waren keine amerikanische Besonderheit. In Europa, besonders in Frankreich, wurden zu jener Zeit mehr Hexen verurteilt als in den Kolonien. Aber die Umstände, unter denen die Hexenverfolgung in Salem, Massachusetts, so rasant um sich griff, ergaben sich aus den Zuständen dieser Kolonie. Glaube und Aberglaube waren in der frühen Neuzeit auch in Amerika eng verbunden. In Massachusetts gab es zwischen 1630 und 1690 im ganzen 24 Anklagen wegen Hexerei. Sieben Personen wurden verurteilt, fünf von ihnen hingerichtet. Dann aber kam es 1692 in Salem zu einem hysterischen Aufflammen des Hexenwahns, der traurige Folgen hatte. Salem war damals eine relativ isolierte Stadt in der Nähe der Siedlungsgrenze von Massachusetts, in der verschiedene soziale und religiöse Gegebenheiten dem Hexenwahn Vorschub leisteten. Der Puritanismus verlor zu dieser Zeit in Neuengland seinen ursprünglich alles beherrschenden Einfluß. Aberglaube, Unwissenheit, Intoleranz und Fanatismus bündelten sich in einer noch stark von mittelalterlichen Vorstellungen geprägten Stadt. Die Besessenheit mit dem Gedanken der Sünde, der Glaube an den Teufel, soziale und politische Wirren der Zeit, Rivalitäten und persönliche Abrechnungen zwischen einzelnen Familien schufen ein Klima, in dem die Hexenprozesse möglich wurden.

Eine Anzahl junger Mädchen zwischen 11 und 20 Jahren traf sich regelmäßig in einem Pfarrhaus der Stadt. Sie vertrieben sich die Zeit mit mancherlei Zauber und wurden durch ein Paar zum Pfarrhaus gehörender westindische Sklaven in die Geheimnisse des Voodoo-Kultes eingeführt. Die Mädchen zeigten bald Anzeichen von Hysterie und Hypnose. Sie wirkten wie behext, fielen häufig zu Boden, sprachen in einer unverständlichen Sprache, schrien, als ob sie große Schmerzen hätten. Ein oder zwei verheiratete Frauen bekamen ebenfalls derartige Anfälle. Die Vorgänge erregten großes Aufsehen. Ein Arzt, den man konsultierte, erklärte, die Frauen seien „von einer bösen Hand" berührt worden. Möglicherweise war bei dem, was folgte, auch Betrug im Spiel, aber vermutlich ebensoviel Selbsttäuschung und Aberglauben. Die als Hexen verdächtigten Mädchen und Frauen bekannten höchst unglaubwürdige, entsetzliche Erlebnisse einer Schwarzen Magie und bezichtigten ihrerseits weitere Frauen, die für ihre Schmerzen und Leiden verantwortlich seien, der Hexerei. Während dieser Erscheinungen richteten die Frauen ihre Gebete an einen kleinen schwarzen Mann mit einer großen Krone auf dem Hut. Sie ritten auf Stecken, Stangen oder Besen und liebkosten kleine gelbe Vögel. Mitunter erschien ihnen ein Schwein, mitunter ein schwarzer Hund und verlangte: „Diene mir!"

Der Gouverneur von Massachusetts, William Phips (1650–1695), berief daraufhin einen speziellen Gerichtshof ein, um die Fälle zu untersuchen. Die betroffenen Mädchen und Frauen bezichtigten sich vor Gericht gegenseitig, Kinder Satans zu sein. Ein Teil von ihnen bekam selbst während der Verhandlung so heftige Anfälle, daß sie für lange Zeit nicht in der Lage waren, Zeugnis abzulegen.

Nach einiger Zeit gab es – über Salem hinaus auch noch in weiteren Orten Neuenglands – über 100 Beschuldigte, von denen sich 50 für schuldig bekannten, 28 als Hexen verurteilt und 20 Frauen und Männer hingerichtet wurden. In dem Klima von Beschuldigungen und Verunsicherung während der Prozesse kam es zur Flucht und zum Untertauchen selbst prominenter Personen. Als aber dann Anklagen sogar gegen Angehörige des Gouverneurs, gegen seine Frau, gegen prominente Pfarrer und leitende Magistratsbeamte erhoben wurden, war der Bogen überspannt. Die Glaubwürdigkeit der Anklagen brach in sich zusammen. Richter des Gerichtshofes brachten ihre Reue über das Geschehen zum Ausdruck. Anfang 1693 weigerte sich das Gericht, weitere Anklagen anzuhören. Die Prozesse wurden eingestellt. Doch erst 1711 gab es eine Entschädigung für die überlebenden Opfer.

Vereinzelt kam es noch am Anfang des 18. Jahrhunderts in Virginia und North Carolina zur Beschuldigung der Hexerei. Todesstrafen wurden nicht mehr verhängt, doch der Hexenglauben hielt sich am Leben.

Die Ereignisse von Salem, deren historische Zusammenhänge in der Forschung strittig sind, stellen ein dunkles Kapitel in der Geschichte der Kolonialzeit dar. Ob sie, wie der Dramatiker Arthur Miller (* 1915) in seinem Schauspiel „The Crucible" (1953) meinte, eine häßliche, repressive Seite im amerikanischen Charakter, eine latente Bereitschaft, Dissidenten zu unterdrücken, aufscheinen ließen, sei dahingestellt. Jedenfalls aber waren sie nicht lediglich eine einmalige Verirrung, wie David Hawke (* 1923) in seiner alltagsgeschichtlichen Untersuchung der frühen Kolonialzeit meint. Der Hexenwahn erreichte im puritanischen Neuengland seine für Amerika schlimmsten Ausmaße. Salem verkörperte damals auf seine Weise eine Welt, in die der Geist der Aufklärung noch nicht Einzug gehalten hatte.

KAPITEL 2

Das wirtschaftliche, kulturelle und religiöse Leben der Kolonien im 18. Jahrhundert

Im Laufe des 18. Jahrhunderts wuchsen die britischen Kolonien in Nordamerika in territorialer Hinsicht und nach ihrer Bevölkerungszahl rasch an. Ebenso machten Landwirtschaft, Handel und Manufakturwesen Fortschritte. Mit der Gründung von Georgia waren es 1733 13 britische Kolonien an der Atlantikküste, aus denen eine Generation später die USA hervorgingen. Sie reichten im Norden von Maine, das zu jener Zeit ein Teil von Massachusetts war, bis an die Grenzen des spanischen, seit 1763 britischen Florida im Süden [Abb. 1].

Die Bevölkerung dieser 13 Kolonien vergrößerte sich ebenfalls merklich, auch im Ergebnis der weiter anhaltenden Einwanderung aus England, Schottland, Ulster (Nordirland), Deutschland und anderen Ländern. Um 1720 lebten knapp 400.000 weiße Amerikaner in den Kolonien, am Vorabend des Unabhängigkeitskrieges waren es dann bereits annähernd 1,8 Millionen.

Tabelle 4

Bevölkerung in Britisch-Amerika (geschätzt, ohne Indianer)

1700	250.900
1720	466.200
1740	905.600
1760	1,593.600
1775	2,204.500

Quelle: Encyclopedia Colonial and Revolutionary America, S. 336

Aus Europa wanderten zwischen dem Beginn des Jahrhunderts und dem Unabhängigkeitskrieg weitere 250.000–300.000 Menschen ein. Hinzu kamen (1774) 500.000 schwarze Amerikaner, von denen 480.000 Sklaven waren. Die bereits stark dezimierte Gesamtbevölkerung der indianischen Stämme östlich des Mississippi – also im Einflußgebiet der 13 Kolonien – wird neuerdings auf ungefähr 105.000 geschätzt.

Die überwiegende Mehrzahl der Amerikaner lebte damals auf dem Land, doch zählte man vor dem Unabhängigkeitskrieg schon zwölf Städte mit mehr als 5.000 Einwohnern. Die größten unter ihnen waren Philadelphia (34.500 Einwohner), New York (22.600), Boston (15.800) und Charleston in South Carolina (10.600). New York war in der Mitte des 18. Jahrhunderts eine Stadt, in der bereits 30 verschiedene Sprachen gesprochen wurden [Abb. 2].

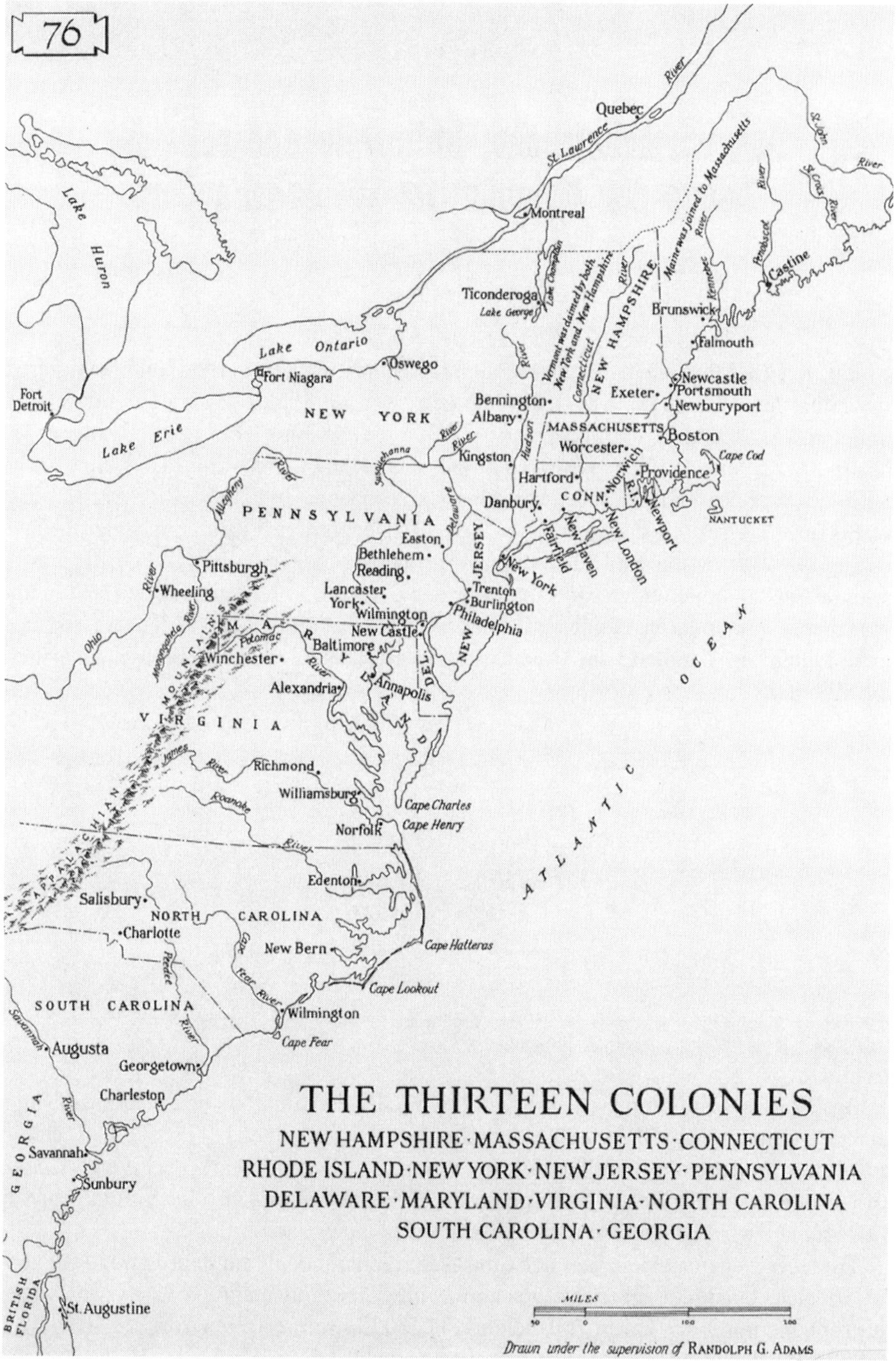

1 *Karte der dreizehn Kolonien, die 1776 als United States of America ihre Unabhängigkeit von England erklärten.*

An den verschiedenen Kriegen des britischen Mutterlandes waren auch die Kolonien in Amerika beteiligt. Der Spanische Erbfolgekrieg von 1702 bis 1713 trug in Amerika den Namen Queen Anne's War und führte dort zu verschiedenen Konfrontationen zwischen Engländern und Kolonisten auf der einen und den Franzosen, Indianern und Spaniern auf der anderen Seite. King George's War, der Krieg Englands gegen Frankreich zwischen 1743 und 1748, ließ zunächst noch den kolonialen Status quo in Nordamerika unverändert. Aber im French and Indian War von 1754 bis 1763 [Abb. 3] gelang es England mit aktiver Beteiligung der Kolonialmilizen, den Rivalen Frankreich in Nordamerika aus dem Feld zu schlagen. Die Ergebnisse des Friedens von Paris (1763) brachten England das französische Kanada und das bislang französische Gebiet zwischen Mississippi und Appalachen-Gebirge. Eine Zunahme an Selbstbewußtsein und Patriotismus der Amerikaner sowie wachsende Spannungen zwischen Kolonien und Mutterland waren die Folge dieser Entwicklung.

Das Wirtschaftsleben der Kolonien

Die koloniale Wirtschaft Britisch-Nordamerikas beruhte im 18. Jahrhundert auf drei Hauptsäulen. Da war erstens das Plantagensystem mit dem Anbau von Tabak, Indigo und Reis in den südlichen Kolonien von Maryland und Virginia über North und South Carolina bis hin nach Georgia.

Dann spielte zweitens der Farmbetrieb in den mittleren und nördlichen Kolonien von Pennsylvania und New Jersey über New York bis nach Neuengland eine tragende Rolle. Hier wurden Mais und Weizen angebaut, und es wurden Rinder und Schweine gehalten.

Drittens gab es bereits einen stattlichen kommerziellen Sektor mit Handel, Manufakturwesen und Handwerk in den städtischen Zentren und Hafenstädten. Boston wurde nach London zum wichtigsten Hafen im Britischen Reich. Der Handel florierte nach drei Richtungen: nach Europa mit Fisch, Pelzen und landwirtschaftlichen Erzeugnissen; nach Westindien mit Weizen, Mehl, Holz und Pferden, für die Zucker, Melasse und entsprechende tropische Erzeugnisse eingeführt wurden, und schließlich mit Westafrika in Gestalt des Sklavenhandels, der entweder über den Umschlagplatz für Sklaven in Westindien oder direkt mit Charleston, dem Hafen South Carolinas, erfolgte.

Von Benjamin Franklin (1706–1790), dem amerikanischen Aufklärer, stammt das Wort, es gebe drei Wege für eine Nation, den Reichtum zu vermehren. „Der erste liegt im Krieg, wie die Römer es taten, indem sie ihre besiegten Nachbarn ausplünderten. Das ist Raub. Der zweite besteht im Handel, der allgemein Betrug ist. Der dritte, die Landwirtschaft, ist der einzig ehrenhafte Weg, mit dem der Mann eine reale Vermehrung der Saat erreicht, die er dem Boden anvertraute."[12] Man muß allerdings feststellen, daß der Wohlstand der Kolonien im 18. Jahrhundert allen drei der von Franklin genannten Wege Erhebliches zu verdanken hatte.

Seit den ersten 100 Jahren der schwierigen Anfänge in der kolonialen Entwicklung, als es vor allem um die Existenzsicherung und Schaffung des Lebensnotwendigsten ging, war die koloniale Wirtschaft im 18. Jahrhundert reifer und stabiler geworden. Die meisten Kolonien waren nun in wachsendem Maße Teil einer weiter gespannten Marktwirtschaft. Sie erzeugten Waren in erster Linie, um sie an andere zu verkaufen. Besonders die Küstenregionen waren ausgeprägt kommerziell. Das Innere des Landes war noch stärker auf Existenzerhaltung ausgerichtet. Besonders für die südlichen Kolonien war der Export von

2 *Britische Kaperschiffe mit aufgebrachten französischen Prisen im New Yorker Hafen 1756–1757.*

3 *Benjamin West „Der Tod von General Wolfe" (1770). Das Bild erregte bei der Ausstellung in London großes Aufsehen. Gezeigt wird der Tod des britischen Generals James Wolfe(1727–1759) im French and Indian War 1759 vor Quebec. Irokesen (im Bildvordergrund links) kämpften in diesem Krieg auf englischer Seite.*

4 *Mount Vernon, der Landsitz George Washingtons am Potomac, 1735–1787 erbaut, Der Bau wurde noch von George Washingtons Vater begonnen, später erheblich erweitert. Das Bild zeigt die anheimelnde Fassade der zum Wasser des Potomac gerichteten Seite des Hauses.*

lebenswichtiger Bedeutung, da die Chesapeake-Region und die sich im Süden daran anschließenden Kolonien vom Verkauf der Ernte auf dem entstehenden Weltmarkt abhingen. Besonders der Tabakanbau war hier kontinuierlich gewachsen. Er erreichte 1760 einen Wert von 80 Millionen Pfund. Zu dieser Zeit hatte die Tabakausfuhr einen Anteil von 45 Prozent am kolonialen Export. Die wachsende Tabakerzeugung, bei der Virginia mit 70 Prozent voranging, erklärt sich aus der rasch steigenden Zahl der zur Verfügung stehenden Arbeitskräfte, aus verbesserten Anbaumethoden und aus der zunehmenden Nachfrage nach Tabak in Europa. Der Tabakanbau nutzte den Boden sehr extensiv. Nach drei oder vier Jahren war der Boden erschöpft, und der Plantagenbesitzer mußte sich nach neuem Land umsehen. Da Land noch im Überfluß zur Verfügung stand, war es, wie Thomas Jefferson (1743–1826) später feststellte, für die Amerikaner billiger, neues Land zu kaufen, als das alte Land zu düngen.

Da der Tabakpreis im 18. Jahrhundert stark schwankte und die Pflanzer darauf keinen Einfluß hatten, gingen einzelne von ihnen in Virginia nach 1740 auch zum Weizenanbau über. Dies tat auch George Washington (1732–1799) seit 1763 auf seinem Gut Mount Vernon [Abb. 4 und 5]. Der Weizenanbau erlaubte die Verwendung von durch Ochsen gezogenen Pflügen. Er war weniger arbeitsintensiv und ließ den Plantagenherren mehr Zeit für Hausbau und häusliche Verbesserungen. Die Weizenproduktion stieg im Süden weiter an und erreichte 1760 ein Fünftel des Wertes des Tabaks. Weizen wurde hauptsächlich nach Südeuropa und Westindien verschifft.

5 *Mount Vernon im Winter. Die Aufnahme läßt die Lage des Gutes am Potomac und die Ausdehnung der Anlage gut erkennen. Innerhalb der kleinen Mauer liegt der Obst- und Gemüsegarten. Die Sklavenquartiere der Haussklaven befinden sich im Hintergrund links in dem niedrigen, langgestreckten Gebäude.*

In South Carolina war die Wirtschaft ursprünglich vom Export an Fellen und Leder abhängig gewesen. Der ging im 18. Jahrhundert zurück. Dafür breitete sich hier seit dem ausgehenden 17. Jahrhundert der Reisanbau aus. Ihm wurde ein profitabler Markt im Mittelmeerraum und in Nordeuropa erschlossen. North Carolina und Georgia folgten auf diesem Weg, und um 1760 stellte der Reis immerhin 20 Prozent der kolonialen Exportwaren. Ergänzt wurde der Reisanbau durch die Erzeugung von Indigo, einem im 18. Jahrhundert begehrten blauen Farbstoff. Baumwollanbau – das spätere Haupterzeugnis des „Alten Südens" – war damals hier noch unbekannt. Baumwolle wurde zu dieser Zeit aus Westindien eingeführt.

Tabelle 5

Zusammensetzung der Bevölkerung im Süden 1774

Gesamtbevölkerung	1,105.477	schwarze Bewohner	445.941
weiße Bewohner	659.536	davon Freie	12.835
davon freie Bewohner	639.750	Sklaven	433.101
unfreie Bewohner	19.786		

Quelle: Thomas L. Purvis, Revolutionary America 1763 to 1800, New York 1995, S. 161

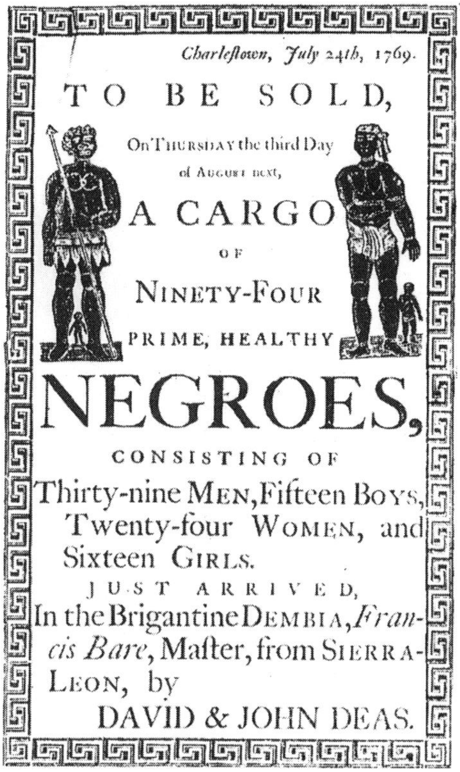

6 *Anzeige einer Sklavenauktion in Charleston, South Carolina 1769. Verkauft wurde eine Schiffsladung gerade aus Sierra Leone angekommener Sklaven, 94 Männer, Knaben, Frauen und Mädchen.*

Plantagensystem und Sklaverei

Die kontinuierliche Steigerung der Produktion war im Süden in erster Linie durch den vermehrten Kauf von Sklaven möglich, der seinen Höhepunkt zwischen 1763 und 1775 erreichte. Im 18. Jahrhundert wuchs die Anzahl der Sklaven in Virginia, Maryland und den Carolinas durch Einfuhr aus Afrika, aber auch durch natürliche Vermehrung rasch an. In der Mitte des Jahrhunderts lebten und arbeiteten in Virgina 120.000 Sklaven, nicht viel weniger als die Hälfte der dortigen Kolonisten, und jährlich kamen über 2500 durch Einfuhr hinzu [Abb. 6].

Nachdem im 18. Jahrhundert fast keine „indentured servants" mehr zur Verfügung standen – 1774 gab es im Süden nur noch knapp 20.000 dieser unfreien Arbeitskräfte –, wurde die Beschäftigung freier Arbeitskräfte auf den Plantagen wesentlich kostspieliger als die Beschäftigung von Sklaven.

Während ein freier weißer Arbeiter um 1750 in Virginia im Jahr gegen 20 Pfund Lohn zu erhalten hatte, kostete ein Sklave lediglich sieben bis acht Pfund und stand dann sein weiteres Leben als Arbeitskraft zur Verfügung. Außerdem erforderte der Tabakanbau keine geschulten Arbeitskräfte. Die Feldarbeit, die Ernte, das Trocknen, die Behandlung und die Verpackung des Tabaks konnten von männlichen und weiblichen Sklaven gut erledigt werden. Die einfache Nahrung und die Unterkünfte der Sklavenquartiere erforderten keine großen Ausgaben. All dies führte im Süden – auf den Tabak-, Reis- und Indigoplantagen – zur raschen Ausweitung des Sklavensystems.

Eine Plantage – wie sie in den südlichen Kolonien im 18. Jahrhundert bestand – war eine einzelne Produktionseinheit, eine größere landwirtschaftliche Organisationsform unter einer einheitlichen Leitung. Der Plantagenbesitzer des 18. Jahrhunderts war kein müßiger Grundherr, der von seinen Profiten lebte, sondern er war persönlich in die Vorgänge der Leitung des Anbaus, der Bodennutzung und des Arbeitskräfteeinsatzes eingebunden. Tagebücher dieser Zeit lassen erkennen, daß der Pflanzer des Südens oft ein hart geprüfter landwirtschaftlicher Unternehmer war, der täglich mit den wiederkehrenden Schwierigkeiten der agrarischen Produktion konfrontiert war. Wenn er sich auch nicht selten einen gewissen großzügigen Lebensstil leisten konnte [Abb. 7a und 7b], so schimmerte hinter dessen Eleganz oft die rauhe Wirklichkeit des Plantagenalltags mit seinen geschäftlichen Wech-

7a *Innenausstattung von Kenmor, heute in Fredericksburg, Virginia, gelegen. Das Haus wurde 1752–1756 gebaut. Seine Einrichtung war die eines wohlhabenden Plantagenbesitzers in der Mitte des 18. Jahrhunderts. Die Stuckdecke fertigte ein englischer Handwerker.*

selfällen und der latenten Furcht vor einer Rebellion der Sklaven durch. Die schwarzen Sklaven ihrerseits waren separiert und lebten ausgeschlossen von der weißen kolonialen Gesellschaft. Diese separate Lage war sowohl durch die Folgen des Rassismus in der weißen Gesellschaft als auch durch die Institution der Sklaverei bedingt. Neuere Forschungen haben ergeben, daß rassistische Vorurteile hinsichtlich der Hautfarbe, biologischen Eigenschaften, der Religion und Lebensweise der aus Afrika stammenden schwarzen Sklaven in England und seinen Kolonien zeitlich bereits vor der Sklaverei bestanden. Es gibt kaum Quellen für den Prozeß des Eingewöhnens der von Afrika zwangsweise aus ihrer Heimat nach Nordamerika verbrachten und dort in die Stellung versklavter Arbeitskräfte gezwungenen Afrikaner. Wie sie sich dem Leben in Nordamerika anpaßten, welchen Preis sie dafür zu zahlen hatten, welche Formen der Widerstand gegen das brutale System annahm, das nun ihr Leben bestimmte, all diese Fragen sind schwer zu beantworten. Aus den indirekten Zeugnissen, die uns zur Verfügung stehen, kennen wir sowohl den Alltag der Entwürdigung und Rechtlosigkeit der Sklaven als auch ihre Anstrengungen, ein gewisses Maß an menschlicher Würde zu bewahren.

In den nördlichen Kolonien bildeten Sklaven eine kleine Minderheit der Bevölkerung. Dort arbeiteten sie Seite an Seite mit den weißen Arbeitskräften, vermischten sich mit den ärmsten Schichten der Weißen, konnten stabile Familien bilden und gelegentlich eine

7b *Wilton, das 1753 gebaute Herrenhaus einer 2000 acre großen Plantage am James River in der Nähe von Richmond gelegen. Es bietet eines der schönsten Beispiele der kolonialen Architektur in der Mitte des 18. Jahrhunderts. Alle Räume sind holzgetäfelt. Im Unabhängigkeitskrieg hatte der Marquis de Lafayette (1757–1834) hier zeitweilig sein Hauptquartier.*

kleine Summe sparen. Diese Schwarzen im Norden – in Neuengland waren es 1774 gegen 15.000 Personen, in den mittleren Kolonien von New York bis Delaware lebten 1774 knapp 38.000 Schwarze, überwiegend als Sklaven – waren als Landarbeiter, Tagelöhner und Manufakturarbeiter oder Dienstboten beschäftigt. Sie bildeten dort einen, allerdings schwer benachteiligten Teil der angloamerikanischen Welt.

Ganz anders lebten die mehreren zehntausend schwarzen Sklaven in North und South Carolina sowie in Georgia. Die Arbeitsbedingungen auf den dortigen Reis- und Indigofeldern waren sehr schwer. Bei tropischer Hitze mußte man das halbe Jahr über knietief im Schlamm der Reisfelder arbeiten. Die Sklaven dieser Kolonien führten ein erbärmliches Leben. Sie waren von der herrschenden Gesellschaft isoliert und den Wurzeln ihrer eigenen Kultur entfremdet, doch blieben sie auf den Plantagen im tiefen Süden ihrer westafrikanischen Kultur doch noch enger verbunden als sonst irgendeine Gruppe der Afroamerikaner in Britisch-Nordamerika.

Die Sterblichkeit war in diesen mit Krankheiten verseuchten Landstrichen hoch. Die Zahl der schwarzen Arbeitskräfte nahm hier nur dank ständig neuer Sklaveneinfuhren zu. Wenn die Neuankömmlinge die Überfahrt von Afrika in den mit der menschlichen Fracht völlig überladenen Schiffen überlebt hatten – ein Fünftel von ihnen starb unterwegs –, wurden sie auf dem großen Sklavenmarkt in Charleston versteigert.

8 *Monticello, Thomas Jeffersons Herrenhaus in der Nähe von Charlottesville, Virginia, wurde 1768–1808 nach Plänen Jeffersons erbaut.*

Wieder ein anderes Bild boten die Tabakplantagen der Chesapeake-Region. Hier in Virginia und Maryland lebte mehr als die Hälfte der schwarzen Bevölkerung der Kolonien. Um die Mitte des 18. Jahrhunderts waren einige Plantagen groß genug, um Sklavenquartiere zu ermöglichen, die gut organisierte Gemeinschaften darstellten. Auf den Landgütern von George Washington in Mount Vernon oder von Thomas Jefferson in Monticello kann der Besucher die Gebäude oder zumindest die Grundrisse der Sklavenquartiere sehen und sich ein Bild von den Zusammenhängen auf einer Plantage Virginias machen. Das Familienleben der Schwarzen war auf diesen Plantagen relativ stabil. Ihre Bevölkerungszahl nahm auch durch das natürliche Wachstum zu. Der Bedarf an Hausdienern, Kutschern oder Handwerkern aller Art wie Schuhmacher, Schmiede, Tischler, Schneider usw. befreite einen Teil der Sklaven von der schwereren Feldarbeit. Auf den etablierten Tabakplantagen dieser Region, wo häufig unter den schwarzen Sklaven Familienverbindungen von in Amerika geborenen Schwarzen in der zweiten oder dritten Generation bestanden, konnte sich eine stabile afroamerikanische Kultur am ehesten entwickeln. Sie ließ Eigenheiten in religiöser Hinsicht, in der Volkskunst und im sozialen Verhalten erkennen. Doch wo auch immer die Sklaverei im 18. Jahrhundert bestand, ob im Norden – wo der Lebensspielraum der Schwarzen noch am größten war –, im tiefen Süden oder in der Chesapeake-Region, wie human manche Herren im Verhalten zu ihren Sklaven auch sein mochten, die Ketten der Sklaverei und die Brutalität dieser besonderen Institution konnten nie ganz aus dem Bild verschwinden. Und nicht selten gab es irgendeine Art des Widerstands dagegen. Das 18. Jahrhundert erlebte mehrere größere Sklavenaufstände. Der erste fand 1712 in New York City statt. Er mußte durch die Miliz unterdrückt werden. In seinem Gefolge wurden 21 Schwarze hin-

9 *Der Gouverneurspalast in Williamsburg, 1706–1720 errichtet. Die Aufnahme zeigt im Vordergrund den Gouverneurspalast und die Gartenanlagen. Hier residierten 7 königliche und 2 republikanische Gouverneure, bis die Hauptstadt Virginias 1780 nach Richmond verlegt wurde.*

gerichtet. 1739 kam es in South Carolina zu drei gesonderten Aufständen von schwarzen Sklaven. In der folgenreichsten der drei Erhebungen kamen 30 Weiße und 44 Schwarze ums Leben.

Die Verwendung der Sklaven war im Süden – besonders in der Küstenregion – nicht nur auf einige wenige reiche Pflanzer beschränkt. Dort hatte vielerorts jeder zweite bis dritte Haushalt drei oder auch mehr Sklaven. Große Plantagen mit über 20 Sklaven waren erst relativ selten zu finden. Am ehesten gab es sie in South Carolina, wo der Reis- und Indigoanbau nur im großen Stil erfolgreich war. Dort kamen unter den weißen Kolonisten seit den 1730er Jahren Befürchtungen auf, die Zahl der Schwarzen könne in den Kolonien

10 *Wythe House in Williamsburg (ca. 1750), der Wohnsitz des ersten Law Professors am College von William & Mary, George Wythe (1726-1806), Freund Jeffersons und Unterzeichner der Unabhängigkeitserklärung, ein typisches Stadthaus in Williamsburg in der Mitte des 18. Jahrhunderts.*

das Übergewicht über die weißen Bewohner erlangen. Eine Steuer auf die Einfuhr von Sklaven wurde allerdings von der Krone als Handelsbeschränkung aufgehoben.

Obgleich das durch Sklavenarbeit betriebene Plantagensystem die Hauptform der kolonialen Wirtschaft im Süden war, gilt es festzuhalten, daß es dort daneben auch zahlreiche kleinere Farmer gab, die in erster Linie für den eigenen Bedarf arbeiteten. Sie lebten vor allem im bergigen Inneren von Virginia und Maryland oder in North Carolina, wo sie in kleinem Umfang Tabak oder Weizen anbauten, Pferde oder Vieh hielten, um damit im Austausch auf dem Markt das Lebensnotwendige kaufen zu können.

Die eingleisige Ausrichtung des Plantagensystems auf den Export nach Europa und die damit verbundene Abhängigkeit und Einseitigkeit des Wirtschaftslebens wurden im 18. Jahrhundert von den besser gestellten Plantagenbesitzern, zu denen zahlreiche spätere Führer der Amerikanischen Revolution wie Thomas Jefferson oder George Washington gehörten, nicht als Nachteil empfunden oder in Frage gestellt. Sie richteten ihre Herrenhäuser mit Möbeln, Geschirr und Büchern aus Europa ein, führten häufig ein von anspruchsvoller Kultur begleitetes Leben und verfügten nicht selten über mehr Reichtum als die Oberschicht in den nördlichen oder mittleren Kolonien [Abb. 8]. Das Pro-Kopf-Einkommen der weißen Bevölkerung des Südens war damals doppelt so hoch als dasjenige in Neuengland oder in den mittleren Kolonien.

Eine Besonderheit des Südens war das fast völlige Fehlen von Manufakturen sowie das seltene Vorkommen von Städten, abgesehen von den wichtigen Häfen Charleston in South Carolina und Baltimore in Maryland. Natürlich gab es die kolonialen Hauptstädte wie Williamsburg, seit 1699 die Hauptstadt Virginias, oder Annapolis, seit 1694 die Hauptstadt von Maryland. Das koloniale Williamsburg [Abb. 9 und 10], das politische und kulturelle Zentrum Virginias bis in die Zeit des Unabhängigkeitskrieges[13], wurde seit 1926 mit finanzieller Unterstützung durch John D. Rockefeller, jr. (1874–1960) detailgetreu wiederhergestellt. Die über 80 rekonstruierten Gebäude stammen vorwiegend aus dem 18. Jahrhundert und bieten dem Besucher heute eine farbige Vorstellung des äußeren Rahmens und des täglichen Lebens in einer kolonialen Stadt zu jener Zeit.

Die koloniale Wirtschaft in den nördlichen und mittleren Kolonien

Während das Wirtschaftsleben im Süden von der Erzeugung gefragter Kolonialprodukte für den Weltmarkt beherrscht wurde, hatten die nördlichen Kolonien frühzeitig eine differenzierte Wirtschaft ausgebildet. Dieser Unterschied verstärkte sich noch im Laufe des 18. Jahrhunderts, wenngleich auch dort die übergroße Mehrheit der Kolonisten, nämlich 85 Prozent, ebenfalls in der Landwirtschaft beschäftigt war. Jedoch verfügte dieser Teil der Kolonien, insbesondere Neuengland, New York und Pennsylvania, über einen wachsenden kommerziellen Sektor und ebenso über die Anfänge von Manufakturen, hauptsächlich zunächst noch auf der Grundlage von Handwerk und Heimindustrie. Eine englische Schrift über die Interessen der britischen Kaufleute und Manufakturunternehmer im Wettbewerb mit den Kolonien stellte 1774 fest, daß die Einwohner in den Kolonien „viele Sachen machen und verschiedene Fabrikate ausführen und dadurch englische Waren der gleichen Art ausschließen. Die Leute von Neuengland importieren sehr große Mengen Baumwolle aus dem Ausland und von den Britischen Inseln, verspinnen sie und verarbeiten sie mit Leinengarn zu einem Stoff, ähnlich dem, der in Manchester gemacht wird, und kleiden damit sich und ihre Nachbarn ein. Hüte werden in Carolina, Pennsylvania und in anderen Kolonien hergestellt. Seife, Kerzen und alle Arten von Holzarbeiten macht man in den nördlichen Kolonien und exportiert sie in die südlichen. Kutschen, Jagdwagen, Chaisen und Sänften macht man ebenfalls in den Nordkolonien und schickt sie nach dem Süden hinunter. Kutschengeschirre und viele andere Lederwaren werden gleichfalls in den Nordkolonien hergestellt und in die südlichen Kolonien hinunter gesandt, und große Mengen Schuhe sind kürzlich von dort nach Westindien exportiert worden. Leinen wird in großem Maße in Pennsylvania gemacht, und Seilerwaren und andere Hanferzeugnisse stellt man an vielen Orten her. Gießereiprodukte, Äxte und andere eiserne Werkzeuge und Gegenstände sind ebenso Handelsartikel geworden, mit denen die südlichen Kolonien von den nördlichen versorgt werden.“[14]

In den nördlichen Kolonien herrschten – abgesehen vom Hudsontal, das größeren Grundbesitz kannte – kleine und mittlere Farmen vor. Die Farmer wirtschafteten auf ihnen teils für den Eigenbedarf, teils für den lokalen Markt, teils aber auch schon – besonders in den mittleren Kolonien – für den Export. Die durchschnittliche Größe einer Farm schwankte

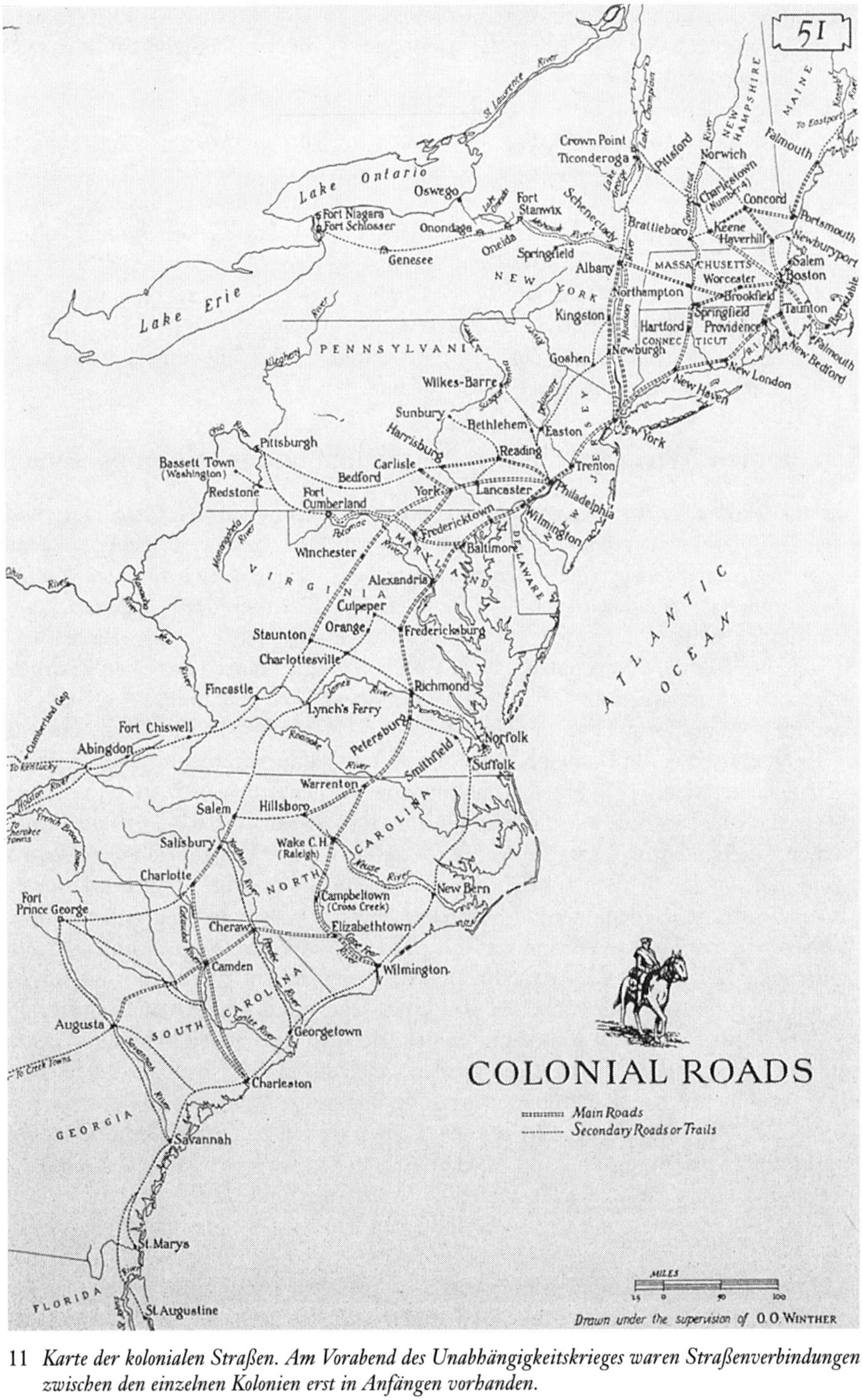

11 *Karte der kolonialen Straßen. Am Vorabend des Unabhängigkeitskrieges waren Straßenverbindungen zwischen den einzelnen Kolonien erst in Anfängen vorhanden.*

12 *Titelseite John Dickinson „Letters from a Farmer in Pennsylvania" (1768). Der „patriotische Amerikanische Farmer" war vor und während des Unabhängigkeitskrieges eine beliebte Figur des entstehenden amerikanischen Selbstbewußtseins. Dickinson (1732–1808) war selbst nicht Farmer, sondern Anwalt und Schriftsteller.*

zwischen 20 und 120 ha. Der Farmer schaffte mit seinen Söhnen und einigen Arbeitskräften höchstens die Bewirtschaftung von 20 Hektar. Der gesamte Boden einer Farm konnte daher oft nicht auf einmal bearbeitet werden. Daher erschöpfte der Farmer zunächst den Boden eines Teils seiner Farm und bearbeitete anschließend ein neues, frisch gerodetes Stück Land. Die wichtigsten Farmprodukte der nördlichen Kolonien waren Schweine und Mais. Mais war leicht anzubauen und sehr ertragreich. Er diente der Familie als Speisegrundlage und als Viehfutter. Auf den größeren Farmen, besonders in Pennsylvania, war auch der Anbau von Weizen zunehmend verbreitet. Gerste und Roggen wurden in einigen Gegenden ebenfalls angebaut. Schweine waren leicht zu halten und sorgten für Fleisch über die meiste Zeit des Jahres hindurch. Gegen Ende der Kolonialzeit wurde auch die Rinderhaltung populär, besonders in Neuengland, wo besseres Weideland zur Verfügung stand, seitdem dort europäische Grassorten eingeführt worden waren. Die Farmer strebten danach, all das zu erzeugen, was die Familie benötigte. Geflügel gehörte ebenso dazu wie ein gut gepflegter Obstgarten. Bier wurde aus Gerstenmalz gebraut, und im Frühjahr bezog man aus Ahornbäumen Sirup. Viele Farmer hielten Schafe, um Wolle für die Kleidung zur Verfügung zu haben. Ein Teil dieser Produkte konnte dann auf den Markt in die größer werdenden Städte gebracht werden, insbesondere in die Seehäfen entlang der Küste, nach Boston, Newport, New York, oder nach Philadelphia, Baltimore und Charleston. Zu einem anderen Teil wurden auch Farmprodukte exportiert, teils nach Westindien, teils nach West- und Südeuropa.

Solche prosperierenden Farmen, die bereits für den Export wirtschafteten, lagen in der Regel in Küstennähe oder in den Tälern der größeren Flüsse wie des Hudson, Connecticut oder Delaware, in denen es nicht nur das beste Land gab, sondern die auch als Transportweg dienen konnten. Das Straßennetz der Kolonien [Abb. 11] war bis zum Unabhängigkeitskrieg wenig entwickelt. Für seinen Unterhalt wurden kaum Ausgaben getätigt. Daher hatte die Mehrheit der Farmer, insbesondere in Neuengland, noch nicht den Zugang zu größeren Märkten. Hier fehlten die schiffbaren Flüsse, der Boden war oft steinig und das Klima rauh. Infolgedessen war hier die Mehrzahl der Farmbevölkerung hauptsächlich auf einen Farmbetrieb für den Eigenbedarf angewiesen. Aber generell stand der Farmer am Ende der

Kolonialzeit in hohem Ansehen, und die Meinung zu den politischen und sozialen Zeitfragen wurde wiederholt in Gestalt von „Briefen eines amerikanischen Farmers“ [Abb. 12] in der Öffentlichkeit verbreitet. Seit den Zeiten von Franklin und Jefferson wird die individuelle Farmwirtschaft als eine Säule der Gesellschaft in der besten amerikanischen Tradition verstanden. Jefferson schrieb später in den „Notes on the State of Virginia“ (1782): „Diejenigen, die den Boden bearbeiten, sind das auserwählte Volk Gottes, sollte er denn ein auserwähltes Volk haben.“[15]

Allerdings konnte kein Farmer tatsächlich alles Lebensnotwendige selbst erzeugen. Er benötigte Werkzeuge und Ausrüstungsgegenstände oder aber Saatgut und Vieh, für die er seine Überschüsse bereitstellen bzw. hergeben mußte. Überdies war das damalige Leben eines Farmers durchaus nicht beneidenswert. Die Farmarbeit war ein hartes Geschäft. Sie hing vom Klima und vom Wetter ab. Besonders prekär wurde es, wenn der Ernährer der Familie krank oder verletzt war. Infolge dieser Unwägbarkeiten strebte jeder Farmer danach, die Erzeugung zu erweitern, zusätzliches Land zu bekommen und neben seinen Familienmitgliedern weitere Arbeitskräfte zu beschäftigen. Erst dann konnte er für Frau und Kinder in einer angemessenen Weise sorgen. Die Farmwirtschaft für den Eigenbedarf war daher nichts anderes als die Vorstufe künftiger Marktbeziehungen auf dem Land.

Hauptausfuhrgüter der amerikanischen Ostküste waren damals Pökelfleisch aus Neuengland, Weizen aus New York, Weizen, Mehl und Brot aus Pennsylvania und New Jersey. Im Austausch bezog man selbst Wein aus Madeira und von den Kanarischen Inseln, Zucker und Melasse, die für die Herstellung von Rum Verwendung fanden, und Sirup aus Westindien. Eingeführt wurden ferner Kaffee, Tee, Kakao, Baumwolle und Mahagoni. Der Handel mit diesen Erzeugnissen – zu dem noch der afrikanische Sklavenhandel hinzukam – war in der Mitte des 18. Jahrhunderts zu einem einträglichen Wirtschaftszweig geworden und begründete die kommerzielle Bedeutung solcher Städte wie Boston, Newport in Rhode Island oder New York.

Weitere kommerzielle Unternehmungen in Neuengland konzentrierten sich auf den Fischfang und Walfang. Fisch war ein wichtiger Bestandteil der Ernährung in den Kolonien, und er war gleichermaßen von Bedeutung für den Speisezettel im katholischen Europa, wo am Freitag kein Fleisch gegessen werden durfte. Die Fänge vor Maine oder vor Neufundland wurden getrocknet oder gesalzen. Die beste Qualität des Fisches wurde nach Europa verschifft, die mindere Sorte ging nach Westindien, wo sie als Nahrung für die Sklaven diente. Der Fischfang war der wertvollste Gewerbezweig Neuenglands zu dieser Zeit. Der Walfang war von ähnlicher Bedeutung. Walfleisch bildete eine wichtige Ergänzung des kolonialen Speisezettels. Aus dem Tran wurden Kerzen gemacht, er diente als Öl für Lampen oder wurde beim Gerben von Leder verwendet. Walknochen wurden zu Kämmen verarbeitet oder für die Korsetts der Damen gebraucht. Bei diesen Gegebenheiten beschäftigte der Handel damals Tausende von Seeleuten und Fischern in den nördlichen und mittleren Kolonien.

Schiffbau, Holzindustrie, die beginnende Eisen- und Metallwarenerzeugung und andere Gewerbezweige nahmen besonders in Neuengland eine günstige Entwicklung. Die koloniale Eisenerzeugung war 1750 bereits so leistungsfähig, daß vom Londoner Parlament ein Gesetz verabschiedet wurde, das die Kontrolle und Einschränkung der amerikanischen Eisenindustrie vorsah. Weitere aufblühende Gewerbe von beachtlichem Rang waren in Connecticut, Philadelphia, New York oder Baltimore die Silberverarbeitung, die Gewehrherstellung und Uhrenindustrie. Zunehmend wichtig wurden auch die Möbelindustrie, die Töpferei und die Glaserzeugung.

Zwei Konsequenzen ergaben sich aus dieser gewerblichen Entwicklung: Mit den Gewerben und Manufakturen entstand besonders in den nördlichen Kolonien, aber auch in Philadelphia, eine Vielzahl unterschiedlicher städtischer Berufe, die gelernte Arbeitskräfte wie Böttcher, Schmiede, Gerber, Weber, Schiffbauer, Drucker oder Büroangestellte erforderten. Die soziale Schichtung fächerte sich damit in den Kolonien weiter aus, städtische Arbeiter, deren Lage und Interessen neuerdings genauer erforscht worden sind, spielten im kolonialen Leben in der Mitte des 18. Jahrhunderts eine wesentlich größere Rolle als 100 Jahre zuvor. Überhaupt gewannen die Städte der Kolonien in dieser Zeit ein neues soziales, wirtschaftliches und kulturelles Gewicht in der kolonialen Gesellschaft.

Die Bedeutung der kolonialen Städte

Am Ende des kolonialen Zeitalters lebten 132.000 Amerikaner, ca. fünf Prozent der Bevölkerung der Kolonien, in Städten. Die größten und wichtigsten von ihnen waren Boston, New York, Philadelphia und Charleston. Im Vergleich mit den Städten des Mutterlandes, wo in London 700.000, in Dublin 130.000 und in Edinburgh 70.000 Menschen wohnten, waren die amerikanischen Städte eher kleinere Provinzstädte. Immerhin aber gehörten zwei von ihnen, Philadelphia mit 33.000 und New York mit 22.000 Einwohnern, zu den zehn größten Städten im Britischen Reich. Boston mit seinen 16.000 Bewohnern wurde 1760 von einem folgenschweren Brand heimgesucht, dem zahlreiche Speicher und ein Zehntel aller Wohnhäuser, die ja hier meist aus Holz waren, zum Opfer fielen. Die Stadt, die besonders vom Handel und Fischfang lebte, war lange Zeit der geschäftigste Hafen in Nordamerika. Unmittelbar vor dem Unabhängigkeitskrieg spürte die Stadt dann stärker die Konkurrenz ihrer nordamerikanischen Rivalen. New York City verfügte zwar über einen gut geschützten Hafen, konnte aber erst gegen Ende der Kolonialzeit, als in einem Jahrzehnt 1000 neue Häuser in der Stadt gebaut wurden und der Export von Gütern aus dem Hudsontal zunahm, mit Boston gleichziehen. Philadelphia erlebte in dieser Zeit eine auffallende Prosperität und ein rasches Wachstum. Hier entstanden in der letzten Vorkriegsdekade 2000 Häuser neu, da die Bevölkerung auch durch Einwanderung rasch zunahm. Philadelphia lebte vom Getreidehandel nach Europa. Der Schiffbau war dort so rege, daß die Stadt ihre Rivalin Boston vom ersten Platz in diesem Gewerbe in Amerika verdrängte. Charleston schließlich, das bis 1783 Charles Town hieß, eine Stadt von 14.000 Einwohnern (1775), der wichtigste Hafen im Süden, besaß – bedingt durch den Handel mit Reis oder den Verkauf von Sklaven – die reichste Bevölkerungsschicht in Nordamerika. Die Stadt hatte leider auch besonders ungesunde Zustände. Seuchen und Krankheiten aller Art wie Mumps, Diphtherie, Windpocken, Masern und Scharlach traten regelmäßig auf. Zahlreiche ihrer vermögenden Bewohner, reiche Reispflanzer des Landes, konnten es sich im Sommer leisten, nach Newport, Rhode Island, zu ziehen, das man seitdem scherzhaft „Carolinas Krankenhaus“ nannte.

„Obwohl Amerika im 18. Jahrhundert eine vorwiegend ländliche, agrarische Gesellschaft war, bildeten ihre an der Küste gelegenen Handelsstädte den Brennpunkt des wirtschaftlichen, sozialen und politischen Wandels. Die meisten der Veränderungen, die wir mit dem Aufkommen der kapitalistischen Gesellschaft verbinden, traten zuerst in den

13 *William Burgis, Harvard College, die älteste amerikanische Hochschule im Jahre 1726.*

Städten auf und strahlten dann auf die kleineren Orte, Dörfer und Farmen im Hinterland aus. In Amerika waren es die kolonialen Städte, in denen zuerst der Übergang von einer Tausch- zu einer Marktwirtschaft erfolgte, wo eine auf Wettbewerb beruhende soziale Ordnung eine eher statische ablöste, wo die Fabrikproduktion begann, die handwerkliche Erzeugung kleiner Größenordnung zu ersetzen, wo die ersten Schritte unternommen wurden, um die Arbeitsorganisation nach der Uhr und nicht mehr nach dem Jahreszyklus einzurichten. Die Städte zeigten die Zukunft an, selbst wenn zwischen 1700 und 1775 erst weniger als einer von 20 Kolonisten in ihnen lebte."[16] Der amerikanische Historiker Gary B. Nash (* 1923) – von dem dieses Urteil stammt – hat die wirtschaftlichen Entwicklungen, sozialen Veränderungen und politischen Bewußtseinsformen in Boston, New York und Philadelphia vor und während des Amerikanischen Unabhängigkeitskrieges untersucht. Er wies für diese Zeit die Zerstörung der traditionellen sozialen Beziehungen, eine wachsende Ungleichheit in der Verteilung des Reichtums und eine soziale Umstrukturierung der städtischen Gesellschaft nach. Es war ein Zeitraum steigender sozialer Spannungen, in deren Ergebnis sich die kolonialen Städte bei Beginn des Unabhängigkeitskrieges vor einer Krise der Klassenbeziehungen befanden. Nach der Auffassung Nashs standen die unteren Schichten in Boston in den 1760er Jahren, in Philadelphia und New York in den 1770er Jahren vor einer internen Revolte gegen die lokalen Eliten, während sie sich zur gleichen Zeit anschickten, an der externen Revolution gegen die britische Herrschaft teilzunehmen.

Ein anderer amerikanischer Historiker, Billy G. Smith, stellte zur materiellen Lage der werktätigen Schichten in Philadelphia nach der Mitte des 18. Jahrhunderts fest: „Arbeiter, Seeleute, Schuhmacher, Schneider und ihre Familien waren häufig nur schwer in der Lage, genug zu verdienen, um ihre wichtigsten Ausgaben zu bestreiten. Relativ niedrige Löhne (im Vergleich zu den Lebenshaltungskosten) und unregelmäßige Beschäftigung gestalteten das Leben der arbeitenden Bevölkerung unberechenbar und erschwerten ihre Versuche, mehr als das Minimum an physischem Wohlergehen oder wirtschaftliche Sicherheit zu erreichen.“[17]

Alles in allem war die Zahl der städtischen Arbeiter im Baugewerbe, Handel, Transport und in der entstehenden Industrie sowie die Zahl der Seeleute größer und ihre wirtschaftliche Lage wohl oft prekärer, als gewöhnlich angenommen wird. In das Bild der kolonialen Städte gehören nicht nur vermögende Kaufleute, Schiffsführer, Manufakturunternehmer und bessergestellte Handwerker oder die Angehörigen der freien Berufe wie Ärzte, Anwälte, Lehrer, Pfarrer, Apotheker, deren Häuser, Mobiliar und Porträts häufig bis in unsere Zeit überkommen sind und uns Auskunft über die Alltagsverhältnisse jener Tage geben. Dazu gehören auch die Arbeiter, Tagelöhner, Seeleute und Dienstboten, von deren sozialen Interessen und Bedürfnissen weniger großartige Zeugnisse erhalten geblieben sind und deren Lebenslage schwer zu rekonstruieren ist. Dabei muß man berücksichtigen, daß die Lage der amerikanischen städtischen Arbeiter im 18. Jahrhundert günstiger als diejenige in Europa war. Es gab nun keine permanenten Hungersnöte mehr, eine wirtschaftliche Besserung war zu erkennen, und die Einkommensunterschiede waren in der Stadt noch nicht so ausgeprägt wie in späteren Zeiten. Außerdem gab es vor der Industriellen Revolution noch kein Proletariat und keine Fabrikbesitzer. Im vorindustriellen Zeitalter gab es noch nicht die scharfe Trennung zwischen Lohnarbeitern und Unternehmern, wie sie dann für den Industriekapitalismus des 19. Jahrhunderts charakteristisch wurde.

Die kulturelle Situation im kolonialen Amerika – Schulen und Hochschulen

Die Ursprünge einer schulgeldfreien Schulbildung reichen – jedenfalls mit ersten Anfängen – in den USA bis in die Kolonialzeit zurück. Die ersten Schulen und Hochschulen entstanden – besonders in Neuengland – aus religiösen Bedürfnissen. Wer mit Gott Zwiesprache halten wollte, mußte in der Lage sein, die Bibel zu lesen. Die Kirche benötigte ausgebildete Pfarrer, so entstanden die ersten Hochschulen. Als älteste amerikanische Hochschule wurde 1636 in Cambridge, Massachusetts, das Harvard College gegründet [Abb. 13], wo dann 1641 die ersten 20 Theologiestudenten die Priesterweihe erhielten.

In den kleineren Gemeinden und Ortschaften lag die Schulbildung im Lesen und Schreiben oft in der Hand einer Frau, eines weiblichen Mitglieds der Kirchengemeinde. Auf dem Land war die Erziehung vielfach Sache der Familie. Nur die größeren Städte konnten sich einen ausgebildeten Schulmeister leisten. Selbst dort waren am Vorabend des Unabhängigkeitskrieges die Lehrer rar. In Philadelphia gab es um 1770 nur 22 Lehrer, auf jeden Lehrer entfielen 137 Schüler. In New York City sah es noch ungünstiger aus. Hier arbeiteten 16 Lehrer, auf jeden von ihnen kamen 307 Schüler.

14 *Ansicht des 1769 gegründeten Dartmouth College in Hanover, New Hampshire. Das schöne Gebäude mit seinen klaren Proportionen stammt aus dem Jahre 1784. Nach einem Brand im Jahre 1904 wurde es rekonstruiert.*

Ebenso wurden nur nach und nach „Grammar Schools" eingerichtet, Lateinschulen, deren Besuch den Knaben vorbehalten war. Lesen, Schreiben, Rechnen und Religion sowie für die älteren Schüler auch Latein und Griechisch waren die Fächer dieser ersten „Public Schools" in Amerika. In Neuengland bestanden 1775 in 85 Gemeinden permanente Grammar Schools, das war etwa die Hälfte des vom Gesetzgeber bestimmten Bedarfs. Viele Gemeinden scheuten noch vor den Ausgaben zurück, die mit der Einrichtung einer Grammar School verbunden waren. Allgemein aber kann man sagen, daß die Fähigkeit zum Lesen und Schreiben sich im Laufe des 18. Jahrhunderts weiter ausbreitete. In Neuengland waren 1760 schon 89 Prozent der Männer in der Lage, ihren Namen zu schreiben. Im kolonialen Durchschnitt vermochten dies 75 Prozent der Männer und 40 Prozent der Frauen.

Allerdings wurde die Bedeutung einer guten Bildung für die persönlichen Fähigkeiten der Erwachsenen und den Erwerb des Lebensunterhalts allgemein erst nach der Amerikanischen Revolution anerkannt.

Wie in Neuengland entstanden auch in den mittleren und südlichen Kolonien seit dem 17. Jahrhundert Schulen, die von den Pfarrbezirken oder Gemeinden unterhalten wurden. Daneben erfolgte besonders im Süden – in den Herrenhäusern der Plantagen – die Erziehung nicht selten über einen Hauslehrer. Im Laufe des 18. Jahrhunderts wurde dann das Bedürfnis nach verbesserter Schulbildung auch über die Kirchen hinaus wirksam. Dies ergab sich aus der zunehmenden Nachfrage nach lese- und schreibkundigen Angestellten in der Wirtschaft, dem Rechtswesen und der kolonialen Verwaltung. Außerdem wirkte der Einfluß der Aufklärung, die von Europa in die Kolonien ausstrahlte, in Richtung eines verbesserten Unterrichts, da nach Meinung der Aufklärung nur der Gebildete es vermochte, sein Leben materiell und moralisch zu verbessern. In Maryland setzten um 1723 Bemühungen ein, in den Counties Freischulen für die Armen einzurichten. In Charleston wurde eine Anzahl von schulgeldfreien Schulen geschaffen, in denen nur die Kinder von bessergestellten Personen ein Schulgeld zahlen mußten.

Mit der wachsenden Zahl der Schulen und dem steigenden Stellenwert der Bildung ergab sich dann eine neue Nachfrage nach dem Lehrer als Berufsstand. Der Lehrerberuf wurde zu einer vom Priesteramt getrennten Tätigkeit, wenngleich im Einzelfall beide Aufgaben weiter in einer Hand vereint blieben. Die Benachteiligung der Mädchen und Frauen blieb allerdings auch im Bildungsbereich erhalten. Ihre Lese- und Schreibfähigkeit war nur halb so hoch wie die der Männer. Da Frauen weder den Beruf des Pfarrers wählen konnten noch am öffentlichen Leben teilhatten, war auch ihr Anteil an den Errungenschaften der Schulbildung durchaus niedriger. Man erwartete von den Frauen lediglich die Fähigkeit zu lesen, abgesehen von den Töchtern der Oberschicht, die eine zusätzliche Ausbildung erhielten.

Auch im Hochschulwesen war zunächst – wie im Schulwesen – Neuengland führend. Von den neun Colleges, die bis zum Unabhängigkeitskrieg in den Kolonien entstanden, befanden sich vier, darunter Harvard und Yale, in Neuengland. Alle neun Colleges waren ausschließlich männlichen Studenten vorbehalten.

Tabelle 6

Hochschulen in den Kolonien vor 1770 – mit Gründungsjahr
Harvard College, Cambridge, Massachusetts (1636)
College of William & Mary, Williamsburg, Virginia (1693)
Yale College, Saybrook (später New Haven), Connecticut (1701)
Philadelphia College (später University of Pennsylvania), Philadelphia, Pennsylvania (1740)
Princeton College, Newark (später Princeton), New Jersey (1747)
King's College (später Columbia College), New York (1754)
College of Rhode Island (heute Brown University), Providence, Rhode Island (1764)
Queen's College (heute Rutgers University), New Brunswick, New Jersey (1766)
Dartmouth College, Hanover, New Hampshire (1769)

Dartmouth College [Abb. 14] war die letzte der neun Hochschulen, die in den Kolonien vor dem Unabhängigkeitskrieg gegründet wurden. Sein Gründer, Eleazar Wheelock (1711–1779), der sich zeitlebens um die Christianisierung und Bildung junger Indianer bemühte, stellte dem College anfangs die Aufgabe, zum Christentum bekehrte Indianer zu Priestern für die Indianermission auszubilden, eine Aufgabe, die nach einiger Zeit als undurchführbar fallengelassen wurde.

Die ersten höheren Schulen, Harvard, William & Mary, Yale, dienten bald nicht nur der Aufgabe, Geistliche auszubilden. Es gab ebenso Unterricht in „der schönen Literatur, den Künsten und Wissenschaften". Die Aufnahmebedingungen verlangten am Harvard College von den Studenten, Cicero oder andere klassische lateinische Autoren ex tempore zu verstehen und Latein in Versen und Prosa sprechen zu können. Außerdem mußten sie perfekt die Substantive und Verben der griechischen Sprache deklinieren bzw. konjugieren können. Erst nach dem Nachweis dieser Fähigkeiten sollte der angehende Student zum College zugelassen werden. Man kann sich denken, daß allein schon diese Bestimmungen dafür sorgten, daß in der Regel nur die Kinder der vermögenden oder zumindest bessergestellten Kolonisten studieren konnten, da nur ihre Eltern eine entsprechende Schulbildung zu gewährleisten vermochten. In den ersten 30 Jahren absolvierten 200 Studenten erfolgreich das Harvard College, damals die einzige derartige Hochschule nach dem Vorbild von Oxford und Cambridge in England. Mehr als die Hälfte dieser Studenten wählte dann den Beruf des Pfarrers.

Im 18. Jahrhundert wurden dann auch Medizin, Recht, Naturphilosophie und Mathematik gelehrt. Die Lehrfächer an den kolonialen Colleges waren nun Latein, Griechisch und Hebräisch, Theologie, ferner Arithmetik und Geometrie, Geschichte, Logik, Ethik, Rhetorik sowie Astronomie, elementare Physik und elementare Botanik. Diese Fächer wechselten natürlich von College zu College und von Zeit zu Zeit. Einerseits durchdrang das religiöse Weltbild auch noch im 18. Jahrhundert wesentlich die akademische Ausbildung. Die letzte Erklärung aller Dinge lag bei Gott, die in der Bibel überlieferte Schöpfungsgeschichte war sakrosankt, scholastische Disputationen gehörten noch nicht der Vergangenheit an. 1769 fand am Harvard College eine Disputation über die Frage statt, ob die amerikanischen Reptilien von den Reptilien abstammten, die in der Arche Noah gewesen waren. Die Frage wurde mit Ja beantwortet.

Andererseits machte die amerikanische Naturwissenschaft im 18. Jahrhundert beachtliche Fortschritte. Hier zeigten sich Mathematik, Physik, Astronomie und Geographie in erster Linie von den praktischen Bedürfnissen in den Kolonien abhängig. Man war bemüht um die Verbesserung der astronomischen und kalendarischen Berechnungen, verbesserte die Genauigkeit der Landvermessung, versuchte sich an der Erklärung der Erdbeben, die 1727 und nochmals 1775 Neuengland erschreckten. Der Astronom, Mathematiker und Physiker John Winthrop (1714–1779) besaß das erste Fernrohr in Amerika, richtete in Harvard 1746 das erste Laboratorium der experimentellen Physik in Amerika ein, sorgte dort 1751 für die Einführung eines mathematischen Studiengangs und leitete 1761 die erste amerikanische astronomische Expedition, die nach Neufundland führte, um dort den Sonnendurchgang der Venus zu beobachten.

Der Botaniker John Bartram (1699–1777) schuf seit 1728 in Philadelphia den ersten botanischen Garten in Pennsylvania und trug dort Pflanzen aus den Kolonien von der kanadischen Grenze bis nach Florida zusammen. Er war der erste Spezialist unter den amerikanischen Naturwissenschaftern und interessierte sich für alle Aspekte der Pflanzenkunde, so auch für Ökologie, Pflanzenphysiologie, Pflanzengeographie und Bodenkunde. Der Astronom David Rittenhouse (1732–1796) fertigte 1767 in Philadelphia das erste mechanische Planetarium in Amerika an, in dem die Bewegung der Planeten mit ihren Trabanten um die Sonne im Modell nachvollzogen werden konnte. Rittenhouse wollte nicht ausschließen, daß auf anderen Planeten irgendwo im All belebte Wesen sein könnten. Der Arzt, Astronom und Botaniker Cadwallader Colden (1688–1776) beschäftigte sich in medizinischen Studien mit dem Krebs, den Pocken und dem Gelbfieber. Er untersuchte den Einfluß des Klimas und der Ernährung auf die Krankheit.

Der vielseitigste und im zeitgenössischen Europa am besten bekannte und bewunderte Repräsentant des jungen Amerika war Benjamin Franklin. Für viele Gebildete in Europa war Franklin Amerika. Er war für sie *der* Amerikaner und prägte ihre Vorstellungen über

15 *Charles Willson Peale (1741-1827), Benjamin Franklin, 1789. Der in Philadelphia ansässige Porträtmaler Peale schuf dieses Altersbild Franklins noch zu dessen Lebzeiten.*

die koloniale Gesellschaft in Übersee mit. Franklin [Abb. 15] stammte aus Boston, aus einer kinderreichen Familie. Als Jüngster unter zehn Geschwistern erhielt er nur eine einfache und kurze Schulbildung, anschließend lernte er den Beruf des Druckers, was ihm später in Philadelphia die Herausgabe von Zeitungen und Almanachen ermöglichte. Mit 42 Jahren zog er sich von den Geschäften zurück, um sich wissenschaftlichen Arbeiten zu widmen. Als Wissenschaftler und Erfinder schuf Franklin zahlreiche nützliche Apparate. Er entwickelte einen gut belüfteten Ofen, der besser brannte, sparsamer im Verbrauch war und mehr Wärme abgab als die bisherigen Öfen. Er konstruierte bifokale Brillen und sprach sich, um Kerzenlicht zu sparen, für die Einführung der Sommerzeit aus. Seine Interessen betrafen so unterschiedliche Gebiete wie die Ozeanographie, die Physik und Chemie, die Meteorologie, Geographie und Medizin. Für größtes Aufsehen sorgten auch in Europa seine Experimente mit der Elektrizität. 1751 gelang ihm der experimentelle Nachweis der elektrischen Natur der Blitze. Dies bewies er mit seinem berühmten Drachenversuch. Franklin ließ in gewittriger Atmosphäre einen Drachen an einer Hanfschnur bis in die Wolken steigen und konnte so die elektrische Eigenschaft des Gewitters nachweisen, da sich bei Annäherung an die Gewitterwolke die Faserhärchen der Hanfschnur aufrichteten. Als ein Nebenergebnis erfand Franklin bei diesen Experimenten den Blitzableiter.

Franklins wissenschaftliche Arbeiten bestärkten seine rationalistische Weltanschauung. Er war ein Kind der Aufklärung und glaubte an die Fähigkeit des Menschen, zu lernen und sein Wissen für die Verbesserung der menschlichen Verhältnisse zu nutzen. Als Pragmatiker setzte er sich in Philadelphia für eine bezahlte Stadtpolizei ein, für die Schaffung einer freiwilligen Feuerversicherung und für die Einrichtung des ersten Krankenhauses in den amerikanischen Kolonien, das 1751 seine Arbeit aufnahm. Er gründete – gemeinsam mit seinem Freund Bartram – die erste wissenschaftliche Gesellschaft in Amerika, die American Philosophical Society (1743), und er schlug 1749 eine modernere Ausgestaltung der Universitätsstudien vor. Das Studium sollte frei von kirchlich-sektiererischer Kontrolle sein und sich stärker an den praktischen Bedürfnissen des Lebens orientieren. Zu den Lehrfächern sollten Geschichte, Wirtschaft und Politik zählen sowie moderne Sprachen und auch Englisch, und zwar auf gleichem Fuß wie Latein.

Franklins Plan wurde einige Jahre später am Philadelphia College realisiert, der heutigen University of Pennsylvania. Auch die Naturwissenschaften fanden dort frühzeitig eine Heimstatt. 1765 wurde an dieser Universität eine medizinische Fakultät (School of Medicine) geschaffen, die erste Einrichtung dieser Art in den Kolonien. Franklins College in Philadelphia war überdies die erste Hochschule, die keinen religiösen Test für die Zulassung vorschrieb. Wie Franklin dachten auch andere aufgeklärte Amerikaner der Zeit, zum Beispiel Thomas Jefferson oder John Adams (1735–1826), praktisch über die Anforderungen an das Universitätsstudium nach.

Trotz dieser akademischen Ansätze gingen bis zum Ende der Kolonialzeit viele Studenten, die andere Fächer als Theologie, Klassische Sprachen oder Philosophie studieren wollten, nach England. Die beliebtesten dortigen Studienfächer waren Medizin in Edinburgh und Rechtswissenschaft in London, Fächer, die in den Kolonien noch in den Anfängen steckten. Wer Medizin oder Recht nicht in Europa studieren konnte, absolvierte ein College der Kolonien und verschaffte sich dann in der Praxis bei einem Arzt oder Anwalt die notwendigen Kenntnisse oder Erfahrungen.

Druckereien, Bibliotheken und Zeitungen in den Kolonien

Der Amerikanische Unabhängigkeitskrieg war eine Zeit der Flug- und Druckschriften, der Zeitungen und Bücher. Die Voraussetzungen dafür wurden in Amerika schon in der Kolonialzeit gelegt. Die älteste Druckerei des kolonialen Amerika wurde 1638 in Cambridge, Massachusetts, eingerichtet. Zwei Jahre später, 1640, erschien mit dem Bay Psalm Book, einer von puritanischen Predigern besorgten Zusammenstellung von biblischen Psalmen, das erste in den Kolonien gedruckte Buch. Es wurde in ganz Neuengland und bis nach Philadelphia verbreitet und erreichte schließlich 27 Auflagen, zuletzt wurde es im Jahr 1762 aufgelegt. Gedruckt wurden in Amerika anfangs hauptsächlich religiöses Schrifttum oder amtliche bzw. geschäftliche Schriftstücke.

Übrigens ließ der Prediger und Indianermissionar John Eliot (1604–1690) Mitte des 17. Jahrhunderts in Massachusetts die Bibel in einer indianischen Sprache, in der Sprache der Algonkin, drucken, in der Erwartung, damit die religiöse Unterweisung der Indianer befördern zu können. Mit dem großen Indianerkrieg Neuenglands, dem „King Philip's War" (1675/76), der die dort lebenden Indianer dezimierte, fanden Eliots Missionsbestrebungen weitgehend ein Ende.

Im Verlauf des 18. Jahrhunderts besaßen fast alle Kolonien eigene Druckereien, mitunter waren es auch mehrere. 1738 entstand in Pennsylvania auch die erste Druckerei, die regelmäßig in einer nicht englischen Sprache druckte. Sie arbeitete für die Deutschamerikaner in Pennsylvania.

Die ältesten Bibliotheken entstanden in den britischen Kolonien Amerikas im 17. Jahrhundert, und zwar noch auf privater Grundlage wie in Boston als Sammlung vermögender Kaufleute, die ihren Bücherschatz der Stadt stifteten. Mit dem zunehmenden Interesse und Bedürfnis der Öffentlichkeit nach Bildung und Wissen kam es seit dem Ausgang des 17. Jahrhunderts in verschiedenen Kolonien wie in Massachusetts, Maryland oder Virginia zur Gründung von Bibliotheken, die auch der Öffentlichkeit zugänglich gemacht wurden. 1731 wurde dann in Philadelphia, wiederum mitinitiiert durch den unermüdlichen Benjamin Franklin, eine erste öffentliche Bibliothek eingerichtet, in der man gegen eine gewisse Gebühr Bücher wissenschaftlichen und später auch schöngeistigen Charakters entleihen konnte. Charleston, New York und andere Städte folgten diesem Beispiel. 1760 gab es in den Kolonien gegen 20 derartige öffentliche Büchereien. Die englische Literatur seit

16 *Winthrop Chandler (1747–1790), „Der Reverend Ebenezer Devotion“, 1770. Devotion war ein Landpfarrer aus Connecticut. Der Maler vermittelt den Eindruck des täglichen Gebrauchs der Bücher im Hintergrund, die nicht lediglich als dekoratives Ornament oder Statussymbol aufgefaßt werden. Die Rückentitel der Bücher wurden als Predigten, Bibelkommentare, ein hebräischer Text sowie als Werke historischen, philosophischen, juristischen Inhalts und auch schöngeistiger Natur identifiziert.*

Shakespeare, die Werke der englischen und französischen Aufklärer, die klassischen Texte der Antike von Homer, Cicero oder Tacitus, historische Werke oder rechtswissenschaftliche Bücher waren in diesen Bibliotheken zugänglich. Außerhalb der großen Städte allerdings mußte man die Bücher, die man lesen wollte, kaufen. Wegen der Kosten eines Buches konnten sich dies in der Regel nur einzelne wohlhabende Pfarrer, Anwälte oder der aufgeklärte Teil der Oberschicht unter den Plantagenbesitzern in Virginia und Maryland leisten. Die größte Privatsammlung von Büchern besaß in der frühen Kolonialzeit der Pfarrer, Schriftsteller und Wissenschaftler Cotton Mather (1663–1728) in Boston, der 3000 Bücher besessen haben soll. Ein bekanntes Porträt des neuenglischen Pfarrers Ebenezer Devotion zeigt diesen Kirchenmann vor dem Hintergrund einer beeindruckenden Reihe von Büchern [Abb. 16], die man in einer damaligen ländlichen Pfarre nicht erwartet hätte. In Virginia gab es in der ersten Hälfte des 18. Jahrhunderts einzelne Pflanzer wie William Byrd von Westover (1674–1744), der auch schriftstellerisch tätig war, die mehrere tausend Bücher ihr eigen nannten. Später war die Privatsammlung Thomas Jeffersons mit mehreren tausend Bänden eine besondere Kostbarkeit, sie bildete dann den Grundstock der Kongreßbibliothek.[18]

Trotz der wachsenden Zahl amerikanischer Druckereien kam allerdings der größte Teil der Bücher bis zur Mitte des 18. Jahrhunderts noch aus Europa. Bis dahin befand sich die eigene amerikanische Literatur noch in den Anfängen. Unter den ersten Büchern, die von Amerikanern geschrieben wurden, gab es – neben dem religiösen Schrifttum – auffallend viele Werke historischen oder naturhistorischen Inhalts. Cotton Mather veröffentlichte mit Magnalia Christi Americana eine Geschichte Neuenglands aus kirchlicher Sicht. Im Süden war es Robert Beverly (1673–1722), der 1705 mit seiner History of Virginia eine der ersten historischen Darstellungen schrieb, die ein Thema der amerikanischen Geschichte vom amerikanischen Standpunkt aus behandelten. Mit dem wachsenden Selbstbewußtsein der Kolonien wurde dann mehr und mehr auch das amerikanische Selbstwertgefühl befördert. Hugh Jones (1671–1760), der Verfasser einer Beschreibung Virginias aus dem Jahr 1724 mit dem Titel „The Present State of Virginia“ pries die Schönheit seiner virginischen Heimat. Er schrieb: „Wenn Neuengland eine Zuflucht der Dissenter und ein Amsterdam der Religion genannt wird, Pennsylvania das Kinderzimmer der Quäker, Maryland der Ruhepunkt der Katholiken, North Carolina der Zufluchtsort der entlaufenen Sklaven und South Carolina die Freude der Seeräuber und Piraten, so mag Virginia gerechterweise als der glückliche Zufluchtsort der wahren Briten und des überwiegenden Teils des echten Kirchenvolks gelten.“[19] Jones machte Vorschläge zur Bildungsreform, er schlug die Schaffung von Grammar Schools in jeder Kirchgemeinde vor und befürwortete die Einrichtung eines Lehrstuhls für Geschichte sowie einer Schule für Öffentliche Verwaltung am College of William & Mary. Latein und Griechisch wollte er als Studienfach durch Englisch ersetzt wissen.

Bis zum Vorabend des Unabhängigkeitskrieges verfügten dann die meisten Kolonien in Nordamerika über ein Werk, das die Geschichte oder Naturgeschichte ihrer Provinz behandelte.

Neben den religiösen, historischen, naturkundlichen oder topographischen Veröffentlichungen war das in der Kolonialzeit am häufigsten gedruckte Buch der Almanach. Diese damals besonders auf dem Land beliebte Gattung war ein nützliches Kompendium kalendarischer, den Ablauf der Vorgänge in Natur und Umwelt betreffender und auch politischer Informationen. Der bekannteste und immer wieder – insgesamt 25mal – neu aufgelegte Almanach war der von Franklin erstmals 1733 herausgegebene „Poor Richard‘s Almanac“. Der „Arme Richard“ war die Maske, in die Franklin als Verfasser des Almanachs schlüpfte. Er gab vor, Armut und eine stets nörgelnde Ehefrau würden den armen Richard zur Veröffentlichung treiben. Der Almanach enthielt viele nützliche Informationen über Sonne und Mond, er bot Wetterprognosen, informierte über Flutzeiten, Markt- oder Gerichtstage und über die Feiertage. Vermischt war dies mit Sprichwörtern, Lebensweisheiten und Rätseln. Die Sprichwörter hielten, der Lebensauffassung Franklins folgend, zu Fleiß und Sparsamkeit an: „Betreibe deine Geschäfte, laß dich nicht durch sie treiben“ oder „Ein leerer Sack kann schwerlich aufstehen“. Später schrieb Franklin seine Autobiographie, die dann nach seinem Tod 1791 erstmals erschien und zu einem der meistgelesenen Bücher in den USA wurde. Franklin schildert darin seine Schul- und Lehrlingszeit als Drucker in Boston, seine Übersiedlung nach Philadelphia, und er beschreibt seine Lebenserfahrungen Schritt um Schritt vom persönlichen, familiären und freundschaftlichen Umkreis über seine regionale Wirksamkeit in Philadelphia und die Aktivitäten in Pennsylvania bis zu seinem Auftreten auf dem internationalen Parkett in London und Paris. Für Franklin war das eigene Leben ein Beweis dafür, daß Tugend zu wirtschaftlichem und gesellschaftlichem Erfolg und zu einem gottgefälligen Leben führt. Als Kardinaltugenden beschrieb er in der Autobiographie Mäßigkeit im Essen und Trinken, Ordnung bei den täglichen Geschäften, Sparsamkeit, Fleiß und Aufrichtigkeit in Worten und Gedanken, Gemütsruhe, Keuschheit und Demut. Der junge Franklin wollte sich alle 13 Tugenden, die er als solche erkannt hatte, aneignen. Dabei hielt er es für angemessen, „meine Aufmerksamkeit nicht zu zersplittern, indem ich alles auf einmal versuchte, sondern mein Augenmerk immer nur auf eine von ihnen zu gleicher Zeit richtete, und erst dann, wenn ich mich zum Herrn derselben gemacht, zu einer andern fortzuschreiten, und so fort, bis ich alle dreizehn durchgemacht haben würde“.[20] Franklin war mit einem Gutteil Humor und Mutterwitz ausgestattet. Ein gesunder Menschenverstand, ein treffendes Urteilsvermögen und eine einfache Lebensweise charakterisieren diesen amerikanischen Aufklärer auf ganz eigene Art.

Die erste ständige Zeitung der Kolonien war der 1704 gegründete „Boston News-Letter“, der anfangs als Wochenblatt erschien. Die Zeitung berichtete über Ereignisse in Europa mit einiger Verspätung, die sich aus der mehrwöchigen Dauer der Überfahrt über den Atlantik für Neuigkeiten ergab. Sie berichtete über lokale Ereignisse, informierte über die An- und Abfahrten im Hafen und ähnliche Vorgänge. Um 1760 verfügte Boston dann über vier Zeitungen und fünf weitere Druckereien. Philadelphia besaß zwei Zeitungen und drei weitere Druckereien. New York hatte drei Zeitungen. In acht anderen amerikanischen Städten erschienen ebenfalls Zeitungen. Die meisten von ihnen waren schlichte Anzeigenblätter mit Annoncen oder Mitteilungen über ein- und ausgehende Schiffe. Neuigkeiten wurden in der Regel durch Briefe der Korrespondenten in Europa oder den Kolonien vermittelt.

Während die meisten kolonialen Zeitungen kaum kritisch waren und der Herausgeber politisch nicht in Erscheinung trat, erschien um 1733 in New York mit dem „New York Weekly Journal" ein von John Peter Zenger (1697–1746), einem gebürtigen Deutschen, herausgegebenes Blatt, das dazu überging, den Gouverneur zu kritisieren. Zenger wurde verhaftet und der aufwieglerischen Verleumdung angeklagt. Der Prozeß, in dem die Geschworenen auf nicht schuldig entschieden, gilt in der amerikanischen Pressegeschichte als Markstein auf dem Weg zur Durchsetzung der Pressefreiheit. Verteidiger Zengers war der junge Alexander Hamilton (1755–1804), der spätere Finanzminister unter George Washington. Seit der Mitte des 18. Jahrhunderts verbreiteten die Zeitungen der Kolonien eine wachsende Zahl von Aufsätzen zu politischen, religiösen und wissenschaftlichen Themen. Eine beträchtliche Anzahl dieser Artikel schlug nun einen patriotischen Ton an und bereitete das Erwachen des amerikanischen Nationalbewußtseins im Unabhängigkeitskrieg vor.

Abschließend sollte man noch erwähnen, daß seit 1691 eine Postverbindung zwischen Massachusetts, New York und Pennsylvania bestand, die später auch New Hampshire einbezog. Allerdings blieb der Süden eine Generation lang ausgespart, und das Porto für einen Brief war damals recht hoch. Ein Brief von Boston nach Philadelphia kostete immerhin 21 Pence.

Malerei, Musik, Theater – Volkskultur und Unterhaltung

In der kolonialen Gesellschaft, die lange Zeit noch im Entstehen begriffen und mit der Sicherung des Notwendigsten beschäftigt war, zeigten die Künste im allgemeinen – mit Ausnahme der Architektur, der Möbelkunst und des Kunstgewerbes – noch bescheidene Ergebnisse. Es existierte lange Zeit keine breite Oberschicht, die Muße und Geld besaß, um die schönen Künste zu konsumieren und zu fördern. Vor der Mitte des 18. Jahrhunderts besaßen die Kolonien keinen Maler von auffallendem Rang. Zwar gab es bereits Porträtmalerei [Abb. 17], aber die Bilder waren einfach ausgeführt, handwerklich anspruchslos und im Geschmack und in der Auffassung ganz von der englischen Kunst abhängig. Eine Ausnahme bildet durch seinen Realismus und seine Vitalität John Greenwoods „Zechende Kapitäne in Surinam" (um 1757/58), das erste amerikanische Genrebild [Abb. 18] von Bedeutung. Greenwood (1727–1792) hatte einige Zeit in Surinam, dem holländischen Guayana, gelebt und kannte offenbar die ausgelassen zechenden Schiffskapitäne, die er humorvoll schilderte, aus eigenem Erleben auf das beste. Zwei der Kapitäne, die auf dem Bild verewigt sind, sollten später im unabhängigen Amerika noch hohe Stellungen bekleiden. Der eine wurde Gouverneur von Rhode Island, der andere Kommandeur der Flotte der Vereinigten Staaten. Auch das Musikleben Amerikas steckte noch in den Kinderschuhen. Vereinzelt fanden in größeren Städten Konzerte statt, falls genügend Musiker vorhanden waren, um die Werke von Händel, Bach oder Vivaldi aufzuführen. Das erste formelle Konzert klassischer Musik fand 1731 in Boston statt. In den 1750er Jahren hatte New York eine feste Serie von Abonnementkonzerten. Die daran mitwirkenden Musiker waren fast ausnahmslos Amateure. 1770 erlebte New York die Aufführung von Händels „Messias". Einige Jahre später wurde das erste Klavier in Philadelphia hergestellt.

17 *Justus Engelhardt Kuhn (gest. 1717), „Ignatius Digges" – ein Kinderbild aus Maryland aus dem Jahre 1710. Es zeigt den zweieinhalbjährigen, für sein Alter großen, aufgeweckten Knaben, der wie damals alle Kinder seines Alters mit einem Rock bekleidet war.*

Ebenso konnte sich das Theaterleben nur langsam entwickeln. Im 17. Jahrhundert – mit seinen orthodoxen religiösen Normen – galt ein Theaterbesuch für kaum weniger unmoralisch als der Besuch eines Bordells. In den meisten Kolonien war diese Form der Unterhaltung nicht gestattet. Im 18. Jahrhundert änderte sich die Einstellung, und das Bedürfnis wuchs, die Dramenliteratur auf der Bühne kennenzulernen. Das erste dauerhafte Theater wurde 1716 in Williamsburg eingerichtet. Zwei Tänzer und Schauspieler erhielten dort die Erlaubnis, ein Theater zu eröffnen. Hier wurden über einige Jahre hin verschiedene Stücke aufgeführt, deren Autoren inzwischen vergessen sind. Um 1730 beherbergten alle großen Städte eine Art Theater. Nun kamen auch Gastspiele englischer Schauspieltruppen zustande, und in der Mitte des 18. Jahrhunderts war Shakespeare der populärste Bühnenautor in den Kolonien. Aber auch jetzt gab es noch kein Theaterstück, das von einem amerikanischen Autor stammte. Das änderte sich erst nach der Amerikanischen Revolution.

Mit der schönen Literatur verhielt es sich ähnlich. Erst spät begannen amerikanische Druckereien, auch schöngeistige Werke zu drucken. Zunächst waren es Romane englischer Autoren wie die „Pamela", der Briefroman von Samuel Richardson (1689–1761) über die gefährdete Unschuld eines sittsamen Dienstmädchen oder die Werke von Oliver Goldsmith (1730–1774) und Henry Fielding (1707–1754). Der erste Roman eines amerikanischen Autors erschien dann nach dem Unabhängigkeitskrieg. Es war William Hill Browns (1765–1793) „The Power of Sympathy: Or, the Triumph of Nature", ein Buch, das 1789 in Boston herauskam. Der Autor, Sohn eines Bostoner Uhrmachers, behandelte in diesem sentimentalen, melodramatischen Roman die Geschichte eines zeitgenössischen Eheskandals, der mit dem Selbstmord der Heldin endete. Das Buch gilt als der erste Roman, dessen Handlung und Szenerie amerikanisch sind, der in Amerika entstanden ist und dort veröffentlicht wurde. Das Lesen von Büchern, der Besuch der Hochschulen, die Beschäftigung mit wissenschaftlichen Fragen oder der Theater- und Konzertbesuch waren Vergnügen, die sich nur wenige Bewohner der Kolonien leisten konnten. Die meisten von ihnen besaßen weder Zeit noch Geld für diese Art kultureller Betätigung. Es gab für sie nur wenige Pausen in der täglichen Arbeit um den Lebensunterhalt.

18 *John Greenwood, „Zechende Kapitäne in Surinam", gemalt um 1757/58. Es ist das erste realistische amerikanische Genrebild.*

Für die meisten Amerikaner war der Sonntag der wichtigste kulturelle Einschnitt, eine Zeit, zu der ein gewisses Maß an Erholung möglich war. Die in der religiösen Tradition liegende Arbeitsruhe am Sonntag wurde eingehalten, obgleich vielfach auch weiter für den Lebensunterhalt gesorgt werden mußte und kleinere Arbeiten, die in der Woche liegengeblieben waren, nunmehr erledigt wurden. Das *kulturelle Alltagsleben* verblieb großenteils im Kreis der Familie. Besonders in den Wintermonaten sorgte man nach Sonnenuntergang für gemeinsame Unterhaltung. In einem Teil der Familien wurde aus der Bibel vorgelesen. Andere erzählten Geschichten. Der gemeinsame Gesang war beliebt. Er wurde häufig von der Geige begleitet oder vom Banjo und anderen einfachen Musikinstrumenten wie der Flöte. Wo der Platz es zuließ, kam auch der Tanz zu seinem Recht. In den Herrenhäusern des Südens veranstaltete man im Winter Bälle.

Während der Sommermonate kam es verstärkt zu sozialen Aktivitäten. Die wichtigsten Treffpunkte der Begegnung und Geselligkeit waren auch im 18. Jahrhundert die Märkte, landwirtschaftlichen Ausstellungen und die Sitzungen des Gerichtshofes der Grafschaft. In den südlichen Kolonien wurden diese drei Ereignisse oft zeitlich kombiniert. Bei dieser Gelegenheit traten dann auch Schausteller auf. Die Vorführung zahmer Bären oder die Abhaltung von Hahnenkämpfen zählten zu den üblichen Volksbelustigungen. Dazu kam natürlich der Besuch der örtlichen Kneipe. Es wurde musiziert und getanzt. Mitunter wurde auch ein Pferderennen veranstaltet.

Weitere Gelegenheiten, bei denen das Volk zusammenkam, waren die Amtseinführung eines neuen Gouverneurs, außerdem die Feiern zum Geburtstag des Königs. Seit 1760 war dies George III. (Regierungszeit 1760–1820). Die monatlichen Übungen der Miliz boten den Frauen und Kindern einen Anlaß, zuzusehen, wie ihre Männer und Väter im Waffendienst gedrillt wurden. Es war ein Ereignis, bei dem der Alkohol häufig in Strömen floß.

Für die Einwohner der Städte waren die Möglichkeiten der Begegnung untereinander und des Gesprächs miteinander größer als für die Landbewohner. Diese zogen sich in der Regel bei Sonnenuntergang in ihre Häuser und Wohnungen zurück. Jene fanden in der

Stadt abends Gelegenheit zu einem anderen Leben. Handwerker und Arbeiter gingen in ihre Kneipe. Gentlemen suchten ihren Klub auf, um die Weltereignisse zu diskutieren oder Karten zu spielen.

Eine Form der sozialen Aktivität besonderer Art stellten die Freimaurerlogen dar, diese in England, im übrigen Europa und in Amerika damals mit der Aufklärung Hand in Hand gehende quasireligiöse Geselligkeit der gebildeten und gehobenen Stände. Im 18. Jahrhundert breitete sich die Freimaurerei von England ausgehend in den Kolonien aus. Die erste Loge wurde in Philadelphia um 1730 geschaffen, Franklin war ihr Präsident. Die Freimaurer erstrebten die Erziehung ihrer Mitglieder zur Humanität, sie bedienten sich der vom Bauhandwerk hergeleiteten symbolischen Gebräuche und Zeremonien, pflegten das Ideale, die Freundschaft und hielten ihre Mitglieder zur Erfüllung der sozialen Pflichten und der Wohltätigkeit an. Viele Führer der Amerikanischen Revolution waren Logenbrüder, neben Benjamin Franklin auch George Washington und Thomas Jefferson.

Eine Form des sozialen Vergnügens, das bereits in der Kolonialzeit von den Angehörigen der vermögenden Schichten gerne gepflegt wurde, war die Zurschaustellung eleganter Kleidung. Um 1750 besaß New York ein von Besuchern gerühmtes fashionables Flair. Junge Frauen promenierten dort auf den inzwischen gepflasterten Straßen oder besuchten Konzerte, während sich die Männer fein machten, wenn sie ins Café oder in den Klub gingen.

Besonders beliebte Arten der Erholung waren die Jagd und der Fischfang bzw. Angelsport. In Amerika gab es nicht das beim Volk verhaßte Jagdprivileg der Aristokratie, hier hatte auch der einfache Mann die Möglichkeit, dieser Leidenschaft nachzugehen. Andere Formen des Sports im heutigen Sinn waren weitgehend unbekannt. Gruppen von Jugendlichen unterhielten sich zwar mit dem einen oder anderen Ballspiel, doch organisierte Sportwettkämpfe oder Spiele nach festen Regeln kamen erst später auf, als die Gesellschaft mehr Muße erlaubte und wohlhabender geworden war. Da fast jeder schwer für seinen Lebensunterhalt arbeiten mußte, wünschte kaum einer, sich in den wenigen Ruhepausen sportlich zu erschöpfen, noch dazu mit einer Anstrengung, die nach dem Standard der Zeit vollständig unproduktiv war.

Das religiöse Leben – „The Great Awakening"

Die Religion blieb auch im 18. Jahrhundert – nach der Arbeit – der bedeutendste Einzelfaktor im täglichen Leben der Kolonien. Obgleich der religiöse Eifer vieler kirchlicher Gemeinden im Vergleich zum 17. Jahrhundert nachließ, war das kirchliche Leben weiterhin ein entscheidendes Moment für die Bewohner der Kolonien, eine Selbstverständlichkeit, die besonders während der Freizeit zu ihrem Recht kam. Der rege Kirchenbau [Abb. 19] während der ersten Hälfte des 18. Jahrhunderts bestätigt diesen Tatbestand.

Die Mehrzahl der Bewohner der Kolonien gehörte nach wie vor den traditionellen protestantischen Kirchen und Sekten an, sie waren Puritaner und als solche entweder Kongregationalisten oder Presbyterianer. Andere Kolonisten waren Anglikaner, Lutheraner und holländische Reformierte. Mit dem weiteren Zustrom der Einwanderer aus Europa fächerte sich das kirchliche Leben in den Kolonien noch weiter auf. Drei Kirchen breiteten sich im 18. Jahrhundert merklich aus: die Presbyterianer, die Lutheraner und die aus Deutschland stammenden Reformierten Gemeinden.

Tabelle 7

Geschätzte Kirchenmitgliedschaft in den Kolonien 1775

Kirchliche Gemeinschaft	Anzahl der Mitglieder	Prozent der Bevölkerung
Kongregationalisten	575.000	24 Prozent
Anglikaner	500.000	20,8 Prozent
Presbyterianer	410.000	17,1 Prozent
Holländische Reformierte	75.000	3,1 Prozent
Lutheraner	75.000	3,1 Prozent
Deutsche Reformierte	50.000	2,1 Prozent
Andere deutsche Kirchen	75.000	3,1 Prozent
Quäker	40.000	1,7 Prozent
Baptisten	25.000	1 Prozent
Katholiken	25.000	1 Prozent
Methodisten	5000	0,2 Prozent
Juden	2000	0,1 Prozent
Sklaven ohne kirchliche Zugehörigkeit	543.000	22,6 Prozent

Quelle: Purvis, Revolutionary America, S. 197.

Der Einfluß der Kirche auf die Gläubigen wurde allerdings aus zweierlei Richtungen in Frage gestellt. Die gebildete Oberschicht der Amerikaner wandte sich im 18. Jahrhundert mehr und mehr der Aufklärung zu, die das geistig-kulturelle Klima der Kolonien zu bestimmen begann. Die traditionell-religiösen Erklärungen der Natur, der Welt und der Gesellschaft waren auf dem Rückzug und wurden durch den Anspruch herausgefordert, durch Naturbeobachtung, Wissenschaft und Vernunft nicht nur die Welt erklären, sondern auch die Gesellschaft verbessern zu können. Infolgedessen kam es zu einer gewissen Entfremdung des gebildeten Teils der Oberschicht von Religion und Frömmigkeit.

An den Rändern der besiedelten Gebiete, an der Frontier, der Siedlungsgrenze der Kolonien, lebten andererseits einfache Leute, Siedler, Trapper, Indianerhändler, die ohne Kirche, Pfarrer und Sakramente auskamen und im Urteil der Zeit fast als Heiden dastanden. So schien es aus kirchlicher Sicht gute Gründe für eine aktive Wiederbelebung des Glaubens zu geben.

Unter diesen Bedingungen kam es zur geistig-religiösen Erneuerung, die seit den 1730er Jahren die Kolonien erfaßte. Dies war die evangelische Erweckungsbewegung, „Great Awakening“, die als die erste Massenbewegung in Amerika gilt. Sie war eine Reaktion frommer Geistlicher in England und in den Kolonien auf eine zunehmende Verweltlichung und Erstarrung der Kirche, auf den Rückgang des Glaubens bei einem Teil der Gebildeten und auf den schwindenden Einfluß der Kirche bei den einfachen Menschen.

In der Mitte der 1730er Jahre begannen, beeinflußt von einer entsprechenden religiösen Bewegung im Mutterland, verschiedene unbedingt und begeistert an die Allmacht und Allgegenwart Gottes glaubende Pfarrer protestantischer Freikirchen für die Erneuerung der christlichen Religion im unbedingten Glauben an Gott zu predigen. Zentren dieser Bewegung wurden Massachusetts und Pennsylvania. Der in Amerika geborene Jonathan Edwards (1703–1758), ein herausragender theologischer Denker, begann in seiner Pfarre in

19 *Christ Church, Philadelphia, Pa., begonnen 1727, fertiggestellt 1750–1754. Ein charakteristisches und schönes Beispiel für den amerikanischen Kirchenbau in der ersten Hälfte des 18. Jahrhunderts.*

20 *John Wollaston (gest. 1770), George Whitefield predigt (1741). Wollaston war ein englischer Porträtmaler, der in der Mitte des 18. Jahrhunderts längere Zeit in den Kolonien lebte und arbeitete. Das Bild zeigt den Prediger Whitefield im Alter von 27 Jahren.*

Northampton, Massachusetts, Mitte der 1730er Jahre eine evangelische Erneuerungsbewegung auf den Weg zu bringen. Zum eigentlichen Inspirator der Erweckungsbewegung wurde ein noch junger englischer Pfarrer, George Whitefield (1714–1770), der 1739 in Philadelphia eintraf und dort vor großen Menschenmassen predigte. Whitefield [Abb. 20] war jung, besaß eine große persönliche Ausstrahlungskraft und war ein wortgewaltiger Prediger, der die individuelle Beziehung des einzelnen zu Gott in den Mittelpunkt seines Bekenntnisses rückte. Seine dramatisch aufgebauten Predigten über die Qualen der Verdammnis und die Freuden der Erlösung rissen die Menschen hin und versetzten sie in einen Taumel gläubiger Selbstvergessenheit. Selbst der skeptische und sparsame Benjamin Franklin, der zu einer Predigt Whitefields erschienen war, um sich ein Bild von den Vorgängen zu machen, leerte nach der Predigt seine Taschen in eine umgehende Sammelbüchse, ein Beweis für die unwiderstehliche Überzeugungskraft Whitefields. Binnen dreier Tage strömten in Boston, damals eine Stadt mit annähernd 14.000 Bewohnern, 19.000 Menschen zusammen, um Whitefield zu hören.

Von ihren beiden Zentren in Massachusetts und Pennsylvania breitete sich die Erweckungsbewegung in den folgenden Jahren über die übrigen Kolonien aus. Sie wurde damit auch zur ersten interkolonialen Bewegung in Amerika. Überall verlangten die Gemeindemitglieder, daß ihre Pfarrer den emotionalen, feurigen Predigtstil der Erweckungsprediger übernahmen und auf die bislang üblichen, sorgfältig vorbereiteten, theologisch korrekten

Predigten verzichteten. Diese emotionale Note der Bewegung sprach besonders Menschen aus dem einfachen Volk an. Ein radikaler Flügel des „Great Awakening" erfaßte Arbeiter, Seeleute, Diener und kleine Farmer. Er wandte sich gegen die etablierten Kirchen und verbreitete in der Sicht eines zeitgenössischen konservativen Theologen Anarchie, Gleichmacherei und die Auflösung der Ordnung im Land.

Im Endergebnis führte die Erweckungsbewegung Tausende neuer Gläubiger der Kirche zu, half den neuen religiösen Gruppen sich zu profilieren und untergrub die Autorität der vom Staat unterstützten Kirchen, wie etwa der anglikanischen Kirche. Die Bewegung führte aber auch zu neuen Spaltungen der religiösen Gemeinschaften, besonders der Kalvinisten, einschließlich der Puritaner, wo sich Anhänger und Gegner der Erweckung bekämpften. Viele der Bekehrten schlossen sich den Baptisten, Presbyterianern oder Methodisten an, die von der Bewegung besonders profitierten.

Mit ihren Folgen rief die Erweckungsbewegung des 18. Jahrhunderts Entwicklungen in den amerikanischen Kolonien ins Leben, die langfristig weiterwirkten. Sie pflanzte der amerikanischen Kultur auf Dauer evangelische Grundsätze und Methoden ein, so daß der christliche Glaube und die christliche Tradition zu einem festen Bestandteil der geistigen Entwicklung der Vereinigten Staaten werden konnten. Sie schwächte den Einfluß der traditionellen Kirchen und Pfarrer und ermutigte die Gläubigen, ihrem eigenen Urteil zu vertrauen. Sie begünstigte neue religiöse Spaltungen und die weitere Differenzierung der religiösen Gemeinschaften, bestärkte den amerikanischen Hang zum Sektierertum, aber ebenso die Bereitschaft zur Toleranz gegenüber religiösen Dissidenten. Die Mannigfaltigkeit der kirchlichen Verhältnisse und Überzeugungen war am Vorabend des Unabhängigkeitskrieges noch stärker ausgeprägt als zu Beginn der Kolonisierung. Infolgedessen konnte die Trennung von Staat und Kirche, die in den USA relativ frühzeitig verwirklicht wurde, reibungsloser als in anderen Ländern vonstatten gehen.

Die Aufklärung mit ihrem Appell an die Vernunft und ihrem naturwissenschaftlichen Weltbild einerseits und die Erweckungsbewegung mit ihrem Vertrauen auf Gott und der Hoffnung auf die Erlösung des sündigen Menschen andererseits verkörperten, auf den ersten Blick betrachtet, gegensätzliche Standpunkte, die um die Zentralgestirne Vernunft bzw. Glauben kreisten. Schaut man aber genauer hin, so trafen sich ihre unterschiedlichen Wege dann auch wieder in gemeinsamen oder ähnlichen Wirkungen auf die amerikanische Gesellschaft.

Beide Strömungen des 18. Jahrhunderts bekräftigten das Recht des einzelnen auf die individuelle Wahl seines Lebensschicksals und sprachen sich für den Widerstand des Volkes gegen etablierte Autoritäten aus. Beide geistigen Bewegungen erweckten auf ihre Weise die Hoffnung, daß Amerika das Land der Verheißung werden würde, in dem das Volk die Vollkommenheit im Glauben oder in der Vernunft – möglicherweise in beiderlei Hinsicht – erlangen werde. Beide unterstützten die Meinung derjenigen Amerikaner, die einer Einschränkung der „amerikanischen Freiheiten" auf politischem wie auf religiösem Gebiet Widerstand leisteten und für bürgerliche und politische Veränderungen eintraten. Mit dem Fortschreiten der Ereignisse in den Kolonien waren dann immer weniger Menschen in Amerika bereit, sich weiterhin der herrschenden sozialen oder politischen Elite unterzuordnen. Die geistige oder die religiöse Auflehnung gegen die etablierte Ordnung konnte, wenn die Umstände dazu beitrugen, leicht in eine politische Revolution einmünden. Dazu sollte es dann 1775 mit dem Beginn des Unabhängigkeitskrieges kommen.

KAPITEL 3

Der Alltag der Amerikanischen Revolution

Der Unabhängigkeitskrieg der Vereinigten Staaten 1775–1783

Der nordamerikanische Unabhängigkeitskrieg gehört zu den wichtigsten internationalen Ereignissen des 18. Jahrhunderts. Er ergab sich aus den anwachsenden Widersprüchen zwischen den 13 britischen Kolonien und dem Mutterland [Abb. 1]. Finanzielle und wirtschaftliche Belastungen der Kolonien, verstärkte militärische Einquartierung und politischer Druck seitens der britischen Regierung lösten den Widerstand der Kolonisten aus. Die ersten militärischen Gefechte zwischen Kolonisten und britischen Truppen fanden im Frühjahr 1775 statt. Das Gefecht bei Bunker Hill nahe Boston führte auf englischer Seite zu erheblichen Verlusten. Im Juni 1775 stellten die Kolonien die Kontinentalarmee auf und übertrugen George Washington [Abb. 2] den Oberbefehl. Ein Jahr später, am 4. Juli 1776, verkündete der Kontinentalkongreß die Unabhängigkeitserklärung [Abb. 3], die revolutionäre Geburtsurkunde der United States of America, wie die 13 Kolonien jetzt hießen.

Der Unabhängigkeitskrieg verlief in militärischer Hinsicht zunächst wechselhaft [Abb. 4]. Das Kräfteverhältnis begünstigte anfangs mit einer Überzahl an Truppen, Schiffen und finanziellen Hilfsmitteln die Briten. Die Lage der Amerikaner war zeitweise kritisch. Ihr erster wichtiger Erfolg war der Sieg in der Schlacht von Saratoga, New York, im Oktober 1777, als eine britische Armee mit 5800 Mann kapitulieren mußte. Dies machte den Weg zum Bündnis mit Frankreich frei, das im Februar 1778 unterzeichnet wurde und den USA die militärische und finanzielle Unterstützung Frankreichs sicherte. Der Krieg dauerte allerdings noch einige Jahre an. Ein zweiter größerer Sieg der Amerikaner wurde im Oktober 1781 bei Yorktown in Virginia errungen. Diesmal streckten 6000 britische Soldaten die Waffen. Damit schwand die Hoffnung der englischen Regierung, die früheren Kolonien mit Waffengewalt unterwerfen zu können. 1783 wurde der Frieden von Paris unterzeichnet, der den Unabhängigkeitskrieg beendete. Großbritannien erkannte die Unabhängigkeit des neuen Staates in Amerika an. Die Grenzen der USA reichten im Westen bis zum Mississippi, im Norden bis zu den Großen Seen. Florida wurde wieder Spanien zuerkannt [vgl. Kap. 4, Abb. 1 – Karte der Vereinigten Staaten 1783–1802]. Mit seinen Ergebnissen und Folgen prägte der Unabhängigkeitskrieg wesentlich die Ausbildung der amerikanischen Nation und war die Grundlage für die rasche Entwicklung und das Wachstum der amerikanischen Republik in der Folgezeit. Mit ihren Wirkungen strahlte die Amerikanische Revolution, wie der Unabhängigkeitskrieg schon von den Zeitgenossen genannt wurde, auf Europa aus und beeinflußte die Französische Revolution von 1789 unmittelbar mit. Sie war die „nächste Nachbarin" der Französischen Revolution, schrieb Friedrich Gentz[21] (1764–1832), ein deutscher Zeitgenosse beider Ereignisse, um 1800 rückblickend.

Der Alltag des Krieges

Die Amerikaner hatten es im Unabhängigkeitskrieg mit einer gut ausgebildeten, zahlenmäßig starken britischen Armee zu tun, die am Anfang des Krieges 30.000 Mann zur Verfügung hatte und laufend durch schließlich insgesamt 30.000 deutsche Landeskinder verstärkt wurde, welche von ihren Fürsten an England verkauft worden waren. Das bisherige Mutterland besaß die größte Flotte und war auch finanziell sehr leistungsfähig.

Dagegen waren, als die USA entstanden, ihre Streitkräfte erst im Aufbau. Die neu geschaffene Kontinentalarmee verfügte zunächst über Einheiten aus Neuengland und New York, die durch Schützenkompanien aus Virginia, Maryland und Pennsylvania ergänzt wurden. Ende 1776 waren General Washington in der Kontinentalarmee weniger als 10.000 Soldaten unterstellt. Im Laufe des Krieges waren dann alle 13 Staaten mit Regimentern vertreten. Hinzu kamen die Staatsmilizen, die für die örtliche Verteidigung eingesetzt wurden. Generell dienten die Soldaten der Kontinentalarmee länger und waren besser ausgebildet als die Milizsoldaten. Andererseits hatten sie besonders unter Versorgungsmängeln und unregelmäßiger Soldzahlung zu leiden. Finanziert wurden die Streitkräfte durch Anleihen, weniger durch Steuern. Die Finanzprobleme des Krieges spiegelten sich auch in der Ausgabe von Papiergeld wider. Der Kontinentalkongreß erlaubte den Druck von Dollarnoten zur Finanzierung des Krieges. Seitdem ist der Dollar die amerikanische Währung. Die Soldaten waren teils Freiwillige, teils auch zum Dienst verpflichtete Männer, die hauptsächlich aus den einfachen Volksschichten stammten, da sich die vermögenden Männer freikaufen konnten.

In den ersten Kriegsjahren spielten das Fehlen gut ausgebildeter, disziplinierter Soldaten, die Schwierigkeiten der Beschaffung von Waffen und Munition und das Fehlen von Geld zur Zahlung des Solds auf amerikanischer Seite eine erhebliche Rolle. Das Lager von Valley Forge in der Nähe von Philadelphia, in dem Washington mit der Armee im Winter 1777/78 Quartier nahm, fiel in eine besonders kritische Zeit. Mangel an Verpflegung, Kleidung und Unterkünften machten den Soldaten schwer zu schaffen. Von den 10.000 Mann, die in Valley Forge lagen, starben 2500. Auch später gab es für Washingtons Armee – abgesehen von den Kämpfen mit dem Feind – noch schwierige Situationen. Die Unzufriedenheit einzelner Regimenter führte gelegentlich an den Rand einer Meuterei.

Immerhin verbrauchte eine Armee von 20.000 Mann täglich 33 Tonnen Verpflegung. Unter den Bedingungen eines Krieges im eigenen Land waren diese Mengen auch für eine agrarische Gesellschaft nicht leicht zu beschaffen, zumal Finanzierungs- und Transportprobleme die Versorgung der Truppen weiter erschwerten. Der Kongreß hatte großzügige Rationen für den einfachen Soldaten festgesetzt. Dazu gehörten ein Pfund Rindfleisch, ein dreiviertel Pfund Schweinefleisch bzw. ein Pfund gesalzener Fisch täglich. Ferner sollten gewährt werden: ein Pfund Brot oder Mehl und eine Pinte Milch am Tag sowie feste Rationen an Bohnen, Reis, Maismehl, Bier und Melasse für jeden Soldaten. Aber dies war nicht immer zu beschaffen. In Valley Forge ernährten sich die Soldaten von harten Keksen aus Mehl und Wasser, während der Operationen im Süden mußten sie häufig mit Reiskuchen vorliebnehmen.

Gegen Ende des Krieges hatten die Amerikaner dann gegen die Hälfte der freien Männer zwischen 16 und 45 Jahren einberufen bzw. gemustert Für Armee, Flotte und Staatsmilizen kamen insgesamt 220.000 Mann zusammen. Sie standen dann 162.000 Soldaten auf

1 *„The Boston Massacre" (1770), zeitgenössischer Stich über den Zusammenstoß von Demonstranten mit britischen Soldaten in Boston, wobei fünf Kolonisten, darunter auch ein schwarzer Amerikaner starben. Der Vorfall zeigte die Spannungen in den Kolonien am Vorabend des Unabhängigkeitskrieges. Das Blatt stammt von dem patriotischen Silberschmied und Kupferstecher Paul Revere (1735–1818).*

britischer Seite gegenüber. Die Kriegsverluste waren auf amerikanischer Seite mit fast 26.000 gefallenen, an Seuchen gestorbenen oder in der Kriegsgefangenschaft verstorbenen Soldaten verhältnismäßig hoch. Fünf Prozent der freien weißen Männer im Alter von 16 bis 45 Jahren fielen im Krieg bzw. starben an den Kriegsfolgen. Nur im Bürgerkrieg von 1861 bis 1865 waren die militärischen Verluste höher.

Nach dem Frieden von Paris wurde die Armee seit 1783 zügig demobilisiert. 1789 bestand sie aus rund 900 Mann, und auch die Flotte der USA wurde zunächst nicht erweitert.

2 *Charles Willson Peale (1741–1827), „George Washington at the Battle of Princeton" (1779). Der Porträtmaler Peale war der erste amerikanische Künstler, der den Auftrag erhielt, den amerikanischen Oberbefehlshaber zu malen. In der Schlacht von Princeton siegte Washington im Januar 1777 über die Briten.*

3 *John Trumbull, „The Declaration of Independence" (1786/97, Ausschnitt). Der Ausschnitt zeigt die fünf Mitglieder des Kontinentalkongresses, denen die Abfassung der Erklärung übertragen worden war, bei der Übergabe des Dokuments an den Kongreß, u. a. Franklin (rechts), Jefferson (2. von rechts), John Adams (links).*

Republikanische Ideologie und demokratische Kultur

Für die Gestaltung der Alltagsverhältnisse und die Entwicklung der Kultur der Vereinigten Staaten hatte der Unabhängigkeitskrieg, die Amerikanische Revolution, eine nachhaltige Bedeutung. Sie läßt sich mit den Stichworten Demokratisierung der politischen und sozialen Verhältnisse, Schaffung der republikanischen Einrichtungen und Ideale, Ausbildung des amerikanischen Selbst- und Nationalbewußtseins umreißen. Im Feuer der Amerikanischen Revolution wurden die Werte und Institutionen der bislang eher hierarchisch gegliederten, von der Gentry, den vermögenden Landbesitzern und Gentlemen, geführten Gesellschaft des Mutterlandes und der Kolonien in Frage gestellt. Mit dieser Revolution setzten fundamentale Wandlungen in den Rechtsverhältnissen, in der Politik, den sozialen Beziehungen und in der Religion ein, die auch das Alltagsleben auf mannigfaltige Weise berührten.

Der militärische Sieg über das frühere Mutterland war entscheidend für den Erfolg der Amerikanischen Revolution, aber für die Amerikaner bildete er durchaus nicht das Ganze ihrer Revolution, welche die öffentliche Debatte um die Ausgestaltung des neuen Staats-

4 *Emanuel Gottlieb Leutze (1816–1868), „Washington Crossing the Delaware" (1851). Der deutsch-amerikanische Maler Leutze schuf mit diesem Gemälde eines der bekanntesten Bilder vom militärischen Geschehen des Unabhängigkeitskrieges. Es zeigt den überraschenden Übergang Washingtons über den Delaware im Dezember 1776, der dem Sieg bei Trenton vorausging.*

wesens auffallend belebte. Seit dem Beginn des Unabhängigkeitskrieges beschäftigte sich eine Fülle von Flugschriften und Zeitungsartikeln mit der Zukunft des Landes und erörterte die Probleme eines hoffnungsvoll veränderten Amerika. Es war ein Zeitalter der öffentlichen Debatte. Die Zahl der Flugschriften ging jetzt Jahr für Jahr in die Hunderte, wenn nicht Tausende. Es war auch ein Zeitalter der Presse. 1775 erschienen bereits 37 Zeitungen in Amerika, einige hatten bis zu 3500 zahlende Leser. Während des Unabhängigkeitskrieges und in dem Jahrzehnt danach vervielfältigte sich die Zahl der Zeitungen und Zeitschriften und ebenso diejenige der Leser dramatisch. 1780 bezog jeder zehnte männliche erwachsene weiße Amerikaner eine Zeitung. Zehn Jahre später gab es dann bereits 84 Zeitungen, darunter mehrere Tageszeitungen, und sogar schon zwei Zeitungen, die westlich der Appalachen erschienen, wohin jetzt mehr und mehr Siedler strömten.

Man verstand in dieser Debatte die Amerikanische Revolution als ein Zeitalter der Neugestaltung von Politik und Gesellschaft, wie beide aus der Kolonialzeit überliefert waren. „Es liegt in unserer Macht, mit der Welt nochmals neu zu beginnen"[22], schrieb der radikale Revolutionär und Essayist Thomas Paine (1737–1809) im Jahr der Unabhängigkeit. Das neue Gesellschaftskonzept wurde in der Ideologie des Republikanertums (republicanism) gefunden. Das Republikanertum war zu jener Zeit der aristokratischen und monarchischen Gesellschaften in Europa eine radikale Ideologie. Es bedeutete nicht nur die Abschaffung des Monarchen bzw. der Monarchie und die Wählbarkeit der Regierung.

Es verurteilte gleichfalls die mit den monarchischen Einrichtungen und Gesellschaften verbundenen Erscheinungsformen ständischer Gliederung und Privilegien. Es wandte sich gegen den erblichen Adel, gegen Luxus und Korruption, und es pries andererseits die Tugenden des einfachen Lebens der unabhängigen Farmer als beispielhaft für den neuen amerikanischen Bürger. Insofern bedeutete die republikanische Ideologie in ihrer damaligen amerikanischen Ausprägung „die Erhaltung der öffentlichen und privaten Tugend, soziale Solidarität und Wachsamkeit gegenüber den korrumpierenden Folgen der Macht und der Jagd nach Reichtum".[23]

Die ehemaligen 13 britischen Kolonien entstanden in staatlicher Hinsicht als amerikanische Republiken in der Gemeinschaft der Union neu. Sie definierten auch die politischen Tugenden neu, verstanden den Staat als den Zusammenschluß unabhängiger Bürger, die frei waren von einer Kontrolle durch andere. Dieser republikanische Idealismus ging davon aus, daß die individuelle Verfügungsgewalt über das Eigentum, insbesondere das Grundeigentum, lebenswichtig für die Republik sei – und zwar sowohl als Grundlage für die Unabhängigkeit des einzelnen wie für das Wohl des Gemeinwesens. Denjenigen, die über kein Eigentum verfügten und abhängig waren, wie Frauen und Dienstboten, konnte man daher in der Sicht jener Tage berechtigterweise das Wahlrecht vorenthalten, da sie – nach dieser Anschauung – als Abhängige über keinen eigenen politischen Willen verfügten.

Nach dem Selbstverständnis der Zeit bestand in der jungen Republik eine breite Eigentumsstreuung, so daß diese Seite der republikanischen Grundsätze gesichert schien. Neuere Forschungen haben allerdings ergeben, daß seit den Anfängen der Kolonisierung eine – langsam, aber ständig steigende – Vermögenskonzentration in den Händen der reichsten Gruppen der kolonialen Bevölkerung festzustellen war. Thomas Jefferson beurteilte daher die Vermögenssituation in seinem Heimatstaat Virginia offenbar realistischer, wenn er 1776 vorschlug, jedem Bürger, dem eigenes Land in diesem Umfang fehlte, 50 acres (20 ha) Boden zuzuweisen.

Zum Kern der republikanischen Überzeugungen im Zeitalter der Amerikanischen Revolution gehörte der Grundsatz der Gleichheit, nach Meinung des Historikers Bernard Bailyn (* 1922) das machtvollste und einflußreichste Konzept der amerikanischen Geschichte. Die Grundrechte von Virginia vom Juni 1776, die erste schriftliche Erklärung der Menschenrechte – formulierten diese Überzeugungen folgendermaßen: „Alle Menschen sind von Natur gleichermaßen frei und unabhängig und besitzen gewisse angeborene Rechte ... nämlich das Recht auf Leben und Freiheit und dazu die Möglichkeit, Eigentum zu erwerben und zu behalten und Glück und Sicherheit zu erstreben und zu erlangen."[24]

Ähnlich begann die von Thomas Jefferson formulierte Unabhängigkeitserklärung vom 4. Juli 1776 mit der Feststellung: „Wir halten diese Wahrheiten für ausgemacht, daß alle Menschen gleich erschaffen worden, daß sie von ihrem Schöpfer mit gewissen unveräußerlichen Rechten begabt worden, worunter sind Leben, Freiheit und das Bestreben nach Glückseligkeit."[25] Der späterhin vielbeschworene „American Dream" postuliert an zentraler Stelle diese Werte, insbesondere den Gedanken der Chancengleichheit für alle Amerikaner.

Die Gleichheit der Bürger vor dem Gesetz und in ihren sozialen Chancen wie z. B. dem Zugang zu öffentlichen Ämtern war die notwendige Basis für die erstrebte Harmonie und öffentliche Tugend in der Neuen Welt. Es war damals die Gleichheit einer Männergesellschaft und überdies eine Gemeinschaft von gleichberechtigten Bürgern, aus der – neben den Frauen – die schwarzen Amerikaner und die Indianer, die Native Americans, unbedingt ausgeschlossen waren. Die Stellung des einzelnen im Leben, im Beruf und in der Gesellschaft sollte in Amerika – anders als im aristokratischen Europa – nicht von der Geburt, sondern von den Fähigkeiten abhängen. Das schloß nicht aus, daß es in Amerika eine republikanische Elite geben konnte, eine Aristokratie des Geistes oder des Vermögens, nicht durch Geburt, sondern nach ihren natürlichen Anlagen oder ihrer wirtschaftlichen Stellung.

Der Unabhängigkeitskrieg trug seinerseits dazu bei, die Klassenunterschiede zwischen den vermögenden Schichten und den einfachen Leuten zu nivellieren. Als die angesehensten Familien Virginias bei Beginn des Krieges darangingen, Minutemen-Kompanien aufzustellen, die im Nu einsatzbereit sein sollten, legten sie ihre aufwendigen Milizuniformen beiseite und trugen selbstgemachte (homespun) Jagdkleidung. Der ärmste Farmer sollte nicht von der Einberufung ausgeschlossen werden, nur weil er sich seines dürftigen Äußeren schämte. Der Kriegsverlauf und die Abhängigkeit des Ausgangs der Kämpfe vom Einsatz des Mannes aus dem Volk zwang die Offiziere, die meist Landbesitzer waren, das Selbstbewußtsein der einfachen Soldaten zu respektieren. In einem revolutionären Krieg in einem Staat, dessen Gründungsdokument feststellte, daß alle Menschen gleich geboren seien, verlangte der Soldat, mit Achtung seiner persönlichen Würde behandelt zu werden. Die amerikanischen Soldaten, zumeist Farmer oder Söhne von Farmern, waren bereit, zu gehorchen, aber nur dann, wenn sie von den Offizieren als Gleichgestellte behandelt wurden. General Friedrich Wilhelm von Steuben (1730–1794), der aus Preußen stammende Generalinspektor und „Drillmeister" der Armee Washingtons, erklärte einem europäischen Offizier: „Sie sagen ihrem Soldaten, mache das, und er macht es. Aber ich bin verpflichtet, zu sagen: Aus den und den Gründen mußt du das tun, dann macht er es." Eine charakteristische Episode ist von General Israel Putnam (1718–1790) überliefert. Dieser aus Connecticut stammende Revolutionsgeneral inspizierte 1776 ein Regiment, das um Boston Wälle und Befestigungen anlegte. Putnams Blick fiel auf einen herumliegenden großen Stein, und er forderte einen Gefreiten auf, den Stein auf den Außenwall zu schaffen. Der protestierte mit den Worten: „Sir, ich bin Korporal." – „Oh", erwiderte Putnam, „ich bitte um Verzeihung, Sir", stieg vom Pferd und schleppte den Stein zum Vergnügen der zuschauenden Truppe auf den gewünschten Platz.[26]

Als die Soldaten nach dem Krieg ins Zivilleben zurückkehrten, behielten sie das neue Selbstwertgefühl bei und verlangten, weiterhin respektvoll behandelt zu werden. Die Anrede „Mr." bzw. „Mrs.", die vordem nur gegenüber den ländlichen Grundbesitzern üblich war, wurde allgemein beansprucht. Im politischen Alltag wurden keine Kandidaten von ihren Wählern akzeptiert, die den Mann einfacher Herkunft verachteten. Insofern prägte die Amerikanische Revolution wesentlich den Gleichheitsanspruch in der Gesellschaft aus. Sie zerstörte die im 18. Jahrhundert für das Mutterland geltende Regel, daß nur Vermögen oder die Herkunft aus angesehener Familie zum Anspruch auf ein öffentliches Amt berechtigten. Man muß allerdings nochmals betonen, daß der Gleichheitsgrundsatz, der das Alltagsleben in jenen Tagen so auffallend beeinflußte, nicht für Frauen, für die schwarzen Amerikaner oder die Native Americans galt.

Ein weiteres demokratisches Moment der Amerikanischen Revolution bestand in der Tatsache, daß zahlreiche Amerikaner, die aus einfachen Verhältnissen stammten, sich jetzt als Offiziere auszeichnen oder im politischen Leben auf sich aufmerksam machen konnten. Daniel Boone (1734–1820), der Urtyp des Waldläufers und Grenzers, das Vorbild des

Cooperschen „Lederstrumpf" Natty Bumppo [Abb. 5], führte zu Kriegsbeginn noch eine Siedlergruppe von North Carolina nach Kentucky. Während der Revolution diente er dann als Oberst der Miliz von Kentucky und war mehrere Wahlperioden Mitglied im Abgeordnetenhaus von Virginia, zu dem Kentucky damals gehörte. John Purvis, der Sohn eines kleinen Farmers aus Virginia, ging als Analphabet und einfacher Soldat zur Revolutionsarmee. Hier brachte er sich selbst Lesen und Schreiben bei, wurde zum Hauptmann befördert und beeindruckte seine Vorgesetzten als ein zwar ungebildeter, aber tapferer und wertvoller Offizier. Der wohl einflußreichste Journalist und Essayist der Revolution, Thomas Paine, war ebenfalls von einfacher Herkunft. Er hatte sich in seiner englischen Heimat in den verschiedensten Berufen als Steuereinnehmer, Lehrer, Ladenbesitzer und Drucker versucht, bevor er 1774 in die Neue Welt kam. Seine Flugschrift „Common Sense", die im Januar 1776 erschien, erreichte in drei Monaten eine Auflage von 120.000 Stück, in der Folgezeit wurden eine Million Exemplare vertrieben. Paine, der Sprecher des radikalen Flügels der Revolution, forderte als erster in der Öffentlichkeit die Unabhängigkeit der Kolonien von England. Ebenso nachdrücklich lehnte er die monarchische Ordnung ab und setzte sich für die Einführung der republikanischen Regierungsform in Amerika ein. Die Wirkung von „Common Sense" war elementar. Sie wurde von Männern in öffentlichen Ämtern gelesen, in den Klubs besprochen, in den Schulen deklamiert und sogar als Predigt von der Kanzel verlesen. Während des Krieges ermutigte Paine dann mit seiner Artikelserie „The American Crisis" die Amerikaner moralisch, den Kampf gegen England bis zum endgültigen Erfolg zu führen. Paine hatte die Fähigkeit, auf die Befürchtungen und Erwartungen des Landes mit Überzeugungskraft einzugehen. Er setzte sich leidenschaftlich für den Zusammenhalt der Union ein, die sich mit den Konföderationsartikeln 1777 nur auf einen lockeren Zusammenschluß geeinigt hatte. Er meinte: „Unsere Bürgerschaft in den Vereinigten Staaten ist unser nationaler Charakter. Unsere Bürgerschaft in einem speziellen Staat ist nur unsere lokale Bestimmung. Durch letztere sind wir zu Hause bekannt, durch erstere in der Welt."[27]

Zur demokratischen Kultur des neuen Staates gehörte auch die Verabschiedung schriftlicher Verfassungen. Im Mai 1776 verabschiedete der Kontinentalkongreß eine Resolution, mit der die Kolonien, die sich anschickten, ihre Unabhängigkeit zu begründen, angewiesen wurden, neue Regierungen zu bilden, die am besten für das Glück und die Sicherheit ihrer Bürger sorgen könnten. Innerhalb eines Jahres wurden in zehn Staaten (Connecticut, Delaware, Georgia, Maryland, New Jersey, New York, North Carolina, Pennsylvania, Rhode Island, Virginia) Verfassungen angenommen, die restlichen drei Staaten (South Carolina, Massachusetts, New Hampshire) folgten einige Zeit später nach. Die meisten dieser Verfassungen zeigten den Einfluß demokratischer Ideen, ohne mit der Vergangenheit ganz zu brechen. Sie schufen Sicherungen gegen momentane Volksstimmungen und im Interesse etablierter Praktiken. Meist entschieden sie sich für Zweikammerparlamente. Ein Hauptanliegen war die Sicherung der unveräußerlichen Rechte, deren Verletzung man König George III. bezichtigte. Jede Verfassung begann mit einer Erklärung der Rechte (Bill of Rights), nach dem Beispiel der Bill of Rights von Virginia (Juni 1776). Zu diesen verbürgten Rechten zählten Rede-, Presse- und Versammlungsfreiheit, Religions- und Gewissensfreiheit, Rechtssicherheit, das Recht der Bürger, die Regierung zu wählen, zu reformieren oder zu ändern, das Milizsystem und das Recht des Volkes, Waffen zu tragen. Die neuen Verfassungen berücksichtigten mehr oder weniger den Grundsatz der Gewaltentrennung zwischen legislativer, exekutiver und richterlicher Gewalt. In Pennsylvania wurden sogar schon für Abgeordnete und Regierungsmitglieder ein Rotationssystem beschlossen und die Amtszeit für den einzelnen auf vier bzw. drei Jahre begrenzt. Viele Staaten schränkten die Vollmachten des Gouverneurs ein, der nun fast überall ein gewählter Beamter war und häufig nicht einmal ein Vetorecht gegen die Verabschiedung von Gesetzen durch das Staatsparlament besaß. Die Wahlen zu den politischen Institutionen der Staaten fanden in der Regel jährlich statt. In der Mehrheit der Staaten wurden beide Kammern, Abgeordnetenhaus und Senat, gewählt. Zwei Staaten, nämlich Pennsylvania und Georgia, hatten zunächst bis 1790 nur ein Einkammerparlament.

Während des Unabhängigkeitskrieges wurde die Trennung von Staat und Kirche durchgesetzt, nur in Neuengland dauerte dieser Prozeß noch einige Jahrzehnte länger. Beispielhaft wurde der Grundsatz der religiösen Freiheit und Toleranz in dem von Thomas Jefferson initiierten „Statut über Religionsfreiheit" ausgesprochen, das schließlich in Virginia verabschiedet werden konnte. Es bestimmte, daß niemand gezwungen werden durfte, einer Kirche anzugehören oder eine Kirche zu unterstützen. Niemand durfte nach diesem Gesetz wegen seiner religiösen Überzeugung diskriminiert werden.

Grundsätzlich akzeptierte man den Gedanken der Volkssouveränität. Das Wahlrecht der weißen männlichen Erwachsenen wurde allerdings fast überall von einem Steuer- bzw. Vermögensnachweis abhängig gemacht. Selbst der demokratische Franklin akzeptierte diese – zu jener Zeit übliche – Wahlrechtsbeschränkung. Georgia und Pennsylvania ließen alle männlichen weißen Steuerzahler zu den Wahlen zu, die anderen Staaten verlangten einen Vermögensnachweis oder eine Wahlsteuer. Die Voraussetzung der Steuerzahlung oder von Landbesitz bzw. anderem Eigentum galt zunächst für das aktive Wahlrecht. Entsprechend höher lag der Zensus für ein Wahlamt, also für das passive Wahlrecht. Die ersten Staaten, die dann allen männlichen Erwachsenen das Wahlrecht gewährten, waren Kentucky, Tennessee und Vermont, aber sie wurden erst zwischen 1791 und 1796 in die Union aufgenommen.

Man hat berechnet, daß in der frühen amerikanischen Republik infolge dieser Umstände nur etwa 70 bis 75 Prozent der männlichen, erwachsenen Weißen über das Wahlrecht verfügten. Außerdem wurden zunächst häufig Loyalisten, d. h. die Anhänger Georges III., oder Katholiken – als eine unwillkommene Minderheit in einem ganz überwiegend protestantischen Land – von den Wahlämtern ausgeschlossen. Überdies war die durchschnittliche Wahlbeteiligung der erwachsenen weißen Männer bei den Gouverneurswahlen oder den Wahlen zu den Staatsparlamenten nach 1776 noch recht bescheiden. Nach den unvollständigen Angaben, über die wir verfügen, schwankte sie zwischen zehn und 25 Prozent und war nur in den Städten stärker ausgeprägt.

Ein Jahr nach Verkündung der Unabhängigkeit verabschiedete der Kongreß die erste Verfassung der USA, die Articles of Confederation, die Konföderationsartikel. Sie sahen für das neue Staatswesen eine lockere Union souveräner Einzelstaaten vor, die ihre Vorrechte eifersüchtig hüteten und nur eine schwache – mit geringen Befugnissen ausgestattete – Bundesregierung zuließen. Nach dieser Verfassung waren die Amerikaner in erster Linie Bürger des Staates, in dem sie wohnten, und erst in zweiter Hinsicht Bürger der Vereinigten Staaten. Auf der Bundesebene bestand ein Einkammerkongreß, der von den Parlamenten der Einzelstaaten gewählt wurde. Jeder Staat war in ihm mit einer Stimme vertreten. Der Bund hatte kein eigenes Steuerrecht und war damit finanziell nicht unabhängig. Alles in

5 *George Caleb Bingham, „Daniel Boone Escorting Settlers Through the Cumberland Gab". Das um 1852 entstandene Bild zeigt Boone, das Vorbild für den Cooperschen „Lederstrumpf", im Jahre 1775 mit einer Siedlergruppe aus North Carolina auf dem Wege nach Kentucky.*

allem schuf diese Verfassung, die überdies erst vier Jahre später ratifiziert wurde, ein schwaches und problematisches Gebilde, dessen Hauptziel die Bewahrung der Souveränität seiner Glieder zu sein schien und das daher nicht zufällig einige Zeit später vom Verfassungskonvent in Philadelphia beseitigt und durch eine neue Bundesverfassung ersetzt wurde, die heute noch gültig ist.

Frauen und Familie im Zeitalter der Amerikanischen Revolution

Schwerwiegende Veränderungen erbrachte der Unabhängigkeitskrieg im Bereich der Eigentumsverhältnisse. Etwa ein Fünftel aller weißen Amerikaner stand in Opposition zum Unabhängigkeitskampf oder unterstützte ihn nur gezwungenermaßen. Etwa 20.000 von ihnen dienten im Krieg in den Streitkräften des britischen Mutterlandes. Viele dieser Loyalisten, zwischen 60.000 und 80.000 Personen, verließen während des Krieges oder bei Kriegsende das Land und gingen nach England oder Kanada. Berücksichtigt man die unterschiedliche Einwohnerzahl beider Länder, so gab es in der Amerikanischen Revolution prozentual mehr Emigranten als einige Zeit später in der Französischen Revolution. Dieser Personenkreis verlor in der Regel sein Eigentum, das verkauft wurde und in neue Hände überging. Damit kam es zu einer sozialen Umschichtung im Land.

In anderen Bereichen des täglichen Lebens waren die Auswirkungen der Amerikanischen Revolution weniger durchgreifend. Weder wurde die Sklaverei überall abgeschafft

6 *John Adams (1735–1826), gemalt von John Trumbull (1793). Adams war damals Vizepräsident der Vereinigten Staaten.*

7 *Abigail Adams (1744–1818), gemalt von Gilbert Stuart im Jahr 1815.*

noch wurde die Rechtsstellung der Frauen derjenigen der Männer gleichgestellt. Aber in gewissem Umfang beeinflußte der republikanische Geist auch die Verhältnisse in der Familie und die Stellung der Frau in der Ehe und in der Gesellschaft. In einer von republikanischen Werten geprägten Gesellschaft konnten Kinder nicht mehr einfach – wie oft noch zuvor – als Mittel zum Erwerb von Geld oder Ehre für die Familie verstanden werden. Jedermann in der Familie hatte nun – jedenfalls im Prinzip – Anspruch darauf, individuell und gleich behandelt zu werden. Infolgedessen wurde – soweit sie in der Kolonialzeit bestanden hatte – die Primogenitur abgeschafft, also das alleinige Erbrecht des ältesten Sohnes. Während bislang die Ehen der Kinder von Bessergestellten hauptsächlich durch Absprachen zwischen den Familien zustande gekommen waren, wurde nun Schritt um Schritt der Weg frei für Liebesehen, d. h. für Ehen, die in erster Linie auf der gegenseitigen Zuneigung der Partner beruhten. Allerdings waren Vernunft- und Zweckehen daneben noch verbreitet anzutreffen. Schriftsteller und Pädagogen unterstrichen in der nachrevolutionären Zeit die Bedeutung der Kindererziehung, um so vernünftige und unabhängige Bürger heranzubilden.

Nur langsam begann sich auch die Stellung der Frau zu ändern. Im öffentlichen Bewußtsein jener Zeit ging man davon aus, daß die Ehefrauen und Mütter besonders in der Lage seien, bei ihren Kindern die moralischen Werte und republikanischen Tugenden auszuprägen und zu pflegen, ohne die der Zusammenhalt der neuen Gesellschaft nicht funktionieren konnte. Jedenfalls meldeten Frauen nun im Unabhängigkeitskrieg auf markante Weise ihre Forderung nach Gleichberechtigung an. Eine Episode aus dem Gründungsjahr der Vereinigten Staaten, der berühmte „Remember the Ladies“-Briefwechsel zwischen Abigail und John Adams wirft ein charakteristisches Licht auf diesen Zusammenhang. John Adams

[Abb. 6] aus Boston, der Anwalt, politische Schriftsteller und Diplomat, hatte ein großes persönliches Verdienst an der Unabhängigkeit seines Landes. Seine Frau Abigail Adams (1744–1818), später die Ehefrau des zweiten und Mutter des sechsten Präsidenten der USA, war eine warmherzige, gebildete und selbstbewußte Frau [Abb. 7]. Ihr regelmäßiger und umfangreicher Briefwechsel mit ihrem Ehemann, der wegen seiner politischen Verpflichtungen häufig nicht am Wohnsitz der Familie in Boston weilte, bezeugt ihr politisches Engagement für die Unabhängigkeit ebenso wie für die Rechte der Frauen. Ende März 1776 schrieb Abigail an John Adams: „Ich erwarte zu hören, daß Du eine Unabhängigkeit erklärt hast – und nebenbei gesagt wünsche ich, daß Du in dem neuen Rechtskodex, der notwendig werden wird, an die Frauen denkst (Remember the Ladies), und daß Du ihnen gegenüber großzügiger und wohlwollender sein wirst, als dies die Vorfahren waren. Lege nicht solche unbegrenzte Macht in die Hände der Ehemänner. Denke daran, alle Männer sind Tyrannen, wenn sie können." Abigail Adams warnte ihren Mann vor einer künftigen Rebellion, wenn die Frauen keine Stimme oder Repräsentation erhielten, seien sie auch nicht an irgendwelche Gesetze gebunden. John Adams, der damals in Philadelphia als Delegierter am Kontinentalkongreß teilnahm, antwortete Mitte April auf diesen Appell seiner Frau eher ausweichend. Er gab sich überrascht, daß nach Kindern und Schülern, Schwarzen und Indianern nun auch die Frauen ihre Unzufriedenheit bekundeten. Die Männerwelt („our Masculine System"), obgleich in voller Kraft, sei in Wirklichkeit wenig mehr als Theorie. „Wir sind nur dem Namen nach die Herren", meinte Adams in diesem Brief, „und bevor sie dies aufgeben, was uns vollständig dem Despotismus des Unterrocks (Despotism of the Petticoat) unterwerfen würde, werden hoffentlich General Washington und all unsere anderen tapferen Helden kämpfen." Abigail Adams kam im Mai 1776 nochmals auf das Thema zurück und warf ihrem Mann vor, wenig großzügig über die Frauen zu denken. „Während Du den Männern Frieden und guten Willen proklamierst, um alle Nationen zu befreien, bestehst Du darauf, eine absolute Macht über die Frauen aufrechtzuerhalten."[28] Weitere Dokumente dieser Zeit, wie die „Sentiments of an American Woman", bezeugen, daß die Amerikanische Revolution zur Geburtsstunde der amerikanischen Frauenrechtsbewegung wurde, der allerdings ein langer Weg bis zum Erfolg bevorstand.

In der Öffentlichkeit begann die Diskussion darüber, daß Frauen eine gleiche Erziehung und Bildung wie die Männer zu beanspruchen hätten. Diese Forderung blieb allerdings beim konservativen Teil der Gebildeten nicht ohne Widerspruch. So fragte der Präsident des Yale College's, Timothy Dwight (1752–1817), ein bekannter Theologe aus Neuengland, in einer Debatte über Frauenrechte gereizt: „Und wer kocht dann unseren Pudding?" Für Dwight sollten die Frauen Neuenglands lediglich im Haus und um das Haus bemüht sein sowie mit den passenden Aufgaben ihres Geschlechts beschäftigt bleiben. Dennoch breiteten sich nach der Amerikanischen Revolution private Schulen für Frauen aus, in denen moderne Sprachen, Algebra und Naturkunde unterrichtet wurden. Sie standen vor allem Töchtern der städtischen Oberschicht offen. Massachusetts verbot es 1789 ausdrücklich, Frauen von den Elementarschulen auszuschließen. Doch war Frauen auch weiterhin der Besuch von Grammar Schools, in denen die Schüler Latein und Griechisch lernten, unmöglich, und sie konnten auch wie bisher keine Colleges besuchen, deren Zahl jetzt rasch zunahm.

Abgesehen davon, daß in einigen Staaten die Ehescheidung erleichtert wurde, veränderte die Revolution nicht merklich die rechtliche Stellung der Frau. Aber sie bereitete schrittweise das Denken und das geistige Klima der Gesellschaft auf eine Zeit vor, in der dann seit der Mitte des 19. Jahrhunderts eine immer größer werdende Anzahl von Frauen ihre Rechte einfordern sollte.

Die Auswirkungen der Revolution auf die Lage der schwarzen Amerikaner

Besonders auffallend war der Widerspruch zwischen dem republikanischen Anspruch der Unabhängigkeitserklärung mit ihrem Gleichheitspostulat und der Situation der schwarzen Amerikaner. Sie zählten nun knapp 500.000 Menschen, was 21 Prozent der Bevölkerung der Kolonien entsprach. 481.000 von ihnen, oder 96 Prozent, waren Sklaven. Man war im Süden – wo das Wirtschaftsleben auf der Arbeit der Sklaven beruhte – nicht bereit, auf die Sklaverei zu verzichten. Die verbale Verurteilung des Sklavenhandels, die Jefferson in einer ursprünglichen Fassung der Unabhängigkeitserklärung formuliert hatte, war im endgültigen Text mit Rücksicht auf die Empfindlichkeit des Südens von den Delegierten des Kontinentalkongresses gestrichen worden.

Selbst die freien Schwarzen hatten vor dem Unabhängigkeitskrieg nicht wählen können. Sie lebten unter Ausgangssperren und ähnlichen Einschränkungen ihrer Bewegungsfreiheit und hatten keinen Anspruch auf ein gerechtes Justizverfahren. Die Vereinigten Staaten waren, als sie 1776 entstanden, das Land des weißen Mannes. Dennoch schien der Unabhängigkeitskrieg auch den schwarzen Amerikanern einige Möglichkeiten zu eröffnen. Einige Sklaven wagten es, sich als freie Männer auszugeben. Einzelne Sklaven rebellierten, wie eine Gruppe von Aufständischen, die 1781 das Kapitol und andere Gebäude in Williamsburg (Virginia) anzündeten. Andere Schwarze dienten trotz eines anfänglichen Musterungsverbots für Afroamerikaner als Soldaten in der Kontinentalarmee Washingtons. Insgesamt waren es 5000 Schwarze, zumeist aus den nördlichen Staaten, die auf seiten der Amerikaner kämpften. Sie dienten gewöhnlich in gemeinsamen Einheiten mit ihren weißen Kameraden. Es war aber das dringende Bedürfnis nach Soldaten, das damals diese Verhältnisse schuf, nicht etwa der Wunsch der Weißen, die Afroamerikaner auf gleichen Fuß mit den eigenen Leuten zu stellen. Doch war die Kritik an der Sklaverei inzwischen im Wachsen. Eine Gruppe von Sklaven hatte sich schon 1773 an die Legislative von Massachusetts gewandt und die Freiheit gefordert. Weitere derartige Petitionen folgten. Worcester County, Massachusetts, machte sich 1775 zum Sprecher dieser Forderungen, verurteilte die Versklavung irgendeines Teils der menschlichen Rasse „und speziell der Neger in diesem Land“ und setzte sich für die Emanzipation der Schwarzen ein. Die Quäker Neuenglands, New Yorks und Pennsylvanias verurteilten ebenfalls die Sklaverei. 1775 entstand in Philadelphia die erste amerikanische Organisation, die sich die Befreiung der Sklaven zum Ziel stellte. Sie wurde von Benjamin Franklin und seinem Freund Dr. Benjamin Rush (1745–1813), dem bedeutendsten amerikanischen Arzt jener Zeit, inspiriert. Bis 1779 hatten die Quäker, soweit sie Sklaven besaßen, den größten Teil von ihnen freigelassen.

Die Unabhängigkeitserklärung förderte mit ihrer Betonung der natürlichen Rechte und der Freiheit und Gleichheit der Menschen den Angriff auf die Sklaverei ebenso, wie dies die humanitären Gedanken der Aufklärung taten, denen die meisten amerikanischen Revolutionäre sichtlich verpflichtet waren. Franklin und Rush, Paine und Jefferson, auch General Washington waren Gegner der Sklaverei. Jefferson und Washington waren dies im

Widerspruch zu ihrer eigenen Stellung als Besitzer zahlreicher Sklaven. Im Ergebnis der Amerikanischen Revolution wurde die Sklaverei in fünf Staaten des Nordens, darunter in Massachusetts und Pennsylvania, verboten. New York, wo die Zahl der Sklaven zwölf Prozent der Bevölkerung ausmachte, folgte am Ende des Jahrhunderts nach. Wichtig wurde auch das auf Initiative Jeffersons erfolgende Verbot der Sklaverei im Nordwest-Territorium, also im neu hinzugewonnenen Gebiet westlich der Alleghanies zwischen dem Ohio und den Großen Seen. Für dieses Territorium sah die Northwest Ordinance die Religionsfreiheit, das Recht auf ein Geschworenengericht, öffentliche Schulbildung und ein Verbot der Sklaverei vor. Ebenfalls sah die Verfassung von 1787, welche die Sklaverei noch grundsätzlich sanktionierte, die Möglichkeit vor, den Sklavenhandel, d. h. die Einfuhr von Sklaven in die USA, nach einer Frist von 20 Jahren zu verbieten. Dies geschah denn auch entsprechend im Jahr 1808 unter Präsident Jefferson.

Allerdings erfolgte die Sklavenbefreiung schrittweise und blieb – was besonders ins Gewicht fiel – auf den Norden beschränkt, wo sie ohnehin nur eine untergeordnete Rolle spielte. Mit Rücksicht auf die Einstellung und Interessen des Südens und aus Furcht vor einem Zerbrechen der Union am Streit über die Sklaverei verzichtete man während und nach der Amerikanischen Revolution darauf, die Abschaffung der Sklaverei generell und damit vor allem auch im Süden zu verlangen, geschweige denn durchzusetzen. Infolgedessen verbot kein Staat südlich von Pennsylvania die Sklaverei, sie blieb dort vielmehr weiter bestehen. Von Maryland bis Georgia zählte man dann 1790, bei der ersten Volkszählung im Land, 633.000 Sklaven. Es wurde dort – mit Ausnahme von North Carolina – den Sklavenbesitzern lediglich gestattet, im Einzelfall ihre Sklaven freizugeben. Die Anzahl der freien Schwarzen nahm seitdem in Maryland und Virginia langsam zu, blieb aber stets eine kleine Minderheit unter der afroamerikanischen Bevölkerung dieser Region. Diese freien Schwarzen blieben meist mittellose Bürger zweiter Klasse. Sie fanden schwer Arbeit, verdienten als Arbeiter ein Drittel weniger als ihre weißen Arbeitskollegen und fanden ihren Unterhalt zumeist als Arbeiter oder Pächter. Die freien Schwarzen halfen einander, meist durch religiöse Verbindungen, nachdem von freien Afroamerikanern nach der Revolution eigene baptistische oder methodistische Kirchengemeinden gegründet worden waren. Die Kirchen der Schwarzen, die später zur größten Kraftquelle der Bürgerrechtsbewegung werden sollten, hatten ihren Ursprung in der Amerikanischen Revolution.

Im Norden konnten freie Schwarze, soweit sie männlich waren und die Eigentumsbedingungen des Wahlrechtes erfüllten, seit den 1780er Jahren wählen. Die Ausgangsbeschränkungen wurden dort aufgehoben und per Gesetz den freien Schwarzen eine gleiche Behandlung vor Gericht zugesichert.

Zwei Afroamerikaner haben sich im Zeitalter der Amerikanischen Revolution besonders ausgezeichnet. Es handelt sich um die erste schwarze Dichterin in Amerika, Phillis Wheatley [Abb. 8], und um den Mathematiker und Herausgeber von Almanachen, Benjamin Banneker. Phillis Wheatley (ca. 1753/54–1784) kam 1761 als Kind mit einem Sklavenschiff aus Westafrika nach Boston und wurde von dem vermögenden Schneider John Wheatley als Mädchen für seine Ehefrau gekauft. Das Kind lernte so rasch die englische Sprache und konnte die Bibel fehlerfrei lesen, so daß die Wheatleys die besondere Begabung des Mädchens, das sich für Literatur, Geschichte, Geographie und Latein interessierte, erkannten, ihr die Freiheit gaben und sie wie eine Tochter behandelten. Noch als Jugendliche begann sie eigene Gedichte zu schreiben. 1773 ermöglichten die Pflegeeltern ihr eine

Reise nach England. In London erschien noch im selben Jahr ihre erste Gedichtsammlung „Poems on Various Subjects, Religious and Moral. By Phillis Wheatley, Negro Servant to Mr. John Wheatley of Boston, in New England". Es war das erste poetische Werk einer afroamerikanischen Autorin. Ihre elegischen Gedichte hatten nach klassischem Vorbild häufig den Tod bekannter Persönlichkeiten, von Freunden oder Fremden zum Inhalt. Ihr bekanntestes Gedicht „On Being Brought from Africa to America" forderte ihre christlichen Leser auf, ihre schwarzen Brüder und Schwestern in die christliche Gemeinschaft aufzunehmen. Zu ihren Bewunderern in Amerika gehörten der Gouverneur von Massachusetts, Thomas Hutchinson (1711–1780), und die späteren Unterzeichner der Unabhängigkeitserklärung John Hancock (1737–1793) und Benjamin Rush. Phillis Wheatley, die ihre neue Heimat Amerika liebte, der sie schwärmerisch den Namen „Columbia" gab, schrieb und veröffentlichte 1775 im *Pennsylvania Magazine* eine Ode auf General Washington. Der Oberbefehlshaber der Kontinentalarmee bedankte sich bei der jungen Frau und lud sie ein, ihn in seinem Hauptquartier zu besuchen, sollte sie in seiner Nähe sein. Die Begegnung fand dann auch statt, als Washington Anfang 1776 die Engländer vor Boston belagerte. Die Dichterin – die von zarter Gesundheit war – starb 1784, nur dreißig Jahre alt. Kurz vor ihrem Tod veröffentlichte sie das Gedicht „Liberty and Peace", das den Sieg Amerikas im Unabhängigkeitskrieg feierte. Bis zuletzt blieb sie eine entschiedene Gegnerin der Sklaverei.

8 *Phillis Wheatley – zeitgenössischer Stich der ersten afroamerikanischen Dichterin aus dem Jahr 1773.*

Einer der ersten schwarzen Wissenschaftler war Benjamin Banneker (1731–1806), der aus einer Familie freier Afroamerikaner stammte, die nahe von Baltimore in Maryland auf einer 120 Acre großen Farm lebte. Banneker konnte zeitweilig die Schule gemeinsam mit weißen Altersgenossen besuchen und fiel bereits damals durch sein großes Talent für Mathematik, Technik und Naturwissenschaft auf. Schon als junger Mann baute er eine hölzerne Uhr, welche die Stunde schlug und deren Teile er selbst verfertigte, nur mit einer geborgten Taschenuhr als Modell ausgerüstet. Ein wohlhabender Mühlenbesitzer erkannte die Begabung Bannekers, stellte ihm seine Bibliothek zur Verfügung und bildete ihn in Mechanik und Astronomie weiter aus. Banneker, der viele Jahre selbst als Farmer tätig war, machte sich einen Namen durch seine astronomischen Voraussagen. Er war ein Fachmann in der Bienenhaltung und berechnete den Lebenszyklus der alle 17 Jahre zu einer Plage werdenden Heuschrecken. In den 1790er Jahren wurde er ein erfolgreicher und produktiver Herausgeber von Almanachen, dieser damals beliebten Mischung aus Kalender, Wettervorhersage, Bauernregeln und anderen nützlichen Informationen, vor allem für den Landmann. Unterstützt wurde er bei der Herausgabe durch Sklavereigegner in Maryland und

Pennsylvania. Sein Ruf als Mathematiker führte dazu, daß man ihn, den schwarzen Amerikaner, der in Maryland damals sogar das Wahlrecht besaß, in den Kreis der Landvermesser aufnahm, welche die Aufgabe hatten, die Topographie der künftigen Hauptstadt, des Districts of Columbia, zu erarbeiten. Banneker unterstützte den ersten Stadtplaner in Washington, Pierre Charles L'Enfant, bei der Anfertigung des berühmten Stadtplans von 1792 [vgl. Kap. 4]. Er schrieb damals einen Brief an Jefferson, in dem er die Sklaverei mit Nachdruck verurteilte, und nutzte seinen Bekanntheitsgrad in der amerikanischen Öffentlichkeit, um gegen die Sklaverei, aber auch gegen Krieg und Kriegführung zu protestieren.

Die Anerkennung, die Wheatley und Banneker zeitweilig im öffentlichen Bewußtsein ihres Landes fanden, war eher eine Ausnahme für die auch während und nach der Revolution rassistisch bleibende Stimmung unter der Mehrheit der weißen Amerikaner. Insofern die Amerikanische Revolution die Sklaverei nicht beseitigte, blieb sie eine unvollendete Revolution. Bestenfalls eröffnete sie einen längeren Prozeß, in dessen Ergebnis die Sklaverei dann schließlich verschwinden mochte. Die öffentliche Meinung der einen Hälfte des Landes lehnte jetzt die Sklaverei als soziale Institution ab, im Süden sah man darin ein mehr oder weniger notwendiges Übel. Wie es schien, begann die Sklaverei zu zerbröckeln, und selbst die rassistische Einstellung zeigte Spuren von Schwäche. Auf einer anderen Ebene, im Baumwollanbau und mit der Erfindung der Baumwollentkernungsmaschine, ergaben sich dann seit den 1790er Jahren Entwicklungen, die diesen Trend zur Aushöhlung der Sklaverei stoppten und diese Institution im Süden neuerlich fest zementierten.

Native Americans und Amerikanische Revolution

Die meisten Stämme der Native Americans, der amerikanischen Indianer, unterstützten im Unabhängigkeitskrieg Großbritannien. Im Ohiotal standen Shawnees, Delawaren und Mingos gegen das Vordringen der Amerikaner. Im Norden unterstützte die Mehrheit der Irokesen die britische Seite. Die Niederlage Englands im Krieg bedeutete damit zugleich eine Niederlage der indianischen Stämme.

Sie sahen – nicht unbegründet – in den weißen Kolonisten, die ihren neuen Staat schufen und ihre Grenzen jetzt weiter nach Westen vorschoben, eine Bedrohung der eigenen autonomen Existenz und mußten um den Verlust der eigenen Jagdgründe zwischen Appalachen, Mississippi und Großen Seen fürchten [Abb. 9]. Tatsächlich verdankten die amerikanischen Indianer dem Unabhängigkeitskrieg und der damit verbundenen Revolution von allen hier lebenden Minderheiten und Bevölkerungsgruppen am wenigsten. Ihr Streben nach politischer und kultureller Unabhängigkeit und Existenzsicherung erhielt von amerikanischer Seite keine Unterstützung, ja fand kaum Verständnis oder einen Anwalt im Kreis der Weißen. Die größten Konflikte zwischen Indianern und Siedlern ergaben sich zu dieser Zeit im Ohiotal, im Einzugsbereich der künftigen Staaten Kentucky und Tennessee, aber auch im Gebiet der Großen Seen. Eine weiße agrarische Gesellschaft wie die jungen Vereinigten Staaten, die ihren Bürgern gleiche wirtschaftliche Möglichkeiten versprach, mußte naturgemäß stetig über ihre Grenzen hinaus expandieren und damit neuen Konfliktstoff an der *Frontier*, der Indianergrenze, schaffen, wenn sie die Landansprüche der Indianer in Frage stellte. Selbst dort, wo vorübergehend Neutralität vereinbart wurde, und dort, wo die Indianer ihr Land behalten konnten, bedeutete für sie die Nachbarschaft der weißen Siedler eine Gefahr durch ansteckende tödliche Krankheiten, durch das Gift des Alkohols oder durch für die Jagdinteressen der Indianer nachteilige Farmpraktiken. Die Farmer und Siedler verringerten nämlich durch Roden und Abbrennen der Wälder den Waldbestand und gefährdeten damit den Wildbestand, die Existenzgrundlage vieler Indianerstämme. Die Native Americans östlich des Mississippi waren um so mehr gefährdet, als sich in den drei Jahrzehnten seit dem *French and Indian War* ihre Bevölkerungszahl um die Hälfte verringert hatte und manche indianische Gemeinschaften inzwischen völlig verschwunden waren. Andere Stämme wie die Cherokee im Süden sahen sich in dieser Zeit gezwungen, Land an Virginia, South Carolina und Georgia abzutreten [Abb. 10]. „Nach dem Krieg boten die National- und die Staatenregierungen infolge des wachsenden, nicht zu unterdrückenden Appetits der weißen Bevölkerung auf das Land den Native Americans einen kümmerlichen Schutz, selbst denen, die auf der Seite der Vereinigten Staaten gekämpft hatten. Obgleich die Revolutionäre nicht das Ziel hatten, die Völker der östlichen Wälder auszurotten, beschleunigte die amerikanische Unabhängigkeit in letzter Instanz ihren Ruin."[29]

Unter diesen letzthin unsicheren Umständen setzten viele Stämme ihre Versuche fort, die für sie nützlichen Seiten der europäischen Kultur in ihre Lebensweise einzuführen. Seit Beginn der Kolonialzeit hatten Indianer verschiedene europäische Kleidungsstücke, Metallwaren, Glas und andere Materialien in ihr Leben übernommen. Aber sie gaben ihre traditionellen Lebensformen nicht auf und kombinierten in Kleidung, Werkzeugen, Waffen und Gebrauchsgegenständen die alten und neuen Gewohnheiten. Soweit sie nicht länger der Expansion der amerikanischen Gesellschaft Widerstand leisteten, standen sie in loser Verbindung mit der amerikanischen Wirtschaft, durch den Kauf von Lebensmitteln oder handwerklichen Produkten und auch durch gelegentliche Lohnarbeit. Diese Verflochtenheit traditioneller und neuer Lebensformen kennzeichnete die indianischen Gemeinschaften im Grenzgebiet der neuen und unabhängigen Staaten. Für die indianischen Stämme westlich der von Weißen besiedelten Gebiete bestand eine Hoffnung, das Überrollen ihres Landes durch die junge Republik zu verhindern, häufig darin, mit den Briten in Kanada oder den Spaniern in Florida Handel zu treiben, Beziehungen zu knüpfen und militärische Unterstützung zu suchen. Für die Zukunft ihrer Unabhängigkeit erwuchs auch aus diesem Weg wenig Gutes. Jedenfalls aber wünschten die indianischen Gemeinschaften bei aller Verbindung mit den neuen Verhältnissen ihre kulturelle Identität zu wahren. Sie bestanden darauf, ihre Angelegenheiten und ihre Lebensweise selbst zu kontrollieren. Sie verstanden sich als Indianer und wünschten nicht, zu Weißen zu werden. In den Jahrzehnten nach der Amerikanischen Revolution – die neue Konflikte erlebten – blieb es zunächst eine Zeitlang noch ungewiß, ob die neue amerikanische Nation ihr Verhältnis zu den Native Americans auf der Grundlage dieser Voraussetzungen gestalten würde.

Nationalgefühl, Wissenschaft und Literatur im Zeitalter der Amerikanischen Revolution

Der Unabhängigkeitskrieg beschleunigte merklich die Herausbildung der amerikanischen Nation und verstärkte unter der Mehrheit der weißen Amerikaner das nationale Gefühl der Zusammengehörigkeit. Die neue Nation entstand in Amerika in den 150 Jahren seit der Gründung der ersten britischen Kolonien auf der Grundlage gemeinsamer Erfahrungen und gemeinsamer Schicksale bei der Besiedlung eines nahezu unbekannten Landes. Sie beruhte auf der gemeinschaftlichen Auseinandersetzung mit einer fremden Natur, einer viel-

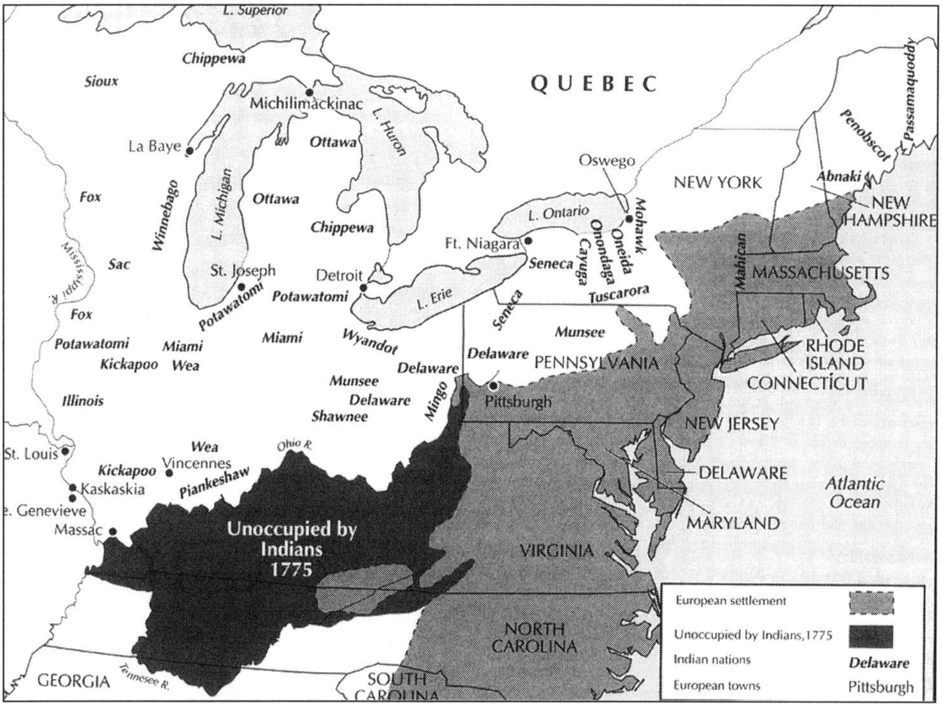

9 *Karte der indianischen Stämme und Nationen südlich der Großen Seen im Jahre 1775. In das als unoccupied by indians bezeichnete Gebiet strömten jetzt zunehmend weiße Siedler.*

fach andersartigen Fauna und Flora, einem spezifischen Klima. Sie verständigte sich in einer gemeinsamen Sprache, dem amerikanischen Englisch [vgl. Kap. 4]. Sie war geprägt durch die Berührung und den Konflikt mit den einheimischen Indianern. Die gemeinsame wirtschaftliche und politische Interessenlage der 13 Kolonien und der Kampf gegen den kolonialen Status trugen ebenfalls erheblich zur Bildung der Nation bei. Hinzu kam die geographische Entfernung von der alten Heimat in Europa, von der man durch den Atlantischen Ozean getrennt war und der man sich infolgedessen leichter entfremden konnte. Schließlich war ein Faktor – der im Selbstbewußtsein der neuen Nation zur Geltung kam – die unermeßliche Weite und Größe der neuen Heimat mit ihrer Hauptattraktion, der Möglichkeit, eigenen Landbesitz zu erwerben.

Während sich lange Zeit die Kolonisten als Briten verstanden, die in Amerika lebten, entwickelte sich am Vorabend des Unabhängigkeitskrieges ein amerikanisches Selbstbewußtsein, ein keimhaftes Nationalgefühl, das sich zunächst gegenüber den in Nordamerika als Rivalen auftretenden Franzosen zeigte, später sich auch gegenüber den Briten abgrenzte. Es kam die Meinung auf, „die Amerikaner" seien ein von Gott besonders begnadetes Volk. Der junge John Adams schrieb etwa in diesem Sinne: „Ich betrachte die Besiedlung Amerikas immer mit Ehrfurcht und Bewunderung als die Eröffnung einer großen Szene, eines Entwurfs der Vorsehung zur Erleuchtung der Unwissenden und zur Emanzipation des sklavischen Teils der Menschheit überall auf der Erde."[30]

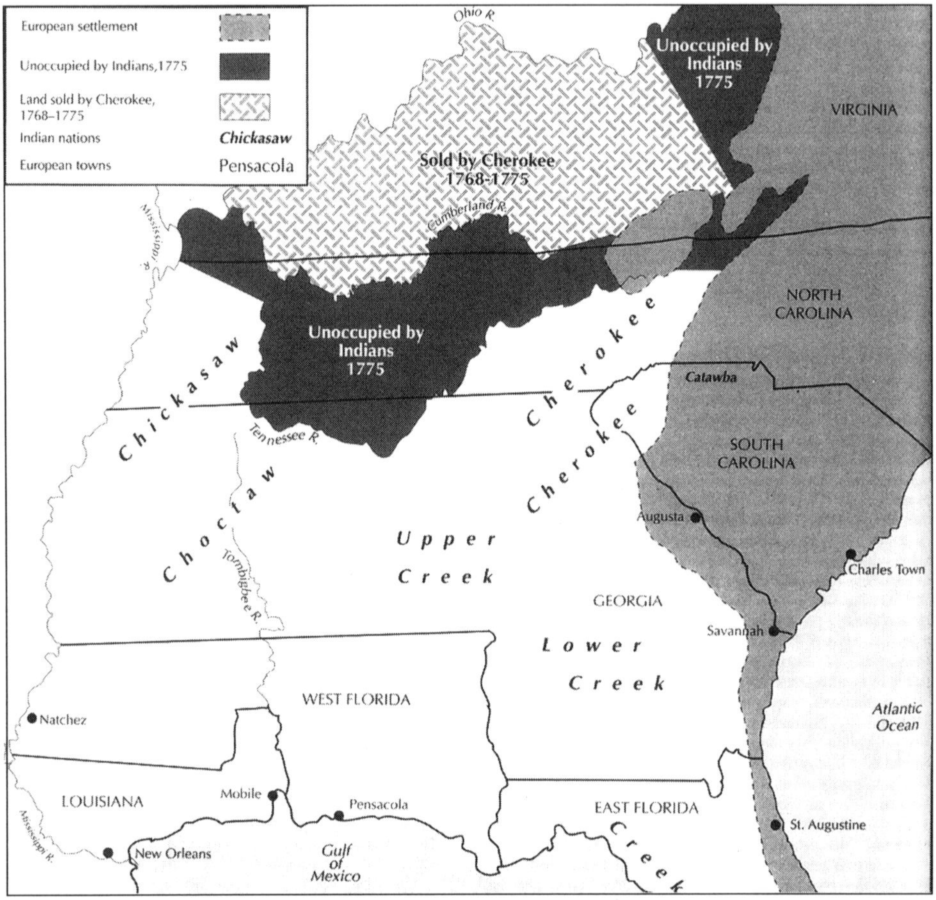

10 *Karte der indianischen Stämme zwischen den beiden Carolinas und dem Mississippi im Jahre 1775. Weiße Siedler gingen in die Gebiete, die von den Cherokee abgetreten worden waren, danach in das Gebiet zwischen Tennessee und Cumberland River.*

Mit dem aufbrechenden Konflikt mit dem Mutterland und dem Unabhängigkeitskrieg verstärkte sich bei einer wachsenden Zahl der Amerikaner das Gefühl einer neuen Loyalität, einer Loyalität gegenüber „Amerika". In diesem Sinn wurde seitdem der Begriff „Amerikaner" gebraucht. Es war die erste Manifestation des entstehenden amerikanischen Nationalgefühls.

Das revolutionäre amerikanische Selbstbewußtsein fand seinen Ausdruck in zahlreichen Bildern und Symbolen, in Liedern, Festen und Paraden. Der *Independence Day*, der Unabhängigkeitstag, wurde bereits in den Kriegsjahren in einzelnen Städten gefeiert. In symbolischen Bildern fand sich das neue Amerika wieder. Die Göttin der Freiheit wurde zur weiblichen Personifizierung der neuen Nation. Auf dem Ornament der ersten Karte, welche die offiziellen Grenzen der Vereinigten Staaten von 1783 zeigte, winkt eine junge Frau unter dem von einem Engel gehaltenen Sternenbanner England Lebewohl zu. Aus dieser

Zeit stammt ein erstes Zeugnis des amerikanischen Nationalismus in der Volksmusik mit dem „Liberty Song" von John Dickinson. Das Lied forderte alle tapferen Amerikaner auf, sich zusammenzuschließen. Der Refrain begann mit den Worten: „In Freiheit sind wir geboren, und in Freiheit werden wir leben." Das Lied wurde offiziell von den *Sons of Liberty* übernommen, einer Geheimgesellschaft, die am Vorabend des Unabhängigkeitskrieges den Widerstand gegen England organisierte. Nach dem Gefecht bei Bunker Hill wurde überall – in den Feldlagern, Kirchen und öffentlichen Versammlungen – ein patriotisches Lied „The American Hero" gesungen, das dann als „Bunker Hill" populär wurde. Der Oberbefehlshaber der Streitkräfte wurde im Laufe des Krieges mit eigenen Märschen („Washington Marches") geehrt. Marschmusik der Militärmusikkapellen, bestehend aus Trommlern und Flötisten, war im Krieg häufig zu hören. Die Kapellen beider Seiten spielten oft dieselben Stücke, so den populären „Yankee Doodle", dessen Herkunft ungeklärt ist. General Burgoyne (1722–1792) kapitulierte bei Saratoga – mit 30 Wagen seiner persönlichen Habseligkeiten und seines Tafelsilbers – zu den Klängen des „Yankee Doodle". Lord Cornwallis (1738–1805), ein anderer britischer General, der bei Yorktown, Virginia, in die Gefangenschaft der Amerikaner ging, soll ausgerufen haben: „Ich hoffe bei Gott, daß ich dieses verdammte Stück niemals mehr hören muß!"

Mit der Unabhängigkeit und der Bildung der *United States of America* schuf der Kontinentalkongreß auch die neue Flagge des Landes, die *Stars and Stripes* [Abb. 11]. Der Marineausschuß des Zweiten Kontinentalkongresses verabschiedete im Juni 1777 eine Resolution, daß die Flagge der Vereinigten Staaten aus 13 Streifen bestehen werde, abwechselnd rot und weiß, und daß die Gösch 13 weiße Sterne auf blauem Feld zeigen sollte. Bei den 13 Streifen – entsprechend den 13 Gründungsstaaten – ist es geblieben, die Zahl der Sterne vergrößerte sich mit der Aufnahme neuer Staaten in die Union bis zur heutigen Zahl von 50.

Es ist allerdings ungewiß, ob die *Stars and Stripes* in den Kämpfen des Unabhängigkeitskrieges wirklich geweht haben. Washington soll sie erst 1783, als der Krieg vorüber war, eingeführt haben. Jedenfalls waren daneben anfangs unterschiedliche Varianten einer amerikanischen Flagge üblich.

Unabhängigkeitskrieg, Schaffung der Union, die neue Verfassungswirklichkeit mit ihren demokratischen Zügen spielten eine erhebliche Rolle bei der weiteren Ausprägung von Nationalgefühl und Nationalstolz. Das Bewußtsein, einem Bund von Staaten, einer die lokalen Interessen übergreifenden Gemeinschaft anzugehören, verbreitete sich seitdem deutlich. Niemand brachte diese Gefühle nachdrücklicher und überzeugender zum Ausdruck als der militärische Oberbefehlshaber im Krieg, George Washington. Als er nach dem Ende des Unabhängigkeitskrieges sein militärisches Kommando niederlegte, um wieder ins Privatleben nach Mount Vernon zurückzukehren, legte er den Bundesstaaten in einem längeren Zirkularschreiben seine politischen Überlegungen zur Zukunft des Landes dar. Unter den für Washington wichtigsten Aufgaben stand die Pflege der unauflöslichen Union der Staaten unter einem Bundesoberhaupt an erster Stelle. Die Union, ihre Stabilität und ihr innerer Friede blieben auch später Washingtons politische Hauptziele, wie er dann auch selbst die Gemeinschaft der Union personifizierte.

Die Amerikanische Revolution stimulierte das geistige, literarische und künstlerische Leben in Amerika. Für Kultur und Wissenschaft hatte der Krieg allerdings unterschiedliche Folgen, teils negativer, teils positiver Art. Universitäten und andere wissenschaftliche Einrichtungen erfuhren durch den Krieg, der sich ja hauptsächlich im eigenen Land abspielte, durchaus auch Rückschläge. In vielen ländlichen Gebieten wurde der Schulunterricht eingestellt. In New York gab es während der gesamten Zeit der britischen Besetzung keinen Unterricht. Armut, Verschuldung und Analphabetentum nahmen im Krieg zu. Die Studentenzahlen gingen teilweise zurück. Wissenschaftliche Apparate und Bibliotheken wurden geplündert. Das Harvard College diente während der englischen Besetzung als Kaserne für die Truppen.

Andererseits setzte die Revolution mit der Schaffung demokratischer Verhältnisse geistige Kräfte frei, förderte in Erziehung und Bildung, in Kultur und Wissenschaft neue Leistungen und legte auch die Wurzeln für ein neues demokratisches Denken in Amerika. Der Krieg verbrauchte nicht nur Talente und entzog sie zeitweilig der Forschung, wie Philadelphias berühmten Astronomen und Instrumentenbauer David Rittenhouse, dem in Pennsylvania die Aufsicht über die Waffen- und Pulverherstellung übertragen wurde, sondern er zeitigte auch Fortschritte in der Geographie, im Schiffbau und in der Schiffstechnik, in der Medizin oder der politischen Theorie. Die Revolution inspirierte Bildungs- und Erziehungsbestrebungen verschiedener Art. Mathematik, Astronomie und Botanik wurden gefördert. Die Flora Neuenglands wurde systematisch verzeichnet, der Mount Washington, mit 3100 m der höchste Berg New Hampshires und Neuenglands, wurde erstmals – allerdings noch ungenau – vermessen. In den Einzelstaaten wurden die geographischen und historischen Studien verstärkt. Auch die ethnographische Arbeit ging weiter. So veröffentlichte Jonathan Carver (1710–1780) seine „Reisen durch die inneren Teile Nordamerikas in den Jahren 1766, 1767 und 1768“, eines der populärsten und erfolgreichsten amerikanischen Bücher in dieser Zeit. Mit seiner Beschreibung der Sitten und Gebräuche der Indianer in der Region der Oberen Seen wurde Carver damals auch neben Franklin einer der ersten Amerikaner mit großer internationaler Anhängerschaft.

Noah Webster (1758–1843), der *„Schulmeister Amerikas“*, Schulreformer und erster amerikanischer Lexikograph, veröffentlichte 1783 sein „American Spelling Book“, eine Fibel für den Rechtschreib- und Aussprache-Unterricht in der Schule. Dieser „Blue-Backed Speller“ (wegen des blauen Einbands der Fibel) erlebte zu Lebzeiten Websters 385 Auflagen und wurde der meistgelesene Bestseller, der je von einem Amerikaner geschrieben worden ist. Sein ursprünglicher Text beruhte großenteils auf der Adaption zweier britischer Fibeln mit zusätzlichen Informationen zur Geographie und Geschichte der Vereinigten Staaten. Webster nahm verschiedene Änderungen in der Aussprache und Rechtschreibung einiger englischer Wörter vor. Der Text dieses Republikaners enthielt weniger Bezugnahmen auf göttliche Gegebenheiten als seine britischen Vorbilder. So ersetzte er einen Reim zum Buchstaben A, der auf Adams Sündenfall bezug nahm („In Adams Fall, we sinned all“), durch ein Sprüchlein über einen Apfelkuchen („Was an apple-pie made by the cook“). Mit seinem Speller trug Webster wesentlich zur Vereinheitlichung der Rechtschreibung in Amerika bei. Die einzigartige Wirkung des Buches beruhte auch auf dem in der Einleitung formulierten Appell für Amerikas politische und kulturelle Unabhängigkeit. Webster verglich das alte, korrupte und tyrannische Europa mit dem jungen, zukunftsreichen und zu Reformen bereiten Amerika. Das junge Land könne, so meinte Webster, zu einem Reich der Vernunft werden, wenn es sich Reformen oder neuen Grundsätzen in der Politik, Erziehung und Sprache zuwenden würde und seine eigenen Sitten und seinen eigenen literarischen Geschmack ausbilden werde. Webster war ein Anwalt eines breiten Systems von Public

11 *John Ward Dunsmore (1856–1945), „Betsy Ross and the First Stars and Stripes", 1777 (1920). Nach der ungesicherten Überlieferung gab eine Delegation des Kontinentalkongresses im Juni 1777 bei der Näherin Betsy Ross in Philadelphia die neue Flagge der USA in Auftrag.*

Schools, öffentlich finanzierter Schulen in Amerika. In seinem Aufsatz „On the Education of Youth in America" nannte er die öffentliche Schulbildung, die es jedem Bürger ermöglicht, Wissen zu erwerben, die Grundbedingung für die Existenz der amerikanischen Republik. Er empfahl ein System von den Einzelstaaten unterstützter öffentlicher Schulen, bei dem in jedem Distrikt eine Schule eingerichtet würde, die von dem angesehensten und am besten informierten Mann der Gegend geleitet werden sollte. Diese Schulen sollten Mädchen wie Jungen offenstehen. Allerdings ließ die Umsetzung dieser auch von Jefferson und Rush befürworteten Schulreform längere Zeit auf sich warten, auch weil die Einzelstaaten – in kleinlicher Sparsamkeit befangen – sich scheuten, die benötigten finanziellen Mittel zur Verfügung zu stellen. Daher stand die Aufgabe der landesweiten Schaffung öffentlicher Schulen auch am Beginn des nächsten Jahrhunderts weiter auf der Tagesordnung.

Mit dem Unabhängigkeitskrieg kam nun auch eine *nationale Dichtung* auf, welche die republikanischen Grundsätze und patriotischen Gefühle des Zeitalters in poetische Bilder und Worte faßte. Der aus New Jersey stammende Dichter Philip Freneau (1752–1832) wurde im Unabhängigkeitskrieg durch patriotische und zeitgeschichtliche Gedichte bekannt. Als Dichter der Amerikanischen Revolution und Gestalter verschiedener Kriegserlebnisse war er im Ton optimistisch und glaubte an den Fortschritt. Eins seiner ersten Gedichte beschrieb am Vorabend des Krieges den künftigen Ruhm Amerikas. Neben der satirischen Kritik an den Engländern und ihren Gefolgsleuten in den bisherigen Kolonien gestaltete Freneau auch als einer der ersten dichterisch die Schönheit des amerikanischen Westens und setzte den „Ureinwohnern dieses Landes", den Indianern, mit seinem Gedicht „Indianerfriedhof" ein gefühlsbetontes Denkmal.

Zusammen mit Freneau – und der bereits vorgestellten Phillis Wheatley – ist Joel Barlow (1754–1812) aus Connecticut ebenfalls als Dichter des jungen Amerika zu nennen. Der Farmerssohn schrieb ein amerikanisches Epos „Die Vision des Columbus" (1787), in dem ein Engel dem kranken und gefangenen Kolumbus erschien, um ihm visionär die glorreiche Zukunft Amerikas, das sich über den ganzen Kontinent ausbreiten werde, zu enthüllen. Barlow [Abb. 12] verwendete dabei biblische Themen und Motive, aber auch indianische Legenden. Das philosophische Lehrgedicht fand guten Absatz. Zu den Subskribenten gehörten Washington, der den Dichter bei seinem Schaffen ermutigt hatte und im Gedicht als Joshua vorkam, Lafayette, der Freund und Kriegskamerad Washingtons aus Frankreich, den der Dichter persönlich kannte, Franklin und Alexander Hamilton.

Später reiste Barlow nach Frankreich und England und erlebte die Französische Revolution unmittelbar als ein radikaler Befürworter ihrer demokratischen Grundsätze. Gegen Ende seines Lebens wurde er zum Gesandten seines Landes im napoleonischen Frankreich berufen. Er starb 1812 auf dem Rückweg von einer diplomatischen Mission in Polen.

Wie sehr im Ergebnis des Unabhängigkeitskrieges nationales Selbstverständnis und Nationalgefühl der Amerikaner zunahmen, zeigte sich auch in anderen literarischen Texten jener Zeit. Das bis zum heutigen Tag meistzitierte Buch dieser Art ist *Crèvecœurs „Letters from an American Farmer"* aus dem Jahr 1782. Es ist ein klassisches Zeugnis des amerikanischen Denkens und Fühlens im Zeitalter der Amerikanischen Revolution. Diese Selbstdarstellung der Eindrücke, Erfahrungen und Ansichten des lange Jahre in Orange County, New York, lebenden Landvermessers, Händlers und Farmers französischer Herkunft beschreibt das Leben der Amerikaner in Pennsylvania und New York zur damaligen Zeit. Der Autor Michel Guillaume Jean de Crèvecœur (1735–1813), der als Schriftsteller das Pseudonym J. Hector St. John benutzte, war ein gebürtiger Franzose, der als junger Mann über Kanada in die Kolonie New York kam. Aus dem französischen Adeligen wurde dort ein hausgemachter Amerikaner, der nicht nur als Farmer, sondern auch durch seine Reisen im Nordosten der späteren USA Land und Leute intim kennenlernte. Crèvecœur gehörte zu den ersten Beobachtern, die Amerika als einen „Schmelztiegel der Nationen" verstanden. Er stellte die Frage: „Was also ist der Amerikaner, dieser neue Mensch?" und gab die Antwort: „Er ist weder Europäer noch Abkömmling eines Europäers; daher diese seltsame Mischung des Blutes, welche Ihr in keinem anderen Land finden werdet. Ich könnte Euch eine Familie nennen, dessen Großvater ein Engländer war, seine Frau eine Holländerin, deren beider Sohn eine Französin heiratete und dessen gegenwärtige vier Söhne nun vier Frauen verschiedener Nationalität haben." Derjenige sei ein Amerikaner, „der all seine alten Vorurteile und Verhaltensweisen hinter sich gelassen hat und aus der neuen Lebensform, die er angenommen hat, von der neuen Regierung, der er gehorcht, und von der neuen Stellung, die er einnimmt, neue empfängt". Der Amerikaner war für Crèvecœur „ein neuer Mensch, der nach neuen Grundsätzen handelt; er muß deshalb neue Gedanken hegen und neue Meinungen formen. Aus unfreiwilligem Müßiggang, serviler Abhängigkeit, Armut und nutzloser Arbeit ist er zu einem Schaffen ganz anderer Art übergegangen, das durch ein reichliches Auskommen belohnt wird. – Das ist ein Amerikaner."[31] Crèvecœur war einer der ersten amerikanischen Schriftsteller, die das Bild vom „Ame-

12 *Charles Willson Peale, „Joel Barlow", gemalt 1807, als Barlow in Washington lebte und seine zweite Fassung der „Vision des Columbus" veröffentlichte.*

13 *Peale, „Thomas Jefferson" (1791). Jefferson war damals Außenminister in der Regierung des ersten Präsidenten der USA, George Washington.*

rican Dream", vom amerikanischen Traum eines Lebens in einer Gemeinschaft von gleichen und freien Bürgern, ausmalten. Er beschrieb die Chancen des Lebens in der Neuen Welt, in welcher der Farmer eher und leichter Land erwerben konnte als im aristokratisch bestimmten Europa. Dabei fehlten seiner Beschreibung des amerikanischen Lebens durchaus nicht die kritischen Töne. Er zeigte Verständnis für die Lage der amerikanischen Indianer und beklagte das Verschwinden so vieler Stämme im Ergebnis der Entwicklung der Kolonien während der vergangenen 200 Jahre. Er zeigte die Jäger und Fallensteller in den Wald- und Grenzgebieten als häufig verkommene Außenseiter der menschlichen Gesellschaft. Er verurteilte entschieden die Institution der Sklaverei und beschrieb die elenden Lebens- und Arbeitsverhältnisse vieler Sklaven im Süden. Er bekannte sich aus Überzeugung zum „American Dream", aber er sah durchaus die Kehrseite von Verhältnissen, in denen der Markt und die Warengesellschaft zu einem Dschungel für den einzelnen werden konnten.

Der „Amerikanische Farmer", der so eindringlich die Geburt eines „neuen Menschen" in der Neuen Welt beschrieben hatte, kehrte später wieder in seine alte Heimat nach Frankreich zurück. Er veröffentlichte ein zweites Buch mit Skizzen über das zeitgenössische Amerika und starb schließlich 1813 in Frankreich, ganz zurückgezogen von der Gesellschaft lebend. Eine weitere auffallende Stimme des amerikanischen Nationalbewußtseins gehörte Thomas Jefferson [Abb. 13], dem Verfasser der Unabhängigkeitserklärung, der kurz nach dem Ende der Revolution sein einziges Buch, die *„Notes on the State of Virginia"*, veröffentlichte. Jefferson verkörperte als Schriftsteller und Denker, als Diplomat und Politiker die humanistischen Tendenzen des Aufklärungszeitalters.

Die Notizen über Virginia entstanden gegen Ende des Unabhängigkeitskrieges, als Jefferson Gouverneur seines Heimatstaates Virginia war bzw. für einige Zeit als Privatmann auf seinem Gut Monticello lebte. Das Buch verdankt seine Entstehung einer Bitte um Auskunft über die Verhältnisse in den amerikanischen Staaten, die vom damaligen Sekretär der französischen Gesandtschaft in Philadelphia ausgegangen war. Es ist eine geographisch-historisch-politische Landeskunde Virginias, die dem Verfasser Gelegenheit bot, seine Auffassungen zu damals aktuellen Themen wie der Verfassung von Virginia, der Herkunft der amerikanischen Indianer, der Sklaverei oder zu Religion und Bildung vorzutragen. Jefferson beschrieb darin auch liebevoll die landschaftliche Schönheit Virginias, die Blue Ridge Mountains und den Potomac. Das Buch wurde ein amerikanischer Klassiker. Es zeigt das sachkundige Interesse Jeffersons an naturkundlichen Erscheinungen wie der Pflanzen- und Tierwelt Virginias, an seinen Bewohnern, an den rechtlichen und politischen Verhältnissen oder an Religion und Bildung. In den religiösen Fragen vertrat Jefferson einen ausgeprägt toleranten Standpunkt und befürwortete die völlige Trennung von Kirche und Staat. Seine Bemerkung, es störe ihn wenig, wenn sein Nachbar behaupte, es gebe 20 Götter oder keinen Gott, brachte ihm später den Vorwurf des Atheismus ein. Jefferson bevorzugte eine von der Landwirtschaft bestimmte Gesellschaft, eine agrarische Demokratie, deren Hauptstützen die freien und selbständigen Farmer waren. Dagegen schienen ihm die bereits von England her erkennbaren Folgen der beginnenden Industrialisierung bedenklich. Da es genug Land zu bearbeiten gebe, solle man niemals die Beschäftigung der Bürger an der Werkbank oder Spinnmaschine wünschen. Abgesehen von den lebensnotwendigen Gewerken der Zimmerleute, Maurer und Schmiede, so empfahl Jefferson, sollten die Werkstätten in Europa verbleiben und von Amerika aus mit Material und Rohstoffen beliefert werden. Der „Mob in den großen Städten" – als Konsequenz eigener Industrialisierung von Jefferson befürchtet – sei einer guten Regierung wenig dienlich.

Der aufgeklärte Jefferson verfolgte in der Indianerfrage und zur Sklaverei einen mehr patriarchalischen Standpunkt. Wohl hatte er Verständnis für den kulturellen Eigenwert der indianischen Stämme und war um die sachliche Schilderung ihres Verhaltens und ihrer Lebensumstände bemüht, doch waren sie für ihn „wilde Amerikaner" (*savage Americans*), deren Gemeinschaft sich grundsätzlich von den „zivilisierten Europäern" (civilized Europeans) unterschied. Auch lehnte Jefferson zwar die Sklaverei als soziale Institution ab und nannte sie ein „großes politisches und moralisches Übel", sprach sich für die Emanzipation der schwarzen Amerikaner und für eine Verbesserung ihrer Lebenssituation aus, aber andererseits äußerte er in den „Notes" die Vermutung, die schwarzen Amerikaner seien von Geburt oder durch Zeit- und Lebensumstände geschuldet nicht nur physisch und mental anders als die weißen Amerikaner, sondern diesen an Körper und Geist unterlegen. Diese Passagen der „Notes" werden heute von manchen Jefferson-Forschern kritisch gesehen, weil sie – was wohl nicht in der Absicht des Autors lag – als Zeugnis rassistischer Vorurteile der weißen Oberschicht Virginias interpretiert werden können. Jedenfalls ist die Darstellung dieser bereits damals umstrittenen Fragen in den „Notes" recht zurückhaltend ausgefallen.

Alles in allem zeigte sich das neue amerikanische Nationalbewußtsein bei Jefferson vor allem in der liebevollen Schilderung der heimatlichen Natur und ihrer Schönheiten sowie in der Selbstverständlichkeit und dem zurückhaltenden Stolz, mit der er die freien Einrichtungen seines Landes als eine amerikanische Normalität auf Dauer verstand. Das Buch, das

14 *Matthew Pratt, „The American School“ (1765). Gezeigt wird das Atelier von Benjamin West in London. West steht links im Kreis einiger seiner jüngeren amerikanischen Schüler. Das Bild wurde in London ausgestellt und brachte Pratt (1734–1805) die Mitgliedschaft in der Society of Artists of Great Britain.*

Jefferson wohl auch in der Hoffnung geschrieben hatte, daß es eines Tages als Textbuch von den Studenten des College of William & Mary in Williamsburg verwendet werden würde, stieß auf große politische und wissenschaftliche Resonanz in Amerika und Europa, und es begründete den wissenschaftlichen Ruf des Autors bei seinen Zeitgenossen.[32]

Das Aufkommen einer amerikanischen Malerschule

Zu den bemerkenswertesten künstlerischen Leistungen des neuen Zeitalters zählt das Schaffen einer Reihe amerikanischer Maler, die mit ihren damals auch in Europa bekannt werdenden Bildern darangingen, eine eigene „amerikanische Malerschule“ [Abb. 14] zu begründen. John Singleton Copley aus Boston, Benjamin West aus Springfield, Pennsylvania, Ralph Earl aus Massachusetts, Charles Willson Peale aus Maryland und die zur Zeit der Revolution noch jüngeren Maler Gilbert Stuart aus Rhode Island und John Trumbull aus Connecticut schufen seit den 1770er Jahren zahlreiche Werke, die mit ihren Vorzügen einen Ehrenplatz in der Geschichte der amerikanischen Malerei einnehmen. Einige von ihnen wie Copley und West, Earl und Stuart lebten während des Unabhängigkeitskrieges ganz oder teilweise in England. In London konnten sie ihre malerische Ausbildung fördern und vervollständigen. Dort konnten sie ihre Bilder in Ausstellungen einer größeren Öffentlichkeit zeigen – anders als dies in der amerikanischen Provinz damals möglich gewesen

15 *Ralph Earl (1751–1801), „Roger Sherman" (um 1777). Sherman gehörte zu den einflußreichsten Amerikanern des Zeitalters. Er war an der Entstehung der Unabhängigkeitserklärung und der beiden Verfassungen von 1777 und 1787 beteiligt.*

16 *Gilbert Stuart, „The Skater" 1782. Stuart war ein Porträtmaler, dem man nachsagte, er könne unterhalb der Hemdknöpfe nichts malen. Mit dem „Schlittschuhläufer" brachte er diese mißgünstigen Stimmen zum Schweigen. Das Bild ist ein Glanzstück der National Gallery of Art in Washington, D.C.*

wäre. Aber durch die Herkunft dieser Künstler, die alle in Amerika geboren und aufgewachsen waren und sich als Amerikaner fühlten, sowie durch die Wahl der Themen ihrer Bilder, die teils Motive der amerikanischen Geschichte und Zeitgeschichte behandelten, teils bekannte Amerikaner ihrer Zeit porträtierten, gaben sie sich als amerikanische Maler zu erkennen.

Auch durch ihre Biographie erweisen sie sich als Kinder ihres Landes und ihrer Zeit. Copley (1738–1815) war das Kind irischer Eltern, die einige Jahre vor seiner Geburt nach Boston gekommen waren. West stammte aus einer kinderreichen Quäkerfamilie und zeigte schon als Kind künstlerische Begabung. Stuart (1755–1828) war, bevor er zu malen begann, zeitweilig als Seemann tätig. Später wurde er der bevorzugte Porträtist Präsident Washingtons. Trumbull (1756–1843), der „Maler der Revolution", kämpfte im Unabhängigkeitskrieg auf der Seite der Amerikaner und übertrug später seine patriotischen Gefühle auf seine Bilder. Peale – der vielleicht amerikanischste Maler unter ihnen – gehörte zum radikalen Flügel der Revolutionäre in Philadelphia und begann frühzeitig, die Heroen der Revolution (Washington, Jefferson, Franklin) zu malen, deren Bilder er nach Kriegsende in seinem Museum in Philadelphia ausstellte.

17 *John Singleton Copley, „Watson and the Shark" 1778. Die Rettung des 14jährigen Watson, der im Hafen von Havanna von einem Hai angegriffen wurde, fand 1749 statt. Der Maler schildert die Rettungsaktion nach dem Bericht Watsons, den er in London kennengelernt hatte.*

Noch in der kritischen Anfangsphase des Unabhängigkeitskrieges entstand das Selbstbewußtsein ausstrahlende schöne Porträt des Anwalts Roger Sherman [Abb. 15] von Ralph Earl. Sherman (1721–1793) war einer der fünf Delegierten des Kontinentalkongresses um Jefferson, die den Text der Unabhängigkeitserklärung vorbereiteten. Später war er an der Ausarbeitung der beiden Verfassungen des neuen Staates beteiligt. Als Sohn eines Farmers wuchs Sherman auf der väterlichen Farm auf, erlernte den Beruf eines Schuhmachers, war dann als Landvermesser, als Herausgeber von Almanachen und schließlich als Anwalt und Richter tätig. Er verdeutlichte mit seiner Person die Aufstiegschancen im neuen Zeitalter und die Kraft der Amerikanischen Revolution.

John Singleton Copleys Gemälde über die dramatische Rettung eines im Hafen von Havanna badenden Schiffsjungen vor dem Angriff eines Hais [Abb. 17] wurde in der Londoner Royal Academy ausgestellt und begründete das Ansehen des Malers in England. Heute befindet sich das großformatige Bild „Watson and the Shark", das den Betrachter sogleich in seinen Bann zieht, in der National Gallery of Art, Washington, D. C. Es schildert eine tatsächliche Begebenheit, die sich 30 Jahre zuvor in Havanna, Kuba, zugetragen hatte. Copley lernte die Geschichte einige Zeit vor der Entstehung des Bildes bei einem Zusammentreffen mit dem geretteten Opfer des Angriffs, Brook Watson, kennen. Beachtung findet auch stets die aktive Teilnahme eines schwarzen Seemannes an der Rettungsaktion und seine gleichberechtigte, ja zentrale Stellung im Gemälde, dessen Motiv Anklänge an die Gestalt St. Georgs, des Drachentöters in der christlichen Kunst, erkennen läßt.

Von Gilbert Stuart, der zu einem der angesehensten amerikanischen Maler seiner Generation wurde, stammt das exzellente Bild „Der Schlittschuhläufer" [Abb. 16], das während der Londoner Jahre des Malers entstand. Die elegante, stolze Haltung, die teure Kleidung und der übrige Rahmen des Bildes weisen den Schlittschuhläufer als Angehörigen der englischen Oberklasse aus, der im St. James Park seinem Wintervergnügen nachgeht. Jedenfalls aber stellte Stuart mit dem „Skater" sein Talent als Porträtmaler unter Beweis, das er – der seit 1792 wieder in Amerika lebte – in der Folgezeit mit weiteren hervorragenden Bildern unterstrich.

Die Haupttendenzen des Zeitalters der Amerikanischen Revolution setzten sich in der daran anschließenden „Zeit der frühen Republik" bis zum Ende des 18. Jahrhunderts kontinuierlich fort. Zum Erbe des Zeitalters zählte einerseits der Zug zur Gleichheit und Demokratisierung, zur Bildung der amerikanischen Nation, zum jungen Nationalismus, wie andererseits die Tendenz zur konservativen Beibehaltung einiger Schwachpunkte im Land, die durch die untergeordnete Stellung der Frau, die Beibehaltung der Sklaverei im Süden und den wenig Gutes versprechenden Stand der Beziehungen zwischen Weißen und Indianern gegeben waren.

KAPITEL 4

Der Alltag in der frühen Republik 1783-1830

Die Amerikanische Revolution wurde mit ihren Ergebnissen der Ausgangspunkt einer ungewöhnlich dynamischen Entwicklung der Gesellschaft. Sie war die Grundlage für das rasche *Wachstum der jungen amerikanischen Republik* [Abb. 1].

Tabelle 8

Bevölkerung, Bundesstaaten, Territorium 1790 bis 1830	
Einwohner der Vereinigten Staaten	
1790	3,9 Millionen
1800	5,3 Millionen
1810	7,2 Millionen
1820	9,6 Millionen
1830	12,9 Millionen
Zahl der Bundesstaaten	
1790	13
1800	16
1830	24
Territorium der USA in Meilen^2	
1790	891.364 Meilen^2
1830	1,792.552 Meilen^2

Quelle: The World Almanac and Book of Facts 1996, Mahwah, N. J. 1995.

Die Anfänge der Industriellen Revolution, der Ausbau der Verkehrswege mit Überlandstraßen und Kanälen und die Entwicklung der Landwirtschaft einschließlich des Baumwollanbaus im Süden bestimmten die innere Entwicklung des Landes und seiner Alltagsverhältnisse in den Jahrzehnten nach dem Unabhängigkeitskrieg wesentlich mit.

Für die weitere politische Entwicklung der Republik in Amerika wurden nach dem Unabhängigkeitskrieg zwei Ereignisse von ausschlaggebender Bedeutung. Es waren die Annahme der neuen Bundesverfassung von 1787 mit einer starken Bundesregierung bei Aufrechterhaltung des Föderalismus sowie die Präsidentschaft George Washingtons (1789 bis 1797) [Abb. 2], der als erster Präsident die neue Verfassung praktisch erprobte. Für die spätere Erweiterung der USA wurde ferner die Northwest Ordinance von 1787 wichtig, welche die Selbstverwaltung der neuen Gebiete im Nordwest-Territorium regelte. Sie sah

1 *Karte der Vereinigten Staaten 1783–1802.*

vor, daß neue Staaten in die Union aufgenommen werden konnten, sobald dort die Zahl von 60.000 Einwohnern erreicht war. Mit dem Louisiana-Kauf kam 1803 das riesige Gebiet zwischen Mississippi und Rocky Mountains zum Territorium der USA hinzu, womit die Ausdehnung des Landes nach Westen enorm befördert wurde.

Die Vereinigten Staaten um 1790

Verglichen mit den jahrhundertealten, bevölkerungsreichen und wirtschaftlich entwickelten Staaten Europas waren die USA um 1790 noch ein am Rande der Zivilisation liegendes und wenig entwickeltes Gemeinwesen. Ihre Bedeutung lag im Erringen der Unabhängigkeit durch eine frühere Kolonie, im praktischen Funktionieren ihrer republikanischen Ordnung und im Beispiel des föderativen Staatsaufbaus. Wichtig war Amerika für Europa aus zwei weiteren Gründen: als wachsender Markt für die europäische, besonders für die englische Industrie und als Heimstatt für den langsam zunehmenden Strom europäischer Auswanderer. Es waren vor allem die Perspektiven der jungen Republik, die ihre Ausstrahlungs- und Anziehungskraft bestimmten. „Kein Teil der Welt", schrieb eine Londoner Zeitung im Oktober 1791, „bietet zur Zeit dem Menschenfreund eine angenehmere Aussicht als die Vereinigten Staaten von Nordamerika."[33]

Die landwirtschaftliche Nutzfläche und das Gebiet der Städte nahmen um 1790 erst einen kleinen Teil des ausgedehnten Territoriums der USA ein [Abb. 3]. Dies galt besonders für das Gebiet westlich der Appalachen. Nur im südlichen Teil Neuenglands und an der mittleren Atlantikküste übertraf das kultivierte Land an Umfang die ausgedehnten Waldungen.

Es gab um 1790 lediglich fünf Städte, die mehr als 10.000 Einwohner zählten: An erster Stelle stand Philadelphia (42.500), die Hauptstadt des Landes bis 1800.[34] New York (32.300), wo 1792 der erste Aktienmarkt, die spätere Wallstreet-Börse, eingerichtet wurde, war damals noch eine überwiegend aus Holz gebaute Stadt. Boston (18.000), dessen Handelsumsätze jetzt um ein Drittel über dem Stand vor der Unabhängigkeit lagen, ging daran, die Kriegsfolgen zu überwinden. Charleston (16.400) war noch immer der wichtigste Hafen des Südens. Jedoch erlebte Baltimore (13. 500), der Tabak- und Getreidehafen in Maryland, während der 1790er Jahre das schnellste Wachstum aller Städte des Landes. Das Aussehen dieser Städte glich – vielleicht abgesehen von New York, wo der holländische Einfluß erkennbar war – einer englischen Provinzstadt [Abb. 4]. Ein eigener amerikanischer Baustil war noch nicht gefunden. Man sah in der Stadt Holz- oder Backsteinhäuser im Stil der Zeit, die häufig von Gärten und Sträuchern umgeben waren. Die Gasthäuser verfügten über geräumige Höfe und Ställe. Läden und Geschäfte machten mit über die Straße hängenden Firmenschildern auf sich aufmerksam. Die Kirchen bevorzugten weiterhin die charakteristischen, spitz auslaufenden Türme, die im 18. Jahrhundert Mode waren. Im Zentrum der Stadt, meist in der Mitte einer breiten Straße oder eines Platzes, lag das Rathaus oder Stadthaus [Abb. 5]. Es war oft von Arkaden umgeben, in denen Geschäftsleute ihre Stände hatten. Am Rand der Stadt schließlich wohnte die ärmere Bevölkerung, meist in nicht gestrichenen Holzhäusern, aber auch sie oft von Garten oder Hof umgeben.

Bei den öffentlichen Bauten begann man die Vorbilder der Antike zu bevorzugen und zu kopieren. Das neue Kapitol in Richmond, der Hauptstadt Virginias, entstand nach den Plänen von Thomas Jefferson [Abb. 6]. Es war dem „Maison Carrée" im französischen Nîmes nachempfunden und eines der ersten öffentlichen Gebäude der Neuzeit in Gestalt eines antiken Tempels.

Die Hauptstädte der Bundesstaaten besaßen jeweils ein Kapitol, den Sitz des Staatenparlaments, ferner den Amtssitz des Gouverneurs sowie das Gerichtsgebäude als Wahrzeichen ihrer Bedeutung für die Öffentlichkeit. Die künftige Bundeshauptstadt Washington, D. C., entstand ebenfalls in dieser Zeit. Maryland und Virginia traten der Bundesregierung 1788 ein zehn Quadratmeilen großes bewaldetes und sumpfiges Landstück am Potomac ab, den District of Columbia, auf dem der Sitz der Bundesregierung mit der „City of Washington" errichtet werden sollte. Präsident Washington war selbst an der Auswahl des Landes beteiligt und inspizierte die Örtlichkeiten am Potomac zu Pferde mit seinem Freund, dem Architekten und Städteplaner französischer Herkunft Pierre-Charles L'Enfant (1754 bis 1825). Dieser schuf den kühnen, großzügigen Stadtplan [Abb. 7] der Stadt, in dessen Zentrum bezeichnenderweise nicht das Haus des Präsidenten, sondern das Kapitol, der Sitz des Kongresses, lag. Von hier sollten sternförmig die breiten Avenuen ausgehen, die den Besucher noch heute in der Stadt beeindrucken. Washington legte 1793 den Grundstein für das Kapitol, in dem Repräsentantenhaus und Senat untergebracht werden sollten. Ein Jahr zuvor war mit dem Bau des „Weißen Hauses" – des President's House wie es ursprünglich hieß – begonnen worden. Der aus Irland stammende Architekt nahm sich einen Adelssitz in Dublin zum Vorbild [Abb. 8]. Knapp zehn Jahre später (1800) konnte dann schließlich die Hauptstadt von Philadelphia nach Washington verlegt werden. John Adams war, am Ende seiner Amtszeit, der erste Präsident, der im Weißen Haus wohnte und arbeitete. Damals lebten in Washington[35] 2464 Weiße, 623 Sklaven und 123 freie Schwarze.

2 *Gilbert Stuart: George Washington 1796. Dieses nicht fertig ausgeführte Porträt diente dem Maler als Vorlage für zahlreiche weitere Porträts des ersten Präsidenten der USA.*

Amerika war weiterhin eine überwiegend ländliche Gesellschaft. 95 Prozent seiner Bewohner lebten auf dem Land. Die Industrielle Revolution kündigte sich erst allmählich an. Mit Ausnahme des Eisenabbaus und der Eisenschmelze waren die reichen Rohstoffe des Landes noch unberührt. Die Landwirtschaft war die Hauptbeschäftigung für die große Mehrheit der Bevölkerung. Die meisten Farmer waren freie Landeigentümer, nicht aber Pächter. Eine Ausnahme davon bildete das Tal des Hudson, wo es zahlreiche Pächter unter den Farmern gab. Abgesehen von den Deutschamerikanern in Pennsylvania und den aufgeklärten Plantagenbesitzern im Süden waren die landwirtschaftlichen Anbaumethoden einfach, und man ging verschwenderisch mit dem Boden um. Auch stellte sich der Reichtum einzelner um 1790 nicht so herausfordernd zur Schau wie damals in Europa. Die Armut war nicht so ausgeprägt wie in der Alten Welt. Thomas Jefferson lernte als amerikanischer Ge-

3 *Karte der besiedelten Gebiete der USA um 1800. Sie läßt erkennen, daß das Schwergewicht der von Weißen besiedelten Teile der USA damals noch zwischen Atlantikküste und Appalachen lag.*

4 *Straßenzug (High Street, heute: Market Street) in Philadelphia 1799 von William Birch (1755–1834) gemalt. Europäische Reisende hoben in jener Zeit ihre Schönheit und die breiten, von Bäumen gesäumten Straßen der Stadt hervor.*

5 *New York City Hall, erbaut 1802–1811 von Joseph François Mangin und John McComb, jr. Sie beherbergte die Amtsstuben des Stadtrats, des Bürgermeisters, des Distriktgerichts und weiterer Behörden.*

sandter in Frankreich bis 1789 die dortige ländliche Armut kennen. Er war erschrocken über das armselige Aussehen und die zerlumpte Kleidung vieler französischer Bauern, um so mehr, als er ihr Erscheinungsbild mit dem des freien, selbstbewußten Farmers seiner Heimat verglich.

Schlechte Straßen erschwerten allerorts die Kommunikation zwischen den einzelnen Landesteilen. Die meisten Straßen waren noch bloße ungepflasterte Trassen, die quer durch die Wälder führten, übersät mit Steinen, Stubben und Löchern [Abb. 9]. Farmer pflegten schwere Lasten erst im Winter zu transportieren, wenn genug Schnee lag, um die Reise mit Schlitten zu gestatten. Auch fehlte es vielfach noch an Brücken, wenngleich jetzt die ersten hölzernen Hängebrücken aufkamen.

Dessenungeachtet erschien bereits 1789 in New York ein erster Straßenatlas „A Survey of the Roads of the United States of America“, der 86 Karten der Straßen zwischen New York City und Williamsburg enthielt. Es ist allerdings nicht klar, wie viele dieser Straßen wirklich befestigte Landstraßen waren und wie viele von ihnen bloße Wege durch die unberührte Natur. Wegen des schlechten Zustands vieler Straßen bevorzugte man häufig den Weg auf dem Wasser, sei es über das Meer oder über die heimischen Flüsse. Bevor im ersten Drittel des 19. Jahrhunderts die Dampfboote aufkamen, mietete man für die Fahrt flußabwärts Flachboote. Auf dem Rückweg mußte man die Reise dann zu Pferd oder in der Kutsche unternehmen.

Langsam kamen die ersten regelmäßigen Postkutschen-Verbindungen auf. Man fuhr in leichten, offenen Wagen, zwei- oder vierspännig, und benötigte für eine Reise zwischen zwei Städten damals ebenso viele Tage, wie dafür heute Autostunden erforderlich sind. Die Nachrichten von der Unabhängigkeitserklärung waren zwischen Philadelphia und Charleston fast einen Monat unterwegs. Aber nun machte der regelmäßige, fast tägliche Kutschenbetrieb zwischen Boston, Hartford, New Haven und New York, der am Ende des Unabhängigkeitskrieges von einem Hauptmann im Ruhestand eingerichtet worden war, auch an anderen Orten Schule. Präsident Washington, der während seiner ersten Amtszeit nacheinander alle Bundesstaaten bereiste, um auch so die Einheit der Union zu dokumentieren, bediente sich dabei seiner eigenen Kutsche und kam ohne größeres Mißgeschick überall an. Aber er wählte für seine Rundreisen auch stets eine Jahreszeit, zu der die Straßen passierbar waren.

Die Vereinigten Staaten waren um 1790 – nach heutigem Standard gemessen – erst im Ansatz eine Nation. Die Elemente einer Nation wie die Gemeinsamkeiten des Territoriums, der Sprache, des Wirtschaftsgebiets, der kulturellen Eigenart oder der historischen Erfahrungen waren wohl vorhanden, aber der nationale Zusammenhalt war noch recht lokker. Keiner hatte zu seiner Zeit dafür ein besseres Gespür als George Washington, der in seiner Abschiedsbotschaft – als er aus der Präsidentschaft ausschied – seine Landsleute beschwor, lokale und sektorale Interessen nicht zu groß werden zu lassen und die Einheit der Union unbedingt zu hüten.

Durch den englischen Ursprung der Mehrheit der Amerikaner gab es eine gewisse ethnisch-kulturelle Homogenität im Land. Die gemeinsame Sprache war unbedingt ein verbindendes Band [vgl. den übernächsten Abschnitt]. Der Fischer aus Maine konnte einen Pflanzer aus Georgia besser verstehen, als dies in Frankreich etwa zwischen einem Bretonen, einem Südfranzosen oder einem Elsässer der Fall war. Die Bundesverfassung und ihre politischen Institutionen galten für das ganze Land und trugen zur Vereinheitlichung der

6 *Das Virginia State Capitol, 1785–1788 in Richmond nach Entwürfen von Thomas Jefferson erbaut. Das dem römischen „Maison Carée" in Nîmes nachempfundene Gebäude war der Vorläufer zahlreicher öffentlicher Bauwerke in Tempelform, die seitdem in Amerika entstanden.*

politischen Kultur bei. Jedoch waren sie noch jung, noch nicht durch eine lange Tradition legitimiert und wurden stets von den unterschiedlichen sektoralen Interessen Neuenglands, des Südens oder Westens überlagert. Zwar äußerten sich die Zeichen eines stärker werdenden amerikanischen Nationalbewußtseins seit dieser Zeit unverkennbar [Abb. 10], und das Streben nach kultureller Unabhängigkeit wurde in den Jahren der frühen Republik zu einem herrschenden Gedanken, aber die meisten Amerikaner verstanden sich gegen Ende des 18. Jahrhunderts, hätte man sie nach ihrer Heimat gefragt, als Virginier, Pennsylvanier, New Yorker, Neuengländer usw. und erst in zweiter Linie als Amerikaner. Sprache, Kultur, gemeinsame politische Interessen und Erfahrungen prägten erst in den Jahrzehnten seit der Jahrhundertwende das amerikanische Nationalbewußtsein deutlich weiter aus. Der Krieg von 1812, der „Zweite Unabhängigkeitskrieg" gegen England, beschleunigte diesen Vorgang erheblich.

Die Volkszählung von 1790

Auf Veranlassung des Kongresses fand 1790 der erste Zensus, die erste Volkszählung, in Amerika statt. Nur Schweden hatte bereits früher damit begonnen, seine Bevölkerungsverhältnisse statistisch zu erfassen. Seitdem wird in den USA alle zehn Jahre eine landesweite Volkszählung veranstaltet. Ihre Ergebnisse bilden eine wichtige demographische und sozialgeschichtliche Quelle. Am ersten Zensus des Jahres 1790 waren lediglich 17 Bundesbeamte beteiligt, die mit einigen hundert Assistenten und Zählern auskommen mußten. 100 Jahre später wurde die Zählung dann schon von 300 Distriktsbeamten und 47.000 Zählern durchgeführt. Der Bericht der Volkszählung war anfangs ein dünnes Bändchen von

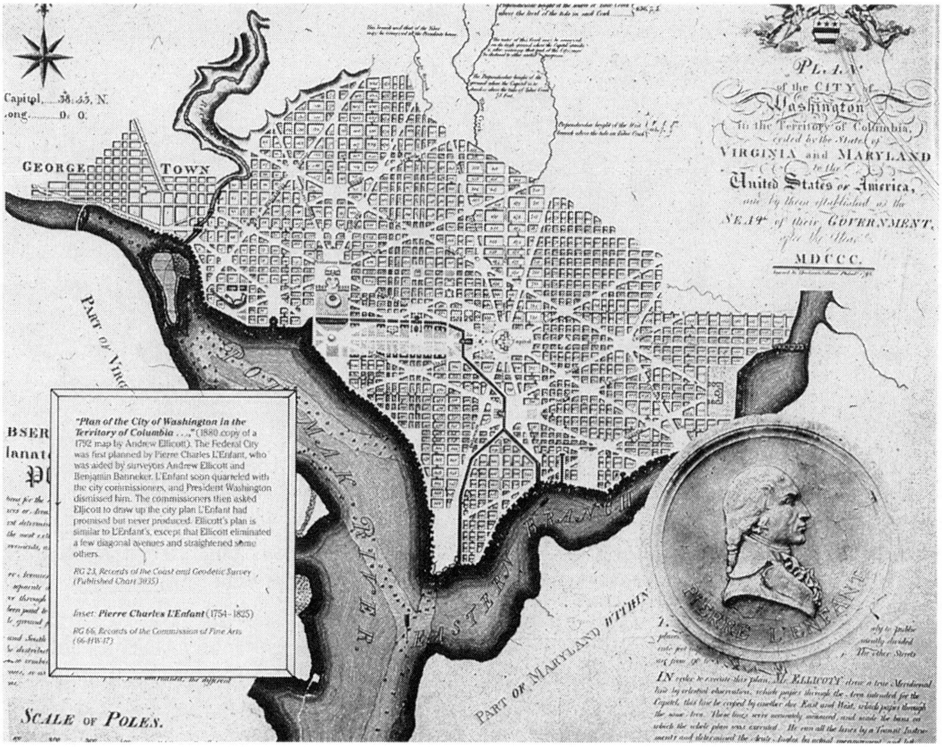

7 *Dies ist der erste auf Pierre Charles L'Enfant zurückgehende Plan der Stadt Washington aus dem Jahr 1792. Der Grundgedanke der Stadtplanung L'Enfant's mit den beiden Blickachsen Capitol und Executive Building, der 1,6 km langen Mall und dem Gitter von Straßen und Avenuen, letztere nach Bundesstaaten benannt, wurde später weitgehend realisiert.*

65 Seiten. Heute ist der Volkszählungsbericht des Bureau of the Census ein mehrbändiges Werk.

1790 lebten in den damals 13 Staaten Amerikas 3,9 Millionen Menschen. 757.000 von ihnen, das waren 19,3 Prozent, waren schwarze Amerikaner, und zwar 698.000 Sklaven und 59.000 freie Schwarze. Die Zahl der Indianer wurde von den ersten Volkszählungen noch nicht erfaßt, sie ging jedenfalls seit dem Unabhängigkeitskrieg weiter zurück.

Die bevölkerungsreichsten Staaten waren damals Virginia (747.600 Einwohner), Pennsylvania (434.400), North Carolina (393.700) und Massachusetts (378.800). Der kleinste Staat war Delaware mit knapp 60.000 Einwohnern. Für diesen Zeitpunkt haben wir auch die ersten glaubwürdigen Angaben über die nationale Herkunft der Amerikaner.

Nach ihnen stammten über drei Viertel der Amerikaner aus England, Wales, Schottland und Ulster. Der Anteil der deutschstämmigen Amerikaner betrug damals 8,9 Prozent. Nur in Pennsylvania stellten die Deutschen mit einem Anteil von 38 Prozent einen respektablen Teil der Bevölkerung. Es war deshalb selbstverständlich, daß sich die englische Sprache bei diesen Verhältnissen überall als Landessprache behaupten konnte. In das Reich der Legenden gehört die bis heute zu findende Behauptung, die deutsche Sprache sei vom Kongreß um ein Haar zur zweiten Landessprache erklärt worden. Richtig ist vielmehr, daß das

8 *Ansicht des „Weißen Hauses" nach seiner Fertigstellung im Jahre 1800. Nachdem der Präsidentensitz wie die meisten öffentlichen Gebäude der Stadt 1814 von den Briten niedergebrannt worden war, wurde das „Weiße Haus" in der heutigen Form – und nun weiß gestrichen – wieder aufgebaut.*

Repräsentantenhaus 1794 ohne Diskussion eine Petition deutschsprachiger Farmer ablehnte, die eine kostenlose deutsche Übersetzung der Gesetze und Beschlüsse – nach dem Vorbild der entsprechenden Broschüren in englischer Sprache – erbeten hatten. Die Kinder der nicht englischen Einwanderer aus Europa haben häufig schon in der ersten Generation ihre Muttersprache aufgegeben, nicht zuletzt wegen der sozialen und wirtschaftlichen Erfordernisse in der neuen Heimat. „Die Eltern reden freilich in ihrer Sprache noch deutsch; die Kinder lernen zu Hause etwas von ihnen; sobald diese aber außerhalb des Hauses sind, hören und sprechen sie nichts anderes als englisch. Den Eltern, die darin einen Fortschritt der Kinder sehen, ist dieses lieb, und da sie das Englische auch verstehen gelernt haben, geben sie es zu, daß die Kinder zu ihnen in englischer Sprache reden, während sie mit ihnen deutsch sprechen. So kommt es, daß ich in der Schule wenige Kinder habe, die ein Wort deutsch reden können."[36] So beklagte sich ein Prediger und Lehrer deutscher Herkunft in einem Bericht aus Ohio in die alte Heimat. Nur in einigen kleineren Religionsgemeinschaften deutscher Herkunft in Pennsylvania und in einigen anderen Gegenden, bei den Mennoniten und speziell bei den Amish, einer sehr traditionsverhafteten Sekte, konnte sich das Deutsche bis heute als Umgangssprache halten.

Dennoch war natürlich der kulturelle Einfluß der Deutschamerikaner, wie derjenige anderer Nationalitäten auch, nicht unerheblich. Er zeigte sich in der Sprache ebenso wie in der Bauweise und Siedlungsform vieler Dörfer [Abb. 11], in denen Auswanderer aus Deutschland lebten. Er war im Laufe des 19. Jahrhunderts, als der Anteil der Deutschen unter den Einwanderern noch zunahm, in der Wirtshaus- und Bierkultur, bei Sänger- und Turnerfesten und in anderen Lebensbereichen zu spüren [Abb. 12].

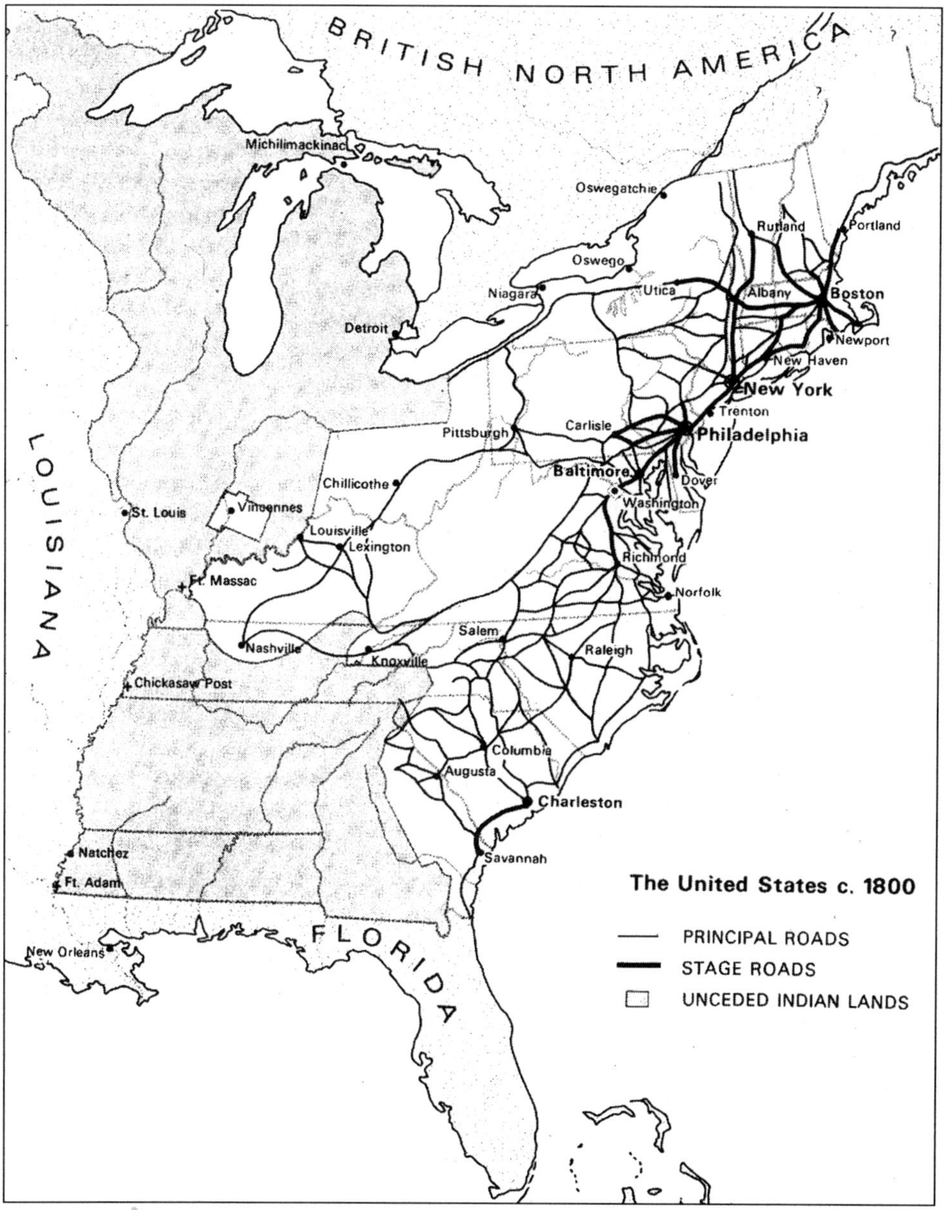

9 *Straßen in den USA um 1800. Die Karte zeigt auch die damals noch den Indianern gehörenden Gebiete östlich des Mississippi, die ihnen bis 1830 genommen wurden.*

Tabelle 9

Nationale Herkunft der weißen Amerikaner 1790

England	59,7 Prozent
Wales	4,3 Prozent
Nordirland/Ulster	10,5 Prozent
Schottland	5,3 Prozent
Irland	5,8 Prozent
Deutschland	8,9 Prozent
Holland	3,1 Prozent
Frankreich	2,1 Prozent
Schweden	0,3 Prozent

Quelle: Purvis, Revolutionary America, S. 182.

Das amerikanische Englisch

Infolge der natürlichen, ethnischen und sozialen Einflüsse der amerikanischen Umwelt bildete sich seit der Kolonialzeit in Amerika die englische Sprache zum amerikanischen Englisch aus. Das amerikanische Englisch entwickelte – bei aller weiter bestehenden Übereinstimmung mit dem Englischen – eine Spezifik an Wörtern, Wortbedeutungen, Schreibweisen usw. Die eigenständige Entwicklung des amerikanischen Englisch begann mit der Landung der ersten englischen Siedler an der Küste Nordamerikas. Hier trafen sie auf neue Tiere und Pflanzen, für die sie keine Namen hatten. Sie kamen in Kontakt mit der fremden indianischen Kultur, mit unbekannten Sprachen, fremden Sitten, Gebräuchen und Lebensformen. Infolgedessen stammten die ersten Amerikanismen aus den indianischen Sprachen, und zwar in Wörtern und Bezeichnungen, für die es in England meist keine Entsprechung gab. Beispiele sind *oppossum, skunk, hickory, canoe, mocassin, tomahawk, wigwam, squaw*, alles Wörter, die in der Mitte des 18. Jahrhunderts bei den Kolonisten gebräuchlich waren. Man schätzt die Lehnwörter indianischer Herkunft im amerikanischen Englisch auf bis zu 1700 Wörter. Dazu gerechnet werden können auch Neubildungen wie *indian summer* (Altweibersommer) oder *indian file* (Gänsemarsch). Viele geographische Bezeichnungen sowie auch die Namen vieler Staaten (*Alabama, Connecticut, Delaware, Dakota, Idaho, Massachusetts, Michigan, Ohio, Utah, Wyoming* u. a.) sind indianischen Ursprungs.

Der Wortschatz des amerikanischen Englisch wurde ferner durch den Kontakt mit anderen europäischen Sprachen geprägt, mit denen die Kolonisten während der Gründung und des Wachstums der Kolonien in Berührung kamen. Dies waren zunächst einmal die Außenposten, Handelsplätze und Missionsstationen der Spanier und Franzosen in Nordamerika. Die ältesten Siedlungen *(St. Augustine, Florida)* und Städte *(Santa Fe, New Mexico)* auf dem Gebiet der heutigen Vereinigten Staaten sind spanischen Ursprungs. Die spanische Sprache steuerte – insbesondere nach dem Kauf von Louisiana – zum amerikanischen Englisch besonders zahlreiche Wörter bei, wie *canyon, coyote, desperado, lasso, marihuana, ranch, rodeo, stampede* (die panikartige Flucht einer Herde von Tieren) und *tornado.*

Die französische Besiedlung Nordamerikas hinterließ auch im Gebiet der Vereinigten Staaten ihre Spuren. Städte wie Detroit, New Orleans, St. Louis verdanken ihre Ent-

10 *„America" – Kupferstich von 1804 aus der Reihe „Die vier Kontinente" – Amerika wird von der Gestalt einer griechischen Göttin verkörpert, die ein Schild mit dem Wappen der Vereinigten Staaten hält, an das sich ein Indianerjunge lehnt, der zu ihr aufblickt.*

stehung französischen Gründern. Aus dem Französischen stammen Wörter wie *bayou* (sumpfiger Nebenarm eines Flusses), *dime* (Zehncentstück), *prairie*, *pumpkin* (Kürbis) oder *rapids* (Stromschnellen). Jede nationale Gruppe, die in die 13 Kolonien oder später in die Vereinigten Staaten einwanderte, trug ihrerseits zum amerikanischen Wortschatz bei. Bestimmte charakteristische Wörter verdanken ihre Herkunft dem Holländischen, das ja im 17. Jahrhundert zeitweilig in den Kolonien New York und New Jersey vorherrschend war. Holländischen Ursprungs ist der *boss*, ferner *Santa Claus* (St. Nikolaus oder Weihnachtsmann), möglicherweise auch die Bezeichnung *Yankee*, ein Wort umstrittener Herkunft, das entweder indianischen Ursprungs war oder über das Holländische (*„Jan Kees"*, der Spitzname der holländischen Seeleute und Siedler) in das amerikanische Englisch gekommen ist. Jedenfalls wurde es im 18. Jahrhundert zur Gattungsbezeichnung für den smarten Amerikaner, insbesondere den Neuengländer.[37]

Auch die deutsche Sprache steuerte eine ganze Reihe charakteristischer Wörter und Bezeichnungen zum amerikanischen Englisch bei, wie etwa *noodle*, *pretzel* und *sauerkraut*, Wörter, die sich schon im 18. Jahrhundert finden. Dagegen kamen zahlreiche weitere Lehnwörter aus dem Deutschen erst mit dem Anschwellen der deutschen Einwanderung in der Mitte des 19. Jahrhunderts im Amerikanischen auf, z. B. *lager*, *bockbeer*, *sangerfest*, *kindergarten*, *wienerwurst*, *ratskeller*, *zwieback*, *turnverein*, oder deutsche Befindlichkeiten wie *Gemütlichkeit*, *Katzenjammer* und *Weltschmerz*. *Hamburger* oder *Hamburger Steak* kommt dagegen erst im 20. Jahrhundert in Gebrauch.

Ihren sprachlichen Beitrag zum amerikanischen Englisch steuerten auch die schwarzen Sklaven bei, die Wörter und Phrasen aus ihrer afrikanischen Heimat mitbrachten. Viele davon verschwanden im Laufe der Zeit bei ihren Nachkommen. Erhalten haben sich *gumbo* (eine eßbare Frucht), *voodoo* (Zauber), *buckra* (für den weißen Mann). *Jazz* und *Juke-box* sind vielleicht ebenfalls afroamerikanischer Herkunft.

Unter den neuen Lebensumständen verbreiteten sich in Amerika sprachliche Neubildungen. Wörter wie *back-woods* (Hinterwäldler), *back-land*, *back-settler*, *log-house* (Blockhaus), *pea-nut* (Erdnuß) und *pop-corn* (Puffmais) sind bereits in der Kolonialzeit entstanden.

Zur Zeit des Unabhängigkeitskrieges hatte sich die kolonial-amerikanische Form der englischen Sprache bereits soweit vom Englisch des Mutterlandes entfernt, daß sie zum Gegenstand antiamerikanischer Satiren in britischen Zeitungen wurde. In Amerika zur Zeit der Revolution und der frühen Republik wurden die amerikanischen Idiome, Dialekte und regionalen Spezifika dagegen zu einer Quelle nationaler Identität. Man erfreute sich der

11 *Ein Blockhaus der Pennsylvania-Deutschen aus dem späten 18. Jahrhundert in East Lampeter Township, Lancaster County. Diese anderthalbstöckigen Holzhäuser waren bis ins erste Drittel des 19. Jahrhunderts – als sie durch Steinhäuser abgelöst wurden – der allgemein übliche Haustyp der Pennsylvania-Deutschen.*

Eigenart der amerikanischen Sprache, dem, wie es schien, passenden Gegenstück zur Einzigartigkeit der amerikanischen Republik. Noah Webster, der „Schulmeister Amerikas" und Lexikograph, war zu Beginn des neuen Jahrhunderts der erste Amerikaner, der in einem Wörterbuch der englischen Sprache die Amerikanismen aufnahm. Er verstand sie als das legitime Ergebnis neuer amerikanischer Ideen, Gebräuche, Gesetze und Erfindungen. 1828 veröffentlichte er dann sein zweibändiges „American Dictionary of the English Language" [Abb. 13]. Das erste große Lexikon der englischen Sprache aus der Sicht eines Amerikaners war die Frucht seiner zwanzigjährigen lexikographischen Arbeit. Mit seinen 70.000 Eintragungen ging Webster im Dictionary davon aus, daß die Gemeinsamkeit der Sprache zwischen Britannien und Amerika wünschenswert sei, aber der Unterschied unvermeidlich werde.

Bevölkerungsentwicklung, Familiengröße, Geburten und Einwanderung nach 1800

Die Bevölkerung der Vereinigten Staaten nahm in den ersten Jahrzehnten des 19. Jahrhunderts weiter dynamisch zu. Der Zuwachs zwischen 1800 und 1830 von 5,3 Millionen auf 12,9 Millionen Einwohner war in erster Linie auf die natürliche Bevölkerungszunahme zurückzuführen. Dagegen spielte die Einwanderung, wenn sie auch langsam anstieg, damals noch eine geringere Rolle für das Bevölkerungswachstum. Zwischen 1800 und 1820 kamen ca. 184.000 Einwanderer in das Land. Seit 1820 verfügen wir über eine offizielle Einwanderungsstatistik. Seitdem mußten die Kapitäne der die amerikanischen Häfen anlaufenden Schiffe Passagierlisten vorlegen, die Alter, Geschlecht, Beruf und Herkunftsland der Einwanderer enthalten sollten. Die Angaben waren allerdings, besonders was die Herkunftsländer anging, oft ungenau. Ebenso begann man damit, bei der Volkszählung die noch nicht eingebürgerten Ausländer speziell zu erfassen.

Waren es 1820 erst 8385 Personen, die über amerikanische Häfen einreisten, so sind es dann 1825 schon reichlich 10.000 und 1830 fast 59.000 Menschen, die damals hauptsächlich aus England, Irland und Deutschland nach Amerika kamen.

12 *John Lewis Krimmel (1787–1821), „Interior of an American Inn" 1813. Der in Württemberg geborene Maler Krimmel lebte seit 1810 in Philadelphia und wurde dort ein beliebter Genremaler, der in seinen Bildern auch das Leben der Deutschamerikaner schilderte.*

Für die Bevölkerungsentwicklung im frühen 19. Jahrhundert ist eine Reihe von Tatsachen charakteristisch. An erster Stelle ist die hohe Geburtenrate zu nennen. Sie betrug zu Beginn des 19. Jahrhunderts über 50 Lebendgeborene pro 1000 Einwohner im Jahr. In Gebieten, die kürzlich erst besiedelt worden waren, erreichte die Geburtenrate sogar bis 65 Geburten auf 1000 Einwohner.[38] Die amerikanische Gesellschaft der frühen Republik war kinderreich, was insbesondere in den kleinen Gemeinden auf dem Land und an der Küste ins Auge sprang. Timothy Dwight, der prominente Theologe aus Connecticut, war bei einem Besuch in dem Seestädtchen Marblehead, Massachusetts, verblüfft über den Überfluß an Kindern bei den Farmern und Fischern. „Verschiedene Male stoppten wir unsere Kutsche, um sie zu beobachten und zu zählen. An einer Tür zählten wir elf, die sich in ihrer Größe wenig unterschieden, und an jeder Tür war eine weitere Schar zu finden."[39]

Am Beginn des Jahrhunderts hatte die Amerikanerin im Durchschnitt sieben Kinder, bei der schwarzen Bevölkerung und bei Teilen der Einwanderer war die Kinderzahl noch höher. In der agrarischen Gesellschaft der Farmer und Siedler war Kinderreichtum ein Wert an sich, nicht nur hinsichtlich der auf der elterlichen Farm benötigten Arbeitskräfte, sondern auch in Hinblick auf die spätere Versorgung der alt gewordenen Eltern. Mit der Zunahme der Verstädterung und vielleicht auch im Ergebnis der in den 1830er Jahren beginnenden Information der Öffentlichkeit über Möglichkeiten der Empfängnisverhütung ging

AN

AMERICAN DICTIONARY

OF THE

ENGLISH LANGUAGE:

INTENDED TO EXHIBIT,

I. The origin, affinities and primary signification of English words, as far as they have been ascertained.
II. The genuine orthography and pronunciation of words, according to general usage, or to just principles of analogy.
III. Accurate and discriminating definitions, with numerous authorities and illustrations.

TO WHICH ARE PREFIXED,

AN INTRODUCTORY DISSERTATION

ON THE

ORIGIN, HISTORY AND CONNECTION OF THE

LANGUAGES OF WESTERN ASIA AND OF EUROPE,

AND A CONCISE GRAMMAR

OF THE

ENGLISH LANGUAGE.

BY NOAH WEBSTER, LL. D.

IN TWO VOLUMES.

VOL. I.

He that wishes to be counted among the benefactors of posterity, must add, by his own toil, to the acquisitions of his ancestors.—*Rambler.*

NEW YORK:
PUBLISHED BY S. CONVERSE.
PRINTED BY HEZEKIAH HOWE—NEW HAVEN.
1828.

13 *Titelseite des American Dictionary von Noah Webster aus dem Jahr 1828.*

die Geburtenrate zunächst leicht, dann in den 1840er und 1850er Jahren – einer Zeit raschen Wachsens der amerikanischen Städte – etwas stärker (um neun bis zehn Prozent pro Dekade) zurück. Mitte des Jahrhunderts sank die durchschnittliche Kinderzahl der Frauen in Amerika auf fünf. Um 1900 waren es dann nur noch vier Kinder. Neben anderen Wirkungen führte dieser Trend dazu, der Frau mehr Zeit für die Kindererziehung und für persönliche Interessen zu belassen. Zwar war die Sexualität ein Tabuthema für die sich extrem prüde verhaltende Gesellschaft, doch fingen um 1830 Ärzte zaghaft an, Möglichkeiten der Empfängnisverhütung zu erörtern. Zwei vielgelesene Bücher beschrieben unter unverfänglichen Titeln empfängnisverhütende Techniken. Als sicherste Methode galt nach wie vor strikte sexuelle Enthaltsamkeit. Eine vielempfohlene und praktizierte Form war der *Koitus interruptus*. Auch die Abtreibung war nicht unbekannt und wurde von einem Teil der Ärzte als Notwendigkeit anerkannt. Einige Jahrzehnte später, in der Zeit vor dem Bürgerkrieg, kam auch das Gummikondom als Verhütungsmittel hinzu. Jedenfalls aber hingen Entscheidungen über die Familiengröße, neben den wirtschaftlichen und sozialen Gegebenheiten, nun stärker als früher von der gemeinsamen Entscheidung beider Ehepartner ab. Noch lange Zeit aber stand die öffentliche Meinung, Juristen wie Pfarrer, einer Erörterung oder gar Empfehlung der Möglichkeiten der Geburtenkontrolle feindlich gegenüber.

Über Sterblichkeit, Lebenserwartung und Kindersterblichkeit sind wir für das frühe 19. Jahrhundert weniger gut informiert. Wie es scheint, lag die Sterblichkeit der weißen Bevölkerung bei 20 von 1000 Personen im Jahr. Für die Sklaven galt eine noch höhere Sterblichkeit von 30 pro 1000 Personen jährlich. Dies änderte sich bis zum Bürgerkrieg wenig. Entsprechend hoch war die Kindersterblichkeit. Sie betrug bis zu einem Fünftel der Lebendgeborenen bei der weißen Bevölkerung und bis zu einem Viertel der Kinder der Sklaven. Knaben waren stärker gefährdet als Mädchen. Ein weiteres Fünftel der jungen Generation starb vor Erreichen des Erwachsenenalters. Noch immer hatten Infektionskrankheiten wie Scharlach oder Malaria und Seuchen wie Cholera und Tuberkulose großen Anteil an der Sterblichkeit von Kindern und Jugendlichen. Die ersten beiden Lebensjahrzehnte waren durch Krankheiten, Seuchen oder Unfälle (Wundstarrkrampf) extrem bedroht. Wer das Alter von 20 Jahren erreicht hatte, konnte dann im allgemeinen davon ausgehen, weitere 30 oder 40 Jahre zu erleben.

Die amerikanische Gesellschaft war zur Zeit der frühen Republik durch die Jugendlichkeit ihrer Einwohner mit geprägt. Das durchschnittliche Lebensalter der Amerikaner lag in den 1790er Jahren beim 16. Lebensjahr. Es stieg danach leicht an, befand sich aber Mitte des Jahrhunderts immer noch unter zwanzig Jahren. Als das 19. Jahrhundert begann, war ein Drittel der Bevölkerung weniger als zehn Jahre alt.

Die Konsequenz der Jugendlichkeit der Bewohner waren eine frühe Eheschließung und Familiengründung, ausgeprägte Fruchtbarkeit der jungen Ehepaare und große Familien. Das durchschnittliche Heiratsalter der Männer lag bei 25 Jahren, das der Frauen bei 24 Jahren. Nach anderen Angaben verheirateten sich junge Frauen im Durchschnitt der Eheschließungen im Alter von 19 bis 23 Jahren. Dies geschah damit früher als in Westeuropa zu jener Zeit. In den neu besiedelten Gegenden der Frontier, der Siedlungsgrenze, wo ein zahlenmäßiges Übergewicht der Männer bestand, war das Heiratsalter bei Frauen noch niedriger. Auch zog es – bei der Suche nach neuen Lebenschancen – häufig jung verheiratete Eheleute dorthin, was die Jugendlichkeit der Grenzgebiete verstärkte. Die amerikanische Bevölkerung vergrößerte sich rascher als die europäische Bevölkerung zu jener

Zeit, teils, weil man dort früher heiratete und damit auch länger Kinder bekommen konnte, teils, weil nur wenige amerikanische Frauen unverheiratet blieben. Infolge dieser Faktoren verdoppelte sich die Bevölkerungszahl der Vereinigten Staaten bis zum Bürgerkrieg nahezu alle 21 Jahre. 1860 – kurz vor Ausbruch des Bürgerkrieges – lebten dann 31,4 Millionen Amerikaner im Land.

Zwischen 1815 und 1860 trafen fünf Millionen europäische Einwanderer in den USA ein. Die übergroße Mehrheit davon, 4,2 Millionen Menschen, kam allerdings erst nach 1840 in das Land, angezogen von den mit der Industrialisierung einhergehenden wirtschaftlichen Möglichkeiten. Vor 1830 war dagegen der Einwandererstrom noch bescheidener. Erst dann erreichte er mit fast 59.000 Neuankömmlingen einen ersten Spitzenwert. Einwanderer aus England, Deutschland und Irland stellten ein wichtiges Arbeitskräftereservoir für die einsetzende Industrialisierung dar.

Allerdings blieben die Vereinigten Staaten bis zum Beginn der Masseneinwanderung von Iren und Deutschen in ethnischer Hinsicht noch überwiegend homogen – wenn wir von den Pennsylvania-Deutschen und den Afroamerikanern absehen, nicht zu reden von den Indianern. Der überwiegende Teil der weißen Amerikaner war zu jener Zeit englischer, schottischer oder „schottisch-irischer" (nordirischer) Herkunft. Im religiösen Leben überwogen die protestantischen Kirchen bei weitem. Erst seit der Zunahme der irischen Einwanderung nach 1840 vergrößerte sich das katholische Element unter den Glaubensgemeinschaften. Damit traten dann auch für das nationale Selbstverständnis der Amerikaner, das in einer Zeit überwiegender ethnisch-kultureller Homogenität entstanden war, neue Probleme auf, die sich in Ausbrüchen von Fremdenfeindlichkeit bis hin zu gewaltsamen Unruhen in einzelnen Städten äußerten. Mit dem Aufkommen der Masseneinwanderung verblieb in der Mitte des 19. Jahrhunderts ein beträchtlicher Teil der Neuankömmlinge in den großen Städten wie New York, Chicago, St. Louis. Diese Großstädte besaßen für viele ländliche Amerikaner die Zeichen der Fremdartigkeit in doppelter Hinsicht: eine Fremdartigkeit durch die gemischte ethnische Zusammensetzung und eine weitere Fremdartigkeit durch das Fehlen ländlicher Lebensformen und Lebenserfahrungen.

Frauen, Familie, Kindererziehung, Schulunterricht

Die Stellung der amerikanischen Frauen in der Ehe, Familie und Gesellschaft hatte sich mit der Amerikanischen Revolution nicht grundsätzlich geändert. Die Frau blieb in der Zeit der frühen Republik vom Ehemann abhängig und war auf die Führung des Haushalts, auf das Kochen und die Kindererziehung beschränkt. Ihre Bildungsmöglichkeiten waren begrenzt. Noch immer gab es keinen Hochschulbesuch von Mädchen und Frauen. Die rechtliche Lage der verheirateten Frau war dadurch bestimmt, daß sie kein eigenes Vermögen besitzen konnte, vielmehr der Ehemann auch über das in die Ehe eingebrachte Gut der Frau verfügte. Erst in den späten 1830er Jahren änderte sich dies langsam, als, beginnend mit Mississippi, die Einzelstaaten darangingen, den Frauen das Recht der Kontrolle des eigenen Vermögens zu gewähren.

Europäische Besucher und auch Einwanderer, die noch nicht lange im Land waren, vermerkten in dieser Zeit die Achtung, die Frauen von den Männern in der Öffentlichkeit bewiesen wurde. Der Deutschamerikaner Francis Lieber (1798–1872), der seit Ende der 1820er Jahre in den Vereinigten Staaten lebte und hier nach dem Vorbild des Brockhausschen

Konversationslexikons die *Encyclopedia Americana* (1829–1833) herausgab, urteilte nach einer Reise von Philadelphia zu den Niagarafällen über die Stellung der amerikanischen Frau: „Es ist eine gute und sehr wohltuende Eigenheit der Amerikaner, daß sie Frauen sehr achten. Ein Amerikaner ist nie grob zu einer Frau; wenn eine Frau ohne Begleitung und von respektabler Erscheinung etwa von Philadelphia nach Cincinnati fährt, wird sie auf ihrer Reise nicht nur nicht belästigt werden, sondern sehr bald wird der eine oder andere Gentleman sie unter seinen Schutz stellen, und sie kann die Reise in perfekter Sicherheit fortsetzen."[40] Infolgedessen würden zahlreiche respektable Frauen allein durch die Vereinigten Staaten reisen. Die noch junge englische Schriftstellerin und Frauenrechtlerin Harriet Martineau (1802–1876) unternahm in der Mitte der 1830er Jahre eine zweijährige Studienreise durch die USA. Sie bereiste das Land ganz allein von Neuengland bis nach New Orleans, von den Großen Seen bis zum Ohio und blieb jeweils für Monate in einer Region. Ihr Urteil über die Lage der Frau in Amerika fiel nicht so optimistisch aus, wie dasjenige von Francis Lieber. Sie meinte vielmehr: „Wenn ein Test einer Zivilisation gesucht wird, so kann keiner so zuverlässig sein, wie das Befinden derjenigen Hälfte der Gesellschaft, über welche die andere Hälfte die Macht hat, indem sie das Recht des Stärkeren in Anspruch nimmt. Diesem Test unterworfen erscheint die amerikanische Zivilisation von einer niedrigeren Ordnung zu sein, als man nach einigen anderen Symptomen ihres sozialen Zustandes hätte erwarten können. Die Amerikaner sind in der Behandlung der Frauen nicht nur unter das Niveau ihrer eigenen demokratischen Prinzipien gefallen, sondern auch unter die Praxis einiger Teile der Alten Welt."[41] Anders als viele ihrer männlichen Zeitgenossen ließ sich Harriet Martineau nicht durch die ritterliche Aufmerksamkeit, die Frauen in der Öffentlichkeit oder auf Reisen erwiesen wurde, von ihrem Eindruck abbringen, daß die Stellung der Frau in Amerika weitgehend durch ihre soziale und politische Rechtlosigkeit bestimmt war.

Allerdings wandelten sich die Beziehungen zwischen Ehemännern und Ehefrauen um 1830 in Richtung auf eine zaghafte Gleichberechtigung. Eine der Quellen des Wandels war die Verbreitung einer populären Ideologie, die von den getrennten Sphären des Mannes und der Frau ausging. Traditionell galten bis dahin Frauen in allen Lebensbereichen als dem Mann unterlegen. Die neue Doktrin der Mittelklasse lautete, daß der Mann beim Geldverdienen und in den Regierungsgeschäften der Überlegene sei, die Frau dies hingegen in ihrem moralischen Einfluß auf die Familie, in den vier Wänden der Familie beanspruchen könne. Eine der wichtigsten Aufgaben der Frau war die Erziehung der Kinder. Den heranwachsenden Kindern wurde eine verstärkte Sorgfalt geschenkt [Abb. 14]. Während im vergangenen Jahrhundert in den Predigten der Pfarrer der Vater gemahnt wurde, die Familie zu regieren, erschienen jetzt Handbücher der Kindererziehung, die in erster Linie die Mütter ansprachen. Sie hoben die Herrschaft der Mutter über den formbaren Charakter des Kindes hervor und empfahlen, die Kinder mit Liebe, weniger mit Strafen zu erziehen. Francis Lieber fiel auf, daß die amerikanischen Kinder – nach dem Vorbild der englischen Kindererziehung – durch freies Spiel ihre körperlichen Kräfte vom frühesten Kindesalter an auszubilden lernten. Lieber liebte die amerikanischen Jungen. „Sie zeigen eine Offenheit und Unerschrockenheit, die mir sehr gefallen."[42]

Hand in Hand mit der These von den separaten Lebenssphären von Mann und Frau, denen nun beiden ein Eigenwert zugesprochen wurde, ging eine idealisierende Sicht auf Familie und Heim als eine abgeschiedene Zufluchtsstätte in einer Gesellschaft des Wandels. Die Annehmlichkeiten des Familienlebens wurden in populären Liedern und Gedich-

14 *Francis C. Edmonds (1806–1863), „Der neue Schüler“ (1845). Das seinerzeit populäre Bild zeigt einen scheu blickenden neuen Schüler, der von seiner besorgten Mutter dem Lehrer vorgestellt wird. Dieser verbirgt nur unzulänglich die Rute hinter seinem Rücken.*

ten gepriesen. Lieder wie „Home, Sweet Home“, Gedichte wie „The Children‘s Hour“ von Henry W. Longfellow (1807–1882) oder „A Visit from St. Nicholas“ entstanden in dieser Zeit. Ebenfalls breitete sich jetzt die Feier des Weihnachtsfestes durch die Familie stärker als bisher im Lande aus. Die meisten Amerikaner hatten bis dahin, wenn sie „Christmas“ feierten, auf Geschenke und Ausschmückung verzichtet. Nur die Pennsylvania-Deutschen hatten den Brauch, einen Weihnachtsbaum aufzustellen, aus ihrer Heimat mitgenommen. Von New York ausgehend, wo sich holländische und englische Bräuche kreuzten, kam seit 1830 eine opulentere Form der Weihnachtsfeier in Mode, bei der auch Geschenke üblich wurden. Auf dem Land hielten Farmer daran fest, zu Weihnachten Schweine zu schlachten, während ihre Frauen die im Jahr benötigten Kerzen zogen.

Zu den neuartigen Entwicklungen im Familienleben dieser Zeit gehörte ein unmerklich einsetzendes Infragestellen der elterlichen Autorität seitens der Kinder, die ihren eigenen Weg im Leben privat wie beruflich suchen wollten. Bei der Partnerwahl war nicht mehr die vor allem durch Interessen bestimmte Entscheidung der Eltern das zuletzt ausschlaggebende Moment, sondern Liebe und Zuneigung der jungen Leute, die eine Familie gründen wollten, spielten eine größere Rolle als früher. Dem Vater blieb allenfalls ein Vetorecht.

Die wirtschaftliche Entwicklung schuf mit der Industrialisierung, dem Ausbau der Verkehrswege mit neuen Überlandstraßen und Kanälen wie dem Erie-Kanal sowie der fortschreitenden Besiedlung des Mittleren Westens neue Möglichkeiten für die heranwachsenden Amerikaner. Die Abwanderung von den Farmen und kleinen Orten in die Städte war vielfach angeführt von rastlosen jungen Leuten. Die Mobilität der Gesellschaft nahm zu. Einige Zeit später (1851) gab der Journalist Horace Greeley (1831–1872) von der *New York Tribune* der männlichen Jugend den Rat, nach Westen zu gehen und dort mit dem Land zusammen groß zu werden („Go west, young man, and grow up with the country").

Ebenso wie hinsichtlich der eigenen beruflichen Zukunft wünschten immer mehr junge Leute, über ihre Verlobung und Eheschließung selbst zu bestimmen. Die Jugend lebte mehr und mehr in ihrer eigenen Welt, die sie nach ihren Vorstellungen, Idealen und Wünschen zu gestalten suchte.

Zu Beginn des 19. Jahrhunderts gingen die meisten Kinder der weißen Amerikaner zwischen 5 und 15 Jahren einige Wochen, wenn nicht gar Monate im Jahr zur Schule, um das Nötigste an Lesen, Schreiben und Rechnen zu lernen. Die Mehrheit der Schüler besuchte kirchliche oder private Schulen, wurde durch Hauslehrer unterrichtet oder lernte im Familienkreis. Neuengland hatte das beste Schulsystem, bei dem die Schulhäuser häufig aus örtlichen Steuern gebaut worden waren. Im Süden und Westen waren Schulen spärlicher vertreten, und im Hinterland an der Frontier war Analphabetentum nicht selten anzutreffen. Doch die große Mehrheit der Amerikaner hatte in der Schule oder zu Hause Lesen gelernt. Etwas weniger von ihnen waren in der Lage, zu schreiben. Mädchen und Frauen waren in dieser Hinsicht benachteiligt und lagen im Lesen und Schreiben hinter ihren männlichen Altersgenossen zurück. Die Sklaven im Süden wurden bewußt, durch Sitte oder Gesetz, vom Unterricht im Lesen und Schreiben ausgeschlossen und zum Analphabetentum verurteilt. Erwischte man sie beim Lesen oder beim Lernen, so konnte dies gefährliche Folgen für die Betroffenen haben.

Nach 1830 verstärkten sich, ausgehend von Massachusetts, die Bestrebungen zur Schaffung eines Systems von *Public Schools*, also von Schulen, die aus öffentlichen Mitteln finanziert wurden. In Massachusetts wurde ein staatliches Amt für Erziehung eingerichtet (*State Board of Education*), die Ausbildung von Lehrern staatlich gefördert, ein Lehrerverband gegründet. Schulbücher wurden billiger und waren leichter zu erhalten. Ohio führte schuldgeldfreie Elementarschulen ein. Mit dem *Mount Holyoke Female Seminary* wurde in Massachusetts die erste höhere Schule eingerichtet, die Mädchen auf ein Hochschulstudium vorbereitete, von dem sie noch immer ausgeschlossen waren.

Im Süden wurde weniger für die Erweiterung der *Public Schools* unternommen. Der Süden hatte mehr College-Studenten als andere Regionen, aber eine geringere Anzahl von Schülern der *Public Schools*. Hier war auch die Zahl der Analphabeten größer als im Durchschnitt des Landes.

Im Zeitalter der frühen Republik kam es zu weiteren Gründungen von Colleges und Universitäten. Noah Webster gründete 1821 das Amherst College in Amherst, Massachusetts, das bald zum Kreis der angesehensten Hochschulen zählte. Eine der bemerkenswertesten Neugründungen erfolgte 1819 durch Thomas Jefferson in seinem Heimatstaat Virginia. Dort wurde in Charlottesville nach seinen Plänen die University of Virginia [Abb. 15] erbaut. Sie war – nach dem Union College in Schenectady, N. Y. (1795 gegründet) –, die zweite planmäßig als Campus angelegte Universität in den USA und wurde mit einem modernen Lehrprogramm eröffnet, das alle Wissenschaftsgebiete einschloß und die Wissensvermittlung für die ersten 123 Studenten zeitgemäß vornahm. Die Studentenzahlen der

15 *University of Virginia in Charlottesville, 1819 nach den Plänen von Thomas Jefferson erbaut. Die Quergebäude waren Wohnheime der Studenten. Die Anlage ist ein frühes Beispiel einer als Campus angelegten Universität.*

damaligen Hochschulen waren – mit heutigen Maßstäben gemessen – klein. Zwischen 100 und 600 Studenten besuchten jeweils eine Hochschule. Es waren ausschließlich Männer. Das erste College, das auch Mädchen und schwarze Studenten zuließ, war das 1833 gegründete Oberlin College in Ohio. Aber bis zum Bürgerkrieg und darüber hinaus blieb das Frauenstudium eine Ausnahme.

Ernährung und Gesundheit

1796 erschien in Hartfort, Connecticut, das erste amerikanische Kochbuch. Die Verfasserin Amelia Simmons gab ihm den Titel „Amerikanische Küche oder Die Kunst der Zubereitung von Lebensmitteln, Fisch, Geflügel und Gemüse". Seitdem kamen bald jährlich ein bis zwei neue Kochbücher hinzu. Mais war nach wie vor das wichtigste Grundnahrungsmittel. Weißbrot blieb noch hauptsächlich ein Luxus der Oberschicht. Roggenbrot, Maiskuchen, Maispudding, dazu gepökeltes Schweinefleisch oder Kabeljau, waren am Ausgang des 18. Jahrhunderts je nach der Örtlichkeit die Hauptnahrung der Farmer von Maine bis Georgia. Da es noch keine Eisschränke gab, bot Salz die verbreitetste Form, Fisch oder Fleisch haltbar zu machen. Mancherorts vergrub man im Winter das Fleisch im Schnee, um es vor dem Verderb zu schützen. Da sich Schweinefleisch besser zum Pökeln eignete, aß man mehr Schweine- als Rindfleisch. Rum, Cider (Apfelwein) oder Whisky, bei den Deutschen auch Bier, waren die verbreiteten Getränke. Im Süden kam die Sitte warmer Pfannkuchen zum Frühstück auf. In den Plantagen des Südens war überhaupt eine etwas opulentere Küche anzutreffen. Im 19. Jahrhundert wurde das Angebot an Speisen reichhaltiger, abwechslungsreicher. Infolge der fortschreitenden landwirtschaftlichen Erzeugung waren Nahrungsmittel reichlich vorhanden. Im Mittelpunkt der Arbeit stand bei den meisten Hausfrauen das Kochen, das nach wie vor auf dem offenen Herdfeuer, in eisernen Töpfen und Pfannen getätigt wurde und eine anstrengende Betätigung war. Je weiter das Zeitalter voranschritt, um so mehr zeichnete sich die amerikanische Küche durch das Vorhandensein großer Quantitäten von Lebensmitteln, durch die Reichhaltigkeit des Angebots an Speisen aus. Die irischen Eisenbahnarbeiter, die in den 1830er Jahren unter freiem Himmel und in der Wildnis ihre schwere Arbeit verrichteten, erhielten nach den Beobachtungen eines französischen Reisenden drei Mahlzeiten am Tag, mit Fleisch und Weißbrot, Kaffee und Zucker zu zwei dieser Mahlzeiten, Butter zu einer und – in Abhängigkeit vom Wetter – auch sechs bis acht Gläser Whisky. Eine Norwegerin berichtete 1847 aus Wisconsin nach Hause, daß ein Frühstück in ihrer neuen Heimat aus Huhn, Hammelfleisch, Rind- oder Schweinefleisch bestehen würde, dazu kämen warmes oder kaltes Weißbrot, Butter, Quark, Eier oder kleine Pfannkuchen, Kaffee, Tee, Sahne und Zucker. Sie beklagte die Verschwendung von Lebensmitteln, weil viele Reste den Hühnern und Schweinen vorgeworfen wurden. Wenngleich nicht alle amerikanischen Haushalte über diese Fülle an Lebensmitteln verfügt haben dürften, so war die Reichhaltigkeit des amerikanischen Essens ein auffallendes Thema in den Schilderungen vieler Reisender, die damals die USA besuchten.

Die Gesundheit der Amerikaner wurde in dieser Zeit durch das wiederholte Auftreten von Infektionskrankheiten und Epidemien, besonders in den Städten, aber auch in den dicht besiedelten ländlichen Teilen von Neuengland, beeinträchtigt. Scharlach, Gelbfieber, Windpocken, Diphtherie, Dysenterie (Ruhr) forderten häufig zahlreiche Todesopfer. So starben in Philadelphia Ende des 18. Jahrhunderts in einem Jahr (1797) 1000 Patienten, ein Jahr später (1798) 3500 Patienten am Gelbfieber, einer häufig tödlich verlaufenden Krankheit, deren Erreger mit den Schiffen aus Westindien und Südamerika in die Häfen der Ostküste eingeschleppt worden waren. Auch andere Städte wie New York, New Haven, Baltimore und Charleston waren von der Epidemie betroffen. Die ärztliche Kunst war sich damals über die infektiösen Ursachen vieler dieser Krankheiten noch nicht im klaren, und Ärzte ließen die erkrankten Patienten gern zur Ader, um der Krankheit beizukommen. Impfungen gegen Windpocken und gegen Pocken trugen seit Ende des 18. Jahrhunderts dazu bei, daß diese Krankheiten weniger tödlich als früher verliefen. Mit der Anwendung von Digitalis bei Herzanfällen – parallel zur Einführung dieses Medikaments in England – konnte seit den 1780er Jahren Herzkranken Linderung verschafft werden. Der Gesundheitszustand der weißen Amerikaner entsprach etwa demjenigen der Europäer zu jener Zeit. Viele Kranke verdankten die Wiederherstellung ihrer Gesundheit mehr der Widerstandskraft ihres Immunsystems als der Heilkunst ihrer Ärzte. Die überwiegend auf dem Land lebenden Amerikaner erfreuten sich einer guten Gesundheit, teils wegen ihrer guten Ernährung und teils wegen ihrer weniger dichten Wohnlage, die ansteckende Krankheiten nicht begünstigte.

Philadelphia und New York verfügten bereits seit längerem über Hospitäler. Dagegen eröffnete Boston sein erstes Krankenhaus erst 1821. Das Medizinstudium war um 1800 inzwischen an einer Reihe von Universitäten in Amerika möglich, so in Philadelphia, New York, in Harvard, Dartmouth und sogar in einem College in Kentucky. Eine eigene amerikanische medizinische Zeitschrift, das „Medical Repository", begann ihr Erscheinen. Obgleich noch immer amerikanische Ärzte in England studierten, war das Land inzwischen selbst zur Ausbildung von Medizinern in der Lage.

Gegen Ende des hier behandelten Zeitalters, 1832/33, erfaßte zum ersten Mal eine Epidemie das ganze Land. Es war die damals auch Europa heimsuchende – aus Asien stammende – Choleraepidemie, die sich infolge der verbesserten Verkehrsverbindungen von New York bis New Orleans, von Boston bis Cincinnati ausbreitete. In New York starben in nur zwei Monaten 2500 Menschen an der Seuche, die das wirtschaftliche und soziale Leben der Stadt nahezu zum Erliegen brachte. Fast noch stärker war New Orleans von der Choleraepidemie betroffen. Dort wurde ein Fünftel der Bevölkerung ein Opfer von Cholera und Gelbfieber. Die Cholera suchte auch später noch die USA heim, so 1849, als ihr ein Zehntel der Bevölkerung von St. Louis zum Opfer fiel. Als Folge wurden in den meisten größeren Städten Gesundheitsämter eingerichtet, die allerdings nur geringe Vollmachten erhielten.

Der Krieg von 1812 und das nationale Bewußtsein

Ein Hauptereignis dieser Zeit – nicht zuletzt für das nationale Selbstbewußtsein – war der Krieg von 1812 gegen Großbritannien, der lange auch als der „Zweite Unabhängigkeitskrieg" galt. Er war Ausdruck der kommerziellen und maritimen Spannungen im Verhältnis zu Großbritannien und der eigenen expansionistischen Bestrebungen im Westen und Süden des Landes. Häufige britische Übergriffe auf amerikanische Seeleute, die gewaltsam gezwungen wurden, in der britischen Flotte Dienst zu tun („Impressment"), erregten besonders die amerikanische Öffentlichkeit am Vorabend des Krieges. In seinem für die amerikanische Seite wenig glücklichen Verlauf kam es sogar schließlich zur vorübergehenden Besetzung Washingtons durch britische Truppen, die fast alle öffentlichen Gebäude, darunter das Kapitol und das Weiße Haus, niederbrannten. In letzter Stunde gelang es damals der couragierten Dolley Madison (1768–1848), der Frau des Präsidenten James Madison (Präsident von 1809 bis 1817), ein wertvolles großes Bild George Washingtons und das Tafelsilber aus dem Weißen Haus zu retten. Nach zweijährigem unentschiedenen Kampf wurde im Frieden von Gent der Status quo der amerikanischen Grenzen und der Beziehungen zu Großbritannien bestätigt.

In wirtschaftlicher Hinsicht beschleunigte der Krieg – mit der zeitweiligen Abschottung des Landes vor englischen Waren – die amerikanische Unabhängigkeit. Die Industrielle Revolution, der Straßen- und Kanalbau machten seitdem in Amerika sichtbare Fortschritte. Das nationale Selbstbewußtsein wurde bestärkt. Es äußerte sich auf mannigfaltige Weise neu und betont. Inzwischen war es allgemein üblich, den 4. Juli, den Tag der Verkündung der Unabhängigkeit, als nationalen Feiertag zu begehen [Abb. 16]. Maximilian Prinz zu Wied, ein europäischer Reisender jener Jahre, beschrieb seine Eindrücke vom Verlauf dieses Tages in Boston: „Als der Abend des 4. Juli in Boston heranrückte, war die ganze Bevölkerung in Bewegung, die Straßen leerten sich aber bald gänzlich, und die ganze Population hatte sich auf dem Spaziergange (Commons) versammelt." Ganz Boston war bei dieser Gelegenheit auf dem weiten Platz zusammengeströmt. „Gruppen saßen und lagen im Grase; Reihen von Tischen und kleinen Buden waren aufgeschlagen, wo ein wahres Austernfest gefeiert wurde.“ Man aß diese Muscheln in großer Menge. „Als die Dunkelheit kam, brannte man auf der Höhe jenseits ein mittelmäßiges Feuerwerk ab.“ Der „Yankee Doodle“ ertönte aus allen Richtungen, „und es gereicht dieser bunten Volksversammlung zum Lobe, daß man weder Unanständigkeiten, noch Lärm beobachtete.“[43]

Die nationale Symbolik erhielt mit den Feiern zum *Independence Day* einen für alle Bevölkerungsschichten verständlichen und ansprechenden Ausdruck. Im politischen Bereich verkörperte der Präsident seit George Washington mit seinem nationalen Amt die staatliche Einheit des Landes. Im kulturellen Leben entstanden mit den Werken von Washington Irving und James Cooper die ersten amerikanischen Romane und Erzählungen von bleibender Bedeutung, formten sich die ersten Elemente einer allen Amerikanern gemeinsamen Kultur. Übrigens erweiterte sich der amerikanische Büchermarkt in dieser Zeit langsam, aber stetig. Der Anteil der im Land gedruckten Bücher betrug 1830 ca. 30 Prozent, der Rest wurde aus Großbritannien eingeführt. Die Zahl der öffentlichen und halböffentlichen Bibliotheken verdoppelte sich zwischen 1800 und 1825 auf 100. Ihr Bestand an Büchern wuchs um das Zwanzigfache. Die Zahl der Amerikaner, die Bücher lasen, nahm deutlich zu. Dennoch wurde erst ein kleiner Teil des Volkes vom Buch erfaßt. Die Masse des Volkes las auch noch keine Zeitung, die zu jener Zeit mit Kosten von 5 bis 8 Dollar im Jahr für den einfachen Mann unerschwinglich war. Immerhin gab es 1828 bereits 852 Zeitungen im Land, die eine jährliche Auflage von 68 Millionen Stück erreichten. In den 1830er Jahren kamen dann, zunächst mit der „Sun“ in New York, billige Massenblätter auf, die ihren Lesern mit sensationellen Nachrichten aufwarten konnten und für einen geringen Preis zu haben waren.

Der *Krieg von 1812*, der wiederum großenteils im eigenen Land stattfand, löste seinerseits bei vielen Amerikanern ein intensives patriotisches Gefühl aus. Im Krieg entstand während der Kämpfe um Baltimore die spätere Nationalhymne der USA, „The Star-Spangled Banner“. Ihr Schöpfer, Francis Scott Key (1779–1843), schrieb seinen Hymnus auf das Sternenbanner anläßlich des britischen Bombardements von Fort McHenry im September 1814. Key war ein junger Anwalt und Kriegsfreiwilliger, der Zeuge des Bombardements geworden war. Die Flagge, deren standhaftes Wehen Key miterlebt hatte, befindet sich heute im National Museum of American History in Washington [Abb. 17]. Das Lied wurde über 100 Jahre nach seiner Entstehung schließlich 1931 die Nationalhymne der USA. Im Krieg von 1812 kam auch die Bezeichnung „Uncle Sam“ als Spitzname zunächst für die Regierung, dann für das Volk der USA auf. In der populären Zeichnung wurde „Uncle Sam“ später meist als großer, hagerer und weißhaariger Mann dargestellt, der einen Zylinder trug und dessen Hosen und Jacke die Sterne und Streifen der Flagge des Landes zeigten.

Obgleich der Krieg bei Teilen der Bevölkerung besonders in Neuengland wenig populär war, stellte er doch mit seinem Geschehen, seinen Wechselfällen, seinen soldatischen Taten, Mythen und Legenden die nationalen Gefühle aus der Zeit der Amerikanischen Revolution wieder her. Nach Meinung des damaligen Finanzministers, des aus der Schweiz stammenden Albert Gallatin (1761–1849), fühlte sich das Volk durch den Krieg stärker als Amerikaner, es fühlte und handelte mehr als Nation. Der Historiker Henry Adams (1838 bis 1918), Nachkomme zweier Präsidenten, urteilte: „1815 hörten die Amerikaner zum ersten Mal auf, an dem eingeschlagenen Weg zu zweifeln. Es war jetzt nicht nur die Einheit der Nation etabliert, sondern ihr offenkundiger Unterschied zu älteren Gesellschaften war ebenso fest begründet.“[44]

16 *John L. Krimmel, „Fourth of July in Centre Square", Philadelphia 1812. Das Bild zeigt den neuen Wasserturm der Stadt nebst dazu gehörender Fontäne. Im Vordergrund flanieren nach der Mode gekleidete Dandies, elegante junge Frauen, aber ebenso eine Quäkerfamilie und – weiter hinten – ein afroamerikanisches Paar.*

Die kulturelle Entwicklung in der frühen Republik

Die kulturelle Situation der jungen Republik stellte sich in den ersten Jahrzehnten des 19. Jahrhunderts widersprüchlich dar. Es gab Fortschritte in der Malerei und in der Literatur, aber auch – besonders von europäischer Seite – Klagen über das Fehlen einer wirklichen Kultur. Frances Trollope (1780–1863), die aus England stammende Schriftstellerin, schilderte in ihrem damals aufsehenerregenden Buch „Domestic Manners of the Americans" (1832) aus eigenem Erleben die Alltagsverhältnisse, Sitten und Bräuche in Amerika. Sie hatte mehrere Jahre in Cincinnati am Ohio, einer Stadt von 20.000 Einwohnern, gelebt und meinte kritisch, das Fehlen einer kulturellen Lebensform – jedenfalls im amerikanischen Westen – feststellen zu können. Der österreichische Dichter Nikolaus Lenau (1802–1850), der ebenfalls einige Zeit in Ohio lebte, ging noch weiter und schrieb vorwurfsvoll, Amerika habe keine Nachtigall, die Amerikaner hätten kein geistiges Leben, keine Kultur.

Andere europäische Besucher Amerikas nahmen in den Städten des Ostens sehr wohl die Existenz kultureller Einrichtungen zur Kenntnis und beschrieben die Schulen und Universitäten, die Theater und Museen, die Bibliotheken und wissenschaftlichen Einrichtungen [vgl. Kap. 5]. In einem Gemeinwesen, in dem noch über 90 Prozent der Bevölkerung

17 *Die Flagge von Fort McHenry, Baltimore, aus dem Jahre 1814, bei deren Anblick Francis Scott Key „The Star Spangled Banner" schrieb.*

auf dem Land lebten und das keine gewachsene bäuerliche Kultur hatte, konzentrierte sich das kulturelle Leben auf die größeren Städte, in denen es Universitäten, Bibliotheken, Buchgeschäfte, Theater, Museen, Klubs und wissenschaftliche Gesellschaften gab. Dies traf insbesondere für Philadelphia zu, die eigentliche geistige Hauptstadt des Landes, es galt für New York, das in dieser Zeit eine kommerzielle Metropole wurde, und für Boston, das mit der benachbarten Harvard-Universität das geistige Zentrum Neuenglands war. Daneben fand man in einem kleineren Maßstab die Voraussetzungen für ein kulturelles Leben auch in Baltimore sowie in Charleston und New Orleans, den wichtigsten Städten des Südens. Washington, D. C., die Bundeshauptstadt, konzentrierte sich dagegen mit ihren öffentlichen Gebäuden zu jener Zeit noch fast ausschließlich auf die Regierungs- und Verwaltungsgeschäfte.

Nach europäischem Maßstab waren die USA durchaus eine literarische Gesellschaft, weniger eine lesende Gesellschaft, da eine große Zahl der lesenden Amerikaner lediglich die Bibel und religiöse Traktate oder die Zeitung las. Nirgendwo in der Welt gab es damals eine vergleichsweise größere Anzahl und höhere Auflagen an Zeitungen als in Amerika. Die Post förderte die Verbreitung der Zeitungen auch in abgelegene Winkel des Landes, die damit in Verbindung mit der großen Welt blieben. Allerdings waren die Nachrichten häufig nicht mehr brandneu. Ein Zeitungsleser in einer kleinen Gemeinde in Illinois beklagte sich Ende des zweiten Jahrzehnts, daß die Zeitungen aus Philadelphia nur einmal in der Woche geliefert würden. Dann lagen die Blätter bereits einen Monat zurück, und die Nachrichten aus Europa waren noch um einen weiteren Monat älter.

Seit Beginn des Jahrhunderts gab es einen deutlichen Anstieg im Erscheinen und bei der Verbreitung der Bücher. Deren Leser waren allerdings regional unterschiedlich dicht gesät. Neuengland hatte die meisten, der Süden besaß anteilig die wenigsten Leser. Auch im Westen war die Kultur des Buches nur spärlich verbreitet. Bücher waren nicht billig, wurden aber durch ein wachsendes Netz von Bibliotheken einem größeren Kreis von Lesern zugänglich.

Mit den Romanen und Erzählungen von Washington Irving (1783–1859) und James Fenimore Cooper (1789–1851) entstand eine nationale Literatur, auf die man in Amerika stolz war und die auch in Europa beachtet wurde. Irving bevorzugte Themen der nationalen Geschichte, wie in seinem Debüt, der satirischen „Geschichte von New York des Diedrich Knickerbocker" (1809). Mit seinem „Skizzenbuch", das 1819 bis 1820 erschien, wurde Irving einer der Pioniere der amerikanischen Short Story. Es enthält seine wohl bekannteste

18 *John Quidor (1801–1881), „Rip van Winkle in Nicholas Vedder's Taverne" (1839). Man sieht den schwermütig rauchenden Rip in seinem Zufluchtsort, der Schenke des Dorfes, noch unter dem Bild Georges III. sitzend.*

Erzählung, die sagenhafte Geschichte von „Rip van Winkle". Der Held der Geschichte [Abb. 18] lebt als sorgloser Träumer einige Zeit vor dem Ausbruch der Amerikanischen Revolution auf dem Land. Von seiner zänkischen Frau aus dem Haus getrieben, stößt Rip bei einem Jagdstreifzug in den Bergen auf eine Gruppe altertümlicher Männer, die sich mit Kegelspiel unterhalten. Rip zecht mit ihnen und versinkt in einen tiefen Schlaf. Als er schließlich erwacht und in sein Heimatdorf zurückkehrt, findet er alles verändert vor. Seine Frau ist gestorben, die Tochter verheiratet. Niemand ist mehr König George untertan. Das Land ist inzwischen unabhängig geworden. Rip hatte 20 Jahre in einem tiefen Schlaf gelegen. Irving hatte während eines längeren Aufenthaltes in Europa die deutsche Sagenwelt kennengelernt, der das Motiv zu der Erzählung entstammt, die wie keines seiner anderen Werke seinen literarischen Ruhm bis heute am Leben gehalten hat.

Ein Altersgenosse von Irving war James F. Cooper, der in seinen Romanen das Leben an der Frontier mit dem Zusammentreffen der weißen und indianischen Kulturen im 18. Jahrhundert meisterhaft gestaltet hat. Er schuf nach dem Vorbild Daniel Boones [Kap. 3, Abb. 5] die Figur des Natty Bumppo, des Lederstrumpf. Ebenso glänzend schilderte er die amerikanische Landschaft, ihre grandiose Natur, die jetzt in ihrer einmaligen Schönheit auch künstlerisch entdeckt wurde [Abb. 19]. Coopers Roman „Der Spion" (1821) wurde der erste große Erfolg dieses Autors. Er griff darin ein Thema der nationalen Geschichte auf,

19 *Die Niagara-Fälle um 1832, Kupferstich nach einer Zeichnung von Karl Bodmer. Der schöne Stich spiegelt das aufkommende Interesse an den Naturwundern Amerikas wider.*

eine Episode aus dem Unabhängigkeitskrieg im Staat New York. Auch dem Oberbefehlshaber, General Washington, wurde mit dem Roman ein liebevolles Denkmal gesetzt. Seine anhaltende Popularität verdankte der Schriftsteller den fünf Lederstrumpf-Romanen, die zwischen 1823 und 1841 erschienen. Darin gestaltete Cooper mit dichterischer Kraft das Vordringen seiner Landsleute nach Westen und ihren Konflikt mit den nordamerikanischen Indianern in der Mitte und gegen Ende des 18. Jahrhunderts. Der Held dieser Romane, Natty Bumppo, verkörperte amerikanische Wünsche und Ziele, so den Traum von einem einfachen, naturgerechten Leben, aber auch die Einstellung zum Indianer, der einerseits als „edler Wilder" aufgefaßt wird, andererseits zu grausamen Massakern fähig ist. Als Cooper seine Romane schrieb, waren die indianischen Helden seiner Bücher geschlagen und besiegt. Dennoch stellte er den Kampf zwischen den beiden Gesellschaften als Kampf zwischen zwei Lebensformen dar, die beide ihre eigene Integrität besaßen. All dies, aber auch die dörflichen Genreszenen von Weihnachtsfesten, Kneipabenden, Fischfang oder Gerichtsverhandlungen sowie die überzeugenden Naturschilderungen haben zum großen Erfolg der Romane Coopers beigetragen.

Das religiöse Leben

Die Amerikanische Revolution und das anschließende Jahrzehnt der Ausgestaltung der Republik hatten im Zeichen der Aufklärung gestanden. In religiöser Hinsicht entsprach dem aufgeklärten Geist bei Führern wie Franklin, Jefferson und Paine eine deistische Einstellung, nach der Gott die Welt zwar geschaffen und in Gang gesetzt, dann aber ihrem weiteren Schicksal überlassen habe. Bei der studierenden Jugend waren gegen Ende des 18. Jahrhunderts religiöse Indifferenz und ein allgemeiner Rationalismus sehr verbreitet.

Parallel dazu entstand bei den gebildeten Schichten in Neuengland eine liberale, rationalistische Ausprägung des Christentums. Nach Ansicht der „Unitarier" war der Mensch dem Wesen nach gut und vernünftig. Alle Menschen konnten erlöst werden. Im Unterschied zu den orthodoxen Kalvinisten, nach denen der Mensch von Natur aus sündig und nur durch die Gnade Gottes zu erlösen war, stellten die unitarischen Prediger die Güte Gottes, die Vervollkommnungsfähigkeit des Menschen und seine Freiheit, zwischen gut und böse zu wählen, in den Mittelpunkt ihrer religiösen Botschaft. Der Gedanke, daß alle Menschen auf Erlösung hoffen durften, verbreitete sich damals auch unter Arbeitern und wenig gebildeten Amerikanern, die dem Glauben anhingen, Gott sei zu gut, um die Menschen zu verdammen.

Am Beginn des 19. Jahrhunderts setzte nun in Amerika eine neue Welle christlicher Frömmigkeit und evangelischen Glaubens ein. Wie zur Zeit der ersten Erweckungsbewegung [vgl. Kap. 2] beklagten viele Geistliche und Theologen wieder das Nachlassen im christlichen Glauben und ein Umsichgreifen von Sittenlosigkeit, Trunksucht und Unmoral. Von Neuengland bis Georgia hörte man Klagen, daß die Heiligkeit des Sonntags immer weniger beachtet werde, daß die Zahl neuer Gläubiger zurückginge und religiöse Indifferenz allgemein werde. Orthodoxe kalvinistische Kirchenführer wie Timothy Dwight, der Präsident der Yale-Universität, verurteilten den Rationalismus, den Deismus und das radikale Denken eines Thomas Paine als ein europäisches Produkt, das im Widerspruch zur wahrhaft religiösen Lebensweise Amerikas stünde. Im ganzen Land führten konservative Geistliche und Theologen einen Kampf gegen die Ungläubigkeit. Bibelgesellschaften wurden gegründet, Sonntagsschulen wurden zur religiösen Unterweisung der Kinder und Jugendlichen geschaffen.

Noch folgenreicher wurde eine neue religiöse Erweckungsbewegung, die vor allem bei den einfachen Amerikanern in Stadt und Land, ganz besonders in den neuen Siedlungsgebieten, an der Frontier, überaus volkstümlich wurde. Diese große Woge des „*Second Great Awakening*" war nicht das Werk der etablierten Kirchen, sondern verbreitete sich nach dem Beispiel einzelner Prediger, die von Ort zu Ort zogen, in den kirchlichen Gemeinden, die sie mit einem neuen religiösen Gefühl erfüllten. Die Bewegung breitete sich an verschiedenen Stellen im Land aus, in Neuengland, im Westen und im Süden. In Kentucky kam es im August 1801 zu einem mehrtägigen christlichen Meeting von mehr als 20.000 Menschen, die im Freien in Zelten und provisorischen Unterkünften kampierten. Viele Anwesende bekannten laut ihre Sünden und bekehrten sich zu einem aktiven Glauben bei Gebeten, Gesang und Verzückung. Diese Form der religiösen Wiedergeburt konnte sich wie ein Steppenbrand ausbreiten, weil er in einer Atmosphäre der Gleichheit von Männern, Frauen und Kindern stattfand, bei der soziale Unterschiede wenig zählten und die Prediger oft das harte Farmer- und Siedlerleben ihrer Gemeinde teilten. In den entlegenen Regionen des

Landes, wo die Menschen häufig isoliert von anderen wohnten und arbeiteten, führten die mehrtägigen Massentreffen im Freien zu einem neuen Gemeinschaftsgefühl, das so bislang gefehlt hatte. Die Teilnehmer waren oft tagelang auf Pferden oder im Planwagen unterwegs und kampierten dann tage- oder wochenlang unter freiem Himmel, um die Erweckungsprediger, meist waren es Baptisten oder Methodisten, zu hören. Oft waren auf dem Feld mehrere Predigerkanzeln aufgebaut. Man konnte ständig an Predigten teilhaben, da sich die Prediger ablösten. Viele Besucher waren von dem religiösen Erleben so ergriffen, daß sie verzückt in Trance gerieten oder in ein „heiliges Gelächter" (*holy laugh*) fielen. Auf Bildern der „Camp Meetings", der religiösen Treffen unter freiem Himmel [Abb. 20], fällt oft die große Anzahl von Frauen unter den Teilnehmern auf. Frances Trollope, die kritische englische Beobachterin, die ein Camp Meeting in Ohio miterlebte, bestätigt, daß Frauen unter den Teilnehmern dieser religiösen Treffen stark vertreten und emotional besonders beteiligt waren.

Über die folgenden 30 Jahre breitete sich die Erweckungsbewegung über ganz Amerika aus. Manche Gegenden, wie im westlichen Teil des Staates New York, wurden wiederholt Schauplatz von Wellen der religiösen Wiedergeburt. Im Ergebnis führte die Erweckungsbewegung zu einer tieferen und leidenschaftlichen Frömmigkeit der Gemeindemitglieder und ihrer Kinder. Ferner führte die Bewegung – und dies gilt besonders für die Grenzregionen im Westen – den Kirchen bislang Fernstehende zu und verstärkte damit den Einfluß der Kirchen im täglichen Leben. Generell bot die Erweckungsbewegung dem einzelnen ein neues religiöses Gefühl, eine Religion des Herzens und der persönlichen Rettung für jedermann. Es ist kein Zufall, wenn Alexis de Tocqueville, der Anfang der 1830er Jahre die USA bereiste, als die Erweckungsbewegung noch nicht abgeklungen war, in seiner Beschreibung der Demokratie in Amerika zu der Ansicht gelangte, daß „Amerika in der Welt der Ort [ist], wo die christliche Religion am meisten wirkliche Macht über die Seelen bewahrt".[45]

Eine weitere Folge des „Second Awakening" war die Intensivierung des Gemeinschaftslebens, da das religiöse Bekenntnis des einzelnen öffentlich gemacht und in der Gemeinschaft der Gläubigen erlebt wurde. Außerdem veränderte die Erweckungsbewegung die religiöse Landkarte Amerikas. In der Zeit des Unabhängigkeitskrieges waren die größten religiösen Gemeinschaften die Kongregationalisten, Presbyterianer und die anglikanische Kirche. Mitte des 19. Jahrhunderts gehörte die Mehrzahl der amerikanischen Protestanten nun den Methodisten und Baptisten an, früheren „Außenseitern" unter den Kirchen, deren religiöse Struktur und Glaubensform flexibler auf die Erweckungsbewegung reagierte als die der etablierten Kirchen.

Schließlich war die Erweckungsbewegung ein Element der Demokratisierung der amerikanischen Kultur. Ihre Prediger betonten die Gleichheit von Männern und Frauen vor Gott, unabhängig von Vermögen, sozialer Stellung und Bildung. In den Kirchen der Baptisten und Methodisten fanden die religiösen Gefühle der einfachen Gläubigen, des einfachen Mannes und der einfachen Frau, eher ihren Ausdruck. Auch die schwarzen Amerikaner, Sklaven wie Freie, wurden von der Botschaft erfaßt, die von den methodistischen und baptistischen Predigern verkündet wurde. Der schwarze Prediger wurde seitdem zu einer wichtigen Persönlichkeit in den schwarzen Gemeinschaften. Der größte und aufsehenerregende Sklavenaufstand jener Zeit, der Nat-Turner-Aufstand in Virginia, stand unter der Führung eines radikalen schwarzen Predigers. Im allgemeinen aber waren die von der Erweckungsbewegung erfaßten Prediger und ihre Gemeinden ein wichtiger Teil der in den

20 *Zeitgenössische Darstellung eines Camp Meetings unter freiem Himmel, ca. 1846. Die Lithographie stammt aus Hartford, Connecticut.*

1820er und 1830er Jahren im Land einsetzenden Reformbewegungen für die Gleichberechtigung der Frau, für die Beseitigung der Sklaverei, im Kampf gegen den Alkohol und für dessen Verbot, die Prohibition, sowie für andere Reformziele.

Eine Frucht der religiösen Unruhe und Unrast dieser Jahre, als etablierte Glaubenssätze nicht selten in Frage gestellt wurden, war die Entstehung neuer Religionsgemeinschaften. Zu einer spezifisch amerikanischen unter ihnen wurde die Kirche Jesu Christi der Heiligen der Letzten Tage, die neue Glaubensgemeinschaft der *Mormonen.* Diese Kirche wurde 1830 von dem jungen, visionär und prophetisch begabten Joseph Smith (1805–1844) gegründet. Smith stammte aus einfachen Verhältnissen und wuchs im Westen des Staates New York auf, wo die Erweckungsbewegung tiefe Spuren hinterließ. Der junge, erst 15jährige Smith wurde durch starke Zweifel umgetrieben, ob eine der christlichen Religionsgemeinschaften wirklich die göttliche Wahrheit auf ihrer Seite hatte. Er wandte sich im leidenschaftlichen Gebet an Gott, ihm bei der Suche nach der Wahrheit zu helfen. Im Anschluß daran hatte Smith mehrfach Visionen, bei denen ihn ein Engel beauftragte, die wahre Kirche Jesu Christi wiederherzustellen. Schließlich wurde ihm – nach seiner Darstellung – eine Anzahl goldener Platten anvertraut, die in einer heiligen, nur ihm lesbaren Schrift die Geschichte der neuen Kirche und ihre Glaubenslehren enthielten. Es war dies das „Buch Mormon“, das Smith ins Englische übersetzte und im Frühjahr 1830 in 3000 Exemplaren drucken ließ. Das Buch berichtet von den wiederholten Ansätzen einer gottgefälligen christlichen Kirche in Amerika, die in der Vergangenheit immer wieder vernichtet worden waren. Kern des neuen Glaubens waren seine göttliche Offenbarung und die buchstäbliche Auferstehung Christi. Kurze Zeit nach der Veröffentlichung des Buches Mormon wurde bei

21 *Handcart Pioneer Monument im Temple Square Salt Lake City. Das Denkmal erinnert an die Mormonen-Pioniere, die teilweise mit Handkarren bis zum Großen Salzsee zogen.*

einer Zusammenkunft einiger Männer mit Smith in Fayette, im Staat New York, die „Kirche Jesu Christi" gegründet. Smith war der Gründer, Prophet und erste Präsident der neuen Gemeinschaft. Äußere Angriffe und innere Wirren beeinträchtigten die anfänglichen Versuche des Gründers, eine unabhängige Kirchengemeinde mit theokratischen Grundsätzen aufzubauen. Nach verschiedenen Bemühungen in Ohio und Missouri ließ sich die Mormonengemeinschaft schließlich in Nauvoo, Illinois, nieder. Zwar strömten hier Anfang der 1840er Jahre der Sekte neue Mitglieder aus Amerika und Europa zu, gleichzeitig wuchsen die Spannungen mit der Umwelt infolge des selbstherrlichen Regiments des Präsidenten der Gemeinschaft, vor allem als Smith mit religiöser Begründung in der neuen Kirche die Polygamie einführte und auch selbst praktizierte. Smith und sein Bruder kamen 1844 in Nauvoo ins Gefängnis und wurden von einem feindlich eingestellten Mob gelyncht. In dieser Situation übernahm der aus Vermont stammende Farmerssohn Brigham Young (1801–1877) die Führung der Mormonen-Kirche. Er war eine starke Persönlichkeit, intelligent und weitsichtig, praktisch und entschlossen. Young führte die Mormonen, um der feindlichen Umwelt inmitten des Landes zu entfliehen, bis 1847 in mehreren Gruppen in das entlegene, fast menschenleere Territorium am Großen Salzsee in Utah. 15.000 Männer, Frauen und Kinder zogen zu Pferde, mit Wagen, selbst zu Fuß über Tausende von Kilometern in ein unbekanntes Land, um dort eine Heimstätte für ihre Kirche zu begründen [Abb. 21]. Salt Lake City, die neue Heimat der Mormonen, war durch Berge und Wüsten geschützt, lag andererseits in der weiteren Nachbarschaft des Oregon Trails und anderer Straßen, die in den Westen führten, woraus der Handel der Mormonen Nutzen ziehen konnte. In kurzer Zeit schufen die Siedler am Großen Salzsee ein effektives Bewässerungssystem und machten aus einer wüsten Gegend ein fruchtbares Land. Es war dies eine der großen Pionierleistungen im damaligen Amerika. Der Kongreß gliederte das – zuvor noch mexikanische – Utah-Territorium einschließlich des Mormonenstaates Deseret („Land der Honigbiene") 1849 in die Vereinigten Staaten ein. Young wurde der Gouverneur des Territoriums. Als er 1877 starb, hinterließ er 56 Kinder und ein Vermögen von mehr als einer Million Dollar. Die Polygamie wurde von den Mormonen noch bis 1890 beibehalten, was immer wieder zu Auseinandersetzungen mit der Bundesregierung führte. Heute leben in Utah 1,9 Millionen Menschen, 80 Prozent von ihnen sind Mormonen.

KAPITEL 5

Land und Leute im Urteil europäischer Reisender um 1830

Nach 1820 nahm das europäische Interesse an der Republik in Amerika sichtbar zu. Reisende aus England, Frankreich, Deutschland, Ungarn und anderen Ländern besuchten für längere Zeit das Land und berichteten nach ihrer Rückkehr ausführlich über ihre Erlebnisse und Eindrücke. Einer von ihnen, Bernhard zu Sachsen-Weimar-Eisenach (1792–1862), der zweite Sohn des mit Goethe befreundeten Großherzogs Karl August (1757–1828), betrat zum ersten Mal in Boston, „der Wiege der amerikanischen Freiheit", amerikanischen Boden. Rückblickend meinte er in seinem Reisebericht, der Land und Leute, Sitten und Bräuche Amerikas schilderte, es sei ihm unmöglich, „das Gefühl zu beschreiben, das mich in diesem Augenblicke durchdrang ... Meine Ankunft in Nordamerika, in dem Lande, das zu sehen von Jugend an mein heißer Wunsch gewesen war, wird mir eine ... schöne Erinnerung bleiben für mein ganzes Leben!"[46]

Die meisten Besucher aus Europa waren vom Tempo des amerikanischen Lebens beeindruckt, von der allgemeinen Rastlosigkeit und dem Unternehmungsgeist, der die neue Nation jenseits des Ozeans zu beherrschen schien. Der Deutschamerikaner Francis Lieber, den wir im vorigen Kapitel bereits kennengelernt haben, sah darin einen Grundzug der amerikanischen Verhältnisse. „Ein Amerikaner wünscht in einem Jahr das zu erreichen, was andere in einer viel längeren Zeitspanne tun. Zehn Jahre in Amerika sind wie ein Jahrhundert in Spanien. Die Vereinigten Staaten verändern wirklich in mancher Hinsicht in zehn Jahren mehr, als ein Land wie Spanien in hundert erreicht. England schreitet in allen praktischen Angelegenheiten schneller als der Kontinent voran: die Vereinigten Staaten bewegen sich in mancher Hinsicht noch schneller als England."[47] Die Mobilität des amerikanischen Lebens fiel den Besuchern in dieser Zeit allgemein auf. Kein Volk dieser Erde schien so beweglich zu sein, wie die Bewohner der Vereinigten Staaten. In der Regel lernten die Amerikaner mehr als nur ihren Geburtsstaat kennen. Ein erheblicher Teil von ihnen verlegte regelmäßig seinen Wohnsitz in einen anderen Ort, einen anderen Bundesstaat, in eine andere Region, jedenfalls dorthin, wo es die größten Chancen für das eigene Fortkommen gab. Eine Bostoner Zeitung vermerkte 1828: „Es gibt mehr Reisen in den Vereinigten Staaten, als in irgendeinem anderen Teil der Welt. Hier ist die ganze Bevölkerung in Bewegung, während sich in den alten Ländern Millionen befinden, die nie über den Klang der heimischen Kirchenglocken hinaus gekommen sind."[48] Neben den beruflich oder geschäftlich motivierten Reisen kam bei den begüterten Amerikanern nun auch die Vergnügungs- und Bildungsreise nach Europa oder im eigenen Land in Mode.

Eine andere Seite der Neuen Welt war der englischen Schriftstellerin Harriet Martineau, die dem Leser ebenfalls bereits bekannt ist, wichtig. Sie eröffnete ihre scharfsinnige Beschreibung der amerikanischen Gesellschaft mit der Bemerkung des früheren Präsidenten James Madison (1809–1817), der gesprächsweise ihr gegenüber geäußert hatte, die Vereinigten Staaten seien „nützlich in der Erprobung von Dingen, die früher für unmöglich gehalten wurden".[49] Es ist dies eine frühzeitige Formulierung der Bezeichnung Amerikas als „Land der unbegrenzten Möglichkeiten", die in dieser Form dann Anfang des 20. Jahrhunderts aufkam.

Das erneuerte europäische Interesse an den amerikanischen Vorgängen hatte mehrere Ursachen. Nach dem Ende der Französischen Revolution und der Napoleonischen Kriege, die mehrere Jahrzehnte lang die Aufmerksamkeit Europas absorbiert hatten, rückte nun wieder der Fortschritt der nordamerikanischen Republik und ihrer politischen Demokratie stärker in den europäischen Blickwinkel. Die Julirevolution von 1830 und die von ihr ausgehenden Impulse für den liberalen Verfassungsstaat in Frankreich und Europa verstärkten noch diese Tendenz. Außerdem machten die USA damals in der „Ära Jackson" – in der Zeit des volkstümlichen Präsidenten Andrew Jackson (1829–1837) – einige Schritte hin zu einem *„Zeitalter des einfachen Mannes"*. Die Ansätze zur Entwicklung der Massendemokratie im Wahlrecht, in der Entwicklung der Parteien oder im Pressewesen fanden ebenfalls die Aufmerksamkeit der europäischen Beobachter. Infolgedessen verdanken wir den europäischen Reisenden eine ganze Reihe vorzüglicher zeitgenössischer Beschreibungen der amerikanischen Wirklichkeit. Sie bieten häufig wichtige Aufschlüsse gerade über das amerikanische Alltagsleben. Ihr Quellenwert liegt auch darin, daß sie vor dem Hintergrund der europäischen Erfahrungen der Amerikareisenden einen besonderen Blick für die Andersartigkeit der amerikanischen Verhältnisse einbringen. Diese Autoren erlebten und beschrieben die Natur und Landschaft, die Städte und Gemeinden, das gesellschaftliche Leben und die kulturellen Einrichtungen Amerikas nicht nur mit der verständlichen Neugier des Touristen, sondern sie verbanden dies häufig, wie Beaumont und Tocqueville, Martineau und Wright, Maximilian von Wied oder Paul Wilhelm von Württemberg, mit einem wissenschaftlichen Interesse an den sozialen, politischen oder ethnographischen Erscheinungen und Zusammenhängen in Amerika.

Viele von ihnen lernten dabei einen großen Teil des Landes kennen: Neuengland und die Großen Seen, New York und Pennsylvania, den damaligen Westen zwischen Ohio und Missouri, die Hauptstadt Washington und den Süden Amerikas von Virginia bis Louisiana. Einige Reisende und Forscher wie Maximilian Prinz zu Wied (1782–1867) und Paul Wilhelm von Württemberg (1797–1860) drangen in die Prärien zwischen Missouri und Kansas und bis zu den Rocky Mountains vor, beschrieben die dort lebenden Indianerstämme oder zeichneten wie der Schweizer Maler Karl Bodmer (1809–1893) ihre Häuptlinge und Krieger, die Frauen und Mädchen, ihre Dörfer und ihre Jagdzüge [Abb. 1] sowie ebenso die sie beeindruckende amerikanische Landschaft mit dokumentarischer Genauigkeit.

Erleichtert wurde die Erkundung Amerikas durch die inzwischen erreichten Fortschritte im Bau von Straßen und Kanälen sowie durch den *Beginn der Dampfschiffahrt* auf den wichtigsten Flüssen wie dem Mississippi, dem Ohio oder dem Hudson und außerdem auf den Großen Seen. Der Bau von Überlandstraßen schritt zügig voran. Die „Turnpikes", auf denen die Reisenden in vierspännigen Kutschen fuhren, waren gepflasterte oder geschotterte Landstraßen, auf denen eine Straßengebühr erhoben wurde. Mit der Cumberland Road entstand eine erste Nationalstraße, die aus Bundesmitteln finanziert wurde und von Cumberland in Maryland zunächst bis Columbus in Ohio, später bis Vandalia in Illinois

1 *Karl Bodmer „Indianische Bisonjagd" (ca. 1833). Der Schweizer Maler Bodmer begleitete den Naturforscher und Ethnographen Maximilian Prinz zu Wied 1832 bis 1834 auf seiner Reise durch Nordamerika und schuf dabei eine Vielzahl exzellenter Zeichnungen und Stiche.*

führte. Sie entwickelte sich bald zu einer Hauptroute für die Siedler, die nach Westen zogen. Es war eine Straße mit zahlreichen stattlichen Steinbrücken, mit eisernen Entfernungsanzeigern, sie wurde ständig von Kutschen und Fuhrwerken befahren oder von Herden von Pferden, Mauleseln oder Rindern benutzt, die nach Westen gebracht werden sollten oder in umgekehrter Richtung unterwegs waren.

Der Kanalbau wiederum erreichte seinen Höhepunkt mit der Eröffnung des Erie-Kanals im Jahr 1825 [Abb. 2]. Der Kanal verband über 363 Meilen den Erie-See mit dem Hudson und wurde zur bekanntesten künstlichen Wasserstraße, die in Amerika gebaut worden ist. Buffalo und New York City entwickelten sich seitdem als Einfallstore zum Westen. Die Frachtkosten und die Transportzeit verringerten sich mit dem Erie-Kanal in seinem Einzugsgebiet erheblich. Schließlich nutzten die Reisenden viel und gern die neuen Dampfschiffe, die jetzt auf den Flüssen verkehrten [Abb. 3]. Paul Wilhelm von Württemberg, der von 1822 bis 1824 zum ersten Mal in Nordamerika weilte, lobte ausdrücklich die Billigkeit der Plätze auf den Dampfbooten, durch welche jetzt die meisten Reisen geschehen würden.

Langsam begann jetzt auch der *Bau von Eisenbahnstrecken.* 1830 wurde der Dampfbetrieb der *Baltimore and Ohio Railroad* aufgenommen, auf einer Strecke von 13 Meilen, die von Baltimore nach Ellicott's Mills führte. Zehn Jahre später verfügten die USA dann schon über 3328 Meilen Eisenbahnstrecken. Charles Dickens erlebte bei seinem Amerikabesuch 1842 das neue Verkehrsmittel bei seiner Fahrt von Boston nach dem benachbarten Industrieort Lowell. „Wagen erster und zweiter Klasse wie bei uns gibt es nicht, sondern einen für

2 *Der Erie-Kanal über dem Genessee in Rochester, New York. Der Erie-Kanal verfügte über moderne technische Lösungen, wie diesen steinernen Aquädukt, der in elf Bögen den Kanal bei Rochester über den Genessee führte. An der einen Seite des Bauwerks befand sich ein Treidelweg für die Pferde mit einem eisernen Geländer.*

3 *Karl Bodmer „Das Dampfboot Yellow-Stone am 19. April 1833". Die „Yellow-Stone" war ein charakteristischer Flußdampfer mit Schaufelrad-Antrieb, auf dem Maximilian zu Wied und Karl Bodmer von St. Louis aus den Missouri aufwärts fuhren.*

Herren und einen für Damen. Der Hauptunterschied zwischen ihnen besteht darin, daß in dem einen alle Fahrgäste rauchen, in dem anderen dagegen niemand. Da ein Schwarzer nicht mit einem Weißen reist, ist auch ein Wagen für Neger vorhanden. Dies ist ein großer, plump und ungeschickt aussehender Kasten, ähnlich jenem, mit dem einst Gulliver von dem Königreich Brobdingnag aus in See stach. Es gibt im Zug viel Rüttelei und großen Lärm, sehr lange Wände und wenig Fenster, eine Lokomotive, eine Dampfpfeife und eine Glocke. Die Wagen gleichen schäbigen Omnibussen, sind aber geräumiger und fassen dreißig, vierzig, fünfzig Leute ... Jeder spricht mit dir oder mit einem anderen, der gerade sein Interesse erregt."[50]

Die amerikanischen Städte

Inzwischen waren die amerikanischen Städte zahlenmäßig und nach ihrer Größe weiter gewachsen. Die meisten von ihnen waren Hafenstädte an der Küste (Boston, New York, Charleston), lagen an Meeresbuchten (Baltimore), waren über den Unterlauf eines Flusses für Ozeanschiffe erreichbar (Philadelphia) oder verfügten über einen eigenen Flußhafen (Pittsburgh und Cincinnati am Ohio; St. Louis und New Orleans am Mississippi). Nur zwei von ihnen, New York und Philadelphia, hatten (1820) mehr als 100.000 Einwohner.

Damals gingen die europäischen Besucher der Vereinigten Staaten in unterschiedlichen Häfen an Land und sammelten hier die ersten Eindrücke von der Neuen Welt. Bernhard zu Sachsen-Weimar-Eisenach und Maximilian Prinz zu Wied betraten in Boston amerikanischen Boden. Es war damals eine ansehnliche und ausgedehnte Stadt von (1830) 61.000 Einwohnern, die an eine der älteren Städte Englands erinnerte. Die Häuser waren teils aus Backsteinen gebaut, teils aus Holz errichtet, die Dächer mit Schindeln gedeckt. Die Straßen waren gepflastert, verfügten über gepflasterte Fußwege und eine Straßenbeleuchtung. Verwendet wurden Reverbèren, mit einem Reflektor ausgerüstete Laternen. Den Besuchern fiel in den Geschäften das reichhaltige Angebot frischer Produkte aus Westindien, wie Kokosnüsse, Orangen und Bananen, auf. In der längsten Straße der Stadt, der Washington Street, gab es schöne und elegante Läden. Frühmorgens sah man auf den Straßen eine große Zahl mit Leinwand bedeckter Bauernwagen vom Land kommend, die Erzeugnisse der Umgebung in die Stadt brachten. Im Gasthof, in dem Maximilian zu Wied abgestiegen war, lernte er neue, von den europäischen Sitten abweichende Gebräuche kennen. „Die Wohnzimmer sind sehr klein und enthalten sämtlich Betten; Sprachzimmer (Parlours), oder solche, in denen sich keine Betten befinden, muß man besonders mieten; die Eßstunden sind bestimmt, dreimal des Tages, und es wird das Signal gewöhnlich zweimal oder dreimal mit einer Schelle gegeben. Außer diesen Stunden kann man nichts zu essen erhalten. Gewöhnlich haben eine Menge von Leuten den Tisch in diesen Gasthöfen, sie belagern das Haus schon vor der bestimmten Stunde, und auf das gegebene Signal stürzen sie in wildem Gedränge in den Eßsaal; ein jeder sucht dem andern den Rang abzugewinnen, auch ist die Menge der Gäste meist unverhältnismäßig groß zu der Zahl des aufwartenden schwarzen Personals. Alsdann bemächtigt sich ein jeder der Speise, die er zuerst erreichen kann, und in 10 Minuten ist alles verzehrt; mit lakonischem Stillschweigen steht man vom Tische auf, der Hut wird auf den Kopf geworfen und forteilen die geschäftigen Gentlemen, deren Ablagerung man den ganzen Tag vor den Gasthöfen, an den Kaminen der unteren Zimmer mit Rauchen von Zigarren und dem Lesen der kolossalen Zeitungen beschäftigt sieht."[51]

4 *Das Tremont House in Boston 1829, noch im Bau befindlich. Es wurde das erste modern eingerichtete amerikanische Luxushotel. Die meisten Zimmer des Hotels lagen in einem Querflügel des Hauses, der auf dieser Abbildung nicht zu sehen ist.*

Als Neuheit wird von den Reisenden in den Hotels und Gasthöfen ein „Bar-Room" erwähnt, in welchem ein besonders dazu angestellter Mann hinter den Schranken seiner Bar alle Arten von Getränken verkaufte, mischte und braute, wobei immer eine große Menge von Eis und von frischer Pfefferminze benutzt wurde. Die Vorliebe der Amerikaner für eisgekühlte Getränke wurde ebenso beobachtet.

Anders als Wied lobte der Ungar Sándor Bölöni Farkas (1795–1842), der 1830/31 durch Nordamerika reiste und von der amerikanischen Demokratie begeistert war, ausdrücklich die neuenglischen Gasthöfe und ihre Bequemlichkeit. In den großen Gasthöfen der Poststationen, wo die Pferde gewechselt würden, finde der Reisende an den Wänden zur eigenen Orientierung Landkarten der Vereinigten Staaten, des betreffenden Staates und des Distrikts, in dem sich der Gasthof befindet. Überall hinge an auffallender Stelle in einem Goldrahmen unter Glas die Unabhängigkeitserklärung der USA.

Übrigens wurde in Boston 1829 das erste moderne Hotel in Amerika eröffnet, das Tremont House [Abb. 4], dessen Zimmer man abschließen konnte und das mit Innentoiletten ausgestattet war. Einige Jahre später stieg hier auch der Engländer Charles Dickens ab und gab ihm die Note „erstklassig". Das Hotel war damals offenbar gut besetzt, Dickens zählte 100 bis 200 Tischgäste, mitunter sogar noch mehr.

Boston beeindruckte die Reisenden durch die Zahl und Qualität der öffentlichen Anstalten und Wohlfahrtseinrichtungen, die zumeist vom Staat unterhalten oder unterstützt

5 *Karl Bodmer „Einfahrt des Hafens von New York von Staten Island aus" (ca. 1833). Obgleich seit 1819 die ersten Dampfschiffe den Atlantik überquerten, dominieren auf dem Bild Bodmers die Segelschiffe noch eindeutig. Nur ein Dampfschiff ist im Vordergrund zu erkennen.*

wurden. Dazu gehörten das Hospital, das Irrenhaus und eine Blindenanstalt, die Dickens bei seinem Besuch in Boston besonders beeindruckte. Das geistige Leben wurde durch die nahe liegende Harvard University nachhaltig geprägt. Als Bernhard zu Weimar 1825 die Universität besichtigte, studierten dort gegen 350 Studenten, die größtenteils in den Universitätsgebäuden wohnten und aßen. Die Bibliothek von Harvard, heute eine der ansehnlichsten Universitätsbibliotheken in Amerika, enthielt damals 18.000 Bände. Etwa ebenso groß war die öffentliche Bibliothek in Boston, die einer Lesegesellschaft gehörte und in der die Zeitungen aus den wichtigsten Städten des Landes auslagen. Auch das Schulwesen war in Boston für jene Zeit beispielhaft entwickelt, neben verschiedenen Privatschulen gab es zwei öffentliche Schulen, deren Kosten durch eine Schulsteuer im Staat Massachusetts bestritten wurden. Der Besuch war Knaben vorbehalten und unentgeltlich. In einer dieser beiden High Schools, die Bernhard besuchte, stand der Unterricht der lateinischen und griechischen Sprache im Mittelpunkt. Aufmerksamkeit, Scharfsinn und Gedächtnis der Schüler sollten besonders trainiert werden. In der anderen High School wurden die mathematischen und physikalischen Wissenschaften gelehrt, wobei das Kopfrechnen sehr stark betrieben wurde. Der Besucher aus Weimar freute sich über das „bescheidene, anständige, ungezwungene Benehmen der Schüler" und ihre – bei aller Schuldisziplin – liberale Erziehung.

Anders als das neuenglische Boston stellte sich das kommerzielle Zentrum des Landes, die Großstadt *New York* [Abb. 5], den europäischen Besuchern dar. In New York lebten 1830

6 *Plan von New York um 1828.*

bereits 208.000 Einwohner, eine Mischung von Amerikanern unterschiedlichster nationaler Herkunft, die Nachkommen der zuvor eingewanderten Engländer, Holländer, Deutschen, Schweden, Franzosen oder anderer Nationalitäten waren. Die Stadt lag in Form eines Dreiecks zwischen East River und Hudson [Abb. 6]. Während im südlichen, ältesten Teil der Stadt die Straßen unregelmäßig und winklig verliefen, waren sie im nördlichen, neueren Teil gerade und rechtwinklig angelegt, in der noch heute das Straßenbild bestimmenden Form. Die Häuser waren zu jener Zeit meist aus Ziegelsteinen gebaut. Sie hatten in der Regel nicht mehr als drei Stockwerke, wie ein Blick auf den Broadway erkennen läßt [Abb. 7]. Der Broadway war schon damals eine stets belebte Geschäftsstraße, mit glänzenden Schaufenstern, eine Straße, die schon bald von einer Pferdebahn befahren werden sollte.

Die europäischen Besucher waren von der schönen Lage der Stadt und dem geschäftigen Leben beeindruckt, das in den Straßen pulsierte. Bernhard zu Weimar monierte allerdings das schlechte Pflaster der Straßen: „Die Straßen sind schlecht gepflastert, haben jedoch gute Trottoirs. Auch laufen nicht so viele Schweine in denselben umher, als in den Straßen zu Albany [der Hauptstadt des Staates New York, der Vf.]. Die Hauptstraße, broadway genannt, 3 Meilen lang, gefiel mir ungemein wohl, wegen ihrer Breite und ihrer schönen

7 *Thomas Hornor, Broadway, New York 1836 [Ausschnitt]. Das Bild vermittelt einen guten Eindruck von den zahlreichen Kutschen und Wagen sowie den Geschäften, Schaufenstern und Passanten in dieser belebten New Yorker Straße.*

Läden, auch wegen ihrer bequemen Trottoirs."[52] Auch Dickens erwähnte noch einige Zeit später die durch die Straßen New Yorks trottenden Schweine, „die Straßenkehrer der Stadt".

New York verdankte seine Rolle als größte Handelsstadt der Vereinigten Staaten seiner günstigen Lage und dem prosperierenden Hafen, wo Schiffe aller Art und von allen Nationen aus und ein segelten. Ein Wald von Masten einer endlosen Reihe von Schiffen begrüßte den Ankömmling. Der Hafen der Stadt, welcher eine ausgedehnte Bai bildet, fror selbst im Winter nur äußerst selten zu, so daß er zu allen Jahreszeiten verfügbar war. Über den Hudson, den East River und den Long Island Sound zog New York den Binnenhandel der nördlichen und östlichen Staaten an sich. Seit der Eröffnung des Erie-Kanals machte man überdies bedeutende Geschäfte mit dem Westen des Landes und mit Ober-Kanada, konnte der

8 *Francis Guy, Winterszene in Brooklyn, um 1816. Diese realistische Wiedergabe des kleinstädtischen Winterlebens steht im deutlichen Kontrast zum benachbarten großstädtischen New York.*

aus Leipzig stammende Reiseschriftsteller Traugott Bromme (1802–1866) vermerken, der Mitte der 1820er Jahre längere Zeit in Amerika weilte.

Allgemein interessierten sich damals die Besucher aus England, Frankreich oder Deutschland für die öffentlichen Einrichtungen der Stadt wie die Krankenhäuser, die Irrenanstalt und das Waisenhaus mit 100 Zöglingen, die Taubstummenanstalt, die Gefängnisse und das Armenhaus, die teils mit öffentlichen, teils mit privaten Mitteln erhalten wurden. Bromme und Bernhard besuchten das schon 1770 errichtete Hospital, das New Yorker Krankenhaus mit sechs Ärzten und vier Wundärzten sowie 400 Betten, die in großen Sälen mit bis zu 16 Betten aufgestellt waren. Bromme hob die Tatsache hervor, daß die kranken Einwohner New Yorks, ja selbst Ausländer, ohne große Formalitäten in das Hospital Aufnahme fanden. Kranke, die dazu in der Lage waren, mußten wöchentlich zwei Dollar bezahlen. Arme fanden freie Aufnahme, die Kosten wurden durch private Spenden und Zuschüsse des Staates aufgebracht. Bernhard zu Weimar wunderte sich bei seinem Besuch darüber, daß die Betten aus Holz und nicht aus Eisen waren, und erhielt als Antwort, man fürchte, diese würden bei den heftigen Gewittern, die hier öfter vorkämen, zu gefährlich sein.

Das Irrenhaus (*Lunatic Asylum*) befand sich in gesunder Lage außerhalb der Stadt. Es bot Raum für 130 Geisteskranke, die nach Geschlechtern getrennt in den verschiedenen Flügeln des Gebäudes untergebracht waren. Ein Hof stand für Spaziergänge der Patienten zur Verfügung. Bernhard erwähnt die große Reinlichkeit, die überall herrschte. Er besichtigte auch das Staatsgefängnis in Greenwich, das gegen 550 Gefangene beiderlei Geschlechtes beherbergte. Die Gefangenen lebten zu acht in einer Stube oder Zelle, schliefen auf Strohsäcken und deckten sich mit wollenen Decken zu. Die Ernährung bestand aus Schwarzbrot, Suppe und dreimal in der Woche aus Fleisch, die anderen Tage gab es Fisch. Die Gefangenen konnten in den Werkstätten unentgeltlich arbeiten, es wurde dort alles angefertigt, was im Haus gebraucht wurde, außerdem Holzwaren, Bürsten und kleinerer Hausrat zum Verkauf. Wer nicht arbeiten wollte oder sich schlecht aufführte, kam in Einzelhaft (*Solitary confinement*).

Neben diesen Anstalten interessierten sich die Reisenden besonders für die Schulen, Museen, Bibliotheken und Theater der Stadt. Bernhard zu Weimar besuchte eine High School mit 300 Knaben. In der unteren Klasse lernten die kleineren Kinder Lesen, Schreiben und Rechnen. „Die Knaben sind alle auf den Pfiff abgerichtet, wie die Matrosen: sie stehen auf und setzen sich, nehmen ihre Schiefertafeln und stellen sie hinweg, formieren Klassen zum wechselseitigen Unterricht, begeben sich wieder auf ihre Plätze: Alles auf ein mit der Pfeife gegebenes Zeichen. In der mittleren Klasse wird der Unterricht weiter ausgedehnt. Die Kinder lernen die Grammatik, englisch und lateinisch, Geschichte, Geographie, Physik; in der Mathematik rücken sie ebenfalls weiter vor. In der letzten Klasse werden die Knaben in der höheren Mathematik unterrichtet und überhaupt vorbereitet, um die Universität besuchen zu können. Als ich in den Schulsaal trat, wurde gerade Unterricht in der Geographie erteilt. Der Lehrer fragte: wo liegt Weimar? Am Rhein, war die Antwort."[53]

Es gab in New York damals über 100 Kirchen und auch drei jüdische Synagogen. Am Sonntag war es in der Zeit des Gottesdienstes schwer möglich, mit einem Wagen durch die Straßen zu kommen, da diese dann vor allen Kirchen mit Ketten abgesperrt wurden, um den Durchgangsverkehr zu verhindern.

In der Stadt befanden sich, so berichtet Bromme, 31 Buchdruckereien und 27 Buchhandlungen. Wöchentlich erschienen 22 Zeitungen, neun davon täglich, sieben kamen zweimal die Woche heraus, und sechs Zeitungen erschienen einmal in der Woche. Das American Museum zeigte seine natur- und völkerkundlichen Sammlungen, darunter auch einige indianische Waffen, Kleidungsstücke und andere Gebrauchsgegenstände der Indianer. New York verfügte über mehrere Theater, die, wie Bernhard feststellte, gut besucht wurden. Allerdings war es nicht Sitte, daß Damen der guten Gesellschaft oft ins Theater gingen. Bernhard bemerkte im Parterre nur Männer, von denen viele, wegen der Hitze, ihre Röcke ausgezogen hatten. In einem anderen Theater genierte sich das Publikum ebenfalls wenig, die Herren behielten in den Logen ihre Hüte auf und machten es sich im Parterre so bequem wie möglich. Für Bromme gar hatten Vergnügungen und Vergnügungssucht der New Yorker überhandgenommen. Neben dem Besuch der Theater, Konzerte und Bälle waren Maskeraden im Winter sehr häufig. „Der Luxus hat hier mehr als in irgendeiner Stadt überhand genommen", schreibt Bromme, „und bereits, da er nicht die Folge des Überflusses, wie in den inneren Teilen des Landes ist, einen sehr verderblichen Charakter erreicht."[54]

Auch die Umgebung der Stadt wurde besucht und wegen ihrer schönen Lage gelobt. Brooklyn [Abb. 8], der größte Ort auf Long Island, war damals noch eine selbständige Stadt. Von New York aus verkehrte dorthin alle halbe Stunde ein Dampffährboot über den East River. Ein Vergnügungsort der Bewohner New Yorks war das auf holländische Ursprünge zurückgehende Hoboken mit seinem großen parkartigen Garten, das ebenfalls durch eine Dampffähre über den Hudson zu erreichen war.

9 *Die Zweite Bank der Vereinigten Staaten in Philadelphia, gebaut von William Strickland (1788–1854) in den Jahren 1818–1824.*

10 *Charles Willson Peale, The Artist in His Museum, (1822). Mit diesem liebenswürdigen Selbstporträt lädt der alte Maler zu einem Besuch seines Museums ein und gestattet dabei einen Blick auf die vogelkundliche Sammlung.*

Philadelphia, inzwischen eine Großstadt mit 170.000 Einwohnern, beeindruckte die europäischen Besucher mit seinen historischen Zeugnissen aus der Zeit des Unabhängigkeitskrieges und der Gründung der USA, durch ihre langjährige Stellung als ein kultureller Mittelpunkt des Landes und durch verschiedene moderne Einrichtungen zur Verbesserung der Wohn- und Lebensverhältnisse. Der Geist des Unabhängigkeitskrieges war hier nach Meinung der Besucher noch lebendig geblieben. Bromme bescheinigt den Bewohnern der Stadt ein besonderes Maß an freiheitlicher Gesinnung. „Nirgends findet man weniger Unterschied unter den Einwohnern, als hier, wo Alle sich gleich sind; Niemand gesteht selbst dem Gouverneur einen Vorzug vor anderen zu, als insofern er die rechte Hand des Gesetzes ist, und diesem nur, dem Gesetze nämlich, sind die Ehrerbietungen geweiht, die man bei Gelegenheiten dem Gouverneur macht, denn das Gesetz behandelt und betrachtet alle Bürger gleich."[55] Die Philadelphier waren nach Bromme ein ordnungsliebendes, ruhiges Volk, höflich und gastfrei gegen Fremde. Das Bild der Stadt, die im 17. Jahrhundert nach einem Plan des Gründers, William Penn, angelegt worden war, wurde durch regelmäßig verlaufende Straßen, die sich in gerader Linie rechtwinklig kreuzen, bestimmt. Man lobte das gute Pflaster der Straßen, die ebenfalls mit Ziegelsteinen gepflasterten Fußwege und die Straßenbeleuchtung des Nachts am Rand der Fußwege. Auffallend war die ausgezeichnete Wasserversorgung der Stadt durch ein neu errichtetes Wasserwerk am Rand der Stadt. Mit dem Wasser des Schuylkill wurde ganz Philadelphia mit Wasser versorgt. In allen Straßen fand man Brunnen, an denen im Brandfall Schläuche der Feuerwehr angeschraubt werden konnten.

11 *Charles Willson Peale, The Exhumation of the Mastodon, (1806–1808). Peale hatte auf einer Reise von Philadelphia nach New York 1801 zufällig die Überreste eines Mammut in einem morastigen Gelände am Hudson entdeckt, dessen Ausgrabung er später in diesem Gemälde festhielt.*

Überall wurden die Straßen mit Wasser gesprengt, die Häuser konnten bis in die obersten Stockwerke billig mit Wasser versorgt werden. Zu den ins Auge springenden neuen Gebäuden gehörte die im neoklassizistischen Stil errichtete Zweite Bank der Vereinigten Staaten [Abb. 9]. Für Herzog Bernhard war es das schönste Gebäude, das er bis dahin im Land gesehen hatte, nach dem Vorbild des Parthenon in Athen 1818 bis 1824 aus weißem Marmor errichtet.

Keiner der Besucher versäumte es, den Stolz Philadelphias, das berühmte Museum des Malers Peale, zu besuchen. Charles Willson Peale [Abb. 10] hatte bereits in den 1780er Jahren in seiner Heimatstadt ein Museum gegründet, in das er über 40 Jahre hindurch seine ganze Energie steckte. Das Museum enthielt eine reiche naturkundliche Sammlung, kombiniert mit einer Gemäldegalerie. Man konnte dort eine Elektrisiermaschine finden, aber ebenso indianische Wampums, Skalps und Tomahawks betrachten. Es gab ausgestopfte Vögel, Reptilien in Spiritus und allerlei Kuriositäten zu bewundern. Die Attraktion des Museums war das vollständige Skelett eines Mammuts, das unter maßgeblicher Beteiligung des Malers Anfang des Jahrhunderts im Staat New York ausgegraben worden war [Abb. 11]. Die Entdeckung des „Ohio-Elefanten" war damals eine kleine naturwissenschaftliche Sensation, sah man in dem Mammut doch ein Wunder Nordamerikas und ein fehlendes Glied in der Entwicklungsgeschichte der Tierwelt.

Jedenfalls war Peales Museum in Philadelphia das erste wissenschaftliche Museum des Landes von Bedeutung. Kaum weniger Interesse erregte die auf Benjamin Franklin zurück-

12 *Das Eastern State Penitentiary in Philadelphia, erbaut 1823–1829. Das Gefängnis enthielt sieben Zellenblocks, die radial um einen Mittelpunkt im Gefängnishof angelegt war en, jede Zelle mit einem kleinen Platz für Freiübungen und einem WC ausgestattet.*

gehende Bibliothek, die damals gegen 28.000 Bände zählte und ebenfalls über ein naturhistorisches Museum verfügte, das die physikalischen Apparate und eine merkwürdige Uhr des Astronomen David Rittenhouse (1732–1796) besaß. Die Bibliothek war täglich, mit Ausnahme sonntags, in den Nachmittagsstunden bis zum Sonnenuntergang geöffnet. Man konnte sie unentgeltlich in einem Lesezimmer benutzen oder ein bzw. mehrere Bücher gegen eine geringe Benutzungsgebühr nach Hause entleihen.

Eine Sehenswürdigkeit anderer Art war das neue Staatsgefängnis in Philadelphia [Abb. 12], 1829 erbaut, das einige Jahre später auch die Aufmerksamkeit der beiden Franzosen Gustave de Beaumont (1802–1866) und Alexis de Tocqueville bei ihrem Studium der amerikanischen *Gefängnisverhältnisse* fand. Pennsylvania bemühte sich damals darum, die Todesstrafe abzuschaffen, und setzte an ihre Stelle bei Kapitalverbrechen die Einzelhaft, bei welcher der Häftling keinen Umgang mit den Mitgefangenen haben durfte, keine andere Lektüre als die Bibel erhielt, aber zur Arbeit in der einsamen Zelle verpflichtet war. Die Einzelhaft und Isolierung wurde von den Häftlingen, mit denen sich Beaumont und Tocqueville unterhielten, als eine schwere Strafe empfunden, die Arbeit war unter diesen Bedingungen für sie die einzige Erleichterung des Lebens in der Zelle. Dickens, der einige Jahre später ebenfalls das neue Gefängnis in Philadelphia besuchte, hielt den dortigen Strafvollzug ungeachtet seiner menschenfreundlichen Absichten für grausam und unrecht. Andere Staaten, besonders New York, gingen ebenfalls um 1820 an die Reform des Strafvollzugs und bauten in Auburn und Sing Sing neue Gefängnisse, in denen eine Kombination von Einzelhaft des Nachts und von gemeinsamer – aber unbedingt schweigender – Arbeit in den Werkstätten des Gefängnisses am Tag eingeführt wurde. In Baltimore wiederum versuchte man ein Besserungssystem der Arbeit ohne Einsamkeit, indem die Häftlinge die Nacht in Einzelzellen verbrachten, aber am Tag miteinander verkehren konnten. Alle diese Versuche einer Reform des Gefängniswesens fanden damals ihre Befürworter und Gegner. Von den europäischen Besuchern wurden sie sehr aufmerksam studiert. Nicht nur für Beaumont und Tocqueville, sondern ebenso für Bernhard zu Weimar oder Charles Dickens bildeten die Besuche in den Gefängnissen und die Gespräche mit den Gefangenen eine stete Quelle ihres Interesses.

Kaum einer der europäischen Reisenden versäumte es damals, der Bundeshauptstadt *Washington* einen Besuch abzustatten. 1830 lebten in Washington knapp 19.000 Einwohner.

Tabelle 10

Bevölkerung im District of Columbia 1830

Washington	18.826
davon Weiße	13.367
freie Schwarze	3.129
Sklaven	2.330
Georgetown	8.441
Alexandria	8.241

Quelle: Constance McLaughlin Green, Washington. Village and Capital, 1800–1878, Princeton 1962, S. 21.

Den Besuchern fiel allgemein der Gegensatz auf, der zwischen der großartigen, großzügigen Planung der Hauptstadt entsprechend dem auf den Franzosen L'Enfant zurückgehenden Stadtplan von 1792 [vgl. Kap. 4, Abb. 7] und der unfertigen Bebauung, dem Fehlen geschlossener Straßenzüge im damaligen Stadtbild bestand. Fanny Wright (1795–1852), die als erste Britin schon um 1820 die USA besuchte, formulierte mit ihrem Erstaunen über das Stadtbild einen bei vielen späteren Besuchern verbreiteten Eindruck: „Diejenigen, die beim Besuch Washingtons erwarten, eine Stadt zu finden, werden etwas erstaunt sein, wenn sie zum ersten Mal ihre Grenzen überschreiten und vergeblich nach dem Anblick eines Hauses suchen. Der für diese Metropole des Reiches entworfene Plan ist gigantisch, und die öffentlichen Gebäude, ob fertiggestellt oder im Bau, tragen alle den Stempel der Größe. Wie viele Jahrhunderte werden verstreichen, bevor die Menge kleiner Dörfer, die jetzt über diese Fläche verstreut sind, die Form und Pracht einer imperialen Stadt annehmen?"[56] Andere Besucher, die Washington in dieser Zeit kennenlernten, äußerten sich ähnlich über das Stadtbild. Herzog Bernhard traf im November 1825 aus Baltimore kommend in der Bundeshauptstadt ein. Auf der Fahrt durch Maryland mit den Tabak- und Maisfeldern fiel dem Herzog der Unterschied zu den neuenglischen und New Yorker Dörfern ins Auge. Die Häuser waren hier kleiner und schlechter gebaut, ihre zumeist schwarzen Bewohner besaßen oft ein sehr zerlumptes Äußeres. „Ich hatte mir keine große Idee von Washington gemacht", schrieb Bernhard in seiner „Reise durch Nordamerika", „ich fand aber, was ich sah, unter meiner Erwartung. Das Kapitol steht auf einer Anhöhe und soll in die Mitte der Stadt zu stehen kommen; bis jetzt ist es nur von unansehnlichen Häusern und Feldern umgeben, auf welchen gleichfalls kleine Häuser zerstreuet stehen. Von demselben gehen mehrere Alleen aus. Wir fuhren in die Pennsylvania-avenue, und kamen endlich an Häuser, die so weit von einander gebauet sind, daß dieser Teil der Stadt einem neu angelegten Badeorte gleicht. Die Gegend ist übrigens recht schön, und man hat mehrere hübsche Aussichten auf den breiten Potomac. Wir fuhren am Hause des Präsidenten vorüber; es ist ein einfaches Gebäude von weißem Marmor in einem kleinen Garten."[57]

Das Kapitol, dessen Baubeginn noch im 18. Jahrhundert (1793) lag, wurde 1826 in seiner ursprünglichen Form fertiggestellt, die sich dann bald als zu klein erwies [Abb. 13]. Das Weiße Haus war nach der Zerstörung durch die Briten im Krieg von 1812/14 dann 1817 wiederaufgebaut worden, es war übrigens nicht aus Marmor, wie Bernhard irrtümlich meinte, sondern aus Sandstein und verdankte seinen Namen dem weißen Anstrich.

Auch Bernhard fand den Plan, nach dem Washington angelegt werden sollte, großartig, aber schwerlich auszuführen. „Nach demselben könnte es eine Bevölkerung von einer Million Menschen fassen, während es jetzt nur gegen 13.000 enthalten soll." Als Charles Dickens rund 15 Jahre später (1842) Washington seinen Besuch abstattete, gab er ein ähnlich kritisches Urteil über die unfertige Hauptstadt ab, die er „Stadt der großen Entfernungen" oder „Stadt der großartigen Absichten" nannte. „Nur wenn man sie von der Spitze des Kapitols aus der Vogelschau betrachtet, kann man überhaupt erst die gewaltigen Vorhaben ihres Gründers, eines hoch strebenden Franzosen, begreifen. Ausgedehnte Alleen, die im Nichts beginnen und nirgends hinführen, meilenlange Straßen, denen nur die Häuser, Wege und Einwohner fehlen, öffentliche Gebäude, die lediglich ein Publikum brauchten, um vollkommen zu sein, Verzierungen für große Fahrstraßen, denen es allein an diesen großen Straßen mangelt, die sie verzieren sollen – das sind ihre wesentlichen Merkmale. Man könnte meinen, die Saison sei vorüber und die meisten Häuser hätten mit ihren Besitzern für immer den Ort verlassen."[58] Dickens hatte offenbar damals mit seinem spöttischen Urteil nicht ganz unrecht. Washington war der Regierungssitz, in dem damals vor allem der Präsident mit seinem Hauswesen und die Abgeordneten und Senatoren während der Sitzungen des Kongresses wohnten. Ferner lebten hier die Regierungsbeamten der verschiedenen Ministerien sowie die Inhaber der Hotels, der Kost- und Logierhäuser und die Händler, welche die Stadt mit Lebensmitteln und dem Lebensnotwendigen versorgten.

Neben diesem ersten Eindruck vom Bild der Stadt Washington ließen sich viele europäische Besucher von dem guten Funktionieren des republikanischen Staates, von der schlichten Form der Machtausübung seitens des Präsidenten oder der Kongreßmitglieder beeindrucken. Für Traugott Bromme bildete ein Besuch beim Präsidenten eines der interessantesten Erlebnisse seines Amerikaaufenthaltes. Er betrat in Begleitung eines Freundes das Weiße Haus in der Absicht, dem Präsidenten James Monroe (1817–1825) seine Aufwartung zu machen. Im Parterre fand sich niemand, der die Besucher hätte melden können. Bromme berichtet weiter: „Mittlerweile höre ich Geräusch in einem Zimmer neben der Halle, öffne die Thüre und sah einen Mann in blau- und weißgestreiften Hausrock auf dem Stuhle dicht am Fenster schaukeln und das eine Bein auf dem Fensterbrett liegen. Nachdem ich ihn gegrüßt, fragte ich nach seiner Excellenz: ‚Ich bin Monroe', antwortete er aufstehend, ‚womit kann ich Ihnen dienen!' – Diese plötzliche Bekanntschaft hatte mich verlegen gemacht, es kam mir so unerwartet, daß er leicht meine Verlegenheit bemerken konnte."[59] Das Gespräch drehte sich dann um den Zweck der Reise des Besuchers im Weißen Haus und dauerte über eine Stunde. Die unzeremonielle, schlichte Art, in der im Weißen Haus damals

13 *Ostseite des Capitols um 1825, kurz vor der Fertigstellung des Gebäudes in seiner ursprünglichen Form. Das neoklassizistische, sich ruhig gebende Äußere wurde später in der Mitte des 19. Jahrhunderts im üppigen viktorianischen Zeitgeschmack nicht nur durch die gewaltige Kuppel erweitert.*

Besucher empfangen wurden, beeindruckte die aus dem aristokratischen Europa kommenden Gäste außerordentlich. Der Ungar Farkas, der 1831 Washington besuchte, ein liberaler, enthusiastischer Bewunderer der amerikanischen Demokratie, machte Präsident Jackson im Weißen Haus seine Aufwartung, wurde von ihm mit schlichter Freundlichkeit begrüßt und in ein liebenswürdiges Gespräch über seine Heimat Ungarn, seine Reise und die amerikanischen Einrichtungen verwickelt. Jacksons „einfache Redeweise, sein liebenswürdiges Benehmen ließen uns im Laufe des Gesprächs vergessen, daß wir uns mit dem obersten Beamten von 13 Millionen Menschen unterhielten".[60]

Eine Stadt ganz anderer Art als die bisher geschilderten amerikanischen Städte war das am Ohio, also im damaligen Westen, liegende *Cincinnati.* Hier konnte man die noch im Entstehen befindliche Lebensweise der Amerikaner gewissermaßen an der Quelle studieren, in einem Ort, in dem ein Menschenalter zuvor noch die Urwälder der heimischen Indianer dominiert hatten. Cincinnati [Abb. 14], die „Königin des Westens", verdankte ihr rapides Wachstum der Lage am Ohio, über den die Erzeugnisse der Region wie Mehl und Mais, Whisky und Bier sowie Rind- und Schweinefleisch nach dem Osten des Landes verschifft werden konnten. Die rasch aufblühende Handelsstadt zählte um 1830 gegen 20.000 Einwohner. Frances Trollope, die Mutter des viktorianischen Schriftstellers Anthony Trollope (1815–1882), die, aus England kommend, damals für zwei Jahre in der Stadt weilte, dort ein Kurzwarengeschäft führte und anschließend die kritische Chronistin der Königin des Westens wurde, fand in Cincinnati weder Bettler noch im Überfluß lebende Reiche. Alle Bewohner waren ihrer Meinung nach mehr oder weniger aktiv damit beschäftigt, Geld zu verdienen. Die Schattenseite der prosperierenden Verhältnisse, bei denen ausschließlich das Geschäftsleben den Alltag bestimmte, bestand nach Mrs. Trollope darin, daß Kunst und Wissenschaft, Bildung und Vergnügen zu kurz kamen, daß die Amerikaner im Westen keine Manieren besaßen, an Kultur kaum interessiert waren, eine schlechte Haltung hatten, stets nur von Geld redeten. Von einem Landsmann, der lange Jahre in Amerika gelebt hatte, über-

14 *John Casper Wild, „Cincinnati: The Public Landing" (1835). Die sehr einfache Anlegestelle für die Flußdampfer erlebte 1829 den Besuch Andrew Jacksons, der auf dem Weg zur Amtseinführung in Washington war.*

nahm die engagierte englische Beobachterin die Meinung, daß es kein Gespräch zwischen Amerikanern „bei der Arbeit, auf der Straße, auf Reisen, auf dem Feld, im Theater, dem Kaffeehaus oder zu Hause" gebe, „bei dem nicht das Wort *Dollar* fallen würde".[61] Die „Jagd nach dem Dollar", der hohe Stellenwert des Geldes im amerikanischen Alltag, wurde auch von anderen Reisenden jener Zeit bestätigt. Lieber, der seiner Wahlheimat mit Sympathie begegnete, bescheinigte dem Amerikaner, stets darauf bedacht zu sein, Gewinn zu machen. Tocqueville notierte in seinem Tagebuch die Meinung eines amerikanischen Gesprächspartners, der größte Makel im amerikanischen Nationalcharakter sei die Gier, reich zu werden und dies mit allen Mitteln anzustreben. Nun ist zweifellos die Liebe zum Geld keine ausschließliche Leidenschaft der Amerikaner, sondern eine tief verwurzelte Eigenschaft der menschlichen Natur. Insofern aber, als die Neue Welt industrieller und kommerzieller war als die aristokratisch geprägte Alte Welt, war hier in Amerika das Geldverdienen intensiver geworden und konnte leicht alles andere absorbieren. Eben dies stellten die europäischen Besucher nicht nur in Cincinnati fest.

Die Stadt war stolz auf ihre öffentlichen Einrichtungen, auf ein medizinisches College, ein Krankenhaus, ein Theater (in dem einige Zeit zuvor Bromme eine schlechte Macbeth-Aufführung besuchte), auf Bibliotheken, Kirchen, Schulen usw. Es gab mehrere Zeitungen und Tageblätter wie den „Western Spy" oder die „Cincinnati Gazette". Harriet Martineau, die einige Zeit später, in der Mitte der 1830er Jahre, die Stadt besuchte, bestätigte den Wohlstand der Stadt und schrieb, daß kaum einer ihrer Bewohner ohne Lebenskomfort, Mittel der Bildung und günstige Zukunftsaussichten dastünde. Dagegen hatte Mrs. Trollope, der wir eine glänzende Schilderung der gesellschaftlichen Verhältnisse in der Stadt und der Sitten und Bräuche ihrer Bewohner verdanken, viel an deren Lebensweise auszusetzen. Den größten Makel sah sie im Mangel an Verfeinerung (*refinement*) bei den Amerikanern. Sie beklagte die Abwesenheit öffentlicher oder privater Vergnügungen in Cincinnati wie in Ohio generell. Billard war dort per Gesetz – aus religiösen Motiven in der Zeit der evangelischen Erweckungsbewegung – ebenso verboten wie das Kartenspiel. Es gab nach dem Zeugnis der kritischen Engländerin keine öffentlichen Bälle, abgesehen von einer kleinen Zahl während der Weihnachtsfeiertage. Es gab keine Konzerte, keine Dinner Parties. Es gab zwar ein Theater als einzige Stätte des Amüsements in der Öffentlichkeit „dieser tristen kleinen Stadt", aber es wurde schlecht besucht, besonders selten von Damen, die darin einen Affront gegen die Religion erblickten. Mrs. Trollope zeigte sich überrascht, daß auch in Amerika, wo es keine Staatsreligion gab, sehr wohl von den Kirchen eine religiöse Tyrannei ausgeübt werden konnte. Sie erlebte ein Camp Meeting der Erweckungsprediger in Indiana mit, bei dem Tag und Nacht gepredigt wurde, und war von der religiösen Aufgeregtheit der Prediger und der Menge, unter der sich Frauen und Mädchen besonders hervortaten, wenig angetan.

Besonders gefiel ihr der Enthusiasmus, mit der die Bewohner der Stadt den 4. Juli, den Nationalfeiertag zur Erinnerung an die Unabhängigkeit des Landes, begingen. Hier zeigte man sich in ihren Augen temperamentvoll, fröhlich, großzügig und liberal. Am 4. Juli waren ihre amerikanischen Mitbewohner ein liebenswertes Volk. Dagegen mißfielen Mrs. Trollope die – auch von anderen Reisenden beobachteten – Tischsitten der Amerikaner in der Öffentlichkeit, also in Gaststätten und Pensionen. Das Essen erfolgte dort mit der größtmöglichen Schnelligkeit und in völligem Schweigen. Ihre Beschreibung der amerikanischen Küche stellt die großen Mengen an Speisen, an Schinken und Beefsteaks in den Vordergrund, die morgens, mittags und abends verspeist wurden, und sie wunderte sich über die ungewöhnliche Zusammenstellung der Speisen, das Durcheinander von Eiern und Austern, von Schinken mit Apfelsoße, von Beefsteak mit gekochten Pfirsichen, von gesalzenem Fisch mit Zwiebeln. Dazu wurde allgemein Wasser bei Tisch getrunken, lediglich Damen erhielten gelegentlich ein Glas Wein, und das – bemerkt unsere Chronistin – in einem Land, in dem das Trinken harter geistiger Getränke verbreiteter sei als irgendwo anders.

Als ihre Eindrücke vom Alltag im amerikanischen Westen 1832 unter dem Titel „Domestic Manners of the Americans" als Buch erschienen, rief sie bei den amerikanischen Lesern wegen ihrer ungeschminkten Schilderung der Manieren, Meinungen und Sitten der Hinterwäldler Cincinnatis großes Aufsehen hervor und fand nicht nur ungeteilte Zustimmung. Heute gelten die sehr persönlich gefärbten Ansichten von Frau Trollope als eine wichtige Quelle für die Alltagskultur in der Ära Jackson.

Einen wiederum anderen Eindruck vermittelten die Städte des Südens wie *Charleston* oder *New Orleans* dem Besucher aus Europa. Hier waren im Stadtbild einerseits französische, mitunter auch spanische Einflüsse sichtbar wirksam. Hier hinterließ andererseits die mit der Sklaverei verbundene Lebensweise des Plantagensystems im Süden ihre deutlichen Spuren. Bernhard zu Weimar besuchte 1825 Charleston [Abb. 15], eine Stadt, die dem Besucher ihr südliches Gesicht zeigte: „Die Häuser der Vorstadt waren meistens mit Gärten umgeben, in welchen Pomeranzenbäume mit den herrlichsten reifen Früchten prangten, Monatsrosen in voller Blüthe und mehrere andere blühende Gewächse. Die meisten Häuser haben piazza's und breite Balkons. An den Wänden und Säulen sind Schlingpflanzen;

wir bemerkten mehrere Passionsblumen. Es war mir wohl in diesem südlichen Himmelsstriche."[62] Am Fluß lag – angesichts des Hafens mit seinen Kais und Werften – eine breite, gut gepflasterte Promenade, auf der einen Seite vom Wasser, auf der anderen von einer Reihe pittoresker alter Häuser mit Loggien begrenzt. Die Häuser der Stadt waren zumeist aus Holz, wegen der oft herrschenden starken Stürme mit Schindeln gedeckt. Charleston war eine florierende Hafenstadt, damals von 40.000 Einwohnern bewohnt, von denen 15.000 Sklaven waren. Dem Besucher aus Weimar fielen die strengen Gesetze gegen freie Schwarze und Mulatten auf. Diese durften, wenn sie den Staat South Carolina einmal verlassen hatten, hierhin nicht mehr zurückkehren. Die akute Furcht vor Verschwörungen der Sklaven, von denen jüngst eine aufgedeckt worden war, stand hinter dieser Maßnahme. Aus ähnlichen Gründen unterhielt Charleston eine Kompanie Stadtsoldaten, welche des Nachts mehrere Posten besetzt hielten und den Zapfenstreich und die Reveille schlugen. Um 9 Uhr abends wurde eine Glocke geläutet, danach durfte sich kein Schwarzer ohne schriftliche Erlaubnis seines Herrn auf der Straße sehen lassen. Bernhard besuchte das Gefängnis der Stadt, das für „kleinere Bestrafungen der Negersklaven" bestimmt war. Es war mit 40 Häftlingen beiderlei Geschlechts belegt, teils Sklaven, die nachts von der Polizei aufgegriffen worden waren, teils solche, die von ihren Herren zur Bestrafung dem Gefängnis übergeben worden waren. Schwarze, mit Peitschen bewaffnete Aufseher sorgten für Ordnung. Nach dem dortigen Gesetz waren 19 Peitschenhiebe als Bestrafung gestattet, die man dem Delinquenten, der auf einem besonderen Gestell festgebunden wurde, auf den bloßen Rücken aufzählte. Neuerdings hatte man zwecks Bestrafung der Schwarzen in einem Hintergebäude des Gefängnisses eine Tretmühle mit zwei Rädern eingerichtet. Darin mußten die Häftlinge – je zu sechst in einem Rad – acht Stunden mit kurzen Pausen Mais mahlen, eine Strafe, die noch mehr gefürchtet war als die Peitschenhiebe.

Auch Bromme, der eine Plantage in der Nähe von Charleston besuchte, bestätigt die Praxis des Auspeitschens der Sklaven, meint aber entschuldigend, jedem Fehler müsse Strafe folgen. Es sei daher nicht zu verwundern, „wenn auch Neger bestraft werden, die ihre Pflicht versäumten oder sich widerspenstig bewiesen". Bromme führt ebenfalls Beispiele für die in Charleston damals üblichen Verfügungen an, mit denen die Schwarzen unter Kontrolle gehalten werden sollten. Eine Verordnung der Stadt von Ende 1828 lautete: „Kein Neger oder Farbiger darf in irgendeiner Haupt- oder Nebenstraße, auf einem Spaziergange oder offenem Platze der Stadt Charleston eine Pfeife oder Zigarre rauchen oder mit einem Stocke, Knüppel oder dergleichen gehen, ausgenommen, wenn er blind oder lahm ist."[63]

Ebenso wie in Charleston war auch in *New Orleans*, dem Hauptort in Louisiana, annähernd die Hälfte der Einwohner Schwarze Amerikaner. Der Hafen, am Mississippi gelegen, war auch für große Dampfschiffe zugänglich. Mrs. Trollope, die nach der Seereise von London kommend in New Orleans amerikanischen Boden betrat, skizzierte ihren ersten Eindruck dahingehend, daß es in der Stadt für den Neuankömmling aus Europa viel Neues und Interessantes zu sehen gebe: „Den großen Anteil von Schwarzen, den man in den Straßen sieht, wobei alle Arbeit von ihnen erledigt wird; die graziöse Schönheit der eleganten Quadroons (Kinder eines weißen Vaters und einer Mestizin, d. Vf.); die gelegentlichen Gruppen wilder und wild blickender Indianer; die ungewohnten Bilder der Vegetation; der gewaltige, trübe Strom, mit seinem niedrigen, schlammigen Ufer."[64] Die Stadt machte auf sie im übrigen den Eindruck einer französischen Provinzstadt. Die Straßennamen waren französisch und die Sprachen in der Stadt gleichermaßen Französisch und Englisch.

15 *Ansicht der East Battery in Charleston, South Carolina, einer beliebten Promenade am Wasser im Jahr 1831.*

Herzog Bernhard, der sich längere Zeit in der Stadt aufhielt, erwähnt den Umstand, daß die Sonntagsruhe hier nicht mit der gleichen Strenge eingehalten wurde wie im Norden. Die Läden stünden offen, in den Straßen würde gesungen und Gitarre gespielt. In New York oder Philadelphia wäre man dafür ins Gefängnis gekommen. Auch in New Orleans wurde eine Garnison aus zwei Infanteriekompanien unterhalten, „um die Neger einzuschüchtern". Bernhard konnte in einer Straße den Verkauf von schwarzen Sklaven mit ansehen und war über die Roheit und Gleichgültigkeit der weißen Amerikaner empört.

Die Sklaverei im Urteil der europäischen Besucher

Die meisten Europäer, die bei ihrem Aufenthalt in den Vereinigten Staaten mit der Lage der schwarzen Amerikaner und insbesondere mit dem Erscheinungsbild und den Auswirkungen der Sklaverei Bekanntschaft machten, sahen darin eine Schattenseite der amerikanischen Verhältnisse. Die erste unter den drei Britinnen, die damals Amerika besuchten, die junge Schottin Fanny Wright, drückte ihre Ansichten in dieser Hinsicht – so sehr sie die demokratischen Verhältnisse in Amerika sonst bewunderte – in ihren „Views of Society and Manners in America" (1821) ungeschminkt aus. In keinem besonderen Punkt würde der amerikanische Charakter ungünstiger repräsentiert, als in Hinblick auf die Behandlung und Umstände der Schwarzen. Später kehrte sie in die Vereinigten Staaten zurück und beteiligte sich in Tennessee aktiv an Plänen zur Befreiung und Ausbildung schwarzer Sklaven.

Da der Verkauf oder die Versteigerung von Sklaven [vgl. die Abbildungen hierzu im nächsten Kapitel] in der Öffentlichkeit stattfanden, ebenso wie dies häufig mit ihrer Bestrafung, ihrem Auspeitschen, und den vielfältigen Formen der Diskriminierung der Fall war, wurden die europäischen Besucher immer wieder mit dem Problem der Sklaverei und der Rassenvorurteile konfrontiert. Maximilian zu Wied mußte das Auspeitschen von Schwarzen in St. Louis, dem Ausgangspunkt seiner Reise ins Innere Nordamerikas, mit ansehen. In dieser Stadt war der größte Teil der Hafenarbeiter und Bediensteten Sklaven. „Wir waren Zeugen kläglicher Züchtigungen solcher Leute. Einer unserer Nachbarn zu St. Louis peitschte u. a. auf öffentlicher Straße einen seiner Sklaven aus, ohne daß sein Arm ermüdete. Er hielt dazwischen zuweilen ein, um auszuruhen, und begann das Geschäft alsdann von neuem.“[65] Die Franzosen Beaumont und Tocqueville sahen in der Sklaverei die „Schmach eines freien Volkes“, die nicht mehr lange dauern könne. „Allenthalben, wo die eine Hälfte der bürgerlichen Gesellschaft von der anderen aufs Grausamste unterdrückt wird, muß man erwarten, in den Gesetzen des Unterdrückers eine Waffe zu finden, welche stets bereit ist, die sich empörende Natur, oder die klagenden Dulder zu treffen. Todesstrafe und Schläge, sind der ganze Inhalt des Strafgesetzbuches für Sklaven“, schrieben die beiden in ihrer zu Unrecht weitgehend vergessenen Studie über das amerikanische Gefängniswesen.[66] In seiner bemerkenswerten Analyse der Demokratie in Amerika, deren erster Band 1835 erschien, widmete Tocqueville der „Stellung der Schwarzen Rasse in den Vereinigten Staaten“ einen größeren Abschnitt. Für ihn war nicht nur die Sklaverei ein grausames und gefährliches Übel, sondern er vertrat auch die Ansicht, daß das Rassenvorurteil in den Staaten, welche die Sklaverei abgeschafft hatten, noch stärker wirksam war als im Süden. Der kühle Analytiker Tocqueville wollte sogar für die Zukunft in Amerika eine Revolution nicht ausschließen, wenn das Problem der Rassenbeziehungen nicht zufriedenstellend gelöst würde.

Charles Dickens räumte in seinen „American Notes“ (1842) der Sklaverei ein eigenes Kapitel ein und fällte über diese „Besondere Institution“ ein vernichtendes Urteil. Für Dickens zeigte sich im Süden, 20 Jahre vor dem Beginn des Bürgerkrieges, in den Dingen des täglichen Lebens eine Atmosphäre des Untergangs und Verfalls, die untrennbar mit dem System der Sklaverei verbunden war. Auf einer Reise durch Virginia sah der englische Schriftsteller verkommene Scheunen und Blockhütten, erbärmliche Bahnstationen, trübsinnige schwarze Gestalten und im Dreck mit Hunden und Schweinen spielende Kinder. Dickens äußerte sich dankbar, daß er nicht dazu verdammt war, dort zu leben, wo es Sklaverei gab, und daß sein Gefühl für Ungerechtigkeit und Schrecken nicht schon in einer von Sklaven geschaukelten Wiege abgestumpft war.

Von der Frauenrechtlerin Harriet Martineau besitzen wir in „Society in America“ (1837) ein wichtiges zeitgenössisches Zeugnis über die moralischen Auswirkungen der Sklaverei. Darin fragt die junge Frau, die fast zwei Jahre lang einige 1000 Meilen durch das Land gereist war und mit Amerikanern aller Altersgruppen, Klassen, Rassen, Religionen und Parteien gesprochen hatte: „Welche sozialen Tugenden sind in einer Gesellschaft möglich, in der Ungerechtigkeit die primäre Charakteristik bildet? In einer Gesellschaft, die in zwei Klassen geteilt ist, die geknechtete und die herrische?“[67] Die Antwort lautete: „Mitleid“, insofern sich die guten Gefühle der Sklaveneigentümer in Mitleid, Nachsicht, Geduld erschöpfen würden. Andere Tugenden würden durch die eingewurzelte Ungerechtigkeit des Systems erstickt. Eines der unvermeidlichen Resultate der Sklaverei sei die Mißachtung der Menschenrechte. Die Pressegesetze seien im Süden der USA nicht weniger einschränkend als in den despotischen Ländern Europas. Das führe zur geringen Zahl und schlechten Qualität der Zeitungen im Süden. Selbst in den rohen Orten der jüngsten Bundesstaaten seien die Zeitungen nicht so dürftig und armselig wie in New Orleans, wo nichts kritisch über das Hauptproblem des Südens, die Sklaverei, geschrieben werden dürfe.

Harriet Martineau, die von Amerika fasziniert war, sah in der Sklaverei die größte wirtschaftliche und politische Anomalie. Die politische Zukunft des Südens schien ihr in wachsendem Maße düster zu sein, falls die Sklaverei beibehalten würde. Mutig bekannte sie sich auch vor amerikanischem Publikum zu den Zielen der Antisklavereibewegung, zum Abolitionismus [vgl. Kap. 6]. Nach ihrer Rückkehr nach England setzte sie von dort aus den Kampf gegen die Sklaverei in Amerika fort. Sie, die 1876 starb, erlebte noch das Ende der Sklaverei in dem Land, dessen Gesellschaft sie in zwei Büchern von bleibendem Wert beschrieben hatte.

Die Lage der Indianer westlich des Mississippi

Einigen Reisenden verdanken wir sehr lebensnahe Schilderungen der indianischen Verhältnisse, insbesondere der Prärieindianer westlich des Mississippi, zu einer Zeit, als unter Präsident Jackson die Umsiedlung der noch im Osten verbliebenen Stämme über den Mississippi nach Westen begann. Mit dem Indian Removal Act (1830) sollten nämlich die östlich des Mississippi lebenden Stämme, die Creek, Cherokee, Sauk, Fox und andere Stämme, in neuen Gebieten westlich des Flusses angesiedelt werden. Dieses Umsiedlungsprogramm trat mit dem Anspruch auf, das „Indianerproblem" zu lösen. Es hatte nicht nur die Unterstützung von Landspekulanten, die das Indianerland an sich bringen wollten, sondern auch von Siedlern im Grenzgebiet (*frontier*), die Angriffe der Indianer befürchteten. Außerdem wurde es auch von christlichen Missionaren befürwortet, die sich von der Umsiedlung ein Ende des moralischen Niedergangs der Indianer, die in der Nachbarschaft der Weißen wohnten, erhofften. Die Stämme, die sich nicht freiwillig unterwarfen, wurden wie die Seminolen in Florida und die Cherokee in Georgia gewaltsam in ihre neue Heimat gezwungen. Wenn vielleicht auch das Umsiedlungsgesetz teilweise in guter Absicht erlassen wurde, da ein weiteres Zusammenleben der unterschiedlichen Kulturformen auf engem Raum für unmöglich galt, so warf die Ausführung des Gesetzes mit ihrer täglichen Brutalität doch ein trauriges Licht auf die Beziehungen zwischen den weißen Amerikanern und den nordamerikanischen Indianern in dieser Epoche. Zudem war das neue Leben im Westen nicht einfach für die dort angesiedelten Stämme. Sie kamen hier in Konflikt mit den dortigen, eingesessenen Stämmen, andererseits diente das Land, das man ihnen im *Indian Territory*, dem heutigen Oklahoma, zugewiesen hatte, oft als Zufluchtsort krimineller Elemente, die sich, aus dem Osten kommend, dorthin in Sicherheit gebracht hatten. Jedenfalls aber begann mit der Umsiedlung der Indianer zu jener Zeit eine neue, unglückliche Epoche im Leben und im Niedergang der davon betroffenen Stämme.

Es waren vor allem die Reisen zweier deutscher Amerikabesucher, die in der Nachfolge Alexander von Humboldts geographische, ethnographische und naturkundliche Forschungen zwischen Mississippi und Rocky Mountains betrieben und anschließend beschrieben. Als erster der beiden kam Herzog Paul Wilhelm von Württemberg, ein jüngerer Sohn Herzog Eugens von Württemberg, von 1822 bis 1824 in das Gebiet um Mississippi, Ohio und Missouri, zwischen St. Louis und Arkansas, mit der Absicht, Natur und Menschen dieser

16 *Karl Bodmer: Missouri-Inianer; Oto-Indianer; Häuptling der Puncas [von links nach rechts]. Bodmer verstand es, sowohl die individuellen Züge der Indianer als auch die stammesbedingten Unterschiede in ihrer Erscheinung auf seinen Bildern wiederzugeben.*

Gegend kennenzulernen. Sein Reisebericht über die erste Reise nach Nordamerika (1835) ist eine wichtige Quelle für das Leben der Prärieindianer vor der 1830 einsetzenden Umsiedlung. Er zeigt aber auch den Verfall derjenigen Stämme, die in der Nachbarschaft der weißen Zivilisation ihre frühere Lebensweise aufgegeben hatten. In der Nähe weißer Niederlassungen lebend, waren sie durch Alkohol und Krankheit demoralisiert, ein trauriges Zerrbild ihrer früheren stolzen Erscheinung. Ähnlich wertvoll sind die natur- und völkerkundlichen Reiseschilderungen des zweiten der beiden deutschen Naturforscher und Entdeckungsreisenden dieser Zeit, Maximilian Prinz zu Wied, der 1832 bis 1834 in Begleitung des Schweizer Malers und Graphikers Karl Bodmer im Westen weilte. Als nüchterner Naturforscher und Ethnograph beobachtete und schilderte Maximilian eingehend die indianischen Verhältnisse am oberen Missouri bis zum Yellowstone, während Bodmer die Beobachtungen der Reise in faszinierenden Kupferstichen [Abb. 16] festhielt.

Paul Wilhelm von Württemberg, der vor der Umsiedlungsaktion im Westen eintraf, lobte noch die philanthropische Tendenz der Regierung der USA gegenüber den Indianern, die sich von früheren Perioden der Indianerpolitik unterscheiden würde.

Wied dagegen – der nach Beginn der Umsiedlung den Westen erforschte – stand der Indianerpolitik des Bundes und der Ausrottung, Vertreibung und Umsiedlung so vieler Stämme kritischer gegenüber. Schon bei Beginn seiner Reise fiel ihm auf, daß es in den Buchläden und Kupferstichhandlungen aller großen Städte Amerikas nicht eine einzige brauchbare, charakteristische Abbildung eines Indianers zu kaufen gab. Er fand es unglaublich, wie die amerikanischen Ureinwohner bei den jetzigen Herren des Landes verhaßt waren und vernachlässigt wurden. Wied hatte seine erste Begegnung mit nordamerikanischen Indianern in St. Louis, wo sich damals das Büro der Regierung für Indianerangelegenheiten des Westens befand, das von General William Clark (1770–1838) geleitet wurde. Clark hatte sich als Teilnehmer der Lewis & Clark-Expedition durch den unbekannten Nordwesten zwischen Rocky Mountains und Stillem Ozean in den Jahren 1804–1806 einen Namen gemacht. Er war ein wohlmeinender, patriarchalischer Freund der Prärieindianer und empfing – als Maximilan zu Wied in St. Louis eintraf – gerade eine Delegation zweier indianischer Stämme, der Sauk und Fox, die den Mississippi heruntergekommen waren, um sich für einen gefangenen Black-Hawk-Häuptling zu verwenden. „Schon am Strande bemerkte man einen Auflauf des Pöbels und sah zwischen dem Haufen der Neugierigen die fremdartigen dunkelbraunen Gestalten, in rote, weiße oder grüne wollene Decken eingehüllt."

Wied beschreibt sie als starke wohlgebildete Männer, viele über mittelgroß, breit gebaut, muskulös und kräftig. Die Gesichtszüge der Männer waren ausdrucksvoll, die schwarzbraunen Augen lebhaft und feurig. „Viele von ihnen sagten uns mit Vergnügen die Worte ihrer Sprache, ließen sich auch recht gern abzeichnen, forderten dafür aber jedesmal ein Geschenk. Zuletzt wurden sie durch den Andrang des bunten vielartigen Volkes so verstimmt, daß man nicht mehr mit ihnen verkehren konnte."[68] Von St. Louis ausgehend reisten Wied und Bodmer dann nach Fort Union [Abb. 17] und darüber hinaus bis Fort McKenzie am oberen Missouri und studierten Leben, Sitten und Kultur zahlreicher Stämme wie der Mandans, Mönnitaris, Crows, Dakotas (der größten Gruppe der Sioux), der Assiniboins (eines weiteren Sioux-Stammes), der Blackfeet und anderer Prärieindianer.

Die Mandans, ein ehemals zahlreicheres Volk, war ein kleiner, wenig bekannter Stamm von ca. 240 Kriegern und 900 bis 1000 Menschen, die in zwei Dörfern oberhalb von Fort Clark wohnten. Einer ihrer berühmten, ausgezeichneten Krieger war Máto-Tope [Abb. 18], dessen Erscheinung von Bodmer so eindringlich festgehalten worden ist. Wie alle berühmten Krieger trug auch Máto-Tope im Kopfputz allerlei Hinweise auf seine Taten und Wunden. Das aus Holz geschnitzte, rot angemalte Messer in seinen Haaren erinnerte daran, daß er einen Cheyenne-Häuptling mit dem Messer getötet hatte. Sechs hölzerne, verschieden gefärbte Stäbchen waren im Kopfputz befestigt als Hinweis auf ebenso viele Kugelwunden, die Máto-Tope erhalten hatte. Sein Gesicht war halb rot, halb gelb bemalt, der Körper rotbraun angestrichen, mit schmalen ungefärbten Streifen, die durch das Wegstreichen der Farbe mit dem angefeuchteten Finger hervorgebracht wurden. Die Hand auf der Brust meldete, daß er Gefangene gemacht hatte.

Frauen und Kinder der Mandans bemalten nur das Gesicht rot, die Haare blieben bei ihnen unverändert und ungefärbt. Anders als die weiter nördlich und nordwestlich wohnenden, mit einem Lederhemd bekleideten Assiniboins, Dakotas, Crows oder Blackfeet hatten die Mandans den Oberkörper gewöhnlich nackt, nur wenige trugen ein Lederhemd. Selbst im strengen Winter gingen die Mandans am Oberkörper unter ihrem Bisonmantel immer nackt. Ihre Leggings, die aus Leder bestanden, waren mit blauen und weißen Glasperlen bestickt, häufig auch mit langen ledernen Fransen besetzt und rotbraun oder rötlich angestrichen. Auch die Knaben gingen nackt, nur im Winter waren sie in einen Mantel gehüllt. Frauen trugen ein langes ledernes Kleid mit offenen Ärmeln und mit einem Gürtel. Der untere Rand des Kleides war meistens ausgeschnitten und gefranst. Darunter schauten knöchellange Beinkleider hervor [Abb. 19]. Eine Tätowierung des Körpers war unter diesem Volk ebenfalls verbreitet.

17 *Karl Bodmer: Fort Union am Missouri. Das Fort wurde 1828 an der Mündung des Yellowstone errichtet, es diente der Sicherung des Pelzhandels im Westen. Die Indianer hatten in den Forts der Handelsgesellschaften immer freien Zutritt, berichtet Maximilian zu Wied.*

Die Dörfer der Mandans bestanden aus einer Ansammlung von Erdhütten, die dicht aneinander gedrängt lagen [Abb. 20], um vor feindlichen Angriffen besser gesichert zu sein. Nach außen schützte ein Palisadenzaun das Dorf. Außerhalb des Dorfes ruhten die Toten auf hölzernen Gestellen. Innerhalb des Dorfes bewahrten auf hohen Stangen befestigte Medizinen das Dorf vor bösen Geistern. Das Innere der runden Hütten war geräumig, ziemlich hell und sauber gehalten. [Abb. 21]. Das Skelett der Hütten bestand aus hölzernen Pfosten, dazwischen kamen Weidenruten, die mit Rinde verbunden waren. Darüber befand sich Heu und außen schließlich eine Schicht Erde.

Der Bau der Hütten, die Anfertigung der Waffen, die Jagd und der Krieg waren Sache der Männer. Alle übrigen, auch schweren Arbeiten wurden von den Frauen ausgeführt, nur bei der Ernte halfen teilweise wohl auch die Männer. Die Frauen holten das Brennholz in schweren Bürden oft über weite Entfernungen heran, sie trugen Wasser, brachten im Winter Eisstücke herbei, kochten, gerbten die Felle, verfertigten alle Kleidungsstücke, sie legten die Pflanzungen an, besorgten den Feldbau und erledigten, was es außerdem an Arbeiten gab. Die Männer waren häufig mit Tabakrauchen beschäftigt, ihre Hauptbeschäftigung aber war die Jagd oder der Krieg. Wied sah die Frauen nie müßig. Die Mandans waren gastfreundlich, nahmen Besuch freundlich auf und luden auch Bekannte öfters ein. Dann wurde gemeinsam gespeist und geraucht, wie dies auch bei anderen indianischen Nationen üblich war. Der Tabak wurde selbst angebaut. Lebensmittel gewannen die Indianer der feststehenden Dörfer teils durch die Bisonjagd [vgl. Abb. 1], teils durch den Ackerbau. Angebaut wurden bei den Indianern des Missouri-Gebietes Mais, Bohnen, Kürbis, Sonnenblumen und Tabak. Der Bison war das Haupttier der indianischen Jagd. Er lieferte Felle, Fleisch, Talg, Markknochen, Sehnen. In Jahren, in denen sich die Bisonherden zu weit entfernten, mußte man Hunger leiden, da dann nur Mais, Bohnen und Kürbis zur Verfügung stand.

In den Hütten der Indianer lebten gewöhnlich zwei, mitunter auch drei Familien zusammen, zumeist der Vater mit seinen verheirateten Söhnen oder Schwiegersöhnen. Polygamie war nach Wied verbreitet, die Zahl der Frauen eines Mannes war verschieden groß, selten waren es mehr als vier, gewöhnlich aber hatte der Mann nur eine Frau. Die Frauen hatten – wie Wied schreibt – häufig mehrere Liebhaber. Untreue wurde nur selten bestraft.

Kinder kamen in den indianischen Familien zahlreich vor, in manchen Familien waren es bis zu zehn Kinder, die sehr geliebt wurden. Die Geburten verliefen auffallend leicht, die Mutter badete gleich anschließend im Fluß, oft sogar, wenn er mit Eis bedeckt war. Die Namengebung des Neugeborenen erfolgte in feierlicher Form. Der Säugling wurde in der Hütte in die Höhe gehoben, nach allen Seiten in die Richtung des Laufs der Sonne gehalten, wobei sein Name ausgerufen wurde. Es gab Wiegen für die Kinder, die aus einem ledernen Sack bestanden, der an einem Querbalken der Hütte aufgehängt war. „Kinderzucht existiert übrigens unter diesen Indianern nicht; denn die Kinder können tun und lassen, was sie wollen, und niemand sagt ihnen etwas. Man sucht auf alle Weise die Selbständigkeit und den eigenen Willen der Knaben zu erwecken. Sagt die Mutter einem solchen etwas, so schlägt er sie vielleicht ins Gesicht, oder tritt mit dem Fuße nach ihr, ja zuweilen selbst nach seinem Vater. Letzterer senkt alsdann vielleicht den Kopf und sagt: ‚dies wird dereinst ein tüchtiger Krieger werden.'"[69]

Die Einteilung des Jahres und der Zeit folgte bei den Mandans den natürlichen Gegebenheiten. Sie rechneten die Jahre nach Wintern und sagten, so viele Winter sind seit dem Ereignis vergangen. Das Jahr teilten sie in zwölf Monate, beginnend mit dem Januar, dem „Monat der sieben kalten Tage". Es endete mit dem Dezember, „dem Monat des kleinen Frostes". Ihre religiösen Vorstellungen entsprachen – wie bei den anderen Prärieindianern auch – ihrer mit der Natur eng verbundenen Lebensweise. „Für den Indianer war Religion aktiv und praktisch: er rief seine Götter mit magischen Riten für einen spezifischen Zweck an. Er wünschte sich der göttlichen Intervention zu versichern, um einen Nutzen zu erreichen."[70] Die Indianer der Prärien des Westens glaubten an einen guten und einen bösen Geist, der in den Gegenständen, wie etwa in einem Wasserfall, einem Berg oder Stein, wohnte. Seine Gewalt wurde durch Blitz und Donner sichtbar, seine Güte zeigte sich im Wachstum der Pflanzen und im Leben der Tiere. Nach diesen Vorstellungen vom guten und bösen Geist gliederte sich auch das künftige Leben. Nur die guten, die tapferen Indianer gelangten in die ewigen Jagdgründe, wo die Bäume ständig grün waren, die Jagdgründe voller Tiere, wo es reichlich Frauen gab und wo die Sonne nie unterging. Das künftige Leben war so ein ständiges Fest der Freude und des Tanzes.

Vermittler der religiösen Verhältnisse der Indianer war der Medizinmann [Abb. 22], eine Bezeichnung, die von den französischen Pelzhändlern geprägt wurde. Jeder Stamm hatte seine eigene Bezeichnung für diesen mit besonderen Gaben ausgezeichneten Mann, der wie ein Schamane die Beziehung zur übersinnlichen Welt aufrechterhielt. Er war kundig in allen religiösen Belangen, Träger der Geheimnisse des Stammes und zugleich ein Heilkundiger. Der Aberglauben, die Furcht vor Zauber oder vor dem Einfluß böser Geister spielte bei allen Indianern eine große Rolle. In allen nicht alltäglichen Naturerscheinungen

18 *Karl Bodmer: Der Mandan-Häuptling Máto-Tope. Dieser angesehene Krieger hatte mindestens fünf Häuptlinge fremder Stämme im Kampf getötet. „Ein so aufgeputzter Krieger braucht mehr Zeit zu seiner Toilette, als die eleganteste Pariser Dame“ (Wied, Bd. 2, S. 111).*

19 *Karl Bodmer: Dakota-Indianerin und Assiniboin Mädchen.*

20 *George Catlin: Mandan-Dorf aus der Vogelperspektive (1832). Der Maler Catlin weilte etwa zeitgleich mit Maximilian zu Wied und Karl Bodmer bei den Mandans. Ihm sind zahlreiche Bilder dieses Stammes zu verdanken, der nur wenige Jahre später durch eine Pocken-Epidemie fast völlig ausgelöscht wurde.*

wurden Wunder und Vorzeichen böser oder günstiger Ereignisse gesehen. Alle Männer trugen ihren Medizinbeutel, den „Geheimnisbeutel", als Talisman stets bei sich. Er bestand aus der nach einer festen Vorschrift gewonnenen Haut bestimmter Tiere oder auch aus Tierknochen oder anderen Gegenständen wie Skalps, Pfeifen oder Wampums. Dem Medizinbeutel wurden übernatürliche Kräfte zugeschrieben, er war der Beschützer und Lebensbegleiter eines Indianers. Wer seinen Beutel verloren hatte, mußte sich einen Ersatz holen, indem er einen Feind tötete und dessen Medizin übernahm.

Die Bestattung der Toten erfolgte bei den Mandans wie bei den meisten Prärieindianern, wie z. B. den Dakotas, üblicherweise auf Holzgerüsten oder Bäumen im Freien. „Die zu Hause Verstorbenen pflegen sie ... in Decken und Fellen eingeschnürt, in ihrem ganzen Anzuge, bemalt und mit ihren Waffen und anderen Gerätschaften auf einem hohen auf vier Pfählen ruhenden Gerüste nieder zu legen, bis sie verwest sind, wo man sie zuweilen begräbt. Gewaltsam vor dem Feind Gebliebene begräbt man auf der Stelle in die Erde. Auch in der Ruhe begraben sie ihre Leichen zuweilen in die Erde, und schützen sie durch Holz und Dornen vor den Wölfen."[71] Infolgedessen stand eine große Zahl von Totengerüsten am Rand bzw. in der Nähe der Dörfer, wie man sie auch auf dem von Catlin gemalten Bild des Mandan-Dorfes im Hintergrund erkennen kann [vgl. Abb. 20]. Dem Andenken des Verstorbenen wurde – wie Paul von Württemberg beschreibt – eine längere, oft einjährige Trauer gewidmet, durch langes und strenges Fasten, durch Totenlieder und durch das Bemalen des Gesichts mit weißer oder schwarzer Farbe. Etwa zeitgleich mit Maximilian zu Wied weilte der amerikanische Maler George Catlin (1796–1872) über acht Jahre hindurch

21 *Karl Bodmer: Das Innere der Hütte eines Mandan-Häuptlings. Das Licht kam aus der viereckigen Öffnung, die oben an der Hütte angebracht war und die auch als Rauchfang diente.*

unter den Indianerstämmen des Westens. Er hatte es sich nach der Begegnung mit einer Indianerdelegation in Philadelphia zur Lebensaufgabe gemacht, soviel wie möglich vom Aussehen und von den Sitten der Indianer der Nachwelt zu erhalten. Im Sommer weilte er unter den Stämmen zwischen Missouri und Rocky Mountains, im Winter kehrte er in die Städte zurück, vollendete seine Porträts und beschaffte Geld, um seine Aufgabe, der Maler der Indianer zu werden, weiterführen zu können. Der Indianerkommissar der Regierung, William Clark, unterstützte Catlin bei seinem Vorhaben. So entstanden 600 Porträts charakteristischer Indianer beiderlei Geschlechts, außerdem Bilder und Skizzen ihrer Dörfer, ihres häuslichen Verhaltens, ihres Jagdlebens, ihrer Spiele, Mysterien und religiösen Bräuche. Wie das Bild des Häuptlings „Weiße Wolke" [Abb. 23] zeigt, verstand es Catlin meisterhaft, Stolz, Würde und Menschlichkeit der von ihm porträtierten Krieger zu erfassen und im Bild festzuhalten. Schwierigkeiten ergaben sich bei seiner Arbeit vor Ort durch den Aberglauben der Indianer, die glaubten, der weiße Medizinmann werde Macht über sie gewinnen, wenn er ihre Gesichter malte.

Catlin ging später mit seiner einzigartigen Sammlung von Gemälden der Indianer des Westens, mit seiner „Indian Gallery", in Amerika und Europa auf Reisen. Nach seinem Tod wurde die Sammlung von der Smithonian-Institution in Washington, D. C., erworben. Zahlreiche der Bilder sind heute in den Museen der Hauptstadt, insbesondere in der National Gallery of Art und im National Museum of American Art, zu bewundern. Catlins Beschreibung der indianischen Lebensweise, erstmals 1841 erschienen, bildet nach wie vor eine sehr lesenswerte Quelle zum Verständnis des Alltags der Prärieindianer um 1830.

22 *George Catlin: Old Bear – Ein Medizinman (1832). Der Medizinmann der Mandans wurde von Catlin zum Freund gewonnen, erst dann ließ er sich porträtieren. Old Bear brauchte einen Vormittag, um seine Toilette fertigzustellen.*

23 *George Catlin: Die weiße Wolke – Häuptling der Iowas. Die Iowas waren ein kleiner Stamm am oberen Missouri und lebten vom Ackerbau. Ihr Häuptling Nothsch-ich-ning-ä (Die weiße Wolke) trug, als er von Catlin gemalt wurde, eine Büffelhaut um den Leib, ein Halsband von Bärenkrallen und mehrere Wampumschnüre um den Hals.*

KAPITEL 6

Alltagsleben zwischen Jackson-Ära und Bürgerkrieg

In den drei Jahrzehnten zwischen 1830 und 1860 gingen in den USA beträchtliche Veränderungen vor sich. Diese Jahre standen politisch im Zeichen einer verstärkten Mitwirkung des einfachen Mannes [Abb. 1]. Sie erlebten eine neue ausgreifende territoriale Expansion, die im Krieg gegen Mexiko von 1846 bis 1848 kulminierte [Abb. 2], und sie standen schließlich im Zeichen des unüberbrückbaren Konflikts um die Zukunft der Sklaverei, über den die Union zu zerbrechen drohte. Einerseits erhielten die Farmer, Handwerker und Arbeiter seit der Ära Jackson ein größeres politisches Mitspracherecht. Andererseits waren konservative Einflüsse zunehmend spürbar, weil sich mit der Ausdehnung der USA nach Süden und Südwesten das politische Gewicht des auf der Sklaverei beruhenden Wirtschafts- und Gesellschaftssystem des Südens vergrößerte. Die Zuspitzung der Auseinandersetzung zwischen Anhängern und Gegnern der Sklaverei, die in den 1850er Jahren alle anderen sozialen und nationalen Fragen überschattete, führte schließlich zum Bürgerkrieg.

Das Wachstum von Bevölkerung und Territorium

In den 30 Jahren zwischen der Präsidentschaft Andrew Jacksons (1829–1837) und dem Beginn des Bürgerkrieges (1861) erlebte das Land ein rasantes Wachstum seiner Bevölkerungszahl, seines territorialen Umfangs und seiner wirtschaftlichen Leistungskraft.

Die Bevölkerungszahl der Amerikaner vergrößerte sich zwischen 1830 und 1860 von 12,9 Millionen auf 31,4 Millionen Einwohner. Durch Neuaufnahmen vergrößerte sich die Zahl der Mitglieder der Union. 1830 bestanden die USA aus 24 Staaten, 1860 waren es schon 33 Staaten.

Der Bevölkerungszuwachs dieser Jahre stammte noch immer hauptsächlich aus der natürlichen Bevölkerungsentwicklung, erst in zweiter Linie war sie eine Folge der Einwanderung, die allerdings in den 1850er Jahren sprunghaft anstieg. In einem Jahr kam damals (1854) fast eine halbe Million Einwanderer in das Land. Infolgedessen waren am Ende des Zeitraums 13 Prozent der Amerikaner im Ausland geboren.

Mit der Annexion von Texas (1845), dem Oregon-Kompromiß mit England (1846) und den Ergebnissen des Krieges gegen Mexiko (1846–1848) wurde das Territorium der USA in dieser Zeit nochmals enorm vergrößert, im Südwesten und Süden des Landes durch die Angliederung bisher mexikanischen Gebiets und im Nordwesten durch die Sicherung Oregons gegen britische Ansprüche. Die territoriale Erweiterung entsprach dem Anderthalbfachen des Gebiets der Vereinigten Staaten nach ihrer Gründung und übertraf auch

1 *George Caleb Bingham „County Election" (1852) zeigt den Wahltag in einer Stadt des Westens. Männer der verschiedenen Stände, überwiegend Farmer und Handwerker, warten auf die Gelegenheit zur Stimmabgabe. Der Maler war selbst zeitweilig Abgeordneter in Missouri.*

noch beträchtlich den Landzuwachs des Louisianakaufs von 1803. Damals wurde auch mit dem Begriff des „Manifest Destiny" eine neue Begründung der amerikanischen Expansion in der Öffentlichkeit verbreitet. Nach dieser 1845 von dem Journalisten John L. O'Sullivan (1813–1895) geprägten Formel war es die offenkundige göttliche Bestimmung der Vereinigten Staaten, sich über den gesamten nordamerikanischen Kontinent von Küste zu Küste auszubreiten, im Interesse einer freien Entwicklung der jährlich weiter wachsenden Millionen von Amerikanern. Aufsehenerregende geographische Erkundungen wie die genauere Erforschung der Rocky Mountains, des Oregon Trails und Kaliforniens durch John C. Frémont (1813–1890) zeigten im Westen in den 1840er Jahren die Möglichkeiten für die Anlage von Straßen und Eisenbahnen, die geeigneten Orte für neue Niederlassungen und Farmen, aber sie bestimmten auch die günstigsten strategischen Punkte für die Anlage neuer Forts zur Sicherung der Erwerbungen oder machten auf die lohnenden Stellen für den zukünftigen Bergbau aufmerksam. Im neu gewonnenen Süden erkundete eine große topographische Expedition in den Jahren 1853 und 1854 unter dem Kommando von Leutnant Amiel W. Whipple (1816–1863) die beste Möglichkeit für den Bau einer südlichen Eisenbahnverbindung zwischen Mississippi und Stillem Ozean.

2 *Richard C. Woodville „War News from Mexico" (1848). Vor einem Postamt im „American Hotel" werden die neuesten Nachrichten vom Krieg gegen Mexiko verlesen. Das Bild spiegelt die aufgeregte Stimmung der Zeit. Im Vordergrund, aber etwas abgesetzt von der Gruppe der weißen Zuhörer, nehmen auch zwei Schwarze, vermutlich Vater und Tochter, an dem Geschehen teil.*

Die Entwicklung der Wirtschaft, des Verkehrs- und Nachrichtenwesens

Industrie, Verkehrswesen und Nachrichtenübermittlung durch Postverbindungen und den neu eingeführten Telegraphen entwickelten sich in dieser Zeit ebenfalls progressiv. Die Kommerzialisierung der Landwirtschaft hielt damit Schritt. Sie stand im Zeichen des Dualismus zwischen Farmwirtschaft im Norden und Westen einerseits und dem Plantagensystem im Süden. Die Sklaverei war inzwischen in 15 Staaten erlaubt, in denen 3,9 Millionen Sklaven lebten.

Es waren Jahre, in denen die Industrielle Revolution ihrem Abschluß entgegenging, als die kleinen Betriebe die charakteristischen Züge der modernen Fabrik anzunehmen begannen. Am Vorabend des Bürgerkrieges überstieg der Wert der industriellen Erzeugung erstmals den Wert der Erzeugnisse der Landwirtschaft, wo allerdings mit einem Anteil von 53 Prozent immer noch die Mehrheit der Arbeitskräfte beschäftigt war, während der Anteil der Industrie an den Beschäftigten jetzt 14 Prozent ausmachte. Es gab zahlreiche Verbesserungen an den Maschinen und eine weitere Spezialisierung der Fertigung in den Fabriken. Die Mühlen- und Fleischverarbeitungsbetriebe, die Textilindustrie, die mit dem Eisenbahnbau verbundenen Industriezweige, Betriebe der Metallindustrie und Erzeuger von landwirtschaftlichen Geräten und Maschinen konnten besonders am wirtschaftlichen Fortschritt teilhaben. Die Schwerpunkte der industriellen Erzeugung lagen in Neuengland (Textilindustrie), in den mittleren Atlantikstaaten (Eisen- und Stahlerzeugung) und im Mittleren Westen (Fleischverarbeitung, landwirtschaftliche Geräte). Allgemein beschleunigte sich mit der Industrialisierung das Wachstum der Städte. New York, Philadelphia, Baltimore und Boston behielten im Wettbewerb der Städte ihre führende Rolle.

Tabelle 11

Die größten Städte 1860

New York City	1,080.330 Einwohner
Philadelphia	565.529 Einwohner
Baltimore	212.418 Einwohner
Boston	177.840 Einwohner
New Orleans	168.675 Einwohner
Cincinnati	161.044 Einwohner
St. Louis	160.773 Einwohner
Chicago	109.260 Einwohner

Quelle: George R. Taylor, The Transportation Revolution 1815–1860, Armonk, N. Y. 1977, S. 389.

New York war bei Beginn des Bürgerkrieges die erste Millionenstadt des Landes. Neue städtische Zentren machten jetzt mehr und mehr von sich reden. Neben Pittsburgh und Cincinnati gewannen vor allem St. Louis und Chicago infolge ihrer günstigen Verkehrslage im Mittleren Westen immer mehr an Boden. New Orleans blieb ein Zentrum des Baumwollexports. Dagegen rangierte in industrieller Hinsicht der Süden mit weniger als einem Zehntel Anteil am Wert der Fertigung weit abgeschlagen im Landesvergleich.

Die *Verkehrsverbindungen* verbesserten und erweiterten sich ebenfalls in diesem Zeitalter von Kohle, Eisen und Dampfkraft auffallend schnell. Der Kanalbau, der mit der Eröffnung des Erie-Kanals 1825 sein erstes spektakuläres Ergebnis hatte, wurde fortgesetzt. Hatte 1830 das Kanalsystem eine Ausdehnung von 2171 km, so waren es 20 Jahre später (1850) bereits 6287 Kilometer. Damit hatte sich die Länge der Kanäle fast verdreifacht. Städte wie Boston, Charleston und Philadelphia erschlossen ihr näheres und weiteres Umland durch den Bau von Kanälen. Mit staatlichen Mitteln wurde der Anschluß des Ohio an die Großen Seen betrieben und damit zugleich von dort aus eine Verbindung durch den Erie-Kanal nach New York hergestellt. Ein kostspieliges Kanalsystem verband Philadelphia mit der Industriestadt Pittsburgh im Westen von Pennsylvania, wobei das Alleghany-Gebirge mittels Seilbahnen, welche die Kanalboote über das Gebirge brachten, überquert werden mußte. Der Dampfschiffsverkehr auf dem Mississippi, Missouri, Ohio oder Hudson und den damit verbundenen Wasserwegen erlebte bis zur Mitte des Jahrhunderts goldene Jahre [Abb. 3]. Dann führte die Konkurrenz der schnelleren Eisenbahn im Personen- und Güterverkehr zum Niedergang des Kanalzeitalters. Das Eisenbahnnetz dehnte sich bei einem Kostenauf-

3 *James Bard (1815–1897) „Der Flußdampfer America" um 1850, eine volkstümliche Darstellung des viel benutzten Verkehrsmittels in dieser Zeit.*

wand von einer Milliarde Dollar rasch weiter aus [Abb. 4]. Es wurde durch beträchtliche staatliche Landschenkungen an die Eisenbahngesellschaften gefördert. Die Schienenlänge war 1860 mit 52.000 Kilometer in den Vereinigten Staaten bereits umfangreicher als im übrigen Teil der Welt zusammengenommen. Das Netz der Eisenbahnen erstreckte sich vorwiegend in ost-westlicher Richtung, während der Süden von den Städten der nördlichen Atlantikküste aus nur auf Umwegen oder per Schiff zu erreichen war. So gab es damals noch keine durchgehende Eisenbahnverbindung von Washington, D. C., in Richtung Charleston, South Carolina. New Orleans war nur über Chicago, also über den Mittleren Westen, mit den Eisenbahnstrecken des Nordens verbunden. Die äußerste westliche Eisenbahnstation war am Vorabend des Bürgerkrieges St. Joseph am Missouri. Von hier aus wurde im April 1860 eine regelmäßige Postverbindung nach Sacramento, der Hauptstadt Kaliforniens, in Betrieb genommen, der berühmte Pony-Expreß, mit dem man acht Tage in Richtung Westen unterwegs war.

Im *Postwesen* setzte sich seit 1845 die Verwendung von Briefmarken durch, mit denen die Postgebühr bezahlt wurde. 1847 autorisierte der Kongreß die Verwendung von Briefmarken zur Bezahlung der Postgebühren. Die ersten amerikanischen Briefmarken erschienen – nach verschiedenen Vorläufern – im Juli 1847 als 5-Cents-Marke mit dem Bild Benjamin Franklins und als 10-Cents-Marke mit dem Bild George Washingtons. Daß die Post im damaligen täglichen Leben für den einzelnen eine erhebliche Bedeutung hatte, zeigt in humoristischer Brechung der Andrang an einem Postschalter in Pittsburgh auf David G. Blythes (1815–1865) in Spitzwegscher Manier gemaltem Bild „The Post Office" aus dem Jahr 1860 [Abb. 5].

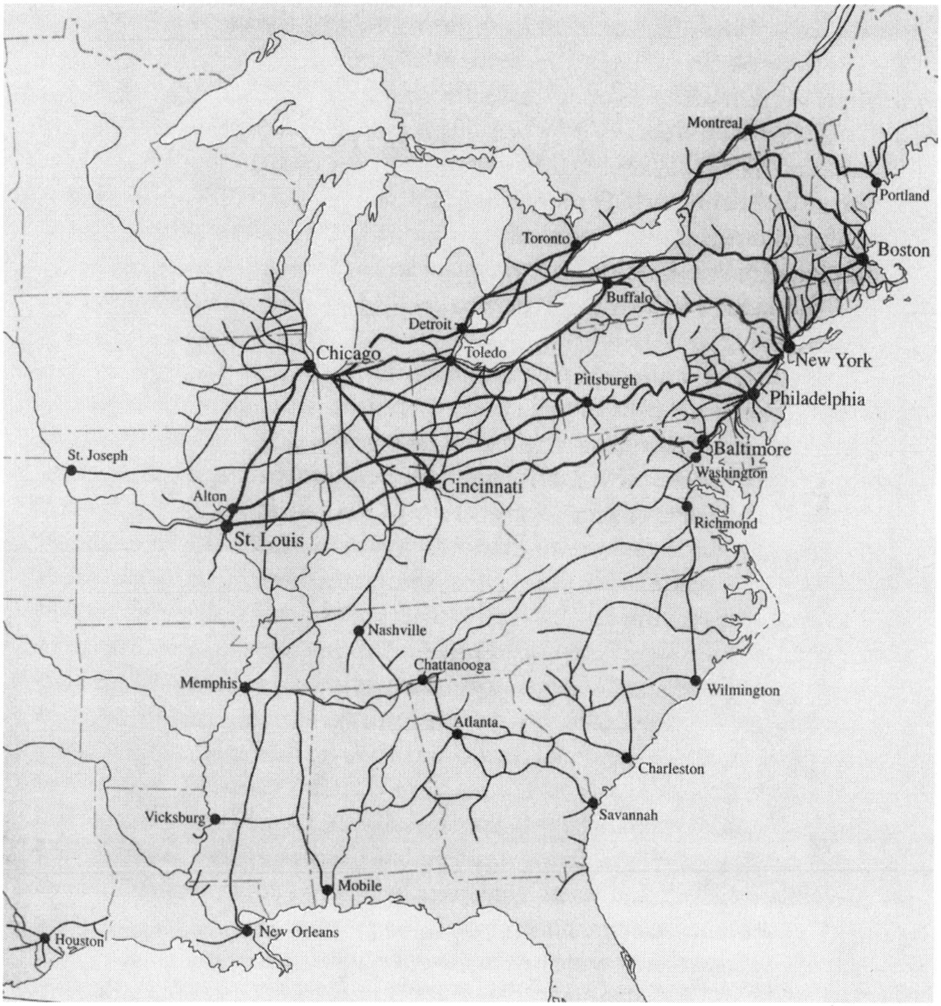

4 *Karte des Eisenbahnnetzes in Nordamerika 1860.*

Erste Vorbereitungen für eine transkontinentale Eisenbahnlinie waren im Gange, sie konnte dann 1869 nach dem Ende des Bürgerkrieges mit der Verbindung der Strecken der Union Pacific und der Central Pacific Railroad bei Promontory Point, Utah, fertiggestellt und eröffnet werden.

Eine weitere herausragende Leistung jener Zeit war die Erschließung und Nutzung des Oregon Trails seit Anfang der 1840er Jahre durch Einwanderer und Siedler, die vom Mittleren Westen in das Oregon-Gebiet im Nordwesten zogen. In wachsender Zahl beteiligten sich ganze Familien an der strapaziösen Reise. Der Oregon Trail begann in Independence, Missouri, und ging über 2000 Meilen bis nach Fort Vancouver im Süden des heutigen Staates Washington. Bei Fort Laramie, Wyoming [Abb. 6], verließ man die Ebenen der Prärie, überquerte nun die Rocky Mountains und die kontinentale Wasserscheide

5 *David Gilmore Blythe (1815–1865), „The Post Office“ (1860). Der Andrang am Schalter für die Allgemeinheit in einem Postamt der Stadt Pittsburgh wird hier auf satirische Weise dargestellt. Ein Zeitungsjunge und ein Taschendieb beleben die Szene im Vordergrund.*

in einer Höhe von 2500 Metern. Mit Wagen und Vieh waren Männer, Frauen und Kinder sechs Monate lang unterwegs, bis die erstrebte Ansiedlung in Oregon beginnen konnte. Um 1845 lebten bereits 5000 Siedler in dieser Region im äußersten Westen des Landes.

In den großen Städten führte die Einführung von Straßenbahnen, die von Pferden gezogen wurden, seit den 1850er Jahren zu einer Revolution im Nahverkehr. Auf der längsten derartigen Straßenbahnlinie wurden in Boston 1860 gegen 6,5 Millionen Fahrgäste zu verhältnismäßig niedrigen Tarifen befördert. Mit den verbesserten Verkehrsbedingungen konnten die Städte nun auch in neue Außenbezirke hinein wachsen.

Zu den weiteren Neuerungen der Zeit gehörte – nach der *Erfindung* der *Telegraphie* durch den Amerikaner Samuel Morse (1791–1872) und den Deutschen Carl Friedrich Gauß (1777–1855) – die Einrichtung einer ersten Telegraphenlinie zwischen Washington und Baltimore, die 1844 in Betrieb genommen wurde. Bei Beginn des Bürgerkrieges bestand

6 *Albert J. Miller, „Fort Laramie" (1837). Miller besuchte Fort Laramie, das Eingangstor zu den Rocky Mountains in Wyoming, gemeinsam mit einem britischen Offizier, der zu seinem Vergnügen den fernen Westen bereiste und einen Maler in seiner Begleitung wünschte. Er malte das Fort während eines Besuchs von Snake-Indianern.*

dann schon ein Telegraphennetz von 80.000 km Länge. Damit konnten nun geschäftliche und andere Nachrichten in Windeseile im ganzen Land verbreitet werden. Die Zeitungen profitierten davon und überschrieben ihre Meldungen nun als „Das Neueste aus dem Telegraph". Der Telegraph ermöglichte auch die Anfänge einer systematischen Wettervorhersage. 1858 begann Joseph Henry (1797–1878), ein Wissenschaftler der Smithonian-Institution in Washington, D. C. [siehe unten], telegraphisch übermittelte Wetterberichte zu sammeln und auf Wetterkarten einzutragen. Besonders die Eigner und Kapitäne der Dampfschiffe auf dem Ohio und Mississippi nutzten die rasche Information über die schnell wechselnden Wetterverhältnisse für die Navigation.

Ein Telegramm von zehn Worten kostete auf einer Entfernung bis zu 100 Meilen 25 Cents, für 20 Worte über 500 Meilen zahlte man einen Dollar. Zu dieser Zeit wurde auch die erste transkontinentale Verbindung – von New York über St. Louis und Denver nach San Francisco – eröffnet. Drei Jahre zuvor – 1858 – hatten Präsident Buchanan (1857–1861) und Königin Victoria (Regierungszeit 1837–1901) das erste Atlantikkabel zwischen ihren beiden Ländern mit Grußbotschaften eingeweiht. Allerdings funktionierte die Verbindung nicht wie gewünscht, und das Kabel mußte einige Jahre später neu verlegt werden.

Neue Erfindungen machten von sich reden. Sie waren damals noch das Werk einzelner Forscher und Tüftler, die von dem allgemeinen Geist der Erneuerung und des Fortschritts

7 *Die älteste fotografische Aufnahme des Kapitols in Washington, D.C. aus dem Jahr 1846.*

jenes Zeitalters motiviert wurden. Samuel Colt (1814–1862) und Oliver F. Winchester (1810 bis 1880) verbesserten Revolver und Gewehre. Charles Goodyear (1833–1896) entwickelte ein Verfahren zum Vulkanisieren des Gummis. Die Einführung der Rotationsdruckmaschine ermöglichte es den Zeitungen, ihre Auflagen zu steigern. In Philadelphia konnte man um 1850 nun 8000 Zeitungen in einer Stunde drucken. Die Entwicklung der Nähmaschine durch Elias Howe (1819–1867) und Isaac M. Singer (1811–1875) revolutionierte die Herstellung der Frauenkleidung. Andere Erfindungen galten der Sicherheitsnadel, aber auch der technischen Vervollkommnung von Personen- und Lastenaufzügen. Das Gaslicht wurde eingeführt und bot neue Beleuchtungsformen für die Städte, Straßen und öffentlichen Einrichtungen zu einer Zeit, als in den privaten Haushalten noch das Kerzenlicht und bald auch die Öllampe vorherrschten. 1847 veranlaßte der Kongreß die Einführung von Gaslicht im Kapitol [Abb. 7] in Washington. Der amerikanische Erfindungsgeist feierte anläßlich der Londoner Weltausstellung im berühmten Kristallpalast, die 1851 eröffnet wurde, erste Triumphe. Auf einer Karikatur sah man damals einen geschäftig seine Erfindungen erklärenden Uncle Sam, während sein britischer Kollege John Bull jammerte: „Mein Gott, mein Gott, was werden sie sich als nächstes ausdenken? Wir müssen schrecklich rückständig sein.“[72]

Der Goldrausch in Kalifornien beschleunigte noch den wirtschaftlichen Aufschwung jener Zeit. 1848 wurden in Kalifornien die reichhaltigen Goldfelder entdeckt, die dort einen wahren Goldrausch auslösten und den Anstoß zu einem wirtschaftlichen Aufschwung gaben, der bis

1856 andauerte. Nachdem der Farmer John Augustus Sutter (1803–1880) bei Sutters Mill am American River auf seinem Anwesen im Tal des Sacramento zufällig Gold entdeckt hatte, mehrten sich seit Sommer 1848 in den amerikanischen Zeitungen Meldungen über Goldfunde in Kalifornien. Ende des Jahres bestätigte Präsident Polk (1845–1849) in einer Kongreßbotschaft die ungewöhnliche Reichhaltigkeit der Goldvorkommen im Westen. Ein Goldfieber, wie man es noch nicht erlebt hatte, begann. Im Februar 1849 trafen in San Francisco zu Schiff die ersten Goldsucher ein. Viele andere wählten den Landweg auf einer Route durch New Mexico bzw. weiter nördlich über Wyoming, Utah und Nevada. Ende des Jahres erreichte die Bevölkerung Kaliforniens, das nach dem Krieg gegen Mexiko gerade erst in den Besitz der Vereinigten Staaten gelangt war, nahezu die Zahl 100.000. Dort war durch das Goldfieber eine chaotische Situation entstanden. Eine Zeitung berichtete im Februar 1849: „Der Sittenzustand des Landes ist ... so traurig wie möglich. Von Regierung ist keine Rede; nachdem alle Truppencorps, alle Offiziere und Beamte ihre Posten verlassen haben, und nach den Minen geeilt sind, hat der Gouverneur selbst, Oberst Mason, gleichfalls Monterey verlassen und sich den Goldgräbern angeschlossen. Nur das Recht des Stärkeren gilt; alle gesellschaftlichen Bande sind aufgelöst, und das Land, in welchem die Abenteurer der ganzen Welt zusammenströmen, ist dem Raube und der Plünderung preisgegeben."[73]

Ein Nebenprodukt des Goldfiebers verdient Erwähnung, da es bis in die Gegenwart hinein eine Rolle spielt. Damals kam ein 21jähriger Einwanderer aus Deutschland, Levi Strauss (1830–1902), nach Kalifornien. Er hoffte, dort Geld mit dem Verkauf von Zelten für Goldsucher zu verdienen. Der Erfolg war gering. Aber seine aus Segeltuch gefertigten strapazierfähigen Hosen fanden bei den Goldsuchern guten Absatz. Das war die Geburtsstunde der Levi's Jeans.

In *politischer Hinsicht* war die Zeit zwischen der Präsidentschaft Andrew Jacksons und dem Bürgerkrieg vielschichtig. Sie läßt sich infolge der Mehrgleisigkeit des politischen Geschehens schwer auf einen Nenner bringen. Erstens zeigten sich Entwicklungen und Fortschritte zu mehr Demokratie im Bereich der Wahlen, in der Entwicklung der Parteien, innerhalb der Presse, im Schulwesen und in weiteren Bereichen. Mit Andrew Jackson, dem populären General des Krieges von 1812, zog zum ersten Mal ein Volkspräsident, ein Idol der Farmer und Arbeiter, der Handwerker und Soldaten, in das Weiße Haus ein. Seine Amtseinführung in Washington wurde zum Volksfest. „Washington hatte nie solche Massen erlebt, wie sie dort am 4. März 1829 zusammenkamen, um die Einführung des Volkshelden zu sehen. Es war ihr Tag, ohne Pomp oder Gepränge, selbst eine Uniform war selten zu sehen. General Jackson, von hochgewachsener Gestalt, vornüber gebeugt, schwarz gekleidet, mit einem falkenähnlichen Antlitz unter einem prächtigem Schopf dichten weißen Haares, ging durch die Menge und den Matsch der Pennsylvania Avenue, ohne Begleitung, abgesehen von einigen Freunden"[74] [Abb. 8]. Jacksons Politik, die auch ihre Schattenseiten hatte, betonte neben der Einheit der Union erkennbar die Rechte des einfachen Mannes.

Im Wahlrecht hatte sich zu dieser Zeit überall in Amerika das allgemeine Männerwahlrecht, das Wahlrecht der männlichen weißen Amerikaner, durchgesetzt. Die Parteien, damals einerseits die Demokraten Jacksons und Van Burens (Präsident 1837–1841) und andererseits die Whigs, eine überregionale Koalition der Gegner Jacksons um William Henry Harrison (Präsident 1841) und Daniel Webster (1782–1852) gingen dazu über, ihre Präsidentschaftskandidaten auf nationalen Konventen der Partei auswählen und bestimmen zu lassen. Seither konnte das einfache Parteivolk eher als früher an der Kandidatenaufstellung mitwirken, worin sich eine Demokratisierung der Parteien ausdrückte. Bei den Wahlen von 1840 – als sich Harrison und Van Buren als Bewerber um das Präsidentenamt gegenüberstanden – bildeten sich erstmals moderne Erscheinungsformen massenwirksamer Wahlkämpfe heraus. Besonders die Whigs verstanden es, mit Liedern, Umzügen, Spruchbändern und Bannern, mit griffigen Wahllosungen und Ansteckern die Wähler zu mobilisieren.

8 *Der spätere Präsident Andrew Jackson, der Sieger der Schlacht von New Orleans 1815, gemalt von Ralph E. W. Earl (1788–1838).*

Auch die Zeitungen gingen jetzt dazu über, das Volk als Leser und Käufer zu entdecken. Die *New York Sun*, die seit 1833 erschien und nur einen Cent kostete, wurde das erste Massenblatt. Die *Sun* spezialisierte sich auf sensationelle Meldungen, auf Unglücksfälle, aufsehenerregende Duelle, unmoralische Ereignisse und Ähnliches. Auch in Philadelphia und Baltimore erschienen, nach dem Beispiel der *Sun*, neue Massenblätter. Das Gewicht des einfachen Mannes war in der amerikanischen Politik dieses Zeitalters im Wachsen, wie auch die Biographien der aus einfachen Verhältnissen stammenden späteren Präsidenten Millard Fillmore (1850–1853), Abraham Lincoln (1861–1865) und Andrew Johnson (1865–1869) zeigen. Auf der anderen Seite ist nicht zu übersehen, daß weiterhin die etablierte Macht des Geldes im Norden und der Plantagenbesitzer im Süden einen maßgeblichen politischen Einfluß ausübte.

Zweitens erlebten die 1840er und 1850er Jahre einen neuerlichen Aufschwung des Nationalismus in Amerika. Die rasante territoriale Ausdehnung der Vereinigten Staaten war von einer merklichen Zunahme des Nationalismus im politischen Klima begleitet. Am Vorabend des Krieges gegen Mexiko verbreitete sich der schon erwähnte Gedanke des „Manifest Destiny“ im Kongreß und in der Öffentlichkeit. Wenig später artikulierte eine Gruppe, die sich „Young America“ nannte, besonders in der Demokratischen Partei ihre romantischen, nationalistischen und expansiven Ziele. Kurz vor Ausbruch des Bürgerkrieges – im Jahr 1859 – prägte ein Abgeordneter im Kongreß, der aus dem Westen kam und in seiner Rede die paradiesische Schönheit der weiten Ebenen zwischen den Alleghanies und den Rocky Mountains beschrieb, für sein Land den charakteristischen Begriff „God's own country“, „Gottes eigenes Land“.[75] Fremdenfeindliche Ausschreitungen und Unruhen, hauptsächlich gegen irische und deutsche Einwanderer gerichtet, und das Aufkommen der fremdenfeindlichen American Party zeigten Anfang der 1850er Jahre ebenfalls den neuen Nationalismus an.

Drittens verschärfte sich in den Vereinigten Staaten während der 1850er Jahre der nicht mehr beizulegende Konflikt zwischen dem freien industrialisierten Norden einerseits und dem auf Sklaverei und Baumwollanbau beruhenden Süden des Landes. Ein letzter, von

Senator Henry Clay (1777–1852) im Kongreß 1850 erreichter Kompromiß, der „Kompromiß von 1850", vermochte die Spannungen zwischen beiden Lagern nicht dauerhaft zu verringern. Das in Gegner und Anhänger der Sklaverei gespaltene Land steuerte unübersehbar und unaufhaltsam auf den offenen Konflikt zu. Mit der Gründung der Republikanischen Partei bildete sich eine neue politische Koalition der Sklavereigegner. Der republikanische Senator William R. Seward (1801–1872) sprach 1858 eine im Norden weitverbreitete Ansicht aus, als er von einem nicht mehr zu unterdrückenden Konflikt („Irrepressible Conflict") in seinem Land sprach und prophezeite, die Vereinigten Staaten müßten über kurz oder lang entweder eine gänzlich Sklaven haltende Nation oder als Ganzes eine Nation freier Arbeiter werden. Auf die Wahl des Republikaners Lincoln zum Präsidenten der USA im November 1860 folgte die Sezession der elf Südstaaten, was den Beginn des Bürgerkriegs im April 1861 nach sich zog [Kapitel 7].

Viertens aber waren die drei Jahrzehnte zwischen Jackson-Präsidentschaft und Bürgerkrieg durch zahlreiche aktive Reformanstrengungen und -bewegungen geprägt. Nebeneinander und teilweise auch miteinander verbunden bemühte man sich um Verbesserungen in der Bildung, um Reformen im Strafvollzug, um Verbesserung der Lebens- und Arbeitsverhältnisse in der Industrie, um das Verbot des Alkohols, die Prohibition. Mit besonderem Eifer wurde an zwei Fronten gekämpft. In der Auseinandersetzung um die Gleichberechtigung der Frau entstand die moderne Frauenbewegung. In der Bekämpfung der Sklaverei formierte sich die moderne Antisklavereibewegung, der Abolitionismus (siehe den übernächsten Abschnitt).

Bildung und Kunst der Amerikaner sahen in den Jahrzehnten vor dem Bürgerkrieg Veränderungen und Neuerungen, die sich auf das tägliche Leben auswirkten. Die Reform der Schulbildung konzentrierte sich auf den Ausbau des Systems öffentlicher Schulen. Der inzwischen erreichte Stand der Schulbildung zeigte sich in den Daten der Volkszählung von 1840. Danach konnten 78 Prozent der Amerikaner und 91 Prozent der weißen Amerikaner lesen und schreiben. Überdurchschnittlich hoch war die Zahl der Analphabeten im Süden, wo gegen 500.000 weiße Analphabeten lebten.

Seit den 1830er Jahren fand die Forderung nach Public Schools, also nach mit Mitteln der Öffentlichkeit finanzierten Schulen, die noch in der Minderzahl waren, neue Anhänger. Seit der Einführung des allgemeinen Wahlrechtes schien die Forderung nach einer guten Schulbildung im Interesse gebildeter Wähler nur logisch zu sein. Die Arbeiter und ihre ersten lokalen Parteien in Boston, New York oder Philadelphia stellten die Forderung nach gleicher allgemeiner Bildung an die Spitze ihres politischen Programms. Reformer verschiedener Bestrebungen sahen in einer verbesserten Bildung ein Mittel sozialer Veränderungen, mit der sich Kriminalität und Armut verringern ließen. Massachusetts wurde zum Vorreiter staatlicher Schulpolitik, bei der Verbesserung der Lehrerbildung und bei der Anhebung der niedrigen Lehrergehälter. Ein Jahresgehalt von 65 Dollar, also wenig genug, war damals die Regel für eine Lehrerin. Ein Lehrer bekam etwas mehr. Man schätzt, daß es um 1850 gegen 80.000 Grundschulen im Land gab, in denen 90.000 Lehrer oder Lehrerinnen 3,5 Millionen Schüler unterrichteten. Auf dem Land fand der Unterricht oft nur im Winter statt, damit die Schüler vom Frühjahr bis zum Herbst bei der Feldarbeit helfen konnten. Anderswo dauerte das Schuljahr neun Monate. Die Schulstunden lagen von 9 bis 12 und von 13 bis 16 Uhr, an fünf Tagen in der Woche. Die Klassenfrequenzen schwankten zwischen 55 und 75 Schülern. Es wurde üblich, acht Jahre in den Grundschulen (Primary

Schools) zu verbringen. Die große Mehrzahl der Kinder kam in der Schulbildung darüber nicht hinaus.

Die „Akademien“ oder „High Schools“ der zweiten Bildungsstufe, die auf die Universität vorbereiteten, waren einer Minderheit von Schülern vorbehalten, sie waren in der Regel Privatschulen. Öffentliche High Schools waren noch selten, 1860 gab es 300 im ganzen Land, hauptsächlich in Massachusetts, Ohio und New York, noch wenig, verglichen mit den über 6000 privaten „Akademien“, die 263.000 angehende Studenten durch 12.260 Lehrer unterrichten ließen.

Die Mehrzahl der rund 250 Colleges und Universitäten des Landes waren private, konfessionell gebundene Hochschulen. Zu den bekanntesten Hochschulen zählten schon damals Harvard bei Boston, Yale in New Haven, die Brown University in Providence, die University of Pennsylvania in Philadelphia, das College William & Mary in Williamsburg, aber auch das Amherst College in Massachusetts, Dartmouth College in New Hampshire und Union College in Schenectady, New York. Erst 30 der Colleges oder Universitäten waren westlich des Mississippi gelegen. Inzwischen gab es auch 17 Staatsuniversitäten, die nach dem Beispiel der von Jefferson gegründeten Universität von Virginia auf vom Staat kostenlos zur Verfügung gestelltem Land errichtet waren. In diesen Staatsuniversitäten bemühte man sich darum, Kinder weniger bemittelter Eltern zum Studium zu führen. Es gab bereits eine 1824 gegründete Ingenieurschule in Troy, New York. Die beste Ingenieurausbildung erhielt man an der Militärakademie in West Point. Da die Armee zu klein war, um alle Absolventen als Offiziere einzustellen, gingen viele Schüler von West Point nach der Ausbildung in die Wirtschaft oder wirkten beim Bau der Eisenbahnstrecken mit.

Hinzu kamen zahlreiche Hochschulen für Ärzte und Anwälte. Allgemein waren Studentenzahlen und Lehrkörper klein: 200 bis 300 Studenten, ein Dutzend Hochschullehrer waren an einer Hochschule die Regel. Studiengebühren und die Ausgaben für den Lebensunterhalt der Studenten waren niedrig. Fast alle Studenten waren männlichen Geschlechts. Wie schon erwähnt, begann das Oberlin College in Ohio 1837 mit der Zulassung von Studentinnen. Einige Jahre später (1849) konnte Elizabeth Blackwell (1821–1910) am Geneva College, im Staat New York, als erste Frau in Amerika den medizinischen Doktortitel erwerben. Das erste Frauencollege, das Studentinnen nach dem üblichen akademischen Standard ausbildete, wurde das Vassar College in Poughkeepsie, New York, das allerdings erst gegen Ende des Bürgerkrieges eröffnet worden ist.

Schließlich verdient die Tatsache Erwähnung, daß die Yale Universität in New Haven, Connecticut, als erste amerikanische Hochschule 1861 die Graduierten-Ausbildung neu organisierte und als erste Hochschule im Land den philosophischen Doktortitel „Ph. D.“ verlieh.

Die Förderung von Wissenschaft und Künsten wurde in dieser Zeit durch das Vermächtnis eines vermögenden Engländers auf einmalige Weise unterstützt. Der 1829 in Italien verstorbene James Smithon (1765–1829), der selbst nie in Amerika gewesen war, vermachte nämlich sein Vermögen von über einer halben Million Dollar – eine beträchtliche Summe für jene Zeit – den Vereinigten Staaten unter der Bedingung, daß in Washington, D. C., eine Smithonian-Institution genannte Einrichtung geschaffen würde. Sie sollte sich der Pflege und Verbreitung des Wissens unter den Menschen widmen. Der Kongreß nahm das Geschenk mit gemischten Gefühlen auf und debattierte längere Zeit darüber, ob man das Legat überhaupt annehmen könne und solle, ob eine solche Einrichtung mit den tradi-

9 *Smithonian Institution, Washington, D.C., Architekt James Renwick, jr. (1818–1895), erbaut 1848/49. The Castle ist das erste öffentliche Gebäude in Amerika, das in der neogotischen Mode der Zeit errichtet wurde.*

tionellen Aufgaben der Bundesregierung zu vereinbaren sei. Schließlich schuf der Kongreß 1848 die Smithonian-Institution und unterstellte sie der Verwaltung durch die Regierung der Vereinigten Staaten. Einige Jahre später wurde das Hauptgebäude der Smithonian-Institution in Washington fertiggestellt, „The Castle", ein roter Sandsteinbau in neugotischem Stil [Abb. 9]. Aus diesen Anfängen – beginnend mit naturkundlichen Ausstellungen – entwickelte sich seither eine einzigartige Kombination aus Forschung, Bibliothekseinrichtung und Museum. Heute ist die Smithonian-Institution mit ihren Museen in Washington der größte Museumskomplex der Welt. Man kann dort ebenso die Druckerpresse Franklins im National Museum of American History wie den „Spirit of St. Louis", mit dem Charles Lindbergh als erster Pilot den Atlantik überflog, im National Air and Space Museum oder einen der größten geschliffenen Diamanten der Welt, den Hope-Diamanten, im National Museum of Natural History sehen sowie unzählige andere Sehenswürdigkeiten, Zeugnisse der vergangenen Technik oder Kunstwerke verschiedener Völker und Zeiten bewundern. Auf der schönen Stadtansicht der Hauptstadt von 1852 [Abb. 10] ist das Gebäude der Smithonian-Institution „The Castle" gut sichtbar. Ebenfalls zu erkennen ist das seit 1848 entstehende Washington Monument, heute der zentrale Blickpunkt der Mall zwischen Kapitol und Lincoln Memorial [Abb. 11].

In der *Malerei* zeigte sich die neue Lebenseinstellung des Zeitalters. Einerseits entdeckte man die grandiose Schönheit der amerikanischen Landschaft für das Publikum. Besonders die bizarre Bergwelt des Westens [Abb. 12] und die auffallenden Naturwunder wie die Niagarafälle [Abb. 13] wurden – parallel zur wachsenden Reisebereitschaft vieler Ame-

10 *Ansicht der Stadt Washington aus dem Jahr 1852. Die Pennsylvania Avenue ist zwischen Kapitol und Weißem Haus von Kutschen und Wagen belebt. Längs der Mall verläuft noch der später zugeschüttete Washington-Kanal. In der Mitte der Mall erkennt man das Gebäude der Smithonian Institution, dahinter das seit 1848 entstehende Washington Monument, ganz im Hintergrund den Potomac.*

rikaner – als Motive der Kunst entdeckt. Albert Bierstadt (1830–1902), der deutsch-amerikanische Maler, der als Kind mit seinen Eltern aus seiner Heimat Deutschland in die Vereinigten Staaten gekommen war, gab die Faszination und Unberührtheit der Berge des Westens, der Sierra Nevada in Kalifornien und der Rocky Mountains in beim Publikum beliebten und gefragten Gemälden wieder [Abb. 14]. Bierstadt, der sich auch häufig in Europa aufhielt, beteiligte sich in den späten 1850er Jahren an Expeditionen zwischen Fort Laramie und dem Pazifik, mit denen eine neue Überlandroute im Westen erkundet werden sollte. Die Rocky Mountains wurden seither der bevorzugte Gegenstand seiner großformatigen Gemälde, die seinen Ruf als Landschaftsmaler im ganzen Land verbreiteten. Für einzelne seiner Bilder erzielte er schließlich im Osten bis zu 35.000 Dollar, eine größere Summe, als je ein amerikanischer Maler vor ihm für sein Lebenswerk erhalten hatte.

Auch die Fotografie entdeckte die Landschaft des Westens. Eine von Carleton E. Watkins im Yosemite-Tal 1861 gemachte Aufnahme [Abb. 15] wurde einige Jahre später die Attraktion der Pariser Weltausstellung von 1867. Es war das erste Foto vom künftigen Yosemite Valley National Park, der bereits während des Bürgerkrieges unter Schutz gestellt wurde, als Präsident Lincoln den Yosemite Park Act (1864) unterzeichnete, und der 1890 schließlich zum Nationalpark erklärt wurde.

Zahlreiche amerikanische Maler wandten sich in dieser Zeit der *Genremalerei* zu und hielten das tägliche Leben, den Lebensstil gerade auch der einfachen Amerikaner in bemerkenswerten Bildern fest. Wegen des künstlerischen und dokumentarischen Rangs ihrer Bilder sind vor allem der auf Long Island, New York, lebende William Sidney Mount

11 *Blick auf das Washington Monument über das Tidal Basin im Frühjahr 1997.*

(1807–1868) und der einen großen Teil seiner Gemälde in Missouri schaffende George Caleb Bingham (1811–1879) zu nennen. Mount gilt mit Recht als der herausragende amerikanische Genremaler des 19. Jahrhunderts. Er wollte für die vielen, nicht für die wenigen malen. In seinen Bildern bevorzugte er die detaillierte, oft humorvolle Wiedergabe des täglichen Lebens, besonders des Lebens der Farmer auf dem Land. Sein Bild „Farmers Nooning" [Abb. 16] zeigt auf humorvolle Weise die Mittagsruhe während der Farmarbeit auf Long Island an einem Sommertag. Zeitgenössische Kritiker nannten es „wahrhaft amerikanisch" („truly american"). Mount, der ein Gegner der Sklaverei war, aber ebenso den radikalen Abolitionismus ablehnte, bot ein Bild der Koexistenz von Weißen und Schwarzen bei der Farmarbeit, ein Bild, dessen zentraler Blickpunkt der glücklich ruhende Schwarze war. Mount wurde damit der erste amerikanische Maler im 19. Jahrhundert, der den schwarzen Amerikanern in seiner Kunst Würde und Individualität verlieh.

Ähnlich überzeugend zeigt sich der freundliche, humorvolle Realismus dieses Malers in seinem vielbewunderten „Triumph des Malers" [Abb. 17]. Hier zeigt ein Maler in begeisterter Pose seinem offenbar ländlichen Besucher sein neuestes Bild. Es ist auf seine Weise ein Selbstporträt dieses erfindungsreichen Künstlers, aber auch ein Porträt des amerikanischen Charakters zu jener Zeit.

Bingham seinerseits war der künstlerische Chronist des Alltags im amerikanischen Westen, wo er seine Kindheit und einen großen Teil seines Lebens verbracht hat. Es gelang ihm, mit seinen Bildern die sozialen und politischen Charakteristika des Westens festzuhalten. Immer wieder kam er dabei auf den großen Fluß, den Missouri, die Verkehrsader des Westens, zurück. Das schöne Bild der „Jolly Flatboatmen" [Abb. 18] spricht mit seiner lebendigen Wiedergabe der fröhlichen Bootsleute für sich selbst. Die American Art Union brachte einen kolorierten Stich des Bildes in großer Zahl (10.000 Stück) unter die Leute. Mit den „Jolly Flatboatmen" begründete Bingham den Ruf, der William S. Mount des Westens zu sein. In gewisser Hinsicht war er darüber hinaus sogar der „amerikanischste" unter den Malern seines Jahrhunderts. Seine Motive suchte er vorwiegend im Leben der einfachen Amerikaner, im Leben an der Grenze zwischen dem besiedelten Teil des Landes und der Wildnis.

Bei Binghams stimmungsvollem Bild „Pelzhändler auf dem Missouri" [Abb. 19] verbindet sich auf eindrucksvolle Weise die Schilderung von Natur und menschlichem Alltag. Es zeigt die Flußlandschaft des Missouri in der Morgenstimmung, einen Pelzhändler mit seinem indianischen Gehilfen, der wahrscheinlich auf dem Weg in die Stadt ist, und es

12 *Asher B. Durand (1796–1886) „Verwandte Geister“ (1849), das Bild zeigt einen Maler und einen ihm befreundeten Dichter bei der Bewunderung der pittoresken Berglandschaft.*

13 *Frederick E. Church (1826–1900) „Niagara Falls“ (1857). Church begründete mit diesem Bild seinen Ruf als Maler dramatischer Landschaften. Für ihn symbolisierten die Niagarafälle die besondere Auszeichnung Amerikas durch die Gnade Gottes.*

14 *Albert Bierstadt „Sierra Nevada in Kalifornien" (1868). B. malte das Bild der noch unberührten Natur im Westen, die er über Jahre hindurch kennengelernt hatte, in Rom während eines Aufenthalts in Europa. Es wurde im selben Jahr in Berlin und Rom ausgestellt und fand auch beim europäischen Publikum viel Beifall.*

deutet die Einheit von Mensch und Natur an. Das Bild, das in Komposition und Wiedergabe zu den Meisterwerken Binghams zählt, brachte dem Maler ganze 75 Dollar ein. Wiederholt stellte er das Wahlgeschehen in Missouri bei der Abstimmung [vgl. Abb. 1] oder bei Verkündung des Wahlergebnisses dar. 1848 wurde Bingham als demokratischer Abgeordneter in die Missouri-Legislative gewählt. Seitdem übernahm er auch politische Ämter in seinem Heimatstaat.

Mit dem weiteren Fortgang der *Industrialisierung* gewann die *Arbeiterfrage* besonders im Norden des Landes zunehmend an Gewicht. Der junge George Bancroft (1800–1891), später einer der angesehensten Historiker seines Landes, meinte im Oktober 1834 in einem Brief an die Workingmen Party, eine radikale politische Partei in Massachusetts, die Fehde zwischen den Besitzenden und den Besitzlosen, zwischen dem Haus der Habenden und dem Haus der Bedürftigen, sei so alt wie die soziale Union und könne nie vollständig beigelegt werden. Bancroft war beunruhigt über die mit der Industrialisierung einhergehende und wachsende ungleiche Verteilung des Reichtums.

Das Fabriksystem hatte sich ausgehend von Neuengland über große Teile des Nordens ausgebreitet. Am Vorabend des Bürgerkrieges waren sechs Staaten – Massachusetts, New York, Pennsylvania, Connecticut, Rhode Island und Ohio – am weitesten industrialisiert. Zwischen 1820 und 1840 war die Zahl der Amerikaner, die in Fabriken arbeiteten, um das Achtfache gewachsen, die der Stadtbewohner hatte sich verdoppelt. Newark in New Jersey, Lowell und Lynn in Massachusetts waren ausgesprochene Industriestädte, in denen ein großer Teil der Bevölkerung in Fabriken beschäftigt war. Die Textil- und Schuhindustrie, die

15 *Half Dome im Yosemite Valley in Kalifornien. Das erste Foto der später beliebten Touristen-Szenerie wurde 1861 gemacht und verschaffte dem Fotografen den ersten Preis auf der Pariser Weltausstellung von 1867.*

16 *William Sidney Mount „Farmers Nooning" (1836). Das Bild zeigt eine Gruppe von Farmern, drei weiße Männer, einen Schwarzen und einen weißen Jungen, die von der Heuernte ausruhen. Es ist das Bild einer nördlichen Idylle, durchaus als Kritik an der Sklaverei im Süden zu verstehen, wenngleich sich der Maler aber auch von den Auffassungen der radikalen Gegner der Sklaverei abgrenzte.*

17 *William S. Mount „Painter's Triumph" (1838). Der Maler stellt mit triumphierender Gebärde einem ländlichen Besucher sein neuestes Bild vor. Dessen Lächeln deutet die Übereinstimmung von Maler und Publikum in der Vorliebe für die Szenen aus dem täglichen Leben an, in deren Wiedergabe Mount ein Meister war.*

Holz-, Eisen- und Lederverarbeitung ebenso wie die Gewehr- und Munitionsherstellung beschäftigten eine große Zahl von Arbeitskräften.

Die mit der Industrialisierung verbundenen Probleme, wie lange Arbeitszeit, ungünstige Arbeitsbedingungen, schlechter bezahlte Frauen- und Kinderarbeit, zeigten sich nun auch in den amerikanischen Fabrikzentren. Zwar blieben Amerika die schlimmsten sozialen Auswirkungen der Industriellen Revolution, wie sie sich in England und auf dem europäischen Kontinent in der Verarmung breiter Schichten, in den elenden Arbeiterquartieren von Manchester und anderswo zeigten, erspart, weil hier günstigere Rahmenbedingungen als in Europa bestanden. Allerdings lagen die Arbeitszeiten in den Fabriken damals bei 12 oder 13 Stunden am Tag, mitunter kamen auch 15 Stunden vor. Man arbeitete an sechs Tagen in der Woche, Arbeitsruhe war lediglich sonntags und an den drei Feiertagen des Jahres. Die Arbeitslöhne der gelernten und ungelernten Arbeiter, obschon sie um ein Drittel bis zweimal so hoch wie in Europa waren, reichten, wenn nur ein Familienmitglied Arbeit hatte, häufig nicht zum Familienunterhalt aus. Kinderarbeit war verbreitet anzutreffen. Es bedarf keines Kommentars, wenn man erfährt, daß Massachusetts 1843 die Arbeit von Kindern unter zwölf Jahren auf zehn Stunden am Tag begrenzte.

18 *George Caleb Bingham „The Jolly Flatboatmen" (1846). Die ungezwungene Fröhlichkeit der Bootsleute auf dem Missouri wirkt bis heute ansteckend auf den Betrachter. Man kann das Bild in der National Gallery of Art in Washington, D.C. bewundern.*

Gewerkschaften und Arbeiterparteien entstanden auf lokaler Ebene bereits im Zeitraum vor 1830. Auch die ersten Streikkämpfe begannen bereits in dieser Periode. 1824 streikten erstmals weibliche Arbeiterinnen der Textilindustrie in Pawtucket, Rhode Island. Starke Beachtung fand auch ein Streik von Zimmermannsgesellen in Boston für den Zehnstundentag im darauffolgenden Jahr. Die Hauptziele der amerikanischen Arbeiterbewegung bestanden vor und nach 1830 im Zehnstundentag, in der Forderung nach staatlich finanzierter allgemeiner Schulbildung und im Eintreten für die Zulässigkeit von Streiks im Arbeitskampf, wurden doch Streiks noch 1835 in einem New Yorker Gerichtsurteil für illegal erklärt.

In der Textilindustrie Neuenglands, wo hauptsächlich Frauen beschäftigt waren, gab es zeitweilig Bemühungen der Fabrikanten aus Boston, die neuen sozialen Probleme planmäßig zu mildern. Die Befürworter des Waltham-Systems, das 1814 ins Leben gerufen wurde, waren der Meinung, die ungünstigen Auswirkungen der Fabrikarbeit kämen weniger aus der Arbeit selbst als aus den Lebens- und Wohnbedingungen der Arbeiterinnen, die als junge Mädchen die elterliche Farm verließen, um für einige Jahre in der Fabrik und damit in der Stadt zu arbeiten. Diese Frauen wünschten ein eigenes Einkommen zu verdienen, bis sie die Fabrik verließen, um zu heiraten. Dann traten neue Mädchen an ihre Stelle. Mit dem

19 *George C. Bingham „Pelzhändler auf dem Missouri" (um 1845). Das Leben und die Arbeit der Menschen auf dem Missouri war eines der Hauptthemen dieses „Malers des Westens". Das Bild besticht durch die souveräne Wiedergabe der Morgenstimmung auf dem Fluß und durch die Ruhe, die von dieser Momentaufnahme eines alltäglichen Vorgangs im Leben seiner Bewohner ausgeht.*

Waltham-System beabsichtigten reformbereite Textilunternehmer wie Francis C. Lowell (1775–1817), die benötigten Arbeitskräfte für die neu entstehenden Fabriken zu gewinnen, ohne die aus Manchester und anderen englischen Industriestädten jener Zeit bekannten Elendsquartiere einführen zu müssen. Der Waltham-Plan sah daher die Einrichtung von Boarding-Häusern, von Wohnunterkünften durch die Unternehmer vor, die in der Nähe der Fabriken errichtet wurden. In diesen Unterkünften bekamen die Arbeiterinnen Wohnung und Verpflegung und eine respektable Umgebung. Dickens, der um 1840 die Fabriken in Lowell, Massachusetts, besuchte [vgl. Kap. 5], wo der Waltham-Plan angewandt wurde, fand die Arbeiterinnen „alle gut gekleidet, doch meiner Meinung nach nicht über ihre Verhältnisse".[76] Wie der englische Schriftsteller bei seinem unangemeldeten Besuch feststellte, gab es genügend Waschgelegenheiten, die Räume, in denen gearbeitet wurde, waren ordentlich, gelüftet und sauber, in einigen sah man Grünpflanzen an den Fenstern. Die Arbeiterinnen wohnten in Unterkünften, die unter der strengen Regie der Fabrikeigentümer standen. Sechs bis acht Mädchen teilten sich einen Raum, gelegentlich mußten auch mehrere von ihnen mit einem Bett vorliebnehmen. Alkohol war verboten. Die Heimleiterinnen sorgten für strikte Nachtruhe nach 22 Uhr und meldeten den Unternehmern das Benehmen ihrer Hausbewohnerinnen und ihren regelmäßigen Kirchenbesuch. Gefördert wurden

20 *Textilfabrik in Manchester, Massachusetts, 1854, in der bedruckte Baumwollstoffe (Kaliko) hergestellt wurden. Die Fabrik beschäftigte 2000 Arbeiter, 1250 von ihnen waren Frauen.*

kulturelle Aktivitäten der Arbeiterinnen, was Dickens erstaunt vermerkte. Es gab in vielen Pensionshäusern ein Klavier, das der Gesellschaft der Fabrikeigentümer gehörte. Fast alle Arbeiterinnen waren Mitglieder von Leihbüchereien, sie gaben auch eine eigene Zeitschrift heraus, „The Lowell Offering", deren Artikel die jungen Frauen selbst schrieben. Die Kehrseite der Verhältnisse waren die lange Arbeitszeit, aber auch gelegentliche Lohnkürzungen oder die Erhöhung der Mieten in den Wohnunterkünften. Die Arbeitszeit dauerte in der Textilindustrie Neuenglands noch Mitte der 1840er Jahre von 5 Uhr am Morgen bis 7 Uhr am Abend, mit einer Frühstückspause von einer halben Stunde und einer dreiviertelstündigen Mittagspause [Abb. 20]. Es konnte nicht ausbleiben, daß sich dagegen der Widerstand der Textilarbeiterinnen regte, besonders nach der lang andauernden Wirtschaftskrise von 1837 bis 1842. Mit Streiks, aber auch durch den Appell an die Öffentlichkeit mittels eigener Zeitungen wie dem „Factory Girl" kämpfte man nun für den Zehnstundentag. Auch in anderen Branchen, in denen weibliche Arbeitskräfte beschäftigt waren, wie in der Schuhindustrie, wurde vor dem Bürgerkrieg für kürzere Arbeitszeit und bessere Bezahlung gestreikt.

Nach 1840 gab es erste Fortschritte im Kampf um den Zehnstundentag. Präsident Van Buren führte 1840 den Zehnstundentag für Beschäftigte der Bundesregierung ein. Zwei Jahre später anerkannte das Oberste Gericht von Massachusetts die Legalität von Gewerkschaften und von Streikkämpfen. Damit besserte sich die rechtliche Lage der Gewerkschaften, die dann in den 1850er Jahren Fortschritte bei der Gründung nationaler Einzelgewerkschaften verbuchen konnten. In einer Periode, die durch ein bedeutendes Wachsen des nationalen Reichtums und Einkommens gekennzeichnet war, hatten auch die Lohnempfänger schließlich Anteil an den steigenden Einkünften. Man schätzt, daß die Reallöhne der Arbeiter zwischen 1820 und 1860 um 40 Prozent stiegen, was hinter dem 50prozentigen Wachsen des Pro-Kopf-Einkommens zurückblieb, aber immer noch eine Verbesserung bedeutete. Den ganz Armen und Verarmten, die am unteren Rand der Gesellschaft lebten, ging es allerdings weiterhin ebenso schlecht wie zuvor. Dagegen konnten Facharbeiter in den Metallberufen, Werkzeugmacher oder Bauarbeiter, nach denen eine wachsende Nachfrage bestand, überdurchschnittliche Zugewinne ihrer Einkommen realisieren.

Charakteristisch für den Stellenwert der sozialen Probleme, die auf die Industrialisierung folgten, war das Umsichgreifen sozialer Experimente und *utopisch-kommunistischer Gemeinschaften* in Amerika. Während der Utopische Kommunismus in Westeuropa durch Robert Owen (1771–1858), den Comte de Saint-Simon (1760–1825) und Charles Fourier (1772–1837) vor allem theoretisch begründet wurde, kam es in den Vereinigten Staaten, mitbedingt durch den leichten Zugang zu Grund und Boden sowie durch die Weite des Landes, die Einzelexperimente anfangs begünstigte, zu zahlreichen praktischen Versuchen, eine neue Gemeinschaftsform zu gründen und zu erproben. Verschiedene Wege wurden dabei beschritten: die genossenschaftliche Organisation der Arbeit und des Gemeinschaftslebens nach den Ideen Robert Owens in New Harmony, Indiana; die gemeinschaftliche Organisation der industriell-technischen Entwicklung nach dem Vorbild Saint-Simons; die Bildung landwirtschaftlicher Kooperativen mit kommunistischen Verteilungsgrundsätzen im Einfluß Fouriers und schließlich christlich motivierte Sozialexperimente. Besondere Aufmerksamkeit fand in der Öffentlichkeit Neuenglands eine hauptsächlich von Bostoner Intellektuellen gegründete Gemeinschaftssiedlung mit dem Namen Brook Farm in der Nähe von Boston. Sie bestand zwischen 1841 und 1847 auf einem Gelände von 81 Hektar. Die ungefähr 100 Mitglieder von Brook Farm leisteten gemeinsam körperliche Arbeit in der Bewirtschaftung der Farm und geistige Arbeit als Lehrer in der Schule oder als Ärzte. Sie erhielten für diese Arbeit den gleichen Lohn. Der Gewinn des Unternehmens wurde entsprechend den erbrachten Arbeitsstunden auf die Mitglieder der Kommune aufgeteilt, wobei die schwere Landarbeit höher bewertet wurde als die intellektuelle Tätigkeit der Lehrer und Ärzte. Die Schule der Farm hatte einen ausgezeichneten Ruf, weil hier so angesehene Köpfe Neuenglands wie der Philosoph Ralph Waldo Emerson (1803–1882) als Gastlehrer Unterricht gaben. Der Dichter Nathaniel Hawthorne (1804–1864) gehörte der Gemeinschaft zeitweilig an und verarbeitete seine Erlebnisse später kritisch in dem Roman „The Blithedale Romance“. 1844 wurde Brook Farm nach den Ideen Charles Fouriers im zentralistischen Sinne reorganisiert. Das hierfür nun benötigte Zentralgebäude wurde zwei Jahre später durch Feuer zerstört. Der finanzielle Schaden war groß. 1847 löste sich die Gemeinschaftsfarm auf.

Andere sozial-utopische Gemeinschaften, die ebenfalls meist nur kurzzeitig Bestand hatten, gingen andere Wege. Manche von ihnen liberalisierten die Institution der Ehe, dort genügte für die Eheschließung bzw. Ehescheidung die bloße Willenserklärung der Paare. Einige Gemeinschaften versuchten, eine gemeinsame Kindererziehung aufzubauen. Fanny Wright, die aus Schottland stammende radikale Reformerin und Wahlamerikanerin, eine Befürworterin der freien Liebe, der Geburtenkontrolle, der Rechte der Frau und kostenfreier öffentlicher Schulbildung [vgl. Kap. 5], begründete in Nashoba, Tennessee, eine Gemeinschaft freier schwarzer und weißer Amerikaner, mit dem Versuch, zur gewaltfreien Emanzipation der Sklaven beizutragen. Fanny Wright kaufte in dieser Absicht Sklaven, brachte sie nach Nashoba und ließ sie dort ihre Kosten abarbeiten. In Nashoba gab es keine organisierte Religion und eine freizügige Regelung der sexuellen Beziehungen. Gerüchte über sexuelle Ausschreitungen beendeten bald das Projekt.

Auf ihre Weise ließen auch diese sozial-utopischen Experimente erkennen, daß damals nach neuen Lösungen der sozialen Probleme gesucht wurde. „Diese Experimente, relativ isoliert unternommen, hatten wenig Wirkung auf die große Gesellschaft. Aber sie brachten den tief verwurzelten Wunsch nach Perfektionismus zum Ausdruck, der dem Amerikanischen Charakter eigen ist, ein Wunsch, der später fortfuhr, solch noblen, wenn gleich häufig naiven Experimente hervorzubringen.“[77]

Weniger peripher und kurzlebig, vielmehr in der Gesellschaft fest verwurzelt und von wachsendem Einfluß waren diejenigen Reformbewegungen der Jahrzehnte vor dem Bürgerkrieg, die sich, vielfach christlich motiviert, dem Kampf gegen den Alkohol, der Gleichberechtigung der Frau und der Befreiung der Sklaven widmeten.

Die Bestrebungen für ein *Alkoholverbot, für die Prohibition*, breiteten sich vor und nach 1830 über das ganze Land aus. Der Alkoholverbrauch der Amerikaner war zu jener Zeit auffallend hoch. William Cobbett (1762–1835), der englische Reformer, notierte bei einem Amerikabesuch um 1820, man könne dort schwerlich ein Haus betreten, ohne Wein oder Spirituosen angeboten zu bekommen, selbst in den Morgenstunden. Hinter der Forderung nach Prohibition standen unterschiedliche Motive und Interessen. Für die Kirchen, die damals eine Welle des religiösen Fundamentalismus erlebten, widersprach der Alkoholkonsum einer wahrhaft christlichen Lebensführung. Die neuen wirtschaftlichen Tendenzen der Zeit verlangten in Industrie und beim Verkehr der Eisenbahnen eine neuartige, pünktliche Arbeitsdisziplin, die im Agrarzeitalter nicht von gleicher Bedeutung gewesen war. Humanitär eingestellte Reformer konstatierten den Zusammenhang zwischen Armut und Alkohol. Die Frauen, die damals begannen, mit neuem Selbstbewußtsein ihre Rechte einzufordern, betonten die katastrophalen Folgen des Alkoholkonsums ihrer Männer und Väter für das Familienleben.

1826 gründete eine Gruppe von Pfarrern in Boston die American Society for the Promotion of Temperance. Die Gesellschaft setzte sich für den totalen Verzicht auf Alkohol ein und propagierte ihre Ziele durch Vorträge, Pressekampagnen und die Schaffung lokaler und einzelstaatlicher Temperenz-Gesellschaften. Aus dieser Bewegung entstand die landesweit auftretende, besonders im Westen und Süden erfolgreiche American Temperance Union. Sie trat für den vollständigen Verzicht auf alkoholische Getränke und für ein gesetzliches Verbot des Handels mit Spirituosen ein. In den 1850er Jahren verboten 13 Staaten (Neuengland, New York und Teile des Mittleren Westens) die Herstellung und den Handel mit alkoholischen Getränken. Aber die Gesetze wurden nicht strikt angewandt und waren schwer durchzuführen in einem Land, in dem der Farmer meist seinen Whisky selbst herstellte. So hatten sie in der Regel nur wenige Jahre Bestand. Immerhin aber ging der Pro-Kopf-Verbrauch an Alkohol in Amerika zwischen 1830 und 1860 zurück. Nach dem Bürgerkrieg wurde dann 1869 in Chicago eine Prohibition Party auf nationaler Ebene gegründet, die nicht nur für ein Alkoholverbot, sondern auch für das Frauenwahlrecht, die Direktwahl des Präsidenten und die Ermutigung der Einwanderung eintrat. Wie die meisten dritten Parteien in Amerika blieb sie allerdings eine Randerscheinung der Politik.

In den 1840er Jahren entstand die moderne amerikanische *Frauenbewegung* und entwickelte sich nun auf neuartige Weise. Die Frauenbewegung und die gleichzeitig um sich greifende Antisklavereibewegung der Abolitionisten (siehe unten) waren vielfach miteinander verflochten. Frauen waren in der Antisklavereibewegung – oft an der Seite ihrer Männer – aktiv beteiligt. Die Forderung nach Befreiung der schwarzen Amerikaner ging Hand in Hand mit der Forderung nach Gleichberechtigung von Mann und Frau.

Weiterhin blieb auch nach 1830 die ungleiche rechtliche und politische Stellung der Frau [vgl. Kap. 4] ein Anachronismus des amerikanischen Lebens mit seinem in der Unabhängigkeitserklärung verankerten Gleichheitspostulat. Rechtlich hatten die Frauen nach wie vor einen untergeordneten Stand in der sozialen Gemeinschaft. Sie konnten nirgendwo wählen, hatten, wenn sie verheiratet waren, keine Kontrolle über ihre Kinder oder ihr Vermögen, waren in der Regel vom Studium ausgeschlossen. Zwar räumte Mississippi 1839 den verheirateten Frauen die Kontrolle über ihr Vermögen ein, worauf weitere Staaten (Texas, Indiana, Pennsylvania, New York, Kalifornien und Wisconsin) folgten, aber dies änderte nicht grundsätzlich die Lage der Frau in Amerika vor dem Bürgerkrieg. Ebensowenig bedeutete noch die Gründung des Oberlin College in Ohio (1833), das Frauen – wie auch Schwarzen – erstmals in Amerika den Zugang zum Studium erlaubte, einen Durchbruch zum Frauenstudium.

Wenn Frauen in der Absicht auf Mitarbeit sich den verschiedenen Reformbewegungen der Zeit anschließen wollten, mußten sie häufig die Erfahrung machen, daß dies in den von Männern dominierten Bewegungen nicht erwünscht war. Erst langsam gaben die männlichen Reformer, selbst meist Liberale, ihren Widerstand gegen eine Beteiligung von Frauen auf. 1840 wollten acht amerikanische Frauen in London an einer von Männern einberufenen internationalen Konferenz gegen die Sklaverei teilnehmen. Nach einer Debatte darüber schloß man sie dort wegen ihres Geschlechts von der Teilnahme an der Konferenz aus. Dies führte die so brüskierten Frauen zu der Erkenntnis, sie müßten sich künftig selbst um ihre Sache und um ihre Rechte kümmern. Damit wurde der Anstoß zur Entstehung einer eigenen Frauenbewegung in den Vereinigten Staaten herbeigeführt. Ihre Führerinnen kamen – wie dies für die meisten Reformer jener Zeit gilt – aus der Mittelklasse. Namentlich gehörten drei Frauen zu der ersten Generation der modernen amerikanischen Frauenrechtlerinnen, nämlich Lucretia Mott (1793–1880), Elizabeth Stanton (1815–1902) und Lucy Stone (1818–1893).

Lucretia Mott, die Älteste der drei, stammte aus Massachusetts. Sie lebte später in Philadelphia, war dort mit einem Prediger der Quäker verheiratet, Mutter von sechs Kindern und auch selbst Predigerin in dieser Glaubensgemeinschaft. Sie gewann den Ruf, eine besonders beredte Predigerin zu sein, die sich in ihren Predigten mit den aktuellen Reformfragen beschäftigte und deren Hauptinteresse der Sklavenbefreiung galt. Sie boykottierte Erzeugnisse, die aus der Arbeit von Sklaven stammten. Gemeinsam mit anderen Abolitionisten beteiligte sie sich 1833 an der Gründung der American Anti-Slavery Society. Einige Jahre später hatte sie großen Anteil an der Einberufung eines Frauenkongresses gegen die Sklaverei in Philadelphia. Gegenüber den Drohungen einer aufgebrachten Menge von Anhängern der Sklaverei, die auch vor ihr Haus zog, zeigte sie persönlichen Mut. Sie war eine der amerikanischen Frauen, die von der internationalen Anti-Sklaverei-Konferenz in London zurückgewiesen wurden, und organisierte darauf in Amerika mit Elizabeth Stanton die Seneca Falls Convention [siehe unten]. Mit ihrem lebenslangen Einsatz für die Rechte der Frauen und für die Emanzipation der Sklaven wurde Mott zum Symbol der moralischen Kraft der amerikanischen Frauenbewegung und der damit verbundenen anderen Reformen im 19. Jahrhundert.

21 *Eyre Crowe „Slave Auction in Richmond, Virginia" (1852). Der englische Maler setzte sich nach einer Reise durch die USA – als einer der ersten Künstler – mit dem Thema der Sklaverei auseinander. Man sieht die auf den Verkauf wartenden Sklaven, den Auktionator dahinter und mögliche Käufer links an der Tür.*

Elizabeth Cady Stanton war eine Generation jünger als Mott. Sie stammte aus New York und konnte sich in ihrer Jugend trotz der für Mädchen bestehenden Hindernisse eine überdurchschnittliche Bildung, darunter Kenntnisse in Griechisch, Latein und Mathematik, aneignen. Sie war mit dem Abolitionisten Henry B. Stanton (1805–1887), einem Rechtsanwalt und Journalisten, verheiratet. Als selbstbewußte Feministin weigerte sie sich bei der Eheschließung, die Verpflichtung zum Gehorsam – ihrem Ehemann gegenüber – in das Eheversprechen aufzunehmen. Als Mutter von sieben Kindern beteiligte sich Stanton seit den 1840er Jahren aktiv an der Antisklavereibewegung, aber auch am Kampf gegen den Alkohol, an der Temperenzlerbewegung. Sie begleitete ihren Mann 1840 nach London und wurde ebenso wie Mott als Frau von der Teilnahme an der dortigen Antisklaverei-Konferenz ausgeschlossen. Mit Mott organisierte sie daraufhin die erste amerikanische Konferenz zum Thema Frauenrechte in Seneca Falls, New York, und verfaßte die Willenserklärung dieser Konferenz mit den Forderungen nach der Gleichberechtigung der Frau.

Über Jahrzehnte hindurch stand Elizabeth Stanton an der Spitze der amerikanischen Frauenbewegung. 1854 sprach sie als erste Frau vor der Legislative des Staates New York und überzeugte die Abgeordneten, den verheirateten Frauen die Verfügung über ihre Einkünfte und die Sorge für ihre Kinder zu gestatten, was dann durch ein Staatsgesetz bestätigt wurde. Stanton, die den Krieg haßte, sah im Bürgerkrieg ihres Landes einen Kampf für die Befreiung der Sklaven und organisierte nun die Women's Loyal National League, welche die Union unterstützte und die vollständige Sklavenemanzipation forderte. Großes Aufsehen erregte ihr Eintreten für die Ehescheidung. Zu ihren Zielen gehörten ferner die Koedukation von Jungen und Mädchen, eine liberalere Interpretation der Bibel zugunsten der Frauenrechte, aber auch die Bemühung um eine weniger beengende, bequemere Frauenkleidung. Gemeinsam mit der Reformerin und Frauenrechtlerin Susan B. Anthony (1820–1906) setzte sie sich für das Frauenwahlrecht ein, dessen erste Geschichte sie später mitverfaßte. Gegen Ende ihres Lebens erschienen ihre Erinnerungen „Eighty Years and More".

Lucy Stone, die Jüngste der drei, eine mitreißende Rednerin, stammte aus Massachusetts. Bereits als junges Mädchen lernte sie Griechisch und Hebräisch, um die Bibel im Original lesen zu können, da sie die mit Bibelstellen begründete Dominanz des Mannes auf eine unzutreffende Übersetzung ins Englische zurückführte. Sie war eine Absolventin des fortschrittlichen Oberlin College's. Die dort zum Studium notwendigen Mittel hatte sie sich durch Unterrichtsstunden und manuelle Arbeit verdient. Als junge Frau schloß sie sich dem Kampf gegen die Sklaverei und für die Rechte der Frauen an, einem Ziel, dem sie ihr Leben hindurch treu blieb. Sie hielt Vorträge über die Frauenfrage und über die Sklaverei. Mit ihrer Beredsamkeit und durch den schönen Klang ihrer Stimme wurde sie die erste Amerikanerin, die das Herz der Öffentlichkeit wirklich berührte. Tatsächlich waren ja die ersten Feministinnen überreichlich dem Spott und der Anfeindung seitens einer in Vorurteilen befangenen Menge ausgesetzt. Nach ihrer Heirat des Reformers und Abolitionisten Henry Blackwell (1825–1909) behielt sie demonstrativ ihren Mädchennamen bei und änderte nur das bisherige Miss in Mrs. Stone. Am Hochzeitstag verfaßte das Paar eine öffentliche Erklärung, mit der es das geltende Eigentumsrecht verurteilte, welches die verheiratete Frau diskriminierte. Nach der Geburt einer Tochter widmete sie sich einige Zeit lang stärker der Familie. Nach dem Bürgerkrieg engagierte sie sich bis zu ihrem Tod weiterhin in der nationalen Frauenbewegung, nun besonders im Kampf für das Frauenwahlrecht.

Im Juli 1848 fand auf Initiative von Lucretia Mott und Elizabeth Stanton die schon erwähnte Frauenrechtskonferenz in Seneca Falls, New York, statt. Sie war auch weltweit die erste Zusammenkunft dieser Art. Es nahmen daran 68 Frauen und 32 Männer teil. Die Konferenz verabschiedete – nach dem Vorbild der Unabhängigkeitserklärung – eine Deklaration der Frauenrechte, die eingangs feststellte, „daß alle Männer und Frauen gleich geschaffen" seien. In 16 Forderungen wurde zur Beendigung der Diskriminierung der Frauen aufgerufen. Namentlich wurde kritisiert: die Verweigerung des Wahlrechts für Frauen; die fehlende eigene Kontrolle bzw. Verfügungsgewalt über das Vermögen und Eigentum der Frau; die Fremdbestimmung ihrer eigenen Person und ihrer Kinder; die fehlende berufliche und bildungsmäßige Gleichberechtigung. Mit dieser Konferenz wurde in den Vereinigten Staaten die organisierte Frauenbewegung ins Leben gerufen.

Zusammen mit diesen Entwicklungen begannen die radikalen Feministinnen auch ihre Kleidung und ihr Äußeres zu reformieren. Sie erschienen in der Öffentlichkeit in Hosen. Um sich auf gleichen Fuß mit den Männern zu stellen, bevorzugten sie Strohhüte, kurze Jacketts, Krinolinenröcke, die bis zum Knie reichten, und knöchellange Hosen. Das Auftreten der „Bloomers" rief eine kleine Sensation hervor. Auf den Straßen wurden sie mit Buhrufen verfolgt und mit verschiedenen Schimpfnamen belegt. Diese Protestmode war allerdings nicht von langer Dauer. Dagegen wurde die feministische Agitation in der Öffentlichkeit fortgesetzt. Knapp zehn Jahre nach Seneca Falls tagte in New York die Siebente Nationale Frauenrechtskonferenz. Ihre Präsidentin konnte einige inzwischen erreichte

Fortschritte bilanzieren: nämlich in der Frage der Vermögenskontrolle, in der Beschäftigung von Frauen, nachdem in einem College in Ohio der erste weibliche Professor im Fach Geographie eingestellt worden war, mit der Gründung von Studien vorbereitenden Frauen-Colleges und der beginnenden Zulassung von Frauen unter „nahezu gleichen" Bedingungen wie ihre männlichen Geschlechtsgenossen. Es waren vor dem Bürgerkrieg tatsächlich allererste Fortschritte in der Stellung der Frau zu verzeichnen, aber es wurde noch kein wirklicher Durchbruch erreicht. Außerdem wurden diese Reformen wie die Frauenbewegung überhaupt vor allem von Frauen im Norden unterstützt, während die (weißen) Frauen im Süden noch weitgehend mit der Sorge für den Haushalt und die Führung der Plantagen befaßt waren und die Frauen im Westen an der Seite ihrer Männer als Pioniere die Ansiedlung in einer neuen, fremden Heimat zu bewältigen hatten.

Dann wurden für einige Jahre die feministischen Anstrengungen von der Zukunft der Union im Bürgerkrieg und der Auseinandersetzung um die Abschaffung der Sklaverei überlagert. Erst nach dem Ende des Bürgerkrieges kam es – wiederum im Zusammengehen der Frauenbewegung mit der Bewegung für die Rechte der befreiten Sklaven – zu einem neuen Anlauf. 1869 fand eine erste Konferenz zum Frauenwahlrecht in Washington, D. C., statt. Angesichts des soeben gewährten Wahlrechts für schwarze Männer [vgl. Kap. 7] verurteilte die Konferenz die weiterbestehende Einschränkung des Wahlrechts auf weiße und schwarze Männer und erklärte dies für ebenso schlimm wie die bisherige Herrschaft des weißen Mannes im Süden. Beginnend mit Wyoming (1869) und Utah (1870) wurde zögernd und schrittweise – zunächst hauptsächlich im Westen, wo Frauenmangel herrschte und damals lediglich eine Frau auf sechs Männer kam – die Forderung nach dem Frauenwahlrecht eingelöst. Mit der radikalen Frauenrechtlerin Victoria Woodhull (1838–1927) erhob nun erstmals eine Frau den Anspruch, für die Präsidentschaft zu kandidieren. Sie wurde auch 1872 von der kleinen Equal Rights Party in New York City als Präsidentschaftskandidatin nominiert, an der Seite des schwarzen Abolitionisten Frederick Douglass [siehe unten], was beim herrschenden Zweiparteiensystem naturgemäß ohne Erfolg bleiben mußte.

Die Sklaverei und der Abolitionismus gehörten zu den brisantesten Themen innerhalb der Reformbewegungen vor dem Bürgerkrieg. Die Sklaverei bestand im Süden seit der Kolonialzeit als eine besondere soziale Institution, auf der dort im wesentlichen das Wirtschaftsleben beruhte. Mit der raschen Ausdehnung des Baumwollanbaus auf den Plantagen des Südens war seit dem frühen 19. Jahrhundert das Gewicht der Sklaverei im Alten Süden noch weiter gewachsen. In der Mitte des Jahrhunderts lebten in den Vereinigten Staaten 3,6 Millionen schwarze Amerikaner. Von ihnen waren 3,2 Millionen (= 88 Prozent) Sklaven im Alten Süden, wo die Baumwolle, „King Cotton", regierte.

In jener Zeit war es für die Lebenssituation der Amerikaner von ausschlaggebender Bedeutung, ob man in einem Ort lebte, in dem die Versklavung der schwarzen Mitbewohner verboten war, wie im Norden und Westen, oder dort, wo sie erlaubt war, wie im Süden und an dessen Rändern wie in Kentucky oder Missouri.

Die Sklaverei war mehr als ein unfreies Arbeitsverhältnis, sie war zugleich eine spezifische Produktionsweise und prägte die Gesellschaftsform des Südens nicht nur strukturell und ökonomisch, sondern auch in kultureller und mentaler Hinsicht. Mit ihr waren das Rechtssystem im Süden verbunden, die sozialen Beziehungen und Maßstäbe ebenso wie das geistige Leben.

Tabelle 12

Sklaven und Besitzer von Sklaven 1850

Staat	Sklaven	Anzahl der Familien, die Sklaven besaßen
Missouri	87.422	19.185
Delaware	2.290	809
Maryland	90.368	16.040
District of Columbia	3.687	1.477
Virginia	472.528	55.063
North Carolina	288.548	28.303
South Carolina	384.984	25.596
Georgia	381.682	38.456
Florida	39..310	3.520
Kentucky	210.981	38.385
Tennessee	239.459	33.864
Alabama	342.844	29.295
Mississippi	309.878	23.116
Arkansas	47.100	5.999
Louisiana	244.809	20.670
Texas	58.161	7.747

Quelle: Negro Population in the United States 1790–1915, New York 1968, S. 53–57

Das System der Sklaverei basierte in Amerika auf einer rassistischen Ideologie. Es diskriminierte die schwarzen Sklaven, die als Arbeitskräfte auf dem Feld oder im Haushalt der Plantage benötigt wurden, in rechtlicher, politischer und familiärer Hinsicht. Die Sklaven waren noch immer vom Schulbesuch ausgeschlossen und in ihren sozialen Beziehungen von der übrigen Gesellschaft isoliert.

In manchen Regionen durften sie sich nicht einmal selbst Lesen und Schreiben beibringen. Ihre Familien wurden durch den Verkauf einzelner Mitglieder nicht selten auseinandergerissen [Abb. 21 und 22]. Ehen zwischen Sklaven hatten keine gesetzliche Gültigkeit. Sklaven konnten vor Gericht nicht gegen einen Weißen aussagen, konnten keinen rechtsgültigen Vertrag abschließen oder Eigentum erwerben. Sie durften sich nicht versammeln, ohne daß ein Weißer zugegen war. In der Kirche waren sie auf die Galerie beschränkt. Kein Sklave durfte die Plantage ohne Genehmigung seines Herrn verlassen. Das ganze System wurde mit Gewalt aufrechterhalten. Sklaven konnten für geringfügige Vergehen ausgepeitscht werden. Kleinere Delikte bestrafte der Besitzer selbst. Nur schwerere Vergehen wie Widerstand, Flucht oder Kapitalverbrechen kamen vor ordentliche Gerichte. Neben der brutalen Gewalt hielten auch subtilere Methoden das System am Leben, die Interessengegensätze zwischen Haus- und Feldsklaven, die Idee der von Gott gewollten weißen Herrschaft, aber auch die Belohnung treuer Dienste mit Geld, guten Worten oder Freizeit. Den Kern dieses Systems stellten einige 10.000 vermögende Plantagenbesitzer, die jeweils mehr als 20 Sklaven besaßen und an der Spitze der Hierarchie sogar über 50 Sklaven beschäftigten. Sie setzten ihre sozialen Interessen und Privilegien mit denen des gesamten Südens gleich und bekleideten dort eine quasiaristokratische Sonderstellung in der Gesellschaft. Nach ihnen

22 *Eyre Crowe „After the Sale" (1853). Auf diesem Bild verläßt ein Transport gerade verkaufter Sklaven Richmond, eines der Zentren des Sklavenhandels. Deutlich ist die Trennung von Familien zu erkennen, wenn sich der außerhalb des Wagens stehende Vater von Mutter und Kind, die auf dem Wagen sind, verabschiedet.*

richteten sich vielfach mehrere Millionen kleinerer weißer Farmer und Handwerker, die selbst keine Sklaven besaßen, aber inmitten der Plantagenwirtschaft lebten und arbeiteten und deren Wertvorstellungen weitgehend übernahmen. Am unteren Ende der sozialen Skala dieser weißen Gesellschaft rangierten die „Poor Whites", die „armen Weißen", die sich recht und schlecht durchs Leben brachten, aber dennoch die Sklaverei lebhaft verteidigten, da die Solidarität der Weißen ihnen einen Abglanz des Gefühls von Überlegenheit über die schwarzen Amerikaner einbrachte.

Um 1840 stellten die schwarzen Sklaven in Alabama und Louisiana fast die Hälfte, in Mississippi sogar mehr als die Hälfte der Bevölkerung. Über 50 Prozent von ihnen arbeiteten auf den Plantagen.

Die meisten verrichteten dort Feldarbeit von Sonnenaufgang bis Sonnenuntergang. Ein zwölf- bis 15stündiger Arbeitstag war für sie üblich. Ein Teil des Sonnabends und der Sonntag blieben der Ruhe vorbehalten. Zwar war in der Mitte des 19. Jahrhunderts der Arbeitstag generell lang und erreichte für die freien Arbeiter in der Industrie gewöhnlich 12 Stunden, mitunter auch mehr. Aber keine soziale Schicht erlebte wie die Sklaven in Amerika eine solche Kombination von langem Arbeitstag, strengster Arbeitsdisziplin und eingeschränkter Bewegungsfreiheit.

Der Preis der Sklaven war im 19. Jahrhundert hoch. Ein erwachsener Sklave kostete um 1850 immerhin 1500 bis 2000 Dollar. Deshalb und weil sie nur bei zumindest leidlicher

Gesundheit und hinreichenden körperlichen Kräften für die Feld- und Hausarbeit auf den Plantagen oder als Handwerker zur Verfügung standen, hatte man auf den Plantagen ein materielles Interesse daran, sie halbwegs menschlich zu behandeln. Aber auch dort, wo Sklaven verhältnismäßig anständig behandelt wurden, waren sie verfügbare Werkzeuge ihrer Herren, persönlich rechtlos und in ihrer Stellung einem zugleich streng und freundlich behandelten Hofhund vergleichbar.

Ihre üblichen Aufgaben lassen sich einem Arbeitskräfteinventar einer Plantage am James River in Virginia aus dem Jahr 1854 entnehmen. Dort wurden 67 Sklaven beschäftigt, 13 von ihnen waren im Haus als Zimmermädchen, Hausmädchen, Kindermädchen, als Koch, Waschfrau, Gärtner oder Kutscher tätig. Auch ein Butler gehörte zu dieser Gruppe. 36 Sklaven arbeiteten auf dem Feld und waren in den verschiedenen Stadien des Anbaus, der Pflege und Ernte der Baumwolle oder mit anderen Feldarbeiten bzw. in der Tierhaltung beschäftigt. 18 Sklaven waren als Handwerker ein Teil der Arbeitskräfte der Plantage. Sie arbeiteten als Zimmerleute, Maurer, Müller, Schmiede, Schuhmacher, Spinnerinnen und Weberinnen. Zu diesen Arbeitssklaven kamen noch 45 Kinder und eine Anzahl alter Leute unter der schwarzen Bevölkerung der Plantage.

Versteckten Widerstand leisteten Sklaven hauptsächlich in Form einer schleichenden, schweigenden Sabotage der Plantagenarbeit, durch schlechte Arbeit, Zerstörung von Werkzeugen und auf ähnliche Weise. Offener Widerstand war angesichts der Machtverhältnisse im Süden nur in der Form der Flucht in den freien Norden unter Umständen aussichtsreich. Zur Unterstützung flüchtiger Sklaven schufen weiße und schwarze Gegner der Sklaverei im Norden eine „Untergrundeisenbahn" (Underground Railroad), ein System von Unterkünften und Verbindungen, mit deren Hilfe flüchtige Sklaven bis nach Kanada gelangen konnten. Nur selten kam es zu gewaltsamen Rebellionen. Sie wirkten alarmierend auf Anhänger und Gegner der Sklaverei ein und fanden in der Öffentlichkeit meist ein besonderes Echo.

Zwei *Aufstandsversuche* in Virginia am Beginn des Jahrhunderts und in Charleston, South Carolina, 1822 wurden verraten, bevor sie in Aktion traten, und endeten mit zahlreichen Hinrichtungen der beteiligten Sklaven und freien Schwarzen. Der bekannteste Sklavenaufstand unter Führung Nat Turners (1800–1831) ereignete sich im Sommer 1831 in Virginia. Turner war ein schwarzer Sklave und Prediger, der glaubte, Gott habe ihn erwählt, um die Sklaven in die Freiheit zu führen. Turner und seine 70 Mitverschworenen begannen den Aufstand in Southampton County, Virginia, zogen von Farm zu Farm, töteten alle weißen Bewohner, derer sie habhaft wurden, Männer, Frauen und Kinder, 60 bis 70 an der Zahl. Der Aufstand blieb jedoch isoliert und konnte von der Miliz niedergeschlagen werden. Turner wurde gehenkt, über 100 Sklaven wurden auf der Suche nach ihm erschlagen. Der Nat-Turner-Aufstand beunruhigte den Alten Süden erheblich, führte dort zu strengeren Sklavengesetzen, verstärkte die Zensur gegen sklavereifeindliche Propaganda und führte zu erweiterter militärischer Vorsorge vor möglichen künftigen Aufständen.

Einige Jahre später (1839) meuterten 53 afrikanische Sklaven auf einem spanischen Sklavenschiff, der „Amistad", vor Kuba. Sie töteten den Kapitän und einen Teil der Mannschaft, brachten das Schiff in ihre Gewalt und zwangen den Rest der Besatzung, das Schiff in Gewässer der Vereinigten Staaten zu steuern. Dort wurde die „Amistad" aufgebracht, ein Auslieferungsersuchen Spaniens aber abgelehnt. Der Fall der schwarzen Meuterer beschäftigte die amerikanischen Gerichte bis hin zum Obersten Gericht. Als Anwalt der Schwarzen stellte sich Expräsident John Quincy Adams (Präsident 1825–1829) zur Verfügung, ein entschiedener Gegner der Sklaverei. Sie wurden schließlich freigesprochen und konnten in ihre Heimat nach Afrika zurückkehren.

Am Vorabend des Bürgerkriegs elektrisierte nochmals ein Unternehmen die Öffentlichkeit in Nord und Süd, der Aufstandsversuch des radikalen weißen Abolitionisten John Brown (1800–1859) im Oktober 1859. Er wollte in Harpers Ferry, Virginia (heute West Virginia), mit einer Schar von knapp 20 Aufständischen – fünf davon waren Schwarze – die dortige Waffenfabrik und das Arsenal der Vereinigten Staaten in seine Gewalt bringen, damit einen festen Stützpunkt gewinnen und so den Anstoß zu einer allgemeinen Sklavenerhebung geben. Harpers Ferry war ein kleiner, am Zusammentreffen zweier Bahnstrecken strategisch günstig gelegener Ort mit 2800 Einwohnern, von denen 155 Sklaven waren, die meist im Dienstleistungsbereich arbeiteten, und 147 freie Schwarze, die hauptsächlich in der Waffenfabrik beschäftigt waren. Es gelang Brown zwar für kurze Zeit, die Waffenfabrik in seine Hand zu bekommen. Der Aufstand [Abb. 23] war aber unzulänglich vorbereitet, erzielte nicht die erhoffte Wirkung und konnte von eilig aus der nicht sehr weiten Bundeshauptstadt und anderen Städten in Marsch gesetzten Truppen niedergeworfen werden. Brown wurde vor Gericht gestellt, verurteilt und im Dezember 1859 hingerichtet. Das konservative Amerika – besonders der Süden – verurteilte den Aufstand als das Werk eines notorischen Terroristen und feierte den Tod von Brown. Im Norden des Landes sahen vor allem die überzeugten Abolitionisten in John Brown einen Märtyrer der guten Sache, einen „Engel des Lichts“, wie der Schriftsteller Henry David Thoreau (1817–1862) in seinem Nachruf auf Brown formulierte. Am Tag seiner Hinrichtung wurden im Norden die Kirchenglocken geläutet. Ein zu Ehren Browns komponiertes Marschlied „John Brown‘s Body“ wurde im Bürgerkrieg zu einer Art inoffiziellen Hymne der Unionstruppen.

Im Norden begann mit dem *Abolitionismus* um 1830 eine neue Phase der Antisklavereibewegung. Die öffentliche Kritik an der Sklaverei reicht in die Kolonialzeit zurück. Mit dem Unabhängigkeitskrieg wurde die Sklaverei im Norden und Nordwesten des Landes verboten. Seit 1808 war die Einfuhr von Sklaven in die USA illegal. 1820 beschränkte der Missouri-Kompromiß die Sklaverei in den durch den Louisiana-Kauf neu hinzugewonnenen Territorien auf das Gebiet südlich der Breite von 36° 30‘. Seit den 1840er Jahren war jedoch die Ausbreitung der Sklaverei in neue Gebiete des Südwestens – wie nach Texas – hinein wieder im Vormarsch, und in den 1850er Jahren wurde der Missouri-Kompromiß vom Obersten Gericht für ungültig erklärt.

Es gab im ersten Drittel des 19. Jahrhunderts verschiedene Vorschläge zur Lösung der Sklavenfrage. So befürwortete die American Colonization Society die schrittweise Befreiung der Sklaven gegen Entschädigung und ihre Wiederansiedlung im afrikanischen Liberia. Eine organisierte Bewegung zur Abschaffung der Sklaverei gab es jedoch zu dieser Zeit noch nicht. Das änderte sich um 1830.

Seit Januar 1831 erschien in Boston „The Liberator“, eine Zeitung, die sich die vollständige Befreiung der Sklaven (*Abolition*) zum Ziel stellte. Ihr Herausgeber war William Lloyd Garrison (1805–1879), ein junger radikaler Zeitungsmann aus Neuengland, der kompromißlos für die sofortige Befreiung der Sklaven und die rechtliche Gleichstellung von Schwarzen und Weißen eintrat. Garrison wurde bald mit seiner glänzend geschriebenen Zeitung zu einer unüberhörbaren Stimme in der amerikanischen Öffentlichkeit und zum Symbol des Abolitionismus. Er erhielt auch die Unterstützung der schwarzen Abolitionisten.

23 *Zeitgenössischer Stich zu John Browns Aufstandsversuch in Harpers Ferry. Brown und seine Männer verteidigen sich nach dem Fehlschlag der Erhebung in ihrer Zufluchtsstätte, dem Feuerwehrhaus am rechten Bildrand, das heute noch von dem dramatischen Geschehen kündet.*

Der „Liberator" erschien trotz großer Schwierigkeiten regelmäßig bis Ende 1865, als dann im Ergebnis des Bürgerkrieges mit dem 13. Verfassungszusatz die Sklaverei verboten wurde.

Zwei Jahre nach der Herausgabe des „Liberator" wurde in Philadelphia die American Anti-Slavery Society gegründet. Sie war die erste nationale, gegen die Sklaverei gerichtete Organisation und hatte ihren Schwerpunkt vor allem in New York und Neuengland. Nach einigen Jahren gehörten ihren lokalen Sektionen im Norden über 100.000 Mitglieder an, Männer und Frauen, Farmer und Kaufleute, Handwerker und Arbeiter, Pfarrer und Lehrer. Ihr Ziel war es, die Mauer des Schweigens, hinter der die unmenschliche Seite der Sklaverei – diese „Sünde vor Gott" – verborgen war, zu durchbrechen und die Öffentlichkeit für die Beseitigung der Sklaverei zu mobilisieren. Sie benutzte Zeitungen, Zeitschriften und Traktate als Sprachrohr ihrer Überzeugungen. Viele Abolitionisten engagierten sich persönlich als Redner und Organisatoren für die Sklavenbefreiung. Ihre Führer, motiviert durch christliche und humanistische Moralbegriffe, waren zumeist gebildete Weiße der Mittelklasse, überwiegend Pfarrer und Prediger christlicher Kirchen. Dazu kamen freie Schwarze, die seit längerem für die Befreiung ihrer Brüder und Schwestern im Süden eintraten. Zu den prominentesten unter den schwarzen Abolitionisten gehörte Frederick Douglass (1817–1895), ein früherer Sklave aus Maryland, der sich als Diener in Baltimore heimlich Lesen und Schreiben beigebracht hatte. Er konnte nach New York fliehen und lebte später in Massachusetts. Als Redner und Herausgeber einer Zeitung („The North Star") setzte sich Douglass [Abb. 24] am Vorabend des Bürgerkriegs leidenschaftlich für die Sklavenbefreiung ein. Seine Autobiographie, die 1845 erschien, schilderte die abstoßenden Erfahrungen seines Lebens

24 *Der Abolitionist Frederick Douglass. Zeitgenössisches Porträt aus seiner Autobiographie von 1845.*

25 *Alanson Fisher (1807–1884): Harriet Beecher Stowe, die Autorin von Uncle Tom's Cabin, im Jahre 1853.*

als Sklave. Es waren nicht allein die einzelnen Grausamkeiten dieser Institution, die er verurteilte. Es war die Sklaverei als solche, die er hassenswert fand. Mit seiner Befürwortung eines gewaltlosen Widerstands, der aber auch Gewalt zuließ, wenn sie der Abwehr von Gewalt galt, wurde Frederick Douglass zu einem Vorbild der modernen Bürgerrechtsbewegung der Afroamerikaner im 20. Jahrhundert.

Im Auftrag der American Anti-Slavery Society gab der Pfarrer und Abolitionist Theodore D. Weld (1803–1895) eine aufrüttelnde Dokumentation mit dem Titel „American Slavery as it is" (1839) heraus, die fast ausnahmslos Quellen aus dem Süden verwendete. Es war eine Zusammenstellung von Zeitungsannoncen, in denen Sklaven zum Verkauf angeboten oder zum Kauf gesucht wurden, von Zeitungsmeldungen über das Schicksal von Sklaven, von Briefen und Gerichtsprotokollen. Das anonym erschienene Buch zeigte auf beredte Weise die Realität der Sklaverei und ihr alltägliches Gesicht im Süden des Landes.

Bei der Mehrzahl der Weißen – nicht nur im Süden – stieß der Abolitionismus auf wenig Zustimmung. Wiederholt richtete sich die Wut des städtischen Mobs gegen einzelne Abolitionisten, wie in Boston gegen Garrison oder in Alton, Illinois, gegen den abolitionistischen Zeitungsherausgeber Elijah Lovejoy (1802–1837), der 1837 ermordet wurde. Im Süden wurden Abolitionisten, derer man habhaft wurde, geteert und gefedert und anschließend vertrieben. Gelegentlich wurden, wie in Charleston 1835, abolitionistische Zeitungen auf der Post beschlagnahmt und öffentlich verbrannt.

Zu den wirkungsvollsten Äußerungen des Abolitionismus gehörte der aufsehenerregende Roman „Uncle Tom's Cabin", der zunächst als Fortsetzungsroman in einer abolitionistischen Zeitung, ein Jahr später (1852) als Buch erschien. Es war der erste amerikanische Roman, der schwarze Amerikaner auf ernsthafte Weise porträtierte, ein Fanal gegen die unmenschliche Institution der Sklaverei. Verfasserin war eine Frau, Harriet Beecher-Stowe (1811–1896) [Abb. 25]. Sie stammte aus Neuengland, war die Tochter eines Geistlichen, Gattin eines Theologieprofessors und Mutter von sechs Kindern. Zeitweilig war sie als Lehrerin tätig. Der Roman, eine literarische Anklage vom Standpunkt des Abolitionismus, spielt in Kentucky und Louisiana in der Gegenwart. Als ein verschuldeter Sklavenbesitzer zwei seiner Sklaven verkaufen muß, reagieren die Opfer unterschiedlich. Die Eltern des kleinen Harry entlaufen mit ihrem Sohn in den Norden und erreichen nach einigen Hindernissen Kanada. Dagegen läßt sich Onkel Tom in christlicher Geduld nach Louisiana bringen. Sein erster Herr dort ist gütig und mild, doch nach dessen Tod wird Tom an einen grausamen Pflanzer verkauft und von diesem zu Tode gequält. Seine widerstandslose Hinnahme dieses Schicksals führte dazu, daß Uncle Tom später zum Schimpfnamen für servile Schwarze, die sich mit der Diskriminierung abgefunden hatten, wurde.

Beecher-Stowe kritisierte mit ihrem Buch sowohl den untätigen Norden, der flüchtige Sklaven auslieferte und die Sklaverei tatenlos billigte, als auch vor allem den sklavenhaltenden Süden mit seinen Ausbeutungspraktiken, der Trennung von Familien, den grausamen Strafen. Der Roman wurde einer der langlebigsten Bestseller der amerikanischen Literatur. In den ersten Monaten erschienen bereits 300.000 Exemplare. Auch in Europa erregte der Roman Aufsehen und fand – besonders in England – reißenden Absatz.

Die Ergebnisse des Abolitionismus lassen sich schwer auf einen Nenner bringen. Anders als die anderen Reformbewegungen des Zeitalters, die zu Verbesserungen in der Lage der Arbeiter, der Frauen oder im Bildungsbereich führten, konnten die Abolitionisten in ihrem Hauptziel, der sofortigen Sklavenbefreiung und ihrer anschließenden Integration in die amerikanische Gesellschaft, kein meßbares Ergebnis erzielen. Keine Bewegung jener Jahre beschäftigte so die Öffentlichkeit – jedenfalls im Norden, im Süden wurden ihre Schriften unterdrückt –, keine hatte so viele aktive Mitstreiter und – vielleicht abgesehen von der Schulreform – so große Unterstützung. Auch in der Parteienlandschaft kam es zu Veränderungen. Die *Free Soil Party*, die besonders unter den Farmern und Siedlern im Norden und Westen Anhänger hatte, forderte mit einer zündenden Losung „free soil, free speech, free labor, free men" („freies Land, freie Rede, freie Arbeit, freie Männer"). Später (1854) entstand die Republikanische Partei, die diese Losung übernahm und die weitere Ausbreitung der Sklaverei bekämpfte. Doch die Fortschritte in der rechtlichen Stellung der Schwarzen blieben selbst im Norden bescheiden. In Staaten wie in Illinois konnten Schwarze nicht wählen, vor Gericht nicht als Zeugen aussagen, nicht der Miliz beitreten oder Public Schools besuchen. Illinois und vier weitere Staaten des Nordens untersagten zwischen 1840 und 1860 Schwarzen überhaupt die Einreise. Im Süden schien die Sklaverei – trotz der Anstrengungen des Abolitionismus – am Vorabend des Bürgerkriegs unerschüttert. 1852 erschien im Süden ein Buch mit dem Titel „The Pro-Slavery Argument". Es rechtfertigte die Sklaverei mit Argumenten, die damals im Süden verbreitet waren: Danach war die Sklaverei ein humanes und wohltätiges System, weil es den Bedürfnissen der Schwarzen diene. Während im Norden durch die Industrialisierung die Arbeiter bis an die Grenze des Menschenmöglichen ausgebeutet würden, Armenhäuser und Gefängnisse dort gut gefüllt seien, sorge der Besitzer von Sklaven patriarchalisch für die von ihm abhängigen Schwarzen und garantiere im Süden Recht und Ordnung. Auf der Sklaverei beruhe die kultivierte Gesellschaft des Südens, sie sei auch durch die Bibel sanktioniert. Andere Veröffentlichungen dieser Art gingen noch weiter und stellten die Behauptung auf, daß der schwarze Mensch einer inferioren Rasse angehöre. Seine Emanzipation würde einer Afrikanisierung des Südens gleichkommen und das Ende der dortigen Zivilisation bedeuten. Auf den Roman „Onkel Toms Hütte" folgten übrigens im Süden 14 Gegenromane, in denen die Verteidigung der Sklaverei mit literarischen Mitteln unternommen wurde.

Allerdings war die Stellung zur Sklaverei und zu deren Zukunft inzwischen in den 1850er Jahren zu einem Angelpunkt der politischen Kämpfe im Land geworden. Die Fronten zwischen den Gegnern und Anhängern der Sklaverei, zwischen dem freien Norden und dem sklavenhaltenden Süden polarisierten sich jetzt derart, daß ein unvermeidlicher Konflikt am Horizont heraufzog.

KAPITEL 7

Hinter den Fronten – Der Alltag des Bürgerkriegs 1861-1865

Der Amerikanische Bürgerkrieg war ein tiefer Einschnitt in der Entwicklung des Landes. Er war die Folge der mittlerweile unüberbrückbar gewordenen Gegensätze zwischen dem industrialisierten Norden, dessen Wirtschaft auf freier Lohnarbeit – und auf freiem Farmeigentum – beruhte, einerseits und dem Plantagensystem des Südens andererseits, dessen Grundlage die Sklaverei war und das von der Baumwollerzeugung für den Weltmarkt lebte.

Die Ursachen des Bürgerkrieges ergaben sich aus einem Geflecht wirtschaftlicher, sozialer und politischer Spannungen zwischen dem freien Norden und dem sklavenhaltenden Süden, die am Vorabend des Krieges alle anderen nationalen Probleme überschatteten. Im Norden und Westen der USA sowie in den Grenzstaaten Missouri, Kentucky, Maryland und Delaware, in denen zwar auch Sklaverei bestand, die aber nach der Sezession des Südens weiter zur Union hielten, lebten unmittelbar vor Beginn des Krieges 22 Millionen Amerikaner [Abb. 1].

Der Norden verfügte über eine sich entwickelnde Industrie, die über 90 Prozent der industriellen Erzeugnisse des Landes produzierte. Er hatte eine prosperierende Landwirtschaft mit über drei Vierteln des gesamten Farmlandes, besaß inzwischen ein ausgedehntes Eisenbahnnetz mit einem Anteil von über 70 Prozent am gesamten Schienennetz, und er hatte ein gut funktionierendes Bankwesen. Die Handelsmarine und die Flotte waren vorwiegend im Norden stationiert.

Im Süden lebten in den elf Staaten, die sich der Sezession anschlossen, neun Millionen Amerikaner, von denen 3,5 Millionen Negersklaven waren.

Tabelle 13

Die Staaten der Konföderation des Südens
(Bewohner 1860)

Alabama	(964.201)	North Carolina	(992.620)
Arkansas	(435.450)	South Carolina	(703.710)
Florida	(140.420)	Tennessee	(1,109.800)
Georgia	(1,057.290)	Texas	(604.215)
Louisiana	(708.000)	Virginia	(1,596.320)
Mississippi	(791.300)		

Quelle: The World Almanac and Book of Facts for 1951, New York 1951, S. 397.

Das Wirtschaftsleben des Südens hing einseitig von der Plantagenwirtschaft ab. Hier wurden 96 Prozent der amerikanischen Baumwolle und damit sieben Achtel der Welterzeugung dieses in der Textilindustrie gefragten Rohstoffs erzeugt. Die Plantagenwirtschaft war extensiv, der Boden war durch die Monokultur der Baumwolle rasch erschöpft, sinkende Baumwollpreise und steigende Preise für Sklaven führten dazu, daß die Verschuldung im Süden zunahm. Als Ausweg boten sich die ungestörte Expansion und weitere Ausbreitung des Sklavensystems an.

Die versuchte Ausdehnung der Sklaverei in die Territorien, besonders nach Kansas hinein, ließ sich nicht mit dem starken Eigeninteresse der Farmer, Siedler und Grenzer an freiem Boden vereinbaren. Sie wünschten ländliche Heimstätten, d. h. die Abgabe von öffentlichen Ländereien an Farmer und Siedler zu billigen Bodenpreisen. Ein derartiges „Heimstättengesetz“ wurde vom Süden im Kongreß blockiert.

Schon lange gab es zwischen Norden und Süden Gegensätze in der Zollpolitik. Im Norden wünschte die Industrie Schutzzölle zur Abwehr der englischen Konkurrenz, der auf den Weltmarkt orientierte Süden bestand auf dem Freihandel. Schließlich hatten die Arbeiter und die sie vertretenden Gewerkschaften ein Interesse an der Sklavenbefreiung, weil das Weiterbestehen der Sklaverei ihre eigenen Bestrebungen nach Verbesserung der Lage der Arbeiter behinderte.

Die unterschiedliche Lebensweise in Nord und Süd, die heftige Reaktion der Pflanzeraristokratie auf den Abolitionismus, die traditionellen sektionalen Gegensätze und der erbitterte Kampf um die Sklaverei in den Territorien waren ebenfalls Bestandteil der Ursachen des Bürgerkrieges.

Bemühungen, den heraufziehenden Konflikt durch einen Interessenausgleich zu entschärfen, wie dies der Kompromiß von 1850 versucht hatte, waren nicht von Dauer. Vielmehr spitzte sich die Lage unter den Präsidenten Franklin Pierce (1853–1857) und James Buchanan (1857–1861) weiter zu. Beide zeigten mit ihrer Politik Sympathien für den Standpunkt des Südens in der Sklaverei. Buchanan, der erheblichen Anteil an der politischen Krise hatte, die dem Bürgerkrieg vorausging, sah dann der am Ende seiner Amtszeit beginnenden Auflösung der Union weitgehend tatenlos zu [Abb. 2].

Der Beginn des Bürgerkrieges

Als in den Präsidentschaftswahlen am 6. November 1860 der Republikaner Abraham Lincoln [Abb. 3] mit knapper Mehrheit der Stimmen (besonders im Norden und Westen) zum Präsidenten der USA gewählt worden war, reagierten die politischen Führer des Südens mit dem Austritt ihrer Staaten aus der Union. Da die Republikanische Partei und Lincoln die weitere Ausbreitung der Sklaverei ablehnten, fürchteten viele Sklavenbesitzer, daß damit auf lange Sicht die Sklaverei selbst und die darauf beruhende Lebensweise des Südens gefährdet sein würden. Am 20. Dezember 1860 gab South Carolina als erster Staat das Signal und beschloß den Austritt aus der Union. Innerhalb weniger Wochen folgten Mississippi, Florida, Alabama, Georgia, Louisiana und Texas. Sie bildeten die Confederate States of America und wählten Jefferson Davis (1808–1889), einen Absolventen der Militärakademie in West Point, Plantagenbesitzer in Mississippi und Kriegsminister unter Präsident Pierce, zum Präsidenten der Konföderation. Während sich die Staaten der Konföderation in den Besitz der auf ihrem Gebiet befindlichen Forts und Arsenale der Union setzten, scheiterte

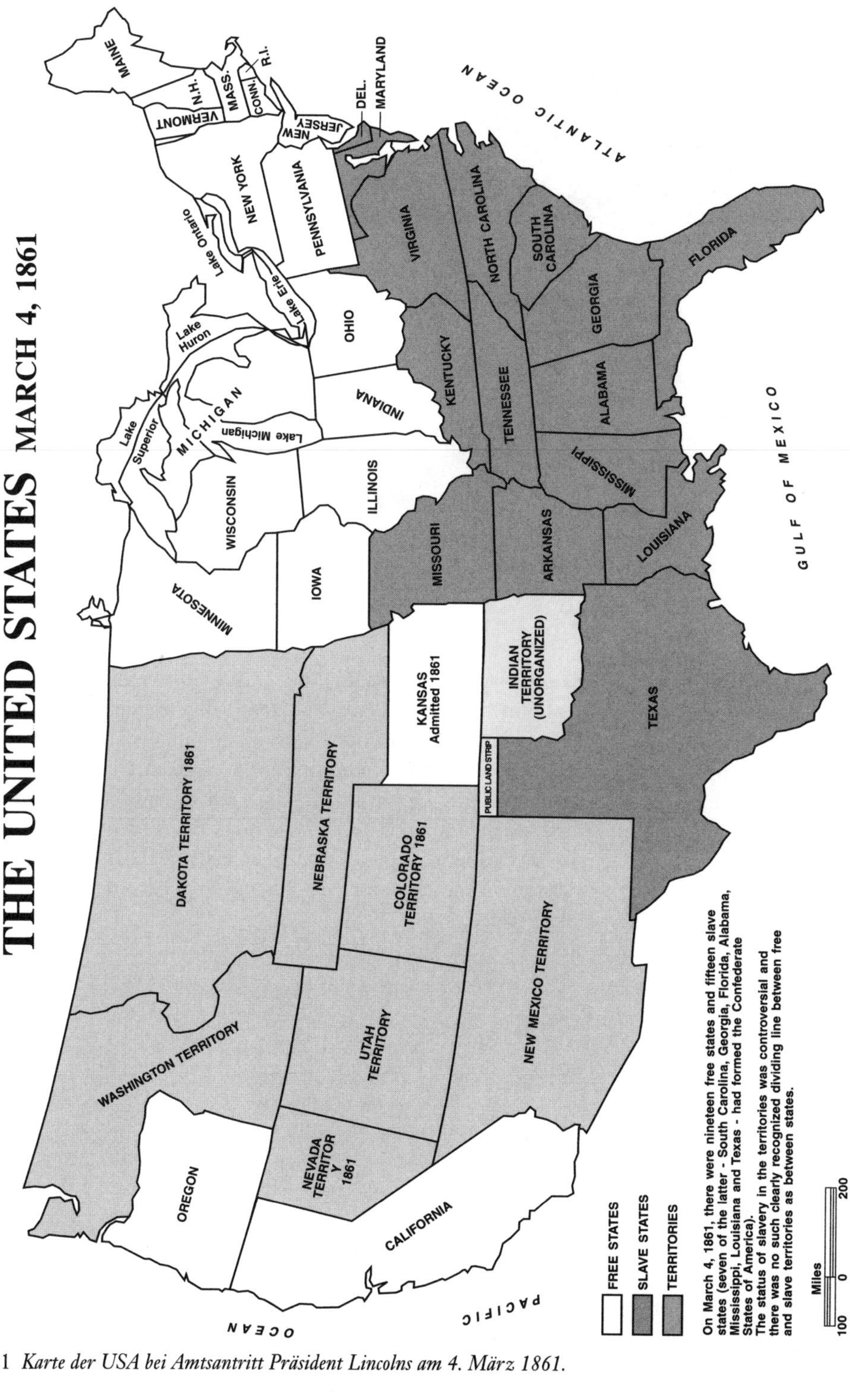

1 *Karte der USA bei Amtsantritt Präsident Lincolns am 4. März 1861.*

2 *Michael A. Woolf „Our National Bird" (1861). Die zeitgenössische Karikatur zeigt das amerikanische Wappentier, wie es Präsident Buchanan 1857 übergeben wurde, und den gleichen Vogel, als Buchanan im März 1861 das Weiße Haus verließ.*

im Februar 1861 eine auf Initiative Virginias in Washington, D. C., einberufene Konferenz unter Leitung des Expräsidenten John Tyler (Präsident 1841–1845), die sich in letzter Stunde um einen Kompromiß zwischen den freien und den sklavenhaltenden Staaten bemüht hatte. Es gelang aber nicht mehr, zum Missouri-Kompromiß zurückzukehren.

Lincoln, der angesichts des Zerfalls der Union am 4. März 1861 als Präsident vereidigt wurde, hielt eine moderate Antrittsrede und erklärte, er habe nicht die Absicht, sich in die Sklaverei dort einzumischen, wo sie existiere. Zugleich warnte er, kein Staat habe das Recht, von sich aus die Union zu verlassen. Wenn es zum Krieg komme, so wegen der Sezession des Südens, nicht wegen der Sklaverei.

Die Sezession war jedoch nicht mehr aufzuhalten. Der Kongreß der Konföderierten Staaten, der in Montgomery, Alabama, tagte, verabschiedete am 11. März eine eigene Verfassung der Konföderation, in der die Rechte der Staaten betont und die Sklaverei geschützt wurde. Einen Monat später, am 12. April 1861, eröffnete die Konföderation die Kampfhandlungen mit der Beschießung des vor dem Hafen von Charleston liegenden Forts Sumter, das weiter zur Union hielt [Abb. 4]. Das Fort wurde am darauffolgenden Tag zur Kapitulation gezwungen. Damit begann der Bürgerkrieg, der nun auch förmlich durch mehrere Proklamationen Lincolns bestätigt wurde. Jetzt schlossen sich noch vier weitere Staaten – Virginia, North Carolina, Arkansas und Tennessee – der Konföderation an, die damit elf ehemalige Staaten der Union vereinte. Hauptstadt der Konföderation wurde Richmond, Virginia. Anfang Mai 1861 bestätigte der Kongreß der Konföderation, daß man sich im Kriegszustand mit den Vereinigten Staaten befand.

Zum ersten größeren Gefecht des Bürgerkriegs kam es am 21. Juli 1861 am Bull Run, einem Flüßchen bei Manassas in Virginia, unweit von der Hauptstadt Washington entfernt,

3 *Fotografie Abraham Lincolns vom Februar 1864. Die von Mathew Brady gemachte Aufnahme gilt als eines der besten Porträts Lincolns während des Bürgerkrieges.*

wo man den Kanonendonner hören konnte. Das verlustreiche Gefecht – an dem beiderseits jeweils annähernd 30.000 Mann beteiligt waren – endete mit einem Sieg der Truppen der Konföderation. Mit den geschlagenen Einheiten der Union strömten panikartig auch Hunderte von Kongreßabgeordneten und anderen zivilen Zuschauern in ihren Kutschen nach Washington zurück, die mit ihren Ehefrauen ein Picknick am Rand des Schlachtfeldes veranstaltet hatten, um den Sieg der Unionstruppen mitzuerleben.

Der Alltag der Soldaten

Als der Bürgerkrieg begann, glaubten die Soldaten beider Seiten, der Krieg werde nur wenige Monate dauern, sie würden zu Weihnachten wieder zu Hause sein. Die wenigsten konnten sich vorstellen, daß dieser Bruder- und Bürgerkrieg vier Jahre andauern und beiden Seiten schwere Verluste bringen sollte. Beide Seiten waren militärisch auf den Krieg nicht vorbereitet. Als er begann, bestand die Armee der Vereinigten Staaten aus 16.000 Mann, die, über das ganze Land verteilt, hauptsächlich im Westen Dienst taten. Ein Drittel ihrer Offiziere schloß sich der Konföderation an. Die Methoden der militärischen Rekrutierung waren anfangs amateurhaft, planlos und uneffektiv. In der ersten Begeisterung strömten in beiden Lagern Freiwillige zu den Waffen. Die Verwaltung des Kriegsministeriums der Union war von Betrug und Korruption gezeichnet. Erst unter dem neuen Kriegsminister Edwin M. Stanton (1814–1869) wurden 1862 der gute Ruf und die Effektivität des Ministeriums wiederhergestellt, doch blieben Profitstreben und Fehlentscheidungen im Norden bis zu einem gewissen Grad den Krieg hindurch weiter bestehen. Andere Schwierigkeiten [siehe unten] traten im Süden auf und beeinträchtigten dort die Kriegführung.

Über 2,9 Millionen Amerikaner dienten schließlich als Soldaten und Offiziere im Krieg, davon 2,1 Millionen auf seiten der Union und gegen 800.000 Mann auf der Seite der Konföderation. Die Mehrzahl der Rekruten waren in Amerika und auf dem Land geborene weiße junge Männer im Alter von rund zwanzig Jahren [Abb. 5]. In beiden Armeen dienten außerdem Einwanderer aus zahlreichen Ländern, und es waren verschiedenartige Berufe und Lebensalter anzutreffen. Unter sozialen Gesichtspunkten betrachtet, bestand die Unionsarmee fast zur Hälfte aus Farmern und Farmarbeitern. Weitere 40 Prozent der Soldaten waren Arbeiter.

Bei den Streitkräften der Konföderation dominierten mit einem Anteil von über 60 Prozent Pflanzer, Farmer und Farmarbeiter. Arbeiter stellten hier – entsprechend dem geringeren Industrialisierungsgrad – nur knapp ein Viertel (22,5 Prozent) der Soldaten.

4 *Soldaten und Zivilisten beobachten am Hafen von Charleston, South Carolina, die Beschießung von Fort Sumter am Morgen des 13. April 1861.*

Vermögende Südstaatler hatten eher die Chance, sich dem Soldatendienst zu entziehen als weniger vermögende Bewohner des Südens. Nicht unbeträchtlich war dort der Anteil von Soldaten, die aus armen Familien kamen. Die meisten der Südstaaten und viele der dortigen Counties stellten Mittel bereit, mit denen die Familien armer Soldaten unterstützt werden sollten. Diese Ausgaben wurden durch Steuern auf den Besitz von Sklaven oder auf großen Landbesitz finanziert. Es war ein Versuch, die gröbsten Gegensätze zwischen arm und reich im Krieg auf diese Weise zu überbrücken.

Ähnliche soziale Abhängigkeiten gab es hinsichtlich der Einberufung im Norden durch die Einrichtung der Ablösung des Eingezogenen, wenn er 300 Dollar an die Regierung zahlte, oder der Möglichkeit eines Stellvertreters, durch den sich der Einberufene vertreten lassen konnte und den er dafür bezahlen mußte. Infolgedessen hatte auch hier der reiche Mann eher die Möglichkeit, dem Kriegsdienst auszuweichen, als der Arme. In den Streitkräften der Union dienten etwa 500.000 Einwanderer, sie stellten damit ein Viertel der Armee. Die meisten von ihnen waren Deutsche und Iren. Bekannte Teilnehmer der 1848er-Revolution in Deutschland dienten in der Unionsarmee als Offiziere, so die Führer des Badischen Aufstands Friedrich Hecker (1811–1881) als Oberst und Gustav Struve (1805 bis 1870) als Hauptmann, Carl Schurz (1829–1906) und Franz Sigel (1824–1902) als Generalmajore. Auch bei den Konföderierten Truppen standen – allerdings zahlenmäßig weit weniger als in der Union – Einwanderer, zumeist Iren, unter Waffen. Der Norden und der Süden beschäftigten im Krieg schwarze Arbeitskräfte als Kutscher, Köche, Handwerker und Diener, doch nur die Union rekrutierte auch seit dem Milizgesetz von 1862 insgesamt 180.000 schwarze Soldaten, wobei der größere Teil von ihnen aus den vom Norden besetzten Gebieten der Konföderation kam [Abb. 6]. Die seitdem aufgestellten schwarzen Regimenter widerspiegelten den auch innerhalb der Union weiterbestehenden Rassismus. Schwarze

5 *Freiwillige aus New Hampshire.*

Soldaten dienten in getrennten Einheiten, bekamen weniger Sold als ihre weißen Kameraden, wurden von weißen Offizieren kommandiert und häufig lediglich für Garnisons- und Schanzarbeiten eingesetzt. Dennoch zeigte auch die Aufstellung schwarzer Regimenter „die Wandlung des Krieges, der zur Bewahrung der Union geführt wurde, in eine Revolution zur Überwindung der alten Ordnung“[78] an. Fielen die schwarzen Soldaten im Gefecht als Gefangene in die Hände der Konföderierten, so hatten sie keine Gnade zu erwarten, wurden nicht wie Kriegsgefangene behandelt, sondern exekutiert oder erneut versklavt.

Auf seiten der Konföderation machte sich – infolge von Verlusten, Krankheiten und Desertion –, je länger der Krieg anhielt, ein Mangel an Soldaten spürbar bemerkbar. Doch weigerten sich die Politiker des Südens – gegen den Rat ihres Präsidenten Jefferson Davis –, die schwarzen Sklaven einzuziehen und zu bewaffnen. Erst in letzter Stunde, im März 1865, begann man damit, Sklaven zu rekrutieren, ohne ihnen selbst jetzt die Freiheit zu versprechen. Es wurden einige wenige derartige Einheiten gebildet, doch der Krieg war zu Ende, bevor sie zum Fronteinsatz kommen konnten.

Auf beiden Seiten wurden auch in geringer Zahl Indianerregimenter gebildet. Sie waren zumeist auf dem Kriegsschauplatz westlich des Mississippi eingesetzt, wurden als Kundschafter oder für Sturmangriffe verwendet. Für die Konföderation kämpften 3000 bis 4000 Angehörige der Cherokees, Chickasaws und Choctaws, die inzwischen mit den Angehörigen weiterer Stämme im Indian Territory – dem heutigen Oklahoma – lebten, unter ihren Häuptlingen in der illusionären Hoffnung, im neuen Staat des Südens größere Unabhängigkeit zu erhalten als ihnen von der Union gewährt worden war. Für die Union wurden ebenfalls einige Indianerregimenter in einer gemischten Streitmacht aus weißen, schwarzen und indianischen Regimentern in den Kämpfen am Arkansas eingesetzt. In der Haltung zu den kämpfenden Seiten im Bürgerkrieg uneins, hatten die indianischen Stämme in diesem Krieg nichts zu gewinnen. Im Gegenteil ließ der Bürgerkrieg die Beziehungen zwischen den weißen Amerikanern und den Indianern noch kritischer werden, als dies ohnehin seit Jahrzehnten der Fall war [siehe unten].

Die Soldaten dieser beiden ethnischen Gruppen, der Afroamerikaner und der Native Americans, leisteten der Armee der Union beträchtliche Dienste, waren aber nicht wirklich in die Streitkräfte integriert. Frauen konnten regulär keinen Dienst in der Armee tun, aber etwa 400 Frauen wurden Soldaten, indem sie sich als Männer ausgaben. In vielen Fällen wurde dies entdeckt, vor allem dann, wenn weibliche Soldaten verwundet ins Lazarett kamen. Einige Frauen konnten bis zum Ende des Krieges Dienst als Soldaten tun. Die Motive dieser Frauen waren Patriotismus, Abenteuerlust oder auch nur der Wunsch, dem Ehe-

6 *Ein Rekrutierungsplakat, das um schwarze Soldaten warb, aus Philadelphia (ca.1863), rief die Afroamerikaner auf, an der Seite ihrer weißen Brüder zu kämpfen.*

mann nahe zu sein. Einige tausend Frauen dienten während des Krieges in der Union und der Konföderation als Krankenschwestern, in Hospitälern und an der Front. Eine dieser Sanitäterinnen, bei den Soldaten „der Engel des Schlachtfeldes" genannt, Clara Barton (1821 bis 1912), gründete einige Jahre nach dem Bürgerkrieg (1881) die amerikanische Sektion des Roten Kreuzes (American National Red Cross).

Da es in den USA keine Dienstpflicht gab, mußten nach Beginn des Krieges auf beiden Seiten die Armeen erst aufgestellt werden. Es wurden zunächst Freiwillige zu den Waffen gerufen. Die übergroße Mehrheit der jungen Rekruten folgte in Nord und Süd – vor allem zu Beginn des Krieges – begeistert dem Ruf zu den Waffen. „Krieg und die Freiwilligen sind die einzigen Gegenstände der Unterhaltung oder der Gedanken", schrieb im April 1861 ein Student des Oberlin College in Ohio an seinen Bruder. „Ich kann nicht studieren. Ich kann nicht schlafen. Ich kann nicht arbeiten, und ich weiß nicht, wie ich schreiben kann."[79] Die allgemeine patriotische Aufregung nahm fieberhafte Ausmaße an. Die Armee der Union warb mit Plakaten „Auf nach Richmond" oder „Freiwillige gesucht. Kein Kompromiß mit Verrätern – kein Argument außer der Mündung der Kanonen" um Freiwillige. Es meldeten sich auch junge Männer zu den Waffen, die dem Ruf nur gezwungenermaßen Folge leisteten, aber sie bildeten die Minderheit, wenn sie dem Druck der öffentlichen Meinung, der Stimmung der Nachbarn oder der patriotischen Einstellung der Freundin nachgaben.

Im Süden wurde dann im April 1862, ein Jahr nach Kriegsbeginn, der Wehrdienst eingeführt. Es war das erste Mal in der amerikanischen Geschichte, daß ein Wehrdienstgesetz verabschiedet wurde. Das Gesetz verpflichtete alle als Soldaten tauglichen (weißen) Männer zwischen 18 und 35 Jahren für eine dreijährige Dienstzeit in den Streitkräften der Konföderation. Ein halbes Jahr später befreite dort ein weiteres Gesetz Pflanzer und Aufseher, die mehr als 20 Sklaven beschäftigten, vom Wehrdienst. Dieses Privileg rief unter den ärmeren Klassen des Südens Unzufriedenheit hervor. Allerdings wurden im Süden auch andere Gruppen der Bevölkerung von der Dienstpflicht ausgenommen: Schullehrer, die mehr als 20 Schüler hatten, und College-Professoren, Arbeiter in den Textilfabriken, im Bergbau und in den Eisenwerken sowie noch andere Personen. Noch im Laufe des Jahres 1862 wurde das Dienstalter in einem zweiten Dienstpflichtgesetz auf 45 Jahre erhöht. In der Schlußphase des Krieges, als der Soldatenmangel in der Konföderierten-Armee kritisch wurde, erhöhte man das Dienstalter gar auf 50 Jahre und senkte es auf 16 Jahre ab.

In der Union wurde die Dienstpflicht – mit gewissen Einschränkungen – erst im März 1863 eingeführt. Ausgenommen vom Wehrdienst waren höhere Regierungsmitarbeiter und Pfarrer sowie junge Männer, von deren Einkommen der Unterhalt von Witwen, Waisen oder von bedürftigen Eltern abhing. Das Wehrdienstalter lag im Norden zwischen 20 und 45 Jahren. Das Gesetz erlaubte es dem Wehrpflichtigen, der dazu die Mittel hatte, sich freizukaufen oder einen Stellvertreter zu bezahlen. Die einzuberufenden Männer wurden – da man nur einen Teil der im Wehrdienstalter stehenden Männer für die Armee benötigte – in den jeweiligen Wehrdistrikten in einem recht konfusen und ineffektiven Auswahlverfahren durch das Los ermittelt. Ein Teil der durch das Los für den Wehrdienst bestimmten Männer setzte sich dann in den Westen oder nach Kanada ab, ein anderer, größerer Teil konnte aus gesundheitlichen Gründen nicht eingezogen werden oder weil es sich um Männer handelte, von denen der Unterhalt ihrer Familien abhing. Wiederum ein Teil der übrigbleibenden Wehrpflichtigen zahlte die 300 Dollar, um sich freizukaufen, oder bezahlte einen Stellvertreter. Hierzu waren hauptsächlich junge Leute im Alter von 18 und 19 Jahren sowie Neueinwanderer bereit. Übrig blieb dann weniger als ein Zehntel der ursprünglich für den Dienst vorgesehenen Männer, das tatsächlich in die Armee eintrat. Bei dieser Sachlage bot der Prozeß der Einberufung im Norden zahlreiche Möglichkeiten für Betrug, Irrtum und Ungerechtigkeit. Er war – nicht zuletzt wegen der Freikaufklausel, die später auch sehr eingeschränkt wurde – von Anfang an umstritten und führte im Sommer 1863 in New York zu mehrtägigen Unruhen [siehe unten]. Bei all dem blieb der freiwillige Dienst in der Armee der Union auch nach dem Wehrdienstgesetz die Hauptquelle, aus der die kämpfende Truppe (und zwar zu 80 Prozent) rekrutiert wurde. Übrigens zeigen Untersuchungen verschiedener Wehrdistrikte in Ohio, daß Angehörige aller sozialen Schichten, ungelernte Arbeiter, gelernte Arbeiter, Farmer und Farmarbeiter, Kaufleute, Unternehmer, Bankiers, Angestellte und Angehörige akademischer Berufe nahezu unterschiedslos von der Möglichkeit des Freikaufs oder der Stellung eines Stellvertreters Gebrauch machten.

Es bestand eine ausgeprägte lokale Bindung der Truppe zu ihrem Heimatstaat, in dem die Männer rekrutiert und die meisten Regimenter aufgestellt wurden. Diese waren Einheiten der Staaten, aus denen die Soldaten kamen. Die reguläre Armee der Vereinigten Staaten stellte nur einen kleinen Teil der Streitkräfte der Union. Die Konföderation ihrerseits hatte keine reguläre Armee als solche. Ihre Streitkräfte bestanden gänzlich aus Staatsregimentern, Milizeinheiten und Heimwehren (home guards).

7 *Douglas Volk „The Battle of Missionary Ridge" zeigt eine Einheit des 2. Minnesota Infanterie-Regiments mit der Regimentsfahne in der Schlacht von Missionary Ridge im November 1863.*

Die jungen Männer, die dem Ruf zu den Waffen folgten, meldeten sich im Rekrutierungsbüro der nächstgelegenen Stadt. Nach einer kursorischen medizinischen Untersuchung durch einen Feldarzt verpflichtete sich der Rekrut zur Treue gegenüber seinem Land, beschwor, alle Befehle und Kriegsgesetze zu befolgen, und musterte in der Regel für drei Jahre an. Die Löhnung der Soldaten betrug im Falle der Union anfangs zwölf Dollar im Monat und wurde später auf 16 Dollar gesteigert. Bei der Konföderation erhielten die Mannschaftsdienstgrade anfangs elf Dollar, später 18 Dollar im Monat. Durch die Inflation im Krieg, die besonders im Süden um sich griff, verloren diese Einkünfte erheblich an Wert. Mitunter blieben die Soldzahlungen monatelang aus. Auf die Einschreibung und Verpflichtung des Rekruten folgte die Phase der Ausbildung in einem lokalen Trainingslager und die Bildung der Kompanien zu 100 Mann sowie der Regimenter aus zehn Kompanien.[80] Die Kompanie und das Regiment spielten eine große Rolle im Leben des neuen Soldaten. Die Kompanie wurde für ihn die militärische Grundeinheit, in der er seine engsten Freunde fand, militärisch trainierte, marschierte und die tägliche Routine wie biwakieren oder essen

8 *Zuaven-Einheiten aus Chicago, New York und Utica aus dem Jahr 1860, die mit ihren farbenfrohen Uniformen dann auch im Bürgerkrieg kämpften. Ihr Vorbild waren die im Krimkrieg eingesetzten französischen Zuaven.*

absolvierte. Mit den Kameraden seiner Kompanie und seines Regiments kämpfte er auf den Schlachtfeldern des Krieges, wurde verwundet oder fiel.

Das Regiment war die festeste Verbindung des Soldaten mit seiner Heimat und mit seinem Heimatstaat. Das Regiment behandelte und identifizierte ihn als Virginier, als Mann aus Massachusetts, aus Minnesota usw. Die Regimenter hatten ihre eigenen Abzeichen und ihre eigenen Fahnen [Abb. 7]. Auf der Regimentsebene zeigte sich die Rassentrennung mit den separaten Einheiten der Schwarzen bzw. der meisten Indianer. Einwanderer kämpften nicht selten in irischen, französischen oder deutschen Regimentern.

Die mentale Verbundenheit der meisten Soldaten mit ihrem Regiment war außergewöhnlich. Überliefert wurde der Ausspruch eines Sergeanten vom 1. Minnesota Infanterie-Regiment, der sagte: „Ich möchte lieber ein gemeiner Soldat in diesem Regiment sein als ein Hauptmann in irgendeinem anderen, das ich kenne.“[81]

Die Uniformen der Soldaten beider Seiten variierten nach Ausstattung, Qualität und Aussehen. Die Uniformfarbe der Soldaten der Union war in der Regel Blau („die Blauen“), die der Soldaten der Konföderation in der Regel Grau („die Grauen“). Gelegentlich konnte man aber auch das umgekehrte Bild antreffen. Es gab alle möglichen – teilweise abenteuerlich aussehende – Uniformen, selbst „Zuaven-Regimenter“ [Abb. 8], die nach dem Vorbild der französischen, aus Algerien stammenden Zuaven eingekleidet waren, kamen vor.

Jeder Infanterist war mit einem Tornister ausgerüstet, der Extrakleidung, Waschzeug, Nähzeug, persönliche Habseligkeiten wie Schreibzeug, Tabak und Fotografien seiner Lieben, mitunter auch zusätzliche Munition enthielt. Decken und Planen waren auf den Tornister geschnallt. Das Ganze wog 15 bis 25 Pfund, und es wurde, je länger der Feldzug dauerte, um einiges erleichtert. Die Extrakleidung mußte als erstes daran glauben. Als Waffe besaß der Infanterist auf beiden Seiten der Front ein Springfield- oder Enfield-Gewehr – die noch immer Vorderlader, aber inzwischen mit gezogenem Lauf, waren – und ein Bajonett, das auch als Schanzwerkzeug, Dosenöffner und für ähnliche Zwecke verwendet wurde.

Eine Besonderheit der Armeen im Amerikanischen Bürgerkrieg war der Umstand, daß die Soldaten sowohl in der Unions- wie der Konföderationsarmee im allgemeinen die Offiziere ihrer Kompanie im Leutnants- und Hauptmannsrang wählten, gelegentlich traf das auch auf einen Teil der Regimentsoffiziere bis zum Oberst zu. Eine Folge davon war, daß Rangunterschiede zwischen dem einfachen Soldaten und seinen Offizieren mitunter nicht hoch im Kurs standen und das militärische Können und die Disziplin Schaden nahmen. Als der Krieg andauerte, gab man 1863 auf seiten der Union schließlich die Praxis, Offiziere wählen zu lassen, auf. Im Süden, der eine größere Zahl ausgebildeter Offiziere besaß, hielt man länger daran fest. Hier waren die gewählten Regimentsoffiziere meist Männer mit militärischer Ausbildung und Erfahrung. Der Süden verfügte darüber hinaus von Beginn des Krieges an über einen Kreis fähiger Generale, die wie Thomas J. „Stonewall" Jackson[82] (1824–1863), der Kavallerist James E. B. „Jeb" Stuart (1833–1864) und besonders Robert E. Lee (1807–1870) [Abb. 9], der Kommandeur der Armee im nördlichen Virginia, zuletzt noch Oberbefehlshaber (general in chief) der Truppen der Konföderation, den militärischen Verlauf des Krieges lange Zeit mitprägten. Dagegen hatte Lincoln mit der Ernennung der Oberbefehlshaber der Unionsarmee in den ersten beiden Kriegsjahren wenig Glück. Dies änderte sich erst mit der Ernennung Ulysses S. Grants (1822–1885) zum Oberbefehlshaber [Abb. 10]. Erst dann hatten die drei fähigsten Generale der Union – Grant, William Tecumseh Sherman (1820–1891) und Philip H. Sheridan (1831–1888) – auch die maßgeblichen Kommandos in den Streitkräften des Nordens.

9 *General Robert E. Lee vor seinem Haus in Richmond, einige Tage nach der durch ihn vollzogenen Kapitulation der Truppen der Konföderation (Appomattox Court House, Virginia, 8. 4. 1865).*

Die Militärjustiz mußte häufig eingreifen. Desertion von der Truppe kam nicht selten vor. Während des Krieges desertierten etwa zehn Prozent der Soldaten beider Armeen. Es gab einige 10.000 Kriegsgerichtsverfahren, allerdings wurden im Bereich der Union nur 267 Todesurteile vollstreckt, die Hälfte davon wegen Fahnenflucht. Über die Zahl der in der Konföderation von Militärgerichten verhängten Todesurteile gibt es nur unvollständige Angaben.

Allerdings ist das eigentlich Bemerkenswerte an dieser Seite des Krieges nicht die relativ hohe Rate an fahnenflüchtigen Soldaten – die übrigens in der Armee der Vereinigten

10 *Ole Peter Hansen Balling (1823–1906) „Grant and His Generals" 1865. Der in Norwegen geborene Maler schuf ein großes Panoramabild des Oberkommandierenden der Unionsarmee und seines Stabes, das in New York ausgestellt wurde.*

Staaten im Jahrzehnt, das auf den Bürgerkrieg folgte, noch weiter bis auf 18 Prozent anstieg. Vielmehr zeigte sich angesichts der Strapazen des täglichen Dienstes und der vielen Märsche – häufig 20 bis 30 Meilen am Tag –, trotz der unzureichenden Verpflegung und primitiven medizinischen Versorgung, beim Schrecken des Kampfes im Gefecht oder in der Schlacht beim überwiegenden Teil der Soldaten in beiden Lagern eine hohe Kampfmoral. Feigheit war im Felde selten anzutreffen, und wieder und wieder kämpften die blauen und die grauen Soldaten mit Entschlossenheit und großem Mut gegeneinander. Seit der ersten Schlacht des Bürgerkriegs bei Bull Run im Juli 1861 gibt es zahllose Zeugnisse für den Opfermut, die persönliche Einsatzbereitschaft und Pflichttreue der Soldaten und Offiziere.

Die *Verluste im Bürgerkrieg* waren hoch. Etwa 690.000 Soldaten – ca. jeder vierte Mann der Streitkräfte – starben im Bürgerkrieg. Unverhältnismäßig hoch war der Anteil des Südens an den Kriegstoten. Aus beiden Lagern blieben 240.000 Mann auf dem Schlachtfeld bzw. starben an Wunden, die sie im Kampf erhalten hatten. Der größere Teil der Kriegstoten verstarb allerdings an Krankheiten und Seuchen, besonders an Typhus und an Diarrhoe.

Immer wieder war der Soldat in die Kämpfe auf dem Schlachtfeld einbezogen. Das erste Erlebnis des Kampfes auf dem Schlachtfeld war stets das schlimmste. „Der Nervenschock war nicht zu beschreiben", erinnerte sich ein Veteran des Krieges später, „man stand, wenn es losging, am Rand der Ewigkeit." Und ein Soldat der Konföderierten meinte: „O Gott! Ich habe nie etwas ähnliches gesehen. Die Männer wurden wie Gras hingemäht ... Ich sah Männer im vollen Lauf plötzlich stoppen und auf das Gesicht fallen."[83] Die Lage der Verwundeten war oft schrecklich. Sie blieben, bis es dunkel wurde, auf dem Schlachtfeld liegen, litten Schmerzen und Durst und mußten fürchten, für immer ein Krüppel zu blei-

11 *Winslow Homer (1836–1910) „Prisoners from the Front" (1866). Der Maler erlebte den Bürgerkrieg als Berichterstatter und Illustrator für Harper's Weekly. Eine Gruppe gefangener Soldaten der Konföderation erwartet vor einem Offizier der Unions-Armee ihren Abtransport in die Gefangenschaft. Das Bild beeindruckt durch die kühle Objektivität, mit der Homer die früheren Kriegsgegner darstellt.*

ben. In den Feldhospitälern mangelte es an Hygiene, aseptische und antiseptische Maßnahmen kannte die Medizin damals noch nicht. Mitunter waren – besonders im Süden – die Feldärzte gezwungen, ohne Betäubung die schrecklichen Wunden zu versorgen und die verletzten Glieder bei vollem Bewußtsein der Patienten zu amputieren, da Chloroform und Äther nicht ausreichend zur Verfügung standen.

Auf beiden Seiten wurden zahlreiche Kriegsgefangene gemacht [Abb. 11]. In den Gefangenenlagern der Konföderation wurden schätzungsweise 200.000 Kriegsgefangene unter zum Teil menschenunwürdigen Bedingungen gehalten. Die Kriegsgefangenen litten oft unter Hunger, Krankheiten und unter der Brutalität der Behandlung. Ein Austausch von Kriegsgefangenen beider Seiten kam 1862 wohl zustande, wurde aber im folgenden Jahr nicht weitergeführt, da der Süden sich weigerte, schwarze Kriegsgefangene in den Austausch einzubeziehen. Diese wurden ja – wie schon erwähnt – teilweise ihren alten Herren zurückgegeben oder an neue Herren verkauft, andere mußten unter feindlichem Beschuß Befestigungen anlegen.

Die schlechte Behandlung der kriegsgefangenen Unionssoldaten durch die Konföderation erregte die Emotionen der Öffentlichkeit im Norden. Besonders berüchtigt wurde ein 1864 im Südwesten Georgias angelegtes Lager, Andersonville Prison, das für 10.000 Gefangene vorgesehen, aber dann schließlich mit 33.000 Mann total überfüllt war. Die Kriegsgefangenen lagen dort ohne ein Dach über dem Kopf in der Hitze des südlichen Sommers. Es gab weder Schutz vor der Sonne noch vor dem Regen. Täglich starben über

100 Männer, insgesamt waren es schließlich 13.000 Lagertote, die dort in Massengräbern bestattet wurden. Der Lagerkommandant Henry Wirz (1823–1865), ein Amerikaner Schweizer Herkunft, wurde nach Kriegsende vor ein Kriegsgericht gestellt, wegen Mordes verurteilt und hingerichtet. In einem anderen Lager des Südens, in Salisbury, North Carolina, starben ebenfalls mehrere tausend Gefangene.

Im Norden dürften die Verhältnisse in den Kriegsgefangenenlagern teilweise nicht wesentlich besser gewesen sein. Im verrufensten Lager der Union, in Elmira, New York, starb ein Viertel der Kriegsgefangenen. Immerhin gab es dort wenigstens Baracken für die fast 10.000 Gefangenen. Im Großen und Ganzen aber hatten es die Soldaten der Union in der Kriegsgefangenschaft im Süden noch schlechter als ihre Schicksalsgefährten, die Soldaten der Konföderation, in den Lagern des Nordens. Eine Ursache dafür war die Tatsache, daß der Süden im Laufe des Krieges bedeutend stärker als der Norden an einem Mangel an Ressourcen und Nahrungsmitteln litt und daß dies auf die Behandlung der Kriegsgefangenen zurückwirkte.

Das Leben im Hinterland – Der Norden

Der Krieg beeinflußte auf profunde Weise das tägliche Leben im Norden jenseits der Frontlinien. Zunächst zeigten sich die Geschäfte infolge des Kriegsbeginns verunsichert, nicht zuletzt auch durch das Ende der Handelsbeziehungen mit dem Süden, wovon besonders der Mittlere Westen und seine Metropole St. Louis, aber z. B. auch die Schuhindustrie in Massachusetts betroffen wurden. Bald aber erlebte die Wirtschaft des Nordens eine fast generelle und kriegsbedingte Prosperität. Je länger der Krieg andauerte, um so umfangreicher wurden die Kriegsausgaben, die in die Wirtschaft flossen. Die Regierung finanzierte den Krieg überwiegend durch Anleihen, aber auch durch eine erstmals erhobene Einkommensteuer (eine Steuer von fünf Prozent auf Einkommen von über 1000 Dollar jährlich). Außerdem ging man 1862 dazu über, Papiergeld zu drucken, um dem erhöhten Geldbedarf nachzukommen. Es waren diese „Greenbacks“ Banknoten zu fünf, zehn, 20, 50, 100, 500 und 1000 Dollar. Daneben blieben auch weiter Kupfer-, Nickel-, Silber- und Goldmünzen in Umlauf. Gegen Ende des Krieges fand erstmals auf Dollarmünzen die Legende „In God We Trust“ Verwendung.

Mit der *Ausgabe von Papiergeld* erhielt die Inflation kräftig Nahrung. Die Lebenshaltungskosten stiegen im Norden zunächst um 50 Prozent, schließlich um über 100 Prozent. Die Spekulation mit Gold oder Sachwerten schuf eine nicht kleine Schicht von Kriegsgewinnlern. Nach der Schlacht von Bull Run meinte ein Wallstreet-Bankier, jeder, der nicht von Natur aus ein Idiot sei, könne jetzt ein Vermögen machen. Der in den großen Städten zur Schau gestellte luxuriöse Lebensstil der Reichen und Neureichen kontrastierte deutlich mit der Sparsamkeit und Bescheidenheit des durchschnittlichen amerikanischen Haushalts, der einen beachtlichen Beitrag zu den materiellen Grundlagen der Kriegführung leistete. Der kriegsbedingten Erhöhung der Lebenshaltungskosten folgten keine entsprechenden Lohnerhöhungen der Arbeiter, da der weitere Zustrom von Einwanderern und die Einführung neuer Maschinen halfen, die Knappheit an Arbeitskräften zu kompensieren.

Mit Ausnahme der Baumwolltextilindustrie des Nordens, die bald unter dem Mangel dieses zuvor aus dem Süden bezogenen Rohstoffs litt, schlug die *Prosperität der Kriegsjahre* voll auf die Industrieproduktion durch. Unter dem Anreiz tatsächlicher oder zu erwartender Regierungsaufträge erweiterten Unternehmer die Produktion erheblich, wurden neue Firmen gegründet und neue Fabriken errichtet. Die Uniformherstellung wurde zu einem profitablen Industriezweig. Die Schuhindustrie ging dazu über, Maschinen zu verwenden. Die Eisen- und Stahlindustrie zog aus Regierungsaufträgen und dem explodierenden Eisenbahnbau Nutzen. Auch der Bergbau konnte mit dem Abbau von Anthrazit und Steinkohle, von Eisenerz und Kupfer sowie mit der Salzgewinnung erweitert werden. Die Zukker- und Whiskyherstellung blühten auf. Seit der Erschließung der ersten Erdölfunde in Amerika, die kurz vor dem Bürgerkrieg in Titusville, Pennsylvania, entdeckt worden waren, begann auch die Weiterverarbeitung des Erdöls, und die Petroleumlampe zog nun besonders auf dem Land in die amerikanischen Haushalte ein.

Die Eisenbahngesellschaften profitierten ebenfalls von den Erfordernissen des Krieges, der militärischen Transporte, des Dranges nach Westen im Gefolge der Gold- und Silberfunde in Colorado und Nevada zu jener Zeit. Die spektakulärste Entwicklung im Eisenbahnwesen war damals der Baubeginn einer transkontinentalen Eisenbahnlinie zum Pazifik, die von Omaha in Nebraska über Utah und Nevada bis nach Kalifornien führte. Das Geld dafür wurde hauptsächlich durch Finanziers aus Chicago aufgebracht. Mit dem Bau wurde Ende 1863 begonnen, eröffnet wurde die erste transkontinentale Eisenbahnstrecke dann im Mai 1869.

Die Farmer profitierten ebenfalls von der durch den Krieg geschaffenen wirtschaftlichen und finanziellen Situation. Nachteile wie die Schließung des Mississippi als Verkehrsader oder der Wegfall von Arbeitskräften durch den Kriegsdienst der jungen Männer konnten kompensiert werden. Die Landwirtschaft prosperierte. Die Anbauflächen wurden erweitert. Es gab mehrmals gute Ernten. Die Preise für landwirtschaftliche Erzeugnisse stiegen infolge der wachsenden Binnennachfrage, aber auch des zunehmenden Exports nach Europa. Das Heimstättengesetz (1862), eines der wichtigsten Ergebnisse der Politik Lincolns im Krieg, begünstigte die agrarische Expansion. Das Gesetz erfüllte eine alte Forderung der Farmer und Siedler nach billigem Grund und Boden. Es sah die Parzellierung der öffentlichen Ländereien und ihre Abgabe in Landstücken bis zu 160 Acres an interessierte Farmer und Siedler zu sehr niedrigen Preisen (1,25 Dollar pro Acre) vor, unter der Voraussetzung, das der Boden vom Käufer fünf Jahre lang bewirtschaftet wurde. Bis 1865 wurden fast 2,5 Millionen Acres Land vor allem im Westen auf diese Weise parzelliert.

Die *städtischen Arbeiter* zogen zwar Nutzen aus den neuen Arbeitsplätzen in der expandierenden Industrie. Doch hatten sie – anders als die Farmer – stärker unter der inflationären Entwicklung zu leiden. Für viele von ihnen verschlechterte sich der Lebensstandard in den Kriegsjahren. Der anfängliche Arbeitskräftemangel zu Beginn des Krieges wurde bald durch die Neueinstellung von Frauen, Schwarzen und Einwanderern ausgeglichen. Die Löhne stiegen wohl in den Kriegsjahren, hielten aber nicht Schritt mit den wachsenden Ausgaben für Lebensmittel und Kleidung. Gegen Ende des Krieges lagen die Reallöhne der Arbeiter um ein Drittel unter dem Stand von 1860.

Als der Bürgerkrieg begann, hatte die Gewerkschaftsbewegung im Norden gerade ein Stadium wachsenden Selbstbewußtseins und wachsender Aktivität erreicht. Die Gewerkschaften – wie die Arbeiter generell – stellten sich auf die Seite der Union und unterstützten aktiv die Lincoln-Administration und die Kriegführung. Als die Gegensätze zwischen Kapital und Arbeit dann deutlich zunahmen, kam es im Osten zur Bildung zahlreicher lokaler Gewerkschaften. Außerdem wurde eine Reihe nationaler Gewerkschaften ins Leben gerufen, darunter eine Gewerkschaft der Bergarbeiter, der Lokomotivführer, der Zigarrenarbeiter, der Eisenarbeiter sowie die Gewerkschaft der Maurer. Am Ende des Krieges gab es in jeder größeren Stadt einen gewerkschaftlichen Verband, der sich um die Verbindung zwischen den lokalen Gewerkschaften kümmerte und die Bildung von Gewerkschaften in bislang unorganisierten Wirtschaftszweigen förderte. Diese Gewerkschaftsverbände unterstützten die Einrichtung kooperativer Läden, von Arbeiterbibliotheken und Lesehallen und die Herausgabe von Arbeiterzeitungen. Hinsichtlich der Arbeitsbedingungen traten die Gewerkschaften nun für eine Gesetzgebung ein, die den Achtstundentag vorschrieb. Auch die Streikaktionen und andere Arbeitskämpfe – meist um höhere Löhne – nahmen seit 1863 deutlich zu. Insgesamt waren die Verhältnisse in der industriellen Welt und in den dortigen Arbeitsbeziehungen für die Arbeiter am Ende des Bürgerkrieges noch so unbefriedigend, daß der Reformer und radikale Abolitionist Wendell Phillips (1811–1884) äußern konnte, nun, wo die Sklaverei im Süden zerstört worden sei, sei es die unvermeidliche Logik der Ereignisse, den Angriff gegen die Lohnsklaverei zu führen, für die Verkürzung der Arbeitszeit und für bessere Löhne und Arbeitsbedingungen einzutreten.

Abgesehen vom Abolitionismus schwächte der Krieg zunächst die zuvor im Land entstandenen und gewachsenen Reformbewegungen. Humanitäre Bewegungen waren im Niedergehen, Reformer, die sich nicht mit ganzer Seele für den Krieg engagierten, sahen sich nun isoliert, ja vielfach auch in der Öffentlichkeit diskreditiert. Das traf natürlich für das pazifistische Lager besonders zu, das in der Entwicklung Amerikas eine weit zurückreichende Tradition besaß. 1828 hatten amerikanische Pazifisten die American Peace Society gegründet, die sich für die Schaffung einer friedlichen Welt einsetzte, für die Gründung eines Kongresses der Nationen und für die schiedsgerichtliche Beilegung von Konflikten. Jetzt sah sich die American Peace Society veranlaßt, zu erklären, daß kein Friedensfreund je ein Rebell sein oder die Rebellion unterstützen könne. Nur wenige Pazifisten hielten während des Krieges ihren Grundsätzen unbeirrt die Treue.

Auch die Frauenrechtlerinnen sahen sich im Sog der patriotischen Kriegsstimmung im Norden nur noch mit großen Einschränkungen imstande, die Forderung nach ungeteilten Rechten der Frau in der Öffentlichkeit zu stellen. Erst vier Jahre nach Kriegsende konnte in Washington, D. C., wieder ein Kongreß für Frauenrechte stattfinden.

Gewalt und Verbrechen breiteten sich verstärkt in den Städten aus. Der New Yorker Aufsichtsrat der Stadtpolizei erklärte im letzten Kriegsjahr: „Der Kriegszustand ist eine Schule von Gewalt und Verbrechen.“[84] Die Prostitution nahm während des Krieges in den großen Städten des Ostens und Westens, von New York bis Cincinnati, von Boston bis Chicago, stark zu. Washington, wo viele tausend Soldaten jetzt Dienst taten und wo es an flüssigem Geld nicht fehlte, zog Prostituierte besonders an. Häuser von zweifelhaftem Ruf nahmen einen Teil der Südseite der Pennsylvania Avenue ein. Eine Zeitung zählte fast 4000 Prostituierte in der Bundeshauptstadt, von denen sieben Achtel erst seit dem Bürgerkrieg in diesem Gewerbe tätig waren. Alleinstehende Frauen, die auf die eine oder andere Weise ihren guten Ruf verloren hatten, sollen damals ein Viertel der Zivilbevölkerung von Washington (1860 zählte die Stadt 61.000 Einwohner) ausgemacht haben.

In New York City mit seinen übervölkerten Wohnvierteln, seiner aufgrund der ungesunden Verhältnisse hohen Sterblichkeitsrate und seinen infolge des ständigen Zustroms neuer Einwanderer niedrig bleibenden Löhnen zeigten sich angesichts der Einberufungen im Sommer 1863 gewaltsame Konflikte. Die zumeist irischen Hafenarbeiter und Schauer-

12 *Zeitgenössische Darstellung der blutigen Unruhen in New York City im Juli 1863. Im Vordergrund des Bildes wird ein Schwarzer von der Menge gelyncht.*

leute waren darüber erbittert, daß ihr Streik im Juni 1863 wegen des Einsatzes schwarzer Schauerleute, die von der Polizei geschützt wurden, mit einem Mißerfolg endete. Als die Einberufungen zum Wehrdienst begannen, kam es dann im Juli 1863 zu mehrtägigen Unruhen in der Stadt, an denen sich 50.000, meist irische Einwohner New Yorks beteiligten. Die Wut der Menge richtete sich gegen Einberufungsbüros und andere Bundeseinrichtungen, die in Brand gesetzt wurden, hauptsächlich aber gegen schwarze Mitbewohner. In diesen – bis dahin – schwersten Unruhen der amerikanischen Geschichte wurden elf Schwarze gelyncht [Abb. 12] und ein Waisenhaus für schwarze Kinder in Brand gesteckt. Insgesamt kamen über 100 Menschen im Verlauf der Unruhen ums Leben. Es wurde ein Schaden von zwei Millionen Dollar angerichtet. Da die Polizei nicht Herr der Lage in der Stadt wurde, mußten schließlich Bundessoldaten für ein Ende der Unruhen sorgen. In anderen Städten des Nordens löste die Ungerechtigkeit des Einberufungsgesetzes ebenfalls Unruhen aus, die allerdings nicht die Gewalt der Ausschreitungen in New York City erreichten.

Verschiedene Auswirkungen hatte der Bürgerkrieg für das *intellektuelle Leben* jener Jahre. Das Schulwesen litt darunter, daß sich viele Lehrer freiwillig an die Front gemeldet hatten. Die Schulen wurden von patriotischer Kriegsbegeisterung erfaßt. Patriotische Aufsichtsräte forderten die Entlassung der für unloyal gehaltenen – also der Sympathie für den Süden verdächtiger – Lehrer. Einige Staaten (Oregon, Kentucky, West Virginia) gingen so weit, von den Lehrern einen Treueid auf die Regierung zu verlangen. Vielerorts forderte man die Schulen auf, militärische Unterweisung in den Stundenplan zu übernehmen. Zahlreiche private Schulen handelten entsprechend. Neue militärische Ausbildungsstätten wurden gegründet. Eine namhafte religiöse Zeitschrift äußerte die Meinung, daß die Zukunft des Landes durch einen entschieden militärischen Charakter geprägt werden würde.

Die Hochschulen des Nordens wurden ebenfalls von der Begeisterung für den Krieg angesteckt. College-Präsidenten boten ihre Dienste der Regierung an. Studenten gingen als Kriegsfreiwillige an die Front. Die Studentenzahlen der großen Universitäten wie Yale, Harvard oder Dartmouth gingen merklich zurück. Für diejenigen Studenten, die weiter ihren Studien nachgingen, wurde militärische Ausbildung den Ausbildungsfächern hinzugefügt. Das Klima der geistigen Freiheit an den Hochschulen nahm in den Kriegsjahren Schaden. Studenten wurde es untersagt, Abzeichen der Demokratischen Partei zu tragen. Zeitungen, die Sympathien für die Konföderation äußerten, wurden aus den Bibliotheken verbannt. Der Präsident des Dartmouth College, an dessen Verteidigung der Sklaverei man früher nicht Anstoß genommen hatte, wurde jetzt vom Aufsichtsrat des College zum Rücktritt gezwungen.

Andererseits wurden im Bürgerkrieg auch positive und demokratische Entwicklungen im Hochschulbereich freigesetzt. So verabschiedete der Kongreß 1862 ein Gesetz, den Land Grant Act, das allen Einzelstaaten öffentliches Land zuwies, mit dessen Erlös an den Hochschulen landwirtschaftliche und technische Studiengänge eingerichtet und damit die Bildung und Ausbildung von Handwerkern und Farmern gefördert werden sollte. Insgesamt kam damit in den folgenden Jahren die Gründung staatlicher Universitäten und Hochschulen im Mittleren Westen und Westen (Wisconsin, Kansas, Indiana, Minnesota, Illinois, Missouri, Michigan und Kalifornien) merklich voran. Gleichzeitig damit erweiterte sich seitdem an den Hochschulen des Mittleren Westens die Zulassung von Frauen zum Studium wesentlich. 1865 wurde mit dem Vassar College im Staat New York die erste, ausdrücklich für Frauen bestimmte Hochschule der USA gegründet. Einige Jahre nach dem Ende des Bürgerkrieges (1872) gab es bereits 97 Colleges und Universitäten im Land, die Frauen zum Studium zuließen. Im Ergebnis dieser Entwicklung, die mit dem Bürgerkrieg begonnen hatte, waren dann 1880 ein Drittel aller Studenten Frauen.

Während des Bürgerkrieges gab es neben den negativen, zerstörerischen Wirkungen des Krieges auf das geistige Leben beachtliche *Fortschritte in den Naturwissenschaften* und angewandten Wissenschaften – nicht nur in der Kriegstechnik. Der in der Schweiz geborene amerikanische Zoologe Louis Agassiz (1807–1873) setzte seine naturwissenschaftlichen Vortragsreisen fort, richtete sein am Vorabend des Krieges an der Harvard-Universität eröffnetes Museum für vergleichende Zoologie ein und führte seine zoologischen und geologischen Forschungen in aller Ruhe weiter. Agassiz – der sich während des Krieges für eine weltweite Verbreitung des Wissens aussprach – gab den Anstoß zur Einrichtung des ersten marinebiologischen Laboratoriums in den USA, das 1873 auf einer Insel vor Massachusetts mit Vorlesungen vor 50 Biologiestudenten eröffnet wurde. Der Geologe James D. Dana (1813–1895) veröffentlichte in den Jahren des Bürgerkriegs sein Handbuch der Geologie, das für lange Zeit ein Standardwerk in der Ausbildung amerikanischer Geologen war. Dana, der in seiner Jugend an einer vierjährigen Weltumsegelung teilgenommen hatte, verstand die Geologie nicht mehr als eine bloße Sammlung von Tatsachen über Steine, Kristalle oder geologische Formationen, sondern behandelte sie als die dynamische Geschichte der Erde und der in diesem Prozeß auftretenden Veränderungen. Fortschritte gab es auch in der amerikanischen Ethnologie, Mathematik und Physik jener Jahre, in den philologischen Wissenschaften und in der historischen Forschung.

Wie in den Jahrzehnten vor dem Bürgerkrieg bildete die *Zeitung* weiterhin die Hauptlektüre des Amerikaners. Durch sie wurde sein Weltbild geprägt. Die Zeitungen der Union stimmten nach dem Beispiel der auflagestarken *New York Tribune* und ihres Herausgebers Horace Greeley in den ständigen Ruf „Auf nach Richmond" (Forward to Richmond) ein. Die Auflagenhöhe der Zeitungen wuchs. Für Nachrichten von der Front bestand anfangs eine Zensur, bei der ein von der Regierung bestellter Zensor alle Meldungen prüfte, mit dem Resultat, daß gelegentlich auch harmlose Mitteilungen dem Rotstift zum Opfer fielen. Später verpflichtete man die Frontberichterstatter der Zeitungen, keine Informationen weiterzugeben, die der Sache der Union schaden könnten. Dank des inzwischen landesweit etablierten Telegraphen begann das Zeitalter moderner Kriegsberichterstattung. Rücksichtslos gegenüber den Interessen anderer, aber auch mit persönlichem Einsatz und Risiko berichteten die Zeitungskorrespondenten über die Strapazen und die Beschwerlichkeit der Märsche und Feldlager, über die Dramatik und Hitze der Schlacht. Im Wettstreit mit ihren Rivalen, den Korrespondenten anderer Zeitungen, sammelten sie ständig Informationen über die Kriegslage. Präsident Lincoln und das Kriegsministerium erfuhren nicht selten das Neueste vom Kriegsverlauf und dem Geschehen auf den Schlachtfeldern aus den New Yorker Zeitungen oder von den zahlreichen Zeitungskorrespondenten, die in Washington Station machten.

Das *politische Leben der Union* war im Bürgerkrieg dadurch mitbestimmt, daß die Politik Abraham Lincolns sowohl in seiner eigenen Partei durch eine Gruppe radikaler Republikaner wie Thaddeus Stevens (1792–1868), Charles Sumner (1811–1874) oder Benjamin F. Wade (1800–1878) in Frage gestellt als auch ständig von den Demokraten des Nordens kritisiert wurde. Die radikalen Republikaner befürworteten lautstark eine kompromißlose Kriegführung gegen den rebellischen Süden und die sofortige Befreiung der Sklaven. Für Lincoln hatte dagegen lange Zeit die Wiederherstellung der Union Priorität vor der Sklavenbefreiung. Noch im August 1862 – einen Monat vor seiner Proklamation, mit der die Sklaven in den rebellischen Staaten des Südens für frei erklärt wurden – antwortete der Präsident dem Herausgeber der *New York Tribune*, Horace Greeley, der zu den radikalen Republikanern zählte und von Lincoln die unbedingte Emanzipation der Sklaven und einen schonungslosen Kampf gegenüber den „Verrätern" der Konföderation gefordert hatte: „Mein höchstes Ziel in diesem Kampf ist die Rettung der Union, es ist weder die Rettung noch Zerstörung der Sklaverei. Wenn ich die Union retten könnte, ohne einen einzigen Sklaven zu befreien, würde ich dies tun; und wenn ich sie retten könnte, indem ich alle Sklaven befreite, so würde ich es tun; und wenn ich es tun könnte, indem ich einige befreite und andere nicht, würde ich es ebenfalls tun. Was ich hinsichtlich der Sklaverei und der farbigen Rasse unternehme, tue ich, weil ich glaube, es hilft, diese Union zu retten."[85] Der Gegensatz zwischen dem pragmatischen und moderaten Lincoln und den radikalen Republikanern zeigte sich nochmals im Vorfeld der Präsidentschaftswahlen von 1864, als Greeley und andere einflußreiche Persönlichkeiten des radikalen Lagers bei den Republikanern die erneute Nominierung Lincolns für die Präsidentschaft ablehnten, da sie der Meinung waren, er könne den Krieg nicht gewinnen. Innerhalb der durch die Sezession des Südens geschwächten Demokratischen Partei des Nordens war man sich während des Krieges ebenfalls uneins. Die „War Democrats", zu denen der von Lincoln ernannte Militärgouverneur von Tennessee und spätere Vizepräsident Andrew Johnson (1808–1875) und sein Kriegsminister Edwin M. Stanton (1814–1869) zählten, unterstützten die Politik des Präsidenten. Ein

13 *Thomas Nast (1840–1902) „Compromise with the South". Der Holzschnitt erschien im September 1864 in Harper's Weekly. Der aus Deutschland stammende politische Zeichner und Karikaturist wendet sich gegen einen Kompromiß mit der Konföderation, da sie die Sklaverei verewigen möchte und schwarzen Gefangenen kein Pardon gibt.*

„Peace Wing", ein Friedensflügel der Demokraten, sprach sich für Verhandlungen und die Beendigung des Krieges aus, notfalls auf das dauernde Risiko eines Zerfalls der Union hin. Dies hätte dann auch die Verewigung der Sklaverei bedeutet [Abb. 13]. Ein extremer Flügel der *Peace Democrats*, die „Copperheads", die von ihren Gegnern nach einer gefährlichen Giftschlange genannt wurden, zeigten ihre Sympathien für den Süden und die Konföderation ganz offen. Ihr Schwerpunkt lag im Mittleren Westen, in Staaten wie Ohio, Indiana und Illinois. Einer ihrer Führer, der Abgeordnete Clement L. Vallandigham (1820–1871) aus Ohio, forderte im Kongreß ein Ende des sinnlosen Krieges und beschuldigte Lincoln, er wolle auf den Ruinen der Sklaverei die Diktatur der Republikaner errichten. Vallandigham wurde 1863 verhaftet und in das Gebiet der Konföderation ausgewiesen. Zu den Copperheads, die sich auch mit Unterstützung vermögender Kreise in New York und Neuengland organisierten, gehörte der greise Erfinder des Telegraphen, Samuel Morse (1791–1872). Er verteidigte die Sklaverei und verlangte die Zurücknahme der Emanzipationserklärung des Präsidenten.

Lincoln reagierte auf die anhaltenden Sympathieerklärungen zugunsten der Konföderation mit der Einschränkung der Habeas Corpus Akte, mit der die Unverletzlichkeit der Person garantiert war. Widerstand gegen die Einberufungen zur Armee und jede Form der Hilfe und Unterstützung der Rebellen im Süden wurden nun vor Militärgerichten verhandelt. Über 10.000 Sympathisanten der Konföderation wurden im Laufe der Zeit verhaftet,

14 *Milizfahne aus Saluda, South Carolina. Der Reiter trägt die Züge von Washington in dem in der Konföderation häufig anzutreffenden Vergleich der eigenen Sache mit dem Unabhängigkeitskrieg der USA.*

einige tausend Zivilisten auch verurteilt, verschiedene Zeitungen der Demokraten wurden suspendiert. Angesichts der kriegsbedingten Einschränkung der demokratischen Freiheiten durch den Präsidenten kann jedoch gesagt werden, daß der Präsident nicht diktatorisch regierte. Die Rede-, Versammlungs- und Pressefreiheit blieben grundsätzlich erhalten. Lincoln tolerierte die verbreitete Zeitungskritik seiner Person und Administration, und er stellte sich auch während des Krieges dem Test allgemeiner Wahlen. Bei den Kongreßwahlen von 1862 konnten die Demokraten im Kongreß erheblich an Abgeordneten hinzugewinnen. Zwei Jahre später – als es um die Wiederwahl Lincolns ging – flammte nochmals die Opposition von Demokraten und Radikalen Republikanern auf. Letztere stellten mit General John C. Frémont (1813–1890) sogar ihren eigenen Präsidentschaftskandidaten auf, der allerdings später auf die Kandidatur verzichtete. Die Demokraten nominierten den zeitweiligen Oberbefehlshaber der Unionsstreitkräfte, General McClellan (1826–1885), der Lincolns Kriegführung angriff, ohne direkt die Friedenslosung der Copperheads in Frage zu stellen. Lincoln profitierte dann von einigen militärischen Erfolgen der Union am Vorabend der Wahlen, wozu nicht zuletzt die Einnahme Atlantas durch General Sherman gehörte. In der Präsidentschaftswahl vom November 1864 siegte Lincoln über den Demokraten McClellan mit einem Anteil von 55 Prozent der Wählerstimmen. Auch im Kongreß konnten die Republikaner ihre Mehrheit noch stärken. Das Wahlprogramm der Republikaner hatte auf Lincolns Wunsch die Forderung nach einem Verfassungszusatz gestellt, mit dem die Sklaverei verboten werden sollte.

Das Leben im Hinterland – Die konföderierten Staaten

Die politischen Führer der Konföderation sahen den Sinn des Krieges in der Behauptung der Unabhängigkeit und der Rechte ihrer Staaten. Dabei bedienten sie sich auch der Erinnerung an den Amerikanischen Unabhängigkeitskrieg und benutzten die Bilder und Symbole jener Zeit für die eigene Sache [Abb. 14]. Für die Konföderation genügte es, den Krieg defensiv zu führen, in der Erwartung, wenn man dem Norden nur lange genug militärisch standhielt, werde er schließlich die eigene Unabhängigkeit akzeptieren. Der Sache nach aber waren die Sezession des Südens und ihre militärische Behauptung gegen die revolutionären Ergebnisse und demokratischen Traditionen des Unabhängigkeitskrieges gerichtet. Beide – die Sezession und die Kriegführung der Konföderation – dienten der auf der Sklaverei beruhenden quasiaristokratischen Lebensform des Südens. Sie befanden sich damit in einer erkennbaren Nachbarschaft zu den gegenrevolutionären Tendenzen des Zeitalters, die zu jener Zeit – nach dem Scheitern der Revolution von 1848/49 – auch in einigen Ländern Europas anzutreffen waren.

Je mehr das Kriegs- und Schlachtengeschehen auf dem Boden der Konföderation voranschritt, Teile des Südens wie Arkansas, Tennessee, teilweise auch Mississippi und Louisiana von den Unionstruppen besetzt wurden, und in dem Maße, wie die Seeblockade des Nordens die Konföderation von allen äußeren Märkten abschnürte, stand diese vor überwältigenden Schwierigkeiten, mit denen sie fertig werden mußte, um weiterkämpfen zu können. Bei einer Bevölkerungszahl von neun Millionen Menschen, von denen über ein Drittel Sklaven waren, wirkte sich im Süden der Mangel an Menschen aus, je länger der Krieg andauerte. Die einseitige Ausrichtung der Wirtschaft auf den Anbau und Export von Baumwolle führte, da ihr Export kaum noch möglich war, zu großen wirtschaftlichen Problemen, um so mehr, als eine eigene Industrie weitgehend fehlte. Lebensnotwendige Hilfsmittel und Medikamente waren knapp. Finanzielle Schwierigkeiten wurden durch die großzügige Ausgabe von Papiergeld und Staatsanleihen nur vorübergehend kompensiert. Die auf diese Weise ständig wachsende Geldmenge führte zu einer rasanten Inflation. In politischer Hinsicht gab es eine spürbare Opposition gegen die Sezession besonders unter der Bevölkerung der abgelegenen gebirgigen Regionen, die an der Union festhalten wollten. Seit der Niederlage von Gettysburg und dem Fall von Vicksburg – der militärischen Wende des Krieges – nahm 1863 auch in der Konföderation – wiederum vor allem in den Bergregionen und in North Carolina – der Wunsch nach Frieden deutlich zu und führte mancherorts zu geheimen Verbindungen, die Deserteuren halfen und die Kriegführung sabotierten. Politiker einzelner Staaten, so aus Georgia und North Carolina, betonten auch in der Konföderation die Rechte und Interessen ihres Staates und machten bei grundsätzlicher Loyalität zur Politik von Jefferson Davis ihm und seinem Kabinett viele Schwierigkeiten.

Der Krieg wurde anfangs auch im Süden in einer Atmosphäre von Enthusiasmus und Vertrauen auf den baldigen Sieg begonnen. Eine beliebte Losung der Redner lautete: „Ein Südstaatler wiegt fünf Yankees auf." Doch als der Krieg andauerte und militärische Rückschläge zunahmen, machte die Hoffnung, den Krieg siegreich durchzustehen, seit Herbst 1864 der Verzweiflung Platz, daß man für eine verlorene Sache kämpfte. Zunächst hatte der Süden gehofft, „king cotton" werde den Krieg entscheiden. Die Regierung verhängte im ersten Kriegsjahr ein Embargo über die Ausfuhr von Baumwolle in der Hoffnung, dies würde den wirtschaftlichen Zusammenbruch des Nordens herbeiführen oder die europäischen

Mächte England und Frankreich zum Einschreiten zugunsten der Konföderation veranlassen, um den Zusammenbruch der auf amerikanische Baumwolle angewiesenen Textilindustrie abzuwenden. Diese Erwartungen erfüllten sich nicht. England und Frankreich erkannten die Konföderation lediglich als kriegführende Macht an, leisteten darüber hinaus aber keine weitere diplomatische oder militärische Unterstützung. Später wurde das Embargo auf Baumwolle gelockert, aber die Blockade durch die Flotte der Union schnitt den Süden wirkungsvoll von seinen auswärtigen Verbindungen ab. Lediglich die schnellen Blockadebrecher der Konföderation, Anthrazitkohle verfeuernde kleine Dampfer, die nachts die Häfen des Südens verließen und im Schutz der Nacht zurückkehrten, konnten den Handel mit den Häfen Westindiens aufrechterhalten. Sie versorgten die Armee mit Munition, Medizin, Schuhen und anderen notwendigen Gütern. Die Baumwollproduktion mußte eingeschränkt werden. Große Vorräte an Baumwolle wurden freiwillig vernichtet, um sie nicht in die Hände der vorrückenden Unionstruppen fallen zu lassen. Frühere Baumwollpflanzer gingen zum Anbau von Mais, Weizen und zur Erzeugung anderer Nahrungsmittel über, um die Versorgung der Konföderation mit Lebensmitteln sicherzustellen.

Die *Moral des Südens* wurde mit Dauer des Krieges in wachsendem Maße durch die Furcht vor dem Hunger untergraben. Dazu kam eine katastrophal ansteigende Inflationsrate. Die wöchentlichen Ausgaben einer Familie für Lebensmittel stiegen in der Hauptstadt Richmond – wo jetzt doppelt so viele Menschen wie vor dem Krieg lebten – zwischen 1861 und 1863 um das Zehnfache.

Im Frühjahr 1863 kam es in Richmond und mehreren anderen Städten des Südens zu Brotunruhen, bei denen empörte Hausfrauen die Bäckerläden stürmten und Brot forderten. In Richmond kamen Anfang April 1863 Frauen aus der ganzen Stadt, besonders der ärmeren Viertel, zusammen und plünderten in einer Mischung aus organisiertem Gewaltakt und politischem Protest zahlreiche Bäckereien und andere Geschäfte. Die Miliz konnte die Menge schließlich beruhigen. 44 Frauen und 29 Männer wurden verhaftet, einige davon auch zu Gefängnisstrafen verurteilt. Den Zeitungen wurde von der Regierung verboten, über die Unruhen zu berichten, was aber nicht in allen Fällen beachtet wurde.

Die *Presse des Südens* stand im allgemeinen an der Seite der Konföderation. Der kriegsbedingte Papiermangel führte zu Einschränkungen im Format und in der Auflagenhöhe der Zeitungen. Die Nachrichten waren einseitig zugunsten der Sache des Südens gefärbt. Eine illustrierte Zeitung, die *Southern Illustrated News*, erschien in Richmond seit Anfang des Krieges. Auch Wochenblätter und eine humoristische Zeitschrift, der *Southern Punch*, erschienen zeitweilig während der Kriegsjahre. Oppositionelle Blätter wie der *Raleigh Standard* wurden unterdrückt, wenngleich der Gedanke der Pressefreiheit auch in der Konföderation im Prinzip erhalten blieb.

Wie im Norden reflektierten auch die Schulen im Süden das mit dem Krieg einhergehende Aufflammen des Patriotismus. Die traditionelle Verwendung der Schulbücher aus dem Norden wurde verächtlich gemacht. Neue Schulbücher, die von „Yankee-Ideen“ gereinigt waren, wurden im Süden herausgegeben. Die Schüler lernten damit die spezielle Denkweise des Südens. So lehrte der „First Reader, for Southern Schools“, ein Lesebuch für die Grundschulen, es sei Gottes Wille, daß einige Menschen Sklaven sein sollen und andere Herren. Beispiele und Illustrationen wurden nun, selbst in den Rechenbüchern, aus dem Leben des Südens genommen, und die Rechenaufgaben boten Exempel der militärischen Überlegenheit der Soldaten der Konföderation, wobei angeblich ein Soldat der Konföderation mit sieben Yankee-Soldaten fertig wurde. Mit der Absicht, den Einfluß des Nordens im Schulwesen zu bekämpfen, wurden Frauen ermutigt, als Lehrerinnen zu arbeiten. Auch deshalb entwickelten sich Mädchenseminare, in denen Lehrerinnen ausgebildet wurden, während der Kriegsjahre teilweise erfolgreich. Allerdings litt das Schulwesen – und die Bezahlung der Lehrer – erheblich unter den finanziellen Engpässen der Kriegszeit. Dies galt weniger für die Grundschulen, denn – wie eine Zeitung in North Carolina damals schrieb – „die Kinder müssen lesen und schreiben lernen, egal, ob Krieg ist oder nicht".[86] Aber die höheren Schulen und die Colleges spürten die Kriegsfolgen erheblich. Manche von ihnen mußten jetzt aus Geldmangel geschlossen werden. Die Zahl der Studenten an der von Jefferson gegründeten University of Virginia in Charlottesville ging in den ersten Kriegsjahren von 600 auf weniger als 40 zurück. Manche Hochschulgebäude wurden nun zu Lazaretten.

Religion und Kirchen wurden ebenfalls von den Kriegswirren erfaßt. Die protestantischen Kirchen und besonders die katholische Kirche unterbrachen völlig ihre Verbindungen zu den Kirchengemeinden im Norden. Als dann die Armeen der Union im Süden vorrückten, wurden dort manche protestantische Pfarrer suspendiert und ihre Kirchengemeinde wieder der Kontrolle seitens der nördlichen Kirchen unterstellt. Aber wo dem Einfluß der Union nicht mit militärischen Mitteln Nachdruck verschafft werden konnte, tat die Geistlichkeit der Konföderation alles in ihrer Macht Stehende, um die Sache des Südens zu glorifizieren. Ein Teil von ihnen zog mit ins Feld, einige Geistliche rekrutierten sogar Kompanien auf eigene Faust. Andere blieben ihren Gemeinden treu, verließen nicht Kirche und Altar und predigten gegen die Macht des Satans, den stärksten Verbündeten der Yankees. Mit anhaltender Dauer des Krieges überschwemmte eine Welle religiöser Emotionen den Süden. Selbst altgediente Soldaten suchten im Felde Trost im Gebet und Gottesdienst.

Einen erheblichen Anteil an dem allgemeinen kriegerischen Geist, der nicht nur das öffentliche, sondern auch das alltägliche Leben der Konföderation beherrschte, hatte die Musik. Der „Yankee Doodle" wurde in der Öffentlichkeit oder in den Theatern des Südens nicht mehr gespielt. Populäre Lieder des Südens nahmen seine Stelle ein. „Maryland, my Maryland" wurde in den Rang der Marseillaise der Konföderation erhoben. Das kurze Zeit vor dem Bürgerkrieg entstandene schwungvolle „Dixie" war viel – übrigens nicht nur in Richmond, sondern auch in New York – zu hören. Andere Lieder kamen hinzu. Es gab einen „President's March", einen „Jeff Davis Waltz". Die Militärkapellen intonierten „Swanee River", „Home Sweet Home", aber ebenso „When This Cruel War is Over", das auf beiden Seiten der Front gesungen wurde und den Wunsch der Soldaten nach einem Ende des Krieges ausdrückte.

In erster Linie waren es die Frauen der Oberklasse, die enthusiastisch die in den Krieg ziehenden Truppen unterstützten. Sie kleideten sich in den Farben der Konföderation, trugen die Abzeichen der Sezession, stickten Fahnen [Abb. 15]. Manche Frauen, die auf den Plantagen allein zurückgeblieben waren, als ihr Mann an die Front ging, schnallten sich eine Pistole um und erklärten ihre Absicht, den ersten Yankee, der in Sichtweite ihres Hauses käme, zu erschießen. Andere Frauen waren freiwillig in den Waffenfabriken tätig oder betreuten Verwundete. Einzelne besonders unerschrockene Frauen des Südens waren hinter den feindlichen Linien als Spioninnen tätig. Wenn sie entdeckt wurden, mußten sie meist längere Zeit in den Gefängnissen der Union verbringen. Viele Frauen der Oberschicht spendeten Geld, Schmuck und Juwelen für einen „Ladies' Gunboat Fund". Die meisten

15 *Fahne der Konföderation aus Papierrosen, die von Frauen in Richmond hergestellt wurde, um die Kriegsanstrengungen zu unterstützen.*

aber übernahmen neue häusliche Pflichten, verwalteten ihre Plantagen oder Farmen oder übernahmen andere Aufgaben wirtschaftlicher Art.

Während so die Damen- und Mädchenwelt der „oberen Zehntausend" die Konföderation auf sentimentale Weise glorifizierte, standen in vielen einfachen Familien des Südens die Frauen und Mütter den von ihnen geforderten Opfern skeptischer gegenüber. Viele hatten es schwer, zu glauben, daß die Sache, für die ihre Männer und Söhne kämpften und starben, ruhmvoller wäre als diejenige der Union, mit der man im Krieg lag.

Die weiße Bevölkerung der Konföderation war während des Bürgerkrieges nicht ausnahmslos bereit, die Lebensweise des Südens und die Sezession mit ihrem Gut und Blut zu verteidigen. Es gab – wie schon erwähnt – eine erhebliche Opposition gegen die Politik von Jefferson Davis bzw. gegen den Krieg. Als die Verluste und Härten des Krieges zunahmen und ein Sieg unwahrscheinlich wurde, sank auch bei einem Teil der Bevölkerung das Vertrauen in die Führung der Konföderation. Die zentralistischen Zwangsmaßnahmen der Regierung in Richmond, die auch im Süden vorgenommene Einschränkung der bürgerlichen Freiheiten, die ungleichen Bestimmungen des Wehrdienstes, aber auch der trotz des Krieges aufwendige Lebensstil der politischen Führung um Jefferson Davis mit Bällen, Empfängen und privaten Theateraufführungen riefen vielerorts Kritik hervor.

Und die *Sklaven auf den Plantagen* [Abb. 16] und in den Häusern des von der Union abgefallenen Südens, um deren Schicksal der Krieg zu einem Gutteil geführt wurde? Wie verhielten sie sich, wie reagierten sie auf den Bürgerkrieg? Wohl gab es Befürchtungen der Sklavenbesitzer vor Aufständen. Vielfach wurden Patrouillen auf den Plantagen eingerichtet, um die Sicherheit vor Unruhen in den Sklavenquartieren zu stärken. Aus exponierten Regionen verlegten Plantagenbesitzer gelegentlich ihre schwarzen Arbeitskräfte in das sichere Texas. Es kam mitunter zur Flucht oder zur Verschlechterung der Arbeitsleistungen. Aber

16 *Fotografie einer Sklavenfamilie nach ihrer Befreiung auf einer Plantage bei Beaufort in South Carolina 1862.*

in ihrer traditionellen Abhängigkeit von den weißen Herren und bei Unkenntnis über die Hintergründe des Krieges leistete die Mehrheit der Sklaven in den Kriegsjahren mit ihrer Arbeit einen Beitrag zur Kriegführung der Konföderation. Die Sklaven arbeiteten weiterhin auf den Feldern. Sie wurden zur Anlage von Befestigungen und in anderen nicht bewaffneten Bereichen der Kriegführung eingesetzt. Man wußte auf der Plantage selten, was die Schwarzen wirklich über den Krieg dachten. Allerdings blieb die Sklavenbefreiungsproklamation Lincolns vom September 1862 in den Sklavenquartieren nicht unbekannt. Ein ehemaliger Sklave aus South Carolina erinnerte sich später an eine Szene auf seiner Plantage, als die Nachricht von der Sklavenbefreiung bekannt wurde: „Einige waren traurig, einige betroffen, aber eine kleine Anzahl schwieg und freute sich.“[87] Einzelne Sklaven forderten ihre Freiheit, aber größere Unruhen blieben im Süden aus. Ein spektakuläres Einzelereignis war die Flucht eines schwarzen Steuermanns, der im Mai 1862 ein kleines Kanonenboot der Konföderation in seine Gewalt brachte und mit seiner Frau, den Kindern und einigen Freunden an Bord den Hafen von Charleston verließ, um zur Union überzugehen. Später diente er, Robert Smalls (1839–1915), in der Flotte der Union und wurde schließlich Kongreßabgeordneter.

17 *Die Ermordung Lincolns im Ford's Theatre, Washington, D.C. Neben Lincoln seine Frau Mary Lincoln, hinter dem Präsidenten mit Pistole und Messer der Mörder John Wilkes Booth.*

Das Ende des Krieges – seine Ergebnisse

Ein Kompromißfrieden zwischen Union und Konföderation war wegen der Unvereinbarkeit der Ziele beider Seiten nicht möglich. Der militärische Zusammenbruch des Südens schritt seit Herbst 1864 unaufhaltsam fort. Dies zeigte sich besonders erschreckend während des Marsches der Unionstruppen unter General Sherman durch Georgia von Atlanta bis nach Savannah. Atlanta und andere Städte wurden niedergebrannt und ein breiter Streifen totaler Zerstörung und „verbrannter Erde" quer durch Georgia gelegt. Erst in letzter Stunde akzeptierte Jefferson Davis die auch in den eigenen Reihen aufkommende Forderung nach Verhandlungen und schickte eine Delegation unter Leitung seines Vizepräsidenten Alexander H. Stephens (1812–1883) zu Gesprächen mit Lincoln und dessen Außenminister William H. Seward (1801–1872). Sie fanden Anfang Februar 1865 in Hampton Roads, Virginia, statt. Lincoln bestand auf der Wiederherstellung der Union und der Beseitigung der Sklaverei als Bedingung eines Friedens, die Konföderation forderte die eigene Autonomie und lehnte die Friedensbedingungen Lincolns ab. Damit scheiterten die Verhandlungen. Der Bürgerkrieg wurde bis zur militärischen Niederlage der Konföderation fortgesetzt.

Am 9. April 1865 kapitulierte dann General Lee mit den Hauptkräften der Konföderation bei Appomatox Court House in Virginia. Wenige Tage später ergab sich auch Mobile in Alabama, die letzte Stadt, die noch in den Händen der Konföderierten war, ohne Widerstand. Ende April kapitulierten die letzten Einheiten des Südens in North Carolina. Der Bürgerkrieg war zu Ende. Anfang Mai 1865 hörte die Regierung der Konföderation auf zu bestehen, als Unionstruppen Jefferson Davis, seine Frau und einige Offiziere seiner Begleitung in Georgia gefangennahmen. Der ehemalige Präsident der Konföderation wurde in Fort Monroe (Virginia) inhaftiert, später wegen Hochverrats vor Gericht gestellt und schließlich begnadigt.

Der Bürgerkrieg hatte wichtige Ergebnisse für das Land. Er führte zur Wiederherstellung der Union nach ihrer Existenzkrise im Ergebnis der Sezession des Südens. Er brachte die Abschaffung der Sklaverei durch die Sklavenbefreiungsproklamation Lincolns zum 1. Januar 1863 bzw. durch den 13. Verfassungszusatz von 1865, der die Sklaverei generell und landesweit verbot. Er zog eine demokratische Regelung der Landfrage durch den Homestead Act von 1862 nach sich, der allen erwachsenen Bürgern Land aus öffentlichem Besitz zu günstigen Bedingungen zusicherte. Und er erneuerte das grundsätzliche Bekenntnis der Union unter ihrem Präsident Lincoln zum politischen Vermächtnis der Gründerväter und damit zur Demokratie, wie dies der Präsident in seiner berühmten Rede bei der Einweihung des Soldatenfriedhofs in Gettysburg versichert hatte.

Lincoln, der die Kraft und Stärke des Durchschnittsamerikaners seiner Zeit verkörperte und mit seiner pragmatischen Führung der Union wesentlichen Anteil am Sieg im Bürgerkrieg hatte, wurde nur wenige Tage nach der Kapitulation Lees das Opfer eines Mordkomplotts. Als der Präsident eine Theatervorstellung in Washington besuchte, wurde er von den Kugeln eines fanatischen Anhängers der Konföderation, des Schauspielers John Wilkes Booth (1838–1865), tödlich getroffen [Abb. 17]. Lincoln verstarb am Morgen des folgenden Tages, dem 15. April 1865. Er fehlte damit dem Land für die schwierige Aufgabe der Rekonstruktion der Union.

Der Bürgerkrieg gilt als *der erste moderne Krieg* in der Kriegsgeschichte der Neuzeit. Neuheiten der Bewaffnung, wie ein im Süden entwickeltes Maschinengewehr, das allerdings kaum zum Einsatz kam, der Kriegstechnik, wie der Kampf bewaffneter Panzerschiffe, aber auch der Kriegführung, wie die mehrmals praktizierte Politik der „verbrannten Erde", haben zu dieser Wertung ebenso geführt wie der Einsatz von Telegraph, Eisenbahn oder von Ballons, die zur Erkundung der feindlichen Linien verwendet wurden. Die Industrielle Revolution und die Revolution im Verkehrs- und Nachrichtenwesen gaben diesem Krieg sein „modern" anmutendes Gepräge. In mancher Hinsicht war die Kriegführung beider Seiten im Civil War „total". Der Krieg gehört zu den ersten „totalen Kriegen" der neueren Kriegsgeschichte. Beide Seiten mobilisierten ihre Bevölkerung und ihre Wirtschaft über einen längeren Zeitraum im Interesse der Kriegführung auf neuartige Weise. All diese Umstände erklären die großen Verluste, welche der Krieg forderte.

Die *Niederlage des Südens* war umfassend. Sie hatte eine militärische, eine politische und eine soziale Seite und führte dort zum Zusammenbruch der alten Lebensweise. Die wirtschaftlichen Folgen waren für den Süden besonders gravierend. Der Krieg ruinierte die traditionelle Wirtschaft. Die Blockade des Landes, die Unterbrechung der Handelsbeziehungen und die Verwüstungen im Verlauf der Kämpfe oder der Politik der „verbrannten Erde" zogen allerorts Entbehrungen nach sich. Viele Städte des Südens von Richmond in Virginia [Abb. 18] über Atlanta in Georgia bis nach Columbia in South Carolina – wo ein Drittel der Stadt in Schutt und Asche lag – waren niedergebrannt und bestanden hauptsächlich aus Ruinen. Große Landstriche waren durch die militärischen Operationen verwüstet. Eisenbahnlinien waren zerstört oder schwer beschädigt. Der Viehbestand war um zwei Drittel reduziert. Das in die Sklaven investierte Vermögen, das auf zwei Milliarden Dollar geschätzt

18 *Die Ruinen von Richmond, der Hauptstadt der Konföderation, bei Kriegsende.*

wurde, existierte mit der Abschaffung der Sklaverei nicht mehr. Ein Viertel der arbeitsfähigen weißen männlichen Bevölkerung war tot oder invalid. Der Wert von Grund und Boden war untergraben, die landwirtschaftliche Erzeugung schwer beeinträchtigt, viele Banken und Geschäfte standen vor dem Bankrott.

Im Norden führte der Bürgerkrieg ebenfalls zur Vernichtung von Menschenleben und zur Zerstörung materieller Werte. Andererseits wurde er hier gleichzeitig zum Stimulator der wirtschaftlichen Entwicklung. Regierungsaufträge, Papiergeldinflation und ein neues Schutzzollsystem begünstigten eine rapide Expansion des industriellen und geschäftlichen Kapitals und veranlaßten eine neue Prosperität der Industrie, in der sich inzwischen die Industrielle Revolution in voller Breite durchgesetzt hatte. Infolgedessen vergrößerte sich das wirtschaftliche Gewicht des Nordens weiter, während die Rolle des Südens für die nationale Wirtschaftspolitik in der Nachkriegsperiode, bei Entscheidungen in der Zollfrage, in der Geldpolitik oder dem Eisenbahnbau, für einige Zeit kaum von Bedeutung war.

Der Krieg veränderte die traditionelle Wirtschaftsstruktur des Südens. Das Plantagensystem verschwand, jedoch unterblieb eine Bodenreform. Die befreiten Schwarzen erhielten kein eigenes Land. Üblich wurde nun ein Pacht- und Kleinfarmersystem, vor allem aber ein drückendes Teilpachtsystem, bei dem die meist schwarzen oder armen weißen Pächter gezwungen waren, dem Bodeneigentümer einen festen Anteil an der Ernte – meist waren es 50 Prozent – zu zahlen. Mit dem Verschwinden der Plantagen wuchs im Süden die Zahl und Bedeutung der kleinen Städte und ihrer Bewohner. Gleichzeitig vergrößerte sich der gesellschaftliche Einfluß der städtischen Mittelschichten, besonders der Kaufleute, Bankiers, Anwälte und Ärzte.

Die Rekonstruktion des Südens (1865–1877)

Unter der Rekonstruction versteht man die Jahre nach dem Ende des Bürgerkriegs, in der es um die Wiederherstellung der Union, die Integration der elf Sezessionsstaaten des Südens und um die Zukunft der befreiten Sklaven ging. Um die Art und Weise dieser Rekonstruktion wurde zwischen den gemäßigten Republikanern um Lincolns Nachfolger im Präsidentenamt Andrew Johnson und den radikalen Republikanern im Kongreß um Thaddeus Stevens (1792–1868) ein heftiger politischer Kampf geführt. Johnson trat – wie zuvor Lincoln – für eine moderate, versöhnliche Rekonstruktionspolitik gegenüber dem besiegten Süden ein. Auch er verlangte die Annahme des 13. Verfassungszusatzes, der die Sklaverei innerhalb der USA verbot, er erkannte die Finanzschulden der Konföderation nicht an und verlangte die Rücknahme der Sezessionsbeschlüsse. Im übrigen aber war Johnson für eine weitgehende Amnestie gegenüber den Führern und Teilnehmern an der Rebellion. Der Nachfolger Lincolns war bereit, die neuen Staatsregierungen im Süden anzuerkennen, vorausgesetzt, daß zehn Prozent ihrer Wähler den Loyalitätseid leisteten und daß der Sklavenemanzipation zugestimmt wurde. Johnson duldete, daß im Süden die bisher führenden politischen Persönlichkeiten wieder in Staatsämter oder in den Kongreß gewählt werden konnten, und tolerierte die dort bald nach Kriegsende neuerlich einsetzende Entrechtung und Terrorisierung der befreiten Schwarzen.

Andererseits konnten die radikalen Republikaner im Kongreß zeitweilig nach Kriegsende eine straffe und einschneidende Rekonstruktionspolitik gegenüber den alten politischen Kräften des Südens durchsetzen. Im Rahmen dieser „Kongreß-Rekonstruktion" wurde die Staatsbürgerschaft der schwarzen Amerikaner sichergestellt und im 14. Verfassungszusatz verankert. Das vom Kongreß eingesetzte „Freedmen's Bureau" bot den befreiten Sklaven Hilfe und Rechtsschutz, förderte ihre Schulbildung und stellte ausnahmsweise auch Land für befreite Sklaven zur Verfügung. Als der Widerstand der Weißen gegen den 14. Verfassungszusatz und das Wahlrecht der Schwarzen anhielt, wurde 1867 der Süden unter Militärverwaltung gestellt, das Wahlrecht der Schwarzen gewährleistet und Neuwahlen in den Staaten veranlaßt. Jetzt konnten Schwarze im Süden von ihrem Wahlrecht Gebrauch machen [Abb. 19], und sie wählten in größerer Zahl ihre Vertreter in die Verfassungsversammlungen der Einzelstaaten, in South Carolina sogar die Mehrheit der Abgeordneten, in Louisiana die Hälfte. In den Senat der Vereinigten Staaten wurden damals zwei Schwarze gewählt, in das Repräsentantenhaus 20 Afroamerikaner. In drei Staaten des Südens rückten ihre Kandidaten in das Amt des Vizegouverneurs ein.

Neben diesen politischen Veränderungen erreichte die Rekonstruktion auch in den Bereichen *Bildung und Gesundheitswesen* beachtliche Leistungen. Über 4000 Schulen für schwarze Schüler entstanden im Gebiet der ehemaligen Konföderation. Public schools – allerdings getrennt für schwarze und weiße Schüler – wurden in allen Staaten des Südens geschaffen. Die Analphabetenrate konnte – nicht nur bei den schwarzen Kindern und Jugendlichen, sondern auch bei ihren weißen Altersgenossen – beträchtlich reduziert werden. Außerdem kam es jetzt zu den ersten Gründungen von Hochschulen für schwarze Studenten, und zwar in Atlanta, Georgia, mit der Atlanta University, in Nashville, Tennessee, mit der Fisk University und aus Mitteln des Bundes in Washington, D. C., mit der Howard University. Diese Hochschulen wandten sich zunächst vor allem der Ausbildung von Lehrern, Pfarrern und Geschäftsleuten zu. Allerdings hatten die Fortschritte im Bildungsbereich

19 *„The First Vote", Harper's Weekly 16. November 1867 nach einer Skizze von Alfred R. Waud. Während der Reconstruction konnten die männlichen Schwarzen im Süden zum ersten Mal wählen. Man sieht einen Handwerker, einen Angehörigen der Mittelklasse und einen Soldaten bei der Stimmabgabe.*

deutliche Grenzen. Die meisten neuen Schulen entstanden in der Stadt, während die Landbevölkerung weniger Bildungsmöglichkeiten besaß. Die Rassentrennung zeigte sich weiterhin im Schulwesen wie in anderen Bereichen, etwa in den Zügen der Eisenbahn, ungebrochen. Bei den erwachsenen früheren Sklaven konnte das Analphabetentum nur langsam verringert werden.

Insgesamt waren die Jahre der Rekonstruktion des Südens ein widersprüchlicher Zeitraum. Obgleich die befreiten Sklaven in ihrer Forderung nach eigenem Land enttäuscht wurden, nutzten viele von ihnen damals die mit dem Ende der Sklaverei geschaffenen Möglichkeiten. Sie stellten soviel Unabhängigkeit wie möglich in ihrem Arbeitsleben her, konsolidierten ihre Familien- und Gruppenverhältnisse, entwickelten ihr kirchliches Leben weiter und beanspruchten ihre Rechte als Bürger, um sie auch politisch auszuüben.

20 *Thomas Nast „This Is a White Man's Government", Harper's Weekley vom 5. Sept. 1868. Während der Präsidentschaftswahlkampagne stellte Nast die Demokratische Partei als Koalition irischer Einwanderer (links), weißer rassistischer Südstaatler (Mitte) und von Kapitalisten aus dem Norden (rechts) dar, die auf einem schwarzen Bürger in Siegespose stehen.*

Während diese sozialen und politischen Fortschritte seit der Sklavenbefreiung verzeichnet werden konnten, zeigten sich andererseits bei der Umgestaltung des Nachkriegssüdens vielfach Stellenjägerei, Korruption und Bereicherung, die das Bild der Rekonstruktion insbesondere bei den weißen Bewohnern des Südens auf lange Zeit trübten. Mittellose Glücksritter aus dem Norden waren nach dem Krieg im Süden vielfach anzutreffen und verstärkten die Ressentiments vieler weißer Familien gegen die Rekonstruktion. Diese Leute wurden „Carpetbagger" genannt, weil ihre ganze Habe, als sie im Süden eintrafen, aus einer Reisetasche (carpetbag) bestand.

Die Demokratische Partei stellte sich – nicht nur im Süden – bei den ersten Präsidentschaftswahlen nach Kriegsende 1868 gegen das Wahlrecht der Schwarzen und gegen die radikale Umgestaltung des Südens [Abb. 20]. Der Rassismus fand ein neues Werkzeug im 1866 in Tennessee gegründeten Ku-Klux-Klan, in einer Geheimorganisation, welche die befreiten Schwarzen durch Terror und Mord einschüchterte. In mancher Hinsicht diente – vor allem bei Wahlen – der Ku-Klux-Klan als terroristischer Arm der Demokratischen Partei. In Memphis, Tennessee, in New Orleans, wo 34 Schwarze starben, und anderswo kam es nach dem Krieg zu blutigen Rassenunruhen, bei denen meist die Schwarzen die Opfer waren.

Mit der Zeit verlor die politische Öffentlichkeit im Norden das Interesse an weiteren – zudem kostspieligen – Zwangsmaßnahmen zur Durchsetzung der Bürgerrechte im Süden. 1870 wurden die letzten vier Südstaaten wieder in die Union aufgenommen. Seit Anfang der 1870er Jahre konnten sich die konservativ-rassistisch eingestellten Politiker der Demokratischen Partei, die im Süden erneut die Vorherrschaft der Weißen etablieren wollten, allgemein wieder durchsetzen. 1872 wurde eine politische Amnestie für die aktiven Teilnehmer an der Sezession beschlossen. Im gleichen Jahr wurde das „Freedmen's Bureau" geschlossen, das den Auftrag hatte, die Eingliederung der befreiten Sklaven in die Gesellschaft zu unterstützen. Im April 1877 verließen die letzten Bundestruppen den Süden. Damit endete die Reconstruction. „Amerikas unvollendete Revolution" (Eric Foner) gehörte der Vergangenheit an.

KAPITEL 8

Alltag und Lebensweise zwischen Bürgerkrieg und Jahrhundertwende

Nur wenige Jahre nach dem Ende des Bürgerkriegs erschien 1873 ein satirischer Roman, welcher mit seinem Titel „*The Gilded Age*" („Das vergoldete Zeitalter") der nun beginnenden Epoche den Namen gab. Die Verfasser waren der bereits berühmte Schriftsteller Mark Twain (1835–1910) und sein weniger bekannter Kollege Charles Dudley Warner (1829 bis 1900). Der Roman zeichnete ein kritisches Sittengemälde der in allen Farben schillernden Zeit mit ihrer schrankenlosen Bereicherung einzelner, mit ihren Bestechungs- und Korruptionsaffären, in die selbst Kongreß- und Regierungsmitglieder verwickelt waren. Unter „Gilded Age" versteht man seither im historischen Sprachgebrauch die letzten Jahrzehnte des 19. Jahrhunderts, in denen ein schrankenloser wirtschaftlicher Individualismus und der Drang zur geschäftlichen Bereicherung mit allen Mitteln vorherrschten. Es waren Jahre, in denen grundlegende Entwicklungen und Wandlungen das Gesicht des Landes prägten, der Vorabend des modernen Amerika. Die rasante Besiedlung des Westens führte zum Verschwinden der Frontier, der Siedlungsgrenze zum Indianerland [Abb. 1]. Fortschritte der Industrialisierung, eine um sich greifende Urbanisierung, die neue Rekorde verzeichnende Einwanderung schufen soziale Probleme einer neuen Dimension. Zeitweilig kam es zu Aktionen der Arbeiter und Farmer, wie man sie bislang in Amerika nicht gekannt hatte. Überhaupt wurden die 1870er und 1880er Jahre zu einem besonders gewalttätigen Abschnitt in der Geschichte des Landes. Sowohl in Städten, auf dem Land und im „Wilden Westen" kam es zu Gewaltausbrüchen „in Gestalt von Lynchmorden, Arbeiterunruhen, der Ermordung eines Präsidenten, der Unterdrückung der Indianer, von Gesetzlosigkeit und Revolverheldentum in den Viehzuchtgebieten des Westens und zur Selbstjustiz".[88]

Die Industrie bewies auf der Grundlage der inzwischen abgeschlossenen Industriellen Revolution ein eindrucksvolles Wachstum. Die Erzeugung industrieller Güter vervierfachte sich im letzten Drittel des 19. Jahrhunderts. England, die bisherige „Werkstatt der Welt", wurde nun durch die USA vom ersten Platz in der Weltindustrieproduktion verdrängt. Waren es bisher die Textil- und Bekleidungsindustrie, die Holz- und Lederindustrie, die Mühlenindustrie und ähnliche Bereiche, begann jetzt der Vormarsch der Stahl- und Eisenindustrie, der Erdöl- und Maschinenindustrie. Neues Kapital und Vermögen schossen in Industrie und Handel, im Eisenbahnsektor oder im Bankwesen wie Pilze aus dem Boden. Ein neuer Typ des erfolgreichen, rücksichtslosen Industriekapitäns, Finanziers und Wirtschaftsführers, der „Tycoon" (Industriemagnat), machte von sich reden. John D. Rockefeller (1839–1937) – einer der ersten dieser „Räuberbarone" („robber barons") – begründete sein Erdölimperium und kontrollierte bald 90 Prozent des raffinierten Erdöls im Land. Die Eisenbahnmagnaten Cornelius Vanderbilt (1794–1877), James J. Hill (1839–1916) und Jay Gould (1836–1892)

1 *John Gast: „American Progress" (1872), eine allegorische Darstellung der Besiedlung des Westens mittels Planwagen, Postkutschen, Eisenbahn und Telegraph im Schutz einer darüber schwebenden amerikanischen Göttin.*

brachten erhebliche Anteile der jetzt noch an Bedeutung gewinnenden Eisenbahngesellschaften in ihren Besitz. Der Stahlindustrielle Andrew Carnegie (1835–1919) wurde zum Sinnbild des erfolgreichen Selfmademans. Der New Yorker Bankier John Pierpont Morgan (1837–1913) verkörperte den Typ des modernen Finanziers, der sein Kapital in weiten Bereichen von Industrie und Handel angelegt hatte. Diese Herren der Industrie behandelten in der Regel ihre Arbeiter als eine Ware, die man zum niedrigsten Preis einkaufte. Einer von ihnen, der Eisenbahnkönig Jay Gould, brüstete sich damit, er könne die eine Hälfte der Arbeiter anheuern, um die andere Hälfte zu töten. Als er im Alter von 56 Jahren starb, hinterließ Gould ein Vermögen von 72 Millionen Dollar.

Zum auffallenden Signum der Zeit wurde die Koppelung von Wirtschaftswachstum und schweren Wirtschaftskrisen. Diese Krisen traten regelmäßig (1873–1878, 1883–1885, 1893–1897) auf, hielten über Jahre hindurch an, führten zu zahlreichen geschäftlichen Zusammenbrüchen, vergrößerten die Arbeitslosigkeit und die soziale Unsicherheit.

Vor neuen Schwierigkeiten standen seit dem Ende des Bürgerkriegs auch die amerikanischen Farmer, deren Forderung nach günstigen Bedingungen für den Erwerb neuen Landes seit dem Homestead Act zwar erfüllt war, die aber in der Nachkriegszeit bei stark wachsender Agrarproduktion unter den sinkenden Preisen für ihre Erzeugnisse ebenso zu leiden hatten, wie unter den für sie hohen Frachttarifen auf der Eisenbahn oder den fehlenden Möglichkeiten, geeignete Kredite zu erlangen. Langsam vergrößerte sich auch der Anteil

2 *Mulberry Street in New York City gegen Ende des 19. Jahrhunderts. In diesem Stadtviertel lebten vorwiegend Einwanderer der verschiedensten ethnischen Herkunft.*

der Farmer, die nicht das eigene Land bearbeiteten, sondern auf Pachtland wirtschafteten. Am Ende des 19. Jahrhunderts betraf dies ein Drittel aller Farmer. Besonders hoch (um 60 Prozent) war der Prozentsatz der Pächter im tiefen Süden zwischen Louisiana und South Carolina.

Bei dieser wirtschaftlichen Gesamtsituation, in die der Staat noch kaum wirksam regulierend eingriff, kam es seit den 1870er Jahren immer wieder zu neuartigen gewerkschaftlichen Kämpfen der Bergarbeiter, Eisenbahnarbeiter, Stahlarbeiter um die Verbesserung ihrer Arbeits- und Lebensbedingungen, um den Achtstundentag und um höhere Löhne, die mitunter bürgerkriegsartige Ausmaße annahmen und zum Einsatz von Polizei, Miliz oder Bundestruppen führten. Die Farmer ihrerseits organisierten sich in der Grangerbewegung und in anderen Verbänden und artikulierten ihre soziale Unzufriedenheit nahezu landesweit so stark, daß man für die 30 Jahre nach dem Ende des Bürgerkriegs von einem „fast unausgesetzten Zustand des Aufruhrs" in den landwirtschaftlichen Gebieten gesprochen hat.[89]

Das Wachstum und die Entwicklung der Bevölkerung

In den Jahrzehnten nach dem Bürgerkrieg wuchs die Bevölkerungszahl der Vereinigten Staaten weiter an.

Tabelle 14

Bevölkerung der Vereinigten Staaten	
1860	31,4 Mill.
1870	38,6
1880	50,2
1890	62,9
1900	76,0

Quelle: Statistical Abstract of the United States 1914, Washington 1915.

Wie man sieht, verdoppelte sich die Bevölkerungszahl in den 30 Jahren zwischen 1870 und 1900. Allerdings verlangsamte sich nun das Bevölkerungswachstum im Vergleich mit der ersten Hälfte des 19. Jahrhunderts.

Im Rahmen dieser demographischen Entwicklung gab es einen besonders charakteristischen Vorgang: das auffallende Wachstum der Städte, die fortschreitende Urbanisierung. „In der Mitte und im späteren Verlauf des 19. Jahrhunderts erlebten die Vereinigten Staaten die spektakulärste Verstädterung in der Welt.“[90] Während 1860 erst 20 Prozent der Bevölkerung des Landes in Städten (Orten mit mehr als 2500 Einwohnern) lebten, waren es 1890 schon 36 Prozent, 1900 dann 40,5 Prozent. Die größten Städte des Landes sind der folgenden Tabelle zu entnehmen.

Tabelle 15

Amerikanische Großstädte im Jahr 1890	
New York	2,507.000
Chicago	1,100.000
Philadelphia	1,047.000
St. Louis	452.000
Boston	448.000
Baltimore	434.000
Pittsburgh	344.000
San Francisco	299.000
Cleveland	261.000
Buffalo	256.000

Quelle: Statistical Abstract of the United States 1914, Washington 1915.

Damit setzte sich die städtische Lebensweise in Amerika weiter durch. Von den städtischen Zentren [Abb. 2] gingen in der Folgezeit nicht nur die entscheidenden Impulse für Industrie und Handel aus, sondern auch die Bestrebungen um die Verbreitung der Bildung, um die Reform der Gesellschaft und um eine öffentliche Hygiene. Ebenso verbreitete sich in den Großstädten eine neue Lebensweise, eine neue Wohnqualität, die verschiedenartige Nutzung der Freizeit einschließlich der Betätigung im Sport.

3 *Das Wainwright Building in St. Louis, gebaut 1890/91 von Louis Sullivan (1856–1924). Das Gebäude ist mit seinen klaren Formen eines der schönsten Beispiele für die frühen Wolkenkratzer.*

Mit den 1880er und 1890er Jahren erfaßte eine Revolution in Architektur und Bauweise einzelne amerikanische Städte wie Chicago und Buffalo, New York City und St. Louis. Der Bau der Wolkenkratzer [Abb. 3] begann. Durch das pragmatische Ausnutzen neuer technischer Erfindungen und Möglichkeiten (Personenaufzug, Stahlbauweise, Metallrahmen im Baukörper) entstand seitdem ein eigener amerikanischer Architekturtypus, für dessen Höhe es bald keine Grenze mehr zu geben schien. Andererseits breiteten sich durch Zuzug und Folgen der Industrialisierung vielerorts die städtischen Slums aus, Arbeitslosigkeit und Obdachlosigkeit bildeten in den Städten ein neues Problem. Viele Großstädte wurden zu Zentren eines um sich greifendes Verbrechens, wo Diebstahl und Raub, Betrug oder Prostitution an der Tagesordnung waren.

Hand in Hand mit dem Wachsen der Städte vergrößerte sich die Zahl der in der städtischen Industrie tätigen Arbeitskräfte. 1869 gab es zwei Millionen Produktionsarbeiter, die in 250.000 Fabriken tätig waren. 30 Jahre später (1899) hatte sich die Zahl der Lohnarbeiter in der Industrie mehr als verdoppelt und erreichte nun 4,7 Millionen Arbeiter, während die Zahl der Betriebe auf 207.500 zurückgegangen war. Dabei darf man aber nicht übersehen, daß in diesem Zeitraum die Zahl der Farmen und der auf den Farmen arbeitenden Bevölkerung ebenfalls nochmals anwuchs. Farmen und Umfang des Farmlandes verdoppelten sich zwischen 1870 und 1900. Es gab 1900 rund 5,7 Millionen Farmen, etwa ein Drittel von ihnen waren Pachtfarmen. In der Landwirtschaft waren 1900 immerhin 9,4 Millionen Amerikaner beschäftigt, und 60 Prozent aller Amerikaner wohnten damals noch auf dem Land, d. h. in kleinen Dörfern und Gemeinden mit weniger als 2500 Einwohnern.

Das Bevölkerungswachstum verlangsamte sich jetzt – wie erwähnt – im Vergleich mit der ersten Hälfte des 19. Jahrhunderts. Die Rate des natürlichen Bevölkerungswachstums war Ende der 1870er Jahre nur noch ungefähr halb so hoch wie am Beginn des 19. Jahrhunderts. Um 1900 hatte eine weiße Amerikanerin halb so viele Kinder wie 100 Jahre zuvor, nämlich weniger als vier Kinder statt der sieben bis acht Kinder am Beginn des 19. Jahrhunderts. Lediglich unter den schwarzen Frauen, den Einwanderinnen und bei Frauen der ländlichen Gebiete blieb die Fruchtbarkeit höher. Die natürliche Bevölkerungszunahme ging kontinuierlich zurück. Dies trat allerdings damals in der Einwohnerstatistik infolge der stark steigenden Einwandererzahlen nicht so deutlich zutage. Die Gründe für den Rückgang des natürlichen Bevölkerungswachstums waren mannigfaltig. Sie hingen mit der Verstädterung zusammen, insofern, als in den Städten kleinere Familiengrößen verbreitet üblich wurden. Verschiedenartige Verhütungsmittel (Koitus interruptus, Kondome, Pessare), aber auch vorkommende Abtreibungen waren ein weiterer Grund für den Rückgang der Geburten.

Die Lebenserwartung verlängerte sich im letzten Drittel des 19. Jahrhunderts. Die Sterblichkeit ging damals zurück, und zwar von 22 bis 23 Todesfällen per 1000 Personen (1870) auf 17 Todesfälle per 1000 Personen (um 1900). Heute liegt sie in den USA bei annähernd neun Todesfällen per 1000 Einwohner pro Jahr. Verbesserte medizinische Betreuung und bessere hygienische Verhältnisse, der Rückgang der Infektionskrankheiten, insbesondere der Kinderkrankheiten, ferner eine bessere Wasserversorgung in den Städten, die Verwendung pasteurisierter Milch und ähnliche Maßnahmen wirkten in dieser Richtung.

Abwasserentsorgung und Kanalisation wurden in den Städten verbessert, wobei Boston und Washington, D. C., Millionen für diese Zwecke ausgaben, während Baltimore, New Orleans oder Mobile die offenen Abwasserkanäle in den Straßen beibehielten. Die Müllentsorgung wurde in den Städten zum Problem. Besonders die Städte im Mittleren Westen gingen in den 1880er Jahren zur Müllverbrennung über. In größerem Umfang setzte sich allerdings die systematische Abwasser- und Müllentsorgung in den Städten erst seit Beginn des 20. Jahrhunderts durch.

Die Einwanderung im letzten Drittel des 19. Jahrhunderts

Erheblichen Anteil am Bevölkerungswachstum hatte in diesen Jahrzehnten die Einwanderung. Von 1870 bis 1899 kamen zwischen elf und zwölf Millionen Einwanderer in die USA. Während die Einwanderung zuvor, die „alte Einwanderung“, hauptsächlich von Iren, Engländern, Deutschen und Skandinaviern bestritten worden war, kamen jetzt seit den 1880er Jahren mit der „neuen Einwanderung“ vor allem Russen, Polen, Juden, Italiener und Ein-

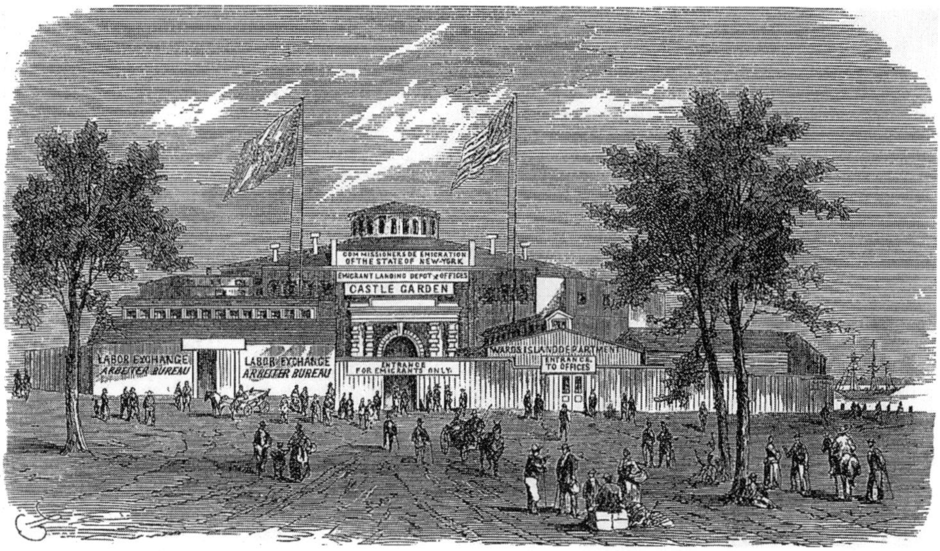

4 *Einwandererstation Castle Garden in New York City ca. 1869. Das Gebäude, ein früheres Opernhaus, wurde seit 1855 als Einwandererstation genutzt.*

wanderer aus anderen ost- und südosteuropäischen Ländern, aber auch eine wachsende Zahl von Frankokanadiern in das Land. Daneben spielten aber in den 1880er Jahren weiterhin Einwanderer aus Deutschland eine große Rolle; sie stellten in diesem Jahrzehnt mit knapp 1,5 Millionen Menschen noch einmal 27,5 Prozent aller Einwanderer.

Viele Einwanderer betraten in New York City amerikanischen Boden. Dort wurden die Einreiseformalitäten ursprünglich (seit 1855) in Castle Garden im Süden von Manhattan vorgenommen [Abb. 4]. Am 1. Januar 1892 öffnete dann die neue Einwandererstation der Vereinigten Staaten auf Ellis Island – zwischen Brooklyn und Staten Island gelegen – ihre Pforten, durch die nun über Jahrzehnte hindurch bis 1954 die neu ankommenden Einwanderer aufgenommen und registriert wurden [Abb. 5 und 6]. Vom Schiff aus gelangten die Neuankömmlinge gruppenweise in die Einwandererstation. Dort begann zunächst die Untersuchung des Gesundheitszustands. Danach mußten die Einwanderer in der Registrierungsabteilung eine ganze Reihe Fragen beantworten, darunter nach ihrem Namen, Geburtsort, letzten Wohnsitz, ihrem Alter und ihrer Größe. Wo ein Einwanderungsinspektor Schwierigkeiten mit der Aussprache des europäischen Namens hatte, wurde der Name gleich an Ort und Stelle anglisiert. Die Einwanderer mußten angeben, wie die Passage bezahlt worden war, ob sie Verwandte in den Vereinigten Staaten hatten und ob sie eine Arbeit in Aussicht hätten. Diejenigen, welche diese Einreiseformalitäten ohne Beanstandung erledigen konnten, benötigten dafür weniger als eine Stunde. Danach folgten die letzten Formalitäten, nämlich das Wechseln der Währung und der Kauf einer Eisenbahnfahrkarte. Eventuell wurde ein Zusammentreffen mit Vertretern von Kirchen und Wohlfahrtsverbänden arrangiert. Danach fanden sich die Ankömmlinge, soweit sie nicht von Freunden oder Verwandten abgeholt wurden, allein in der Millionenstadt New York, in der überall hektisches Treiben, Lärm und Gedränge herrschten. Die meisten von ihnen reisten in andere Städte oder industrielle Zentren weiter und reihten sich dort in das wachsende Heer der Fabrikarbeiter,

5 *Im Registrierungssaal auf Ellis Island. Nach einer Photographie gezeichnet, vermutlich Ende des 19. Jahrhunderts.*

6 *Im Inspektionssaal auf Ellis Island (1897). Die letzte Station der Einwanderer bestand in Ellis Island im Kauf der Fahrkarte für die Eisenbahn.*

Eisenbahnarbeiter, aber auch der Dienstboten und Angestellten im Dienstleistungsgewerbe ein. Deutsche und Skandinavier gingen, falls ihre Mittel dies erlaubten, häufig nach Westen, nach Chicago, Milwaukee oder in die Prärien des Mittleren Westens. Dagegen blieben Iren und Italiener, häufig arme Leute, in den Städten des Ostens von Boston über New York City bis Philadelphia, wo sie schlecht bezahlte Arbeit annehmen mußten. Ein Teil von ihnen ging ins Landesinnere, als Eisenbahn- oder Kanalarbeiter.

Angestellte von Beschäftigungsagenturen vermittelten den Neuankömmlingen wohl auch Arbeit in New York City, und ein ganzer Schwarm von Betrügern fiel über den Neuankömmling her, um ihm schnelle Hilfe zu versprechen.

Seit 1886 wurden die Einwanderer im Hafen von New York von der Freiheitsstatue begrüßt, die mit festlichem Aufwand im Oktober dieses Jahres von Präsident Cleveland (Präsident 1885–1889 und 1893–1897) eingeweiht wurde [Abb. 7]. Sie steht seitdem auf Liberty Island – in der Nachbarschaft der Einwandererstation Ellis Island – als ein Geschenk des französischen Volkes an das amerikanische Volk, geschaffen von dem französischen Architekten Frederic Bartholdi (1834–1904).

Im Ergebnis dieser neuen Einwanderungswelle lebten um 1890 in New York City und Brooklyn zweimal so viele Iren wie in Dublin, genauso viele Deutsche wie in Hamburg, halb so viele Italiener wie in Neapel und zweieinhalbmal so viele Juden wie in Warschau.

Einmal im Land, konnten die Neuankömmlinge ihre Einbürgerung betreiben. Nach dem Naturalisierungsgesetz jener Zeit konnte der Einwanderer nach zwei Jahren vor Gericht seine Absicht erklären, eingebürgert werden zu wollen. Nach drei Jahren befand dann das Gericht über den Antrag, dem ein Treueid des oder der Betreffenden gegenüber der Verfassung und eine Bestätigung des ordentlichen Lebenswandels durch zwei amerikanische Bürger beigegeben sein mußte. In einigen Staaten konnten nach dem Bürgerkrieg Personen, die vor Gericht ihre Einbürgerung beantragt hatten, an kommunalen und anderen Wahlen teilnehmen. Anfang des neuen Jahrhunderts (1906) wurden die gesetzlichen Einbürgerungsbestimmungen präzisiert. Nun war die Beherrschung der Landessprache als Voraussetzung für die Staatsbürgerschaft vorgeschrieben, die nach fünf Jahren gewährt werden konnte.

Schätzungsweise zwei Prozent der Ankömmlinge wurden von den Einwanderungsinspektoren zurückgehalten und viele von ihnen nach einer Überprüfung im Board of Special Enquiry in die frühere Heimat zurückgeschickt. Durch Einwanderungsgesetze wurden seit 1875 verurteilte Kriminelle, Prostituierte und einige Zeit später (1885) auch Kontraktarbeiter, die von der Industrie gewöhnlich als Streikbrecher ins Land gebracht wurden, von der Einwanderung ausgeschlossen. Später (1891) wurden Personen mit ansteckenden Krankheiten, Geisteskranke und Personen, die der Polygamie frönten, an der Einwanderung gehindert. Nativistische Bestrebungen, d. h. offene Fremdenfeindlichkeit, die auf ethnischen Vorurteilen, rassistischen Einstellungen, teilweise auch auf religiösen Vorbehalten beruhten, verstärkten sich wiederum mit der Ankunft großer Einwanderermassen aus neuen Herkunftsländern, die den angelsächsisch-protestantischen Traditionen der weißen Mehrheit ferner standen. Verstärkt fanden fremdenfeindliche Gewalttaten statt, wie das Massaker an 51 chinesischen Bergarbeitern, die 1885 durch einen fanatisierten Mob in Rock Springs, Wyoming, getötet wurden, oder der Mord an elf sizilianischen Einwanderern, die 1891 mit der Beschuldigung, den Polizeichef der Stadt getötet zu haben, in einem Gefängnis in New Orleans von der Menge gelyncht wurden.

7 *Einweihung der Freiheitsstatue im Oktober 1886.*

Es gab im Kongreß seit den 1890er Jahren Bemühungen, Analphabeten durch einen Test von der Einreise gesetzlich auszuschließen, doch wurden mehrere entsprechende Gesetzesinitiativen durch das Veto der Präsidenten verhindert. Erfolgreicher waren Versuche, die Einwanderung von Chinesen zu verbieten. Um 1880 lebten nahezu 130.000 Chinesen in den USA, die Mehrzahl von ihnen in Kalifornien [Abb. 8], wo sie im Eisenbahnbau und im Bergbau als billige und zuverlässige Arbeitskräfte Verwendung fanden. Weiße Arbeiter sahen in ihnen unerwünschte Konkurrenten und Lohndrücker. Der nationalistisch eingestellte Durchschnittsamerikaner verabscheute das fremdartige Aussehen, den Habitus einer fremden Kultur [Abb. 9]. 1882 wurde die Einwanderung aus China vom Kongreß zunächst für zehn Jahre suspendiert. Später wurde dieses Gesetz auf Dauer verlängert. Der generelle Ausschluß der Chinesen von der Einwanderung hielt bis 1943 an – also bis zu der Zeit, als die USA und China gemeinsam im Krieg gegen Japan standen. Danach wurde diese Beschränkung gelockert. Seit der Jahrhundertwende begann man auch, die Einwanderung aus Japan einzuschränken. Zwischen 1880 und 1907, als dann die Einwanderung aus Japan durch die amerikanische Regierung unter Theodore Roosevelt (Präsident 1901–1909) weitgehend gestoppt wurde, kamen über 70.000 Japaner als Studenten, Kaufleute, Farmer, Fischer, Handwerker und Arbeiter in die Vereinigten Staaten. Sie blieben vorzugsweise im Westen und wurden im Land auf ähnliche Weise wie die Chinesen wirtschaftlich und politisch diskriminiert.

In *Ehe und Familie der Amerikaner* kündigten sich ebenfalls Veränderungen an. Im Familienleben war zwischen Bürgerkrieg und Jahrhundertwende die Kleinfamilie die Regel, d. h. in Stadt und Land bestanden die in einer Gemeinschaft lebenden Familien aus den Eltern und ihren Kindern. Nicht selten kamen dazu noch die Dienstboten, die Haus und Wohnung mit der Familie teilten, während die Großeltern und andere Verwandte dies in der Regel nicht taten. Geburt und Wochenbett fanden traditionell weiter zu Hause statt. Anwesend war während der Geburt zumeist die Hebamme. Frauen der Oberklasse, vereinzelt auch schon der Mittelklasse, zogen seit dem frühen 19. Jahrhundert einen Arzt zur Entbindung hinzu. Dies wurde nun auch in der Allgemeinheit mehr und mehr die Regel. Außerdem kam es verbreitet zur Entbindung in den städtischen Krankenhäusern. Während dies um 1870 noch hauptsächlich eine Sache der ärmeren Frauen gewesen war, gingen nun auch Frauen der wohlhabenderen Schichten dazu über, im Kreißsaal der Hospitäler zu entbinden, wo eine bessere medizinische Betreuung und größere hygienische Sicherheit erwartet werden konnten.

Die Säuglinge wurden zumeist gestillt, allerdings verbreitete sich langsam auch die Babyernährung mittels der Flasche, von denen in den 1880er Jahren bereits 1,5 Millionen Stück verkauft wurden. Die Mütter wurden angewiesen, die Flaschen für 15 Minuten in den Backofen zu stellen, dann mit Kuhmilch zu füllen und eine halbe Stunde in ein Dampfbad zu stellen, um alle Keime zu töten.

Eheschließungen fanden in der Regel statt, wenn die Partner zwischen 20 und 30 Jahre alt waren. Das Durchschnittsalter einer Frau, die zum ersten Mal heiratete, lag bei 22 Jahren. Eine Ausnahme von dem frühen Heiratsalter bildeten oft junge Arbeiter bzw. Arbeiterinnen. Nicht selten konnten sie erst am Anfang ihrer dreißiger Jahre heiraten, weil sie erst dann finanziell in der Lage waren, einen Haushalt zu gründen.

Bei den Einwanderern bewegten sich die Eheschließungen in der ersten Generation der Neuankömmlinge überwiegend in der eigenen ethnischen Gruppe. Bei Süditalienern

8 *Chinesische Einwanderer in San Franciscos Chinatown 1901.*

und Juden blieb dies auch in der zweiten Generation noch so. Anders war es bei Norditalienern, Iren, Tschechen und Polen. Sie verheirateten sich in der zweiten Generation schon zu 30 bis 50 Prozent mit Partnern außerhalb der eigenen Gruppe. Bei Skandinaviern und Deutschen war dieser Prozentsatz noch höher.

Seit den 1890er Jahren boten Warenhäuser Brautregister an, in denen die speziellen Wünsche einer Braut hinsichtlich von Silberbesteck, Porzellan oder Kristall vermerkt waren. Daran konnten sich Verwandte und Freunde des Brautpaars beim Kauf der Hochzeitsgeschenke orientieren. Heute erleichtern von der Braut zusammengestellte Wunschlisten im Computer des Kaufhauses diesen wichtigen Vorgang. Bei den Ehen von Angehörigen der Mittelklasse waren Hochzeitsreisen beliebt. Natürlich bildeten die Niagarafälle ein bevorzugtes Ziel derartiger Reisen. Der Schriftsteller William Dean Howells (1837–1920), der später zum satirischen Kritiker der amerikanischen Lebensweise in seiner Zeit wurde, hat in seinem ersten Roman „Their Wedding Journey" (1872) eine derartige Reise beschrieben, die zu den Niagarafällen, den St.-Lorenz-Strom hinunter und zurück nach Boston ging.

Die Zahl der Ehescheidungen nahm in der zweiten Hälfte des 19. Jahrhunderts erkennbar zu. Um die Jahrhundertwende erreichte die Zahl der jährlichen Scheidungen fast zehn Prozent der neuen Eheschließungen. Einige Zeit später (1915) hatten dann die Ver-

9 *Thomas Nast „The Chinese Question" (1871). Im Oktober 1871 kam es in Los Angeles zu anti-chinesischen Ausschreitungen, bei denen 15 chinesische Arbeiter gelyncht wurden. Nast stellte sich an die Seite der vom Mob verfolgten chinesischen Einwanderer und ließ Columbia, die amerikanische Göttin, sagen: „Amerika bedeutet Fair Play für alle Menschen."*

einigten Staaten die höchste Scheidungsrate in der Welt. Besonders hoch war die Scheidungsrate im Westen, in San Francisco und Los Angeles. Die meistgenannten Scheidungsgründe waren böswilliges Verlassen des Partners, Grausamkeit und Untreue. Es gibt in der Forschung keine Einigkeit über die Ursachen der zunehmenden Scheidungsrate. Man nennt den Niedergang der traditionellen Familienwerte, den wachsenden Einfluß der städtischen Lebensbedingungen und Lebensweise, die Fortschritte in der Emanzipation der Frau, aber auch den Chauvinismus der Männer als Gründe für diese Entwicklung.

Krankheiten und Sterblichkeit

Trotz der Fortschritte in der medizinischen Betreuung und der städtischen Hygiene blieb Amerika vor der Jahrhundertwende ein ungesunder Lebensraum, in dem der Tod die Menschen häufiger und früher ereilte als in unseren Tagen. Wohl verlängerte sich die Lebenserwartung, vor allem für diejenigen, die erst einmal das mittlere Lebensalter erreicht hatten. Allerdings erlebten viele Eltern nicht mehr das Heranwachsen der Enkelkinder. Nur vier Prozent der Amerikaner wurden 65 Jahre und älter. Die durchschnittliche Lebenserwartung betrug um 1900 für Männer 46 Jahre und für Frauen 48 Jahre. Die schwarzen Amerikaner starben im statistischen Durchschnitt bedeutend früher, ihre Lebenserwartung lag bei 33 Jahren. Das Säuglingsalter und die Kindheit waren weiterhin besonders gefährdete Lebensabschnitte. Die Amerikaner der ländlichen Gegenden lebten länger als ihre Landsleute in den Städten. Dort konnten Krankheiten schneller um sich greifen, dort waren häufig noch Schmutz und Abfälle auf den Straßen zu finden. Der polnische Schriftsteller Henryk Sienkiewicz (1846–1916), der Autor von „Quo vadis?“, reiste 1876 bis 1878 durch die Vereinigten Staaten. Er lobt zwar die Industrie, den Unternehmungsgeist und die Energie der Bewohner New Yorks und ihr „kosmopolitisches Durcheinander“, doch stellt er fest: „Die Stadt ist schmutzig und verdreckt, die Straßen sind schlecht gepflastert. Hier und da starren schwarze Schlammtümpel, weil die Abwässer wegen der verstopften Gossen nicht ins Meer rinnen können. Unzählige Papierfetzen, Zeitungsreste, zertretene Apfel- und Orangenschalen liegen überall herum, sowohl auf den Gehsteigen als auch mitten auf dem Fahrdamm.“[91]

Kindersterblichkeit, Elternlosigkeit und frühe Witwenschaft suchten einen erheblichen Teil der Arbeiterfamilien heim. Besonders hoch war die Kindersterblichkeit damals in den Kohledistrikten des nordöstlichen Pennsylvania.

Die Todesursachen waren mannigfaltig. Als häufigste Todesursachen traten Infektionskrankheiten auf, die sich besonders in den rasch wachsenden Großstädten verbreiten konnten. Es gab noch immer gelegentliche Epidemien von Gelbfieber, z. B. 1878/79 in den Golfstaaten, in Tennessee, Kentucky und Missouri mit damals 16.000 Todesfällen, ebenso von Typhus (in New York und Boston, besonders aber in Chicago und Philadelphia), von Cholera oder von Pocken. Ständig forderten Lungenentzündung und Infektionskrankheiten wie Grippe, Scharlach, Masern, Keuchhusten ihre Opfer. Im Süden war vor allem unter den ärmeren Schichten Malaria verbreitet. Die Tuberkulose war auch in den Vereinigten Staaten im 19. Jahrhundert eine Volkskrankheit, an ihr starben damals mehr Menschen als an anderen Krankheiten. Territorien wie New Mexico, Staaten wie Colorado und Kalifornien profitierten vom Zustrom der Tuberkulosekranken, die dort in der klaren Luft und in den Sanatorien und Hotels der Berge Heilung suchten.

Obgleich die meisten Amerikaner zu Hause starben, verbrachte eine größer werdende Zahl älterer Menschen ihre letzten Lebensjahre nun in Krankenhäusern, Altersheimen, Erholungsheimen oder in Sanatorien.

Veränderungen im täglichen Leben

Die mit der Industrialisierung entstehende neue Produktions- und Lebensweise zeigte sich einem breiten Publikum auf der Philadelphia Centennial Exposition, die anläßlich des 100. Jahrestages der amerikanischen Unabhängigkeit im Mai 1876 von Präsident Grant (Präsident 1869–1877) eröffnet wurde [Abb. 10] und die fast zehn Millionen Amerikaner besuchten. Überall im Land verkauften die Eisenbahnen aus diesem Anlaß verbilligte Rückreisetickets, und so kamen die Besucher aus Chicago und Omaha, aus Denver und San Francisco, aus New Orleans und vielen anderen Städten nach Philadelphia, um die Centennial Exposition zu sehen. Es war dies die erste Weltausstellung in den USA, nachdem 25 Jahre zuvor (1853) in New York bereits eine nationale Industrieausstellung veranstaltet worden war. Die Philadelphia Exposition war eine faszinierende Industrie- und Konsumgüterschau, auf der die technischen Neuerungen der Zeit, die neuesten Lokomotiven und Dampfmaschinen, neue Werkzeugmaschinen, Nähmaschinen oder Druckerpressen im opulenten Rahmen des viktorianischen Zeitalters präsentiert wurden.[92] Die britische Möbelindustrie war ebenso vertreten wie deutsches Porzellan und französische Kleider. Jüngste Erfindungen wie das Telefon, die Schreibmaschine oder der Kühlwagen für den Fleischtransport fehlten ebenfalls nicht. In zwei Gebäuden konnte man sich mit den Einrichtungen der Kindergärten vertraut machen. Ein Zugeständnis an den seit dem Bürgerkrieg neu belebten Feminismus war ein Frauenpavillon, der die Erzeugnisse der Arbeit von Frauen, wie z. B. moderne Textilentwürfe, vorstellte. Auf der Ausstellung zeigten sich auch neue Geschmacksrichtungen in den Speisegewohnheiten der Amerikaner. Zum ersten Mal aß man in größerem Maß Bananen. Sie waren einzeln in dünner Folie verpackt und kosteten zehn Cent. Heißes Popcorn – das bei den Indianern und auf dem Land schon lange bekannt war – fand jetzt auch in der Stadt reißenden Absatz. Die für den neuen Lebensstil charakteristischen Soda-Fontänen (Soda Fountain), an denen man Ice Cream und „Soda Wasser“ sowie andere kalte Getränke erhalten konnte, waren überall zu finden. Bis zum Ende des 19. Jahrhunderts wurde die Soda Fountain im lokalen Drugstore zum beliebten Treffpunkt für jung und alt. Wenige Jahre später brachte der Arzt und Gesundheitsreformer John Harvey Kellogg (1852–1945) seine Cornflakes als Frühstücksnahrung auf den Markt. In der Folgezeit gingen nicht wenige Amerikaner dazu über, das schwere traditionelle Frühstück, bestehend aus Fleisch, Schinken und Eiern, Bratkartoffeln, Würstchen, Porridge, Doughnuts und Obst, durch Kellogg‘s Corn Flakes oder andere „Knusperflocken“ zu ersetzen.

Auf der Grundlage der industriellen Entwicklung, der technischen Neuerungen im Alltagsbereich und begünstigt durch die Größe und Aufnahmefähigkeit des amerikanischen Marktes entstanden gegen Ende des 19. Jahrhunderts die ersten Vorzeichen einer neuartigen *Konsumentenkultur*. Die amerikanische Gesellschaft wuchs langsam – wie der Historiker Paul S. Boyer (* 1935) dies beschrieben hat – aus einer Produzentenwirtschaft, in der vor allem noch immer harte Arbeit zählte, in eine neue Konsumentenwirtschaft hinüber, in der zunehmend materielle Besitztümer und gehobene Freizeitaktivitäten die Stellung des einzelnen in der Gesellschaft bestimmten. Es war ein Übergangszeitraum in einer sich wan-

10 *Rotunda im Arts & Industries Building, Washington, D.C., einem 1881 fertiggestellten Gebäude, daß die Exponate der Centennial Exposition von 1876 aufnahm und der Öffentlichkeit auf Dauer zugänglich machte.*

delnden industriellen Gesellschaft. Vielen Amerikanern – ob sie im Land geboren waren oder erst als Einwanderer ins Land kamen – fiel die Anpassung der eigenen Erwartungen und der eigenen Lebenshaltung an die neuen Realitäten der Zeit nicht leicht.

Obgleich die goldene Zeit der Massenkonsumgüter unserer Tage noch in ferner Zukunft lag, ergoß sich jetzt Jahr für Jahr ein Strom neuer Produkte auf den amerikanischen Markt, kam es zu Verbesserungen in den städtischen Wohnverhältnissen, im städtischen Nahverkehr, in der Nachrichtenübermittlung und in anderen Bereichen des täglichen Lebens. Das Alltagsleben vieler Amerikaner veränderte sich in Richtung auf einen früher nicht gekannten Komfort, auf eine größere Bequemlichkeit der Lebensumstände. Die Mechanisierung der Güterherstellung, die sinkenden Preise der Erzeugnisse und die Einführung neuer Produkte revolutionierten das Leben – auch wenn sie nicht gleichermaßen für alle Schichten der Gesellschaft erreichbar waren.

11 *Doppelstöckige elektrische Straßenbahn in Washington, D.C., 1899.*

Für Wohnung und Küche der Mittelklassehaushalte wurden Heißluftöfen angeboten. Innentoiletten waren keine Seltenheit mehr. Eiserne Küchenherde, aber auch die praktische Nähmaschine von Singer erleichterten die Hausarbeit. Das elektrische Licht verbreitete sich langsam in der Stadt, insbesondere seitdem 1879 Thomas Edison (1847–1931) die Glühbirne erfunden hatte. Einige Städte, beginnend mit New York und Baltimore, führten den elektrisch betriebenen Straßenbahnbetrieb ein. In Boston entstand nach dem Beispiel von London und Budapest zwischen 1895 und 1897 die erste Subway. Auch die elektrische Beleuchtung der Straßen kam seit den 1880er Jahren in New York, Boston und anderen Städten auf. Als das neue Jahrhundert begann, verfügte beispielsweise die Hauptstadt Washington neben dem Telegraphen und einem sich ausdehnenden Telefonbetrieb über elektrische Straßenbeleuchtung und elektrische Straßenbahnen [Abb. 11].

Überraschend viele der *Waren* und *Konsumgüter*, die heute im täglichen Leben nicht fehlen dürfen, erblickten zu jener Zeit das Licht der Welt. Der elektrische Ventilator und das elektrische Bügeleisen wurden erfunden. Ein Meilenstein für die Entwicklung der Getränkeindustrie war die Herstellung eines neuen Erfrischungsgetränks für die Soda-Fontänen mit dem Namen Coca-Cola. Der Besitzer eines Drugstores in Atlanta (John S. Pemberton) mixte 1886 ein künstliches Mineralwasser mit Sirup als Mittel gegen Kopfschmerzen. Er und sein Partner nannten das Getränk Coca-Cola, weil zu seinen Bestandteilen ein Extrakt der peruanischen Coca-Blätter und der afrikanischen Cola-Nuß zählten. Einige Zeit später ging ein anderer Drogist aus Atlanta, Asa Candler (1851–1929), der die Rezeptur gekauft hatte, dazu über, das Getränk mit großem Erfolg zu vermarkten. Unter der Leitung von Candler wurde die Coca-Cola Company zu einem der erfolgreichsten

12 *Lilly Martin Spencer (1822–1902) „The Young Husband: First Marketing" 1856. Der junge Ehemann ist bei seinem ersten Einkauf offenbar überfordert, wie man der humorigen Schilderung dieser üblicherweise der Ehefrau vorbehaltenen Tätigkeit entnehmen kann.*

Geschäftsunternehmen im Süden. Pepsi-Cola kam zehn Jahre später (1896) auf den Markt. Auch die Icecream-Industrie organisierte sich neu und brachte am Anfang des neuen Jahrhunderts die Eiswaffel auf den Markt. Der Speisezettel der Amerikaner wurde durch die Herstellung von Suppenpulver und von kondensierten Suppen (1897) durch die Firma Campbells bereichert. Die Firma Heinz schuf sich mit Pickles, eingelegten Gurken in Dosen, einen Namen. William Wrigley, jr. (1861–1932) eroberte um die Jahrhundertwende von Chicago aus den Kaugummimarkt, er machte Kaugummi der verschiedensten Geschmacksrichtungen zu einem Massenartikel, der per Eisenbahn in ganzen Waggons von Chicago und Philadelphia aus verfrachtet wurde. Quaker Oats traten neben Kellogg's Corn Flakes den Wettbewerb um den Frühstückstisch der Amerikaner an. In Boston erfand King C. Gillette (1855–1932) die Rasierklinge und anschließend den Sicherheitsrasierapparat. Auch der Freizeitbetätigung der Amerikaner kamen Erfindungen zugute. Der unermüdliche Thomas Edison schuf den Phonographen (1877), den Vorläufer des späteren Plattenspielers. George Eastman (1854–1932) entwickelte die handliche Kodak-Kamera und den Rollfilm, mit der nun der Amateurfotograf leichter als mit der bis dahin üblichen Plattenkamera Aufnahmen machen konnte.

Bis in die Zeit nach dem Bürgerkrieg hatten die meisten Frauen in der Stadt täglich eingekauft [Abb. 12], da es noch keine Kühlschränke gab. Viele Frauen buken noch selbst Brot – wie auf dem Land – und kochten Gemüse und Obst ein. Jetzt – um die Jahrhundertwende – begann, jedenfalls für die Angehörigen der Mittelklasse, die Haus- und Küchenarbeit langsam leichter zu werden. Zentralheizung, elektrisches Licht und das Telefon verbreiteten sich. Die übergroße Mehrzahl der Familien in der Stadt bezog das Brot nun beim Bäcker. Zwei Drittel von ihnen brachten die große Wäsche in kommerziell betriebene Wäschereien.

Auch die Lebensweise und der Horizont der ländlichen und kleinstädtischen Amerikaner begannen sich zu ändern. Der Geschäftsmann Aaron Montgomery Ward (1843–1913) gründete 1872 in Chicago das erste Versandhaus. Zunächst bestand der Warenkatalog der neuen Firma noch aus einer einseitigen Preisliste. Rund zehn Jahre später bot Montgomery Wards Katalog den ländlichen Kunden auf 240 Seiten bereits 10.000 Artikel an, Anfang der 1890er Jahre waren es schon 24.000 Waren. Das Mißtrauen der Farmer gegenüber einer Firma, die so weit entfernt von ihnen war, überwand Montgomery Ward mit dem Recht des Kunden auf die Rückgabe der Waren. Andere Unternehmer wie Richard Warren Sears (1863 bis 1914) folgten dem Beispiel Wards und begründeten ihrerseits weitere Versandhäuser wie das erfolgreiche Sears, Roebuck & Co., das ganze Wohnungseinrichtungen per Katalog versandte. Kettenläden waren eine andere Geschäftsform, um das flache Land für die neuen Produkte zu erobern. Bahnbrechend wurde hierbei der Farmerssohn Frank Winfield Woolworth (1852–1919), der 1879 in der Kleinstadt Utica im Staat New York einen „Five and Ten Cent Store" eröffnete, in dem man zu niedrigen Preisen Haushaltsartikel, Nähzeug, Seife usw. kaufen konnte. Als Woolworth nach dem Ersten Weltkrieg starb, besaß er bereits über 1000 derartiger Läden bzw. Warenhäuser.

In den Großstädten änderten sich die Einkaufsmöglichkeiten sprungartig mit der Entstehung der großen Warenhäuser von Alexander T. Stewart (1803–1876) oder von Roland H. Macy (1822–1877) in New York, vor deren Schaufenstern sich besonders in der Weihnachtszeit die Käufer drängten, von John Wanamaker (1838–1922) in Philadelphia und von weiteren Kaufhausgründern in Chicago, Boston und anderen Städten. Stewart eröffnete, nur wenige Jahre nach dem ersten Kaufhaus in Europa, dem „Bon Marché" in Paris, seinen Kaufpalast in New York 1862 – also mitten im Bürgerkrieg. Stewart führte all die charakteristischen Seiten des Kaufhausbetriebs ein, die dann auch von anderen Warenhäusern übernommen wurden. Er sprach besonders die weiblichen Kunden an, er hatte feste Preise, er war auf alle Bedürfnisse spezialisiert, von der Babyausstattung bis hin zum Notwendigsten einer Beerdigung, er zog die Kunden mit Sonderverkäufen an. Bei „King" Stewart wurde der Kunde unaufhörlich durch Orgelmusik in Stimmung gehalten, ein Vorgriff auf heutige Kaufhausgewohnheiten. Als das Kaufhaus von Wanamaker 1876 in Philadelphia seine Pforten öffnete, stürmten 70.000 Menschen die Verkaufshallen von riesenhaften Ausmaßen, den damals größten Ladenkomplex der Welt.

Im Postwesen kam es seit dem Bürgerkrieg ebenfalls zu wichtigen Verbesserungen. Nach dem europäischen Vorbild wurde damit begonnen, die Post in den Städten durch

Briefträger zuzustellen. Auch die Einführung der Postkarte (1873) verdankte man dem europäischen Beispiel. Der freie Zustelldienst auf dem Land (1896) ermöglichte überhaupt erst den Siegeszug des Versandhandels.

Veränderungen in der sozialen Welt

Die wirtschaftliche Entwicklung und das Wachstum der Städte führten zu einem zahlenmäßigen Anwachsen der Mittelklasse, nicht zuletzt der Angestellten im städtischen Verwaltungssektor oder in der Wirtschaft. Sie bezogen ein fixes Wochen- oder Monatsgehalt, das beträchtlich über dem Lohn auch gelernter Arbeiter lag. Andererseits vergrößerte sich die Zahl der Lohnarbeiter, und die Arbeiterschaft differenzierte sich in Industrie, Transport, Bergbau usw. weiter aus. Die Facharbeiter und Handwerker unter ihnen rechneten sich selbst zur Mittelklasse und sahen auf die Massen der einfachen, ungelernten und vielfach gerade erst eingewanderten Arbeiter herab. Mit dem großen und vielseitigen Angebot an neuen Lebensgütern erweiterte sich – besonders in der Stadt – die Kluft zwischen denen, die etwas hatten, und denen, die ohne nennenswerten Besitz waren. Zwischen dem Lebensstil des erfolgreichen Geschäftsmanns und den Verhältnissen der städtischen Massen bestanden krasse Unterschiede. Das Klassenbewußtsein von Reichen und Armen intensivierte sich im „Gilded Age" erkennbar. Die Oberschichten sowie auch bereits Angehörige der Mittelklasse definierten ihren Platz in der Gesellschaft in wachsendem Maße in Gestalt komfortabler Häuser [Abb. 13 und 14]. Diese Kreise waren stolz auf ihren materiellen Besitz, sorgten für eine gediegene Erziehung ihrer Kinder, besaßen oft gehobene kulturelle Ansprüche und bevorzugten entsprechende, den Status zeigende Freizeitaktivitäten [Abb. 15]. Die sehr Reichen unter ihnen, die Astors, Carnegies, Goulds, Morgans, Rockefellers oder Vanderbilts, lebten ohnehin in ihrer eigenen Welt. Als Cornelius Vanderbilt (1794–1877), der ungekrönte Eisenbahnkönig seiner Zeit, starb, hinterließ er das für damalige Verhältnisse unvorstellbare Privatvermögen von 100 Millionen Dollar. Diese neuen Multimillionäre ließen sich schloßartige Villen nach dem Vorbild französischer Schlösser mit Dutzenden von Zimmerfluchten errichten, die noch heute in Asheville, North Carolina [Abb. 16], oder in den neuenglischen Badeorten Newport und Bar Harbor zu finden sind. Sie errichteten ihre palastartigen Landhäuser, hielten Rennpferde, waren Mitglieder in exklusiven Klubs und kreuzten im Sommer vor der Küste in ihren exquisiten Jachten. Manche von ihnen legten ihr Geld in Kunstsammlungen an, förderten Museen, Bibliotheken und Universitäten oder reisten nach Europa.

Im Unterschied zur Ober- und Mittelklasse hatten die Farmer und die städtischen Arbeiter – also die Mehrheit der Bevölkerung – nur langsam Zugang zu den begehrten Produkten der neuen Konsumwelt. Sie entwickelten damals ihrerseits – wie noch gezeigt werden wird – einen eigenen populären Lebensstil, eine Alltagskultur, die sich eher auf der Straße, auf den Sportplätzen und in den Saloons und Vergnügungsparks abspielte.

Trotz des Auf und Ab der Wirtschaftsentwicklung im Zeitraum mehrerer großer Krisen verbesserten sich im letzten Drittel des 19. Jahrhunderts für zahlreiche Amerikaner Familieneinkommen und Lebensstandard. Nach den statistischen Berechnungen gab es am Ende des 19. Jahrhunderts ca. 12,5 Millionen Familien in den Vereinigten Staaten. Davon waren etwa 5,5 Millionen Familien mit einem Jahreseinkommen von unter 500 Dollar meist Arbeiterfamilien [Abb. 17]. Weitere 5,5 Millionen Familien mit einem Jahreseinkommen

13 *Eingangshalle im 1894 erbauten Heurich-Haus in Washington, D.C. Christian Heurich (1842–1945), der Besitzer, war ein aus Thüringen stammender Gastwirtssohn, der in Washington die sehr erfolgreiche Christian Heurich Brauerei begründete.*

14 *Haus des „Kupferkönigs" William Clark (1839–1925) in Butte, Montana, erbaut 1888. Das Haus eines der reichsten Männer seiner Zeit, der durch den Kupferbergbau Millionen verdiente, verfügte über dreißig Räume.*

15 *Winslow Homer „A Game of Croquet" (1866). Krocket wurde nach dem Bürgerkrieg ein – bei beiden Geschlechtern beliebter – Freizeitsport der amerikanischen Mittelklasse. Es setzte die Existenz eines gepflegten Rasens im eigenen Anwesen voraus.*

16 *Biltmore, Asheville, North Carolina, erbaut 1890–1895 von Richard Morris Hunt (1827–1895) für George Vanderbilt (1862–1914), einen Angehörigen der Vanderbilt-Familie. Es war damals das größte Wohnhaus in Amerika.*

17 *Arbeiterinnen einer Papierfabrik in Wisconsin gegen Ende des Jahrhunderts.*

zwischen 500 und 5000 Dollar kann man zur Mittelklasse rechnen. Die restlichen 1,5 Millionen amerikanischen Familien – das waren zwölf Prozent der Amerikaner – verfügten über ein Einkommen von über 5000 Dollar und waren reich zu nennen. Die 100 reichsten Amerikaner hatten um 1890 ein geschätztes durchschnittliches Jahreseinkommen von 1,200.000 Dollar. Am anderen Ende der sozialen Skala gab es in der Mitte der 1890er Jahre zeitweilig 4,6 Millionen Arbeitslose im Land (= 18,4 Prozent der Arbeitskräfte). Sie suchten mit einem spektakulären Marsch nach Washington auf ihre Lage aufmerksam zu machen und forderten eine Regierungsunterstützung. Als die Demonstranten die Bundeshauptstadt erreichten, wurde ihr Zug von der Polizei aufgelöst. Ihren Führer Jacob Coxey (1854–1951) verhaftete man unter dem Vorwand, er habe unerlaubt die Anlagen vor dem Kapitol betreten.

Das viktorianische Lebensgefühl

Das Viktorianische Zeitalter der angelsächsischen Welt entsprach in etwa der Regierungszeit der englischen Königin Victoria (1837–1901), einer Zeit, in der die bürgerliche Gesellschaft jedenfalls nach außen noch heil und unanfechtbar erschien. Lebensgefühl, Sitten und Moral der Mittel- und Oberklasse in England und Nordamerika wurden damals durch einen weitgehend ungebrochenen Zukunftsoptimismus bestimmt. Man glaubte an den wirtschaftlichen und technischen Fortschritt, an Wohlstand und Sicherheit als unverrückbare Komponenten des gesellschaftlichen Lebens. Geschäftlicher und persönlicher Erfolg waren in dieser Sicht die Folge von Talent, Intelligenz, Moral und Selbstkontrolle. Optimistisch hinsichtlich der menschlichen Natur glaubte die viktorianische Welt an ihre Zukunft, die durch unermüdliche Anstrengungen zu meistern war. „Denken“, „Arbeit“ und „Fortschritt“ waren die Schlüsselwörter der Zeit.[93]

Zugleich war diese Lebenseinstellung mit einer rigiden Moralauffassung verbunden, die Spontaneität und Nachsicht in den persönlichen Beziehungen ablehnte. Es bestanden hohe moralische Ansprüche in der Gesellschaft. Wurden sie auch häufig in der Praxis, insbesondere von den Angehörigen der Oberschicht, verletzt, so wurden sie doch mit Nachdruck in der Öffentlichkeit als Norm für die Gesellschaft postuliert.

Die Angehörigen der Oberklasse und der Mittelschichten kultivierten in dieser Zeit betont gute Manieren und befolgten eine akkurate Etikette in allen sozialen Belangen. Gute Manieren und von der Etikette bestimmte Lebensformen wurden ein wichtiger Beweis des sozialen Status. Catharine Beecher (1800–1890), eine entschiedene Gegnerin der Bewegung um Frauenrechte – beschrieb in einem typischen Ratgeber der Zeit, „The American Women‘s Home“, 1869 das gute Benehmen bei Tisch. Vor folgenden Verstößen gegen die guten Manieren warnte die Autorin ausdrücklich: vor dem Herumreichen der Speisen über den Teller einer anderen Person hinweg; vor dem Aufstehen, um weit entfernte Speisen zu erreichen, anstatt danach zu fragen; vor dem Gebrauch des eigenen Messers oder Löffels für Butter, Salz oder Zucker, wenn dafür eigenes Besteck bereit liegt; vor dem Absetzen der tropfenden Teetasse auf dem Tischtuch anstelle der dafür vorgesehenen Untertasse; vor der Benutzung des Tischtuchs als Serviette; vor lautem, geräuschvollem Essen. Nach dem Rat von Frau Beecher, einer Schwester des Abolitionisten Henry Ward Beecher (1813–1887), war es auch nicht gestattet, große Portionen der Speisen in den Mund zu stecken oder die Zähne bei Tisch zu reinigen. Es sind dies alles Regeln, die auch heute noch nicht gänzlich ihre Bedeutung verloren haben. Die Tischregeln des Viktorianischen Zeitalters kontrastieren deutlich zu der Unbefangenheit der Tischsitten, die noch in der ersten Hälfte des 19. Jahrhunderts verbreitet gewesen waren. Allerdings beobachteten europäische Besucher des Landes auch im zu Ende gehenden 19. Jahrhundert weiterhin in der Öffentlichkeit eine Ungezwungenheit des Benehmens, die es mit solcher Verbreitung in Europa damals offenbar nicht gab. So monierte der bereits erwähnte Besucher aus Polen, Henryk Sienkiewicz, in seinen Reiserlebnissen: „Sie stehen vom Tisch auf, ohne einander für die geleistete Gesellschaft zu danken, sie begrüßen sich mit einem einfachen Kopfnicken oder einer Handbewegung; während des Gesprächs halten sie sich gegenseitig an den Knöpfen oder am Rockaufschlag fest, was so sehr Usus ist, daß es sogar zwischen den Dienstboten und ihrer Herrschaft geschieht. Schließlich nehmen sie nicht einmal in Privatwohnungen den Hut ab, den Rock aber ziehen sie überall aus, selbst in Gegenwart von Frauen oder an Stätten, deren Würde ein solches Verhalten nicht zuläßt.“[94]

Zum viktorianischen Lebensstil gehörte weiter die Idealisierung der häuslichen Sphäre als friedvoller Ruhepunkt im Leben. Schwere und reichverzierte Möbel, dunkle Vorhänge und Gardinen, die das Tageslicht fernhielten, und üppige Grünpflanzen prägten das viktorianische Interieur [Abb. 18]. Hier im Heim lag die eigentliche Sphäre der Frau, in der sie als Gattin und Mutter lebte, die Wohnung besorgte und die Kinder heranzog. „Das Heim ist die Provinz der Frau“, konnte man damals lesen, „es ist ihr natürliches Arbeitsfeld, worin sie leitend schaltet und waltet.“[95] Allerdings gab es in dem zu Ende gehenden Viktorianischen Zeitalter, das der Frau ihre Aufgabe eindeutig in der Gestaltung von Heim und Fami-

18 *Eastman Johnson (1824–1906) „The Brown Family" 1869. Das Bild zeigt eine New Yorker Familie der Oberschicht, die Eltern und den Sohn des Bankiers John C. Brown in dem komfortabel eingerichteten Wohnzimmer ihres Hauses.*

lie zuwies, andererseits auch neuen Schwung in der amerikanischen Frauenbewegung [vgl. Kap. 9]. Gleichzeitig vergrößerte sich die Zahl der Mädchen und jungen Frauen, die sich um eine höhere Bildung bzw. um eine eigene Stellung im Beruf und in der Gesellschaft bemühten. Um 1900 standen den damals ca. 107.000 männlichen Studenten immerhin bereits 61.000 Studentinnen zur Seite. Frauen machten im Bildungsbereich nach Meinung der U.S.-Kommission für Erziehung rapide Fortschritte und fanden mit ihren Leistungen zunehmend Anerkennung. Dennoch entsprach ihr Anteil an den Studienabschlüssen durchaus noch nicht ihrem Anteil an der Gesamtzahl der Studenten.

Freizeit, Erholung und Vergnügen in den großen Städten

Im kolonialen Amerika und in der agrarisch geprägten frühen Republik hatten Freizeit und Erholung, verglichen mit späteren Zeiten, einen noch verhältnismäßig geringen Platz im täglichen Leben der Amerikaner eingenommen. Die ständigen und umfänglichen Anforderungen der Farmarbeit ließen wenig Zeit für Erholung und Vergnügen übrig. Familienpicknicks, der Besuch von Pferderennen, von ländlichen Märkten, Ausstellungen und Messen, aber auch Feiertagsbräuche anläßlich des 4. Juli, der Thanksgiving-Feier oder des Weihnachtsfestes waren eher Ausnahmen und unterbrachen nur vorübergehend das tägliche Einerlei der Arbeit. Die Arbeiter feierten seit 1882 den Labor Day (am ersten Montag im September) – der später (1915) zum nationalen Feiertag wurde – mit Paraden und Kundgebungen.

Seit dem Bürgerkrieg, mit dem Umsichgreifen der Industrialisierung und dem Wachsen der Städte, kamen neue Formen der Freizeitgestaltung, der Erholung und des Vergnügens auf, sowohl unter den Angehörigen der Mittelklasse als vor allem unter den städtischen Arbeitern. Für die einfachen Amerikaner, die oft schwere körperliche Arbeit leisten mußten [Abb. 19], war nach der noch immer langen Arbeitszeit in den Fabriken, Kontoren, Geschäften und Warenhäusern eine Möglichkeit der Entspannung und Zerstreuung besonders gefragt. Die wöchentliche Arbeitszeit betrug auch nach der Jahrhundertwende für die Mehrheit der Arbeiter noch immer zwischen 54 und 60 Stunden.

Die Großstädter drängten sich jetzt nach Arbeitsschluß auf den Straßen, wo an belebten Kreuzungen stets etwas passierte. Sie sammelten sich in den Saloons und Ballhäusern, veranstalteten Sonntagsausflüge in die Umgebung der Stadt, besuchten Boxkämpfe oder die immer beliebter werdenden Baseballspiele und organisierten Feiertagsveranstaltungen.

In den Städten ging man nach dem Beispiel des Central Parks in New York City dazu über, großzügig angelegte moderne *öffentliche Parkanlagen* zu schaffen, die sich als naturnahe Ruhezonen im großstädtischen Getriebe allgemeiner Beliebtheit bei jung und alt erfreuten. Bahnbrechend wirkte hier der Landschaftsarchitekt Frederick Law Olmsted (1822 bis 1903), der von 1858 bis 1878 den New Yorker Central Park als weiträumige innerstädtische Parkanlage schuf, als natürliche Alternative zum regelmäßigen Geviert und Einerlei der Straßenzüge. Der Central Park war, solange es den Arbeitern noch an freier Zeit fehlte, vor allem eine Domäne der Mittelklasse, deren Angehörige hier promenierten, ein Picknick veranstalteten, ihren Kinder beim Spielen zuschauten, ein Konzert besuchten oder Boot fuhren. Ähnliche öffentliche innerstädtische Parkanlagen entstanden in Boston, Chicago, Cleveland, Minneapolis, Philadelphia, San Francisco und anderen Städten. In Philadelphia wurde überdies 1874 der erste zoologische Garten in Amerika eröffnet, dessen Hauptattraktion Bären und Löwen waren. In der Bundeshauptstadt dauerte es noch einige Jahre, bis auch dort seit 1889 der zur Smithonian-Institution gehörende National Zoological Park geschaffen werden konnte, der zwei stattliche Elefanten, Herden von Hirschen, Nabelschweine, einige Büffel und etliche andere wild lebende Tiere besaß. Als eine andere Form städtischer Parks entstanden am Rand der Großstädte Vergnügungsparks wie Coney Island am Strand von Brooklyn, ursprünglich ein Seebad der Mittelklasse, das nach zwei Bränden seit 1895 als Amüsierbetrieb mit Wasserrutschbahn, mechanischem Pferderennen und unzähligen anderen Attraktionen für ein Millionenpublikum neu entstand und zwischen Mai und September Besucher aller sozialer Schichten anzog.

Der Zirkus gewann seit dem Bürgerkrieg ebenfalls ein neues Stadium seiner Beliebtheit. Der erfolgreiche Zirkusgründer P. T. Barnum (1810–1891), der in den 1840er Jahren in New York als Besitzer des „American Museum", einer Kuriositätenschau, begonnen hatte, ging seit 1871 mit einem Wanderzirkus von bislang unbekannter Größe und Attraktivität auf Tournee. Er zeigte Wachsfiguren, Dioramas, ausgefallene Künstler wie Schweizer Glockenspieler, starke Männer und Zwerge, wilde Tiere und sogar eine Giraffe, damals noch eine Seltenheit in Amerika. Buffalo Bill's Wild West Show bot eine weitere Form der Zirkusattraktion mit echten Cowboys, Indianerüberfällen, dem Zureiten wilder Pferde oder

19 *Thomas Anshutz (1851–1912) „Steelworkers Noontime" (1882). Die Mittagspause der Stahlarbeiter ist eine frühe künstlerische Darstellung der amerikanischen Arbeiterwelt.*

Überfällen auf Postkutschen. Buffalo Bill (1846–1917), ein früherer Scout der Armee und Pony-Expreß-Reiter, der in Wirklichkeit William F. Cody hieß, zeigte seine Schau mit großem Erfolg in den amerikanischen Städten. In Chicago kamen an einem Tag über 40.000 Menschen, um einen Blick auf die Abenteuer und Gefahren des Wilden Westens zu werfen.

Vaudeville-Theater, in denen Bühnenshows, Varieté-Auftritte, Possen, Couplets und andere Darbietungen einem Massenpublikum vorgeführt wurden, fanden in den Städten großen Zuspruch und wurden zu einer typisch amerikanischen Form der Unterhaltung. Ihr Markenzeichen war das Tempo, in dem die einzelnen Nummern aufeinander folgten, der tobende Beifall oder das laute Mißfallen, das die einzelnen Nummern begleitete, das kommerziell aufgezogene Showgeschäft einer marktschreierischen Theatergattung. Ein erfolgreicher Promoter dieser Vergnügungsform, Frederick F. Proctor (1851–1929), wandte sich in Boston mit dem Spruch werbend an das Publikum: „AFTER BREAKFAST GO TO PROCTOR'S – AFTER PROCTOR'S GO TO BED."[96]

Erholung und Vergnügen wurden seit dem ausgehenden 19. Jahrhundert kommerziell aufgezogen, beides war ein Geschäftszweig, der einem Massenbedürfnis nachkam und viel einbringen konnte. Je strenger die Arbeitsdisziplin in der industrialisierten und rationalisierten Arbeitswelt wurde, desto mehr empfand man die Freizeitwelt als einen Freiraum, in dem Spontaneität und Solidarität empfunden wurden und in dem man die Stechuhr der Fabrik vorübergehend vergessen konnte. Viele Freizeitaktivitäten bezogen Männer und Frauen gleichermaßen ein, andere besaßen ihre Anziehungskraft hauptsächlich für das eine der beiden Geschlechter. Der Saloon, die Kneipe, war eine Domäne der Männer, ein männlicher Mikrokosmos, in dem man Freunde und Bekannte traf, über die neuesten Sportnachrichten sprach, gegebenenfalls politische Verbindungen knüpfte oder um Wählerstimmen warb und sich in der stets lebendigen Kneipendiskussion selbst bestätigen konnte. In New York City gab es an der Jahrhundertwende etwa 10.000 Saloons, und selbst das kleine Denver in Colorado hatte bei gerade 134.000 Einwohnern immerhin 500 Saloons.

20 *Diese junge Frau verstößt mit ihrer Zigarette, dem gefüllten Bierglas und Vorzeigen ihres schlanken Beins demonstrativ gegen die guten Sitten der viktorianischen Zeit. Das Foto stammt aus dem Jahr 1896.*

Dagegen bevorzugten junge Frauen [Abb. 20] in der Stadt die Geselligkeit und den Gedankenaustausch mit Altersgenossinnen in Frauenklubs, promenierten mit neuer Garderobe auf der Straße und vergnügten sich in Vaudeville-Theatern, Ballhäusern und Vergnügungsparks. In New York City gab es am Ende des 19. Jahrhunderts über 300.000 Lohnarbeiterinnen, meist junge, unverheiratete Frauen, die als Textilarbeiterinnen, Wäscherinnen, Sekretärinnen, Hausangestellte oder als Verkäuferinnen arbeiteten. Für viele von ihnen war ein Vergnügungspark wie Coney Island mit seinen glitzernden Tanzpavillons, seiner abendlichen elektrischen Lichterfülle, mit den Schaustellern, Achterbahnen und Riesenrädern, mit seiner ganzen faszinierenden Traumwelt das eigentliche Leben.

Es sind dies übrigens auch die Jahre, in denen aus den Liedern und der Musik der schwarzen Amerikaner der *Jazz* entsteht, der seinen Siegeszug von New Orleans antritt und sich rasch nach Norden ausbreitet. „Ragtime" mit seinen wilden und komplexen Rhythmen wird nun seit den neunziger Jahren in den Saloons und Ballhäusern gespielt. Vom viktorianischen Geschmack der Oberschicht zunächst noch als „primitive Musik" abgelehnt, eroberte der Ragtime die Sympathien der städtischen Massen. Ein aus Deutschland stammendes junges Dienstmädchen der New Yorker Oberschicht äußerte sich damals über den neuen Tanz: „Ich hörte einige Herrschaften, bei denen ich lebe, sagen, Coney Island habe kein Niveau. Das Problem ist, daß diese Herrschaften nichts vom Tanzen verstehen. Ich muß lachen, wenn ich sie auf ihren Bällen und Parties sehe. Wenn ich es ihnen bloß einmal auf dem Flur zeigen könnte, wie man tanzt – sie würden staunen."[97]

Sportvereine, Sportwettkämpfe [Abb. 21] oder der Besuch der Rennbahn boten weitere Möglichkeiten für die Unterhaltung und Zerstreuung der Städter. Der Sport eroberte sich damals einen festen Platz im Alltag der Menschen. Zu den beliebtesten Vergnügungen der städtischen Massen wurde in dieser Zeit der Besuch von Boxkämpfen oder anderen Sportwettkämpfen. Wie andere Bereiche der Freizeit auch wurde der Sport jetzt professio-

Jamestown-Siedlung von 1607.

Pocahontas – Tochter des Häuptlings Powhatan (ca. 1616).

Mrs. Freake und ihre Tochter Mary (ca. 1674).

Benjamin West: Penns Vertrag mit den Indianern (1771).

Benjamin West: Der Tod von General Wolfe (1770).

John Trumbull: The Declaration of Independence (1786/97).

J. W. Dunsmore: Betsy Ross and the First Stars and Stripes (1777).

G. C. Bingham: Daniel Boone Escorting Settlers Through the Cumberland Gab (1852).

Gilbert Stuart: George Washington (1796).

Die Flagge von Fort McHenry, Baltimore (1814).

Thomas Hornor: Broadway, New York (1836).

Karl Bodmer: Der Mandan-Häuptling Máto-Tope.

G. C. Bingham: The Jolly Flatboatmen (1846).

E. Crowe: After the Sale (1853).

W. Homer: Prisoners from the Front (1866).

O. P. H. Balling: Grant and his Generals (1865).

T. Anshutz: Steelworkers Noontime (1882).

E. Hopper: Drugstore (1927).

Ch. Hassan: Allies Day, May 1917.

E. Hopper: Automat (1927).

A. Wyeth: Christinas World (1948).

A. Warhol: Twenty-Fife Colored Marilyns (1962).

Red Robin Diner an der Main Street in Johnson City, New York.

Astronaut Aldrin am 20. Juli 1969 auf dem Mond.

21 *Thomas Eakins (1844–1916) „Max Schmitt im Einer" (1871), ein frühes Sportbild – nicht nur der amerikanischen Malerei.*

nalisiert und bald auch zu einem Politikum. Theodore Roosevelt, der spätere Präsident, damals noch ein Lokalpolitiker der Republikaner in New York, war selbst ein passionierter Boxer, Schwimmer und Jäger und trug viel dazu bei, den Boxsport gesellschaftsfähig zu machen. Der mit Abstand populärste Sportler im Amerika des 19. Jahrhunderts war der Schwergewichtsboxer John L. Sullivan (1858–1918), ein Amerikaner irischer Herkunft, der in den achtziger Jahren seine großen Kämpfe noch mit bloßen Fäusten bestritt. Er war über zehn Jahre der Champion, bis er 1892 seinen Titel gegen den jüngeren James J. Corbett (1866–1933) in einem Kampf nach 21 Runden verlor. Es war dies übrigens der erste Meisterschaftskampf, der nach den neuen Regeln in dieser Sportart mit Boxhandschuhen ausgefochten wurde.

An die Spitze der Beliebtheit beim amerikanischen Publikum rückten jetzt die Baseballspiele. Baseball – das „national game" – war keine amerikanische Erfindung. Es knüpfte an das englische Spiel *Rounders* an, wurde aber in Amerika in der ersten Hälfte des 19. Jahrhunderts entwickelt und verbreitet. Schon vor dem Bürgerkrieg gab es organisierte Baseballmannschaften, fanden Kämpfe von Baseballmannschaften verschiedener Universitäten statt und wurden die Regeln des Spiels kodifiziert. 1876 wurde die National Baseball League organisiert, der Klubs von Berufsspielern angehörten, und bald danach besuchten 10.000–12.000 Zuschauer regelmäßig die Spiele der Saison. Unter Präsident Taft (1909 bis 1913) wurde es üblich, daß der Präsident der Vereinigten Staaten mit dem Einwurf des Balls persönlich die Baseballsaison eröffnete.

Andere Sportarten kamen hinzu. American Football entwickelte sich seit der Mitte der siebziger Jahre, es dauerte aber noch bis 1895, bis in Pennsylvania das erste professionelle Footballspiel stattfinden konnte. Zu Beginn der neunziger Jahre erfand der Sportlehrer

James A. Naismith (1861–1939) in Springfield, Massachusetts, das Basketballspiel, um seinen Collegestudenten auch im Winterhalbjahr die Möglichkeit zu einer sportlichen Betätigung in der Halle zu geben. An den ersten Olympischen Spielen der Neuzeit in Athen nahmen 1896 auch amerikanische Sportler teil und stellten die erfolgreichste Mannschaft. 1897 fand zum ersten Mal der berühmte und bis heute hochrangig besetzte Boston Marathon statt und begründete eine Tradition in dieser Sportart in den USA. Der Sieger benötigte für die 42,2 km damals 2 Stunden, 55 Minuten und 10 Sekunden.[98]

Mit der Erfindung des Autos und dem auch in den USA beginnenden Bau von Automobilen wurden dort auch schon bald die ersten Autorennen veranstaltet. Am Thanksgiving Day des Jahres 1895 fand die erste derartige Veranstaltung in Amerika statt. Das Rennen führte von Chicago nach Evanston über 54 Meilen. Nur zwei der Teilnehmer des Rennens hielten bis zum Ziel durch und benötigten für die Strecke fast acht Stunden, was einer Durchschnittsgeschwindigkeit von ca. elf Stundenkilometern entsprach. Parallel mit der wachsenden Beliebtheit des Sports und der Wettkämpfe widmeten nun auch die Zeitungen der Sportberichterstattung größere Aufmerksamkeit. Als erster führte der Zeitungsverleger Joseph Pulitzer (1847–1911), der Herausgeber der *New York World*, 1883 in seiner Zeitung eine eigene Sportseite ein.

Eine Begeisterung für das Fahrrad überschwemmte Amerika im ausgehenden 19. Jahrhundert. Fahrradfahren – ob einzeln oder in Gruppen – wurde zur populärsten Sportart für alle Amerikaner, die Freizeit, Erholung und Fitneßtraining kombinieren wollten. Fahrräder wurden seit den siebziger Jahren hergestellt. Zum letzten Schrei einer neuen Freizeitmode wurden sie erst mit den Verbesserungen, die ein Jahrzehnt später mit der Einführung schmälerer Räder, von Kugellager-Radachsen und luftgefüllten Reifen erfolgten. In den neunziger Jahren besaß dann schon über eine Million Amerikaner ein Fahrrad. Für junge Frauen, die den puritanischen Beschränkungen der viktorianischen Ordnung entkommen wollten, war das Fahrradfahren besonders attraktiv. Nach dem strengen Kodex der Viktorianischen Zeit durften Mädchen und Frauen niemals schwitzen, sie mußten ihren Körper allzeit vollständig verhüllt halten und durften körperliche Übungen nur im verborgenen absolvieren. Das Fahrrad bot einen Dispens von diesen Pflichten. Eine Frau auf dem Fahrrad demonstrierte öffentlich ihr emanzipiertes Selbstbewußtsein, ihre Unabhängigkeit und Freiheit von überholten Regeln und Normen.

Trotz dieser Veränderungen im Freizeitbereich zeigten die Lebens- und Arbeitsbedingungen in den Fabriken und städtischen Slums um die Jahrhundertwende ein recht düster gefärbtes Bild. Der aus Dänemark stammende amerikanische Journalist und Reformer Jacob A. Riis (1849–1914), der als Polizeireporter für die *New York Tribune* und die *Evening Sun* die Armenviertel in New York City bei Tag und Nacht kennengelernt hatte, schilderte in Wort und Bild die Verhältnisse im New Yorker Italienerviertel, in Chinatown, in den jüdischen Quartieren und beschrieb die Wirkung der Color Line, der Rassenschranken, in der Stadt. Er zeigte die Situation der Bewohner [Abb. 22], der Kinder und Jugendlichen, der arbeitenden Mädchen und jungen Frauen, und er ging auf die Beziehung von Armut und Verbrechen ein. Damals lebten bereits 14.000 Obdachlose auf den Straßen von New York City, und die Selbstmordrate stieg alarmierend.

Unter diesen Bedingungen entstand das berühmte Buch „How the Other Half Lives" (1890), ein beeindruckendes Zeugnis des sozial verantwortlichen Journalismus. Riis wollte die eine Hälfte der Amerikaner darauf aufmerksam machen, wie die andere Hälfte lebte.

22 *Bandits' Roost, Mulberry Street, ein Foto aus Jacob A. Riis „How the Other Half Lives" (1890), einer Dokumentation der Armut in der größten Stadt Amerikas.*

Der Autor, den der spätere Gouverneur von New York und Präsident der Vereinigten Staaten, Theodore Roosevelt, „den besten Amerikaner aus meiner Bekanntschaft"[99] nannte, war ein erfolgreicher Reformer, er konnte noch die Anfänge der Slumsanierung in New York City miterleben, für die er mit seinen Reportagen den Anstoß gegeben hatte.

Wie zu jener Zeit nicht nur Jacob Riis der amerikanischen Öffentlichkeit zeigte, bestimmten die Realitäten von Überarbeitung, Armut, Krankheit, von schlechten Wohnbedingungen und inhumanen Lebensumständen das Leben zahlreicher Amerikaner in dieser Zeit. Doch trotz oder auch gerade angesichts dieser Realitäten prägte die arbeitende Mehrheit eine farbenfrohe Vielzahl von Freizeitaktivitäten aus, die ihre soziale Solidarität unterstützten und bestätigten und ihren Lebensmut beförderten. Es sind gerade diese Freizeitaktivitäten, die dann die Alltagskultur in unserem Jahrhundert maßgeblich mitgeprägt haben.

Die World's Columbian Exposition in Chicago im Jahr 1893

Gegen Ende des Jahrhunderts demonstrierte eine einzigartige Ausstellung in Chicago das industrielle und technische Leistungsvermögen der Zeit und das ihm entsprechende Lebensgefühl der Zeitgenossen. Es handelte sich um die große Weltausstellung anläßlich der 400-Jahr-Feiern der Entdeckung Amerikas durch Christoph Kolumbus, um die „World's Columbian Exposition", die in sechs Monaten von über 20 Millionen Menschen besucht wurde. Mit ihrer Anlage, ihrer Größe und Vielfalt bot diese amerikanische Weltausstellung, die sich über ein 2,4 Kilometer langes Areal am Ufer des Michigansees erstreckte, eine neue Dimension derartiger Ausstellungen. Eine „Weiße Stadt" war im Stil der klassischen Antike um einen Ehrenhof herum extra für die Ausstellungshallen errichtet worden. Sie wurde ein Jahr später leider ein Opfer der Flammen.

Wie Jahre zuvor die Jahrhundertausstellung in Philadelphia, zeigte auch die Chicago Exposition die Veränderungen im Alltag. In drei verschiedenen Modellküchen konnten sich die Besucher mit den Verwendungsmöglichkeiten von Gas und Elektrizität in der Küche vertraut machen. Zu sehen war – als Vorbote künftiger Zeiten – ein Modellhaus für eine Arbeiterfamilie, zweistöckig aus Holz gebaut mit Wohn-, Schlaf- und Kinderzimmer, Küche, Bad und WC. Sein Preis betrug 1000 Dollar, eine Summe, die damals von Arbeiterfamilien nur ausnahmsweise aufgebracht bzw. gespart werden konnte. Im Gebäude der Elektrizität stellte ein anderes Modellheim die künftige Anwendung der Elektrizität im Haushalt vor, es zeigte elektrische Öfen, Waschmaschinen, Staubsauger, elektrische Türklingeln, Feuermelder und Haushaltsgeräte, deren massenhafte Erzeugung allerdings ebenfalls noch Zukunftsmusik war. Der Erfinder Alexander Bell (1847–1922) demonstrierte das von ihm entwickelte Telefon, das jetzt fest etabliert und auch über längere Entfernungen hin benutzt werden konnte. Es gab inzwischen nahezu eine Million Telefonanschlüsse im Land. Thomas Edison zeigte seinen neuesten Phonographen und sein Kinetoscope, den Vorläufer des modernen Filmprojektors.

Besondere Erwähnung verdient das Frauengebäude der Ausstellung, in dem alle Gebiete weiblicher Tätigkeit und fraulichen Schaffens zur Darstellung kamen. Eine Neuerung war das Kinderhaus, in dem Mütter, welche die Ausstellung besuchten, ihre Kinder zur kostenlosen Betreuung abgeben konnten. Das gesamte Ausstellungsgelände wurde elektrisch beleuchtet. Frisches Quellwasser, das aus der Umgebung der 150 Kilometer entfernten Stadt Milwaukee kam, war in 200 Automaten zu haben. Es gab verschiedene Arten von Eisenbahnen zu erleben, man konnte einen Aufstieg in einem Fesselballon wagen und die verschiedensten Attraktionen bestaunen. Alle diese Sehenswürdigkeiten aber überragte ein Riesenrad, das vollbesetzt 2160 Personen zu fassen vermochte.

Die Weltausstellung machte gerade auch die auf dem Land lebenden Amerikaner, die aus dem Mittleren Westen und aus anderen Regionen zum Ausstellungsbesuch nach

Chicago kamen, mit den neuen Entwicklungen der Zivilisation und der städtischen Alltagskultur vertraut. Für den Historiker Arthur M. Schlesinger (1888–1965) war die Ausstellung in Chicago „sowohl der bildliche Ausdruck als auch das Versprechen einer neuen Entwicklungsstufe in der amerikanischen Zivilisation".[100] Allerdings spiegelte die Exposition mit ihrer Behandlung der ethnischen Verhältnisse in Amerika und in der Welt – wie auch schon die Jahrhundertausstellung in Philadelphia knapp 20 Jahre zuvor – ebenso deutlich den latenten Rassismus des weißen Amerika wider, der sich in Politik, Wissenschaft und Publizistik zu jener Zeit verstärkt zeigte. Die Ausstellung behandelte die fremden, nicht weißen Völker als eine ähnliche Attraktion wie wilde Tiere oder gefährliche Zirkusnummern. Die Völker der afrikanischen Welt und die nordamerikanischen Indianer wurden als „wilde Rassen" am äußersten Ende der Skala menschlicher Zivilisation vorgestellt. Für die Kultur der schwarzen Amerikaner hatte die Ausstellung trotz wiederholter Petitionen von afroamerikanischer Seite keinen offiziellen Platz. Obgleich Chicago inzwischen eine wachsende Zahl schwarzer Einwohner zählte, wurden diese von der Mitarbeit am Bau, vom Aufbau der Ausstellung und von der Mitwirkung im Verwaltungsbereich der Exposition unbedingt ausgeschlossen.

Hiermit kamen auf ihre Weise die beiden dunklen Seiten des Zeitalters zum Ausdruck, die gewaltsame Niederwerfung des letzten indianischen Widerstands und die neuerliche Diskriminierung der schwarzen Amerikaner seit dem Ende der Reconstruction.

Die *Beziehungen zwischen Indianern und Weißen* hatten sich seit den Zeiten des Bürgerkriegs weiter verschlechtert, neue Konflikte ergaben sich zwischen den Prärieindianern und den unaufhaltsam nach Westen vordringenden weißen Amerikanern, die beim Drang nach neuen Gold- und Silberfunden in Colorado oder Nevada oder nach den Gold- und Kupferminen in Montana [Abb. 23] die verbrieften Ansprüche der Cheyenne, Arapaho und anderer Stämme mit Füßen traten oder den Widerstand der Sioux herausforderten. Die Jahre zwischen Bürgerkrieg und 1890 erlebten das letzte Stadium des bewaffneten Kampfes zwischen Indianern und Weißen. Es kam damals zu einer Reihe grausamer Massaker, beginnend im November 1864 mit dem Sand-Creek-Massaker in Colorado, das Militäreinheiten an 450 im Schlaf überraschten Angehörigen zweier Stämme der Cheyenne und Arapaho verübten und das durch die zügellose Grausamkeit gegen Männer, Frauen und Kinder besonders berüchtigt wurde. Vorübergehend gelang es den Sioux-Stämmen unter Red Cloud [Abb. 24], dem Häuptling der Teton Lakota, bis 1868 den Bozeman Trail, eine wichtige Verbindung zu den Goldfeldern in Virginia City (Montana), die durch die bevorzugten Jagdgründe der Indianer geführt werden sollte, in ihre Hand zu bekommen. Aus dieser Zeit stammt die häufig zitierte Äußerung von General Philip H. Sheridan (1831–1888), die er in Fort Cobb im Indianerterritorium gegenüber einem Häuptling der Comanchen machte: „Der einzige gute Indianer, den ich je sah, war tot."[101] Fast zehn Jahre später, 1876, flammte der Krieg wieder auf und führte am Little Bighorn River (Montana) zu einem letzten siegreichen Gefecht der Sioux unter Crazy Horse [Abb. 25], der größten militärischen Begabung seines Volkes, mit einer Armee-Einheit unter Oberstleutnant Custer (1839–1876), bei dem Custer und seine 211 Soldaten ausnahmslos getötet wurden. Die Übermacht der Armee wurde damit nicht gebrochen, sie rächte sich nachhaltig für diese Niederlage. Die Sioux wurden endgültig geschlagen, in die ihnen zugewiesenen Reservationen gezwungen und hörten auf, ein Hindernis und eine Bedrohung für das weitere Vordringen der Siedler und Erzschürfer nach Nordwesten zu sein. 1890 kam es zu einem letzten Massaker, als eine

23 *Schulklasse mit ihrer Lehrerin in Hecla, Montana (1893) – eine weniger bekannte Seite des „Wilden Westens".*

Kavallerieeinheit der Armee am Wounded Knee Creek in South Dakota 150 Angehörige der Lakota-Indianer, einschließlich der Frauen und Kinder, in einer hysterischen Aufwallung der Indianerfeindschaft tötete.

Parallel zu diesen Vorgängen wurden zwischen der Mitte der 1860er Jahre und dem Anfang der 1880er Jahre die viele Millionen zählenden Büffelherden in den Ebenen zwischen Mississippi und Rocky Mountains systematisch abgeschlachtet, womit den noch frei jagenden Indianern ihre Lebensgrundlage genommen wurde. Der Büffel verschwand in den Great Plains. Anfang des 20. Jahrhunderts zählte man in den USA noch ganze 72 frei lebende Büffel. Etwas mehr gab es im Schutz der Nationalparks des Westens.

Die Indianer wurden auf ein abhängiges Leben von Regierungsgnaden in den Reservationen verwiesen. Aber auch diese wurden noch verkleinert, besonders als 1889/1890 die Regierung unter Präsident Benjamin Harrison (1889–1893) große Teile des Indian Territory – das ursprünglich den Cherokee, Creek, Seminolen, Chickasaw, Choctaw und weiteren Stämmen zugewiesen worden war – für die Besiedlung freigab. In wenigen Tagen trafen nach der Freigabe Tausende von weißen Siedlern im ehemaligen Indianerland ein und gründeten, zunächst als Zeltstädte, Guthrie, die künftige Hauptstadt des Oklahoma-Terri-

24 *Red Cloud (1822–1909), Häuptling der Teton Lakota, der im Kampf mit der Armee um den Bozeman Trail (1868) erfolgreich war. Foto aus dem Jahr 1880.*

toriums, die einen Tag nach Öffnung des Territoriums schon 15.000 Bewohner hatte, und Oklahoma City, die heutige Hauptstadt von Oklahoma, die es innerhalb eines Tages auf 10.000 Bewohner brachte.

In den Reservationen des Westens und Südwestens lebten damals (1890) um 250.000 Indianer. Sie hatten weder das amerikanische Bürgerrecht, das ihnen generell erst 1924 gewährt wurde, noch konnten sie wählen. Ihre rechtliche Stellung wurde dadurch verschlechtert, daß der Kongreß den Stämmen das Recht, als unabhängige Gemeinschaften Verträge zu schließen, entzogen hatte. Die Rechtskraft älterer Verträge wurde zunehmend in Frage gestellt, neue Verträge konnten Indianer nur noch individuell, aber nicht mehr in der Stammesgemeinschaft eingehen.

Eine Form des indianischen Widerstands wurde nach dem Ende der Indianerkämpfe die Geistertanzbewegung unter den Dakotas und anderen Prärieindianern. Von einem in-

25 *Modell des Denkmals für Crazy Horse, den Häuptling der Teton Lakota, in den Black Hills, South Dakota. Crazy Horse (ca.1849–1877) führte einen Teil der Lakotakrieger in der Schlacht am Little Bighorn.*

dianischen Propheten ins Leben gerufen, breitete sich der Geistertanz aus. Die Bewegung verbot den Gebrauch europäischer Güter, insbesondere den verhängnisvollen Genuß des Alkohols, verhieß die Rückkehr der Toten und die Wiederkehr des indianischen Lebens, so wie es vor der Ankunft des weißen Mannes bestanden hatte. Auch dagegen ging die Regierung mit Verboten vor, der Häuptling Sitting Bull (ca. 1834–1890), dessen Quartier ein Zentrum der Bewegung war, wurde getötet, die Bewegung schließlich unterdrückt, wobei es zu dem erwähnten Massaker von Wounded Knee kam. Einige Zeit später (1896) ordnete das Office of Indian Affairs sogar an, männliche Indianer hätten ihr Haar kurz zu tragen. Um die Jahrhundertwende war der Tiefpunkt in der Situation der nordamerikanischen Indianer erreicht, sowohl was den Druck der weißen Gesellschaft betraf, sich zu assimilieren, als hinsichtlich der Zerstörung ihrer eigenen Kultur und Stammesbräuche.

Diskriminierung und Widerstand der schwarzen Amerikaner

1890 lebten inzwischen 7,5 Millionen Schwarze im Land, von denen die überwiegende Mehrheit (über 90 Prozent) noch im tiefen Süden wohnte, wo sie hauptsächlich als Arbeitskräfte oder Teilpächter in der Landwirtschaft tätig war. Nach dem Ende der *Reconstruction* wurde die traditionelle Diskriminierung der schwarzen Amerikaner sowohl im Süden als auch auf Bundesebene erneuert und mit politischen und juristischen Mitteln fest verankert. In die Verfassungen der Staaten des Südens wurden nachträglich Klauseln eingefügt, mit denen der Mehrzahl der Schwarzen das Wahlrecht wieder entzogen wurde. Dies geschah durch die Einführung einer Wahlsteuer, durch die Forderung nach einem Bildungstest (beides wurde später für verfassungswidrig erklärt) oder durch die berüchtigte „Großvaterklausel". Dies war eine Bestimmung in der neuen Staatsverfassung von Louisiana aus dem Jahr 1898, die vorsah, das Wahlrecht in strittigen Fällen auf diejenigen Bürger zu beschränken, deren Väter und Großväter bereits vor 1867 – als zum ersten Mal schwarze Bürger hatten wählen können – Wähler gewesen waren. Damit schloß man die früheren Sklaven und ihre Nachkommen bewußt und systematisch von der Wahl aus. Einige weitere Staaten des Südens übernahmen diese Bestimmung in ihre Verfassungen. Parallel dazu verabschiedeten die Staaten bis ins frühe 20. Jahrhundert hinein spezielle Gesetze, welche die Rassentrennung, die Segregation von Schwarzen und Weißen, in der Öffentlichkeit, im Schulwesen, im Verkehr usw. festschrieben.

Auffallend groß war in dieser Zeit die Zahl der Lynchmorde an Schwarzen. Sie stieg in den neunziger Jahren im Süden auf jährlich 100 Fälle an. Der weiße Mob lynchte damals häufig auf bloße Gerüchte oder unbewiesene Beschuldigungen, wie des Vorwurfs der Vergewaltigung einer weißen Frau. Die Lynchdrohung funktionierte im Süden als Form der sozialen Kontrolle, der zusätzlichen Einschüchterung der schwarzen Minderheit und der Demonstration der absoluten Macht der Weißen.

Die Bundesregierung – damals ja hauptsächlich unter republikanischen Präsidenten, die sich zur Tradition Lincolns bekannten – ließ die rassistische Unterdrückung der schwarzen Bürger im Süden tatenlos geschehen. Das Oberste Gericht ging noch weiter und stellte sich in mehreren Entscheidungen auf die Seite der Befürworter der Rassendiskriminierung im Süden. 1883 erklärte das Gericht den Civil Rights Act von 1875, der die Diskriminierung vor Gericht, in Hotels und Theatern und in der Eisen- und Straßenbahn untersagt hatte, für verfassungswidrig. 1896 gab das Gericht mit dem Urteil in der Sache Plessy v. Ferguson den juristischen Rahmen für die Fortsetzung der Rassentrennung mit seinem berüchtigten Votum, wonach die Segregation verfassungskonform sei. Dafür führte das Oberste Gericht das Prinzip „separate but equal" ein, das fast 60 Jahre Bestand hatte und die Trennung von Weißen und Schwarzen im Schulwesen, in der Eisenbahn, in Parks, öffentlichen Toiletten usw. erlaubte, soweit nur gleiche Einrichtungen für die Angehörigen beider Rassen zur Verfügung standen.

Der schwarze Widerstand konnte sich in jener Zeit nur zögernd entwickeln. Schwarze Kirchen boten einen emotionalen Zusammenhalt. Zwischen 1870 und 1890 begann die Abwanderung von einigen zehntausend Schwarzen vom Süden nach Norden, besonders nach Chicago, um dort Arbeit und freiere Verhältnisse zu finden. Sie mußten die Erfahrung machen, das auch dort im Norden die Diskriminierung der Schwarzen vielfältig – wenn auch nicht in so krasser Form wie im Süden – zu spüren war. Die Dachorganisation der Gewerkschaften, die neu gegründete American Federation of Labor, verurteilte zwar offiziell die Rassendiskriminierung, sie ließ aber praktisch keine Schwarzen als Gewerkschaftsmitglieder zu.

Die nachhaltigsten Versuche in jener Zeit, die Situation der schwarzen Amerikaner im Süden zu bessern, lagen im Bildungsbereich. Booker T. Washington (1856–1915) – ein später wegen seiner Kompromißbereitschaft umstrittener Führer der Schwarzen – gründete 1881 in Tuskegee, Alabama, eine Berufsschule für Schwarze, das Tuskegee Normal and Industrial Institute [Abb. 26]. Sein Ziel war es, durch handwerkliche Bildung und Ausbildung eine Verbesserung der Lage seines Volkes zu erreichen. Durch berufliche Qualifikation werde sich nicht nur die Situation der Schwarzen im Süden bessern, sondern mit dem

26 *Geschichtsunterricht im Tuskegee Institute 1902.*

Beweis beruflicher Leistung durch sein Volk werde auch der Rassismus der Weißen schließlich nachlassen. Bis dahin solle man sein Schicksal geduldig tragen, meinte Booker T. Washington, der mit seinem Programm nationale Beachtung als ein gemäßigter Führer der schwarzen Bewegung erlangte.

Gegen Ende des 19. Jahrhunderts machte eine in Wilmington, North Carolina, beginnende Folge von gewaltsamen Rassenunruhen, die 1900 auch New Orleans und New York und einige Jahre später Statesboro und Atlanta in Georgia und Springfield in Ohio ergriffen, auf ihre Weise darauf aufmerksam, das die Rassenbeziehungen mit der wieder zunehmenden Diskriminierung der Schwarzen einen kritischen Zustand erreichten.

KAPITEL 9

Soziales Bewußtsein, Reformen und Alltag in der Progressive Era zwischen Jahrhundertwende und Erstem Weltkrieg

Zu Beginn des 20. Jahrhunderts erlebten die Vereinigten Staaten eine ausgeprägte Reformstimmung und Reformpolitik, die bis zum Ersten Weltkrieg andauerte und dem Zeitraum die Bezeichnung „Progressive Era" verliehen hat. Es war eine Zeit gestärkter Sensibilität für die sozialen Probleme des Landes, die in einer neuartigen Reformbewegung unter der Mittelklasse, dem Progressive Movement, Ausdruck fand.

Das Wachstum der Vereinigten Staaten setzte sich seit der Jahrhundertwende nach innen und außen weiter fort [Abb. 1]. Mit der Aufnahme von Utah (1896), Oklahoma (1907), New Mexico (1912) und Arizona (1912) war der Eintritt neuer Bundesstaaten in die Union vorerst abgeschlossen. Die Union bestand jetzt aus 48 Staaten, und es sollte bis 1959 dauern, als mit Alaska und Hawaii der 49. und 50. Bundesstaat hinzukamen. Seit dem Spanisch-Amerikanischen Krieg von 1898 besaßen die USA auch ein eigenes Kolonialreich.

Tabelle 16

Auswärtige Besitzungen der USA und Jahr der Erwerbung

Alaska	1867
Hawaii	1898
Philippinen	1898
Puerto Rico	1898
Guam	1898
Amerikanisch-Samoa	1899
Panama-Kanalzone	1904

Das *Gesicht des Landes* veränderte sich weiter. In den zehn Jahren nach 1900 wuchs die Bevölkerung von 76 Millionen auf 92 Millionen Menschen an. Zweimal wurde in dieser Zeit in der jährlichen Einwanderung die Millionengrenze überschritten, 1907 mit fast 1,3 Mill. Einwanderern dann ein Rekord aufgestellt. Jeder sechste weiße Amerikaner (16,3 Prozent) war damals im Ausland geboren. Die meisten von ihnen stammten aus Deutschland, Irland, England (einschließlich Schottland und Wales), Kanada, Rußland, Italien und Österreich-Ungarn.

Die amerikanischen Großstädte erreichten neue Ausmaße. New York City, die finanzielle Hauptstadt des Landes, umfaßte als Groß-New York seit 1898 inzwischen neben Manhattan auch die Stadtteile Brooklyn, die Bronx, Queens und Staten Island. Die Stadt ver-

1 *Karte der USA 1912*

2 *Woolworth Building New York City, erbaut 1910 bis 1913 von Cass Gilbert (1859–1934). Es war mit 57 Stockwerken und 270 m Höhe zu seiner Zeit der höchste Wolkenkratzer überhaupt.*

3 *Kinderarbeit im Kohlebergbau Pennsylvanias 1911. Diese Kinder, deren Jüngste acht Jahre alt waren, sortierten 12 Stunden am Tag Steine aus der gebrochenen Kohle.*

fügte seit 1904 über eine Untergrundbahn. In New York City lebten 1910 nahezu 4,8 Millionen Menschen. Damals (1910–1913) entstand dort das Woolworth Building [Abb. 2], mit seinen 57 Stockwerken zu jener Zeit das höchste Gebäude der Welt. In Chicago – das von der Fleischkonserven-, aber auch von der Stahlindustrie lebte – wohnten jetzt 2,2 Millionen Menschen, in Philadelphia anderthalb Millionen.

Die industrielle Entwicklung konnte weiterhin von den technischen Fortschritten profitieren. Es gab inzwischen neue Verfahren der Stahlerzeugung, die wirtschaftliche Nutzung der Elektroenergie verbreitete sich, Fortschritte im Bauwesen waren zu verzeichnen, in der Autoproduktion wurde das Fließband eingeführt. Der Wert der industriellen Erzeugnisse verdoppelte sich in den 15 Jahren zwischen 1899 und 1913 nochmals. Noch immer waren in Industrie und Bergbau für die fast acht Millionen Arbeiter lange Arbeitszeiten, Kinderarbeit [Abb. 3], verbreitet ungesunde und gefährliche Arbeitsbedingungen und niedrige Löhne anzutreffen. Oft wurde der Arbeitsschutz sträflich vernachlässigt. In der New Yorker Bekleidungsindustrie, in der hauptsächlich Mädchen und Frauen zwischen 16 und 25 Jahren arbeiteten, waren bei einer Sechstagewoche Arbeitszeiten von 56 Stunden und ein Wochenlohn von sechs Dollar gang und gebe. Hier kam es 1910 in der Triangle-Blusenfabrik zu einer schrecklichen Brandkatastrophe, bei der 141 Arbeiterinnen und männliche Angestellte umkamen.

Ein beherrschendes Element in der wirtschaftlichen Entwicklung war die rasant um sich greifende *Vertrustung der Wirtschaft*, d. h. die verstärkte Konzentration der Produktion und des Kapitals und die auffallend zunehmende Verschmelzung von Industrie- und Bankkapital. Eine erste große Welle von Zusammenschlüssen der Firmen setzte um die Jahrhundertwende ein und hielt bis zum Ersten Weltkrieg an. Ein Kongreßuntersuchungsausschuß stellte 1913 fest, daß es im Land eine etablierte Interessengemeinschaft zwischen wenigen führenden Finanzleuten gebe, „die durch Aktienbesitz, ineinandergreifende Direktorenposten und andere Herrschaftsformen über Banken, Treuhandgesellschaften, Eisenbahnen, Industrie- und Versorgungsgesellschaften geschaffen und zusammengehalten wird und die zu einer riesigen und weiter wachsenden Konzentration der Kontrolle über Geld und Kredit in den Händen verhältnismäßig weniger Männer geführt hat“.[102] Im Gefolge dieser Entwicklung drohte das bisherige soziale Gleichgewicht zwischen den Industriellen und Bankiers, den Angehörigen der städtischen Mittelschichten, den Farmern und Arbeitern aus den Fugen zu geraten. Das Phänomen der Trusts, die ganze Wirtschaftssektoren wie die Stahl-, Erdöl-, Kupfer- oder Tabakindustrie beherrschten und mit Hilfe derer schließlich einige wenige privilegierte Amerikaner eine ständige wirtschaftliche und politische Kontrolle erlangen konnten, beunruhigte die Öffentlichkeit zunehmend.

In diesem Stadium der Entwicklung der Vereinigten Staaten entstanden durch Industrialisierung und wirtschaftliche Machtballung, durch Verstädterung und das Wachstum der Millionenstädte, durch die Masseneinwanderung, die Verkehrsrevolution und eine weiter zunehmende Mobilität der Amerikaner neuartige soziale Probleme, denen mit der bisherigen Politik der Bundesregierung, der Einzelstaaten und der Kommunen nicht beizukommen war. Der spätere Präsident Woodrow Wilson (1913–1921) erklärte hierzu im Wahlkampf des Jahres 1912: „Wir sehen eine Neuordnung der Gesellschaft heraufkommen. Amerika ist nicht mehr, was es vor 20 Jahren, ja nicht einmal, was es vor zehn Jahren war. Von Grund auf haben sich unsere wirtschaftlichen Verhältnisse geändert und mit ihnen die Organisation unseres ganzen Lebens. Die alten politischen Formeln stimmen nicht mehr zu unseren heutigen Aufgaben, sie lesen sich wie Dokumente aus verschollenen Zeiten.“[103]

Progressive Movement und Reformen

Die jüngstvergangene Reform- und Protestbewegung des Populismus der 1890er Jahre hatte noch vorwiegend die Wünsche der Farmer im Westen und Süden gebündelt und außerdem die Forderung der Arbeiter nach dem Achtstundentag aufgegriffen. Ihr Zentrum lag dementsprechend hauptsächlich im Westen und Süden der Vereinigten Staaten, wie z. B. in Colorado, Idaho, Kansas, Nevada, North und South Dakota.

Das Progressive Movement war demgegenüber eine hauptsächlich mittelständische, städtische Reformbewegung, die sich den neuen wirtschaftlichen und sozialen Problemen in den Großstädten zuwandte. Ihre Sprecher waren Sozialarbeiterinnen wie Jane Addams (1860–1935), Journalisten wie Lincoln Steffens (1866–1936), Schriftsteller wie Upton Sinclair (1878–1968), Pädagogen und Philosophen wie John Dewey (1859–1952) und Reformpolitiker wie Robert M. LaFollette (1855–1925).

Jane Addams [Abb. 4] war durch ihre humanitäre Fürsorge und ihren Einsatz für soziale Gerechtigkeit die wohl bekannteste und weithin geliebte Amerikanerin der Progressive Era. In einem Viertel Chicagos, das vor allem von russischen und polnischen Juden, Italienern, Tschechen, Deutschen und Iren bewohnt wurde, gründete und leitete sie Hull House, einen Komplex von Gebäuden und Einrichtungen für Obdachlose, Straßenkinder, arbeitende Mütter und andere sozial gefährdete Menschen. Hull House – das sich der Nachbarschaftshilfe widmete – verfügte über Kindergärten, eine Schule, eine Kinderkrippe für die Kinder arbeitender Mütter, Klubs für Männer und für Frauen, Spielplätze, ein Theater und andere Einrichtungen. Während andere Reformer noch über die sozialen Mißstände debattierten, machte Addams die Großstadt auf ihre Weise für die Menschen bewohnbar. Ihr Wirken wurde bald zu einem Mittelpunkt der sozialreformerischen Bestrebungen der Zeit, zum Symbol eines neuen sozialen Bewußtseins, das sich der komplexen Abhängigkeiten der modernen Gesellschaft bewußt war. Später (1931) wurde die Pazifistin Jane Addams, die den Ersten Weltkrieg und den Kriegseintritt ihres Landes abgelehnt und bekämpft hatte, als erste Amerikanerin mit dem Friedensnobelpreis geehrt. Einen großen Anteil an diesem sozialen Verantwortungsgefühl hatte damals eine Gruppe von Journalisten und Schriftstellern, die ihre mittelständische Leserschaft mit den Schattenseiten der amerikanischen Gesellschaft vertraut machte. Diese „Muckraker" („Schmutzwühler") berichteten kritisch über die Praktiken der großen Korporationen (der Aktiengesellschaften), über die Lebensbedingungen in den städtischen Slums, über die Realitäten der Arbeit in den Fabriken, über die Verknüpfung von Geschäft und Politik in Gestalt der Korruption in den Städten und über andere Schwachstellen der Gesellschaft. Zu diesen sozialkritischen Journalisten zählte auch der aus Kalifornien stammende Lincoln Steffens. Er veröffentlichte 1904 in einer vielgelesenen Zeitschrift („McClure's Magazine") eine Artikelserie über „The Shame of the Cities", über die um sich greifende Verquickung von Geschäft und Politik in den großen Städten, über die Korruption in St. Louis und Minneapolis, in Pittsburgh und Philadelphia, und er verglich die dortigen Verhältnisse mit den partiellen Erfolgen einer kommunalen Reform in Chicago und New York City, wo man 1901 begonnen hatte, die Prostitution und das kriminelle Treiben der Zuhälter einzudämmen. Steffens warf angesichts der beunruhigenden Welle städtischer Korruption die Frage auf, ob die Demokratie in Amerika gescheitert sei. Für ihn war die Korruption in den Städten kein zufälliges und einzelnes Delikt. Vielmehr seien daran alle Amerikaner beteiligt. „Der Geist der Bestechung und Gesetzlosigkeit ist der Amerikanische Geist"[104], meinte Steffens feststellen zu müssen. Er war mit zwei Präsidenten befreundet, mit Theodore Roosevelt und Woodrow Wilson. Später begrüßte er die russische Oktoberrevolution, deren Wirkungen er bei einem Besuch in Petrograd und Moskau und in Gesprächen mit Lenin persönlich erlebt hatte, als Wegbereiterin der Zukunft, einer Zukunft, die seiner Meinung nach schon begonnen hatte.

4 *Jane Addams.*

Ähnlich wie Steffens schärfte auch ein junger sozialkritischer Schriftsteller, Upton Sinclair, den Blick der Öffentlichkeit für die Probleme der Zeit. Sinclair lernte bei seinen wochenlangen Recherchen für einen Roman, der sich mit der Arbeitswelt in den Schlachthöfen Chicagos auseinandersetzen sollte, die dortige Ausbeutung der häufig gerade erst eingewanderten Arbeiter und die katastrophalen hygienischen Bedingungen kennen. Sein Roman „The Jungle" (1906) beschrieb naturalistisch getreu die Arbeit auf den Schlachthöfen und die Praktiken, mit denen das Fleisch kranker Tiere für gesund erklärt und mit dem gesunder Tiere vermischt zu Konserven verarbeitet und verpackt wurde. Manche Leser des Romans verloren für längere Zeit jeden Appetit an Fleischgerichten. Der Roman, den Sinclairs Schriftstellerkollege Jack London (1876–1916) als „Onkel Toms Hütte der Lohnsklaverei" bezeichnete, wurde – nicht nur in Amerika – ein Bestseller. Nach seinem Erscheinen ordnete Präsident Roosevelt eine Untersuchung der Verhältnisse in der Chicagoer Schlachtindustrie an, die dann die von Sinclair beschriebenen Mißstände bestätigte. Eine Folge war die Verabschiedung von Lebensmittelgesetzen durch den Kongreß noch im gleichen Jahr.

Der Pädagoge und Philosoph John Dewey bereitete den Boden für demokratische Veränderungen im Bildungs- und Erziehungsbereich. Die Zahl der Schüler von Public Schools nahm seit einiger Zeit sprunghaft zu. 1910 besuchten über 15 Millionen Schüler öffentliche Grund- und Oberschulen. Viele Intellektuelle sahen in der Jugend und einer verbesserten Schulbildung eine potentielle Kraft, um den gewünschten sozialen Wandel zu erreichen. So auch John Dewey, der an der New Yorker Columbia University lehrte. Für Dewey war Intelligenz vor allem ein Instrument sozialer Aktion, dementsprechend gestaltete er seine pädagogischen Ideen. Die Public Schools sollten zu Werkzeugen sozialer Reform werden, indem sie die Schüler mit der sozialen Interdependenz vertraut machten und soziale Verantwortlichkeit lehrten. In einem Modellschulversuch, den Dewey in Chicago unternommen hatte, waren fest verankerte, streng angeordnete Stühle und Pulte der Schüler verbannt. Dewey ermutigte seine Schüler, im Klassenzimmer hin und her zu gehen, Fragen zu stellen und untereinander ebenso wie mit dem Lehrer zu diskutieren. Er war auch stets bemüht, die Bildungschancen von Kindern aus den unteren sozialen Schichten zu verbessern. Nach seiner Überzeugung sollte die Schule nicht nur die Werte der Demokratie und Zusammenarbeit lehren, sondern sie müßte diese Werte durch ihre Methoden und Lehrstoffe selbst verkörpern.

Auch unter den Politikern fand der Reformgedanke zu dieser Zeit eine teilweise vehemente Unterstützung. Einer der namhaftesten Reformpolitiker, Robert M. LaFollette, hatte als Gouverneur von Wisconsin diesen mittelwestlichen Staat am Beginn des neuen Jahrhunderts zu einem Reformmodell ausgebildet. LaFollette besteuerte die Konzerne stärker als bisher üblich, er hatte als erster in seinem Staat die Primaries, die Vorwahlen eingeführt, bei denen die Auswahl der Kandidaten zu allen Wahlen von den Parteimaschinen in die Hände der Wähler der Parteien gelegt wurde. Eisenbahnen und Versorgungsbetriebe wurden staatlicher Kontrolle unterworfen, eine Arbeitsgesetzgebung und Arbeitsunfallversicherung auf den Weg gebracht. Wisconsin – ein Staat, in dem Skandinavier und Deutsche in größerer Zahl lebten – entwickelte sich zu einem sozialpolitischen Laboratorium für die Progressive Era. Später (1905) wurde LaFollette in den Senat gewählt, dem er bis zu seinem Tod als aktiver Reformpolitiker und Pazifist angehörte.

Alle diese Reformimpulse der Progressive Era ließen ein neues soziales Verantwortungsgefühl erkennen, das darauf abzielte, die politischen Verhältnisse zu demokratisieren und dem Staat eine effektivere Rolle bei der Regulierung der sozialen und wirtschaftlichen

Kräfte zuzuweisen. Die Reformer des Progressive Movement wirkten darauf hin, die gesellschaftlichen Mißstände des Kapitalismus abzustellen. Anders als die amerikanischen Sozialisten dieser Zeit, die vorübergehend an Einfluß gewannen, wollten sie das bestehende System nicht beseitigen, sondern lebenswerter machen.

Die Bewegung, in sich sehr vielschichtig gefächert, verfügte über Anhänger in beiden großen Parteien, unter den Republikanern wie unter den Demokraten. Sie war auf Bundesebene, im Kongreß, ebenso vertreten, wie in den Einzelstaaten und im kommunalen Bereich. Ihr Schwergewicht lag, neben den großen Städten, auch wieder im Mittleren Westen und Westen des Landes.

Zu den *Zielen der progressiven Bewegung* gehörte ein breites Spektrum von Maßnahmen, angefangen von der Prohibition und dem Frauenwahlrecht – beide Ziele wurden bundesweit gegen Ende des Ersten Weltkrieges verwirklicht –, über gesetzliche Maßnahmen gegen den Mißbrauch der ökonomischen Macht durch die Trusts und für eine staatliche Regulierung der Industrie oder überhaupt des „Big Business". Weitere Ziele waren eine progressive Steuerreform, das Verbot der Kinderarbeit – von der damals noch ca. 1,8 Millionen Kinder und Jugendliche unter 16 Jahren betroffen waren – und die bundesweite Schaffung einer Unfallversicherung der Arbeiter. Der Natur- und Forstschutz spielte ebenfalls eine Rolle in den Zielen der Progressiven. Die Stadtverwaltungen sollten von den Auswüchsen der Korruption gesäubert werden, und der schrankenlose politische Einfluß der Parteibosse und Parteimaschinen sollte gebrochen werden. Daneben gab es auch noch andere Forderungen, wie etwa die nach einer Beschränkung der Einwanderung durch einen Lesetest (literacy test), um so vor allem die Masseneinwanderung aus Ost- und Südeuropa zu stoppen. Ein Einwanderungsgesetz untersagte (1907) die Einreise von Armen, Kriminellen, Anarchisten und Kranken. Es gab Bemühungen zur Einschränkung oder Beseitigung der Prostitution, in der viele Reformer „ein soziales Übel" sahen. In New York City fand ein regelrechter Kreuzzug gegen die Übelstände der Prostitution statt, in deren Ergebnis Tausende von Stundenhotels sowie einzelne besonders berüchtigte Bordelle geschlossen wurden, während Hunderte anderer derartiger Häuser zahlenmäßig reduziert und zu größerer Diskretion veranlaßt wurden. Ein Bundesgesetz stellte 1910 den Transport von Frauen von einem Bundesstaat in einen anderen „für unmoralische Zwecke", also den Mädchenhandel, unter Strafe. Die Rotlichtviertel in New Orleans, Chicago, Minneapolis und anderen Städten wurden beseitigt oder gezwungen, diskreter um Kunden zu werben. Schließlich befürworteten einzelne Reformer eugenische Maßnahmen zur Unterdrückung unerwünschter physischer oder mentaler Eigenschaften, z. B. durch Sterilisation von Kriminellen, Sexualverbrechern oder Geisteskranken. Einzelne Staaten legalisierten eine Zwangssterilisation dieses Personenkreises, später (1927) bestätigte das Oberste Gericht derartige Gesetze als verfassungskonform. Charakteristischerweise ignorierten die meisten dieser weißen Reformer die unwürdige Behandlung und Diskriminierung ihrer schwarzen Mitbürger, nicht zu reden von der Situation der Indianer, der sich erst in den 1930er Jahren Maßnahmen der Reformer mit dem New Deal Franklin D. Roosevelts zuwandten.

Während die Angehörigen des Progressive Movement im allgemeinen die sozialen und politischen Übelstände durch Reformen zu beseitigen suchten, sahen sie die Lage der Schwarzen meist durch eine rassistische Brille und ignorierten überwiegend solche Erscheinungen im Süden wie die Lynchjustiz gegen Schwarze und ihre neuerliche Rechtlosmachung und Diskriminierung in Politik und Gesellschaft, Öffentlichkeit und Bildung.

Ergebnisse der Reformbewegung – der politische Alltag

Die Reformbewegung konnte zwischen der Jahrhundertwende und dem Ersten Weltkrieg sowohl im einzelstaatlichen wie bundesstaatlichen Rahmen beachtliche Ergebnisse erzielen. Das Wahlsystem wurde vielerorts demokratisiert – sieht man vom fortbestehenden und fortgesetzten Ausschluß der schwarzen Wähler im Süden ab. Überall wurde nun die geheime Wahl eingeführt. Der Wähler brachte jetzt am Wahltag nicht mehr – wie früher – einen gedruckten Wahlschein mit, der nur den Namen des von ihm gewünschten Kandidaten enthalten hatte. Mit den Primaries, die nach dem Vorbild Wisconsins auch in anderen Staaten eingeführt wurden, erhielten die einfachen Parteianhänger einen stärkeren Einfluß als bisher auf die Auswahl der Kandidaten ihrer Partei für die öffentlichen Ämter. Mit dem 17. Verfassungszusatz wurde die Direktwahl der Senatoren verfügt, die bislang von den Legislativen der Einzelstaaten bestimmt worden waren. Die Einführung des Frauenwahlrechts machte besonders in den Staaten des Westens weitere Fortschritte. Als 1917 mit New York der bevölkerungsreichste Staat das Frauenwahlrecht einführte, bestand es inzwischen in 13 Staaten [siehe unten].

Allerdings hatten diese demokratischen Veränderungen gemischte Ergebnisse. Das Mehr an Demokratie im Interesse der Wähler und Wählerinnen wurde bald von den Parteiführern und anderen organisierten Interessengruppen so ausgenutzt, daß ihre etablierten Interessen weiter gesichert blieben. Andererseits ging im neuen Jahrhundert die Wahlbeteiligung bei Präsidentschafts- und Kongreßwahlen kontinuierlich zurück. Lag die durchschnittliche Wahlbeteiligung bei den Präsidentschafts- und Kongreßwahlen in den 1880er Jahren noch bei ca. 80 Prozent, so fiel sie im ersten Jahrzehnt des neuen Jahrhunderts auf ungefähr 65 Prozent zurück und lag 1912 unter 60 Prozent.

Von erheblichem Gewicht waren auch die gesetzlichen Maßnahmen der Einzelstaaten zum Schutz der Arbeit von Frauen und Kindern oder zum Schutz bei Arbeitsunfällen. Bis 1907 wurde in 30 Staaten die Kinderarbeit verboten, wobei die Altersgrenze, unterhalb derer die Kinderarbeit verboten wurde, von zwölf Jahren in einigen Staaten des Südens bis zu 15 oder 16 Jahren in South Dakota und Montana schwankte. Ein Gesetz in Oregon begrenzte die Frauenarbeit (1903) auf zehn Stunden am Tag. Bis 1917 hatten 39 Staaten und der District of Columbia die Arbeitszeit von Frauen gesetzlich beschränkt, und ein Dutzend von ihnen hatte Minimumlöhne festgelegt. Dennoch verdienten Frauen vor dem Ersten Weltkrieg wenig und wurden entschieden schlechter bezahlt als ihre männlichen Arbeitskollegen [Abb. 5].

In 25 Staaten einschließlich New Yorks gab es Gesetze zum Unfallschutz, in denen die Unternehmer für Arbeitsunfälle haftbar gemacht wurden. New York regulierte zu Beginn des Jahrhunderts die Verhältnisse in den Mietskasernen der Großstädte, nachdem eine Untersuchungskommission den katastrophalen Zustand vieler Wohnviertel der Armen in New York City festgestellt hatte. Ein Gesetz forderte, daß künftig Mietwohnungen beleuchtet und gelüftet werden konnten, daß sie fließendes Wasser, sanitäre Einrichtungen und Feuertreppen besaßen. Eine Kampagne für die Schaffung städtischer Parks, breiter Boulevards und besserer Freizeitmöglichkeiten hatte nicht nur in New York City Wirkung. Chicago gab jetzt über 300 Millionen Dollar für städtische Modernisierungsprojekte aus und wurde landesweit zum Vorbild moderner Großstadtgestaltung. In der Bundeshauptstadt Washington wurden die großzügigen städtebaulichen Vorhaben des Plans von L'Enfant

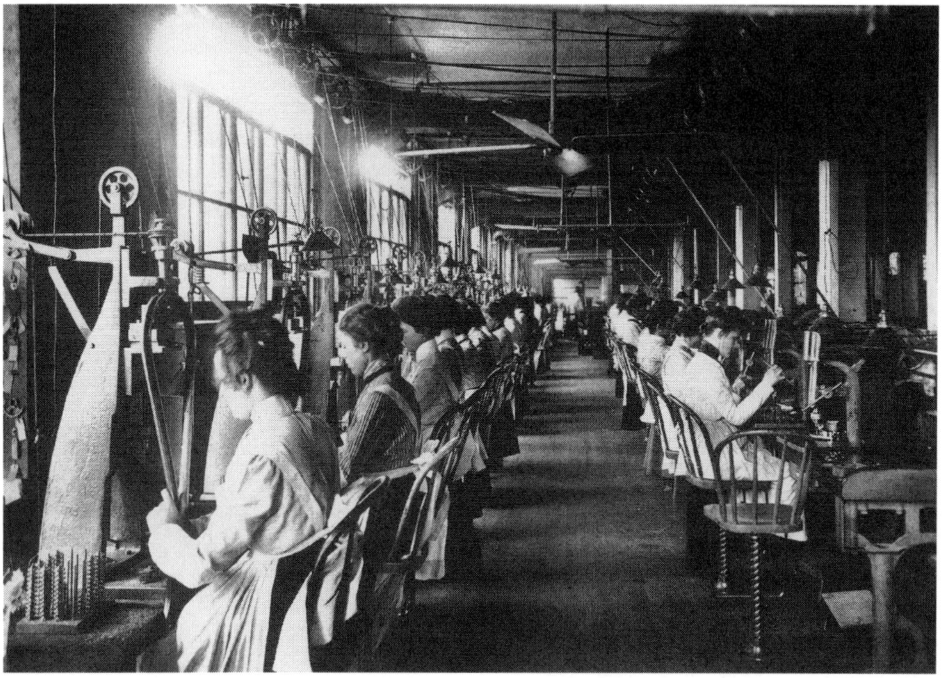

5 *Arbeiterinnen der Firma National Cash Register, Dayton, Ohio, um 1902.*

aus der Gründungszeit der Stadt, die längere Zeit vernachlässigt worden waren, wieder aufgegriffen. Seattle, St. Louis, Philadelphia und andere Städte stellten größere Mittel für die Schaffung von Parkanlagen, Spielplätzen und Boulevards bereit.

Zwei Präsidenten, der Republikaner Roosevelt [Abb. 6] und der Demokrat Wilson, setzten Ziele des Progressive Movement mit wichtigen Maßnahmen auf Bundesebene um. Theodore Roosevelts Reformpolitik (1901–1909) führte einige bemerkenswerte Veränderungen in der regulierenden Rolle des Staates ein. Von Interesse sind hierbei besonders seine Arbeiterpolitik, die Antitrustmaßnahmen, der Umwelt- und Naturschutz sowie die Lebensmittel- und die Arzneimittelgesetzgebung.

Im Herbst 1902 setzte der Präsident erstmals in der Geschichte der Bundesregierung – und gegen den Willen der Bergwerksbesitzer – den Staat zur *Schlichtung eines Streiks* ein, als 150.000 Bergleute in Pennsylvania monatelang um höhere Löhne und den Achtstundentag streikten. Die von der Regierung gebildete Schlichtungskommission untersuchte die Beschwerden der Bergleute und anerkannte in den meisten Punkten die Forderungen der Streikenden, denen eine zehnprozentige Lohnerhöhung, ein kürzerer Arbeitstag von acht bis neun Stunden und ein gewerkschaftliches Vertretungsrecht konzediert wurden. Roosevelt sprach sich damals und später für eine gesetzliche Regelung der Arbeitsbedingungen, für den Achtstundentag – der damals immer noch die Ausnahme bei wesentlich längerer Arbeitszeit bildete – und für eine Arbeitsschutzgesetzgebung des Bundes aus.

Eine zweite sozialpolitische Komponente seiner Regierung betraf das – ebenfalls vom Progressive Movement gewünschte – Vorgehen gegen die Trusts, gegen die marktbeherrschenden Konzerne. Roosevelt versprach eine verstärkte Regierungskontrolle über die Trusts und Maßnahmen gegen den Mißbrauch ihrer ökonomischen Übermacht. Ein Bundesbüro der Aktiengesellschaften wurde geschaffen, das den Machtmißbrauch der Trusts untersuchen und öffentlich machen sollte. Gegen einzelne Trusts im Eisenbahnsektor, im Versicherungswesen, in der Erdölverarbeitung (Standard Oil Co. of New Jersey) oder der Tabakindustrie begannen gerichtliche Verfahren, die dann unter Roosevelts Nachfolger William H. Taft (1909–1913) fortgesetzt wurden und teilweise mit der Auflösung von Trusts endeten.

6 *Theodore Roosevelt 1904 auf einer Kundgebung in Asheville, N.C.*

Zukunftsträchtig war auch das starke persönliche Interesse Roosevelts an den Aufgaben des *Naturschutzes*, der Bodenrekultivierung und des Schutzes der Wälder und Forste. In dieser Richtung wurden größere staatliche Anstrengungen unternommen und verschiedene Gesetze verabschiedet. Mit Giffort Pinchot (1865–1946) wurde ein aktiver Naturschützer an die Spitze der staatlichen Forstverwaltung gestellt. In Florida wurde auf Pelican Island das erste Wildreservat der USA geschaffen. Zu den seit dem letzten Drittel des 19. Jahrhunderts durch Bundesgesetz erstmals geschaffenen Nationalparks, den großräumig und großzügig geschützten Naturwundern des Landes wie dem Yellowstone National Park in Wyoming [Abb. 7] oder dem Yosemite National Park in Kalifornien [Abb. 8] kamen jetzt weitere hinzu wie der Crater Lake Park in Oregon, der Grand Canyon in Arizona oder der Zion Park in Utah, so daß 1910 bereits 13 Nationalparks bestanden, deren gigantische Landschaften von annähernd 200.000 Besuchern bestaunt wurden. Daneben wurde 1906 mit dem Devils Tower in Wyoming, einem imposanten Basaltfelsen [Abb. 9], das erste National Monument unter staatlichen Schutz gestellt. Weitere nationale Denkmäler und eine größere Zahl von Wildreservaten wurden durch das Gesetz geschützt.

Schließlich verabschiedete die Regierung mehrere Gesetze gegen Mißstände in der Fleisch-, Lebensmittel- und Arzneimittelindustrie. Den letzten Anstoß zu diesen Maßnahmen staatlicher Kontrolle eines im Alltag wichtigen Wirtschaftszweiges hatte Upton Sinclair mit seinem Roman „The Jungle“ gegeben (siehe oben), in dem die unappetitlichen und unhygienischen Verhältnisse in der Chicagoer Fleischkonservenindustrie beschrieben wurden. Die Gesetze sahen eine bundesstaatliche Inspektion der Fleischindustrie vor und verboten den Handel mit „verfälschten, giftigen oder schädlichen“ Lebensmitteln, Arzneien und Spirituosen. Die Reformgesetzgebung der Progressive Era wurde unter Roosevelts Nachfolger, dem Republikaner Taft, in abgeschwächter Form fortgesetzt. Mit der Präsidentschaft Wilsons (1913–1921) kam es dann seit 1913 für einige Jahre nochmals zu einem zweiten größeren Reformansatz (vgl. Kap. 10), bis der Erste Weltkrieg zum Ende der Progessive Era und der damit verbundenen Reformen führte.

7 *Thomas Moran (1837–1926) „The Grand Canon of the Yellowstone" (1872). Das Bild entstand im selben Jahr, in dem der Yellowstone National Park geschaffen wurde. Es wurde vom Kongreß gekauft und im Capitol ausgestellt.*

Die Verhältnisse in der Arbeitswelt ließen vor dem Ersten Weltkrieg viel zu wünschen übrig, auch wenn man berücksichtigt, daß die Einkommen der rund sechs Millionen amerikanischen Arbeiter höher waren als die der europäischen Arbeiter. Der größte Teil der Industriearbeiter hatte einen langen Arbeitstag. Drei Viertel von ihnen waren zwischen 54 und 60 Stunden wöchentlich tätig. Noch immer blieb, trotz einzelstaatlicher Einschränkungen, die Zahl der arbeitenden Kinder in Industrie, Bergbau und Dienstleistungsbereich sehr hoch. Mit 1,6 Millionen Kindern im Alter von zehn bis 15 Jahren mußten 15 Prozent der Kinder dieser Altersgruppe bereits Geld verdienen.

Ungesunde, enge und überhitzte Produktionsstätten, die sogenannten Sweetshops, von Jack London in seinem autobiographischen Roman „Martin Eden" (1909) anschaulich beschrieben, waren vielerorts anzutreffen. Lange Arbeitszeiten und unzureichende Arbeitsbedingungen führten dazu, daß die Zahl der Arbeitsunfälle in den USA damals im weltweiten Vergleich besonders hoch war. Eine Untersuchung ergab für 1913 die Zahl von 25.000 Toten und 700.000 ernsthaft verletzten Opfern von Arbeitsunfällen in Industrie und Bergbau. Das folgenschwere Brandunglück in der New Yorker Triangle-Blusenfabrik von 1911 war kein Einzelfall. Einige Zeit früher, 1907, waren bei einem schweren Bergwerksunglück in West Virginia 361 Bergleute umgekommen.

Die Realeinkommen der Arbeiter waren in dieser Zeit – wenn auch langsam – im Steigen begriffen. Wachsende Produktivität, vergrößerte Umsätze und die Anstrengungen der gewerkschaftlich organisierten Arbeiter führten diese Entwicklung herbei. Die jährlichen Durchschnittslöhne der Industriearbeiter stiegen von 532 Dollar am Ende des 19. Jahrhunderts auf 687 Dollar im Jahr 1915. Arbeitete nur der Familienvater, so reichte sein Lohn häufig nicht aus, um die Lebenshaltungskosten seiner Familie zu bestreiten. Sie machten

8 *Gedenktafel im Yosemite Nationalpark, die an den Besuch Präsident Roosevelts im Jahre 1903 – gemeinsam mit dem Pionier des Naturschutzes John Muir (1838–1914) – erinnert.*

9 *Devils Tower in Wyoming, ein imposanter Monolith aus vulkanischem Basalt, der fast 290 Meter über die Ebenen im nordwestlichen Wyoming hinausragt.*

1908 annähernd 700 Dollar im Jahr aus. Davon wurden 317 Dollar oder 45 Prozent für Nahrungsmittel benötigt. Ein Brot kostete damals sieben Cents, ein Sandwich war für fünf bis zehn Cents zu haben [Abb. 10]. An zweiter Stelle im Ausgabenbudget standen mit 140 Dollar oder 20 Prozent die Ausgaben für Kleidung. Ein gutes Paar Schuhe kostete zwei Dollar. Es folgten die Ausgaben für Miete, die mit 120 Dollar oder 16 Prozent der Gesamtausgaben veranschlagt wurden.

Rücklagen für Notfälle waren kaum möglich. Unter den Neueinwanderern waren oft ganze Familien gezwungen, zur Arbeit zu gehen. Zwei Drittel der jungen Mädchen dieser Einwandererfamilien waren am Beginn des 20. Jahrhunderts als Arbeiterinnen tätig, häufig als schlechtbezahlte Hilfskräfte in kleineren Unternehmen wie Wäschereien oder Bäckereien. Lange Arbeitszeit, fehlender Arbeitsschutz, strapaziöse Arbeitsbedingungen waren die eine Seite der Arbeitswelt dieser Jahre. Es gab andererseits weder bezahlten Urlaub noch eine Krankenversicherung. Altersrenten oder Ruhegelder waren praktisch unbekannt. Ein neueres Textbuch zur Geschichte der USA stellt dazu fest: „Von seltenen Ausnahmen abgesehen eignete sich der amerikanische Kapitalismus das Maximum der Arbeit seiner Arbeitskräfte an und gab dafür ein bloßes Minimum zurück.“[105]

Bei diesen Verhältnissen kann es nicht überraschen, daß damals die Gewerkschaften in Amerika Fortschritte machten und auch die sozialistische Idee zeitweilig einen spürbaren politischen Einfluß gewann. 1914 waren bereits 2,65 Millionen Arbeiter gewerkschaftlich organisiert, davon zwei Millionen in den Facharbeitergewerkschaften der American

10 *Lunchroom in St. Louis um 1900. Diese einfachen Restaurants waren besonders bei städtischen Angestellten beliebt. Die Preise für die Lunchbrötchen (5 bis 10 cent) sprechen für sich.*

Federation of Labor. Seit der Jahrhundertwende war ein deutliches Anwachsen der Streikaktivität festzustellen. Unter den Streikgründen spielten neben Lohnfragen, Arbeitszeit und Arbeitsbedingungen auch die Kämpfe um die Anerkennung der Gewerkschaften durch die Unternehmer eine zunehmende Rolle. Besonders in der Textilindustrie konnte eine Reihe erfolgreicher Streikkämpfe geführt werden, wobei die Textilarbeiterinnen der International Ladies' Garment Workers' Union in New York besonders hervortraten.

In Chicago wurde 1905 eine militante Gewerkschaft der Industriearbeiter gegründet, die Industrial Workers of the World (IWW), die zwar nur etwa 30.000 Mitglieder hatte, aber einige spektakuläre Streiks an Brennpunkten der industriellen Auseinandersetzung erfolgreich führen konnte. Auch diese Arbeitskämpfe trugen dazu bei, der Progressive Era ihr spezifisches Gepräge zu geben.

Frauenfrage und Frauenbewegung

Anfang 1910 konnten Frauen erst in vier – noch dazu dünn besiedelten – Staaten des Westens wählen, und zwar in Wyoming, Utah, Colorado und Idaho. In sechs Staaten hatte der Kampf um das Frauenwahlrecht inzwischen bei Volksabstimmungen eine Niederlage erlitten. Doch gewann dieser Kampf auch in den Vereinigten Staaten im veränderten sozialen und politischen Klima seit der Jahrhundertwende neue Lebenskräfte. Für eine wachsende Zahl von Frauen der Mittelklasse erschien es absurd, daß sie nicht wählen konnten, wäh-

11 *Straßenparade der Suffragetten in Washington am Tag der Amtseinführung Präsident Wilsons am 5. März 1913.*

rend naturalisierte Neueinwanderer, die häufig eine geringe Bildung besaßen, nur deshalb wählen konnten, weil sie Männer waren. Der Aufschwung der Suffragetten-Bewegung in Großbritannien wirkte sich auch über den Atlantik hinweg nach Amerika aus. Schließlich sorgte das Reformklima des Progressive Movement, in dem Frauen eine wichtige Rolle spielten, ebenfalls dafür, der Frauenbewegung neuen Schwung zu verleihen. In Großstädten wie in New York City, Chicago, Los Angeles entwickelten die Suffragetten neue wirksame Formen der Öffentlichkeitsarbeit wie Straßenparaden und Demonstrationen [Abb. 11], Versammlungen an Straßenecken und andere wirksame Formen der Öffentlichkeitsarbeit. Bis 1912 wurden Washington, Kalifornien, Oregon, Arizona und Kansas für das Frauenwahlrecht gewonnen. Montana, der Staat im Westen, in dem dann mit Jeannette Rankin (1880–1973) die erste Kongreßabgeordnete gewählt wurde, führte das Frauenwahlrecht 1914 ein. Mit dem Sieg des Frauenwahlrechts in New York kam es endlich 1917 – wie schon erwähnt – auch an der Ostküste zum Durchbruch in dieser Hinsicht.

Eine neue Generation von Führerinnen verlieh der Frauenbewegung damals ebenfalls neuen Schwung. Eine besondere Ausstrahlung erreichte Alice Paul (1885–1977), die aus einer Quäkerfamilie in New Jersey stammte und einige Jahre aktiv an der Suffragetten-Bewegung in England und Schottland mitgewirkt hatte. Deren militante Taktik übertrug sie auf den amerikanischen Kampf um das Frauenwahlrecht, das sie durch einen Verfassungszusatz bundesweit gewährleisten wollte. Auch während des Ersten Weltkrieges stellte Alice Paul mit ihren Anhängerinnen diesen Kampf nicht ein. Im Kriegsjahr 1917, als die USA in den Weltkrieg eintraten, demonstrierte sie mit anderen Frauen rund um die Uhr in Washington vor dem Weißen Haus und machte Präsident Wilson persönlich für die nach wie vor bestehende Verweigerung des Frauenwahlrechts im Landesmaßstab verantwortlich. Paul und andere Frauen wurden verhaftet, traten in den Hungerstreik und wurden gewaltsam ernährt. Nicht zuletzt ihrem persönlichen Mut ist es zu verdanken, daß der Kampf um das Frauenwahlrecht 1919 schließlich siegreich endete (vgl. Kap. 10).

Die um das Frauenwahlrecht kreisende Bewegung wurde überwiegend von weißen, im Land geborenen Frauen der Mittelklasse getragen. An der Basis kam es mitunter auch zur Unterstützung durch schwarze Frauen, Einwanderinnen und Fabrikarbeiterinnen. Letztere traten hauptsächlich für die Gleichberechtigung der Frau in Arbeit und Beruf ein, forderten gleichen Lohn für gleiche Arbeit und organisierten Streikkämpfe der Textilarbeiterinnen in New York und anderswo. Frauen stellten inzwischen ein Fünftel aller Arbeitskräfte. Sie dominierten vor allem in den schlechtbezahlten Berufen als Hausangestellte, Kellnerinnen, Wäscherinnen, Schneiderinnen oder Lehrerinnen. So waren beispielsweise von den 565.000 Lehrern an Public Schools im Jahr 1913 vier Fünftel Frauen.

Es gab auch unter Frauen Widerstände gegen das Frauenwahlrecht. Die Witwe eines der reichsten New Yorker Geschäftsmänner, Josephine Dodge (1855–1928), gründete 1911 die *National Association Opposed to Woman Suffrage.* Ihrer Meinung nach besäßen Frauen bereits genügend Einfluß hinter der Szene. Man solle sie nicht in die Niederungen der Politik hinunterziehen, das würde nur die Moral und spirituelle Rolle der Frau untergraben.

Neben dem Einsatz für das Frauenwahlrecht traten Frauen und Frauenorganisationen auch für weitere Reformziele ein. Sie setzten sich für die Einrichtung von Spielplätzen und Kindertagesstätten in den Slums der Großstädte ein und bekämpften die Kinderarbeit. Sie engagierten sich für die Verbesserung der Arbeitsbedingungen für weibliche Arbeiter und traten für ein Verbot schädlicher Lebensmittel und zusammengepfuschter Medikamente ein.

Erkennbare Fortschritte gab es in dieser Zeit in der Öffnung weiterer Universitäten und Colleges für das Frauenstudium und in der Zunahme der Zahl sowie des Anteils der Studentinnen. Am Vorabend des Ersten Weltkrieges hatten Frauen mit 11.084 Studienabschlüssen einen Anteil von 26 Prozent an den Bachelor-Examen. Selbst die großen medizinischen Fakultäten des Landes an der Universität von Pennsylvania, der Columbia-Universität und der Harvard-Universität sahen sich zwischen 1914 und 1918 schließlich gezwungen, Frauen zum Medizinstudium zuzulassen. Als Lehrerinnen und als Sozialarbeiterinnen übertrafen Frauen inzwischen deutlich ihre männlichen Berufskollegen. Seit dem Ende des 19. Jahrhunderts wurden Frauen nun auch erstmalig als Anwälte zugelassen.

Ein besonders spektakuläres und umstrittenes weibliches Anliegen wurde von der jungen Margaret Sanger in der Öffentlichkeit eingefordert, das Recht auf Geburtenkontrolle, wobei auch der Begriff *birth control* von ihr geprägt wurde. Margaret Sanger (1879–1966) war eine von elf Geschwistern einer armen New Yorker Familie irischer Herkunft und hatte miterleben müssen, wie ihre völlig verbrauchte Mutter schon im Alter von 49 Jahren verstarb. Als Krankenschwester und radikale Sozialarbeiterin wurde sie in New Yorks Lower East Side Zeugin vieler unerwünschter Schwangerschaften unter den Bewohnerinnen dieses Arbeiterviertels. Häufig kam es zu Todesfällen im Gefolge unsachgemäßer Abtreibung, die damals zehn Dollar kostete. Sanger publizierte die Zahlen dieser Todesfälle, was ihr den Vorwurf „obszöner" Berichterstattung und gerichtliche Verfolgung einbrachte. Geburtenkontrolle war für Sanger der Schlüssel zur Emanzipation der Frau. „Suffragetten, Feministinnen und alle Frauenorganisationen werden solange keinen Fortschritt erzielen", schrieb sie, „bis sie die Tatsache anerkennen, daß Frauen nicht auf gleichem Fuß mit Männern stehen können, solange sie nicht die volle und vollständige Kontrolle über ihre reproduktiven Funktionen haben."[106] 1914 ging sie für längere Zeit nach Europa, um einem Prozeß und der zu erwartenden längeren Haftstrafe auszuweichen. Nach ihrer Rückkehr in die USA eröffnete sie im Oktober 1916 in Brooklyn, New York City, die erste Klinik Amerikas für Geburtenkontrolle. Gegen eine Gebühr von zehn Cents beriet sie vorwiegend italienische und jüdische Einwanderinnen über die verschiedenen Möglichkeiten der Empfängnisverhütung und verhalf ihnen gegebenenfalls zu einem Pessar. Zehn Tage später wurde die Klinik von der Polizei geschlossen und Margaret Sanger verhaftet. Sie blieb 30 Tage in Haft, bis ein Richter entschied, daß Geburtenkontrolle eine Angelegenheit der Ärzte sei, ein Problem der Gesetzgebung und nicht der Gerichtshöfe. Damit wurde auf längere Sicht der Weg zu einer Legalisierung der Geburtenkontrolle in den Händen der Ärzte frei. 1923 konnte Sanger, nun gemeinsam mit einer Ärztin, eine zweite Klinik für Geburtenkontrolle in New York eröffnen. Schließlich wurde – dank ihrer jahrelangen unerschrockenen Öffentlichkeitsarbeit – dann 1936 auch das Recht der Ärzte auf eine empfängnisverhütende Beratung mit einer gerichtlichen Entscheidung bestätigt.

Andere Feministinnen setzten sich in jenen Jahren mit der sexuellen Diskriminierung der Frau auseinander und befürworteten die ökonomische Unabhängigkeit der Frauen, zum einen durch ihre Gleichstellung am Arbeitsplatz, zum anderen durch eine Entlastung von der Hausarbeit mit Hilfe staatlich geförderter Hausarbeitszentren, z. B. in Gestalt von Wasch- oder Kochstützpunkten. Auch traten sie für die Schaffung staatlicher Kindereinrichtungen ein.

Es herrschte damals in der Frauenbewegung Amerikas eine sehr lebendige und vielfältig nuancierte Aufbruchsstimmung. Mit Emma Goldman (1869–1940) und Elizabeth G. Flynn (1890–1964) waren zwei Frauen in der militanten Gewerkschaftsbewegung maßgeblich vertreten, mit Alice Paul und Charlotte P. Gilman (1860–1935) setzten sie sich an vorderster Front in der Suffragetten-Bewegung ein. Jane Addams und Florence Kelley (1859 bis 1932) leisteten beispielhaft Sozialarbeit und initiierten den gesetzlichen Frauen- und Kinderschutz, Margaret Sanger und Mary W. Dennett (1872–1947) wurden zu Pionieren der Bewegung für Geburtenkontrolle. In allen diesen Bereichen kam es in der Progressive Era zu Ergebnissen von lange nachwirkender Bedeutung. Der Erste Weltkrieg sollte dann auch beträchtliche Veränderungen in der sozialen und wirtschaftlichen Stellung der Frau herbeiführen (vgl. Kap. 10).

Gewissermaßen ein Nebenergebnis des Eintretens für mehr Frauenrechte und eine eher symbolische Geste war die Einführung des Muttertages in den USA. Der Kongreß, der zwar noch nicht bereit war, das Frauenwahlrecht bundesweit zu gewährleisten, beschloß im Mai 1914, den zweiten Sonntag im Mai künftig als Feiertag zu Ehren der Mütter zu begehen. Dies war auch weltweit die Geburtsstunde des Muttertages.

Die Lage der schwarzen Amerikaner – Entwicklungen der Bürgerrechtsbewegung

Zu Beginn des neuen Jahrhunderts gab es zehn Millionen schwarze Amerikaner im Land. Sie wohnten ganz überwiegend noch im ländlichen Süden, wo sie als Teilpächter und Pachtfarmer vom Baumwollanbau lebten [Abb. 12]. Ihre ohnehin prekäre wirtschaftliche Situation wurde durch das Umsichgreifen von Baumwollschädlingen und durch wiederholte Überschwemmungskatastrophen weiter erschwert. Eine wachsende Zahl von ihnen verließ die ländliche Heimat und suchte eine neue Existenzgrundlage in den Städten als Fabrik-, Hafen- oder Eisenbahnarbeiter, andere auch als Bergleute. Die Frauen, von denen über die

12 *Baumwollpflücker bei der Ernte.*

Hälfte berufstätig war, verdingten sich als Dienstboten und Näherinnen oder als Arbeiterinnen in den Wäschereien und Tabakfabriken.

Im frühen 20. Jahrhundert lastete der Rassismus in seiner durch Gesetze und Entscheidungen der Gerichte sanktionierten Form allgemein auf den Lebensverhältnissen der Schwarzen. Das Wahlrecht war ihnen im Süden durch einzelstaatliche Wahlbestimmungen wieder entzogen worden (vgl. Kap. 8). Die Rassentrennung von Schwarzen und Weißen galt dort in Straßenbahnen und im Eisenbahnverkehr, für Schulen und Parkanlagen, für öffentliche Gebäude und selbst auf den Friedhöfen. Die meisten Gewerkschaften – insbesondere die American Federation of Labor – nahmen schwarze Arbeiter nicht als Mitglieder auf. Schwarze Facharbeiter erhielten ein Drittel weniger Lohn als ihre weißen Arbeitskollegen. In einigen Fällen kam es vor, daß in Gerichtsverfahren schwarze und weiße Zeugen den Eid auf verschiedene Exemplare der Bibel zu leisten hatten.

Gefangen in einem Zyklus von Armut, mangelnder Bildung, täglicher Diskriminierung und politischer Rechtlosigkeit lebten die Schwarzen im Süden unter bedrückenden Verhältnissen. Für die im Norden des Landes wohnenden etwa eine Million schwarzen Amerikaner war die Lage nur graduell besser. Unter dem Eindruck der langen Wirtschaftsdepression der 1890er Jahre und bei stetig größer werdender Zuwanderung aus Ost- und Südeuropa – als der Kampf um Arbeitsplätze heftiger wurde – breitete sich auch in den Industriestädten des Nordens ein aggressiver Rassismus aus. Im Sommer 1908 kam es in Springfield, Illinois, zu schweren Rassenzusammenstößen, bei denen zahlreiche Schwarze gelyncht wurden. Derartige Vorkommnisse – zuletzt die folgenreichen Rassenunruhen von 1906 in Atlanta, Georgia –, waren zuvor meist auf den Süden beschränkt gewesen, jetzt griffen sie auch auf die Städte im Norden über. Charakteristischerweise zeigten häufig Einwanderer, die selbst noch nicht in die Gesellschaft integriert waren, aber mit schwarzen Amerikanern um Arbeitsplätze und Wohnungen konkurrierten, besonders intensive Rassenvorurteile. Die Rassentrennung war im Norden – obgleich hier weniger juristisch sanktioniert – eine Tatsache, die durch sozialen Druck, notfalls durch Gewalt erzwungen wurde. Die Schwarzen lebten in den Großstädten des Nordens in heruntergekommenen Wohnvierteln, besuchten baufällige, schäbige Schulen und mußten für unterbezahlte Jobs arbeiten. Obgleich sie hier wählen konnten und gewöhnlich für die Republikanische Partei, für die Partei Abraham Lincolns, stimmten, hatten ihre Stimmen nur geringen politischen Einfluß. Die Republikanische Partei war fest in der Hand weißer Führer, und diese sahen in den schwarzen Wählern lediglich nützliche Stimmengeber, die man wohl bei der Arbeitsuche unterstützte, um sich ihrer Dankbarkeit zu versichern, deren spezifische Interessen darüber hinaus man aber nicht weiter beachtete.

Angesichts dieser Schattenseiten ihrer Lage entwickelten die schwarzen Amerikaner zu jener Zeit verstärkt *Selbstbewußtsein*, *Gruppensolidarität* und eine lebendige *kulturelle Aktivität*. Ein Zentrum ihres Daseins und ihres geistigen Lebens war durch das religiöse Leben und die Kirchen der Schwarzen im Süden gebildet. Eine kleine Anzahl „schwarzer" Colleges und Universitäten wie die Howard University in Washington, D. C., stemmte sich im Bildungsbereich gegen die andauernde Misere verweigerter Bildungschancen für schwarze Amerikaner. Im Sport und in der Musik konnten Afroamerikaner erste Erfolge, ja Triumphe erzielen. Während die etablierte nationale Baseball-Liga weiterhin schwarze Spieler ausschloß, sorgte eine „Negro League" in dieser populären Sportart für Stars auf dem Spielfeld und hatte bald eine wachsende Anhängerschaft im schwarzen Amerika. Ein schwarzer Boxer, Jack Johnson (1878–1946) aus Texas, gewann 1908 den Weltmeistertitel im Schwergewicht und verteidigte ihn einige Jahre. Johnson war der beste Boxer seiner Zeit. Sein siegreicher Kampf gegen den früheren Weltmeister James J. Jeffries (1875–1953) in Reno, Nevada, wurde von der New York Tribune auf der Titelseite mit sechs Spalten gewürdigt. Der Kampf und Sieg des schwarzen Boxers gegen einen weißen Faustkämpfer war von rassistischen Krawallen und Gewalttaten begleitet.

Der bereits vor der Jahrhundertwende im Süden, mit seinem Zentrum in New Orleans, entstandene Jazz war zu dieser Zeit weitgehend eine schwarze Domäne. Er gewann jetzt zusehends Anerkennung als musikalischer Ausdruck des modernen Lebensgefühls und als autonome musikalische Leistung Amerikas. 1914 entstand, komponiert von W. C. Handy (1873–1958), der „St. Louis Blues", der klassische Titel der Blues-Musik. Handy, der „Vater des Blues", bestätigte den Zusammenhang seiner Musik mit den Volksweisen und Liedern der Sklaven: „Jeder meiner Blues geht auf ein altes Negerlied aus dem Süden zurück, auf ein Volkslied, das ich von meiner Mami gehört habe, als ich ein Kind war. Etwas, das mir im Gedächtnis haften geblieben ist, das ich vor mich hin summe, ohne daß ich daran denke. Irgendein altes Lied, das ein Teil meiner Kindheitserinnerung ist und ein Teil meiner Rasse. Ich kann Ihnen für jeden einzelnen meiner Blues das bestimmte Lied nennen, das ich als Vorlage benutzte. Ja, die Blues, das sind echte, sind wirkliche Volkslieder."[107] Mit dem Ersten Weltkrieg trat der Jazz seinen Siegeszug nach Norden, nach Chicago und New York, an und wurde in dem anschließend beginnenden „Jazz Age" noch reichhaltiger und wirkungsmächtiger (vgl. Kap. 11).

Die *Bürgerrechtsbewegung* der schwarzen Amerikaner zeigte seit der Jahrhundertwende im organisatorischen wie im politischen Bereich bemerkenswerte Entwicklungen zu einem größeren Selbstbewußtsein und zu verstärktem demokratischen Anspruch. Das moderate und stark kompromißbetonte Konzept der Gleichberechtigung durch berufliche Bildung, wie es von Booker T. Washington seit dem ausgehenden 19. Jahrhundert propagiert worden war (vgl. Kap. 8), stieß jetzt im neuen Jahrhundert unter den schwarzen Führern im Norden zunehmend auf Ablehnung. Zum wichtigsten Gegenspieler Washingtons wurde der schwarze Wissenschaftler, Schriftsteller und Bürgerrechtler William E. B. Du Bois (1868 bis 1963). Du Bois [Abb. 13] hatte 1895 an der Harvard University als erster schwarzer Amerikaner das Doktorexamen abgelegt und den Ph. D. erworben. Er hatte eine Zeitlang auch in Deutschland studiert und dort Gustav Schmoller (1838–1917) und Max Weber (1864 bis 1920) gehört. Nach seiner Promotion lehrte Du Bois an der Universität von Atlanta, der Schwarzen-Universität des Südens, Volkswirtschaft und Geschichte. Er war ein gutaussehender, hochintelligenter und entschlossener Wissenschaftler, der kompromißlos der Rassendiskriminierung den Kampf ansagte. In seiner aufsehenerregenden Schrift „The Souls of Black Folk" (1903) erklärte er die Rassentrennung zu *dem* Problem des 20. Jahrhunderts und setzte sich mit der zwiespältigen Stellung seiner schwarzen Mitbürger als Schwarze und als Amerikaner auseinander. „Man fühlt seine Doppelartigkeit – ein Amerikaner, ein Neger, zwei Seelen, zwei Gedanken, zwei unversöhnliche Bestrebungen, zwei widerstreitende Ideale, in einem schwarzen Körper ... Die Geschichte des amerikanischen Negers ist die Geschichte dieses Konflikts."[108] Der schwarze Amerikaner sollte weder seine schwarze Identität aufgeben noch auf seine Zugehörigkeit zu Amerika verzichten. Es müsse für ihn einfach möglich werden, beides zu sein, sowohl ein Schwarzer als auch ein Amerikaner, ohne bei der einen oder anderen Seite deswegen Schwierigkeiten zu bekommen. Du Bois lehnte die seiner Ansicht nach devote Haltung von Booker T. Washington ab und forderte statt dessen für die Angehörigen seines Volkes den ungehinderten Zugang zu allen Bildungseinrichtungen und intellektuellen Möglichkeiten, die den weißen Amerikanern offenstanden. Darüber hinaus müßten die Schwarzen entschieden gegen jede Form der Rassendiskriminierung kämpfen. Du Bois wies dem Bürgerrechtskampf der Afroamerikaner für das beginnende Jahrhundert die Richtung. Seine Anhänger schlossen sich 1905 zur „Niagara-Bewegung" zusammen, forderten die Abschaffung jeglicher Rassendiskriminierung, die Bürgerrechte und das „Wahlrecht für die Neger". Von allen Seiten heftiger Kritik ausgesetzt, fand die radikale Niagara-Bewegung bald die Aufmerksamkeit der Öffentlichkeit.

Einige Jahre später (1909) entstand dann unter Beteiligung auch weißer liberaler Bürgerrechtler und unter Einschluß der Niagara-Bewegung als neue Dachorganisation der schwarzen Amerikaner die National Association for the Advancement of Colored People (NAACP). Veranlaßt wurde die Gründung durch die negerfeindlichen Ausschreitungen in Springfield, Illinois, im Vorjahr. Die NAACP setzte sich für die Beseitigung der Rassendiskriminierung, gegen den Rassismus in der amerikanischen Öffentlichkeit, für ein Ende der Lynchjustiz und für die Gleichberechtigung der schwarzen Amerikaner ein. Du Bois wurde zum Herausgeber der offiziellen Zeitschrift der NAACP „The Crisis" [Abb. 14]. Anfangs war er der einzige leitende Funktionär schwarzer Hautfarbe in der neuen Organisation. Sie wurde in der Folgezeit besonders für die Angehörigen der schwarzen städtischen Mittelklasse attraktiv. 1914 hatte die NAACP landesweit 6000 Mitglieder in 50 Sektionen, heute sind es 400.000. Der Kampf um die Rassengleichheit in Amerika verfügte damit über eine neue kräftige Stimme.

13 *W. E. B. Du Bois, der radikale Führer der Afroamerikaner in der ersten Hälfte des 20. Jahrhunderts.*

THE CRISIS

RECORD OF THE DARKER RACES

Volume One NOVEMBER, 1910 Number One

Edited by W. E. BURGHARDT DU BOIS, with the co-operation of Oswald Garrison Villard, J. Max Barber, Charles Edward Russell, Kelly Miller, W. S. Braithwaite and M. D. Maclean.

CONTENTS

Along the Color Line	3
Opinion	7
Editorial	10
The N. A. A. C. P.	12
Athens and Brownsville By MOORFIELD STOREY	13
The Burden	14
What to Read	15

PUBLISHED MONTHLY BY THE

National Association for the Advancement of Colored People

AT TWENTY VESEY STREET NEW YORK CITY

ONE DOLLAR A YEAR TEN CENTS A COPY

14 *Titelseite der ersten Nummer der „Crisis", der von Du Bois herausgegebenen Zeitschrift der NAACP, der für lange Zeit wichtigsten Zeitschrift der Afroamerikaner in den USA.*

Technischer Fortschritt und Alltag

Die technischen Neuerungen im Bereich der Elektroindustrie, bei der Herstellung von Automobilen oder in Gestalt von Kino und Filmentwicklung wirkten erheblich auf das tägliche Leben der Amerikaner. Die elektrisch betriebenen Straßenbahnen, die jetzt in den größeren Städten allerorts verkehrten, reichten für den Nahverkehr in New York, Chicago und Boston bald nicht mehr aus. Infolgedessen gingen Boston und New York um die Jahrhundertwende nach dem Beispiel Londons zum Bau von Untergrundbahnen (*Subways*) über. Der erste Streckenabschnitt der New Yorker Subway konnte 1904 eröffnet werden. Nur wenig später wurden der East River und der North River untertunnelt, um Brooklyn bzw. New Jersey an das Subwaynetz anzuschließen. Auch die Eisenbahn ging langsam zum elektrischen Betrieb der Züge über, bald war die Strecke zwischen New York City und Stamford, Connecticut, elektrifiziert. In den Zügen wurden elektrische Lampen installiert, zuerst auf der Strecke von Chicago nach Kalifornien (1905).

Die ersten *Automobile* waren in Amerika bereits in den 1890er Jahren gebaut worden. Im neuen Jahrhundert wurde „das Automobil aus einer fixen Idee herumspielender Mechaniker oder von einem ‚Spielzeug der Reichen' zu einem breit genutzten Vergnügen und zu einem Geschäftsfahrzeug".[109] 1903 durchquerte zum ersten Mal ein Auto in 52 Tagen die USA von San Francisco nach New York. Ein Jahr später erließ der Staat New York die erste

15 *Das Ende der Ära des Planwagens auf dem Lande symbolisiert dieses Bild aus Nebraska aus dem Jahre 1912, das ein Auto und einen von Maultieren gezogenen Planwagen zeigt.*

Geschwindigkeitsbegrenzung für Autos, und zwar wurde die Höchstgeschwindigkeit in Städten auf zehn Meilen pro Stunde, in Kleinstädten auf 15 Meilen und auf dem Land auf 20 Meilen festgelegt. 1908 wurde in New York City unter amerikanischer Beteiligung das erste Autorennen rund um die Welt gestartet, das über Alaska und Sibirien bis nach Paris führte. Von den sechs Teilnehmern erreichten nur drei das Ziel, darunter auch der Amerikaner.

Am Beginn des Jahrhunderts gab es in den USA immerhin schon 8000 Automobile, 15 Jahre später zählte man 2,5 Millionen. Vor allem für die unermeßlichen Weiten Amerikas bedeutete die Einführung des Autos als tägliches Transportmittel eine Revolution im Leben der Menschen. Es verringerte die Entfernung zwischen Stadt und Land, durchbrach die bisherige provinzielle Abgeschlossenheit des Farmlebens [Abb. 15], vergrößerte die geschäftlichen Möglichkeiten des Farmers und erweiterte seinen Horizont. Das Auto begünstigte die weitere Ausbreitung der Vorstädte (*suburbs*), deren Bewohner jetzt nicht mehr ausschließlich auf Straßenbahn und Eisenbahn angewiesen waren. Es leistete der traditionellen Mobilität der Amerikaner weiter Vorschub und schuf neue Möglichkeiten für Urlaubs- und Erholungsreisen [Abb. 16]. Nicht zuletzt sorgte die Verbreitung des Autos für die Schaffung von 100.000 und mehr neuer Arbeitsplätze.

Zum eigentlichen Pionier der amerikanischen Autoindustriellen wurde Henry Ford (1863–1947). Er stammte aus Dearborn, Michigan, wo er auf einer Farm ohne größere Bildungsmöglichkeiten aufwuchs. Als ein gelernter Mechaniker entwarf und baute er 1896 sein erstes Auto. 1903 gründete er die Ford Motor Co., deren Erfolg seinen modernen Geschäftsgrundsätzen zu verdanken war. Ford orientierte sich auf die massenhafte Herstellung eines preisgünstigen Autos, das, unterstützt durch eine landesweite Marktstrategie, in großen Stückzahlen verkauft werden sollte. 1908 brachte er sein berühmtes Modell T [Abb. 17] auf den Markt, das er nun in den folgenden fast 20 Jahren – stets und ausschließ-

16 *John Sloan (1871–1951), „Gray and Brass" (1907) schildert auf eher sarkastische Weise die Spazierfahrt einer Gruppe reicher Leute durch einen Park.*

lich in schwarzer Farbe – mit wachsenden Stückzahlen produzierte. Ende 1915 hatte er die erste Million des Modell T erzeugt. Es war ein standardisiertes, robustes Auto mit einem anfänglichen Preis von 850 Dollar. 1914 kostete der Wagen nur noch 490 Dollar. Fords Erfolg und sein Ruf als erfindungsreicher und pragmatischer amerikanischer Geschäftsmann beruhten noch auf weiteren Neuerungen. 1913 ging er in seinen Autowerken in Detroit als erster Autoindustrieller zur Fließbandherstellung über und konnte damit die Jahreserzeugung sprunghaft steigern. 1914 war er der erste Industrielle, der für seine damals 14.000 Arbeiter und Angestellten einen Mindestlohn von fünf Dollar pro Tag und den Achtstundentag einführte. Damit – und mit weiteren Sozialmaßnahmen – gelang es ihm, die bisherige Fluktuation seiner Arbeitskräfte wesentlich zu verringern. Später untergrub er selbst seine ungewöhnliche Beliebtheit als moderner Geschäftsmann, indem er unbedingt am „Herr-im-Hause"-Standpunkt festhielt, jeden Einfluß der Gewerkschaften in seinem Betrieb unerbittlich bekämpfte und überdies eine antisemitische Zeitung (*The Dearborn Independent*) finanzierte.

Der Vollständigkeit halber sei darauf verwiesen, daß auch die General Motors Corp., später der schärfste Konkurrent der Ford Motor Co. in der Autoindustrie, zu dieser Zeit (1908) gegründet wurde. General Motors gehörte zehn Jahre später zu den ersten Firmen, die neben Automobilen auch elektrische Kühlschränke herstellten. Um 1907 kamen zudem die ersten elektrischen Waschmaschinen auf den amerikanischen Markt.

17 *Fords Modell T, das von 1908 bis 1927 hergestellt wurde.*

Nicht von gleicher unmittelbarer Bedeutung für das Alltagsleben, aber auf längere Sicht nicht weniger revolutionär als die Entwicklung des Autos war der *Beginn der Luftfahrt in Amerika*, der durch den ersten Flug der Gebrüder Wright [Abb. 18] markiert wurde. Wilbur Wright (1867–1912) und sein Bruder Orville (1871–1948) interessierten sich als kleine Fahrradhändler in Dayton, Ohio, schon längere Zeit für den Traum vom Fliegen. Seit der Jahrhundertwende experimentierten die beiden leidenschaftlichen Bastler und Tüftler mit Gleitflugzeugen, gewannen Erfahrungen als Piloten und erprobten die aerodynamische Qualität ihrer Flugmaschinen in einem selbst konstruierten Windkanal. Ein derart flugtaugliches Gerät wurde von ihnen mit einem Zwölf- PS-Motor und einem Propeller ausgerüstet. Am 17. Dezember 1903 gelang den Brüdern Wright dann bei Kitty Hawk an der Küste von North Carolina der erste kontrollierte mechanische Flug in der Geschichte der Luftfahrt. Orville war zwölf Sekunden in der Luft und erreichte eine Höhe von 40 Metern, Wilbur schaffte einen Tag später sogar 59 Sekunden bei einer Höhe von 280 Metern. Anschließend verbesserten sie ihre Erfindung und konnten nun bald länger als 30 Minuten in der Luft bleiben. Bei einer Flugvorführung in Frankreich (1908) legte ihr Flugzeug bereits 62 Meilen zurück, wobei es zwei Stunden in der Luft weilte. Andere Flugpioniere wie der Amerikaner Glenn Curtiss (1878–1930) und der Franzose Louis Bleriot (1872–1936) beschritten den von den Gebrüdern Wright gewiesenen Weg und fügten neue spektakuläre Rekorde in der Luftfahrt jener Zeit – wie den Flug über den Englischen Kanal durch

18 *Flug von Orville Wright bei Kitty Hawk, North Carolina, am 17. Dezember 1903. Rechts vom Flugzeug am Boden steht sein Bruder Wilbur.*

Bleriot (1909) – hinzu oder wurden bahnbrechend bei der Entwicklung von Wasserflugzeugen wie Curtiss. In dieser Anfangsphase des Fliegens war der praktische Nutzen des neuen Verkehrsmittels noch weniger sichtbar. Abgesehen von internationalen Flugtreffen war das Flugzeug zunächst in Amerika eine neue Zirkusattraktion auf ländlichen Jahrmärkten. Vereinzelte Flüge mit Passagieren gab es wohl schon seit 1914, aber erst 1920 setzte mit der Flugverbindung zwischen Key West, Florida, und Havanna, Kuba, der regelmäßige Passagierflugverkehr ein. Zwei Jahre zuvor (1918) hatte der damalige Präsident Wilson vor dem Weißen Haus in Washington, D. C., den Luftpostdienst der Vereinigten Staaten auf der Fluglinie New York – Washington ins Leben gerufen. Im Ersten Weltkrieg stellte sich heraus, daß die USA in der Flugzeugentwicklung hinter Europa zurücklagen. Die Regierung förderte daher Forschung und Entwicklung des Militärflugwesens. Die US-Armee nutzte Aufklärungsflugzeuge im Rahmen ihres Signal Corps, und 1918 fanden amerikanische Aufklärungs- und Jagdflugzeuge an der Westfront in Frankreich Verwendung.

Auf einer anderen Ebene, nämlich im Freizeit- und Vergnügungsbereich, trat der *Film* zwischen Jahrhundertwende und Erstem Weltkrieg seinen Siegeszug an. Kurze Stummfilmstreifen von fahrenden Zügen, brennenden Häusern oder ähnlichen Ereignissen wurden seit der Mitte der neunziger Jahre gezeigt. Seit Beginn des Jahrhunderts folgten szenische Filme wie z. B. „The Great Train Robbery“ (1903), und bald kamen auch Slapsticks mit ihrem filmischen Klamauk hinzu. Erste spezielle Lichtspieltheater, in denen ausschließlich Filmvorführungen stattfanden, gab es seit 1902 (Electric Theatre in Los Angeles). Für die einfachen Ansprüche der großstädtischen Massen sorgte das Nickelodeon, ein Vorführraum, dessen Eintritt einen Nickel (fünf Cents) kostete und in dem die Filmvorführung von einem Pianisten musikalisch begleitet wurde. Um 1910 gab es 5000 derartige Filmtheater überall in den USA von Klondike bis Florida und von Maine bis Kalifornien, die von einem Millionenpublikum besucht wurden. 1911 wurde das erste Filmstudio in Hollywood eingerichtet, in dem Ort, der später zum Zentrum der amerikanischen Filmindustrie werden sollte.

Aus der Vielzahl der Produzenten, Regisseure und Schauspieler jener Anfangsjahre des amerikanischen Films ragen vor allem der vielseitige Regisseur, Schauspieler und Drehbuchautor Mack Sennett (1880–1960), der innovative Regisseur D. W. Griffith (1875–1948) und der geniale Schauspieler Charlie Chaplin (1889–1977) heraus. Sennetts Erfolg beruhte auf der humoristisch überzeichneten Kollision seiner Helden mit einer gefährlichen Umwelt aus zusammenstürzenden Gebäuden, rasenden Automobilen und herumfliegenden Sahnetorten. Unter ihm gab auch der aus England stammende junge Charlie Chaplin sein Debüt als Schauspieler. Seine ersten Filme wie „The Tramp" (1915) und „The Adventurer" (1917) bestachen, abgesehen von der Eindringlichkeit und Sensibilität seiner Rollengestaltung, durch eine größere Konsistenz der Handlung und durch eine genauere Zeichnung der Charaktere, denen er den Stempel seiner zeitlosen Kunst aufdrückte.

Ein besonderes Verdienst an der Entwicklung der modernen Filmkunst hatte der amerikanische Regisseur Griffith. Von ihm stammt der erste große und ernsthafte Spielfilm in der amerikanischen Filmgeschichte „The Birth of a Nation", der im Februar 1915 in die Kinos kam. Seine Filmsprache bediente sich einer adäquaten modernen Technik im Bildschnitt, dem Hin und Her der Einstellungen wie im Ausblenden der Szenen. Griffith, der aus einer Familie des Südens stammte, zeigte in seinem dreistündigen Epos, das den Bürgerkrieg und die Zeit danach behandelte, das Schicksal einer Familie im Süden, die von aufständischen Schwarzen bedroht und durch den Ku-Klux-Klan gerettet wird. Mit seiner Glorifizierung des Ku-Klux-Klans – der nicht zufällig im gleichen Jahr, in dem der Film uraufgeführt wurde, in Georgia neu begründet werden sollte – und seiner rassistischen Wertung der Ergebnisse des Bürgerkrieges rief der Film die entschiedene Kritik der schwarzen Bürgerrechtler und der NAACP, aber auch weißer Liberaler hervor. Annähernd 50 Millionen Amerikaner sahen den Film, und besonders im Alten Süden, im Westen und Mittleren Westen trug er zur Verbreitung rassistischer Einstellungen bei. In seinem nächsten Film „Intolerance" (1916) setzte sich Griffith am Thema mehrerer historischer Ereignisse mit dem Problem der Unmenschlichkeit und Intoleranz auseinander. Die komplizierte Struktur des aufwendigen Films und der deutlich zur Schau gestellte Pazifismus des Regisseurs – zu einer Zeit, als Amerika kurz vor dem Eintritt in den Weltkrieg stand – führten dazu, daß „Intolerance" trotz der Monumentalität einzelner Szenen ein geschäftlicher Mißerfolg wurde.

Den längeren, aufwendigeren und künstlerisch anspruchsvolleren Filmen dieser Art entsprach die Verbreitung neuer geräumiger Filmpaläste, die zuerst in größeren Provinzstädten entstanden. In ihnen wurde das Klavier durch die Kinoorgel ersetzt. Indessen blieben die Eintrittspreise weiterhin niedrig und lagen im Durchschnitt bei sieben Cents.

Die Panama-Pacific International Exposition in San Francisco 1915

San Francisco, die größte Stadt an der Westküste, war 1906 Schauplatz eines schweren Erdbebens gewesen [Abb. 19], an dessen Folgen über 400 Menschen starben. Überdies wurde ein Großteil der Gebäude der Stadt, nämlich 28.000 Häuser, durch Brände zerstört, die dem Erdbeben mehrere Tage lang folgten.

Knapp zehn Jahre später stellte in der wieder aufgebauten Stadt mehrere Monate lang eine große internationale Ausstellung den technischen, wissenschaftlichen und kulturellen Fortschritt des Zeitalters der Öffentlichkeit vor. Im Februar 1915 – als in Europa bereits der Weltkrieg tobte – eröffnete Präsident Wilson vom Weißen Haus aus durch ein Radiosignal die *Panama-Pacific Exposition* in San Francisco, die im Laufe des Frühlings und Sommers von 13 Millionen Menschen besucht wurde. 150.000 Besucher konnten am Eröffnungstag erleben, wie ein Curtiss-Doppeldecker über dem Ausstellungsgelände seine Kreise zog.

Die Ausstellung von San Francisco „manifestierte neue Entwicklungen im Alltagsleben. Wie die Jahrhundertausstellung von 1876 bestätigte sie, daß viele Amerikaner vom Drang nach Bewegung elektrisiert wurden, daß sie vernarrt in Konsumgüter waren und damit beschäftigt, sie für die Mittelklasse herzustellen. Das San Francisco von 1915 zeigte aber auch, daß Amerikaner jetzt mehr spielten, mehr für Bildung und Technik aufwandten und daß sie in einer homogeneren und urbaneren Kultur lebten, stärker miteinander verflochten und voneinander abhängig als ihre Vorgänger, die Philadelphia 1876 besucht hatten."[110]

Die Vergnügungszone der Ausstellung verfügte über mehrere Dutzend Theater und Lichtspieltheater, in denen komische Opern, Vaudeville-Shows und vor allem Kinofilme gezeigt wurden. In aktuellen Wochenschauen konnte man die neueste Entwicklung auf dem europäischen Kriegsschauplatz verfolgen. In diesem Bereich der Ausstellung hatten viele Amerikaner zum ersten Mal Gelegenheit, in einer Cafeteria zu sitzen. Sie konnten eine Uhr für einen Dollar erwerben oder Ananassaft aus Hawaii trinken. Für Besucher, die mit dem Auto zur Ausstellung gekommen waren, standen im Ausstellungsgelände vier Parkplätze inklusive Tankstellen der Shell Oil Co. zur Verfügung. Besonders Wagemutige konnten für zehn Dollar einen kurzen Rundflug in einem Lockheed-Flugzeug unternehmen.

Der neue Stellenwert der Nationalparks mit ihren amerikanischen Naturwundern zeigte sich in der Werbung der Eisenbahnen des Westens, die in Miniaturausgaben den Grand Canyon und den Glacier Nationalpark nachgebildet oder die Old Faithful Inn am gleichnamigen Geysir im Yellowstone Park nachgebaut hatten. Wie es schien, hatte in Amerika ein neues Zeitalter des Reisens begonnen.

Von einer mobilen Plattform aus konnten die Besucher ein realistisches Modell des Panamakanals betrachten, der im August 1914 eingeweiht worden war und der Ausstellung den Namen gab. Mittels Schallplatten und Telefon wurden die Operationen des Kanals erklärt.

Das Interesse an fernen Ländern und Völkern war in der Ausstellung von 1915 wiederum – wie bei ihren Vorgängerinnen von 1876 und 1893 – mit nationalen Vorurteilen verbunden, die sich diesmal besonders gegen asiatische Völker richteten. Filipinos oder die Bewohner von Amerikanisch-Samoa wurden herablassend „unsere kleinen braunen Brüder" tituliert. Chinesen und Japaner wurden mit einem abfälligen Unterton vorgestellt. Der Rassismus war – wie anderswo in der amerikanischen Öffentlichkeit – allgemein spürbar.

In den Ausstellungshallen der Bildung und Wissenschaft wurden die pädagogischen Glaubenssätze der Progressive Era verkündet: Demokratische Erziehung ermöglicht eine reformierte Politik – reformierte Politik bedeutet soziale Verbesserungen. Alle Formen der Schul- und Hochschulbildung, einschließlich landwirtschaftlicher und industrieller Colleges, stellten sich auf der Ausstellung vor. Unter den Modellschulen, die sich den Besuchern präsentierten war auch eine Maria-Montessori-Vorschule, in der Selbsterziehung und Selbsttätigkeit der Kinder gefördert wurden. Neue Sozialwissenschaften wie die Wirtschaftswissenschaft, die Politikwissenschaft oder die Anthropologie stellten sich vor und bemühten sich um Anerkennung im akademischen Betrieb. Während der Dauer der Ausstellung fanden über 900 wissenschaftliche Kongresse in San Francisco statt, die sich den

19 *Das Erdbeben von San Francisco am 18. April 1906. Foto vom Tag der Katastrophe in einer Straße der Stadt.*

aktuellen Problemen der Zeit zuwandten, z. B. Fragen der Volksgesundheit, der Wohlfahrtsgesetzgebung, der Bundeseinkommensteuer oder den Vorzügen einer Lebensversicherung. Die Themen von Jugend und Gesundheit wurden von der Ausstellung besonders betont. Es kündigte sich dabei bereits die „Revolution der Jugend" einer kommenden Epoche an (vgl. Kap. 11).

Die massiven Veränderungen in Industrie, Transport und im Nachrichtenwesen, die sich in letzter Zeit vollzogen hatten, waren in der Ausstellung gut zu erkennen. Die großen Konzerne wie die Ford Motor Co. – mit einer Demonstration ihrer Fließbandlinie –, die H. J. Heinz Co., welche die Herstellung von Olivenöl zeigte, oder die U. S. Steel Corp., auf deren Schienen die Ausstellungsbahnen rollten, waren unübersehbar vertreten. Der drahtlose Telegraph und das noch in den Kinderschuhen steckende Radio machten von sich reden.

Alles in allem verkörperte die Panama-Pacific Exposition die Vorzüge und Schwachstellen der amerikanischen Gesellschaft in jener Phase des noch jungen 20. Jahrhunderts. Trotz der Schrecken des Krieges, die sich jenseits des Atlantiks abspielten, vertrat die Ausstellung ein optimistisches Lebensgefühl, stellte sie noch einmal die viktorianische Weltsicht in Amerika zur Schau. Sie war die Selbstdarstellung der amerikanischen Mittelklasse mit ihren Werten und Vorurteilen, sie spiegelte den Vormarsch der Angestellten als sozialer Schicht wider, ebenso die besseren Freizeitmöglichkeiten, ein neues Konsumverhalten, den erweiterten Zugang zur Information über das Tagesgeschehen und die für jene Zeit charakteristische Bereitschaft zur sozialen Reform.

Das kontrastreiche Leben der amerikanischen Gesellschaft fand sich in der Ausstellung wieder. Hier zeigte sich die noch verstärkte Mobilität der Amerikaner im Gefolge des weiteren Ausbaus der Eisenbahnen, des städtischen Nahverkehrs und der Einführung des Autos in das tägliche Leben. Hier spiegelte sich in den Hängebrücken und Wolkenkratzern, den Bahnhöfen, Warenhäusern oder Hotels die Vorliebe für das Kolossale wider. Neue Materialien wie Stahl, Glas, Beton prägten das Gesicht dieser Bauwerke und Städte, in denen ein mechanisiertes Leben pulsierte, der Aufzug, die Gasheizung, die beginnende Aircondition oder der Feuermelder nicht mehr wegzudenken waren. Andererseits wurden in der Wohnstruktur der Städte die sozialen Unterschiede deutlicher erkennbar. Die Mittelklasse lebte in grünen Vorstädten, die bessergestellten Arbeiter in zusammenhängenden Mietwohnungen oder Reihenhäusern, und das einfache Proletariat fand sich in wachsender Zahl in den Wohnvierteln des Stadtinneren zusammengedrängt. „Es gab große Unterschiede zwischen der strahlenden Welt des goldenen Wohlstands und den grauen Tatsachen der Armut, weil die ‚Frage von Arbeit und Kapital' *das* soziale und wirtschaftliche Problem des Tages war."[111]

KAPITEL 10

Der amerikanische Alltag in der Wilson-Ära und im Ersten Weltkrieg

Als im August 1914 in Europa der Erste Weltkrieg begann, war in den USA Woodrow Wilson [Abb. 1] bereits seit anderthalb Jahren als Präsident im Amt. Seine Präsidentschaft, die unter der Losung „New Freedom" stand, bedeutete nach dem Anlauf unter Theodore Roosevelt und dem zwiespältigen Zwischenspiel unter William Taft den zweiten Versuch einer Reform der amerikanischen Politik und Gesellschaft in Übereinstimmung mit den Zielen des Progressive Movement. Unter den *Reformen der Wilson-Administration* standen seit 1913 einige wirtschaftsregulierende Gesetze im Vordergrund. Zum ersten Mal wurde (abgesehen von den Jahren des Bürgerkriegs) eine Bundeseinkommensteuer erhoben, die allerdings mit ihrem Höchstsatz von sechs Prozent für jährliche Einkommen von 500.000 Dollar und mehr hinter den Forderungen der entschiedenen Reformer zurückblieb. Erwähnenswert ist die Tatsache, daß es 1916 schon 160 Einkommensmillionäre gab, also Amerikaner, die ein jährliches Einkommen von einer Million Dollar und mehr versteuerten. Mit Wirkung vom 1. Januar 1918 wurden die Steuersätze erhöht und betrugen nun – unter den Bedingungen des Weltkrieges – 65 Prozent für Einkommen von einer Million Dollar und mehr. Eine Bankreform Wilsons führte zu einer grundlegenden und stabilen Reorganisation sowie zur öffentlichen Kontrolle des amerikanischen Bankwesens und Geldsystems, damit „die Banken die Werkzeuge, nicht die Herren des Geschäftslebens und der individuellen Unternehmung und Initiative werden", wie der Präsident erläuternd feststellte.[112] Auch das Clayton-Antitrustgesetz von 1914 erfüllte nicht alle Wünsche der Reformer. Aber es untersagte wettbewerbsmindernde Zusammenschlüsse und „unfaire Geschäftspraktiken". Es hielt den weiteren Konzentrationsprozeß in der Wirtschaft nicht auf, wohl aber verlangsamte es ihn für einige Zeit. Indem es Gewerkschaften und Farmerverbände ausdrücklich aus dem Geltungsbereich der Antitrustgesetzgebung herausnahm, verbesserte das Clayton-Gesetz die Rechtslage dieser Interessenorganisationen der Arbeiter und Farmer. Eine neu geschaffene Bundeshandelskommission wurde ermächtigt, „unlautere Wettbewerbsmaßnahmen im Handel zu verhindern" und über die Einhaltung des Antitrustgesetzes zu wachen.

Auf einer zweiten Reformebene verabschiedete die Wilson-Regierung einige sozialpolitische Reformen von Bedeutung. Hierzu gehörten die Schaffung einer Betriebsunfallversicherung für Bundesangestellte und ein Verbot der Kinderarbeit unter 14 Jahren, in Bergwerken unter 16 Jahren. Dieses Gesetz wurde allerdings 1918 vom Obersten Gericht mit der Begründung als verfassungswidrig aufgehoben, daß die Regulierung der Kinderarbeit in die Kompetenz der Einzelstaaten falle. Weitere Gesetze führten für die Bediensteten der Eisenbahnen den Achtstundentag ein bzw. wandten sich gegen die Mißstände in den

1 *Edmund Charles Tarbell (1862–1938): Thomas Woodrow Wilson. Das Porträt wurde 1921, am Ende der zweiten Amtszeit dieses Präsidenten gemalt.*

Arbeitsbedingungen und Unterkünften der Seeleute. Mit einem Bundesgesetz über Farmkredite sollte den Farmern die Beschaffung kurzfristiger Kredite erleichtert werden. Durch die Gründung des National Park Service wurde 1916 der Wunsch der Naturschützer auf weitere Sicherung und den Schutz der inzwischen 14 Nationalparks im Land erfüllt.

In einer Hinsicht blieb die Reformbilanz der Wilson-Administration negativ. Der aus Virginia stammende, den Werten des weißen Südens verhaftete Wilson – sonst ein überzeugter Liberaler – unternahm keine wesentlichen Schritte zur bundesstaatlichen Bekämpfung der Rassendiskriminierung im Land. Längere Zeit verschloß er sich zudem der Forderung nach der Einführung des Frauenwahlrechtes auf Bundesebene. Außerdem entzogen der Eintritt der USA in den Ersten Weltkrieg und die amerikanische Kriegsteilnahme seit 1917 – mit den dadurch veränderten Rahmenbedingungen – der Reformpolitik weitgehend die notwendigen Lebenskräfte.

New York Tribune

First to Last—the Truth: News · Editorials · Advertisements

SATURDAY, MAY 8, 1915. PRICE ONE CENT

1,300 Die as Lusitania Goes to Bottom; 400 Americans on Board Torpedoed Ship; Washington Stirred as When Maine Sank

CAPITAL AROUSED, SITUATION GRAVEST YET FACED IN WAR

Washington Determined That Germany Shall Not Be Allowed to Shirk Responsibility for Deaths.

GREATLY FEARS LOSS OF AMERICANS

President Shows Nervousness as Bulletins of Disaster Come In—Strongest Protest Yet Made Planned Even if No U.S. Citizens Were Lost

(From The Tribune Bureau.)

Washington, May 7.—The news of the heavy loss of life on the Lusitania stirred Washington as it has not been stirred since the sinking of the Maine. The earlier reports that both passengers and crew had been landed safely had quieted apprehensions of an immediate crisis in the relations of the United States and Germany. But when it became clear that Americans—undoubtedly a considerable number of them—were to be counted among the victims of German savagery at sea the full significance of the tragedy struck home.

President Wilson made little effort to conceal his feelings. At o'clock to-night the President received the following dispatch from the United States Consul at Cork:

"Lusitania sank at 2:30 o'clock. Probably many survivors. ... proceeding favorably. Shall I send you list of survivors?"

As soon as he read it he put on his hat and walked out of the White House without the knowledge of the Secret Service men who were guarding him. The President walked up Sixteenth Street to Cor-

THE LUSITANIA, SUNK BY GERMAN TORPEDO, WITH HEAVY LOSS OF LIFE.

GERMANS TOAST 'VICTORY' AMID

U. S. OWES IT TO SELF-RESPECT TO ACT, SAYS ROOSEVELT; 'PIRACY ON VAST SCALE'

MANY NOTED NEW YORKERS

Dying and Injured Brought In with Other Survivors to Queenstown—Two Torpedoes Fired, Says Steward.

FEW FIRST CLASS PASSENGERS SAVED

Attack Made About Eight Miles from Irish Coast in Broad Daylight and in Fine Weather—Survivor Tells of Bravery of Cunard Officers.

(By Cable to The Tribune.)

London, May 8, 3 a. m.—At least 1,300 lives were lost when the Lusitania was torpedoed without warning in broad daylight yesterday afternoon by a German submarine, according to estimates by survivors. The estimate of First Officer Jones puts the total nearer 1,500.

Only a few of the first class passengers were saved. Most of them remained aboard, thinking the ship would float. Trawlers arriving at Queenstown have a hundred bodies or more.

At Queenstown there have arrived 647 alive, 40 dead; at Kinsale 11 alive, 5 dead. All boats which went out from Queenstown have now returned, except one trawler. Fishing boats may be bringing more survivors to Kinsale.

It is believed here that there were about 2,000 persons on board, 1,254 passengers and between 700 and 800 in the crew.

Survivors of the Lusitania who have arrived at Queenstown estimate that only about 650 of those aboard the steamer were saved.

Of the dead more than two hundred are supposed to be Americans, as it is believed there were about 400 on board.

A dispatch from Queenstown sent out at midnight says:

"Up to the present 520 passengers from the Lusitania have been landed here from boats. Ten or eleven boatloads are ashore, and others are expected."

The Central News says that the number of the Lusitania's passengers who died of injuries while being taken to Queenstown will reach 100. This is believed to indicate that the ship sank much

2 *Untergang der Lusitania nach einem Angriff durch ein deutsches U-Boot im Mai 1915. Unter den 1200 Opfern waren auch über 100 amerikanische Passagiere.*

Gegenüber dem *Weltkrieg in Europa* blieben die Vereinigten Staaten unter Wilson zunächst neutral. Der Präsident wünschte keine Verwicklung seines Landes in den Krieg und ging anfangs so weit, von seinen Landsleuten die Neutralität in Wort und Tat, in Gedanken wie in Handlungen zu fordern. Die Neutralitätsperiode dauerte bis zum Frühjahr 1917. Je länger, desto mehr wirkten allerdings die wachsenden wirtschaftlichen Verbindungen zu den europäischen Westmächten und die traditionell starken politischen und kulturellen Bindungen an England und Frankreich, aber auch alte und neue Konflikte mit dem kaiserlichen Deutschland [Abb. 2] dahingehend, die Neutralität zu untergraben, die eigene Handlungsfreiheit zu verkleinern und den späteren amerikanischen Kriegseintritt herbeizuführen.

Die Eröffnung des uneingeschränkten U-Boot-Krieges durch das Deutsche Reich – wodurch auch die Interessen der USA als neutraler Macht unmittelbar berührt waren – führte dann in Verbindung mit weiteren Kriegsanlässen, wie der Zimmermann-Depesche, aber auch der russischen Revolution, den Kriegseintritt der USA an der Seite Englands, Frankreichs, Rußlands und weiterer Alliierter herbei. Die Überlegungen im Kabinett, die der Kriegserklärung an Deutschland vorangingen, beschrieb Wilsons Landwirtschaftsminister David F. Houston (1866–1940) anschaulich: „Wir konnten Deutschland nicht erlauben, uns zu beherrschen oder England abzuschneiden und dann Frankreich niederzuwerfen. Wir würden die nächsten auf seiner Liste sein. Wenn es England niederwarf, würden wir allein für Recht und Ordnung in der Welt stehen. Deutschland würde eine erniedri-

3 *„The Only Adequate Reward", Karikatur der New York World vom März 1917, in der die Kriegsgegner im Senat wie die Senatoren LaFollette, Norris oder Stone von Kaiser Wilhelm II. mit dem Eisernen Kreuz ausgezeichnet wurden, mit „der einzigen Auszeichnung, die sie verdienen würden".*

4 *Jeannette Rankin kurz bevor sie 1917 als Abgeordnete in den Kongreß eintrat. Foto der Montana Historical Society.*

gende Kapitulation von England fordern. Es würde seine Flotte verlangen und seine Kolonien und riesige Entschädigungen beanspruchen. Es würde sich zur Herrin der Welt aufschwingen, und seine Arroganz und Grausamkeit würden keine Grenzen mehr kennen."[113]

Der Kongreß stimmte Anfang April 1917 der Kriegserklärung gegen Deutschland zu. Im Senat votierten 82 Senatoren mit Ja, sechs Senatoren mit Nein. Unter den Gegnern des amerikanischen Kriegseintritts befand sich auch Senator LaFollette aus Wisconsin, den die nationalistische Presse in diesen Wochen als Werkzeug des Kaisers verunglimpfte [Abb. 3]. Im Abgeordnetenhaus lautete das Abstimmungsergebnis 373 : 50 Stimmen für den Kriegseintritt des Landes. Mit Nein stimmte auch die erste Frau im Kongreß, die 36jährige Abgeordnete Jeannette Rankin aus Montana [Abb. 4]. Sie wolle wohl an der Seite ihres Landes stehen, erklärte sie unter Tränen, könne aber nicht für den Krieg stimmen. Die überzeugte Pazifistin – die ihr Leben lang an dieser Haltung festhielt und zuletzt noch gegen den Vietnamkrieg demonstrierte – sah den Krieg als Antithese zu ihren Bemühungen für das Wohlergehen und ein besseres Leben von Frauen und Kindern an. Am 6. April unterzeichnete der Präsident dann die Kriegserklärung, um – wie er sagte – „die Welt für die Demokratie sicher zu machen".[114] Das Land befand sich damit im Krieg und an der Seite seiner Alliierten [Abb. 5]. Der Krieg erbrachte einschneidende Veränderungen in der gesellschaftlichen und politischen Situation des Landes, er beeinflußte das Alltagsleben merklich und wirkte sich natürlich unmittelbar auf das Leben der Soldaten aus, die zu den Streitkräften einberu-

5 *Childe Hassam (1859–1935) „Allies Day, May 1917". Der amerikanische Impressionist Hassam malte dieses Bild der Fahnen, Häuserfassaden und Menschen auf einer Straße in New York anläßlich des „Tages der Alliierten" im Mai 1917.*

6 *„I'd Join the Navy". Werbung von Rekruten durch die U.S.Navy.*

fen wurden. Im nun beginnenden zweiten Abschnitt der Wilson-Ära verband sich die Kriegführung im Innern mit kriegsbedingten Maßnahmen eines „organisierten Kapitalismus". Es kam zu einem Klima von nationalistischer Hysterie, zu rassistischen Gewaltausbrüchen und zur Verfolgung von Pazifisten und Radikalen. Von den Reformimpulsen der „New Freedom" blieb unter diesen Umständen wenig übrig.

Die wirtschaftlichen Auswirkungen des Krieges

Der Krieg in Europa und der spätere Kriegseintritt hatten erhebliche wirtschaftliche Folgen für das Land, die um so auffallender waren, als von Herbst 1913 bis Mitte 1914 eine Wirtschaftskrise zu einem Rückgang der Industrieproduktion und zu einem deutlichen Anstieg der Arbeitslosigkeit geführt hatte. Nach einer seriösen Schätzung waren es knapp 16,5 Prozent der Arbeitskräfte, die zeitweilig keine Arbeit hatten.

Mit dem Weltkrieg begann für die USA eine kriegsbedingte Konjunktur, deren Fortbestand großenteils von der ungehinderten Unterstützung Englands, Frankreichs und anderer Entente-Mächte abzuhängen schien. Deutlich erkennt man ein industrielles Wachstum, das hauptsächlich bis zum Kriegseintritt des Landes erfolgte, während danach ein leichter Abschwung begann, der sich nach Kriegsende durch die Umstellung von der Kriegs- auf die Friedenswirtschaft zeitweilig noch verstärkte.

Tabelle 17

Entwicklung der Industrieproduktion der USA von 1914 bis 1920
(1909–1913 = 100)

1914	= 102.1	1918	= 134.8
1915	= 114.1	1919	= 131.7
1916	= 136.0	1920	= 139.7
1917	= 137.1		

Quelle: Historical Statistics of the United States 1789–1945, Washington, D. C., 1949, S. 179.

Die einzelnen sozialen Gruppen hatten unterschiedlichen Anteil an der *wirtschaftlichen Belebung in den Kriegsjahren.* Die Geschäftswelt, insbesondere die großen Konzerne der Stahlindustrie, der Rüstungswirtschaft, aber z. B. auch die Fleischkonservenhersteller, profitierte mehrfach von dieser Entwicklung. Sie hatten jetzt einen durch den wachsenden Rüstungsbedarf gesicherten Absatz, konnten oft durch Regierungsgarantien festgeschriebene hohe Profite realisieren und sammelten in der Kooperation mit dem Staat bzw. der Regierung Erfahrungen. Die teilweise enorm hohen Kriegsgewinne amerikanischer Konzerne waren sprichwörtlich und wurden später in den dreißiger Jahren Gegenstand der Untersuchung durch einen Senatsausschuß, der von dem republikanischen Senator Gerald P. Nye (1892 bis 1971) geleitet wurde. Der Stahlgigant United States Steel Co. vervielfältigte seine Gewinne bis 1917 um das Sechs- bis Siebenfache. Ein Schiffsbaukonzern (Bethlehem Shipbuilding Co.) steigerte seine Profite von sechs Millionen Dollar in Friedenszeiten auf 49 Millionen Dollar im Krieg. Der Rüstungskonzern Du Pont Co. konnte die Dividenden seiner Aktionäre zwischen 1914 und 1918 auf das 16fache erhöhen. Man schätzt, daß es bei Kriegsende 42.000 Millionäre im Land gab. Allerdings wurde die Einkommensteuer nicht unbeträchtlich erhöht, eine Steuer auf außergewöhnliche Profite erhoben und die staatliche Kontrolle des Wirtschaftslebens weiter institutionalisiert. Die Angehörigen des Big Business zeichneten im Krieg drei Fünftel der Regierungsanleihen, die als „Liberty Loans" zur Kriegsfinanzierung aufgelegt wurden. Ein beträchtlicher Teil der Gewinne wurde zur Erweiterung und Modernisierung der Produktionsstätten investiert. Zahlreiche Industrielle, die „Dollar-a-year-men", die sich mit einem symbolischen Jahresgehalt von einem Dollar begnügten, arbeiteten in den von der Regierung neu geschaffenen Ämtern zur Wirtschaftslenkung – wie dem War Industries Board – mit und trugen zur Kooperation von Geschäftswelt und Regierung bei.

Für die Arbeiter hatte der Krieg – abgesehen davon, daß nun viele jüngere Arbeiter als Soldaten eingezogen und nach Europa geschickt wurden – unterschiedliche Folgen. Die Arbeitslosigkeit ging drastisch zurück und lag 1917 knapp unter fünf Prozent. In vielen Industriezweigen setzte sich der Achtstundentag durch, häufig bei einer Arbeitswoche, in der am Sonnabend nur noch ein halber Tag gearbeitet wurde. Die Verknappung der Arbeitskräfte, verbunden mit der wachsenden Nachfrage nach Industrieerzeugnissen, stimmte die Unternehmer in dieser Forderung der Arbeiter konzessionsbereit und ließ sie Überstunden extra bezahlen.

Die Arbeitslöhne stiegen in den Kriegsjahren merklich. Dies galt allerdings auch für die Lebenshaltungskosten. Daher bleibt es umstritten, ob auch die Realeinkommen der

Arbeiter in den Jahren des Krieges nennenswert angestiegen sind. Nach zuverlässigen Berechnungen lag der Zuwachs im Realeinkommen aller Arbeiter im letzten Kriegsjahr nur um vier Prozent über dem Einkommen von 1914 und kaum über dem von 1913. Allerdings gab es große Unterschiede in den einzelnen Bereichen von Industrie, Transport und anderen Sektoren der Wirtschaft.

Wilsons Politik war gewerkschaftsfreundlich. Die Stellung der Gewerkschaften, insbesondere der Facharbeitergewerkschaften der American Federation of Labor, die 1918 2,7 Millionen Mitglieder zählte, konnte ausgebaut werden. Die Gewerkschaftsführung arbeitete im National War Labor Board mit, einem neuen Regierungsamt unter Beteiligung der Unternehmer und Gewerkschaften, dessen Aufgabe darin bestand, Arbeitskonflikte in der Kriegszeit zu regulieren und Streikkämpfe abzuwenden.

Die durch den Krieg und die Lieferungen an die Verbündeten in Europa erweiterte Nachfrage nach Agrarerzeugnissen und Lebensmitteln begünstigte im allgemeinen die amerikanischen Farmer. Ihre Nettoeinkommen stiegen rapide an und waren bei Kriegsende mehr als doppelt so hoch wie am Vorabend des Krieges. Auch die Realeinkommen der Farmer vergrößerten sich um knapp ein Drittel im Vergleich mit der Vorkriegszeit, die der Landarbeiter allerdings nur um zwei Prozent. Doch gab es auch einzelne Erzeugergruppen auf dem Land, wie die Baumwollpflanzer im Süden oder im späteren Verlauf des Krieges die Milchfarmer im Großraum New Yorks, die über Absatzprobleme oder niedrige Preise klagten. Ein beträchtlicher Teil der Farmgewinne, teilweise noch ergänzt durch Anleihen, wurde von den Farmern zur Vergrößerung ihrer Anbaufläche oder ihres Maschinenparks investiert. Dies sollte sich in der Nachkriegszeit, als die Nachfrage nach Farmprodukten zurückging und die Farmpreise fielen, für viele Farmer als eine folgenschwere Fehlspekulation erweisen.

Bezieher fester Einkommen, deren Gehälter festgeschrieben waren, wie Firmenangestellte, Behördenmitarbeiter, Polizisten usw., standen jetzt relativ schlechter da als zuvor, da ihre Gehälter mit den wachsenden Lebenshaltungskosten nicht Schritt hielten und ihre Realeinkommen daher in den letzten Kriegsjahren erheblich verkleinert wurden.

Der Weltkrieg und die Soldaten

Bei Kriegseintritt waren die USA militärisch weitgehend unvorbereitet. Da es traditionell keine Wehrpflicht gab, waren die Landstreitkräfte mit weniger als 100.000 Mann zahlenmäßig klein. Dazu kam das Marinekorps mit 10.000 Mann. Nur die Flotte verfügte mit ihren 35 Schlachtschiffen, zehn Schlachtkreuzern, 24 Kreuzern und 30 U-Booten über eine auch im Vergleich mit den anderen Mächten beachtliche Stärke. Noch in der Periode, in der die USA als neutrales Land außerhalb des Weltkriegsringens standen, begann in der amerikanischen Öffentlichkeit eine Kampagne der *Preparedness*, der militärischen Stärkung und Vorbereitung auf einen eventuellen Kriegseintritt. Anfangs vor allem von Republikanern und Geschäftsleuten getragen, schloß sich der Präsident seit Ende 1915 den Aufrufen zur Preparedness an, obgleich er den Kriegseintritt damals nicht für wünschenswert hielt. Unter den pazifistischen Gegnern der Preparedness taten sich besonders Frauen hervor, die im Krieg eine zusätzliche Bedrohung ihrer Bestrebungen um Gleichberechtigung sahen. Die öffentliche Auseinandersetzung um die Kriegsbereitschaft polarisierte die Amerikaner mehr als andere Fragen zu dieser Zeit. Befürworter der Preparedness richteten militärische Sommerausbildungslager für Zivilisten ein, aus denen viele spätere Offiziere hervorgingen. Bei einer Preparedness-Parade in San Francisco wurde im Juli 1916 eine Bombe geworfen, die zehn Menschen tötete. In einem wegen seiner mangelnden Fairneß umstrittenen Prozeß machte der Staatsanwalt den Gewerkschafter Thomas J. Mooney (1882 bis 1942) für das Verbrechen verantwortlich. Mooney wurde zum Tod verurteilt, unter dem Druck der Proteste in der Öffentlichkeit wandelte man das Urteil 1918 in eine lebenslängliche Freiheitsstrafe um, die Mooney bis zu seiner Begnadigung 1939 vermutlich als Unschuldiger abbüßen mußte. Mehrere Gesetze sorgten im Laufe dieses Jahres für eine Reorganisation und Vergrößerung der Streitkräfte und für ein beträchtliches Flottenbauprogramm. Dennoch bestand bei Kriegseintritt die Armee erst aus 120.000 Mann, von denen die wenigsten eigene Kriegserfahrung hatten. Dazu kamen 80.000 Mann der Nationalgarde, die in die Streitkräfte integriert waren. Das Offizierskorps war überaltert, die Munition der Truppe reichte lediglich für zwei Kampftage.

Kurze Zeit nach dem amerikanischen Kriegseintritt wurde mit dem *Selective Service Act* die Wehrpflicht eingeführt (18. Mai 1917). Alle jungen Männer zwischen 21 und 30 Jahren – später dann zwischen 18 und 45 Jahren – mußten sich für den Militärdienst registrieren lassen. Um Einberufungsunruhen, wie sie im Bürgerkrieg vorgekommen waren (vgl. Kap. 7), zu vermeiden, wurde die Registrierung in den 4000 Wehrdienstbüros diesmal propagandistisch wirkungsvoll vorbereitet. Sie wurde als festliche und patriotische Pflichterfüllung aufgezogen und verlief dann auch ohne Zwischenfälle. Die auf diese Weise registrierten jungen Männer erhielten eine Nummer, anschließend wurden die Wehrdienstpflichtigen unter ihnen durch das Los bestimmt. 24 Millionen Amerikaner wurden im Laufe der Kriegszeit bis zum Kriegsende registriert. Etwa drei Millionen Männer wurden eingezogen. Hinzu kamen Freiwillige und Angehörige der Nationalgarde. Im Ergebnis erreichten die Streitkräfte schließlich einen Bestand von 4,3 Millionen Mann. Davon kamen nach und nach zwei Millionen Soldaten auf dem westeuropäischen Kriegsschauplatz zum Einsatz. Auch Frauen dienten in den Streitkräften, in der Flotte und bei den Marines [Abb. 6]. Es waren insgesamt 11.000 Frauen, die allerdings nicht in den Kämpfen eingesetzt wurden, sondern im Nachrichtendienst, in den Stäben oder als Krankenschwestern Dienst taten.

Eine nicht kleine Anzahl wehrpflichtiger Männer, es sollen insgesamt 338.000 Mann gewesen sein, erschienen nicht zur Registrierung oder setzten sich nach ihrer Ankunft im Ausbildungslager von der Truppe ab. 65.000 junge Männer lehnten aus Gewissensgründen den Dienst mit der Waffe ab. Anerkannt wurden die Gründe von 57.000 *Wehrdienstverweigerern.* Von diesen wiederum wurden 21.000 als diensttauglich befunden. Sie wurden in den Ausbildungslagern von den anderen Wehrpflichtigen isoliert und änderten unter dem Druck der Umstände teilweise ihre Haltung. Ein harter Kern von 4000 Wehrdienstgegnern blieb dabei, die Kampfausbildung zu verweigern. Meist religiös motiviert oder als entschiedene Sozialisten ließen sie sich auch nicht durch physischen oder psychischen Druck von ihrer Verweigerung abbringen. Ein Teil von ihnen verblieb isoliert in den Ausbildungslagern, ein anderer größerer Teil wurde zu zivilen Aufgaben in der Landwirtschaft oder Industrie eingesetzt und 450 unbedingte Verweigerer, häufig sozialistische Kriegsgegner, die jede Art von militärischem Ersatzdienst ablehnten, kamen vor ein Kriegsgericht und wurden zu einer Haftstrafe in Militärgefängnissen verurteilt.

Abgesehen von diesen Vorgängen oder von der öffentlichen Verurteilung des Krieges durch eine Minderheit von Pazifisten, Sozialisten oder religiösen Kriegsgegnern gab es im

7 *Frontausbildung amerikanischer Soldaten in Frankreich vor ihrem Einsatz im Weltkrieg.*

allgemeinen wenig Widerstand gegen den Wehrdienst. Es herrschte, solange der Krieg dauerte, eine wahre Kreuzzugsstimmung im Land, die von der Regierung kräftig geschürt wurde, der Krieg war durchaus populär. Erst nach Kriegsende kam für viele Amerikaner die Ernüchterung.

Die ersten Einheiten der American Expeditionary Force unter General John J. Pershing (1860–1948) trafen im Juni 1917 in Frankreich ein [Abb. 7]. Zu ersten Gefechtseinsätzen amerikanischer Soldaten kam es an der Front Ende Oktober/Anfang November 1917. Größere Kämpfe erlebten amerikanische Einheiten allerdings erst bei der Abwehr der deutschen Frühjahrsoffensive im Mai und Juni 1918 an der Somme und Marne. In den letzten Monaten des Krieges wurde schließlich ein Viertel der Frontlinien in Frankreich von amerikanischen Streitkräften gehalten. Dennoch blieben die amerikanischen Verluste relativ niedrig. Von den 117.000 Kriegstoten unter den amerikanischen Soldaten sind 53.000 an der Front gefallen, die anderen wurden Opfer von Krankheiten und Seuchen. Dazu kamen 204.000 verwundete Soldaten.

Die ursprüngliche Absicht des Kriegsministeriums, eine mehrmonatige Ausbildung der Soldaten ihrem Einsatz vorausgehen zu lassen, wurde bald geändert und die Ausbildung auf wenige Wochen verkürzt. In den Ausbildungslagern wurde den jungen Männern, die aus allen Landesteilen kamen, der Gebrauch der Waffen und militärische Disziplin beigebracht. Für viele von ihnen war dies die erste Erfahrung der Welt außerhalb ihrer engeren Heimat in der kleinen Stadt oder der väterlichen Farm. Für sie schienen der Krieg und ihr Fronteinsatz in Frankreich anfangs ein großes Abenteuer. Aber an der Front begann die eintönige und überdies nicht ungefährliche Routine des Marschierens, des Liegens in den Unterständen und Wartens im Dreck der Schützengräben. In einer Zeit, in der das Alkoholverbot bereits in 17 Bundesstaaten bestand, versuchte auch die Armee das Trinken einzuschränken. In den Trainingslagern war Alkoholausschank verboten, und überdies wurde jedem Solda-

8 *Frontstellung amerikanischer Soldaten in Frankreich 1918.*

ten in Uniform untersagt, alkoholische Getränke zu kaufen. Dieses Verbot des Kriegsministeriums dürfte allerdings – besonders in Frankreich – kaum eingehalten worden sein. Auch in der Flotte galt ein striktes Alkoholverbot. Eine massive Kampagne der Militärbehörden warnte die Soldaten vor den Gefahren der Geschlechtskrankheiten, die gefährlicher seien als eine deutsche Kugel. Der französische Ministerpräsident Georges Clemenceau (1841 bis 1929) schlug dem amerikanischen Oberbefehlshaber General Pershing im Februar 1918 vor, nach dem Beispiel der französischen Armee Bordelle für die Truppe einzurichten. Wilsons Kriegsminister Newton D. Baker (1871–1936), ein Reformer aus Cleveland, rief – als er den Vorschlag Clemenceaus zu Gesicht bekam – aus: „Um Gottes willen, zeigt dies nicht dem Präsidenten, er könnte den Krieg beenden."[115] Die Armee wies den französischen Vorschlag, das Problem der Sexualität bei den Soldaten in den Griff zu bekommen, ab und verstärkte in der Truppe die sexuelle Aufklärung und Warnung vor Geschlechtskrankheiten. Besonders die vom Land stammenden jungen Soldaten hörten auf diese Weise zum ersten Mal freimütig über sexuelle Themen sprechen. Unfreiwillig trug die Armee mit ihren Aufklärungsfilmen, -vorträgen und -schriften dazu bei, der sexuellen Frage ihr bisheriges Tabu zu nehmen und den Weg für eine öffentliche Erörterung zu ebnen, wie dies für die Nachkriegszeit in Amerika typisch wurde. Die Einstellung zur Sexualität und Ehe wurde – jedenfalls bei einem Teil der Kriegsteilnehmer – offener oder zum mindesten weniger von Traditionen beherrscht. Schon im Ersten Weltkrieg heirateten amerikanische Soldaten, die in Frankreich eingesetzt waren, europäische Frauen. Diese schätzungsweise 10.000 „Kriegsbräute" (*War Brides*) waren zumeist junge Französinnen, denen nach der Trauung die Reise in die USA auf Truppentransportern der Armee ermöglicht wurde.

Amerikanische Soldaten erfüllten auf dem Kriegsschauplatz in Westeuropa ihre Pflicht nicht anders, sie waren nicht weniger bereit, ihr Leben einzusetzen, als ihre englischen, französischen und russischen Kameraden oder ihre deutschen Gegner [Abb. 8]. Auch sie mußten die Schrecken des Krieges erleben und lernten bald, zwischen den patriotischen Phrasen der „Heimatfront“ und dem wirklichen Gesicht des Krieges zu unterscheiden. Nach dem Krieg wurde das Kriegserlebnis auch in der amerikanischen Literatur wiederholt kritisch aufgearbeitet. John Dos Passos (1896–1970) zeigte in seinem Roman „Three Soldiers“ (1921) die unmenschlichen Wirkungen der Armee und des Krieges an den Schicksalen dreier Soldaten. Zwei von ihnen begingen nach dem Waffenstillstand schließlich Fahnenflucht. William Faulkner (1897–1962), im Weltkrieg Pilot der kanadischen Luftwaffe ohne Kriegseinsatz, reflektierte in „Soldier‘s Pay“ (1926) die Enttäuschung vieler Kriegsteilnehmer und ihre Unfähigkeit, sich wieder im zivilen Leben zurechtzufinden. Ernest Hemingway (1899–1961), der als Freiwilliger in einer Rot-Kreuz-Einheit am Kriegsgeschehen an der italienischen Front teilgenommen hatte, wurde durch die kritische Verarbeitung seiner Erfahrungen und der Schrecken des Krieges in dem Roman „A Farewell to Arms“ (1929) berühmt. Der Held des Romans, der junge Architekturstudent Frederic Henry, entzog sich durch die Flucht über die Schweizer Grenze dem sinnlosen Kriegsgeschehen.

Ziviles Leben und Alltag im Krieg

Die Historiker sehen im Ersten Weltkrieg – vor allem mit dem Kriegseintritt der USA – eine gewichtige Zäsur in der Geschichte des Landes. Der Krieg und die Kriegsbeteiligung hatten erhebliche langfristige und ebenso auch zahlreiche kurzfristige Auswirkungen auf die amerikanische Gesellschaft und ihren Alltag. Zwar kostete der Krieg die Amerikaner nicht derart viele Menschenleben wie die kriegführenden Länder Europas, wo die Kriegstoten in die Millionen gingen. Auch gab es hier im Gefolge des Krieges keine Revolutionen wie in Rußland, Deutschland oder Österreich-Ungarn. Es gab keine Kriegszerstörungen im Land wie in Frankreich, Belgien, Rußland oder auf dem Balkan. Der Krieg, in dem die amerikanischen Soldaten seit 1917 mitkämpften, war „over there“, er wurde dort drüben in Europa ausgefochten. Und doch wirkte das Geschehen auf viele Seiten des täglichen Lebens ein – das Nachkriegsamerika (vgl. Kap. 11) unterschied sich deutlich von der Vorkriegszeit.

Durch die wirtschaftlichen Folgen des Krieges wurde die Produktionskapazität gegenüber der Vorkriegszeit erheblich, nämlich um ein Drittel, erweitert. Auch die Farmproduktion stieg – wie schon erwähnt – außerordentlich. In der Stellung der Frau und für den Wohnsitz und die Lage der schwarzen Amerikaner gab es markante Veränderungen. Die Einwanderung ging in den Kriegsjahren kraß zurück und erreichte danach nicht mehr das Vorkriegsniveau von reichlich einer Million Einwanderer pro Jahr.

Intoleranz, Unterdrückung und Verfolgung derjenigen, die anders über den Krieg dachten, Rassismus und Fremdenhaß breiteten sich unter dem Einfluß des Krieges, der Kriegsteilnahme und Kriegsstimmung lawinenartig aus. Das liberale Reformklima der Progressive Era wurde durch diese Kriegsfolgen weitgehend zu Grabe getragen und von einem nationalistisch-konservativen Geist des „One-Hundred-Percent-Americanism“ abgelöst. Die Kongreßwahlen von November 1918 – wenige Tage vor dem Waffenstillstand, mit dem der Erste Weltkrieg zu Ende ging – zeigten dies deutlich an. Wilsons Demokraten mußten

9 *Werbeposter für Liberty Bonds ruft zum Kampf gegen die „Hunnen" auf.*

damit die Mehrheit der Sitze in beiden Häusern des Kongresses an die Republikaner abgeben.

Die *Kosten des Krieges* waren außergewöhnlich hoch. Die staatlichen Kriegsausgaben beliefen sich auf 35,5 Milliarden Dollar. Das war das Zehnfache der Einnahmen, über welche die Bundesregierung 1918 verfügte. Ein Teil dieser Kosten wurde durch höhere Steuern, der andere größere Teil, etwa zwei Drittel der Kosten, durch fünfmal aufgelegte Regierungsanleihen, die *Liberty Loans* [Abb. 9], aufgebracht. Finanzminister William Gibbs McAdoo (1863 bis 1941), Wilsons Schwiegersohn, zog alle Register patriotischer Propaganda, um die Anleihen unter die Käufer zu bringen, und bezog in die Werbung für die Liberty Bonds Geschäftsleute, Kirchenführer und selbst die jugendlichen Mitglieder der Boy Scouts ein. Alle fünf Anleihen wurden überzeichnet, doch der Kreuzzug für ihre Vermarktung trug ebenso dazu bei, die chauvinistische Hysterie der Kriegsjahre weiter anzuheizen. Ein anderes Ergebnis war die sprunghafte Vergrößerung der Staatsverschuldung von noch knapp drei Milliarden Dollar 1917 auf 25,5 Milliarden Dollar 1919. Hand in Hand damit ging eine inflationäre Erhöhung der Lebenshaltungskosten, die zwischen 1913 und 1919 um 83 Prozent anstiegen.

Eine weitere Folge des Krieges war eine zeitweilige Verknappung von Zucker, Fleisch, Kohle und von anderen Waren. Um die *Lebensmittelversorgung* ebenso wie die Lieferung von Lebensmitteln an die Verbündeten unter den Kriegsbedingungen zu gewährleisten, entstand im August 1917 die staatliche *Food Administration.* Sie wurde von dem für sein Organisationstalent und seine humanitäre Einstellung bekannten Herbert Hoover (1874 bis 1964) geleitet. Hoover bemühte sich um eine Festlegung der Lebensmittelpreise und startete eine massive Kampagne, um die Verbraucher zu einem geringeren Verbrauch zu erziehen. Fleisch, Butter, Zucker und Weizenmehl sollten sparsam verwendet werden. Zukker wurde auf lokaler Ebene rationiert. Der Verzehr von Obst und Gemüse wurde empfohlen. Unterstützt wurde Hoover bei dieser Kampagne von der zweiten Ehefrau Wilsons, Edith Bolling Wilson (1872–1961), die im Weißen Haus fleischfreie bzw. mehlfreie Tage einführte, so, wie dies Hoover seinen Landsleuten empfohlen hatte. Der Speisezettel der Amerikaner wurde auf diese Weise gesünder. Selbst der Alkoholgehalt des Bieres wurde durch eine Regierungsverordnung erheblich reduziert, aber auch die Getreidemenge, die den Brauereien zur Verfügung stand, deutlich beschnitten. Kriegsbedingte Maßnahmen zur Einschränkung des Verbrauchs alkoholischer Getränke machten den Weg für ein landesweites Alkoholverbot frei, für die Prohibition, die dann mit dem 18. Verfassungszusatz ab

Januar 1920 für das ganze Land Gesetzeskraft erhielt (siehe Kap. 11). Der Export von Lebensmitteln nach Europa konnte, auch dank der Bemühungen Hoovers, schließlich verdoppelt und verdreifacht werden. So wie in der Regulierung der Versorgung mit Lebensmitteln gelang es der Wilson-Regierung, auch die anderen Ressourcen des Landes im Interesse der Kriegführung verstärkt zu mobilisieren, wobei als Begleiterscheinung die staatliche Bürokratie erweitert und ein umfassendes System staatlicher Behörden und kriegswirtschaftlicher Lenkungsinstitutionen geschaffen wurde.

Im März 1918 beschloß der Kongreß, um Elektroenergie zu sparen, die Sommerzeit („Daylight Saving Time") einzuführen. Die Uhren wurden eine Stunde vorgestellt. Dies galt von Ende März bis Ende Oktober. Um Kohle und andere Brennstoffe zu sparen, wurden die Amerikaner aufgefordert, nachts alle Lichter abzuschalten und am Sonntag kein Gas zu verbrauchen. Auch dabei ging Mrs. Wilson mit gutem Beispiel voran, und sie ließ überdies Schafe auf dem Rasen des Weißen Hauses grasen, um Arbeitskräfte einzusparen, die sonst den Rasen kurz gehalten hatten. Die Wolle wurde verkauft, der Ertrag dem Roten Kreuz überwiesen.

Wie die europäischen Länder suchte im Herbst 1918 eine schwere *Grippeepidemie* auch die Vereinigten Staaten heim. Sie forderte unter Soldaten und Zivilisten viele Opfer. In manchen Städten blieben Schulen und Kirchen wegen der Ansteckungsgefahr wochenlang geschlossen. Die Passanten trugen in den Straßen Gesichtsmasken, um eine Infektion zu vermeiden. Millionen vor allem junger Männer und junger Frauen erkrankten an dieser besonders aktiven und schweren Form der Grippe, über 400.000 Menschen starben in ihrer Folge besonders in den großen Städten des Landes. Von einer aufgeschreckten amerikanischen Öffentlichkeit wurden seitdem Sauberkeit und Hygiene im Haus und im Haushalt verstärkt angestrebt.

Propaganda, nationalistische Hysterie, Verfolgung der Kriegsgegner

Mit dem Kriegseintritt der USA schwoll im Innern des Landes ein Strom von Intoleranz und Nationalismus an. Er wurde von einer Regierungs- und Pressekampagne zur Unterstützung der Kriegspolitik noch weiter genährt. Die Wilson-Administration richtete zur Koordinierung der Kriegspropaganda eine eigene Behörde ein, das *Committee on Public Information*, das von George Creel (1876–1953), einem Journalisten und früheren Reformer, effektiv geleitet wurde. Seine Behörde rekrutierte eine ganze Armee von „Four-Minute-Men", von Rednern, die in kurzen patriotischen Ansprachen überall im Land die Regierungsversion des Krieges verbreiteten und Kriegsgegner diskreditierten. Ein besonderes Ziel der Tätigkeit Creels, seiner Millionen Broschüren und Tausender von Presseverlautbarungen, waren Arbeiter und Neueinwanderer. Sie galten als besonders anfällig für Antikriegsparolen und Aktionen gegen den Krieg. Creel organisierte Amerikanisierungslehrgänge für Einwanderer, ließ Zeitungen hinsichtlich unpatriotischer Äußerungen überwachen und unterstützte Funktionäre der *American Federation of Labor* in ihrem Bemühen, Sozialisten, die den Krieg ablehnten, innerhalb der Gewerkschaften zu bekämpfen. Das Creel-Committee förderte mit seiner Propaganda für den Krieg ein Klima von Haß und Intoleranz, das häufig zu gewaltsamen Ausschreitungen gegen Andersdenkende führte.

Die überwältigende Mehrheit der amerikanischen Lehrer, Pfarrer, Schriftsteller, Wissenschaftler und Journalisten unterstützte den amerikanischen Kriegseintritt und den dar-

10 *Schulkinder in New York City grüßen die amerikanische Fahne.*

auf folgenden Kriegseinsatz [Abb. 10]. Man sah in ihm einen Verteidigungskampf zugunsten der traditionellen Werte der amerikanischen Demokratie und Lebensweise, gegen den Militarismus des kaiserlichen Deutschland, gegen einen brutalen, bedrohlichen und hochgerüsteten Gegner. Nicht wenige der sozialkritischen Reformer, unter ihnen die Journalisten Herbert Croly (1869–1930) und Walter Lippmann (1889–1974) und der Pädagoge und Philosoph John Dewey, unterstützten Wilsons Entscheidung für den Krieg.

Gegen den Krieg sprach sich aus religiösen oder politischen Gründen eine Minderheit von Pazifisten, Frauenrechtlerinnen oder überzeugten Sozialisten aus. Jane Addams, die 1915 mit der Gründung der Woman's Peace Party das Zusammengehen von Frauenbewegung und Friedensbewegung initiiert hatte, blieb ihren pazifistischen Grundsätzen während des ganzen Krieges treu. Die Führer der Sozialistischen Partei Eugene Debs (1855 bis 1926), der mehrmalige Präsidentschaftskandidat der Socialist Party, sowie Victor Berger (1860–1929), ihr erster Kongreßabgeordneter, verurteilten den Krieg öffentlich aus politischen Gründen. Sie sahen im Weltkrieg einen rein kapitalistischen Krieg um Märkte und Einfluß.

Als Folge der Kriegspropaganda lebten nationalistische Hysterie und Intoleranz gegenüber tatsächlichen oder vermeintlichen Gegnern des Krieges mit seltener Leidenschaft und Gewalt auf. Rufmord und Verfemung, Gewaltakte und Fälle von Lynchjustiz an Kriegsgegnern kamen vor allem im ländlichen und kleinstädtischen Amerika vor. Neben den Pazifisten, Sozialisten und Anarchisten richteten sich Haß und Mißtrauen besonders gegen die Deutschamerikaner, gegen die „Bindestrich-Amerikaner“, wie sie von nationalistischer Seite abwertend genannt wurden. Vereinzelte Aktionen deutscher Agenten, die vor und nach dem Kriegseintritt der USA dort Sabotageakte verübten, wie den Sprengstoffanschlag auf ein Munitionsdepot auf der Black-Tom-Halbinsel im New Yorker Hafen im Juli 1916, schürten noch die Wogen der patriotischen Haßausbrüche. Die über eineinhalb Millionen Deutschamerikaner hatten vor dem Krieg zu den angesehensten ethnischen Gruppen unter den Einwanderern gezählt. Bis zum Kriegseintritt der USA hatten sie die Neutralität des Landes unterstützt, danach verhielten sie sich in ihrer großen Mehrheit loyal gegenüber ihrer neuen Heimat. Dennoch richtete sich gerade gegen sie der ganze Haß der Superpatrioten. In Iowa verbot der Gouverneur die Benutzung der deutschen Sprache in der Straßenbahn, am Telefon oder an öffentlichen Plätzen. Ein Politiker dieses Staats, in dem der Anteil der Deutschamerikaner relativ groß war, erklärte, „daß 90 Prozent aller Männer und Frauen, welche die deutsche Sprache unterrichten, Verräter sind".[116] Es kamen Fälle von Lynchjustiz gegen Deutschamerikaner vor, so im April 1918 in St. Louis, wobei im nachhinein die Rädelsführer dieses „patriotischen Mords" freigesprochen wurden.

Deutsche Bücher verschwanden aus den Bibliotheken, deutschsprachige Zeitungen mußten ihr Erscheinen einstellen, Städte mit deutschem Namen änderten diesen. In manchen Restaurants bot man „Hamburger" nun als „Liberty Sandwich", „Sauerkraut" als „Liberty Cabbage" an.

Selbst das Musikleben wurde von der Kriegshysterie erfaßt. Das Boston Symphony Orchestra verabschiedete seinen Dirigenten, weil dieser vom deutschen Kaiser eine Auszeichnung erhalten hatte. Leopold Stokowski (1882–1977), der angesehene Dirigent des Philadelphia Symphony Orchestra, nahm deutsche Opern, Lieder und Werke zeitgenössischer deutscher Komponisten aus dem Repertoire und erkundigte sich bei Wilson, ob er die Werke von Bach und Beethoven, Mozart und Brahms weiter spielen könne.

Noch drakonischer verfuhr ein Teil der Öffentlichkeit, des politischen Lagers und der Regierung mit den tatsächlichen Kriegsgegnern. Expräsident Theodore Roosevelt, der frühzeitig den Kriegseintritt seines Landes befürwortet hatte, beschimpfte Senator LaFollette, weil er gegen die Kriegserklärung gestimmt hatte, als einen „nicht gehenkten Verräter". In Brisbee, Arizona, wurden im Juni 1917 etwa 1200 streikende Bergarbeiter, Mitglieder der *Industrial Workers of the World*, einer militanten Gewerkschaft, die den Krieg strikt ablehnte, von der örtlichen bewaffneten Bürgerschaft mit Gewalt in Viehwaggons gezwungen und ohne Wasser und Lebensmittel in der Wüste New Mexicos ausgesetzt. Sie mußten schließlich von Bundestruppen gerettet werden.

Die Wilson-Regierung ließ die Gegnerschaft gegen den Krieg gerichtlich verfolgen. Drei Ausnahmegesetze schufen die rechtliche Grundlage zum Vorgehen gegen Kriegsgegner. Das Spionage-Gesetz (Espionage Act, Juni 1917) sah Geldstrafen bis zu 10.000 Dollar und Gefängnisstrafen bis zu 20 Jahren für diejenigen Personen vor, welche die Kriegsanstrengungen behinderten oder dem Feind halfen. Das Sabotagegesetz (Sabotage Act, April 1918) richtete sich hauptsächlich gegen die Antikriegstätigkeit der Industrial Workers of the World, die damit faktisch juristisch geächtet und als Organisation weitgehend zerschlagen wurden. Schließlich erweiterte das Aufruhrgesetz (Sedition Act, Mai 1918) ganz erheblich den Anwendungsbereich des Spionagegesetzes und stellte jetzt zusätzlich die unloyale Kritik an der Regierungsform und Verfassung der USA oder die Herabwürdigung der Uniform von Armee und Flotte und der amerikanischen Fahne unter Strafe. Auf der Grundlage dieser Gesetze verhängte die Justiz über 1500 Urteile gegen Kriegsgegner, darunter auch langjährige Haftstrafen gegen Eugene Debs und Victor Berger. Debs sollte erst von Wilsons Nachfolger als Präsident, Warren G. Harding (1921–1923), begnadigt werden. Die sozialistische Presse wurde, soweit sie gegen den Krieg eingestellt war, vom Postvertrieb im Land ausgeschlossen, die Pressefreiheit wie das Recht auf Dissens waren faktisch während der Kriegszeit beseitigt.

11 *Wie auf dieser Flugschrift der Frauenrechtlerin Carrie Chapman Catt (1859–1947) forderten im Weltkrieg viele Frauen das Wahlrecht mit Hinweis auf ihren Kriegsbeitrag als Mütter und Ehefrauen der Soldaten.*

Die Lage der Frauen während des Krieges

Der Krieg hatte erhebliche Auswirkungen auf die Lage und das Verhalten der Frauen in den Vereinigten Staaten sowie auf ihre Bewegung um das Frauenwahlrecht [Abb. 11]. Die Beschäftigung vor allem unverheirateter Frauen in der Industrie und in anderen Wirtschaftszweigen, in denen jetzt die Männer fehlten, nahm stark zu [Abb. 12]. Eine Million weiblicher Arbeitskräfte kam zusätzlich zu den in der Kriegswirtschaft beschäftigten Frauen hinzu, deren Gesamtzahl auf 2,250.000 anstieg. Drei Viertel dieser jungen Frauen waren unverheiratet. Aber es gab auch verheiratete Frauen unter ihnen, die für die Kriegszeit wieder in den Beruf zurückkehrten, den sie nach der Eheschließung aufgegeben hatten. Tausende von Frauen arbeiteten in Armeedienststellen oder waren freiwillig im Roten Kreuz als Krankenschwestern tätig. Allerdings blieben die Vorurteile der Öffentlichkeit, der Politik und selbst vieler Gewerkschaftsführer gegen berufstätige Frauen ungeachtet der Tatsache, daß man Frauen in der Wirtschaft dringend benötigte, weiterhin bestehen. Für diese konservative Einstellung war der eigentliche Platz der Frau am häuslichen Herd zu suchen. Ebenso wurden fast ausnahmslos Frauen schlechter bezahlt als ihre männlichen Kollegen, auch dort, wo sie die gleiche Arbeit leisteten. Nach Kriegsende verloren viele Frauen ihre Arbeit, um den Arbeitsplatz für die aus dem Krieg zurückkehrenden Männer frei zu machen. Infolgedessen lag 1920 der Prozentsatz der arbeitenden Frauen, die jetzt 20,1 Prozent der Beschäftigten stellten, sogar leicht unter dem Stand vor dem Krieg (1910).

Die Frauenbewegung, die allerdings in ihrer Einstellung zum Krieg uneinig war, organisierte auch in den Kriegsjahren im ganzen Land, in den Einzelstaaten und in der Bundeshauptstadt Kampagnen für die bundesweite Einführung des Frauenwahlrechts. Wenn der Krieg, wie Wilson erklärt hatte, für die Demokratie geführt wurde, dann konnte man zu Hause die Forderung nach dem Frauenwahlrecht nicht länger ablehnen. Präsident Wilson, der lange der Forderung nach dem Wahlrecht für Frauen reserviert gegenübergestanden

12 *Weibliche Arbeitskräfte 1918 in einer Lokomotiv-Werkstatt in Montana.*

hatte, gab nun seinen Widerstand auf und nannte das Frauenwahlrecht vor dem Senat lebenswichtig, um den Krieg zu gewinnen. Der Krieg schuf zwar nicht das 19. Amendment, welches das Frauenwahlrecht in der Verfassung verankerte, aber er beschleunigte dessen Annahme. Immer mehr Staaten hatten seit 1917 die Verabschiedung dieses Verfassungszusatzes im Kongreß gefordert. Anfang 1919 stimmte das Repräsentantenhaus mit 304 : 90 Stimmen, der Senat mit 56 : 25 Stimmen dem Verfassungszusatz zu, der nach seiner Ratifikation dann 1920 in Kraft trat [Abb. 13]. Damit besaßen die Frauen – vorausgesetzt, daß sie nicht im Süden als Schwarze wohnten – das Wahlrecht. Bei den Präsidentschaftswahlen von 1920 konnten sie erstmals davon Gebrauch machen, bei einer allerdings noch überdurchschnittlich niedrigen Wahlbeteiligung der Wählerinnen. Nur 35,3 Prozent der Wählerinnen gingen damals zur Wahl. Frauenrechtlerinnen gründeten im gleichen Jahr die *League of Women Voters*, die sich die Aufgabe stellte, die Bildung der Wähler und Wählerinnen zu erweitern, die Wahlbeteiligung von Frauen zu vergrößern und eine soziale Wohlfahrtsgesetzgebung zu unterstützen. In den 1920er Jahren trat die League für zahlreiche Reformen ein, darunter für Maßnahmen der Sozialhygiene und der Kinderfürsorge, für die Verbesserung der rechtlichen Stellung der Frau und für den Schutz der Frauen in der Industrie.

Abgesehen von der Wahlrechtsfrage erwiesen sich allerdings die Hoffnungen vieler Frauen auf eine grundlegende Verbesserung ihrer Stellung in Wirtschaft und Gesellschaft als trügerisch. Mit dem Ende des Krieges traten die traditionellen Verhaltensmuster und Einstellungen des Mannes der Frau gegenüber wieder in alter Weise hervor. Die Schattenseiten des Krieges, wie etwa Vorurteile, Intoleranz und Konformismus, blieben über das

13 *Frauen feiern vor dem Büro der National Women's Party das Inkrafttreten des 19. Verfassungszusatzes im August 1920, mit dem den Frauen das Wahlrecht gewährt wurde.*

Kriegsende hinaus am Leben. Frauen die sich für eine Reform der Männergesellschaft, in der sie lebten, einsetzten, gerieten für das „hundertprozentige Amerikanertum" in den Verdacht, zu den „radikalen Roten" zu gehören und damit „unamerikanisch" zu sein. Die eher positiven Nebenwirkungen des Krieges, wie die ansatzweisen Anfänge einer Gleichstellung der Geschlechter am Arbeitsplatz, erwiesen sich in der Regel nur als vorübergehender Natur.

Die Lage der schwarzen Amerikaner im Krieg

Die Haltung der Führer der Schwarzen zum Krieg war – ebenso wie die der Frauenbewegung – uneinheitlich. Eine Mehrheit, zu der auch ihr damals prominentester Sprecher, W. E. B. Du Bois, gehörte, unterstützte den amerikanischen Kriegseintritt und sah in der Kriegsteilnahme eine Chance, den Status der Schwarzen im Land günstiger zu gestalten. Du Bois rief dazu auf, die Reihen zu schließen und den Krieg zu unterstützen, da auch die Schwarzen selbst vom Ideal einer Demokratie mehr zu gewinnen hätten als von der Autokratie des Kaiserreichs. Du Bois hoffte, der Krieg werde durch die Forderungen des gesunden Menschenverstands den Wall des Vorurteils zwischen Weißen und Schwarzen abtragen. Andere Schwarze, wie der radikale Zeitungsherausgeber und spätere Gewerkschaftsführer A. Philip Randolph (1889–1979) sprachen sich gegen den Krieg aus und wanderten

14 *Soldaten einer Einheit, die wegen ihrer Tapferkeit mit dem französischen Croix de Guerre ausgezeichnet wurden.*

deshalb ins Gefängnis. Die schwarzen Männer im wehrpflichtigen Alter wurden für den Wehrdienst registriert. Über 250.000 von ihnen dienten in den Streitkräften, ein großer Teil in Arbeitskompanien, die stets unter der Führung weißer Offiziere standen. 50.000 schwarze Soldaten kamen in Kampfeinheiten nach Frankreich, wo sich viele von ihnen durch ihre Tapferkeit auszeichneten. Einige dieser Regimenter wurden der französischen Armee unterstellt und fielen im Fronteinsatz so positiv auf, daß ihnen die höchste französische Auszeichnung für Truppeneinheiten verliehen wurde [Abb. 14].

Generell aber blieben die Rassentrennung und Diskriminierung auch in den Streitkräften selbst zur Kriegszeit ein Grundzug in der Erfahrung der schwarzen Soldaten. Das Marine Corps, die Coast Guard oder die Air Force waren für schwarze Soldaten gänzlich verschlossen. In der Navy waren sie höchstens als Bedienungskräfte in der Messe zugelassen. Die üblichen Aufgaben des schwarzen Soldaten lagen in der Bedienung seiner weißen Offiziere als Diener, Fahrer oder Träger festgelegt. Insofern blieb bereits in dem streng militärischen Bereich die Hoffnung auf eine Lockerung der Segregation während der Kriegsjahre Illusion. In der zivilen Gesellschaft Amerikas sah es in dieser Hinsicht eher noch düsterer aus, was im Juli 1917 10.000 schwarzer Bürger in New York City zu einem schweigenden Protestmarsch gegen die zunehmende rassistisch motivierte Gewalt im Land veranlaßte [Abb. 15]. Der Krieg hatte mit der steigenden Arbeitskräftenachfrage seitens der Industrie des Nordens eine Welle der Abwanderung schwarzer Arbeiter in Industriestädte wie

15 *Schweigemarsch der Afroamerikaner gegen rassistische Gewalt. Er fand in den Straßen von New York City Ende Juli 1917 statt.*

Chicago, St. Louis, Pittsburgh, nach Detroit und Cleveland oder auch in das von Schwarzen bewohnte Harlem in New York City ausgelöst. Man schätzt ihre Zahl auf nahezu eine halbe Million. Entsprechend verringerte sich der Anteil der schwarzen Bevölkerung im Süden des Landes, wo zu Beginn des Jahrhunderts noch knapp 90 Prozent der Afroamerikaner gelebt hatten und 1920 im Ergebnis dieser Migration nur noch 85 Prozent der schwarzen Amerikaner gezählt wurden. Angezogen wurden sie von der kriegsbedingten Erweiterung des Stellenangebots im Norden, ebenso durch die lebhafte Werbetätigkeit der industriellen Unternehmen um neue Arbeitskräfte. Viele von ihnen vertrieb die ungebrochene Wirkung des weißen Rassismus aus ihrer Heimat im Süden, wo 1915 in Georgia der Ku-Klux-Klan wiedererstanden war, diese eifernde Geheimorganisation, deren Ziel die vollständige Durchsetzung der „weißen Vorherrschaft" im Land war und die nach dem Vorbild ihrer Vorgängerin nach dem Ende des Bürgerkriegs mit Mord und Gewalt Furcht und Schrecken verbreitete. Der Klan blieb zunächst für einige Zeit ein kleiner Zirkel Eingeweihter von wenigen tausend Mitgliedern, blühte dann aber in der Mitte der 1920er Jahre zu einer Geheimgesellschaft auf, die Millionen Mitglieder besaß.

Während des Krieges mußten die schwarzen Neuankömmlinge, die ihre sozialen Bindungen in den Kirchen und ihre kulturellen Traditionen vor allem in der Musik mit nach Norden brachten, feststellen, daß sie mit dem Wechsel des Wohnortes die Probleme ihrer Diskriminierung und Verfolgung nicht abgeschüttelt hatten. Der weiße Rassismus begegnete ihnen im Norden in Gestalt der eifersüchtigen und mißtrauischen Arbeitskollegen, in der Person voreingenommener Haus- und Wohnungseigentümer und einer nationalistisch aufgehetzten Öffentlichkeit wieder. Es kam jetzt auch im Norden wiederholt zu rassistisch motivierten Gewaltausbrüchen. Die erste dieser blutig verlaufenden Rassenunruhen ereignete sich Anfang Juli 1917 in East St. Louis. Hierhin waren in größerer Zahl schwarze Arbeiter aus Tennessee und Mississippi gezogen, die von den örtlichen Industriellen häufig als Streikbrecher eingesetzt wurden. Ein Mob aufgebrachter weißer Arbeiter der Rüstungsindustrie drang in die Wohnviertel der Schwarzen in East St. Louis ein, brannte Häuser nieder und mordete dort mehrere Tage in einem schrecklichen, organisierten Haßausbruch. 40 Schwarze, darunter ein zweijähriges Kind, fielen den Vorgängen zum Opfer. Mehrere tausend Schwarze verloren ihre Wohnung durch Brandstiftung. Ihr Hilfeersuchen an Präsident Wilson um Schutz und Unterstützung des Bundes verhallte ungehört. Eine anschließende Kongreßuntersuchung stellte die Verantwortung der weißen Bewohner der Stadt, besonders der örtlichen Politiker, Unternehmer und Gewerkschaftsführer für die Entstehung der Situation fest, die zu den Rassenunruhen geführt hatte.

Zwei Jahre später, im Sommer 1919, wiederholten sich in Chicago und anderen Städten die schrecklichen Vorgänge. In Chicago wurden die Rassenunruhen dadurch ausgelöst, daß ein junger Schwarzer im Juli 1919 versehentlich oder absichtlich in einen nur für Weiße reservierten Abschnitt einer Chicagoer Badestelle am Michigansee schwamm. Der Junge wurde auf brutale Weise von der Badestelle vertrieben. Anschließend tobten tagelang blutige Kämpfe zwischen Weißen und Schwarzen auf den Straßen der Stadt. Wieder verloren Tausende ihre Wohnung, wieder gab es zahlreiche Opfer, besonders unter der schwarzen Bevölkerung. Ähnliche Unruhen ereigneten sich damals in Knoxville, Tennessee, in Omaha, Nebraska, und in der Bundeshauptstadt Washington. Im gleichen Jahr kam es zu 83 Lynchmorden, teilweise an schwarzen Weltkriegsteilnehmern in Uniform.

Das Kriegsende und die unmittelbare Nachkriegszeit

Am 11. November 1918 feierten die Amerikaner auf den Straßen ihrer Städte begeistert die Nachricht vom Waffenstillstand, der den Ersten Weltkrieg beendete. Die eigenen Verluste an Soldaten waren vergleichsweise niedrig. Die materiellen Kriegskosten lagen ungleich höher. An den geistig-kulturellen Folgen des im Krieg aufgewühlten Nationalismus sollte das Land längere Zeit zu tragen haben.

Die ersten beiden Nachkriegsjahre standen landesweit im Zeichen der Hinwendung zu konservativen Werten und Losungen, erlebten ein Anschwellen der gewerkschaftlichen Kämpfe, eine ausufernde, zunehmend hysterischer werdende Radikalenverfolgung und sahen schließlich die schwere Niederlage für Präsident Wilson und seine Demokratische Partei in den Präsidentschaftswahlen von 1920.

Im ersten Nachkriegsjahr erreichten die Streikkämpfe einen neuen Rekord. An den Streiks waren 4,2 Millionen Arbeiter beteiligt, das waren über 20 Prozent aller Beschäftigten. Die Streikforderungen betrafen vor allem die Erhöhung der Löhne, den Achtstundentag und das Recht auf gewerkschaftliche Organisation und kollektive Tarifverträge.

Überlagert wurde dies von einer organisierten Radikalenverfolgung, den *Palmer Raids*, die Mitte 1919 einsetzten und das Land über ein Jahr lang in Atem hielten. Beunruhigt

16 *Ben Shahn (1898–1969): Wandbild „Sacco und Vanzetti" (Ausschnitt) von 1967.*

durch die russische Oktoberrevolution, die auch in Amerika von den militanten Linken als Beginn der Weltrevolution begrüßt wurde, und im Banne der nationalistischen Hysterie und Intoleranz der Kriegsjahre, begann Wilsons Justizminister A. Mitchell Palmer (1872 bis 1936) eine Jagd auf Kommunisten, Anarchisten und andere Radikale, den „Red Scare". In zahlreichen Städten wurden Hausdurchsuchungen und Verhaftungen vorgenommen. Ein rücksichtsloser Meinungsterror richtete sich in der Öffentlichkeit unterschiedslos gegen Kommunisten und Sozialisten, gegen die Mitglieder der Industrial Workers of the World und andere Gewerkschaftsfunktionäre, gegen Pazifisten und linksliberale Kritiker des „hundertprozentigen Amerikanertums". Ein Mitglied der Staatsregierung von Massachusetts erklärte öffentlich: „Wenn es nach mir ginge, würde ich sie [die „Roten", d. Vf.] jeden Morgen in den Gefängnishof führen und erschießen, und am nächsten Tag würde der Prozeß stattfinden, um herauszubekommen, ob sie schuldig waren."[117] Zur Einschränkung der Rede- und Meinungsfreiheit wurden vielerorts einzelstaatliche Gesetze verabschiedet, die den

Besuch „ultra-radikaler" Versammlungen verboten oder sogar das Aufziehen und Zeigen der roten Fahne unter Strafe stellten.

Im Laufe der „Palmer Raids" wurden mehrere tausend Verdächtige verhaftet. Ein Teil davon kam vor Gericht, einige hundert noch nicht naturalisierter Amerikaner wurden nach Sowjetrußland deportiert. Die New Yorker Legislative entzog den fünf gewählten sozialistischen Abgeordneten ihr Mandat. Zu den bekanntesten Opfern dieser Vorgänge zählten die beiden aus Italien stammenden Gewerkschafter Nicola Sacco (1891–1927) und Bartolomeo Vanzetti (1888–1927). Sie wurden im Mai 1920 in Boston unter der Beschuldigung eines Raubmordes verhaftet, 1921 von einem Gericht zum Tod verurteilt und schließlich 1927 trotz landes- und weltweiter Proteste gegen das Urteil hingerichtet [Abb. 16]. Beide hatten ihre Unschuld beteuert und besaßen für die Tatzeit ein Alibi. Als Anarchisten und Ausländer traute ihnen jedoch das Gericht jedes Verbrechen zu. 50 Jahre nach ihrer Hinrichtung bestätigte der Gouverneur von Massachusetts die Zweifelhaftigkeit des seinerzeitigen juristischen Verfahrens.

Als die von Justizminister Palmer für den 1. Mai 1920 in Amerika angekündigte Revolution ausblieb und das politische Klima sich langsam wieder beruhigte, ebbte auch der von Palmer initiierte „Red Scare" sukzessive ab. Der „hundertprozentige Amerikanismus" lebte allerdings weiter und hatte – neben dem erneuerten Ku-Klux-Klan – in der 1919 gegründeten Organisation der amerikanischen Kriegsteilnehmer, der *American Legion*, einen leidenschaftlichen Befürworter. Die American Legion hatte zu Beginn der 1920er Jahre immerhin 850.000 Mitglieder. Sie betrieb einen nationalistischen Fahnenkult, forderte die Einführung eines Loyalitätseides der Lehrer und sympathisierte später mit Benito Mussolini (1883 bis 1945) und dem Faschismus in Italien.

Der im Nachkriegsamerika ausufernde Nationalismus hatte auch Einfluß auf den Ausgang der ersten Präsidentschaftswahlen nach dem Weltkrieg, die Anfang November 1920 stattfanden. Deutlich zeigte es sich, daß die Progressive Era nun der Vergangenheit angehörte. Wilsons Demokraten erlitten eine erdrutschartige Niederlage, als der konservative Republikaner Warren G. Harding (1865–1923) mit einem Stimmenvorsprung von sieben Millionen über seinen demokratischen Gegner James M. Cox (1870–1957), der das Erbe Wilsons fortsetzen wollte, triumphierte. In den 1920er Jahren erlebten die Vereinigten Staaten dann mit Wirtschaftsprosperität und republikanischer Ära ein im Vergleich zum Ersten Weltkrieg und der unmittelbaren Nachkriegszeit friedlicheres Stadium.

KAPITEL 11

Materielle Lebensbedingungen, Alltagskultur und Freizeitverhalten in den Jahren der „Prosperity" (1921-1929)

Zwischen dem Ende des Ersten und dem Beginn des Zweiten Weltkriegs änderte sich das tägliche Leben vieler Amerikaner auffallend und schnell. Im Auf und Ab von wirtschaftlicher Prosperität, zerstörerischer Depression und reformgeprägtem New Deal unter Franklin D. Roosevelt (1933–1945) erfolgte in Amerika der Übergang zur Moderne auch im Alltagsleben. Die zwanziger Jahre, die „Roaring Twenties", nehmen in diesem Prozeß einen markanten Platz ein. Große Fortschritte zeigten sich in der Produktion der Güter, besonders der langlebigen Konsumgüter. Rationalisierung, Technisierung und neue Organisation der Arbeit entsprechend den Lehren des Arbeitswissenschaftlers Frederick W. Taylor (1856 bis 1915) bestimmten die industrielle Erzeugung mit. Die revolutionären Veränderungen im Verkehrswesen durch Auto und Flugzeug wurden in Amerika nun noch sichtbarer als in der Vorkriegszeit.

Im Selbstverständnis und *Anspruchsverhalten der Frau*, besonders der jungen Frauen der Mittelklasse, kam es zu vieldiskutierten Neuerungen. Frauen stellten neue Ansprüche gegenüber der Ehe. Der Begriff „Kameradschaftsehe" kam auf. Die sexuellen Beziehungen wurden freier. Die Ansprüche der Frauen im Beruf artikulierten sich deutlicher, auch wenn in der Praxis des Arbeitslebens sich nur wenig veränderte. Die Mode wurde von kurzen Röcken bestimmt, die Frisur durch den Bubikopf. Das ungezwungene, selbstbewußte Auftreten der jungen Frauen in der Öffentlichkeit entsprach ihrem neuen Lebensgefühl [Abb. 1]. All dies rief den lebhaften Widerstand des ländlichen, konservativen Amerika hervor. Ein über das Verhalten seiner Tochter empörter Vater schrieb 1926 der *Los Angeles Times*, seitdem Myrabel das College besuche, sei ihre Selbstachtung zerstoben. „Sie hat ihr Haar kurz geschnitten; sie benutzt Kosmetika; sie raucht und flucht. Gestern fiel sie so gänzlich dem Teufel zum Opfer, daß sie Likör trank. Ich war gezwungen, ihr das künftige Betreten unseres Hauses zu verbieten."[118]

Man sprach von einer *„Revolution der modernen Jugend"* und meinte damit das Aufbegehren gegen die konservative viktorianische Moral, die freieren Lebensformen, die größere Ungezwungenheit [Abb. 2] in Liebes- und Eheangelegenheiten, wie man sie jetzt vor allem unter der studentischen Jugend fand. Jugendliche der Mittelklasse zeigten ein betontes Unabhängigkeitsgefühl und einen hedonistischen Lebensstil, der in der Erfüllung der persönlichen Bedürfnisse des jungen Mannes oder der jungen Frau den Sinn des Lebens erblickte. Durch Jazz und Tanz, Film und Sport kam es zu neuen Formen der *Freizeitgestaltung*. Ebenso drückten sich im Siegeszug des Autos, das die Mobilität der Amerikaner noch erhöhte, und in der Verbreitung des Radios, das die ganze Nation übergreifend mit Nach-

1 *Walker Evans (1903–1975) „Fulton Street, New York" 1929. Das Bild stammt von einem der bedeutendsten Fotochronisten Amerikas.*

2 *„Coney Island" (1929) – das junge Liebespaar im Vergnügungspark von New York City wurde auch von Walker Evans fotografiert.*

3 *Ein Ford T in der Landschaft Oregons 1921.*

4 *Ein Blick auf die Mainstreet von Saratoga Springs zeigt das beginnende Parkproblem für Autos.*

5 *Edward Hopper (1882–1967) „Sonntag" (1926). Hopper's Grundthema, die Einsamkeit des Menschen in der Stadt, ist hier meisterhaft behandelt.*

richten, Informationen und Musik versorgte, diese Veränderungen im täglichen Leben auf augenfällige Weise aus. Der steigende Wohlstand der Gesellschaft verkörperte sich in dieser Zeit im Besitz des Autos [Abb. 3 und 4]. 1929 – im letzten Jahr der Prosperity – verfügte bereits jeder fünfte Amerikaner über ein eigenes Auto. Mitte der 1920er Jahre gab es schon gegen fünf Millionen Radiohörer im Land. 1930 waren es dann zwölf Millionen Hörer, womit jeder fünfte Haushalt ein Radio besaß. Der regelmäßige Kinobesuch der Amerikaner zeigte sich daran, daß es am Ende dieser Epoche immerhin 28.000 Kinos im Land gab und daß damals 100 Millionen Amerikaner Woche für Woche ins Kino gingen. Auch die Auflagenhöhe der Zeitungen (40 Millionen im Jahr 1930) und der Magazine (100 Millionen), welche zusammengenommen die Bevölkerungszahl des Landes deutlich übertraf, spiegelte den erreichten materiellen Standard wider.

Für das *kulturelle Schaffen*, die Literatur und das Theaterleben, die Musik und Malerei [Abb. 5], Architektur und Stadtentwicklung [Abb. 6 und 7] bedeuteten diese Jahre eine Zeit fruchtbarer Vielfalt und neuer künstlerischer Maßstäbe. Es war eine Zeit, in der die Grundlagen der modernen amerikanischen Kultur geschaffen worden sind.

6 *Das 1924 fertiggestellte State Capitol in Lincoln, Nebraska, verbindet auf glückliche Weise antike Formen mit den technischen Möglichkeiten modernen Materials und modernen Bauens.*

7 *Das Daily News Building in New York City wurde 1929/30 erbaut. Der Bau von 36 Stockwerken beeindruckt durch seine geometrische Form.*

Gleichzeitig waren die „Roaring Twenties" mit ihren Präsidenten Harding (1921–1923), Coolidge (1923–1929) und Hoover (1929–1933) die Jahre einer Vorherrschaft der konservativen Republikaner und einer noch engeren Kooperation zwischen Politik und Big Business [Abb. 8]. Ein erfolgreicher Geschäftsmann wie Henry Ford wurde zum Leitbild der ganzen Nation. Der Reichtum des einzelnen war in der Sicht der Zeit das Ergebnis von Fleiß, Ehrgeiz, Charakter und unermüdlicher Anstrengung. Andere Begleiterscheinungen jener Jahre waren der Nationalismus des „hundertprozentigen Amerikanertums", die neubelebte Fremdenfeindlichkeit und ein religiöser Fundamentalismus. Diese Erscheinungen hatten ihren Schwerpunkt vor allem im ländlichen und kleinstädtischen Amerika.

Auf den Wohlstand der „Prosperity"-Jahre folgte dann die Verarmung vieler Amerikaner unter dem Einfluß der *Great Depression*, die keinen Bereich der Gesellschaft unberührt ließ. Diese schwerste Wirtschaftskrise in der Geschichte der USA wurde zum Ausgangspunkt neuer Reformbemühungen der Politik unter Franklin D. Roosevelt, die dann nachfolgend eine ganze Epoche prägen sollten. All diese Vorgänge bündelten sich damals zu einem unverwechselbaren Gesamtbild des Alltags in Amerika. Für die neuere Geschichtsschreibung stellen gerade die zwanziger Jahre nicht selten den Kern des modernen Amerika dar, „den ersten Frühling der Art des modernen Kapitalismus, der in Amerika in den 1940er und 1950er Jahren Gestalt annahm".[119]

8 *Daniel Fitzpatrick „The Cash Register Chorus" (1924) illustriert satirisch die politische Symbiose zwischen Präsident Coolidge und der Geschäftswelt.*

Die materiellen Rahmenbedingungen in der Zeit der „Prosperity" und der „Great Depression"

Die Volkszählung von 1920 verzeichnete rund 106 Millionen Amerikaner. Zum ersten Mal wohnten jetzt mit 48,6 Prozent weniger als die Hälfte der Amerikaner in ländlichen Orten und Gemeinden unter 2500 Einwohnern. Es gab 41,6 Millionen Erwerbstätige, ein Fünftel von ihnen waren Frauen. Die reichliche Hälfte aller Arbeitskräfte (51 Prozent) waren inzwischen in Industrie und Bergbau, im Transport und im Handel tätig. Nur noch ein Viertel der Arbeitskräfte (26 Prozent) arbeitete in der Land- und Forstwirtschaft.

Tabelle 18

Bevölkerung der USA in der „Zwischenkriegszeit"

1920:	105,710.620
1930:	122,775.046
1940:	131,669.275

Quelle: Historical Statistics, S. 25.

Das auffallendste Kennzeichen der zwanziger Jahre war das rasche Wirtschaftswachstum, die „Prosperity", die das materielle Gesicht des Zeitraums bestimmte und der Epoche den Namen gab. In Deutschland prägte damals der Wirtschaftswissenschaftler Julius Hirsch (1882–1961) angesichts des rasanten industriellen Fortschritts den Begriff „amerikanisches Wirtschaftswunder". Tatsächlich war die amerikanische Industrieproduktion wertmäßig 1929 mit 193 Prozent fast doppelt so umfangreich wie vor dem Weltkrieg. Zwei Drittel dieses Zuwachses fielen auf die Jahre 1922 bis 1929. Eine rasante Produktionssteigerung in den „neuen" Industriezweigen, in der Auto-, Chemie- und Elektroindustrie, verbunden mit lebhafter Bautätigkeit im Wohnungs-, Industrieanlagen- oder Straßenbau, sowie der Übergang zur Massengüterherstellung großen Stils bei Automobilen oder elektrischen Haushaltsgeräten und eine Abzahlungs- und Ratenfinanzierung bislang unbekannter Größenordnung bestimmten die Wachstumsdynamik der Prosperity-Jahre mit. Der Wohnungsbau

9 *Einfamilienhäuser in Oak Park, Illinois (1925), einem Vorort von Chicago, lassen die veränderten Wohnmöglichkeiten der Mittelschichten in dieser Zeit erkennen.*

expandierte in dieser Zeit auffallend. 1925 wurden fast eine Million Wohnungseinheiten fertiggestellt, darunter mehr als eine halbe Million Einfamilienhäuser [Abb. 9], wovon besonders die Mittelklasse profitierte. Ein zweiter Antrieb der Konjunktur lag in der Herstellung neuer langlebiger Massenkonsumgüter. Mitte der zwanziger Jahre besaßen 60 Prozent der amerikanischen Haushalte – besonders derjenigen in der Stadt – einen elektrischen Anschluß. Dies ermöglichte ein breites Angebot elektrischer Haushaltsgeräte, die ihren Einzug in die Wohnungen der bessergestellten Amerikaner hielten. Die Palette der elektrischen Geräte reichte von Kühlschränken, Küchenherden und Waschmaschinen über Bügeleisen und Staubsauger bis hin zum Fön, dem elektrischen Rasierapparat, dem Toaströster und Mixer. Fließendes Wasser war jetzt in den Städten in der Mehrheit der Wohnungen verbreitet. Nach den Untersuchungen der Soziologen Robert und Helen Lynd (1892 bis 1970 bzw. 1896–1982) besaßen Mitte der zwanziger Jahre drei Viertel der Wohnungen einer typischen Mittelstadt, deren Verhältnisse sie in Muncie, Indiana, jahrelang erforschten, fließendes Wasser. Alle neu gebauten Häuser, mit Ausnahme der billigsten, enthielten ein Bad. Zwei Drittel der Häuser waren an die Kanalisation angeschlossen. Gekocht wurde noch überwiegend mit Gas. Dagegen waren ölbetriebene Zentralheizungen zu dieser Zeit noch auf die Häuser und Wohnungen der Mittelklasse beschränkt. Die Herstellung von Rundfunkgeräten nahm progressiv zu, seitdem 1920 ein Sender in Pittsburgh (KDKA) mit regulären Rundfunksendungen begonnen hatte. Noch im gleichen Jahr wurden erstmals von einem Sender in Detroit (WWJ) die Präsidentschaftswahlergebnisse durch das Radio übertragen. Ein Jahr später folgten Übertragungen von Opernaufführungen in Chicago. Bald kamen landesweit populäre Unterhaltungssendungen hinzu. 1924 spielte das Radio erstmals im Wahlkampf eine größere Rolle. Präsident Coolidges Radioansprache in der

10 *Aufnahme einer ländlichen Einklassenschule in Michigan (1916).*

Nacht vor dem Wahltag soll von über 20 Millionen Amerikanern verfolgt worden sein. „Bald waren die Menschen überall im Lande in dieselben Programme einbezogen, erkannten dieselben Stars und Helden und erfreuten sich an einer neuen Massenkultur."[120]

Besonders stimulierend wirkte sich die rasch expandierende Autoproduktion auf die Konjunktur aus. Man schätzt, daß damals in Amerika drei bis vier Millionen Arbeitsplätze durch das *Auto* direkt bzw. indirekt (durch Zulieferbetriebe, Straßenbau usw.) geschaffen wurden. Marktführer war bis zur Mitte der 1920er Jahre der Autokönig Henry Ford mit seinem Modell T, einem leichten, robusten, leistungsfähigen und preisgünstigen Auto. 1924 ging der zehnmillionste Wagen dieses Typs in den Ford-Werken vom Band. Daneben eroberte nun der Autokonzern General Motors mit seinem Chevrolet, der größeren Komfort und ein farbiges Äußeres bot, zunehmend Marktanteile. Am Ende der Prosperity-Jahre wurden im Land 4,6 Millionen Personenwagen hergestellt. Das waren fünf Sechstel der damaligen Weltproduktion an Fahrzeugen. Überwiegend wurden sie auf Abzahlungskredit gekauft, eine von den Banken 1918 neu eingeführte Verkaufsstrategie, die im Autogeschäft allgemein üblich wurde, was vielen Käufern später, nach Beginn der Great Depression, nicht unbeträchtliche Schwierigkeiten bereitete. In den Jahren der Prosperität jedoch war das Auto für viele Amerikaner unentbehrlich, man verschuldete sich für den Kauf eines Wagens oder schränkte sich in anderen Ausgaben ein. Die Hälfte der von den Lynds befragten Arbeiterfamilien in Muncie, Indiana, besaß ein Auto. „Wir verzichten lieber auf neue Klei-

11 *Lunchpause bei einem Auto-Ausflug auf Route 143 bei Kempton in Pennsylvania 1931.*

der, als daß wir das Auto aufgeben würden", erklärte eine Mutter von neun Kindern gegenüber den Lynds. „Das Auto ist das einzige Vergnügen, das wir haben", sagte ein anderer Bewohner von „Middletown", dieser am besten erforschten amerikanischen Stadt jener Jahre.[121]

Eine Folge der Verkehrsrevolution war der nach dem Weltkrieg großzügig einsetzende Straßen- und Highwaybau. Ein erstes Gesetz förderte bereits 1921 mit Bundesmitteln den Bau von Bundesautostraßen in einer erheblichen Größenordnung, wodurch seinerseits massiv Arbeitsplätze für Ingenieure, Architekten und Straßenbauarbeiter entstanden. Mit der vom Auto begünstigten vermehrten Reiselust und Beweglichkeit der Amerikaner entstanden überall Motels, Tankstellen, Reparaturwerkstätten, die ebenfalls Hunderttausende neuer Arbeitsplätze nach sich zogen.

Aber das Auto war beileibe mehr als lediglich ein neues Verkehrsmittel oder ein bloßer Produktionsfaktor. Es änderte die Lebensweise vieler Amerikaner, erleichterte die familiäre und persönliche Mobilität, unterstützte das Unabhängigkeitsverlangen der Jugend und half mit, die Abgeschiedenheit der ländlichen Bezirke zu überwinden. Mit dem Schulbus konnten nun auch Kinder dörflicher Herkunft, die bislang auf Einklassenschulen angewiesen waren, in größere und zentral gelegene Schulen gebracht werden. Es gab ja Mitte der zwanziger Jahre noch immer rund 160.000 Einklassenschulen [Abb. 10] unter den *Public Schools* des Landes.

Gleichzeitig verstärkte das Auto die Tendenz zur Standardisierung des amerikanischen Lebens. Millionen Amerikaner waren nun in den gleichen schwarzen Wagen unterwegs [Abb. 11]. So war es auch kein Zufall, daß in diesem Zeitalter des Autos die ersten Department Stores am Stadtrand auftauchten. 1925 eröffnete mit dem Country Club Plaza im Umfeld von Kansas City das erste Shopping Center Amerikas außerhalb des Stadtgebietes seine Pforten. Infolge der Großen Depression und der Folgen des Zweiten Weltkrieges wurden bis 1945 allerdings nur acht derartige moderne Einkaufszentren der Mittelklasse erbaut. Auch die erste Fast-Food-Kette (A & W Root Beer) eines Geschäftsmannes, der eine Limonade aus speziellen Wurzeln (Root Beer) herstellte, wurde in den zwanziger Jahren gegründet.

Dies beeinflußte das tägliche Leben der Amerikaner bis in die abgelegene Provinz hinein. Damit war die Prosperity-Periode mehr als ein bloßer wirtschaftlicher Aufschwung, der sie natürlich auch war. Sie war gleichzeitig das Versprechen eines neuen, schöneren und leichteren Lebens mit weitreichenden Auswirkungen auf das Alltagsgeschehen. Allerdings zogen die verschiedenen sozialen Gruppen unterschiedlichen Nutzen aus dem Wohlstandssegen dieser Zeit.

Die Einkommensentwicklung bei Geschäftsleuten, Arbeitern und Farmern

Der wirtschaftliche Aufschwung der Prosperity war mit einer ungleichmäßigen Entwicklung der Einkommen verbunden. Die Unternehmergewinne, die in dieser Zeit um 60 Prozent anwuchsen, stiegen erheblich schneller als die Löhne und Gehälter der Arbeiter und Angestellten. Die Zahl der Einkommensmillionäre, d. h. der Amerikaner, die über ein individuelles jährliches Nettoeinkommen von einer Million Dollar verfügten, kletterte von 65 im ersten Nachkriegsjahr 1919 auf 513 im letzten Jahr der Prosperity. Parallel dazu wurde der Höchststeuersatz für Einkommen von einer Million Dollar und darüber gesenkt, und zwar von 63,6 Prozent auf 35 Prozent. Die Konzentration von Produktion und Kapital beschleunigte sich ebenfalls deutlich. Die 100 größten industriellen Gesellschaften verfügten 1929 über ein Viertel der Aktiva aller industriellen Konzerne. „Im Jahre 1929 bezogen 5 Prozent der Gesamtbevölkerung, die höchste Einkommensgruppe, vielleicht ein Drittel des gesamten Privateinkommens, und die Spitzenreiter vergrößerten ihren Anteil noch. Das bedeutete, daß die Volkswirtschaft in übertriebenem und immer stärkerem Maße vom Verbrauch an Luxusgütern durch die Wohlhabenden abhing sowie von ihrer Bereitwilligkeit, wieder zu investieren, was sie für sich selbst nicht ausgaben oder nicht ausgeben konnten."[122]

Die Lage der Arbeiter gestaltete sich in den zwanziger Jahren auf unterschiedliche Weise. Die Arbeitszeit wurde kürzer, in der Autoindustrie hatte Ford als erster – wie im Kapitel 9 erwähnt – den Achtstundentag eingeführt. Die Stahlbranche folgte durch den Marktführer United States Steel Corp. 1923 dem Vorbild des Autokönigs. Die Reallöhne der Arbeiter stiegen in diesem Jahrzehnt im Durchschnitt um zehn bis 17 Prozent an. Sie lagen damals vergleichsweise um das Zwei- bis Dreifache höher als die Reallöhne der Arbeiter in England, Frankreich und Deutschland zu jener Zeit. Die Arbeitslosigkeit, in früheren und späteren Perioden der amerikanischen Wirtschaftsentwicklung ein gravierendes soziales Problem, ging während der Prosperity-Jahre bis 1929 auf eine Arbeitslosenrate von drei Prozent zurück.

Die Untersuchungen der Lynds ergaben für 1924, daß nur etwa ein Viertel der Familien in Muncie, Indiana, mit ihrem Einkommen den vom Arbeitsministerium berechneten Mindestlebensstandard einer fünfköpfigen Familie von 1921 Dollar erreichte. Berücksichtigt werden muß bei dieser Kennziffer, daß es sich dabei um die Kosten eines angemessenen Standards handelt, zu denen neben den Ausgaben für Nahrung (627 Dollar), Kleidung (339 Dollar) und Wohnung (481 Dollar) weitere Ausgaben für Versicherungen (115 Dollar), Fahrgeld (51 Dollar) und Verschiedenes (Haushaltshilfe einmal wöchentlich, Gesundheit, Vergnügen, Zeitung, Beiträge für Kirche und Gewerkschaft, Telefon, Post, Tabak usw.) in Höhe von 474 Dolar hinzukamen. Nach einer anderen Lebensstandard-Berechnung (Heller-Budget), die für 1929 von einem zur Sicherung eines angemessenen Lebensstandards in Amerika notwendigen Jahresfamilienbudget von 2409 Dollar ausging, machte in diesem letzten Jahr der Prosperity-Periode das durchschnittliche Jahreseinkommen der Arbeiter in der Industrie nur 59 Prozent dieses Standard-Budgets aus.

Außerdem fehlte den Arbeitern weiterhin jede soziale Grundsicherung, wie sie z. B. in Deutschland seit der Bismarck-Zeit bzw. noch erweitert seit der Novemberrevolution bestand. Es gab in Amerika keinen bezahlten Urlaub, keine gesetzliche Krankenversicherung, es fehlte eine staatlich geregelte Altersvorsorge und eine Arbeitslosenversicherung. Es war üblich, daß Arbeiter ohne Bezahlung, also auf eigene Kosten, bis zu acht Tage Urlaub nehmen konnten. Nur die höheren Angestellten hatten Anspruch auf einen bezahlten Urlaub bis zu 14 Tagen. Freiwillige Kranken-, Unfall- oder Invaliditätsversicherungen auf Betriebsebene wurden in der Hauptsache von den Arbeitnehmern getragen und finanziert. Trotz der Einführung des Achtstundentages in der Autoindustrie, bei der Eisenbahn, in der Stahlindustrie und anderen Bereichen, arbeitete Mitte der zwanziger Jahre mindestens die Hälfte der Arbeiter länger als 48 Stunden, ein Drittel sogar mehr als 54 Stunden pro Woche. Die tägliche Arbeitszeit begann morgens zwischen 7 und 7 Uhr 30 und dauerte bis zwischen 16 und 17 Uhr 30, bei einer Mittagspause von einer halben bis zu einer Stunde. Am Sonnabend war in der Regel um 12 Uhr mittags Arbeitsschluß.

Das Lohnniveau der Arbeiter wies erhebliche Unterschiede auf. Unterdurchschnittlich entlohnt wurden die Arbeiter in der Industrie im Süden des Landes, ferner die schwarzen Arbeiter und die Frauen. Gewerkschaftsfeindliche Praktiken waren verbreitet. Henry Ford unterhielt Privatdetektive und Werksspitzel, um jede Aktivität der Gewerkschaften in seinem Betrieb zu unterbinden. Unter diesen Umständen ging landesweit der Anteil der gewerkschaftlich organisierten Arbeiter beträchtlich zurück und betrug 1930 dann nur noch zehn Prozent der beschäftigten Arbeiter.

Während aber die Mehrheit der beschäftigten Arbeiter und Angestellten in der Industrie, im Verkehrswesen oder in den Dienstleistungsbereichen von der ausgeprägten Wirtschaftskonjunktur der „Golden Twenties" profitieren konnte, gestaltete sich im Nachkriegsjahrzehnt die *Lage der* über sechs Millionen *Farmer* und ihrer Familien weniger günstig. Ihre außergewöhnlich hohen Einkünfte aus den Jahren des Ersten Weltkrieges gingen in der Nachkriegsperiode angesichts der hohen landwirtschaftlichen Produktivität und der erneuerten Konkurrenz anderer Agrarländer auf dem Weltmarkt stark zurück. Die Farmnettoeinkommen, deren Gesamtheit bei Kriegsende jährlich fast zehn Milliarden Dollar erreicht hatte, fielen zunächst (1921) auf 3,8 Milliarden Dollar jährlich und erreichten ab der Mitte der zwanziger Jahre trotz wachsender Erzeugung nur einen Wert von annähernd 6,5 Milliarden Dollar. Eine positive Ausnahme von dieser „schleichenden Agrarkrise" machten lediglich die Obst-, Gemüse- und Milchfarmer. Ihre Einkünfte gestalteten sich infolge der gewachsenen Nachfrage nach einer gesunden Ernährung in den Städten und dank der verbesserten verkehrstechnischen Verbindungen zur Stadt durch Lkw-Transporte oder Kühlwagen günstiger als die der Masse der übrigen Farmer. Während die Einkommen der Mehrzahl der Farmer stagnierten oder gar zurückgingen, stiegen deren durchschnittliche Aufwendungen für technische Ausrüstungen an. Die erforderlichen Beträge für die Rückzahlung der Farmschulden oder zur Kompensation eintretender finanzieller Verluste konnten jetzt zusehends schwerer erbracht werden. Ein Drittel aller Farmen war damals mit Hypotheken erheblich belastet, über 50.000 Farmen machten in den 1920er Jahren bankrott, eine Million Farmbewohner wanderte während dieses Jahrzehnts in die Städte ab. Die Probleme der Farmschulden und der wachsenden Absatzschwierigkeiten vieler Farmer beschäftigten nun wiederholt die Politik, ohne zu hilfreichen Ergebnissen größeren Ausmaßes zu führen. Der Farmblock aus 95 Abgeordneten und 25 Senatoren konnte im Kongreß nur Teillösungen wie eine Preisregulierung in der fleischverarbeitenden Industrie oder die Förderung von Absatzgenossenschaften erreichen. Eine Stützung der Farmpreise und eine großzügigere Regulierung der Farmkredite erfolgten erst unter Präsident Hoover (1929–1933), unmittelbar vor Ausbruch der Großen Krise. Dann aber war es dafür bereits zu spät, neben den Arbeitern litten nun die Farmer besonders schwer unter den Folgen der Great Depression.

12 *„The New Woman" (1927). Im Monatsmagazin der New York Times „Current History" veröffentlichte Zeichnung einer selbstbewußten modernen Amerikanerin vor dem Hintergrund früherer Geschlechtsgenossinnen.*

Sehr ungleichmäßig gestaltete sich die *Lage der Frauen:*

Zu Beginn der zwanziger Jahre lebten 52 Millionen Frauen in den Vereinigten Staaten. 60 Prozent von ihnen im Alter über 15 Jahre waren verheiratet. Über acht Millionen Frauen (8,3 Millionen) waren 1920 berufstätig, sie stellten 23,6 Prozent aller Arbeitskräfte. Diese Kennziffer stieg im Verlauf der zwanziger Jahre weiter an. 1930 arbeiteten 10,6 Millionen Frauen außerhalb des eigenen Haushalts, dies waren nun 27 Prozent der Arbeitskräfte im Land. In der überwiegenden Mehrheit (77 bzw. 71 Prozent) waren die berufstätigen Frauen unverheiratet. Das Spektrum der Berufe, in denen sie tätig waren, erweiterte sich seit dem Weltkrieg, jedoch arbeitete die Masse der berufstätigen Frauen weiterhin als Fabrikarbeiterinnen, im Dienstleistungsbereich oder als Hausangestellte. Auf dem Land halfen viele Farmersfrauen in der eigenen Landwirtschaft tätig mit. Bei der Bezahlung wurde die Frauenarbeit kraß diskriminiert. Im Durchschnitt erhielten weibliche Arbeitskräfte nur 52 bis 55 Prozent der Löhne und Einkommen ihrer männlichen Kollegen. Die damalige Situation der berufstätigen Frauen in Amerika war durch eine Reihe feststehender Tatsachen gekennzeichnet:

„1. Frauen finden sich in der Industrie in großer Zahl und bekleiden neue Berufe.

2. Sie arbeiten zu oft unter inhumanen Bedingungen.

3. Die meisten sind nicht (gewerkschaftlich) organisiert und haben gerade erst das Wahlrecht erhalten. Farbige Frauen sind in einigen der Südstaaten immer noch praktisch ohne Wahlberechtigung.

4. Sie leiden nicht nur unter Mehrarbeit und Unterbezahlung, sondern sie arbeiten unter so ungünstigen Bedingungen, daß sie notwendigerweise den Lohn der Männer unterbieten und damit die erforderliche solide Front der organisierten Arbeit aufweichen.

5. In ihrer Eigenschaft als Mütter werden sie in Hinblick auf diese Aufgabe geschädigt.“[123]

In der Ehe und Familie änderte sich seit dem Weltkrieg die Stellung der Frau hin zu einem größeren Unabhängigkeits- und Selbständigkeitsanspruch, wenngleich viele verheiratete Frauen – insbesondere in ländlichen und kleinstädtischen Verhältnissen – weiterhin wie früher auf Heim, Kinder und Ehemann fixiert blieben. Ein lesenswertes Beispiel einer jungen, selbstbewußten und unabhängigen Amerikanerin bietet das Schicksal von Carol Kennicott in dem 1920 erschienenen Roman „Mainstreet“, dessen Autor Sinclair Lewis (1885–1951) später als erster Amerikaner den Nobelpreis für Literatur erhielt. Carol, die Heldin des Romans, eine junge College-Absolventin, heiratet einen Arzt in der Kleinstadt „Gopher Prairie“ in Minnesota. Als ihre Versuche, den Ort kulturell und sozial mit neuem Leben zu erfüllen, scheitern, bricht sie vorübergehend aus der provinziellen Enge und Mittelmäßigkeit ihrer Ehe aus und geht mit einem Geliebten und ihrem Kind nach Washington, von wo aus sie allerdings dann schließlich wieder zu ihrem Ehemann zurückkehrt. Zugleich mit der kritischen Schilderung der provinziellen Verhältnisse des Mittleren Westens schuf Lewis mit diesem Roman eine der sympathischesten Frauengestalten in der Literatur jener Zeit.

Es gab verschiedene Ursachen für das neue Erscheinungsbild der amerikanischen Frau [Abb. 12], das sich seit dem Weltkrieg auch in einer Revolution der Damenmode mit ihren kurzen Röcken, den Seidenstrümpfen, dem Bubikopf und den langen Hosen oder in einer Revolte vieler junger Frauen gegen eine überkommene Moral und Heuchelei in sexuellen Angelegenheiten zeigte. Man begann die Probleme der Sexualität in der Öffentlichkeit zu erörtern und die sexuelle Aufklärung zum Anliegen progressiver Reformen zu machen.

Der wachsende Anteil arbeitender Frauen seit dem Weltkrieg und die Erfolge der amerikanischen Frauenbewegung, besonders mit der Einführung des Frauenwahlrechtes, gehörten zu diesen objektiven Ursachen, die das neue Anspruchsverhalten vieler Frauen mit ermöglichten. Auch die Fortschritte bei der Geburtenkontrolle, die abnehmende durchschnittliche Kinderzahl in den Familien oder – auf einer anderen Ebene – die auffallend zunehmende Häufigkeit der Ehescheidungen, die jetzt in der Mehrzahl von den Ehefrauen beantragt wurden, trugen dazu bei, die Ansprüche junger Frauen auf eine selbständige und relativ unabhängige Lebensführung zu unterstützen. Mit der Einführung des Frauenwahlrechts hatte die Frauenbewegung auf Bundesebene einen beachtlichen Erfolg erzielt. Frauen konnten sich seitdem politisch in den Parteien engagieren. Alle Parteien stellten Frauen jetzt Ämter auf Bundes- oder Staatsebene zur Verfügung, die allerdings häufig wenig Einfluß besaßen. In Wyoming wurde 1924 mit Nellie Ross (1876–1977) zum ersten Mal ein weiblicher Gouverneur gewählt, später (1933) leitete sie die Münze der Vereinigten Staaten. Mit Miriam A. Ferguson (1875–1961) aus Texas war von 1925 bis 1927 eine weitere Frau im Gouverneursamt zu finden. 1932 wurde sie nochmals gewählt. Dies waren allerdings Ausnahmen. Zudem traten beide Frauen die Nachfolge ihres Ehemanns im Gouverneursamt an, jedoch übten sie das Amt selbstbewußt und erfolgreich aus. Am Ende der Periode, 1929, finden wir sieben weibliche Abgeordnete im Kongreß. Bei einer Gesamtzahl von 435 Sitzen im Repräsentantenhaus war das noch eine kleine Minderheit. Seit 1931 gab es mit Hattie Caraway (1878–1950) aus Arkansas die erste gewählte Senatorin im Kongreß der Vereinigten Staaten in Washington. Auch Frau Caraway folgte ihrem verstorbenen Mann in dieses Amt, wurde später aber noch zwei weitere Male als Senatorin von den Wählern bestätigt. Politisch unterstützte Hattie Caraway lebhaft die Reformen Franklin D. Roosevelts.

Einige Bundesämter wie das Children's Bureau oder das Women's Bureau des Department of Labor wurden inzwischen von Frauen geleitet. Auch in der Politik der Bundesstaaten war das weibliche Element vertreten. 1928 zählte man insgesamt 119 weibliche Abgeordnete in den Legislativen der Staaten, zwölf weibliche Staatssenatoren und eine Handvoll höherer weiblicher Staatsbeamten. Im kommunalen und lokalen Bereich war der Einfluß der Frauen noch deutlicher spürbar.

Die *Frauenbewegung Amerikas* brach, nachdem ihr Hauptziel – das Frauenwahlrecht – erreicht war, nun in unterschiedliche und sich teilweise befehdende Organisationen auseinander. Ein Teil der Frauen befürwortete mit Alice Paul die Verabschiedung eines *Equal Rights Amendment* durch den Kongreß, um damit die Gleichberechtigung der Frau zum Verfassungsgrundsatz zu erheben. Ihre Anstrengungen blieben ohne Erfolg. Andere Frauenorganisationen bemühten sich um bessere Arbeitsbedingungen für Arbeiterinnen, um den Schutz der Frauenarbeit oder um das Verbot der Kinderarbeit. Ein entsprechender Verfassungszusatz, der die Kinderarbeit verbot, wurde zwar 1924 vom Kongreß verabschiedet, verfehlte danach aber die für die Ratifizierung notwendige Mehrheit in den Einzelstaaten, wobei die Ablehnung im Süden den Ausschlag gab. Andere Repräsentanten der Frauenbewegung wie Jane Addams oder Jeannette Rankin setzten sich in der Women's International League for Peace and Freedom aktiv für Frieden, Abrüstung und die Schaffung einer internationalen Rechtsordnung ein und erweiterten die internationalen Kontakte der amerikanischen Frauenbewegung.

Einen vorübergehenden Teilerfolg konnte die Frauenbewegung kurz nach dem Ende des Weltkrieges erzielen. 1918 waren in den USA – hauptsächlich infolge unzureichender hygienischer Verhältnisse – 16.000 Frauen im Kindbett gestorben, und 250.000 Neugeborene hatten das erste Lebensjahr nicht überlebt. Vor diesem Hintergrund verabschiedete der Kongreß 1921 ein Gesetz, das beträchtliche Mittel für ein staatliches Programm der Mutter- und Babyfürsorge in ländlichen Gebieten bereitstellte. Es sah die Einrichtung von Zentren der Schwangerschafts- und Babyfürsorge mit staatlich besoldeten Kinderschwestern vor. Einige Jahre später (1929) erzwang die Ärzteschaft durch die *American Medical Association* die Einstellung dieser Form staatlicher Mutter- und Kinderfürsorge mit der Begründung, sie bedeute einen Verstoß gegen die ausschließliche Zuständigkeit der Ärzte für alle Gesundheitsfragen.

Die relative Schwäche bzw. Rückläufigkeit der amerikanischen Frauenbewegung im Nachkriegsjahrzehnt hat mehrere Gründe. Neben der mit dem Wahlrecht erreichten politischen Gleichberechtigung, die viele Frauen glauben ließ, der Sinn der traditionellen Frauenbewegung sei erfüllt, war noch ein anderer Umstand erkennbar. Viele junge Frauen der Mittelklasse sahen in der größeren persönlichen und sexuellen Freiheit, im erklärten Recht auf die Scheidung und in dem neuen kulturellen Klima einer attraktiven und bequemen Mode, die endlich auch das Recht auf ein Make-up einschloß, den Grund dafür, daß eine feministische Bewegung überholt sei. Sie hielten der alten Garde der militanten Frauenbewegung vor, ihr würde der weibliche Charme fehlen. Der Feminismus würde mit der konstanten Betonung des Mädchennamens der Frau, mit der ständigen Forderung nach Gleichberechtigung und einem neuen Platz der Frau in der Welt die Männer lediglich zum Widerspruch reizen.

Eine derartige Kritik des Feminismus übersah, daß bei aller gewachsenen Selbständigkeit und größeren Freizügigkeit der Frauen die Gleichberechtigung von Mann und Frau in mancher Hinsicht, so auch im sexuellen Bereich, in den Beziehungen der Geschlechter und in der sexuellen Moral noch durchaus problematisch war. Die Freiheiten, die ein junger Mann in sexuellen Dingen beanspruchte und die zumeist von der Gesellschaft toleriert wurden, räumte man einem jungen Mädchen auf keinen Fall ein. Gerade beim Thema Familie, Frauenemanzipation und Sexualität traten damals die konservativen Seiten der amerikanischen Gesellschaft deutlich hervor. Vereinzelt – wie in Utah – wurde gar die Rocklänge staatlicherseits vorgeschrieben und das Tragen von Röcken, deren Saum mehr als drei Zoll über dem Knöchel endete, mit Geld- und Haftstrafen bedroht. In Virginia und Ohio wollte man das Dekolleté und jede Kleidung verbieten, die den weiblichen Körper betonte. Die sexuelle Freizügigkeit wurde selbst noch in der Literatur verfolgt. Als 1928 in England der Roman „Lady Chatterley's Lover" von D. H. Lawrence (1885–1930) erschien, der ebenso freimütig wie ausführlich die Liebeserfüllung einer britischen Lady außerhalb der Ehe schilderte, wurde der Roman in den USA sogleich als unsittlich verboten. Das Verbot wurde erst 1959 aufgehoben. Dann aber wurde der Roman zum Bestseller und erreichte in wenigen Jahren eine Auflage von über sechs Millionen Exemplaren.

Ganz besonders nachhaltig beeinflußte die *Prohibition*, das *Alkoholverbot*, die Alltagsverhältnisse dieser Zeit. Die Prohibition war ein Nebenprodukt des Weltkrieges und trat auf der Grundlage des 18. Verfassungszusatzes Anfang 1920 in Kraft. Seitdem galt ein generelles Alkoholverbot innerhalb der Grenzen der USA. Der im Oktober 1919 – gegen das Veto von Präsident Wilson – verabschiedete *Volstead Act* regelte die Einzelheiten. Verboten war damit die Herstellung, der Handel, Transport und Verkauf aller alkoholischen Getränke mit einem Alkoholanteil von mehr als 0,5 Prozent, d. h. betroffen waren Spirituosen, Wein und Bier. Die USA sollten mit der Prohibition vollständig „trockengelegt" werden. Ausgenommen waren lediglich die Herstellung und Verwendung von Alkohol für medizinische, industrielle oder religiöse Zwecke (Meßwein).

Die Prohibition hatte in Amerika eine lange Vorgeschichte und war Teil der Reformbewegung seit dem 19. Jahrhundert. Reformer, Frauenorganisationen und kirchliche Kreise befürworteten das Alkoholverbot, von dem sie sich eine sittliche, moralische und soziale Besserung erhofften. Unterstützt wurde die Forderung nach dem Alkoholverbot, dessen Befürworter vor allem im ländlichen Amerika und im Süden des Landes starken Einfluß besaßen, auch von Industriellen, die wie der Autokönig Henry Ford davon eine höhere

Arbeitsleistung ihrer Arbeiter erwarteten. Ford entließ einen Arbeiter fristlos, wenn ihm bekannt wurde, daß er trotz des Alkoholverbots – sei es auch nur zu Hause oder im Freundeskreis – dem Alkohol frönte. Übrigens duldete er auch nicht das Rauchen in seinen Autowerken. Schließlich gehörten auch rassistisch eingestellte Weiße im Süden zu den Anhängern der Prohibition, weil sie der Meinung waren, die schwarzen Amerikaner würden durch den Genuß von Alkohol noch unberechenbarer und krimineller, als sie von Natur aus seien. Im Ergebnis langjähriger Bemühungen auf einzelstaatlicher Ebene waren wenige Jahre vor der Einführung der Prohibition im nationalen Rahmen bereits 27 der 48 amerikanischen Bundesstaaten „trocken".

Die Prohibition wurde als ein *„soziales Experiment"* verstanden. Ihre Durchsetzung war gesetzlich geregelt. Aber an den Schwierigkeiten der Durchsetzung des Verbots durch Polizei und Justiz sowie an der Unvollkommenheit der menschlichen Natur scheiterte das Experiment in wenigen Jahren gänzlich. Die illegale Einfuhr von Schnaps über die Großen Seen aus Kanada oder über Florida von Kuba aus sowie die verbotene Herstellung von Whisky im Land selbst sorgten hinreichend für Nachschub. Ein weitverzweigtes kriminelles Netz des Alkoholschmuggels, des *Bootlegging*, entstand. Die verbotenen Saloons wurden von illegalen Nachtklubs, den *Speakeasies* abgelöst, in denen man jederzeit alkoholische Getränke erhielt. Wohl ging in den zwanziger Jahren zunächst die Zahl der klinisch behandelten Alkoholkranken oder der durch Alkoholgenuß verursachten Verkehrsunfälle zurück, doch ist auf längere Sicht der Alkoholkonsum durch die Prohibition offenbar nur teilweise eingeschränkt worden. Man schätzt, daß 1929 wieder 70 Prozent des Vorkriegsumsatzes an Spirituosen erreicht wurden. Ein Regierungsbericht konstatierte zwei Jahre später, daß die Durchsetzung des 18. Amendments gescheitert war. Allerdings änderten sich die Trinkvorlieben vieler Amerikaner. Da Wein und Bier schwerer zu schmuggeln waren als der hochprozentige Schnaps, kam das Trinken starker Getränke noch mehr in Mode. Der Cocktail wurde beliebt, weil er den Geschmack des billigen Fusels verbesserte. Während Bierbrauereien, Biergärten und Hotelbars von den Folgen der Prohibition nur Nachteile hatten, konnten die Hersteller und Verkäufer von Erfrischungsgetränken, Eiscreme und Süßigkeiten große Umsatzgewinne realisieren. Insofern wirkte das Alkoholverbot durchaus auf Ernährungsgewohnheiten im Land ein.

Die bedenklichste Folge der Prohibition war das rasante Ansteigen der *organisierten Kriminalität* im Umfeld des Alkoholschmuggels. Ein „Zeitalter der Gesetzlosigkeit" schien – besonders in den Städten – anzubrechen, wie „Current History", das Monatsmagazin der New York Times, im Oktober 1921 schrieb. Der Prozentsatz der inhaftierten Personen war 1923 in den USA dreimal so hoch wie in England. 1924 wurden in Amerika 10.000 Menschen ermordet und mehr als 300.000 Raubüberfälle verübt. Besonders beunruhigend war das Ansteigen der Jugendkriminalität. Über die Hälfte aller vor Bundesgerichten verhandelten Strafsachen betraf das Alkoholverbot. In Chicago stieg Alphonse („Al") Capone (1899 bis 1947) zum erfolgreichen und berüchtigten Herrn der Unterwelt auf. Er gewann ein Vermögen mit Bootlegging, Prostitution und Glücksspiel, kontrollierte in Chicago ein Netz illegaler Brauereien, Brennereien und die Verteilung der alkoholischen Getränke und machte einflußreiche Politiker und Polizisten der Stadt von sich abhängig. Während der sogenannten Bierkriege war er an Hunderten von Mordtaten beteiligt, um rivalisierende Verbrechergangs auszuschalten. Am St.-Valentins-Tag des Jahres 1929 erschossen seine als Polizisten verkleideten Gangster sieben Männer einer rivalisierenden Bande mit Maschinenpistolen, ein Ereignis, das in dem Marilyn-Monroe-Film „Manche mögen's heiß" zitiert wird. Lange Zeit konnte die Justiz Al Capone seine Verbrechen nicht nachweisen. Erst 1931 wurde er verhaftet und wegen Steuerhinterziehung zu einer Haftstrafe von elf Jahren verurteilt, die er in den Gefängnissen von Atlanta und Alcatraz, dem Hochsicherheitsgefängnis in der Bucht von San Francisco, verbüßte.

Im Präsidentschaftswahlkampf des Jahres 1928 spielte die Stellung zur Prohibition eine Hauptrolle. Mit dem Republikaner Herbert Hoover wurde ein Befürworter des Verbots in das Weiße Haus gewählt. Hoover nannte die Prohibition „ein großes soziales und wirtschaftliches Experiment, nobel in seinen Motiven und weitreichend in seinen Zielen"[124], das konstruktiv durchgeführt werden müsse. Der Demokrat Alfred E. Smith (1873–1944), der Gouverneur von New York und Hoovers Gegner im Wahlkampf, sprach sich dagegen für eine Änderung der Prohibitionsbestimmungen aus und zog sich damit die Feindschaft der Anti-Saloon League und anderer militanter Anhänger der Prohibition zu, die ihn als Trunkenbold verunglimpften. Mit dem Wahlausgang wurde die Lebensdauer des Alkoholverbots nochmals um vier Jahre verlängert. Erst unter den veränderten Bedingungen der Great Depression und nach der Wahl Franklin D. Roosevelts zum Präsidenten wurde die Prohibition im Februar 1933 durch den 21. Verfassungszusatz aufgehoben. Unter den Klängen des Songs „Happy days are here again" konnte das Land seitdem wieder alkoholische Getränke konsumieren. Nur die Bierpreise waren inzwischen um ein Erkleckliches angestiegen. Acht Bundesstaaten – überwiegend im Süden gelegen – behielten das Alkoholverbot auch nach 1933 bei. Ob der Alkoholkonsum nun gegenüber der Prohibitionszeit zunahm, läßt sich schwer sagen. Jedenfalls aber lag der Verbrauch von Spirituosen unter den Werten vor 1917, der Konsum von Wein entsprach etwa dem Verbrauch vor dem Ersten Weltkrieg.

Nationalismus und religiöser Fundamentalismus

Ein weiteres Signum des Nachkriegsjahrzehnts war das Umsichgreifen eines kulthaften Nationalismus überall im Land. Das Bekenntnis zum „One Hundred Percent Americanism" war seit der Beteiligung am Weltkrieg zum unabdingbaren Ausweis jedes patriotischen Amerikaners geworden. Nationalismus, Chauvinismus und Fremdenfeindlichkeit blieben in der Öffentlichkeit und Politik noch lange nach Kriegsende virulent. Die Organisation der Weltkriegsteilnehmer, die 1919 gegründete American Legion, bekannte sich zum hundertprozentigen Amerikanertum ebenso wie der neu gegründete Ku-Klux-Klan, der Mitte des Nachkriegsjahrzehnts vier bis fünf Millionen Mitglieder zählte und unter chauvinistischen Vorzeichen Schwarze, Katholiken und Juden attackierte. Symptomatisch für die Fremdenfeindlichkeit jener Zeit war ein Umfrageergebnis der Zeitschrift „Forum" in der Mitte der zwanziger Jahre. Von den Antworten auf die Frage nach einer Definition des Begriffs „Americanism" hob die Zeitschrift die Antwort eines Hochschullehrers hervor, die lautete: „Amerikanismus ist die Summe der Gefühle, die ich hegen würde, wenn ich erführe, daß meine Tochter beabsichtigt, einen Ausländer zu heiraten. Möglicherweise wäre ich vollkommen im Unrecht, aber es wäre das, was ich fühlen würde, und ich würde fühlen, daß es etwas gibt, was diese Empfindungen rechtfertigt."[125]

Ein Ergebnis der fremdenfeindlichen Stimmung im Nachkriegsamerika war die erstmalig generelle Beschränkung der Einwanderung in den Einwanderungsgesetzen der Jahre

13 *Das Taufsakrament einer baptistischen Kirche war Teil der religiösen Verhältnisse im ländlichen Amerika. Die Aufnahme ist nicht datiert, stammt aber vermutlich aus jener Zeit.*

1921, 1924 und 1929. Sie schrieben feste Quoten für jede Nationalität der Einwanderer fest und bestimmten für die Einwanderung jährliche Höchstgrenzen (seit 1924 164.000). Mit dem Quotensystem (drei Prozent bzw. dann seit 1924 nur noch zwei Prozent jeder nationalen Gruppe, die nach der Volkszählung von 1910 bzw. 1890 in den USA lebte) wurden hauptsächlich Einwanderer aus Süd- und Osteuropa daran gehindert, in der bisherigen Größenordnung in das Land zu kommen, während Einwanderer aus Nord- und Westeuropa ihnen gegenüber begünstigt wurden. Die Einwanderung aus Japan wurde generell gestoppt. Damit sollten alle diejenigen nationalen Gruppen so weit wie möglich am Eintritt in das Land gehindert werden, die man für unfähig hielt, Pflichten und Verantwortlichkeiten des amerikanischen Regierungssystems zu teilen. Die jährlich eine Million Neuankömmlinge des Zeitraums zwischen 1905 und 1914 gehörten der Vergangenheit an. In der zweiten Hälfte der zwanziger Jahre kamen jährlich nur noch annähernd 300.000 Einwanderer in die USA.

Seit dem Weltkrieg war auch wieder ein Umsichgreifen des *christlichen Fundamentalismus* – vor allem auf dem Land [Abb. 13 und 14] – verstärkt festzustellen. Religiöse Gemeinschaften, Kirchen und Prediger waren sehr aktiv, die Gesamtzahl der Mitglieder in den verschiedenen christlichen Kirchen stieg in zehn Jahren bis zur Mitte des Nachkriegsjahrzehnts von 42 auf 54 Millionen Gläubige. Umfrageergebnisse zeigten eine beträchtliche Verbreitung orthodoxer Glaubensformen, nicht nur unter der älteren Generation, son-

14 *John Steuart Curry (1897–1946) „Baptism in Kansas" (1928) schildert einfühlsam und realistisch eine ländliche Taufe im Mittleren Westen.*

dern gerade auch unter der studentischen Jugend. Über 90 Prozent der Befragten, darunter praktisch alle Studenten, glaubten an Gott. 85 Prozent der Befragten (89 Prozent der Studenten) glaubten an die göttliche Natur von Christus. Der christliche Glauben war in der amerikanischen Gesellschaft fest etabliert. Atheistische Überzeugungen fanden kaum Resonanz.

Innerhalb der verschiedenen christlichen Kirchen lagen moderne und fundamentalistische Auffassungen in einem heftigen Streit. Der liberale Protestantismus war bereit, die modernen naturwissenschaftlichen Erkenntnisse zu akzeptieren und die christliche Botschaft mit ihnen in Einklang zu bringen. Demgegenüber bestanden die protestantischen Fundamentalisten auf der göttlichen Offenbarung jedes Wortes der Bibel. Für sie war die Entstehung der Welt, des Lebens und des Menschen buchstäblich so erfolgt, wie dies in der biblischen Schöpfungsgeschichte dargestellt wird. Hauptangriffsziel des fundamentalistischen Glaubens war Darwins Evolutionslehre, nach der die Entstehung und Entwicklung der Arten Naturgesetzen zu verdanken sind. Man sah darin eine Leugnung biblischer Wahrheiten. Der Fundamentalismus war – besonders im Süden des Landes – stark genug, um damals in 20 Bundesstaaten Gesetzesentwürfe vorzuschlagen, mit denen jede Lehre der Darwinschen Evolutionsauffassung im Unterricht untersagt werden sollte. In einigen Staaten, beginnend mit Oklahoma, wurden derartige Gesetze dann auch verabschiedet. In Texas zensierte Mrs. Ferguson, die schon erwähnte Gouverneurin, persönlich Schulbücher, welche die

15 *Marcus Garvey, der Begründer der „Back to Africa"-Bewegung.*

Evolutionslehre diskutierten, mit der Begründung, daß sie sich durch deren Inhalt als christliche Mutter verunglimpft sehe. In Florida wurde 1925 eine Verordnung verabschiedet, welche tägliche Lesungen aus der Bibel in allen öffentlichen Schulen einführte. Tennessee untersagte 1925 mit einem Gesetz die Behandlung der Evolutionslehre an öffentlichen Schulen oder staatlich finanzierten Universitäten. Es wurde für ungesetzlich erklärt, irgendeine Theorie zu lehren, welche die göttliche Schöpfung des Menschen leugne und statt dessen behaupte, der Mensch stamme von einer niedrigeren Gattung der Lebewesen ab.

Eine landesweite Bürgerrechtsorganisation nahm die Herausforderung an und bot jedem Lehrer Unterstützung, der bewußt das Gesetz mißachten wolle. Ein junger Biologielehrer, John T. Scopes (1901–1970), der in einer High School in Dayton, Tennessee, unterrichtete, war bereit, das Gesetz zu testen. Er behandelte in seiner Klasse Darwins Evolutionstheorie und machte dies anschließend publik. Scopes wurde unverzüglich verhaftet. Das darauf im Juli 1925 folgende zehntägige Gerichtsverfahren in Dayton, der „Monkey Trial" („Affenprozeß"), erregte im ganzen Land Aufsehen, zumal es im Radio live übertragen wurde. Scopes wurde zwar zu einer Geldstrafe von 100 Dollar verurteilt, blieb aber der eigentliche Sieger in dieser Auseinandersetzung, bei der die Gegner der Wissenschaft wiederholt der Lächerlichkeit preisgegeben waren. Ein Berufungsgericht setzte die Strafe dann auf einen Dollar herab. Vier Jahrzehnte später hob das Oberste Gericht der Vereinigten Staaten das betreffende Gesetz von Tennessee als verfassungswidrig auf.

Unter den *schwarzen Amerikanern* verbreitete sich seit dem Weltkrieg eine neuartige nationalistische Bewegung, die Massencharakter gewann und zur ersten Massenbewegung des „schwarzen“ Amerika wurde. Anders als das gemäßigte Ideengut einer schrittweisen Gleichberechtigung, das vorzugsweise unter dem schwarzen Mittelstand Einfluß besaß, breitete sich jetzt unter den armen Schwarzen im Süden wie im Norden die radikale Lehre eines neuen „Schwarzen Moses“ aus. Der aus Jamaika stammende Marcus Garvey (1887–1940) kam 1916 nach New York und errichtete hier das Hauptquartier seiner *Universal Negro Improvement Association*, die sich als weltweit tätige Organisation der Schwarzen verstand. 1919 hatte Garvey [Abb. 15], ein charismatischer Redner, bereits mehr als eine Million Anhänger in über 700 aktiven Ortsgruppen. Er verfügte über eine eigene Zeitung („The World“), unterhielt eine eigene Dampferlinie und förderte geschäftliche Unternehmungen wie Restaurants oder Wäschereien der Schwarzen. Vor allem aber verkündete Garvey einen radikalen schwarzen Nationalismus, glorifizierte alles Schwarze und suchte seinem Volk Selbstachtung zu vermitteln. Seine Bewegung verschrieb sich dem Plan, die Rückkehr der Schwarzen aus Amerika nach Afrika zu organisieren. Seine Losung lautete: „Africa for the Africans at Home and Abroad.“ Mit Umzügen, Paraden, Flaggen und militanten nationalistischen Parolen beschäftigte Garvey am Beginn der zwanziger Jahre die amerikanische Öffentlichkeit. Die amerikanischen Justizbehörden, die Garvey seit 1918 überwachen ließen, fanden schließlich einen Grund, um ihm im Zusammenhang mit dem Betrieb seiner Dampferlinie einen Prozeß wegen Betrugs zu machen. 1925 wurde er zu einer Gefängnisstrafe verurteilt, 1927 von Präsident Coolidge begnadigt und anschließend nach Jamaika ausgewiesen. Ohne Garveys Führerschaft verlor seine Organisation, die UNIA, viel von ihrer ursprünglichen Vitalität. Die Ziele ihres Begründers, die Afroamerikaner nach Afrika umzusiedeln, wurden nicht verwirklicht. Gleichwohl hat Garvey seinen Platz in der Bürgerrechtsbewegung jener Zeit, nicht zuletzt, weil er dem Stolz und Selbstbewußtsein der schwarzen Amerikaner auf neue Weise Ausdruck verlieh.

Das kulturelle Klima der Zeit war ungewöhnlich fruchtbar. Das *„Jazz Age“* der zwanziger Jahre hatte ein vielfarbiges kulturelles Gesicht. Zum einen bestimmte die Ausgelassenheit der Jazz-Rhythmen den kulturellen Ton im Alltag. Man liebte es jetzt, „Wange an Wange“ (cheek to cheek) zu tanzen. Amerikanische Musik bedeutete in dieser Zeit vor allem eines: Jazz. Seine Kreativität war seit dem Weltkrieg noch im Wachsen. Blues-Sängerinnen wie Bessie Smith (1894–1937) begeisterten das Publikum und verkauften Tausende von Schallplatten. Der Trompeter Louis Armstrong (1901–1971) und der Bandleader Fletcher Henderson (1898–1952) hatten ihre ersten großen Erfolge. Der Pianist und Bandleader Duke Ellington (1899–1974) riß sein Publikum im Harlem Cotton Club hin. Neben diesen schwarzen Pionieren des Jazz verbreiteten inzwischen auch weiße Jazzbands die neue Musik, zähmten aber auch teilweise ihre ursprünglich wilden Energien und machten sie für die Ballsäle der teuren Hotels salonfähig.

Unter den amerikanischen Komponisten der Zeit, die damals, vom Jazz beeinflußt, konzertante Werke schufen, ragt George Gershwin (1898–1937) heraus. Er gehörte mit *Lady Be Good* (1924) und *Strike up the Band* (1927) zu den ersten Komponisten der neuen Gattung des Musicals. Gershwin gestaltete mit *Rhapsody in Blue* (1924) und *An American in Paris* (1928) konzertante Jazzkompositionen und schuf auch symphonische Werke wie das Concerto in F (1925). Später gelang ihm die Verwirklichung seines größten Wunsches. Mit *Porgy and Bess* schuf er eine amerikanische Oper von Weltgeltung, die 1935 am Broadway

16 *Edward Hopper – „Automat“ (1927) hat wiederum das Alleinsein des Menschen in der Großstadt zum Thema, zeigt diesmal eine junge Frau in einem Automatenrestaurant, die mit sich und ihren Gedanken allein ist.*

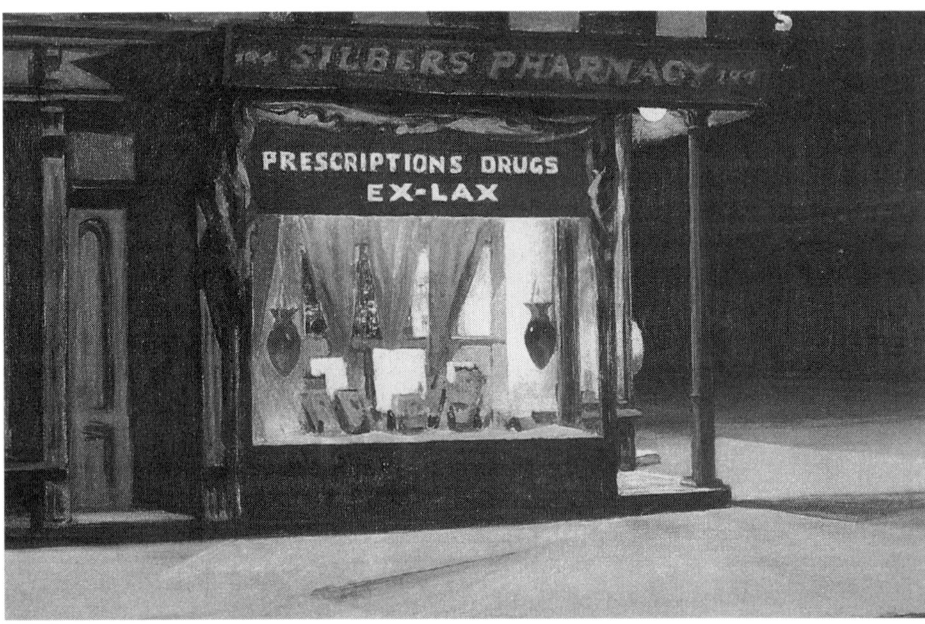

17 *Edward Hopper „Drug Store“ (1927). – Das abendliche Bild einer Apotheke.*

18 *Grant Wood „American Gothic" (1930) gehört zu den populärsten Gemälden amerikanischer Maler in diesem Jahrhundert. Es beeindruckt durch die schlichte Würde und Menschlichkeit des ländlichen Paars und ihrer Farmwelt im Mittleren Westen.*

mit großem Erfolg uraufgeführt wurde. Zum anderen zeigte sich das Spannungsverhältnis zwischen den konservativen Traditionen des ländlichen Amerika und dem modernen Lebensgefühl der städtischen Amerikaner und ihrer Großstadtwelt in einprägsamen Kunstwerken. Maler wie Edward Hopper (1882–1967), zu dessen Grundthema die Einsamkeit des Menschen in der Großstadt inmitten der Attribute des American Way of Life wurde [Abb. 16], machten in den zwanziger Jahren auf sich aufmerksam. Zu den Motiven, die Hopper damals bevorzugte, gehörten auch so alltägliche Einrichtungen wie Tankstellen oder Drug Stores [Abb. 17]. Eine Gruppe von Malern, die aus dem Mittleren Westen stammten, setzte sich in ihren Bildern vorzugsweise mit ihrer Heimat, mit dem ländlichen Amerika, auseinander. Zu diesen „Regionalisten" gehörte der aus Iowa stammende Grant Wood (1891–1942). Er sorgte mit seinem Bild „American Gothic" [Abb. 18] für die Sensation der Chicagoer Kunstausstellung von 1930. Dieses Porträt eines ländlichen amerikanischen Paares, zu dem Freunde des Malers Modell gestanden hatten, wurde beim amerikanischen Publikum eines der populärsten Gemälde des Jahrhunderts. Die beiden Menschen verkörpern den Fleiß, die Bescheidenheit und Verläßlichkeit der amerikanischen Landbevölkerung.

Dem Schwung des Jazz entsprach in der amerikanischen Architektur der zwanziger Jahre ein Wettbewerb der Städte um die Neugestaltung ihrer Skyline. Man strebte nach immer höheren Wolkenkratzern, nach der Ausprägung eigentümlich amerikanischer Stadtsilhouetten. Am Ende des Nachkriegsjahrzehnts gab es im Land schon 377 Gebäude, die mindestens 70 Stockwerke hoch waren. Der Wolkenkratzer [Abb. 19] sollte, wie ein Architekt schrieb, das amerikanische Leben und die amerikanische Zivilisation verkörpern. Doch kam nun auch Kritik an der gigantischen Verstädterung des Lebens und der ihr entsprechenden Bauweise auf. Der junge Sozialwissenschaftler Lewis Mumford (1895–1990) wertete die amerikanische Stadt mit ihrem Labyrinth von Subways, ihren dreisten Wolkenkratzern und ihren endlosen Meilen asphaltierter Straßen als einen dem Menschen eigentlich nicht naturgemäßen Lebensraum.

19 *1931 wurde in New York City das Empire State Building nach nur wenig mehr als einjähriger Bauzeit fertiggestellt. Mit 102 Stockwerken und einer Höhe von 381 Metern war es für Jahrzehnte das höchste Gebäude der Stadt und der Welt. Infolge der Great Depression blieb die Hälfte der Bürofläche bis in den Zweiten Weltkrieg unvermietet und ungenutzt.*

Ein weiterer Zug der kulturellen Atmosphäre des „Jazz Age" war die Vorliebe der Amerikaner für die kommerzialisierte Romanze, für das idealisierte Leben des Kinos und seiner Helden. Der Film zog eine wachsende Besucherzahl aller sozialer Schichten an, er war inzwischen längst gesellschaftsfähig geworden, und der wöchentliche Kinobesuch gehörte zum festen Freizeitrepertoire der Amerikaner. Der kulturelle Einfluß des Films war enorm. Überall im Land sahen die Amerikaner – quer durch alle regionalen, ethnischen oder sozialen Schichten – dieselben Filme, identifizierten sich mit den gleichen Filmstars, lachten über die gleichen Späße oder weinten über dieselben Tragödien. Insofern trug der Film erheblich zur Standardisierung des täglichen Lebens und des Lebensstils im Amerika der Zwischenkriegszeit bei.

Vorherrschend war zunächst noch der Stummfilm mit seinen Stars wie Charlie Chaplin, dessen unvergeßlicher Film „The Kid" 1921 herauskam, mit dem die Sehnsucht nach Abenteuern ansprechenden Douglas Fairbanks (1883–1939), mit dem romantischen Rudolph Valentino (1895–1926), dessen früher Tod seine Verehrerinnen zu Tränen rührte, oder mit dem beliebten Idol Mary Pickford (1893–1979), die überzeugend ein „American Sweetheart" verkörperte. Mit dem Film „The Jazz Singer" begann 1927 der Tonfilm seinen Siegeszug. Film und Filmschauspieler wurden seither noch populärer. Neue Stars machten mit

20 *Filmplakate in einer Straße in Atlanta, Georgia, 1936 von Walker Evans fotografiert.*

dem Tonfilm auf sich aufmerksam: der Westernheld Gary Cooper (1901–1961) riß die Zuschauer mit, die unerreichte Diva Greta Garbo (1905–1990) verkörperte in ihren Filmen die „moderne Frau". Walt Disney (1901–1966) schuf 1928 einen weiteren Hollywood-Star, die Zeichentrickfilm-Figur Mickey Mouse. Seit dieser Zeit werden in Hollywood jährlich die Filmpreise der Oscars (Academy Awards) vergeben. Zunächst waren es nur drei Preise: für den besten Schauspieler, die beste Schauspielerin und die beste Bildführung.

Mit dem Aufkommen der beherrschenden Hollywood-Firmen Metro-Goldwyn-Mayer, Warner Brothers, Columbia und RKO wurde die Mehrzahl der amerikanischen Filme weiter standardisiert und kommerzialisiert. Die Produktion wurde aufwendiger, die Handlung bevorzugte oft einen guten Ausgang, ein „Happy End". Die Schauspieler übernahmen Rollen, auf die sie mehr und mehr festgelegt waren. Der Kinobesucher erwartete vom Film – um so mehr gilt dies für die Zeit der Great Depression und danach –, daß er ihn vorübergehend der weniger schönen Wirklichkeit des eigenen Lebens entzog. Die *Saturday Evening Post* warb Mitte der zwanziger Jahre in einer Anzeige: „Geh ins Kino ... All das Abenteuer, all die Romantik, all die Aufregungen, die in deinem täglichen Leben fehlen, sind in den Filmen. Sie führen dich vollständig von dir fort in eine wunderbare neue Welt."[126] [Abb. 20]

Andererseits wies das kulturelle Klima der Zeit ein erhebliches Moment der Unabhängigkeit, der Freiheit der Lebensgestaltung und der Zeitkritik auf. Dies zeigte sich in allen Künsten, besonders deutlich traf es für die *Literatur der Nachkriegsepoche* zu. Die erzählende Literatur der Zeit verwarf sowohl die Vorkriegsmoral des Viktorianischen Zeitalters als auch den von der Öffentlichkeit getragenen Nachkriegskult um Geschäft und Geld. Ihre kritische Auseinandersetzung mit der Weltkriegserfahrung (vgl. Kap. 10) ist unübersehbar. Schriftsteller wie Theodore Dreiser (1871–1945), Sinclair Lewis oder Upton Sinclair gestalteten ein kritisches literarisches Panorama des amerikanischen Lebens und der amerikanischen Gesellschaft in ihrer Zeit. Sie stellten dem Leser den „Genus Americanus", den Durchschnittsamerikaner mit seinen guten und weniger guten Seiten, vor.

Andere Schriftsteller wie John Dos Passos (1896–1970), F. Scott Fitzgerald (1896–1940) und Ernest Hemingway (1899–1961) gehörten zur „Lost generation", der vom Weltkrieg enttäuschten Schriftstellergeneration, die zeitweilig ein ungezwungenes Leben in Paris führte. Fitzgerald, der Protagonist des „Jazz Age", verstand sich als Sprecher der rebellierenden Nachkriegsjugend Amerikas. In seinem bekanntesten Roman „The Great Gatsby" (1925) schilderte er Leben und Untergang eines Alkoholschmugglers auf Long Island und setzte sich mit dem „American Dream" auseinander. Ernest Hemingway erzielte 1926 mit seinem Roman „The Sun Also Rises" einen ersten literarischen Erfolg. Thema des Romans war das in einem melancholischen Einerlei ablaufende Leben eines durch seine Kriegsverletzung impotent gewordenen Amerikaners, dem es nur mühsam gelingt, die Leere und Lebensangst zu überbrücken.

Alles in allem war jene Zeit ein fruchtbarer und vielstimmiger Abschnitt der amerikanischen Literaturgeschichte, der dann in den dreißiger Jahren, angesichts des Menetekels der Great Depression, mit neuen Ergebnissen fortgesetzt wurde.

Die Alltagskultur der Ballyhoo Years – Sporthelden und andere Berühmtheiten

In seinem Klassiker über das Nachkriegsjahrzehnt, dem Bestseller „Only Yesterday" (1931), stellte der Journalist Frederick L. Allen (1890–1954) über die „Ballyhoo Years" jener Zeit fest: „Alle Nationen werden im Laufe der Geschichte von Zeit zu Zeit von einer Woge ansteckender Begeisterung über Launen, Moden oder dramatische öffentliche Vorgänge erfaßt. Aber die Stärke und Häufigkeit dieser Wogen ist sehr variabel, ebenso wie die Natur der Ereignisse, die sie in Bewegung setzt. Eines der auffallenden Kennzeichen der Zeit der Coolidge Prosperity war die beispiellose und einhellige Schnelligkeit, mit der Millionen Männer und Frauen ihre Aufmerksamkeit, ihre Gespräche und ihr emotionales Interesse einer Serie gewaltiger Lappalien zuwandten – einem Schwergewichtsboxkampf, einem Mordprozeß, einem neuen Automodell, einem Transatlantikflug."[127] Die stete Begeisterung für das Sensationelle, die Vorliebe für eine marktschreierische Reklame, für die der Begriff Ballyhoo steht, war ein Kennzeichen des Alltagslebens jener Epoche. Durch die Sensationspresse, zunehmend auch durch das Radio, erhielt das amerikanische Publikum ständig neue Nahrung für dieses Bedürfnis. Die amerikanischen Tageszeitungen mit einer Gesamtauflage von über 40 Millionen Zeitungen bestanden damals zu 46 Prozent aus Reklame, zu neun Prozent aus politischen Nachrichten, zu 7,5 Prozent aus der Sportberichterstattung, zu fünf Prozent aus Meldungen über Verbrechen, zu acht Prozent aus dem Wirtschaftsteil mit seinen geschäftlichen Informationen, zu sieben Prozent aus Literatur- und Theaterberichterstattung usw. Die Wochen- und Monatsmagazine mit einer Auflage um 100 Millionen Exemplare trugen ebenfalls dazu bei, das Verlangen der Zeit nach dem Außergewöhnlichen, dem Sensationellen zu befriedigen. Besonders beliebt war das Familien- und Unterhaltungsblatt der Mittelklasse *The American Magazine* mit einer Auflage von über zwei Millionen, in dem sich die amerikanische Durchschnittsfamilie der Mittelklasse getreulich geschildert und so wiedergegeben fand, wie sie sich selbst sah. Das Magazin unterhielt seine

Leser lieber mit den Lebensgeschichten erfolgreicher Amerikaner, als daß es sich den Übelständen der Gesellschaft zugewandt hätte. Eine neue Stimme im amerikanischen Pressegeschehen erklang seit 1923 mit der Wochenzeitschrift *Time*, die zum Vorbild vieler ähnlich gestalteter Wochenmagazine wurde. *Time* verband einen universalen Informationsanspruch zu Politik, Wirtschaft, Kultur und Wissenschaft mit einer respektlosen, ebenso gekonnten wie selbstgefälligen journalistischen Sprache. Das Magazin war eher ein Wochenblatt der vermögenden und gebildeten städtischen Schichten, stand politisch auf der Seite der Republikaner und verkündete die Philosophie des erfolgreichen Mittelstandes. Die Zahl seiner Abonnenten stieg rasch an, 1930 waren es bereits 300.000, einige Jahre später (1937) schon 650.000 Bezieher. Neu auf den Markt kam am Beginn der zwanziger Jahre (1922) ebenfalls *Reader's Digest*. Sein Herausgeber hatte den klugen und lukrativen Einfall, einer größeren Leserschaft bereits erschienene Aufsätze anderer Zeitschriften nochmals in Auswahl zu offerieren. Er entsprach damit dem Bedürfnis vieler Amerikaner, die nicht in der Lage bzw. willens waren, mehrere Zeitschriften gleichzeitig zu halten oder zu lesen. Reader's Digest vertrat einen unbedingt konservativen Standpunkt. Es fand guten Absatz, hatte eine steigende Auflage und wurde bald auch in Europa nachgeahmt. Es gab inzwischen Magazine und Zeitschriften unterschiedlichster Ansprüche, verschiedenster Themenbereiche und politischer Einstellungen. Unter den politisch engagierten Wochenzeitschriften waren die pazifistische „*Nation*“ (seit 1865) und die linksliberale „*New Republic*“ (seit 1914) trotz ihrer kleinen Auflage bei kritischen Intellektuellen, Schriftstellern und Künstlern besonders verbreitet.

Neue Formen der Freizeitbeschäftigung kamen in Mode. In Atlantic City begann 1921 der landesweite Wettstreit um den Titel einer Miss America. Seit 1922 überschwemmte eine Begeisterungswelle für das chinesische Spiel Mah-Jong die USA, als ein kalifornischer Geschäftsmann Mah-Jong-Steine in großer Menge aus China einführte. Durch eine großzügige Werbekampagne wurden Regeln und Ablauf des Spiels populär gemacht. Ganze Familien saßen nun stundenlang über dem spannenden Spiel und füllten ihre Freizeit mit Mah-Jong-Partien aus. Einige Jahre später (1924) wurde diese Leidenschaft vom neu erfundenen Kreuzworträtsel abgelöst, das nun zur Lieblingsbeschäftigung der Nation wurde. Als Nebenprodukt dieser neuen Mode hatten Lexika und Wörterbücher Hochkonjunktur, und die Erfinder des *Cross-word puzzles* verdienten genug, um einen – bald sehr angesehenen – Buchverlag (Simon & Schuster) zu gründen. Das Briefmarkensammeln wurde zu einem populären Hobby. Es war ein auch für die breite Masse erschwingliches Freizeitvergnügen, wenn man sich – anders als der englische König George V. (1865–1936) oder der spätere Präsident Franklin D. Roosevelt – auf das Sammeln gebrauchter, gestempelter Marken beschränkte, die man selbst mit der Post oder von seinen Freunden erhielt. Dieser spielerische Akzent der Freizeitbeschäftigung gilt als ein positiver Beitrag zum amerikanischen Leben, auch wenn er stark von Mode, wechselnden Launen und Werbung bestimmt wurde. Kinder und Jugendliche bevorzugten die Comic-Serien der Zeitungen, die es bereits seit dem Ende des 19. Jahrhunderts gab. Für die um 18 Jahre alten Amerikaner folgten in der Beliebtheit der Freizeitbeschäftigungen Autofahren, Kinobesuch und Besuch von Sportveranstaltungen.

Die Namen der Helden und Berühmtheiten des Sports waren in aller Munde. Der Baseballstar George Herman „Babe“ Ruth (1895–1948) zog Millionen Amerikaner in seinen Bann. Er stellte 1927 für die New York Yankees einen neuen Rekord (60 home runs in der Saison) auf. Sein Jahreseinkommen lag 1930 mit 80.000 Dollar über dem Gehalt des

21 *Charles Lindbergh vor dem „Spirit of St. Louis". Das Flugzeug, mit dem er als erster Pilot im Nonstopflug den Atlantik überquerte, bildet heute eine Hauptattraktion des National Air and Space Museum in Washington, D.C.*

Präsidenten Herbert Hoover. Babe Ruth war ein Held Amerikas, woran auch die weniger erfreulichen Seiten des Mannes, der ein Trinker und Schürzenjäger war, kaum etwas ändern konnten.

Die Boxkämpfe der Schwergewichtsmeister jener Jahre, von Jack Dempsey (1895–1983) und Gene Tunney (1897–1978) erlebten Zehntausende Amerikaner direkt am Ring, Millionen verfolgten sie am Radio. Tunney besiegte den populären Champion Dempsey 1926. Der Revanchekampf von 1927, der mit einem umstrittenen Sieg Tunneys endete, nahm einen derart dramatischen Verlauf, daß dabei fünf Radiohörer einen tödlichen Herzanfall erlitten.

Gertrude Ederle (*1906), die erste Frau, die im Jahr 1926 den Englischen Kanal in 14,5 Stunden schwimmend überquerte, gehört ebenfalls in diesen Kreis der sportlichen Berühmtheiten des Zeitalters. Offenbar entsprach der von Presse und Radio zelebrierte Kult um die Sportgrößen des Tages den Bedürfnissen vieler Amerikaner nach Orientierung und Identifikation. Mit der Bewunderung, die Männer und Frauen ihren Helden entgegenbrachten, stieg der eigene, persönlich empfundene Wert, wuchs das eigene Selbstbewußtsein.

Den Gipfelpunkt damaliger Berühmtheit erreichte ein junger Flieger, Charles Lindbergh (1902–1974), der mutig als erster Pilot in einer einmotorigen Maschine („The Spirit of St. Louis") den Atlantik von New York nach Paris überquerte. Lindbergh [Abb. 21], der aus Minnesota stammte, lernte früh das Fliegen und war Postflieger zwischen Chicago und St. Louis, als er von einem Preisgeld in Höhe von 25.000 Dollar hörte, das für den ersten Soloflug über den Atlantik ausgeschrieben war. Mit Hilfe eines Geschäftsmannes in St. Louis baute er ein speziell konstruiertes Flugzeug, das in der Lage war, den notwendigen Treibstoff für einen Flug von über 30 Stunden aufzunehmen. Am 20. Mai 1927 startete Lindbergh auf dem Flugplatz Roosevelt Field auf Long Island, New York. Einen Tag später landete er nach 5800 Flugkilometern und 33,5 Flugstunden auf dem Flugplatz Le Bourget in Paris, wo ihn eine begeisterte Menschenmenge erwartete und begrüßte. Lindbergh, der auch nach seinem Erfolg ein bescheidener, scheu lächelnder junger Mann blieb, wurde der erklärte Liebling der Medien, der Star der amerikanischen und internationalen Öffentlichkeit. Präsident Coolidge empfing ihn im Weißen Haus. Radio, Presse und Kinowochenschauen berichteten erschöpfend über die individuelle Leistung des Fliegers. Das konservative Amerika sah in seinem Flug den Beweis dafür, daß auch im Zeitalter der Standardisierung und Mechanisierung das kühne Individuum letztlich den Ausschlag für Erfolge gab.

Einige Jahre später heiratete Lindbergh Anne Spencer Morrow (* 1906), die Tochter eines erfolgreichen Bankiers und Diplomaten, die sich später als sensible Dichterin und Zeitchronistin einen Namen machte. Das noch nicht zweijährige Kind der Lindberghs wurde 1932 in einem aufsehenerregenden Kriminalfall – dem „Verbrechen des Jahrhunderts" – entführt, um Lösegeld zu erpressen. Man fand das tote Kind einige Zeit später in der Nähe der elterlichen Wohnung in New Jersey. Ein Gericht verurteilte den mutmaßlichen Mörder in einem Indizienprozeß zum Tod. Das Urteil wurde vollstreckt.

Neben Lindbergh machte damals auch eine junge Frau, Amelia Earhart (1897–1937) als wagemutige Fliegerin von sich reden. Sie begeisterte sich schon als junges Mädchen für die Luftfahrt, begann in den zwanziger Jahren selbst zu fliegen und stellte als weiblicher Pilot oder Kopilot verschiedene Rekorde auf. 1932 schaffte sie dann als erste Frau den Alleinflug über den Atlantik von Neufundland nach Irland, wofür sie 15 Stunden benötigte, und dies bei stürmischem, nebligem Wetter. Danach stellte Earhart weitere Flugrekorde auf, so mit dem ersten Non-Stop-Flug von Mexico City nach New York City. 1937 versuchte sie zusammen mit einem Navigator, einen weiteren Rekord mit einem Rund-um-die-Welt-Flug längs des Äquators aufzustellen. Nachdem der größte Teil des Fluges hinter beiden Piloten lag, verschwand die Maschine nach dem Start in Neuguinea über den Weiten des Pazifischen Ozeans. Ein letzter Funkspruch meldete Treibstoffprobleme. Die intensive Suche nach den Vermißten blieb ohne Erfolg. Offenbar hatte die Maschine ihr Ziel, die Howland-Inseln, verfehlt und war ins Meer gestürzt.

KAPITEL 12

Alltagsleben in den Jahren der Great Depression, des New Deal und des Zweiten Weltkrieges 1929-1945

Die große Krise, die im Oktober 1929 über die amerikanische Wirtschaft und Gesellschaft hereinbrach und jahrelang andauerte, wurde zu einem tiefen Einschnitt in der amerikanischen Geschichte. Kein Sektor der Wirtschaft blieb von ihren katastrophalen Auswirkungen unberührt. Keine Bevölkerungsgruppe wurde von ihren schwerwiegenden Folgen verschont. Zwar bestand in Amerika nicht die Gefahr einer sozialen Revolution, aber das Ansehen des Kapitalismus nahm erheblichen Schaden. Je länger die Krise anhielt, um so deutlicher richtete sich die Stimmung im Land jetzt gegen „Wall Street", „Business Men" und all diejenigen, in denen man „Reaktionäre" sah. Kurze Zeit vor dem Amtsantritt Franklin D. Roosevelts im März 1933 schrieb ein französischer Besucher Amerikas: „Einige Wochen lang hat ganz Amerika geglaubt, das Ende einer ganzen Weltordnung, einer ganzen Zivilisation stehe unmittelbar bevor."[128]

Die *Great Depression* begann im Oktober 1929 mit dem spektakulären Börsenkrach an der Wallstreet-Börse. In wenigen Tagen verloren die Aktionäre durch Panikverkäufe der Wertpapiere über 15 Milliarden Dollar. Seitdem fielen die Aktienkurse ins Bodenlose. Mitte 1932 betrug der Kurswert der Aktien an der New Yorker Börse lediglich noch ein Sechstel des Standes vor Beginn der Krise. Entsprechend groß war die Zahl der geschäftlichen Zusammenbrüche. Millionen Amerikaner verloren ihre Ersparnisse. Eine Umverteilung des Vermögens setzte ein. Von der Krise betroffen wurden Industrie und Bergbau, Landwirtschaft und Dienstleistungsbereich, Transport und Verkehr, Handel, Banken und das Kreditwesen des Landes. Wegen der ständig größer werdenden Absatzprobleme fiel die Industrieproduktion im Laufe der Krise bis 1932 auf fast die Hälfte des Standes von 1929 zurück. Dies entsprach dem Produktionsvolumen des Jahres 1913. Der Außenhandel war wegen der internationalen Ausmaße dieser Krise der Weltwirtschaft sogar noch stärker betroffen, er verringerte sich bis 1932 um fast 70 Prozent, und der amerikanische Export erreichte zu dieser Zeit lediglich noch den Wert des Jahres 1905.

Die Arbeitslosigkeit [Abb. 1] breitete sich in diesen Jahren lawinenartig aus und überschritt 1932 die Zwölfmillionengrenze. Damals war jeder vierte Arbeiter ohne Beschäftigung, in manchen Industriestädten, wie z. B. in Cleveland, Ohio, war dies jeder Zweite. Schwer in Mitleidenschaft gezogen wurde die Landwirtschaft, wo eine Agrarkrise von in Amerika bislang nicht gekannten Ausmaßen um sich griff. Sinkender Absatz, fallende Preise, rapider Einkommensrückgang und ausbleibender Kredit machten vielen Farmern schwer zu schaffen [Abb. 2]. Hauptsächlich infolge ihrer Zahlungsunfähigkeit verloren in den Krisenjahren mehrere hunderttausend Farmer ihren Grund und Boden. Diejenigen

1 *Eine Schlange arbeitsloser Männer beim Warten auf Arbeit oder Essen während der Great Depression.*

Farmer, welche die Krise überstanden – und dies war die Mehrheit –, sahen sich einem zusammengebrochenen Markt für Agrarerzeugnisse, nicht nur im eigenen Land, gegenüber und hatten häufig Schwierigkeiten, das Notdürftigste für die eigene Existenz zu beschaffen. Über die Untätigkeit des Staates erbitterte Farmer schlossen sich vor allem im Mittleren Westen in einer *Farmer's Holiday Association* zusammen und organisierten im Sommer 1932 einen Farmerstreik, mit dem sie die Belieferung der Städte mit Agrarerzeugnissen unterbrachen, um auf die Notlage der Weizen- und Milchfarmer aufmerksam zu machen.

2 *Eine arme Farmersfamilie in einer Notbehausung während der Krise.*

Die Zahl der Eheschließungen und die Geburtenrate entwickelten sich während der Great Depression erkennbar rückläufig. Auch die Zahl der Scheidungen ging in der Krise auffallend zurück, da eine Scheidung Geld kostete, das jetzt knapp war. Dagegen stiegen die Selbstmordrate und charakteristischerweise auch gegen Ende der Great Depression die Zahl der Lynchmorde an schwarzen Amerikanern wieder an. Die Einwanderungszahlen schrumpften auf den niedrigsten Stand des Jahrhunderts. 1933 kamen lediglich 23.000 Einwanderer in die Vereinigten Staaten. Für einen Neuankömmling gingen jetzt drei bis vier frühere Einwanderer in ihre alte Heimat zurück.

Auswirkungen der Great Depression auf das tägliche Leben

Zu einem Hauptproblem der Zeit wurde die Massenarbeitslosigkeit in den Städten. Zur gleichen Zeit, in der Farmer auf dem Land ihre Ernte vernichteten, Vieh töteten oder Milch in die Flüsse schütteten, um das weitere Sinken der Agrarpreise zu stoppen, litten viele Städter jetzt Hunger und waren auf kommunale oder private Suppenküchen angewiesen, die ihnen täglich wenigstens einen Teller warmes Essen zur Verfügung stellten [Abb. 3]. Verschärft wurde ihre Notlage, da es damals noch keine Arbeitslosenversicherung bzw. -unterstützung gab. Diese wurde 1932 von Wisconsin erstmals in einem Einzelstaat und 1935 dann auf Bundesebene eingeführt. Die Bundesregierung verfügte bis 1940 nicht einmal über eine offizielle Arbeitslosenstatistik. Millionen der Arbeitslosen waren infolgedes-

3 *Dorothea Lange: Wartende Arbeitslose in San Francisco 1933.*

sen auf ihre Ersparnisse, auf kommunale, kirchliche oder private Wohltätigkeit angewiesen. Der Historiker Arthur M. Schlesinger, jr. (* 1917) beschrieb ihre Lage sehr anschaulich: „Da ist die Suche nach einem neuen Job – anfangs energisch und hoffnungsvoll, dann ernüchtert, schließlich verzweifelt. Lange Schlangen vor den Stellenbüros. Augen, die an den Tafeln begierig Worte der Hoffnung suchen, der endlose Weg von einem Betrieb zum anderen, nächtelang warten, um als erster an der Reihe zu sein, falls es morgens Arbeit gab. Und die unerbittlichen Worte, kurz, unpersönlich, welche die Furcht verbergen: ‚Man braucht hier keine Arbeit ...', ‚Wir brauchen niemand, ...', ‚Geh weiter, Mac, geh weiter ...' Und so geht die Suche nach Arbeit weiter, die Kleidung ist abgetragen, die Schuhe fallen auseinander. ... Sind die Ersparnisse aufgezehrt, beginnt das Borgen ... Der Vater hat seinen Mut verloren, er sitzt viele Stunden zu Hause herum, gereizt, schuldbewußt ... Fleisch kommt nicht mehr auf den Tisch, Schmalz ersetzt die Butter, der Vater geht immer seltener auf die Straße, er ist erschreckend still ... Die Schatten in den finsteren, kalten Zimmern werden dunkler, der Vater ist zornig, hilflos und von Scham erfüllt, die abgemagerten Kinder sind immer häufiger hungrig und krank, und die Mutter, die sich am Tage zusammennimmt, weint nachts leise in die Kissen.“[129] Das vorherrschende Gefühl von Scham und Nutzlosigkeit wurde bei arbeitslosen Männern noch verstärkt, wenn ihre Frauen und Kinder gezwungen waren, zu arbeiten, während der Vater ohne Arbeit blieb. Eine soziologische Untersuchung der Lage arbeitsloser Männer und ihrer Familien stellte damals das häufige Vorkommen von Impotenz bei arbeitslosen und unterbeschäftigten Männern fest.

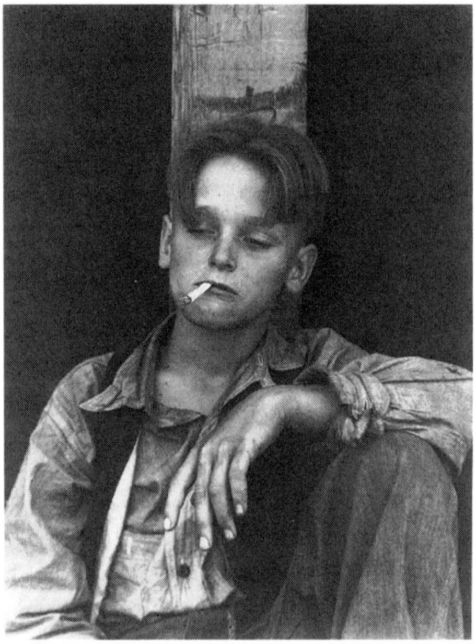

4 *Dorothea Lange: Junger Obdachloser auf Wanderschaft 1933.*

Um das ganze Ausmaß der Arbeitslosigkeit während der Krisenjahre zu begreifen, muß man bedenken, daß die meisten Arbeitslosen Familienväter waren, daß sie Frau und Kinder zu versorgen hatten und daß es nun allenthalben an Geld mangelte, um ausreichend Nahrung für die Kinder zu besorgen, neue Kleidung und Schuhwerk anzuschaffen oder den Arzt zu bezahlen, wenn es erforderlich wurde. Für viele in den Jahren der Great Depression heranwachsende Kinder legten eine unzureichende, ungesunde Ernährung und die mangelhafte ärztliche und zahnärztliche Betreuung die Grundlage für andauernde Gesundheitsprobleme. In den Städten wie auf dem Land meldeten Gesundheitsämter und Kliniken ein alarmierendes Anwachsen der Unterernährung und von Mangelerkrankungen im Kindesalter.

Im Bildungsbereich zog der Steuerausfall während der Krisenjahre auf örtlicher Ebene Einschränkungen nach sich, das Schuljahr wurde verkürzt, mitunter mußten Schulen aus Geldmangel geschlossen werden. Kinder und Jugendliche litten unter der krisenbedingten Zerrüttung vieler Ehen, es kam zu einer Zunahme der häuslichen Gewalt. In wachsender Zahl verließen Jugendliche ihr Elternhaus, um anderswo Arbeit und Unterkunft zu finden. „Hunderttausende einzelner Männer und Frauen, Junge und Alte, verheiratet oder ledig, lagen auf der Bahn, versuchten Arbeit zu finden, eine Mahlzeit zu beschaffen, übernahmen hier und dort schlechte Jobs und schliefen dort, wo sie konnten. Viele Kinder und junge Erwachsene gingen von zu Hause fort, weil sie dort weder Nahrung noch Arbeit hatten.“[130] Kalifornien war wegen seines milden Klimas bevorzugtes Ziel dieser entwurzelten jungen Leute [Abb. 4]. In Los Angeles verbrachten 200.000 Jugendliche auf dem Höhepunkt der Krise 1932 in billigen Absteigen oder kirchlichen Unterkünften die Nächte. Hunderttausende waren auf der Suche nach Arbeit unterwegs. Eine wachsende Zahl von Obdachlosen bevölkerte die Großstädte, schlief unter Brücken und Durchgängen, in selbst gezimmerten Unterkünften aus Pappe, Blech oder anderem Material, das gerade zur Hand war. Diese Elendsquartiere am Rand der Städte wurden damals bitter „Hoover-Städte“ genannt, eine Zeitung, mit der sich der Obdachlose nachts zudeckte, hieß „Hoover-Decke“, ein Abschnitt des Central Parks in New York City, in dem Obdachlose in Pappschachteln kampierten,

5 *Zeltlager der „Bonus Armee" in Anacostia, einem heruntergekommenen Teil der Hauptstadt, im Sommer 1932.*

wurde zynisch „Hoover-Valley" genannt. Derart tief stand nun das Prestige des Präsidenten Herbert Hoover nicht nur bei den Ärmsten im Land. Aber das Problem der Obdachlosigkeit überdauerte die Große Krise. 1938 wurden in einer durchschnittlichen Nacht noch immer allein in Kirchen und Regierungsunterkünften 17.000 Obdachlose gezählt.

Arbeitslose organisierten im Winter 1931/32 und im Dezember 1932 Hungermärsche nach Washington. Etwas Derartiges hatte es seit der Wirtschaftskrise der 1890er Jahre nicht gegeben. Noch stärker wirkte ein Marsch der Kriegsveteranen des Weltkrieges in die Bundeshauptstadt Washington im Sommer 1932. Diese „Bonusarmee" wollte bei der Hoover-Regierung eine vorzeitige Auszahlung der den Veteranen für einen späteren Zeitpunkt (1945) zugesicherten Prämienzahlungen (Bonus) durchsetzen. Ihre 20.000 Teilnehmer kampierten wochenlang in Zelten und Hütten in der Nähe des Kapitols [Abb. 5], bis sie Präsident Hoover durch Militär aus der Stadt vertreiben ließ. Dieses Vorgehen gegen die ehemaligen Weltkriegsteilnehmer wurde von der Öffentlichkeit und von den Zeitungen – abgesehen von den Anhängern des konservativen Hoover – sehr kritisch aufgenommen und trug weiter zum Ansehensverlust des Präsidenten bei.

Schwarze Amerikaner waren von der Krise besonders betroffen, in ihren Reihen machte die Arbeitslosigkeit nahezu 50 Prozent aus. Aber auch die Amerikaner mexikanischer Herkunft, die hauptsächlich in Kalifornien und im Südwesten des Landes lebten, die mittellosen Teilpächter im Süden und andere benachteiligte Gruppen litten überdurchschnittlich unter den Folgen der Krise.

Frauen, deren Anteil an der arbeitenden Bevölkerung bis zur Krise auf über ein Viertel aller Arbeitskräfte gestiegen war, wurden jetzt häufig als erste entlassen. Während der Kri-

6 *Die Amtseinführung Franklin D. Roosevelts am 4. März 1933 vor dem Kapitol in Washington in der Sicht von Miguel Covarrubias (1904–1957), eines zeitgenössischen mexikanischen Künstlers.*

senjahre fand die Meinung, Frauen sollten nicht arbeiten, wenn Männer arbeitslos waren, unter den männlichen Amerikanern wieder verstärkt Gehör. Selbst die erste Frau in der amerikanischen Regierung, die Arbeitsministerin der Roosevelt-Administration Frances Perkins (1880–1965), eine engagierte Sozialarbeiterin, meinte, der glücklichste Platz für die meisten Frauen sei ihr Heim. Eine Kampagne gegen eine „doppelte" Beschäftigung derjenigen arbeitenden Frauen, deren Ehemänner ebenfalls in Lohn und Brot standen, führte zu einem zeitweiligen Rückgang arbeitender Frauen bei staatlichen Behörden, an den Schulen, in Universitäten und Hochschulen. Von gewerkschaftlicher Seite hatten Frauen bestenfalls eine zögernde Unterstützung zu erwarten, obgleich Frauen häufig bei Streikkämpfen in dieser Zeit eine bedeutende Rolle spielten. Allerdings ging dann im weiteren Verlauf der dreißiger Jahre der Anteil von Frauen an den berufstätigen Amerikanern nicht zurück, sondern blieb unverändert bei einem Viertel aller Beschäftigten. Verschiedene Umstände trugen dazu bei: einmal die Tatsache, daß Frauen schlechter bezahlt wurden und damit billigere Arbeitskräfte waren, ferner der Umstand, daß Bereiche, in denen hauptsächlich Frauen beschäftigt waren, wie die Büroarbeit in den zahlreichen neuen Regierungsämtern, die Sozialfürsorge, das Schulwesen oder die Dienstleistungen, unter dem Einfluß des 1933 beginnenden New Deal expandierten.

Selbst der Teil der Arbeiter, der während der Krise seinen Job behielt, mußte mit teilweise erheblichen Lohneinbußen fertig werden. In Industrie, Bergbau und Baugewerbe gingen die Löhne innerhalb weniger Jahre um 20 Prozent und mehr zurück. Auch die Realeinkommen sanken in dieser Zeit, allerdings etwas langsamer als die Nominallöhne, da auch die Preise fielen und die Kosten der Lebenshaltung dementsprechend zurückgingen.

Die sozialen, kulturellen und politischen *Wertvorstellungen* vieler Amerikaner wurden durch die Auswirkungen der Krise erheblich berührt und modifiziert. Der Glaube der Prosperity-Jahre an die unbedingte Gültigkeit eines dem Eigennutz dienenden „amerikanischen Individualismus" (Herbert Hoover) machte nun der Erkenntnis Platz, daß die Gesellschaft und Politik sich um den „vergessenen Mann" (so Franklin D. Roosevelt 1932) kümmern müsse. Ein wachsendes soziales Verantwortungsbewußtsein wies dem Staat neue Aufgaben der Arbeitsbeschaffung, bei der Kontrolle der Wirtschaft und in der Fürsorge für die sozial Schwachen zu. Eine gegen Ende der Krise einsetzende liberale Reformstimmung konnte an die Reformtraditionen des „Progressive Movement" am Beginn des Jahrhunderts anknüpfen.

In der Politik ging die konservative republikanische Ära zu Ende. Bei den Präsidentschaftswahlen von 1932 siegte der Gouverneur von New York, der Demokrat Franklin D. Roosevelt, mit einem Vorsprung von sieben Millionen Wählerstimmen vor dem Republikaner Hoover. Nachdem sich im Winter 1932/33 die Krise nochmals verschärft hatte, wurde der neue Präsident am 4. März 1933 vor dem Kapitol vereidigt [Abb. 6]. Der nun beginnenden Reformpolitik des „New Deal" stellte Roosevelt die Aufgabe, die Wirtschaft mit staatlichen Mitteln aus der Krise herauszuführen, dem Volk wieder Arbeit zu geben und den von der Krise besonders betroffenen Arbeitern, Farmern und Jugendlichen zu helfen. Roosevelts New Deal hinterließ mit seinen zahlreichen Reformgesetzen, der Sozialarbeit der vielen neu geschaffenen Regierungsbehörden und dem auch wieder hoffnungsvoller werdenden gesellschaftlichen Klima bleibende Spuren im Alltagsgeschehen der Zeit.

Arbeiter und Arbeitslosigkeit, Arbeitsbeschaffung und Sozialpolitik in den Jahren des New Deal

Auch nach dem Einsetzen der New-Deal-Reformen im Jahr 1933 blieb in Amerika der Stand der Arbeitslosigkeit weiterhin hoch. Nach sechs Jahren New Deal waren 1939 immer noch acht Millionen Amerikaner ohne reguläre Arbeit, 17 Prozent aller Arbeitskräfte. Erst mit dem Einsetzen der kriegsbedingten Rüstungskonjunktur des Zweiten Weltkrieges hörte in den Jahren 1941 und 1942 die Arbeitslosigkeit auf, ein nationales Hauptproblem zu sein.

Jedenfalls aber trat in der Zeit des New Deal für Arbeiter und Arbeitslose eine Wendung zum Besseren ein. Es änderte sich nicht nur das soziale Klima hin zu mehr Solidarität und Hilfe, sondern es kam mit dem New Deal zu einem Bündel staatlicher Maßnahmen zur Bekämpfung der Arbeitslosigkeit und zur Unterstützung sozial Schwacher. Die Regierung finanzierte seit 1933 in großem Umfang öffentliche Arbeiten. In zehn Jahren wurden 15 Milliarden Dollar aus dem Bundeshaushalt zur Verfügung gestellt, um damit den Ausbau von Straßen, Brücken und Flugplätzen zu finanzieren, aber auch um öffentliche Gebäude wie Schulen und Krankenhäuser zu errichten, Wälder und Nationalparks zu pflegen usw. Auf diese Weise wurden ständig mehrere Millionen Arbeitsuchender beschäftigt, zeitweilig (1938) waren es fast vier Millionen Menschen, die auf diese Weise Arbeit fanden. Eine Besonderheit dieser staatlichen Arbeitsbeschaffungspolitik bestand in der Einbeziehung künst-

7 *John Steuart Curry „The Tragic Prelude" (1938–1941). Wandgemälde zum Andenken an den Abolitionisten John Brown im Staats-Kapitol von Kansas in Topeka.*

lerischer Bereiche. Ungefähr 40.000 Künstler, Musiker, Schriftsteller und Theaterschaffende erhielten aus Bundesmitteln Aufträge. Maler schufen Wandmalereien für öffentliche Gebäude [Abb. 7]. Musiker gaben Konzerte oder übernahmen Musikunterricht. Schriftsteller fertigten Reiseführer der einzelnen Bundesstaaten und Regionen an oder widmeten sich ethnographischen oder folkloristischen Studien. Fotografen wie Walker Evans und Dorothea Lange dokumentierten im Auftrag verschiedener Bundesbehörden die Wohn- und Lebensverhältnisse in Stadt [Abb. 8] und Land [Abb. 9]. Theaterensembles bereisten die Mehrzahl der amerikanischen Bundesstaaten und spielten dort nicht selten vor einem Publikum, das nie zuvor ein Theaterstück oder Musical gesehen hatte. Die Spuren dieser staatlichen Arbeitsbeschaffungspolitik sind noch heute in zahlreichen Städten und Gemeinden zu entdecken und erinnern an diesen ehrgeizigen Versuch der Roosevelt-Administration, der Arbeitslosigkeit Herr zu werden.

Mit dem *Social Security Act* wurde 1935 ein – wenn auch bescheidener – Schritt zu bundesstaatlich garantierter sozialer Sicherheit gemacht. Das Gesetz sorgte für eine Arbeitslosenunterstützung, führte Altersrenten für alte und bedürftige Personen über 65 Jahren ein und sorgte für die Unterstützung bedürftiger Mütter und ihrer Kinder. Desgleichen sah es eine staatliche Hilfe für Blinde, Behinderte und Obdachlose vor. Die so gewährte Arbeitslosenunterstützung war ebenso wie die Höhe der Altersrenten (zehn bis 85 Dollar im Monat) niedrig, nicht selten betrug sie lediglich 20 Dollar pro Woche. Diejenigen, die eine Unterstützung am dringendsten benötigten, erhielten häufig das wenigste. Für Langzeitarbeitslose war nur unzulänglich vorgesorgt. Jedoch war mit dem Gesetz über die soziale Sicherheit ein Anfang gemacht, der zukünftig weiter ausgebaut werden konnte.

Durch andere Notstandsgesetze wurden seit 1933 Mittel zur Verfügung gestellt, um damit einzelstaatliche und lokale Hilfsmaßnahmen für die ärmsten Schichten zu ermöglichen. Notleidende Familien erhielten Lebensmittelgutscheine. Bewohner von Notstands-

8 *Walker Evans: Mietwohnungen in New Yorks 61. Straße im Jahre 1938.*

9 *Dorothea Lange: Ehemalige Pachtfarmer, jetzt Unterstützungsempfänger in Kalifornien 1937.*

10 *Mit der Fertigstellung und Inbetriebnahme der Stauwerke und Wasserkraftanlagen im Tennessee-Stromtal schuf die Roosevelt-Administration eine ihrer bleibenden Leistungen. Das Bild zeigt Überschwemmungsfolgen vor der Fertigstellung der Anlagen.*

gebieten erhielten wie die drei Millionen Menschen im Tennessee-Stromtal neue Lebenschancen [Abb. 10]. Später kam ein staatlich geförderter sozialer Wohnungsbau zu den Sozialmaßnahmen des New Deal hinzu.

Die Lage der Arbeiter und der Handlungsspielraum der Gewerkschaften gestalteten sich unter den Bedingungen der Roosevelt-Administration günstiger als in der vorangegangenen republikanischen Ära. Durch den National Industrial Recovery Act wurde 1933 das gewerkschaftliche Koalitionsrecht ausdrücklich gesetzlich anerkannt. Zwei Jahre später wurde mit dem Wagner Act diese Bestimmung nochmals bekräftigt. Das Gesetz verbot gewerkschaftsfeindliche Praktiken der Unternehmer und verbesserte wesentlich die rechtliche Stellung der Gewerkschaften im Betrieb. 1938 schließlich sah der bedeutsame Fair Labor Standards Act das von den Reformern seit langem geforderte Verbot der Arbeit von Kindern unter 16 Jahren vor. Es bestimmte Mindestlöhne, die anfangs 25 Cents in der Stunde betrugen und schrittweise auf 40 Cents angehoben wurden, und reduzierte die Wochenarbeitszeit auf 44 Stunden (1938), auf 42 Stunden für das folgende Jahr und auf 40 Stunden ab 1940.

All diese Maßnahmen standen in enger Wechselbeziehung zu den auflebenden und mitunter zugespitzten sozialen Kämpfen dieser Zeit, die später wegen ihres sozialkritischen Impetus als „Red Decade" bezeichnet worden ist. Das soziale Verantwortungsgefühl der Öffentlichkeit bzw. eines großen Teils der Öffentlichkeit war damals ausgeprägt wirksam. Die Gewerkschaften und die Farmerorganisationen erlebten in der Mitte der dreißiger Jahre einen Aufschwung. In dieser Zeit entstanden in den USA neue zahlenmäßig starke und kämpferisch eingestellte Industriegewerkschaften. Sie schlossen sich im *Committee for Industrial Organization* (später: *Congress of Industrial Organizations*) zusammen und bildeten unter ihrem Präsidenten, dem Bergarbeiterführer John L. Lewis (1880–1969), jetzt eine wirtschaftlich und politisch einflußreiche Kraft im Land. Neben ihnen bestanden die traditionellen und eher konservativ orientierten Facharbeitergewerkschaften der *American Federation of Labor* unter ihrem Präsidenten William Green (1870–1952) weiter. Die Mitgliederzahlen beider Gewerkschaftsdachverbände wuchsen jetzt stetig an. Zwischen 1933 und 1939 stieg die Zahl der Gewerkschaftsmitglieder von knapp drei auf knapp neun Millionen, verdreifachte sich also. In der Industrie gehörte nun jeder dritte Arbeiter der Gewerkschaft an, im Bergbau waren es gar zwei von drei Arbeitern. In spektakulären Arbeitskämpfen gelang es den Industriegewerkschaften, sich in den bis dahin gewerkschaftsfreien Industriezweigen der Stahl-, Auto- und Erdölindustrie durchzusetzen. In den meisten Jahren seit 1933 waren jeweils mehr als eine Million Arbeiter an Streikkämpfen beteiligt. 1937 wurden sogar fast zwei Millionen Streikende gezählt. Durch neue Streikformen wie durch die berühmten Sitzstreiks in den Autobetrieben von General Motors konnte der Durchbruch in der Stellung der Gewerkschaften erzwungen werden. Die Ford Motor Co., General Motors, United States Steel Corp. und andere Großkonzerne mußten ihren Widerstand gegen die Tätigkeit der Gewerkschaft in ihren Firmen aufgeben. Ebenso konnten vielfach die Arbeitsbedingungen verbessert und höhere Löhne vereinbart werden. Infolgedessen stiegen in dieser Periode die Reallöhne der beschäftigten Arbeiter wieder deutlich an. 1937 und 1939 lagen sie erkennbar über dem Stand von 1929 – dem Höchststand der Realeinkommen vor der großen Krise. Viele der damaligen Streikkämpfe nahmen einen dramatischen Verlauf. Häufig kam es zu Zusammenstößen zwischen Streikenden und der Polizei oder Nationalgarde. Einen blutigen Verlauf nahm eine Demonstration im Mai 1937 in Chicago, als die Polizei in eine Menge von 2000 mit ihren Familienangehörigen protestierenden Stahlarbeitern feuerte. Zehn Demonstranten wurden getötet, über 90 verwundet. Dieses „Memorial Day Massacre" von Chicago war kein Einzelfall. Es ließ erkennen, wie scharf die Konfrontation zwischen Arbeitern und Konzernen mancherorts damals war.

Auch *die Lage der Farmer* besserte sich im Verlauf der dreißiger Jahre langsam, wenn auch nicht für alle von ihnen. Im Ergebnis verschiedener Ursachen, wozu auch die farmerfreundliche Reformpolitik des New Deal zu rechnen ist, stiegen die Einkommen der Mehrzahl der Farmer nun wieder erheblich an, ohne allerdings ganz das Niveau vor der Krise zu erreichen. Die Regierung förderte die Vergabe günstiger Kredite an Farmer und trug zur Entspannung der Schuldensituation auf dem Land bei. Sie zahlte den Farmern Prämien für Anbaubeschränkungen, mit der Absicht, zur Erholung der Preise für Farmerzeugnisse beizutragen. Sie versorgte die Tennessee-Region mit billigem Strom, indem sie zur staatlichen Nutzung der Wasserkraftressourcen des Tennessee überging, wovon die Landbevölkerung in seinem Einzugsbereich profitierte.

Allerdings kamen durch eine übertriebene Ausnutzung des Bodens während des jahrzehntelangen Baumwollanbaus oder durch andere einseitige Anbaugepflogenheiten für eine beträchtliche Zahl von Farmern in diesem Teil der USA, den man jetzt „Dust bowl", die „Staubschüssel", nannte, neue Schwierigkeiten auf. Sie wurden durch anhaltende Dürreperioden im Südwesten des Landes verstärkt. Die Natur war dort durch Raubbau und Trokkenheit derart geschädigt, daß man einige Jahre lang die Staubwolken, die der Wind in der

11 *Dorothea Lange: Flüchtlingslager in Kalifornien 1937.*

betroffenen Region aufwirbelte, noch am Himmel der Städte im Osten sehen konnte. „Zwischen 1932 und 1940 – als schließlich der Regen in ausreichender Menge zurückkehrte, um den ausgedorrten Boden zu bewässern – wurden Teile von Kansas, Colorado, Oklahoma, Nebraska und Texas einfach fortgeblasen in der vielleicht größten ökologischen Katastrophe, welche die Vereinigten Staaten bis dahin erlebt hatten.“[131] 300.000 bis 400.000 Menschen, meist frühere Pachtfarmer, verließen mit Hab und Gut und mit allen Angehörigen während der Mitte der dreißiger Jahre die von der Dürre betroffenen Gebiete in Oklahoma, Texas, Arkansas und Missouri und gingen nach Kalifornien. Sie gaben ihre ländliche Heimat im Südwesten in der Hoffnung auf, im Westen eine neue Existenz gründen zu können. Sie suchten Arbeit auf den Obstfarmen und anderen Farmen in Kalifornien. Viele dieser verarmten Menschen fanden nur schwer wieder einen Job. Sie waren in Kalifornien nicht willkommen, wurden als unerwünschte Konkurrenz der dort bislang lebenden Wanderarbeiter verstanden und mußten oft in überfüllten Lagern [Abb. 11] oder in neuen Slums am Rand der Städte leben. Ihr trauriges Schicksal alarmierte damals die amerikanische Öffentlichkeit. Die Fotografien von Dorothea Lange (1895–1965) bezeugen die menschliche Seite dieser Katastrophe und das Schicksal ihrer Opfer mit eindringlichen Bildern [Abb. 12 und 13]. Der Dichter John Steinbeck (1902–1968) setzte ihnen in seinem Roman „The Grapes of Wrath“ (1939) ein literarisches Denkmal.

12 *Dorothea Lange: „Migrant Mother“ 1936. Eines der berühmtesten Fotos von Dorothea Lange zeigt diese 32jährige Mutter von vier Kindern in einem Aufnahmelager für die Flüchtlinge aus Oklahoma in Nipomo, Kalifornien.*

13 *Dorothea Lange: Unterstützungsempfänger warten in Calipatra, Kalifornien, 1937.*

Familienbeziehungen und Jugend

Wie erwähnt, ging die Zahl der Eheschließungen im Ergebnis der Wirtschaftskrise deutlich zurück. 1932 lag ihre Zahl zum ersten Mal seit 1911 wieder unter der Millionengrenze. Unter dem Eindruck einer Besserung der Lage des Landes, die auf den Schwung der New-Deal-Reformen folgte, nahmen seit 1933/34 die Eheschließungen zu und erreichten dann wieder die in den zwanziger Jahren übliche Rate von zehn bis elf Eheschließungen auf 1000 Einwohner im Jahr. Die Geburtenrate, d. h. die durchschnittliche Anzahl der Geburten auf je 1000 Frauen war in den dreißiger Jahren zunächst weiter rückläufig und folgte damit einer langfristigen Entwicklung, die im 19. Jahrhundert begonnen hatte. Übrigens zeigte eine Umfrage im Jahr 1936, daß inzwischen – anders als vor und während des Ersten Weltkrieges – eine Mehrheit der Amerikaner (63 Prozent) die Geburtenkontrolle, d. h. die Information über und die Anwendung empfängnisverhütender Mittel akzeptierte. Die Geburtenrate machte Mitte der dreißiger Jahre zwischen 16 und 17 Geburten pro 1000 Frauen aus und stieg seit 1937 wieder leicht an, um dann in den Kriegsjahren (1941–1945) auf schließlich 20 bis 21 Geburten pro 1000 Frauen zu steigen. Die Lebenserwartung der Neugeborenen schließlich nahm – hauptsächlich wegen der verbesserten gesundheitlichen

Betreuung und moderneren hygienischen Verhältnisse – weiter zu. Die Lebenserwartung der neugeborenen weißen Amerikaner betrug in den dreißiger Jahren für Männer 60 Jahre, für Frauen lag sie bei 64 Jahren. Für schwarze Amerikaner und Indianer waren diese Zahlen infolge der höheren Kindersterblichkeit und der im Durchschnitt schlechteren materiellen, hygienischen und gesundheitlichen Verhältnisse weniger günstig. In ihrem Fall lag die durchschnittliche Lebenserwartung bei Männern knapp über 50 Jahren und bei Frauen unter 55 Jahren.

Familienverhältnisse, Kindererziehung und das Leben der heranwachsenden Jugend waren von den Auswirkungen der Great Depression schwer in Mitleidenschaft gezogen und erholten sich seit der Mitte der dreißiger Jahre nur langsam von den Auswirkungen der Massenarbeitslosigkeit, der Notlage vieler Familien und den für viele Familien wenig günstigen Zukunftsperspektiven. Die Frau des Präsidenten, Eleanor Roosevelt (1886–1962), eine warmherzige Reformerin, äußerte im Mai 1934 ihre Besorgnis über die Lage der amerikanischen Jugend: „Ich habe Zeiten wirklicher Furcht, wenn ich denke, wir könnten diese Generation verlieren."[132] Die Arbeitslosigkeit war unter Jugendlichen besonders hoch, etwa 30 Prozent der Sechzehn- bis Vierundzwanzigjährigen waren arbeitslos, diese Altersgruppe hatte besonders unter den Folgen der großen Krise zu leiden. Ohne Arbeit, ohne Ausbildung mangelte es vielen Jugendlichen an Selbstvertrauen und Hoffnung. Die Regierung blieb daher nicht tatenlos. Zu den ersten Maßnahmen des New Deal gehörte die Bildung eines freiwilligen Arbeitsdienstes für junge Männer zwischen 17 und 25 Jahren, des *Civilian Conservation Corps*, das fast zehn Jahre bestand, bevor es 1942 aufgelöst wurde. Seine Mitglieder lebten unter halbmilitärischen Bedingungen in Lagern, sie wurden zu Pflege- und Rekultivierungsarbeiten in den Wäldern eingesetzt, für den Wild- und Naturschutz verwendet oder sie übernahmen Arbeiten in den Nationalparks und bei der Denkmalpflege. In den neun Jahren seines Bestehens pflanzten die Mitglieder des Corps über zwei Milliarden Bäume, was zu dem Spitznamen „Roosevelts Baumarmee" führte [Abb. 14]. Jeder Angehörige des Arbeitsdienstes verpflichtete sich für ein halbes Jahr und konnte längstens auf zwei Jahre dem Corps angehören. Er erhielt 30 Dollar im Monat, wovon der größte Teil seinen Familienangehörigen geschickt wurde. 1935 gehörte über eine halbe Million junger Männer – sowie einige tausend beschäftigungsloser Veteranen des Weltkrieges – dem amerikanischen Arbeitsdienst an, der jetzt über 2500 Lager verfügte, die meisten davon westlich des Mississippi gelegen. Bis zu seiner Auflösung im Juli 1942 waren über drei Millionen heranwachsende Männer für kürzere oder längere Zeit Angehörige des Civilian Conservation Corps. 200.000 schwarze Amerikaner arbeiteten im CCC mit, charakteristischerweise in speziellen Lagern für Schwarze, so daß auch hier die Rassentrennung aufrechterhalten blieb. Schließlich gab es unter den jungen Männern des Arbeitsdienstes auch 15.000 Indianer.

So wichtig diese Maßnahme war, reichte sie natürlich zur Besserung der prekären Ausbildungs- und Arbeitssituation der Jugend nicht aus, zumal sie auf die männliche Jugend beschränkt blieb. Daher wurde 1935 – als noch annähernd fünf Millionen Jugendliche ohne Arbeit waren – die *National Youth Administration* geschaffen, die Bundesmittel für Ausbildungszwecke und verschiedene Arbeitsbeschaffungsprogramme für Jugendliche bereitstellte. Oberschüler und Studenten vorzugsweise bedürftiger Familien erhielten Stipendien, die ihnen den Schul- bzw. Hochschulbesuch ermöglichen sollten, und wurden mit Teilzeitjobs versorgt. Dieses Programm war erfolgreich und bot bis zu seinem Ende (1943) über zwei Millionen Schülern und Schülerinnen sowie Studenten und Studentinnen finanzielle Un-

14 *Angehörige des Civilian Conservation Corps beim Setzen von Bäumen in Nebraska Oktober 1940.*

terstützung. Ein anderer Teil Jugendlicher, der aktuell Arbeit suchte, sollte auf einer zweiten Ebene des Programms aus öffentlichen Mitteln finanzierte Arbeit erhalten oder umgeschult werden. Maßnahmen, die in diese Richtung gingen, förderten anfangs hauptsächlich arbeitsextensive, schlecht bezahlte Tätigkeiten wie Parkreinigung oder die Reinigung öffentlicher Gebäude. Straßen- und Brückenbau sowie der Bau von Schulen und anderen öffentlichen Gebäuden wurden ebenfalls gefördert. Später orientierte sich die Jugendbehörde – die auch ein spezielles Programm für schwarze Jugendliche entwickelte – auf die Förderung qualifizierterer Berufe für junge Leute bzw. auf deren Ausbildung für diese Berufe. Schließlich – nach Beginn des Zweiten Weltkriegs – bereitete man Jugendliche auf die Arbeit in der Rüstungsindustrie vor und bezog viele von ihnen in die Kriegsproduktion ein. Zusammengenommen gab die Jugendbehörde, die von einem engagierten liberalen Reformer geleitetet wurde, mehreren Millionen von Jugendlichen beiderlei Geschlechts durch die Vermittlung von Bildung, Berufsausbildung und Arbeitsstellen neue Hoffnung in einer Zeit, die noch ganz von den Nachwirkungen der großen Krise überschattet wurde.

Für die fast *zwölf Millionen schwarzen Amerikaner* – von denen nahezu 80 Prozent noch im Süden wohnten – waren die Krisenjahre eine besonders trostlose Zeit [Abb. 15]. Schwarze Pachtfarmer und Teilpächter *(Sharecropper)* mußten häufig ihr Land verlassen. Etwa 400.000 Schwarze wanderten im Krisenjahrzehnt vom Süden in die Städte des Nordens, in der Hoffnung, dort Arbeit zu finden. Schwarze Arbeiter waren oft die ersten, die entlassen, und die letzten, die wieder eingestellt wurden. Die Arbeitslosenrate betrug bei ihnen 1932 etwa 50 Prozent. Die ohnehin niedrigen Löhne der Schwarzen wurden während der Krise nochmals um bis zu 50 Prozent reduziert. Der Rassismus zeigte sein aggressives Gesicht

15 *Arthur Rothstein: Familie eines Pachtfarmers in Alabama 1937.*

unverhüllter als in normalen Zeiten. In Atlanta, Georgia, verbreiteten Weiße die Parole: „Keine Jobs für Nigger, bevor nicht jeder weiße Mann einen Job hat."[133] Im Norden, so in Chicago, war diese Haltung ebenfalls verbreitet. Die Zahl der Lynchmorde an vorgeblichen oder tatsächlichen Verbrechern schwarzer Hautfarbe nahm im Süden wieder zu. 1933 wurden 24 Schwarze bei Lynchmorden getötet. Soziologische Forschungen zeigten den Zusammenhang zwischen der Zahl der Fälle von Lynchjustiz und dem wirtschaftlichen Niedergang im tiefen Süden. In Gerichtsverfahren hatten schwarze Beschuldigte häufig keine faire Chance, wie der umstrittene Scottsboro-Prozeß in Alabama 1931 zeigte, als acht schwarze Jugendliche von einer ausschließlich weißen Jury wegen der angeblichen Vergewaltigung zweier weißer Frauen zum Tod verurteilt wurden. Nach jahrelangen Protesten der Öffentlichkeit ordnete der Oberste Gerichtshof 1935 für die „Scottsboro Boys" einen neuen Prozeß an. Fünf von ihnen wurden wiederum verurteilt und mußten lange Gefängnisstrafen antreten.

Bis 1932 hatten die schwarzen Amerikaner, soweit sie an Wahlen teilnehmen konnten, meist für die Republikaner – die Partei Abraham Lincolns – gestimmt. Dabei blieb es auch noch bei den Präsidentschaftswahlen von 1932. Im Lager der Schwarzen hatte man zunächst wenig Hoffnung hinsichtlich einer Änderung der Lage durch die neue Regierung, die ja eine Regierung der Demokraten war, also der Partei, die im Süden für Rassendiskriminierung, Segregation und „weiße Vorherrschaft" einstand. Franklin Roosevelt, der Reformer, war bis zu seiner Wahl als Präsident kaum für die Sache der Schwarzen eingetreten. Sein New Deal blieb zunächst weitgehend indifferent in dieser Hinsicht. Es gab keine direkten Maßnahmen, um die Notlage der Schwarzen zu erleichtern. Der Präsident befürchtete,

16 *Rassentrennung in einem Waschraum in Oklahoma 1939. Die Wasserspender sind getrennt für weiße und schwarze Benutzer.*

Gesetze zugunsten der Schwarzen würden die notwendige Unterstützung der Südstaaten-Demokraten für sein Antikrisenprogramm gefährden. Er meinte, der wirtschaftliche Wiederaufbau werde aber allen Amerikanern, schwarzen wie weißen, zugute kommen. Im Laufe der Zeit zeigte der New Deal dann bestimmte Fortschritte in der Beschäftigungspolitik der Regierung, in einer liberaleren Besetzung der freiwerdenden Sitze im Obersten Gericht und in einem gewachsenen Verständnis für die Probleme der Rassenintegration bei einem Teil der Mitarbeiter des Präsidenten. Allerdings verblieb vieles von dem, was auf diesem Gebiet geschah, im Bereich von Gesten und Rhetorik und bedeutete weniger eine Zunahme rechtsstaatlicher Maßnahmen zur Beseitigung der Rassenschranken. Auch im Regierungs- und Verwaltungsbereich selbst geschah wenig zur Beendigung der Rassendiskriminierung. Die schwarze Bürgerrechtlerin Mary McLeod Bethune (1875–1955) wurde zum Sonderberater der Regierung für Minderheiten ernannt und später (1936) zum Direktor der *Division of Negro Affairs* in der National Youth Administration berufen. Das Innenministerium und einzelne New-Deal-Behörden beschäftigten teilweise auch schwarze Anwälte, Ingenieure oder Architekten. Die meisten der fast 10.000 schwarzen Bundesangestellten gehörten damals jedoch zum Wachpersonal. Allerdings veränderten sich in den Jahren der Roosevelt-Reformen die Rahmenbedingungen eher zugunsten des Kampfes um die Bürgerrechte der schwarzen Amerikaner. Die Dachorganisation der Afroamerikaner, die *National Association for the Advancement of Colored People*, bestätigte rückblickend, daß die große Masse der schwarzen Mitbürger Fortschritte unter Roosevelt verzeichnen konnte. Allerdings war dies ein widerspruchsvoller Weg, wie ein Blick auf die *Rassendiskriminierung in der Bundeshauptstadt* während der New-Deal-Jahre zeigt.

In der Bundeshauptstadt Washington lebten 1940 immerhin 187.000 schwarze Amerikaner, 28 Prozent der Einwohner der Hauptstadt. – *Heute* macht der Bevölkerungsanteil der Afroamerikaner im District of Columbia inzwischen rund 66 Prozent aus. – Die Rassentrennung blieb auch hier – trotz einzelner Fortschritte in der Einstellungspolitik der Regierung – ein alltägliches Kennzeichen des öffentlichen Lebens und der sozialen Beziehungen. Selbst das von der Regierung bis 1943 fertiggestellte Gebäude des Verteidigungsministeriums, das Pentagon in dem der Hauptstadt benachbarten Arlington, Virginia, sah ursprünglich für die dort arbeitenden 30.000 Militär- und Zivilangestellten getrennte Toiletten für Weiße und Schwarze vor. Erst als der Präsident kurz vor der Fertigstellung bei einer Besichtigung des Pentagon, die Inschriften „Colored Men", „Colored Women" einerseits und „White Men", „White Women" an den Waschräumen monierte, unterblieb diese Form der Segregation in einer zentralen Regierungsbehörde. Anderswo – wie in Oklahoma [Abb. 16] – konnte man sie noch antreffen.

Die Rassentrennung zeigte sich auch im Wohnbereich. Wohnungseigentümer, Häusermakler und Banken sorgten strikt dafür, daß die jetzt in Mode kommenden Wohnviertel am Rand der Stadt in den angrenzenden Counties von Maryland und Virginia fast ausnahmslos den Angehörigen der weißen Mittelklasse vorbehalten blieben. Als seit den dreißiger Jahren das Wohnen im romantischen und altertümlichen Georgetown immer beliebter wurde, verdrängte man die hier ursprünglich wohnenden schwarzen Bewohner. Ins Viertel zogen nun junge erfolgreiche weiße Regierungsbeamte ein, die ihre Häuser und Gärten renovierten und aus diesem Stadtviertel ein nicht nur bei Touristen beliebtes Aushängeschild der Bundeshauptstadt machten. Die Wohnungsprobleme gestalteten sich für die wachsende schwarze Bevölkerung Washingtons, die durch arbeitslose arme Zuwanderer aus dem Süden laufend verstärkt wurde, infolgedessen noch schwieriger. Mitte der dreißiger Jahre waren noch 9000 Häuser in Washington ohne Elektrizität, nur durch Petroleumlampen beleuchtet. 7000 Mehrfamilien-Miethäuser verfügten über kein fließendes Wasser, 11.000 Familien hatten keine Innentoiletten. Man geht wohl nicht fehl in der Vermutung, daß die Mehrzahl dieser Wohnungen von schwarzen Einwohnern Washingtons bewohnt wurden.

Im Berufsleben und auf dem Arbeitsmarkt sah es für die schwarzen Amerikaner in Washington unter den Nachwirkungen der Great Depression nicht viel besser aus. Schwarze Arbeitskräfte hatten wenig Anteil an dem mit der Reformpolitik der Roosevelt-Regierung verbundenen zögerlichen Aufschwung. Einzelne Gewerkschaften wie die der Bauarbeiter taten ein übriges, um schwarze Arbeiter vom Baugewerbe, das wieder günstigere Zeiten erlebte, fernzuhalten. Infolgedessen blieb auch hier in der Bundeshauptstadt die Arbeitslosigkeit der schwarzen Arbeiter doppelt so hoch wie diejenige der weißen.

Eine besondere Herausforderung war der Rassismus kleiner weißer Geschäftsleute, die ihre Geschäfte und Läden, ihre Drugstores und Kioske in den Wohngebieten der Schwarzen hatten und auf sie als Kunden angewiesen waren, aber Schwarze nicht einmal als Hilfskräfte einstellten oder beschäftigten. Angesichts dieser Sachlage begann 1933 die *New Negro Alliance* damit, schwarze Käufer zu organisieren und den Kampf gegen den Rassismus in den Wohnvierteln aufzunehmen. Boykottmaßnahmen wurden wirkungsvoll angewandt. Als erstes Ziel wählte man einen Hot-dog-Stand im Norden der Stadt aus, dessen weißer Besitzer nur Weiße beschäftigte. Als bei ihm zwei Wochen lang die schwarzen Kunden ausge-

17 *Marian Anderson während des Konzerts auf den Stufen des Kapitols im April 1939.*

blieben waren, sah sich der Eigentümer veranlaßt, eine schwarze Hilfe einzustellen. Diese Boykottbewegung bediente sich der Losung „buy where you work“, „kaufe da ein, wo du Arbeit hast“, und hatte einen gewissen Erfolg. Drei Jahre später gab es in Washington ungefähr 300 Jobs für Schwarze in Geschäften, die zuvor ausschließlich weißen Arbeitskräften vorbehalten gewesen waren.

Ein wichtiger Durchbruch durch die etablierte Rassentrennung im Washington der Vorkriegszeit geschah im Hochschulbereich und erregte zunächst noch wenig Aufsehen. 1937 beschloß die Fakultät für Graduiertenstudium der American University – die für die Vergabe des Doktortitels zuständig war – einstimmig die Zulassung von schwarzen Studenten. Die Fakultät beantwortete damit den Antrag einer durch gute Zeugnisse ausgewiesenen Absolventin der Howard University in Washington, einer der ältesten Universitäten der Schwarzen, die an der American University ihren Ph. D., ihren Doktortitel im Fach Political Science, ablegen wollte. Dies war an der Howard University nicht möglich. Präsident und Aufsichtsrat der American University bestätigten das Votum der Fakultät, und nur einer der 2000 weißen graduierten Studenten der Universität verließ damals aus Protest die Universität. Allerdings war die Zahl der anschließend hier eingeschriebenen schwarzen Studenten nicht groß. Wenig später öffnete auch die Katholische Universität in Washington ihre School of Social Work für schwarze Studenten.

Wenige Monate vor dem Ausbruch des Zweiten Weltkrieges in Europa bewegte dann ein charakteristischer Vorfall die Öffentlichkeit der Bundeshauptstadt lebhaft. Die international bekannte schwarze Konzert- und Opernsängerin Marian Anderson (1902–1993), die gerade von einer längeren Europatournee zurückgekehrt war, wollte im Frühjahr 1939 in Washington ein Konzert geben. Da wurde ihr der für das Konzert vorgesehene und wegen seiner Größe besonders geeignete Saal in der Constitution Hall wegen ihrer Hautfarbe verweigert. Verantwortlich für diese Absage war die Hausherrin des Konzertsaals, die „Daughters of the American Revolution", eine superpatriotische Organisation weißer amerikanischer Frauen. Aus Protest gegen diese Entscheidung verzichtete die First Lady, Eleanor Roosevelt, auf die Mitgliedschaft bei den „Töchtern der Amerikanischen Revolution". Als danach auch der weiße Aufsichtsrat einer Schule seine Aula nur unter Einschränkungen zur Verfügung stellte, ging ein Entrüstungssturm durch die Stadt. Demonstrativ unterstützt von Eleanor Roosevelt stellte Innenminister Ickes (1874–1952) daraufhin das Lincoln Memorial – das als Nationaldenkmal dem Innenministerium unterstand – für das Konzert zur Verfügung. Vor einer riesigen Menge, die von den Stufen des Lincoln Memorial bis zum Washington Monument stand, fand dann am Ostersonntag 1939 das Konzert von Marian Anderson statt [Abb. 17]. Niemand der 75.000 Zuhörer vergaß später diese beeindruckende solidarische Veranstaltung. Nach Meinung eines Teilnehmers war sie ein Wendepunkt im jahrzehntelangen Kampf der schwarzen Bevölkerung von Washington gegen die Rassendiskriminierung. Der Ort des Konzerts, das Lincoln Memorial, hatte übrigens schon anläßlich seiner Einweihung 1922 für Schlagzeilen gesorgt, weil sich damals 20 geladene schwarze Ehrengäste geweigert hatten, die für schwarze Besucher getrennt von den Weißen vorgesehenen Plätze einzunehmen.

Ein New Deal für die Indianer

Das Schicksal der 300.000 amerikanischen Indianer hatte sich im Verlauf des 20. Jahrhunderts – was die Mehrzahl von ihnen betrifft – kaum gebessert. Zwar hatten alle damals 250.000 Indianer 1924 das Bürgerrecht erhalten, aber ihre Lebenssituation in den Reservationen war nach der Zerstörung der ursprünglichen Lebensweise der Native Americans meist durch ungesunde Ernährung, hohe Kindersterblichkeit, verbreitete Krankheiten und trostlose Wohnverhältnisse [Abb. 18] bestimmt. Das Jahreseinkommen indianischer Familien überschritt selten 100 Dollar. Die Schulbildung der indianischen Kinder und Jugendlichen, die im Durchschnitt weniger als fünf Jahre währte, war die niedrigste unter den diskriminierten Minderheiten Amerikas. Zwischen 1900 und 1930 verloren die indianischen Stämme im Ergebnis der offiziellen Indianerpolitik, die das Stammeseigentum an Boden nicht anerkannte und in individuelles Eigentum umwandelte, das gekauft und besteuert

18 *Kinder der Mescalero Apachen. Das Bild dokumentiert die Lebensverhältnisse in den Indianer-Reservationen während der Great Depression.*

werden konnte, über 50 Prozent ihres ursprünglichen Grundeigentums. In den ersten Jahrzehnten des 20. Jahrhunderts hatte die amerikanische Öffentlichkeit den kritischen Zustand, der in den meisten Reservationen – besonders im Westen und Nordwesten – verbreitet war, kaum zur Kenntnis genommen. Erst die Roosevelt-Administration kündigte hier Abhilfe an. Der neu berufene Regierungskommissar des Büros für Indianerangelegenheiten, John S. Collier (1884–1968), der sich schon in den zwanziger Jahren für die Erhaltung und Pflege der indianischen Kultur eingesetzt hatte, versprach, einen „Indian New Deal" auf den Weg zu bringen. Er bemühte sich um Landzuweisungen an indianische Stämme aus staatlichen und privaten Quellen, regte Maßnahmen zur Erhaltung des Bodens im Südwesten an und unterstützte geschäftliche Unternehmungen der Native Americans in den Reservationen. Indianer wurden jetzt zunehmend in den Mitarbeiterstab seiner über 5000 Beschäftigte zählenden Behörde einbezogen. An der hohen Arbeitslosenrate, die für Indianer dreimal höher als im Landesdurchschnitt lag, konnten seine Bemühungen allerdings nur wenig ändern. Mit dem *Indian Reorganization Act* wurden diese Bemühungen dann 1934 zusammengefaßt. Das Gesetz regelte die Landverteilung zugunsten der in den Reservationen lebenden Stämme neu, unterstützte die Organisation der Stammesregierungen finanziell, gewährte den Stämmen eine Anleihe von zehn Millionen Dollar, schuf einen bescheidenen Fonds zur Unterstützung des Berufsschul- und Hochschulbesuchs indianischer Studenten und erleichterte für Indianer den Zugang zu einer Beschäftigung im Rahmen des Indian Service der Regierung. Nach seiner Verabschiedung hatten die indianischen Stämme das Recht, dem Gesetz in einem Referendum zuzustimmen oder es abzulehnen. Eine Mehrheit der Stämme (181 Stämme, die 130.000 Indianer vertraten) stimmte dem Indian Reorganization Act zu, eine Minderheit von 77 Stämmen (mit 86.000 Angehörigen), darunter auch die Navajos, denen die Auflagen zur Bodenkonservierung zu weit gingen, lehnten das Gesetz ab. Bereits zu seiner Zeit, aber auch unter den amerikanischen Historikern war das Gesetz umstritten. Kritiker warfen seinen Schöpfern vor, sie würden die Assimilierung und Integration der Indianer in die amerikanische Gesellschaft erschweren, die patriarchalische Aufsichtsrolle der Bundesregierung verlängern, ja sogar den Kommunismus bei den Native Americans befördern. Andererseits betonen die Befürworter des Indian New Deal, er habe die jahrzehntelange Politik der Landaufteilung des Indianerlands in individuelles Eigentum beendet, die Landfläche der Reservationen erweitert, den Stämmen eine bessere Kontrolle ihrer politischen und wirtschaftlichen Angelegenheiten ermöglicht und die indianische Kultur gefördert.

Diesem letzteren Ziel diente ein spezielles Gesetz, der *Indian Arts and Crafts Board Act* (1935), mit dem eine neue Behörde ins Leben gerufen wurde, deren Aufgabe in der Förderung der Erzeugung und des Absatzes von indianischer Kunst und indianischem Handwerk lag. Frühere Regierungen hatten der Pflege der indianischen Kultur wenig Beachtung geschenkt, da diese der gewünschten Integrationspolitik im Wege stand. Die Roosevelt-Administration und der neue Indianerkommissar Collier knüpften an den indianischen Stolz auf die eigene kulturelle Vergangenheit an. Man würdigte jetzt den Wert ihrer Religion, ihrer Kunst und Sprachen, ihrer Traditionen und Bräuche. Seitdem gelang es, Qualität und Umsatz indianischer Produkte, die nun durch ein Warenzeichen der Regierung geschützt wurden, zu verbessern. Die künstlerischen Traditionen der Native Americans wurden wiederbelebt und bewahrt, die Stämme besannen sich auf ihre Feste, Bräuche und Feiern, und mit der Pflege von Kunst und Kunsthandwerk wurde eine dringend benötigte Einkommensquelle für Indianer erschlossen.

Trotz seiner zeitweiligen Erfolge und Ergebnisse verebbte der „Indian New Deal" gegen Ende der dreißiger Jahre. Die Mittel für die einzelnen Programme des Indian Reorganization Acts wurden vom Kongreß gekürzt, und mit dem Ausbruch des Zweiten Weltkrieges verlagerten sich die Reformaktivitäten auch in dieser Sache unübersehbar auf die kritischen Entscheidungen der auswärtigen Politik. Ein enttäuschter Collier trat schließlich im Februar 1945 von seiner Aufgabe als Kommissar für Indianerangelegenheiten zurück.

Amerikanischer Alltag in der Mitte der dreißiger Jahre

Die seit dem Siegeszug von Auto, Kino und Radio und nun auch mit dem einsetzenden Passagierflugverkehr vor allem in den amerikanischen Städten um sich greifende Lebensweise setzte sich trotz der einschneidenden Folgen der Great Depression auf Arbeitswelt, Haushalt und Familie während der 1930er Jahre weiter fort [Abb. 19]. Den Unterschied zum Alltag in Europa registrierten damals auch die zahlreichen deutschen Emigranten, die vor dem Nationalsozialismus in die Vereinigten Staaten flohen und dort eine neue Heimat suchten. Der jahrelang in Berlin erfolgreiche Pressezeichner Benedikt Fred Dolbin (1883 bis 1971), der als Jude Deutschland verließ, beschrieb einige Wochen nach seiner Ankunft im Herbst 1935 den New Yorker Alltag in einem Brief an seine frühere Frau:

„Allmählich gewöhnen wir uns daran, daß man Briefmarken im Drugstore bekommt, daß man noch um 12 Uhr nachts seine Besorgungen machen kann, daß die Autos gleich in drei Reihen fahrend keine Winker haben, daß der Bus hält, wenn man ihm winkt, daß Riesenbananen nur etwa 3 Pfennig das Stück kosten, daß das Bier in Konservendosen gedeiht, daß man im Theater seine Garderobe nicht abgibt, weil es keine Garderobe gibt, daß die Wohnungen im vornehmen Viertel vom Parterre bis zum 5. Stock reichen, aber in jedem Stockwerk nur ein Zimmer haben, daß die Geschäftshäuser entweder nur ein Stockwerk hoch sind (auch hier in Jackson Heights hat der Northern Boulevard, die Geschäftsstraße, fast nur einstöckige Häuser) wie in einer Golddiggerstadt oder zwischen 40 und 100 Stockwerken, daß jeder vierte Mensch ein Jude, jeder zehnte ein Neger, daß um den Broadway (was ich mit Brodelweg übersetze) gleich 80 Theater und Movies blühen oder welken, daß es weder in der Subway noch im Bus Fahrkarten zu lösen oder zu zwicken gibt und daß die längste Fahrt nur 5 Cent kostet, daß man auf den Straßen vor lauter Technik nicht weiterkommt, daß von 40 Dollar aufwärts gebrauchte Autos unter freiem Himmel verkauft werden.“[134]

Die Zahl der registrierten *Automobile* stieg seit 1934 – wenn auch infolge der Krise langsamer als im Jahrzehnt zuvor – wieder kontinuierlich an. Der Umsatz der Autoindustrie erreichte Mitte des Jahrzehnts wieder Spitzenwerte. 1939 waren 26 Millionen Autos registriert, drei Millionen mehr als zehn Jahre zuvor. Als Neuheit wurde jetzt der Trailer, der Wohnwagen, verkauft, dessen Beliebtheit schnell wuchs, so daß 1936 schon 160.000 Wohnwagen auf den Straßen unterwegs waren. Daneben zeigte sich gegen Ende der Krise ein neuer Fahrradboom im Land. Auch der Straßenbau wurde mit Mitteln des Bundes und der Einzelstaaten zügig vorangebracht. Die Gesamtlänge der Bundes-Highways betrug 1939 inzwischen 227.000 Meilen. Dazu kamen über 500.000 Meilen von den Einzelstaaten finanzierter und verwalteter Highways. Eine der landschaftlich schönsten Autostraßen des Ostens, der Blue Ridge Parkway in Virginia, entstand mit Bundesmitteln seit 1934. Er fügt sich mit seiner modernen Technologie, dem eleganten Design und den zahlreichen landschaftlich schönen Aussichtspunkten auf beispielhafte Weise dem Landschaftsbild der Blue Ridge Mountains zwischen Shenendoah National Park und Great Smoky Mountains National Park ein. Überhaupt verdanken einige der heute von einheimischen und ausländischen Touristen vielbewunderten Bauwerke, Brücken und Staudämme dieser Zeit ihre Entstehung. 1936 wurde südöstlich von Las Vegas bei Boulder City in Nevada der Boulder-Damm (heute Hoover-Damm) fertiggestellt, der das Wasser des Colorado staut sowie für den Betrieb von Wasserkraftwerken nutzt und lange Zeit der höchste Staudamm der Welt mit dem größten künstlich geschaffenen Wasserreservoir Amerikas war. Er sollte das 260 Meilen entfernte Los Angeles mit Elektrizität versorgen. Ein Jahr später wurde die zu ihrer Zeit längste Hängebrücke der Welt, die Golden Gate Bridge in San Francisco, an der seit 1932 gebaut worden war, für den Verkehr freigegeben [Abb. 20]. Sie kündet bis heute von der technischen Leistungsfähigkeit, dem Formsinn und Geschmack ihrer Erbauer. Zwischen 1931 und 1940 entstand in New York City das damals größte Geschäfts- und Unterhaltungszentrum Amerikas, das Rockefeller Center. Es ist mit seinen 19 Gebäuden – in der Mitte Manhattans gelegen – eine einzigartige Gruppe von Wolkenkratzern, in denen täglich 160.000 Men-

19 *Die Fotografin Margaret Bourke-White (1904–1971) schuf mit diesem Bild der Opfer einer Überschwemmungskatastrophe des Ohio bei Louisville in Kentucky 1937 – vor einem damals verbreitet anzutreffenden Poster – eines der bekanntesten Fotos der dreißiger Jahre.*

schen aus und ein gingen, darunter 32.000 dort beschäftigte Angestellte. Die berühmte Radio City Music Hall gehört wohl zu den bekanntesten Einrichtungen des Rockefeller Center.

Auch der zivile Luftverkehr nahm innerhalb der Vereinigten Staaten in den dreißiger Jahren weiter zu. 1939 gab es im Land schon 735 beleuchtete Flugplätze und Landungsfelder, fast 14.000 zivile Flugzeuge wurden gezählt und zahlende Passagiere über 83 Millionen Meilen befördert. Die transkontinentalen Flüge von der Ost- zur Westküste geschahen zunächst noch in der Kombination Flug am Tag, Bahnfahrt bei Nacht und erstreckten sich so über zwei Tage. Bald gab es dann aber auch schon Nachtflüge. 1936 wurde der Flugverkehr zwischen den USA und Manila auf den Philippinen aufgenommen. 1939 führte die Luftverkehrsgesellschaft Pan American Airways den regulären Flugverkehr zwischen den USA und Europa ein. Der Flug von New York City nach Lissabon beanspruchte eine Flugzeit von 18,5 Stunden, in der Gegenrichtung waren es wegen der ungünstigeren Windverhältnisse 25 Stunden.

Von einer folgenreichen Katastrophe wurde in jenen Tagen der Flugverkehr zwischen Europa und Amerika mit lenkbaren Luftschiffen, den Zeppelinen, betroffen. 1928 war zum ersten Mal ein Luftschiff von Friedrichshafen nach Lakehurst in New Jersey unterwegs, wobei mit Zwischenlandungen viereinhalb Tage benötigt wurden. Mitte der dreißiger Jahre bestand eine regelmäßige Luftschiffverbindung zwischen Frankfurt am Main und Lake-

20 *Golden Gate Bridge in San Francisco.*

hurst, die 51 Stunden und in der Gegenrichtung 43 Stunden beanspruchte. Da kam es am 6. Mai 1937 bei der Landung des Luftschiffs „Hindenburg" in Lakehurst zur Katastrophe [Abb. 21]. Der gasgefüllte Zeppelin fing Feuer und explodierte, 36 der 97 Passagiere kamen ums Leben. Dies bedeutete das Ende des Luftschiffpassagierverkehrs. Ein Radioreporter, der von der Ankunft der „Hindenburg" direkt berichten wollte, brach angesichts des Unglücks, das sich vor seinen Augen abspielte, in Tränen aus und beendete die Reportage weinend.

Stromlinienförmige Züge, die über *Aircondition* verfügten, verkehrten auf den Eisenbahnstrecken des Landes. Die große Zeit der Eisenbahn im Passagier- und Frachtverkehr ging allerdings durch die Konkurrenz der Automobile, Busse und Lastwagen auf den Straßen zu Ende. In der Mitte der 1930er Jahre wurden nur noch halb so viele Passagiere von der Eisenbahn befördert als während und nach dem Ersten Weltkrieg. Neue Ozeanriesen wie die französische „Normandie" (1935 in Dienst gestellt) und die englische „Queen Mary" (1936 in Dienst gestellt) erreichten im Atlantikverkehr zwischen Europa und Amerika neue Rekorde und wurden bei ihrer Ankunft im Hafen von New York begeistert gefeiert. Obgleich diese schwimmenden Paläste auch Passagiere in der weniger komfortablen Touristenklasse beförderten, waren sie hauptsächlich für das Wohl der Erste-Klasse-Passagiere eingerichtet.

Das bevorzugte Medium der Amerikaner war in diesen Jahren unstreitig das Radio. Es war die goldene Zeit des Rundfunks in Amerika. Inzwischen besaßen (1939) über 27 Millionen amerikanischer Haushalte, etwa 80 Prozent der Familien, einen Radioapparat. Dazu kamen noch 6,5 Millionen Autoradios. Der Durchschnittshörer verbrachte immerhin 4,5 Stunden vor dem Rundfunkempfänger [Abb. 22]. Abgesehen von der unvermeidlichen

21 *Das deutsche Luftschiff „Hindenburg" geht bei der Landung in Lakehurst, New Jersey, am 6. Mai 1937 in Flammen auf, wobei 36 Fluggäste umkommen.*

Werbung, die etwa ein Viertel der Sendezeit ausfüllte, hatte der amerikanische Hörer vor und während des Zweiten Weltkrieges ein vielseitiges und teilweise auch anspruchsvolles Angebot der verschiedenen privaten Sendestationen zur Auswahl. Er konnte Symphoniekonzerte aus Boston, Philadelphia oder New York und auch Opernaufführungen am Radio miterleben. 1938 hörten zwölf Millionen Amerikaner regelmäßig am Samstag die Übertragungen aus der New Yorker Metropolitan-Oper, womit 1931 begonnen worden war. Ebenso viele Amerikaner verfolgten am Radio die seit 1937 von NBC ausgestrahlten Konzerte des berühmten Dirigenten Arturo Toscanini (1867–1957), der nun in Amerika im Exil lebte. Ein Sender, der ausschließlich klassische Musik brachte, nahm am Vorabend des Krieges in New York den Sendebetrieb auf. Aber im allgemeinen stand populäre Musik, Jazz, Schlager oder Country-Musik, an erster Stelle im Ablauf der Programme. Der Swing, die heißen, beschwingten Jazzrhythmen von Benny Goodman (1909–1986), Tommy Dorsey (1905–1956), Count Basie (1904–1984) und der zahlreichen anderen Bandleader und Jazzsolisten, hatte seine große Zeit [Abb. 23]. Das Radio trug entscheidend zu seiner extremen Popularität bei. Daneben gab es bald überall Country-Musik-Sender, die damals schon ihre Titel häufig aus Nashville, Tennessee, bezogen.

22 *Ehepaar vor dem Radio, dessen Größe den Stellenwert des Rundfunks ahnen läßt.*

Nachrichten, die Sportberichterstattung und kirchlich-religiöse Sendungen waren weitere wichtige und beliebte Bestandteile der Radioprogramme. Rundfunkreporter und Kommentatoren berichteten von der angespannten internationalen Entwicklung in Europa. Seit März 1933 wandte sich Präsident Roosevelt mit seinen „Fireside Chats", seinen „Kamingesprächen", über das Radio an die Amerikaner. In lockerem Gespräch erläuterte er den Hörern Grundgedanken und Anliegen seiner Politik. Von Anfang an verfolgten Millionen Radiohörer diese Sendereihe.

Der Revanchekampf im Schwergewichtsboxen zwischen Joe Louis (1914–1981) und Max Schmeling (* 1905), der 1938 in New York City stattfand und mit dem sich Joe Louis den Weltmeistertitel zurückholte, hatte eine Einschaltquote der Radioapparate von rund 58 Prozent. Schließlich zog auch das Hörspiel bereits eine wachsende Hörerzahl an. 1938 gestaltete der junge Orson Welles (1915–1985) eine Radiofassung des Romans „Krieg der Welten" von H. G. Wells (1866–1946) so lebensnah, daß er damit bei vielen Hörern eine Panik auslöste. Das Hörspiel schilderte höchst dramatisch die Invasion aggressiver Marsmenschen im ländlichen New Jersey und veranlaßte viele Tausende entsetzter Hörer, bei der Radiostation anzurufen, die Polizei zu alarmieren oder in panischer Angst mit ihren Autos zu fliehen, ohne sich um rote Ampeln oder andere Hindernisse zu scheren.

Schließlich hatte auch die Ausstattung der Haushalte mit dem Telefon – die während der großen Krise abgenommen hatte – jetzt wieder eine steigende Tendenz. 1939 gab es 20,8 Millionen Telefone im Land. 1945 – gegen Ende des Zweiten Weltkrieges – lag die

Gesamtzahl der Telefonanschlüsse in Amerika schon in der Nähe der 30-Millionen-Grenze, was nun nahezu der Anzahl der Familien im Land entsprach.

Wie auch in vergangenen Epochen (1876 – Philadelphia, 1893 – Chicago, 1915 – San Francisco) spiegelte sich der inzwischen erreichte technische Fortschritt mit seinen Auswirkungen auf das Alltagsleben der Gegenwart und Zukunft auf einer *Weltausstellung in New York City* wider, die in den letzten Monaten des Friedens und ersten Wochen des Krieges, von April bis Oktober 1939, unter dem Motto „The World of Tomorrow“ stattfand. Das Ausstellungsgelände wurde von zwei futuristischen Symbolen beherrscht. Eine Nadel von 230 Metern Höhe („The Trylon“) sollte das himmelsstürmende Ziel der Exposition verkünden. Eine riesige Kugel von nahezu 70 Metern Durchmesser („The Perisphere“) stellte die Erde dar, die auf einer großen Wasserfläche ruhte. 22 Länder beteiligten sich an der Ausstellung, bezeichnenderweise fehlte das nationalsozialistische Deutschland.

23 *Zur Swingmusik der Big Bands tanzte die Jugend neben dem traditionellen Foxtrott nun auch den ausgelassenen Jitterbug.*

Der Clou der Ausstellung nannte sich Futurama. Der Besucher kam hier in ein abgedunkeltes, höhlenartiges Auditorium, in dem bei Sphärenmusik und mittels Tonbanderklärung das zukünftige Bild Amerikas im Jahr 1960 vorgeführt wurde. Das beherrschende Moment war ein imposantes Netzwerk von Interstate Highways, ergänzt durch mannigfaltige Straßen, kreuzungsfreie Zugänge und Abfahrten. Von der Autofirma General Motors entworfen und eingerichtet, diente Futurama der Werbung für den großzügigen Bau neuer Highways und nahm gewissermaßen die Zukunft der fünfziger Jahre vorweg. Zum ersten Mal in Amerika wurde auf der Ausstellung – neben dem automatischen Geschirrspüler – dem Publikum das neue Medium Television vorgestellt. Reguläre Sendungen wurden bis 1941 aufgenommen, für einige Zeit hatte das Fernsehen allerdings noch eher bescheidene Ausmaße. Im ersten Nachkriegsjahr (1946) verfügten erst 8000 amerikanische Haushalte über ein Fernsehgerät, während 34 Millionen Haushalte einen Radioapparat besaßen (vgl. Kap. 13).

Überschattet vom Weltgeschehen am Vorabend und zu Beginn des Zweiten Weltkriegs war die New Yorker Weltausstellung eine Selbstdarstellung der von den großen Konzernen errichteten technischen Wunderwelt. Ein Wirtschaftsmagazin kommentierte die Ausstellung: „Sollte es noch irgendwelche Zweifler geben, so wird sie ein Besuch der New Yorker Weltausstellung überzeugen, daß die amerikanische Geschäftswelt das Vehikel ist, mit dem die Entdeckungen der Wissenschaft und die Segnungen der maschinellen Produktion an die Haustür der amerikanischen Verbraucher gebracht werden."[135] Mit ihrer technischen Leistungsfähigkeit und dem stromlinienförmigen Äußeren zeigte die Ausstellung die kulturellen Werte und den erneuerten Optimismus der amerikanischen Konzernwelt in einer für das Ende der dreißiger Jahre – ein Jahrzehnt nach Beginn der Great Depression – charakteristischen Weise. Andererseits konnte sie nicht vergessen machen, daß, wie Präsident Roosevelt in seiner zweiten Antrittsbotschaft 1937 festgestellt hatte, weiterhin „ein Drittel der Nation schlecht wohnt, schlecht gekleidet und schlecht ernährt" war.[136]

Die amerikanische Gesellschaft in den Jahren des Zweiten Weltkrieges

Als der Zweite Weltkrieg in Europa mit dem deutschen Angriff auf Polen und der Kriegserklärung Englands und Frankreichs an Deutschland begann, notierte am Sonntag, dem 3. September 1939, eine junge Amerikanerin in ihrem Tagebuch: „Polen wird erobert werden. Hitler wird reichlich anmaßend, hochtrabend und töricht England und Frankreich den Frieden anbieten. Sie werden sich unbedingt sofort weigern. Paris und London werden gnadenlos bombardiert. Die englische und die französische Luftwaffe werden vollständig vernichtet. Die englische Flotte wird hartnäckig – jedoch hilflos – überleben. Es wird immer weitergehen; alle Menschen, die wir lieben, werden verschleppt und bombardiert. Alle Dinge, die uns teuer sind, werden vernichtet werden. Es wird ein neues Spanien geben.

Amerika wird vor Schreck den Verstand verlieren und wird einer Gefühlsregung folgend – so wie C. [Charles Lindbergh, d. Vf.], der nach einem schrecklichen inneren Kampf an der Spitze stehen und ausgesprochen unbeliebt sein wird – schließlich mitmachen, da es seiner Einstellung widerspricht, dem Untergang Englands und Frankreichs zuzusehen (mir wird es genauso gehen). Der Konflikt wird sich in die Länge ziehen. Wir werden niemals wieder Frieden erleben, selbst wenn der ‚Krieg' beendet sein wird. Die Welt wird von Aufruhr, Revolution und Terror beherrscht sein. Mein Mann und meine Freunde werden am Anfang dieses langen Kampfes stehen, und meine Kinder werden ihn beschließen. Ich bin jetzt schon eine alte Frau."[137] Es war Anne Morrow Lindbergh, die Frau des Fliegers Charles Lindbergh, welche die einschneidenden Folgen des Kriegsbeginns in Europa auch für ihr Land voraussah. Sie war damals 33 Jahre alt.

Tatsächlich war der Zweite Weltkrieg für die Vereinigten Staaten und das Leben der Amerikaner ein tiefer Einschnitt, auch schon in der Zeit zwischen September 1939 und Dezember 1941, als das Land noch neutral war bzw. noch nicht direkt am Krieg teilnahm. Um so mehr wirkte sich die Kriegspartnerschaft des Landes in der Antihitlerkoalition von Ende 1941 bis September 1945 aus. Mit dem Ausbruch des Krieges stand die Roosevelt-Administration nicht nur international vor einer neuen Lage, die Haltung zum Krieg mußte bestimmt werden. Für den Präsidenten und viele seiner Mitarbeiter war es von Anfang an nicht zweifelhaft, auf wessen Seite in dem weltweiten Ringen das Land schließlich zu finden sein würde, nämlich auf der Seite der westeuropäischen Demokratien England und Frankreich. Mit dem Zweiten Weltkrieg endeten vorläufig die Reformen des New Deal, die äußeren Zwänge sowie Verteidigungs- und Kriegsvorbereitungen bestimmten zunehmend die Politik der Bundesregierung.

Der *Krieg* beeinflußte mit seinen wirtschaftlichen und sozialen Auswirkungen und ebenso mit seinen politischen, kulturellen und geistigen Konsequenzen erheblich *das Alltagsleben* der inzwischen 132 Millionen Amerikaner. Anders als den meisten Ländern Europas und Asiens blieben die zerstörerischen Gewalten des Krieges den Grenzen der Vereinigten Staaten fern. Es gab im Land keine vom Krieg zerstörten Städte, keine total verwüsteten Landstriche, keine massenhaften Opfer unter der Zivilbevölkerung. Auch die Zahl der gefallenen (292.000) oder verstorbenen (115.000) amerikanischen Soldaten war mit 407.000 Kriegstoten erheblich niedriger als die Kriegsverluste einiger der Verbündeten. Hinzu kamen noch 671.000 verwundete amerikanische Kriegsteilnehmer. Der militärische Beitrag der USA zum Sieg über Deutschland, Japan und Italien war gewichtig und erforderte die Mobilisierung aller menschlichen, wirtschaftlichen, wissenschaftlichen und technischen Kräfte des Landes. Infolgedessen wirkte der Krieg über die Einberufung von Millionen junger Amerikaner zu den Streitkräften hinaus auf mannigfache Weise in das tägliche Leben hinein. Äußerlich sichtbar wurde dies nicht nur in der 1942 erfolgenden und teilweise bis 1947 beibehaltenen Rationierung von Zucker, Butter, Fleisch oder Konserven, aber auch von Kaffee, Schuhen oder Alkohol, nicht zuletzt in der Verknappung von Benzin. Die Mehrheit der Amerikaner sah in der Rationierung knapper Waren an der „Heimatfront" eine patriotische Pflicht, die im Interesse ihrer bei den kämpfenden Einheiten stehenden Angehörigen lag. Altstoffsammlungen wurden organisiert, um Papier, Gummi oder Schrott der Wiederverwendung zuzuführen. Viele Amerikaner bildeten Fahrgemeinschaften, um die Benutzung des eigenen Wagens einzuschränken. Andere verzichteten auf Ice Cream, um Zucker zu sparen, begnügten sich mit Schokoladenersatz oder mit einer billigen Kriegsseife, die nicht schäumte. Zahlungskräftige Käufer, die bereit waren, höhere Preise zu zahlen, fanden die begehrten Waren auf einem nun entstehenden „Schwarzen Markt", gegen den die Regierung bald auch mit einer Kampagne in der Öffentlichkeit vorging. Wie im Ersten Weltkrieg wurde zwischen 1942 und 1945 erneut die Sommerzeit, die „Daylight Saving Time", eingeführt. Allerdings waren diesmal nicht alle Amerikaner bereit, ihre Uhren um eine Stunde vorzustellen. Einige eingefleischte Individualisten aus dem republikanischen Lager lehnten Roosevelts Eingriff in „Gottes Zeit" ab und beließen ihre Uhren bei der alten Zeit.

Vor allem aber wurde der Krieg zum starken Motor eines neuerlichen und sehr erheblichen *Wirtschaftswachstums*, in dessen Ergebnis nun die letzten Folgen der Great Depression dahinschwanden. Die durch den Krieg bedingte Rüstungskonjunktur setzte bereits 1940 ein und beschleunigte sich in den folgenden Jahren, insbesondere seit dem Kriegseintritt des Landes im Gefolge des Angriffs auf Pearl Harbor weiter. Umfangreiche Regierungsaufträge schufen eine große Zahl von Arbeitsplätzen, staatliche Investitionsvergünstigungen und die stark anwachsende Nachfrage im Exportbereich beförderten den Wirtschaftsaufschwung der Kriegsjahre weiter. Gegenüber dem Vorkriegsstand (1935–1939 = 100) verdoppelte sich bis 1945 der Umfang der amerikanischen Industrieproduktion. In den Spitzenjahren 1943 und 1944 lagen die Werte sogar um das Zweieinhalbfache über dem Stand vor dem Krieg. Das waren selbst für amerikanische Verhältnisse ungewöhnliche Zuwachsraten, zumal sie auf einem hohen Sockel der industriellen Erzeugung erreicht wurden. Die Konjunktur und die im Herbst beginnenden Einberufungen zu den Streitkräften reduzierten rasch die immer noch hohe Arbeitslosigkeit.

Die Arbeitslosigkeit verschwand in den Kriegsjahren, wie man sieht, fast ganz. Die Arbeitslosenrate betrug 1944 nur noch 1,2 Prozent. Die persönlichen Einkommen der Amerikaner verdoppelten sich – im statistischen Durchschnitt – zwischen 1939 und 1944. Die Farmer, die schwer unter den Folgen der Depression gelitten hatten, konnten ihre

Einkommensverhältnisse seit 1941 dramatisch verbessern. Allerdings blieben trotz allem beträchtliche Einkommensunterschiede erhalten, ein Teil der Gesellschaft, annähernd zehn Millionen Familien, verdienten 1943 immer noch weniger als das zu jener Zeit gegebene Existenzminimum von 1675 Dollar im Jahr.

Tabelle 19

Arbeitslosigkeit in den USA 1940–1946

1940	8,120.000
1941	5,560.000
1942	2,660.000
1943	1,070.000
1944	670.000
1945	1,040.000

Quelle: Historical Statistics of the United States 1789–1945, Washington, D. C., 1949, S. 63. Die Angaben für 1940–1943 zählen auch die im Rahmen öffentlicher Notstandsmaßnahmen beschäftigten Arbeiter als arbeitslos.

Der *technologische Fortschritt*, dessen Auswirkungen die militärische und zivile Komponente der Nachkriegszeit mitprägen sollten, wurde in den Kriegsjahren ebenfalls beschleunigt wirksam. Das galt in erster Linie für die Kriegs- und Waffentechnik, wobei die Entwicklung der Atombombe das spektakulärste, aber auch problematischste Ergebnis war. Weitere technische Leistungen, an deren Entwicklung die USA zu dieser Zeit innovativ oder führend beteiligt waren, betrafen die Ausrüstung der Flotte mit Radar (seit 1938), die Entwicklung des Hubschraubers (seit 1940), die Einführung der ersten hundertprozentigen synthetischen Faser „Nylon“ (1939), die erste Demonstration einer Großrechenanlage und die beginnende Nutzung des Elektronenmikroskops (1940), schließlich die Entdeckung des Streptomycin (1945). Nylon revolutionierte die Herstellung der Damenstrümpfe und ebenso die diesbezüglichen modischen Ansprüche. Wenige Jahre nach Kriegsende (1948) wurden dann in den USA jährlich bereits 560 Millionen Paar Nylonstrümpfe, darunter 45 Millionen Paar nahtlose Damenstrümpfe, hergestellt.

Einberufung und Wehrdienst

Angesichts der Kriegsentwicklung in Europa und Asien bestimmte im Herbst 1940 der Selective Training and Service Act die Registrierung der jungen Amerikaner im Alter von 21 bis 35 Jahren für den Wehrdienst. Im November 1940 begannen die Einberufungen. In der Armee dienten bei Kriegsende über acht Millionen Soldaten und Offiziere, in der Flotte waren es 3,4 Millionen, hinzu kamen die Angehörigen des Marine Corps und der Küstenwache. Ein großer Teil von ihnen wurde im Laufe des Krieges auf den Kriegsschauplätzen eingesetzt. In Europa und im Mittelmeerraum standen schließlich 3,8 Millionen amerikanische Soldaten, auf dem pazifischen Kriegsschauplatz und in Asien waren es 1,75 Millionen Mann.

Die meisten der GIs (eine von der Aufschrift „Government Issue“ abgeleitete Selbstbezeichnung der Soldaten) sahen sich als Zivilisten in Uniform und gingen von der zeitweiligen Natur ihres militärischen Lebens aus. Allerdings dauerte der Krieg dann für die amerikanischen Soldaten fast vier Jahre, und für viele von ihnen veränderte er ihren Lebenshorizont beträchtlich. Millionen junge Männer und zahlreiche der 300.000 jungen Frauen, die in den Streitkräften Dienst taten, lernten in dieser Zeit zum ersten Mal andere Teile des eigenen Landes und fremde Länder kennen. Während der Ausbildung und im Einsatz lebten und kämpften sie mit Landsleuten unterschiedlicher religiöser Glaubensvorstellungen, verschiedener nationaler Herkunft und sozialer Erfahrungen zusammen und gewannen so vielfach eine neue Lebenssicht, die manche der früheren Vorurteile aus der Vorkriegszeit verringerte. Der Kriegseinsatz – zumal unter den damaligen Verhältnissen einer antifaschistischen, demokratischen Frontstellung, die das öffentliche Klima mitbestimmte – bereitete den Boden für eine homogenere nationale Kultur. Es änderte sich der Blickwinkel, unter dem die GIs sich selbst und die anderen sahen. Die Berufsausbildung vieler Soldaten wurde erweitert. Ein Gesetz, die „GI Bill of Rights", sicherte 1944 den Angehörigen der Streitkräfte für die Zeit nach dem Krieg eine großzügige finanzielle und Ausbildungsbeihilfe zu, um ihre Wiedereingliederung in das zivile Leben zu erleichtern. Infolgedessen erhielten nach Kriegsende gegen zehn Millionen Veteranen des Zweiten Weltkriegs, denen eine höhere Schul- oder Hochschulausbildung fehlte, Stipendien, die es ihnen ermöglichte, das High-School-Zeugnis zu erwerben bzw. ein Studium an einem College oder einer Universität aufzunehmen. Andere ehemalige Soldaten nahmen die durch das Gesetz gewährten günstigen Darlehen in Anspruch, um ein Haus zu kaufen oder eine Existenz zu gründen.

Die aus dem Krieg heimkehrenden Soldaten fanden ein – gegenüber der Vorkriegszeit – verändertes Amerika vor. Das *Leben in der Gesellschaft* zeigte neue Züge, stellte traditionelle Werte und Beziehungen in Frage und stand vor neuen Problemen. Die Anpassung an diese veränderte Welt war für die heimkehrenden Soldaten oft schwierig, schmerzhaft, mitunter unmöglich, wie dies der mehrfach ausgezeichnete Film von William Wyler (1902–1981) „The Best Years of Our Lives" aus dem Jahr 1946 schilderte, wenn er eindringlich und kritisch die Erlebnisse und Erfahrungen dreier Kriegsveteranen bei der Rückkehr in das zivile Leben ihrer Heimatstadt zeigte.

Ein Kennzeichen der Veränderungen dieser Jahre war die verstärkte Mobilität vieler Amerikaner [Abb. 24]. Nicht nur die 15 Millionen Angehörigen der Streitkräfte wurden während des Krieges aus ihren häuslichen Verhältnissen herausgerissen. Noch einmal so viele Amerikaner verließen den bisherigen Wohnort und gingen in die Teile des Landes, wo lukrative Arbeitsplätze in der Rüstungsindustrie lockten oder wo der Ehemann bei den Streitkräften Dienst tat. Besondere Anziehungspunkte waren die Zentren der Rüstungsindustrie an der Westküste [Abb. 25], wie die Boeing-Werke in Seattle, die 1942 die Produktion eines besonders leistungsfähigen Bombers (B-24), der „Fliegenden Festung", aufnahmen, oder eine neue Flugzeugfabrik der Ford Motor Co. in der Nähe von Detroit, wo über 30.000 Arbeitsplätze entstanden. Die Bevölkerung Kaliforniens wuchs in den Kriegsjahren um zwei Millionen, dort nahm die Bevölkerung jetzt am schnellsten zu. Ebenfalls profitierten die Städte vom ständigen Zuzug. Etwa sechs Millionen Amerikaner verließen ihre bisherige Heimat in den ländlichen Farmgebieten und zogen in die Städte des Mittleren Westens und des Westens. Mehrere Millionen weiße und schwarze Amerikaner gingen aus ihrer bisherigen Heimat im Süden in die Industriestädte des Nordens, aber auch in die neuen Rüstungszentren von Norfolk, Virginia (Schiffsbau), oder von Houston und Fort Worth in Texas (Flugzeugindustrie).

24 *Im Warteraum der Greyhound-Busstation in Pittsburgh Herbst 1943, fotografiert von Esther Bubley (*1921) im Auftrag des Office of War Information.*

Mit der rasant ansteigenden Verstädterung traten neue soziale Probleme und Spannungen auf. An erster Stelle zeigte sich das Wohnungsproblem in den überfüllten Großstädten und Ballungszentren. Viele Neuankömmlinge, die in den Rüstungsbetrieben der Stadt Arbeit fanden, lebten zunächst in benachbarten Zeltstädten oder auf Autocampingplätzen. Die Infrastruktur der Städte und ihre sozialen und medizinischen Einrichtungen konnten den anschwellenden Bevölkerungszahlen nicht gerecht werden. Der städtische Nahverkehr, die Schulen, die sozialen Einrichtungen und das Freizeitangebot blieben hinter den veränderten Ansprüchen zurück. Nur zehn Prozent des Bedarfs an Kindertagesstätten wurden aus öffentlichen Mitteln bereitgestellt. Die eingesessenen Bewohner sahen häufig mit unfreundlichen Gefühlen auf die Neuankömmlinge, Spannungen zwischen Alt- und Neubürgern waren die Folge. Die familiäre Situation veränderte sich dort, wo der Ehemann und Vater eingezogen war. Viele Ehefrauen und Mütter arbeiteten einen großen Teil des Tages in der Industrie, waren infolgedessen nicht zu Hause, das Familienleben war damit neuen Belastungen ausgesetzt. Die Scheidungsrate nahm deutlich zu. Bei Jugendlichen traten verstärkt psychische Probleme auf, die Bereitschaft zu Gewalt und die Jugendkrimi-

25 *Dorothea Lange: Schichtende in einem Rüstungsbetrieb in Richmond, Kalifornien, während des Kriegsjahres 1943.*

nalität wuchsen sprunghaft an. Besonders kraß zeigten sich soziale Frustrationen bei schweren Rassenunruhen in Detroit im Juni 1943. An einem heißen Sonntag kam es dort überall zu schweren Ausschreitungen zwischen den weißen und schwarzen Bürgern der Stadt. 25 Schwarze und neun Weiße wurden dabei getötet, es gab über 700 Verletzte, und der materielle Schaden betrug zwei Millionen Dollar. Rassenunruhen ereigneten sich in diesem Sommer auch im Schwarzenviertel Harlem in New York City. Zu fremdenfeindlichen Zusammenstößen kam es in Los Angeles, wo tagelang weiße amerikanische Seeleute Jagd auf Amerikaner mexikanischer Herkunft machten, die durch ihre farbenfrohe Kleidung und langen Haare auffielen. Obwohl Banden von Matrosen die anders aussehenden Landsleute jagten, ihnen die Kleidung zerrissen, die Haare abschnitten und ihre Opfer schlugen, griff die Militärpolizei nicht ein und die reguläre Polizei nur, um die Mexiko-Amerikaner, also die Opfer, zu arretieren.

26 *Weibliche Traktorfahrerin in Indiana 1940.*

Frauen und Familie

Wie während des Ersten Weltkriegs wurden auch diesmal Frauen besonders von den Auswirkungen des Krieges betroffen, nicht nur dadurch, daß ihre Ehemänner an die Front gingen und sie nun die alleinige Sorge für die Familie übernehmen mußten. Millionen Frauen ersetzten die fehlenden Arbeitskräfte in der Industrie, vor allem in der Rüstungsindustrie, aber auch in anderen Sektoren der Wirtschaft. Frauen arbeiteten an Fließbändern oder in Stahlwerken in Berufen, die ihnen bisher verschlossen waren [Abb. 26]. Fast sechs Millionen Frauen wurden in den Kriegsjahren neu als Arbeitskräfte eingestellt und vergrößerten die Gesamtzahl der arbeitenden Frauen auf 19 Millionen. Damit stieg ihr Anteil an der arbeitenden Bevölkerung von einem Viertel (1940) auf ein Drittel (1945). Auch das Bild der typischen Arbeiterin änderte sich. Vor dem Krieg war die Mehrzahl der arbeitenden Frauen jung und unverheiratet. Jetzt sind es zu 75 Prozent verheiratete Frauen, zu 60 Prozent sind sie über 35 Jahre alt, und zu einem Drittel haben sie kleine Kinder zu versorgen. Mit der Verantwortung für die Familie und den Erfahrungen in der Arbeitswelt wurden in der Regel das weibliche Selbstbewußtsein gestärkt und ihr Lebenshorizont erweitert.

Auch in den Kriegsjahren hielt sich die Diskriminierung der Frauen im Beruf am Leben. Sie bekamen meist nur 65 Prozent des Lohns, den Männer für die gleiche Arbeit erhielten. Weiterhin sah die Öffentlichkeit die berufliche Arbeit von Frauen kritisch, als eine lediglich vorübergehende Notwendigkeit der Kriegsjahre, Heim und Familie blieben die eigentliche Sphäre der Weiblichkeit. Nach Kriegsende wurden dann binnen eines Jahres über zwei Millionen Frauen als Arbeitskräfte entlassen, um den Arbeitsplatz für die heimkehrenden Männer freizumachen. Dennoch blieb der Anteil arbeitender Frauen in der Nachkriegszeit höher als vor dem Krieg. Für die Familien wurde es ferner von erheblicher Bedeutung, daß – ungeachtet steigender Scheidungsraten – die Eheschließungen und Geburten während des Krieges einen Spitzenwert erreichten, der deutlich über den Werten der zwanziger und dreißiger Jahre lag. Viele junge Paare heirateten, wenn der Partner zur Armee einberufen wurde und sich anschickte, an die Front zu gehen. Materielle Vergünstigungen für verheiratete Soldaten, die neuerliche Prosperität der Wirtschaft mit ihren verbesserten Verdienstmöglichkeiten und die mit dem Krieg lockerer werdenden familiären Bande wirkten ebenfalls fördernd auf die Eheschließungen ein. Der neue Kinderreichtum, der „Babyboom" der Nachkriegszeit, bereitete sich schon während des Krieges vor. Lag die durchschnittliche Zahl der jährlichen Geburten in der Mitte der dreißiger Jahre bei 2,1 Millionen, so erreichte sie ab 1942 Spitzenwerte von 2,8 bis 2,9 Millionen und sollte ab 1946 über die Dreimillionengrenze klettern. Die im Krieg in Amerika geborenen und heranwachsenden Kinder waren – anders als ihre Altersgenossen in Europa und Asien – vom Krieg in ihrer physischen Entwicklung nicht geschädigt. Ihre psychische und emotionale Prägung stand jedoch unter dem Zeichen der Abwesenheit des Vaters und der Berufstätigkeit der Mutter. Die aus Mitteln der Bundesregierung geschaffenen 2800 Kindertagesstätten (child care centers) konnten nur einen Teil der Vorschulkinder betreuen. Viele Kinder blieben tagsüber oder nach dem Ende des Schulunterrichts zu Hause sich allein überlassen und beschäftigten sich mehr oder weniger sinnvoll, wie der 14jährige Homer in William Saroyan's (1908–1981) bewegendem Roman „The Human Comedy" (1943). Homer trägt während des Krieges als Telegrammbote in einer kalifornischen Kleinstadt zum Unterhalt seiner Familie bei, während sein Vater in Europa als Soldat Dienst verrichtet.

Die Afroamerikaner und der Krieg

Für die Afroamerikaner hatte der Krieg einschneidende, unterschiedliche und nicht nur günstige Auswirkungen. Die Öffentlichkeit des Landes erkannte zu dieser Zeit – nicht zuletzt infolge der Frontstellung gegen das nationalsozialistische Regime und dessen Rassenwahn – stärker als früher die unheilvollen Konsequenzen von Rassismus und Rassendiskriminierung auch bei sich zu Hause an. Die schwarze Bürgerrechtsbewegung bestand damals auf der Herstellung gleichberechtigter Rassenbeziehungen als Bedingung für ihre Unterstützung des Krieges, bei dem es ihrer Ansicht nach darum ging, den Rassismus nicht nur auf den überseeischen Schlachtfeldern zu zerstören. Die *National Association For The Advancement Of Colored People* als größte Bürgerrechtsorganisation gewann viele neue Mitglieder. Bei Kriegsende gehörten ihr eine halbe Million Amerikaner an. Sie forderte die Beseitigung von Wahlschranken für schwarze Amerikaner, ein gesetzliches Verbot des Lynchens und wandte sich gegen die Diskriminierungspraxis in der Verteidigungsindustrie und in den Streitkräften. Eine weitere, 1942 gegründete Bürgerrechtsorganisation, der Congress of Racial Equality (CORE), befürwortete nach dem Vorbild des Vorkämpfers der indischen Unabhängigkeit, Mahatma Gandhi (1869–1948), den gewaltlosen Widerstand, um ein Ende der Diskriminierung zu erreichen. CORE organisierte mit Erfolg Sit-ins in einem Restaurant in Chicago, dessen Inhaber sich weigerte, Schwarze zu bedienen [Abb. 27].

Auch die Bundesregierung blieb nicht ganz untätig. Der Präsident erließ unter dem Druck eines drohenden Marsches der Schwarzen nach Washington, wie ihn damals der Gewerkschaftsführer A. Philip Randolph (1889–1979) vorbereitete, im Juni 1941 eine Regierungsverordnung, welche diskriminierende Praktiken im Bereich der Bundesbehörden sowie in der Kriegsindustrie – jedoch nicht innerhalb der Streitkräfte – verbot. Eine Bundesbehörde hatte die Beschäftigungspraxis auf Einhaltung dieser Vorschrift zu überwachen. Durch den Rüstungsboom und die Nachfrage nach Arbeitskräften besserte sich die Beschäftigungssituation der schwarzen Amerikaner. Ihre Zahl unter den Beschäftigten in Industrie und bei Bundesbehörden wuchs deutlich an. Die Mitgliedschaft von Schwarzen in den Gewerkschaften verdoppelte sich, und auch ihr Lohnniveau machte Fortschritte. Allerdings blieb es bei Lohnunterschieden zwischen weißen und schwarzen Arbeitern, letztere verdienten in der Regel um ein Drittel weniger als ihre weißen Kollegen.

Die Kriegsverhältnisse verstärkten unter den schwarzen Amerikanern den Trend der Abwanderung vom Süden in die Industriestädte des Nordens. Über 700.000 von ihnen gingen vom Süden fort und ließen sich in Städten wie Cleveland, Detroit und Chicago nieder. Da sie dort in der Regel an Wahlen teilnehmen konnten – was ihnen im Süden versagt war –, gewannen während des Krieges die schwarzen Wähler, die mehrheitlich für den Demokraten Roosevelt stimmten, auch politisch stärker als früher an Gewicht.

Über eine Million Afroamerikaner dienten als Soldaten in den Streitkräften. Zwar hatten schwarze Soldaten inzwischen – anders als im Ersten Weltkrieg – auch Zugang zur Marine und Küstenwache und waren nicht mehr hauptsächlich auf Aufgaben im nicht kämpfenden Bereich verwiesen. Aber die große Masse von ihnen diente auch im Zweiten Weltkrieg weiterhin in getrennten Einheiten und stand unter dem Kommando weißer Offiziere [Abb. 28]. Das Rote Kreuz der Streitkräfte verfügte über getrennte Blutbanken mit Blut von weißen bzw. schwarzen Spendern. Amerikaner mexikanischer Herkunft oder aus Puerto

27 *Schwarze Jugendliche vor einem Kinobesuch in Chicago 1941. Auch in den Kinotheatern der Stadt zeigte sich die Rassentrennung.*

Rico, die in größerer Zahl in den Streitkräften dienten, erfuhren dort eine ähnliche Diskriminierung wie ihre schwarzen Kameraden.

Die fast fünf Millionen amerikanischer *Juden* mußten die Erfahrung machen, daß der Krieg gegen das nationalsozialistische Deutschland die traditionellen antisemitischen Einstellungen, die hierzulande verbreitet waren, nicht beseitigen konnte. Antisemitismus zeigte sich teilweise auf dem Wohnungsmarkt, mitunter in der Begrenzung der Zahl jüdischer Studenten an einzelnen Universitäten oder im Ausschluß von Juden in bestimmten Klubs der Oberklasse. Meinungsumfragen ergaben damals, daß eine kleine, aber signifikante Minderheit „Wallstreet-Juden" oder „jüdische Kommunisten" für den Weltkrieg verantwortlich machten und Hitlers Behandlung der Juden in Deutschland für gerechtfertigt hielt. Andere Umfragen in der Kriegszeit ergaben, daß 15 bis 24 Prozent der Befragten in Juden „eine Gefahr für Amerika" sahen und sie gar für gefährlicher als Schwarze oder Katholiken einstuften.

Der Rassismus blieb trotz der Bemühungen liberaler Politiker in beiden Parteien wie Eleanor Roosevelt oder Wendell Willkie (1892–1944) eine Grundtatsache des amerikanischen Lebens, ein „amerikanisches Dilemma", wie der schwedische Sozialwissenschaftler Gunnar Myrdal (1898–1987) in seiner gleichnamigen Studie über die Rassendiskriminierung in den USA damals feststellte. Allerdings kam Myrdal bei seiner Analyse der Lage der schwarzen Amerikaner vor und während des Zweiten Weltkrieges auch zu dem Schluß, daß

28 *Angehörige einer Fliegerstaffel schwarzer Piloten im Zweiten Weltkrieg.*

sich zum ersten Mal seit der Rekonstruktionsperiode im Anschluß an den Bürgerkrieg fundamentale Veränderungen in den Rassenbeziehungen Amerikas ankündigen würden. Es waren dies Veränderungen in der Haltung der Öffentlichkeit, die dann in der Nachkriegszeit zu einem neuen Abschnitt der Bürgerrechtsbewegung führten.

Die Native Americans und der Krieg

Zahlreiche Stämme der amerikanischen Indianer stellten sich im Kampf gegen die Achsenmächte auf die Seite der Bundesregierung und unterstützten die amerikanischen Anstrengungen im Krieg. Die sechs Nationen der Irokesen in New York erklärten als unabhängige Nation sogar ihrerseits den Krieg gegen die Achsenmächte. Fast 30.000 Indianer dienten in den Streitkräften, häufig in den Nachrichteneinheiten. Unter ihnen waren 300 Navajos, die an der pazifischen Front militärische Informationen in ihrer Muttersprache funkten, ohne daß es dem japanischen Feind gelang, diesen besonderen Code zu entschlüsseln. Schätzungsweise 100.000 Indianer gingen in die Städte, um in der Rüstungsproduktion zu arbeiten. Auch in den Reservationen machte sich die allgemeine Nachfrage nach Arbeitskräften günstig bemerkbar. Die veränderten Umstände der Kriegsjahre verstärkten den kulturellen Schock, dem die Native Americans seit langem ausgesetzt waren. Sie förderten wohl ihre Integration in die amerikanische Gesellschaft, aber andererseits behinderte wiederum die geringe Schul- und Berufsbildung der Indianer diesen Prozeß. Auch stellte die Bundesregierung jetzt ihre Programme zur Unterstützung der Native Americans zugunsten der Kriegsanstrengungen zurück. So blieben die Indianer im allgemeinen hoffnungslos verarmt, und eine grundsätzliche Besserung ihrer Lebenssituation ließ weiter auf sich warten.

Ein besonders schweres Schicksal erlebten in den Kriegsjahren die *Amerikaner japanischer Herkunft.* Antijapanische Ressentiments reichten in den USA bis ins 19. Jahrhundert zurück. In der Folgezeit nach dem japanischen Angriff auf Pearl Harbor am 7. Dezember

29 *Amerikaner japanischer Herkunft mit ihrer Habe auf dem Weg in die Internierungslager, März 1942, im Bundesstaat Washington an der Westküste.*

30 *Dorothea Lange: Ein Großvater wartet im Mai 1942 auf den Evakuierungsbus, der ihn und seine Angehörigen in das Internierungslager bringen soll.*

1941 entlud sich der aufgestaute fremdenfeindliche Haß in einer Verfolgung der 127.000 Amerikaner japanischer Herkunft, die als Obstfarmer, Ladenbesitzer, Geschäftsleute, Anwälte oder Ärzte vor allem in Kalifornien lebten. Die meisten von ihnen waren bereits in den USA geboren. Nun galten sie, die sich als Amerikaner fühlten, als potentielle oder tatsächliche Agenten Japans, mit dem man sich im Krieg befand, wurden wirtschaftlich und geschäftlich diskriminiert, beschimpft und geschlagen. Bald kam die Forderung nach ihrer Evakuierung ins Landesinnere auf, um – wie die Befürworter dieser Maßnahme meinten oder vorgaben – die Westküste vor Sabotage und Spionage im Dienst des Feindes zu schützen. Kriegsbedingte Hysterie, latenter Rassismus und die tatsächlich unbegründete Furcht, die Amerikaner japanischer Herkunft könnten dem Feind helfen, führten zur raschen Verbreitung der Forderung. Unter dem Einfluß dieser Stimmung unterzeichnete Roosevelt im Februar 1942 eine Verordnung, die das Kriegsministerium bevollmächtigte, die an der Westküste lebenden Amerikaner japanischer Herkunft zu evakuieren. Über 110.000 dieser Menschen wurden anschließend in großer Eile aus ihren Heimen vertrieben [Abb. 29 und 30]. Durch Zwangsverkäufe oder Konfiszierung verloren sie ihr Eigentum. Sie wurden in abgelegene „Relocation centers“ im Westen und Südwesten der USA verbracht und lebten dort mehrere Jahre in mit Stacheldraht gesicherten Internierungslagern. Zunächst gab es wenig Protest in der amerikanischen Öffentlichkeit gegen diese Verletzung der Bürgerrechte einer sich loyal verhaltenden Gruppe von Amerikanern gegenüber. Im Dezember

31 *Alfred Eisenstaedt (1898–1995): „V-J Day". Das berühmte Foto vom Times Sqare in New York vom August 1945 dokumentiert die Freude eines Matrosen und einer Krankenschwester über das Kriegsende.*

1944 verlangte das Oberste Gericht die Aufhebung der Internierung in denjenigen Fällen, in denen die Lagerverwaltung die Loyalität der Internierten bestätigte. Im Januar 1945 begann die schrittweise Entlassung dieser Personengruppe aus den Lagern. Erst nach Kriegsende erhielten die letzten Internierten ihre Freiheit zurück. Über vier Jahrzehnte danach, 1988, entschuldigte sich der Kongreß bei den Betroffenen und stellte ihnen eine Entschädigung in Aussicht. Das National Museum of American History in Washington, D. C., dokumentiert heute das Schicksal der während des Zweiten Weltkrieges internierten amerikanischen Bürger in einer den Beschauer betroffen machenden Fotoausstellung.

Das Ende des Zweiten Weltkrieges

Am 8. Mai 1945 endete mit der deutschen Kapitulation der Krieg in Europa. Am 2. September 1945 wurde in Tokio die japanische Kapitulation unterzeichnet. Der Zweite Weltkrieg gehörte der Vergangenheit an. In Amerika jubelten die Menschen [Abb. 31]. Sie hatten Grund zur Freude. Die amerikanische Demokratie und die ihr entsprechende Lebensweise hatten die Bewährungsprobe eines unerbittlich geführten globalen Krieges bestanden. Die USA gingen militärisch, wirtschaftlich und politisch gestärkt aus dem Krieg hervor. Doch schien die Zukunft Amerikas in der gänzlich veränderten Nachkriegswelt ungewiß. Macht- und Selbstbewußtsein im Ergebnis des Sieges war ein vorherrschendes Gefühl im Land, als der Krieg zu Ende ging. Auf der anderen Seite empfand man Furcht und Unsicherheit vor möglichen künftigen Konflikten im nun beginnenden Atomzeitalter. Jedenfalls aber begann mit dem Kriegsende ein neuer Abschnitt in der Geschichte des Landes.

KAPITEL 13

Alltag und Alltagskultur in der Nachkriegszeit: Kalter Krieg und Konsumentenkultur

1 *Eine typische Familie des Babybooms am Beginn der 1950er Jahre.*

Nach dem Ende des Zweiten Weltkrieges und in den Jahrzehnten der Nachkriegszeit erlebten die Amerikaner eine Reihe von Veränderungen ihres Alltags und ihrer Alltagskultur. Die Familie und das Familienleben nahmen erneut einen zentralen Platz im Leben des Durchschnittsamerikaners ein. Der „Babyboom" der Nachkriegszeit sorgte für eine Verjüngung der Bevölkerung [Abb. 1]. Mehr und mehr Amerikaner der Mittelklasse zogen in die Einfamilienhäuser der Suburbs, der Vororte [Abb. 2], in denen bald eine Mehrheit der Stadtbewohner wohnen sollte. Parallel dazu breiteten sich die Shopping Center in der Nachbarschaft der Städte aus. Die großzügigen Einkaufsgelegenheiten der „Mall" wurden zum Fixpunkt des sozialen Lebens und zum Symbol der amerikanischen „Überflußgesellschaft" (Galbraith) [Abb. 3]. Schließlich verkündete der Wald der Fernsehantennen auf den Dächern den Anbruch des „Fernsehzeitalters", das mit seinen Unterhaltungsprogrammen, Fernsehserien und Nachrichtensendungen – immer wieder von Werbespots unterbrochen – zur weiteren Vereinheitlichung der amerikanischen Gesellschaft und ihrer „Konsumentenkultur" (Leuchtenburg) beitrug.

Es waren Jahre des wirtschaftlichen Wachsens, zugleich Jahre der Unsicherheit des täglichen Lebens unter der Bedrohung des atomaren Wettrüstens und des Kalten Krieges. Über Jahre hin wurde das Leben der Amerikaner von der Hexenjagdstimmung des McCarthyismus begleitet, später wurde es überschattet von den Schadenswirkungen des Vietnamkrieges und einer neuen Dimension von Rassenkonflikten in den Städten. Politisch waren diese Jahre eine Zeit des Wandels, der Veränderung und Neubestimmung der Politik unter so unterschiedlichen Präsidenten wie den Demokraten Harry S. Truman (1945–1953),

2 *Reihenhäuser in Harber Town bei Memphis, Tennessee.*

3 *Amerikanischer Supermarkt 1951.*

John F. Kennedy (1961–1963) und Lyndon B. Johnson (1963–1969) einerseits und den Republikanern Dwight D. Eisenhower (1953–1961) und Richard Nixon (1969–1974) andererseits. In den Jahrzehnten seit dem Zweiten Weltkrieg nahm die Bevölkerungszahl auf beeindruckende Weise zu.

Tabelle 20

Bevölkerung der Vereinigten Staaten

1940	132 Millionen
1950	151 Millionen
1960	179 Millionen
1970	203 Millionen
1980	227 Millionen
1990	249 Millionen

Quelle: World Almanac and Book of Facts 1996, Mahwah, N. J., 1995, S. 385.

Die erste Volkszählung nach dem Ende des Zweiten Weltkrieges, der Zensus von 1950, ermittelte für die vierziger Jahre ein doppelt so rasches *Bevölkerungswachstum* wie in den von der Krise geschüttelten dreißiger Jahren, wobei die größte Zunahme im Westen, in Kalifornien, Oregon und Washington, zu verzeichnen war. Eine weitere Region mit überdurchschnittlichem Wachstum war der Südwesten mit Arizona, Nevada, Utah und New Mexico. Ein dritter Raum rapider Zunahme war die Bundeshauptstadt Washington, D. C., mit ihrem Umland in Maryland und Virginia. Die Verstädterung des Landes schritt deutlich voran. Es gab inzwischen 106 amerikanische Großstädte mit mehr als 100.000 Einwohnern, angeführt von New York City (7,8 Millionen), Chicago (3,6 Millionen), Philadelphia (2,1 Millionen), Los Angeles (2,0 Millionen) und Detroit (1,8 Millionen). 66 Prozent der Amerikaner waren 1950 verheiratet, womit der bis dahin höchste Wert in diesem Jahrhundert erreicht war. Acht Prozent waren verwitwet, drei Prozent geschieden (auch das war der höchste Wert), 23 Prozent waren Singles. Die Lebenserwartung der Amerikaner betrug inzwischen für Männer 65,6 Jahre, für Frauen 71,1 Jahre.

Das *Wirtschaftswachstum der Nachkriegsjahre* setzte den wirtschaftlichen Boom der Kriegszeit nahezu ungebrochen fort. Die Umstellung des Landes von der Kriegs- auf die Friedenswirtschaft, die Aufhebung der Preiskontrollen und das Ende der Rationierungen erfolgten zwischen Mitte 1945 und Mitte 1946 ohne gravierende Probleme. Schwere Wirtschaftskrisen vom Ausmaß der Great Depression blieben dem Nachkriegsamerika erspart. Zeitweilige oder strukturelle Krisen, wie sie sich beispielsweise 1949 äußerten, fielen demgegenüber weniger ins Gewicht. Die Arbeitslosenzahl hielt sich im Nachkriegsjahrzehnt zumeist mit einer jährlichen Gesamtzahl von zwei bis drei Millionen bei einer Gesamtheit von etwa 60 Millionen Beschäftigten in Grenzen. Die „aufgestaute Kaufkraft" der Amerikaner aus den Kriegsjahren, als nur beschränkte Ausgaben im zivilen Bereich möglich waren, der technologische Fortschritt, der die Produktivität der Industrie steigerte oder neue Kunststoffe wie Dacron, Orlon, Acryl oder Teflon schuf sowie die elektronische Industrie zum fünftgrößten Industriezweig des Landes aufrücken ließ, erklären den Wirtschaftsboom der

Nachkriegszeit mit. Andere Gründe waren die erheblich gewachsenen Bundesausgaben, die durch den Kalten Krieg und das Wettrüsten verursachten Rüstungs- und anderen Regierungsaufträge, aber auch die rasant zunehmende Konsumentennachfrage. Kreditkarten, die „modernen Wunderlampen Aladins", kamen in den fünfziger Jahren in Gebrauch. Die Ratengeschäfte – die schon in der Zwischenkriegszeit eine große Rolle für den Konsum der Amerikaner gespielt hatten – stiegen deutlich an. Die private Verschuldung der Familien nahm in den fünfziger Jahren um mehr als das Doppelte zu. In materieller Hinsicht wuchsen die Vereinigten Staaten in dieser Zeit in die „Überflußgesellschaft" hinein. Der Begriff „Affluent Society" wurde von dem liberalen Ökonomen John K. Galbraith (* 1908) in einem Bestseller gleichen Titels geprägt. In seiner Sicht hatte der amerikanische Kapitalismus inzwischen ein „Gleichgewicht der Wirtschaftskräfte" erreicht und verfügte nun über eine autonome Selbstregulierung der Wirtschaft durch den Wettstreit der großen Käufer und Verkäufer auf dem privaten Markt. Mit der „Überflußgesellschaft", in der alle notwendigen Mittel eines angemessenen materiellen Lebens mehr als ausreichend produziert und wie es schien – jedenfalls für die Mehrheit der Amerikaner – auch zufriedenstellend verteilt wurden, war offenbar der „American Dream" seiner Verwirklichung nahe. Dabei sah Galbraith, was der Titel seines Buches nicht ohne weiteres vermuten läßt, im Glanz der „Konsumentenkultur" mit ihren Autos, Fernsehgeräten, Shoppingcentern und Vorstadthäusern durchaus auch kritische Seiten der Gesellschaft seiner Zeit: die sozialen Mißstände in den amerikanischen Städten, die zu Verwahrlosung und Kriminalität führten, die Existenz der Armut bei einem Teil seiner Landsleute, ferner die Rückständigkeit des flachen Landes und die wachsende Umweltzerstörung. Einige Jahre später rückte für Galbraith die Rassenproblematik an die erste Stelle der Schattenseiten Amerikas.

In den fünfziger Jahren nahm das wirtschaftliche Wachstumstempo dann weiter zu. Zwischen 1949 und 1960 vergrößerte sich das Bruttosozialprodukt in Amerika, also die Summe aller jährlich produzierten Waren und bezahlten Dienstleistungen, um real 51 Prozent. Für die Mehrheit der Amerikaner verbesserten sich die Lebensverhältnisse beträchtlich. Die Realeinkommen der Arbeiter und Angestellten stiegen erheblich an. Das Realeinkommen der Arbeiter lag 1960 um 35 Prozent über dem Stand bei Kriegsende (1945) und war damit inzwischen doppelt so hoch wie das Einkommen in den prosperierenden zwanziger Jahren gewesen war. Die Einkommensunterschiede zwischen den reichen und weniger reichen Amerikanern schwächten sich etwas ab. Die Einkommensstruktur der Amerikaner änderte sich zugunsten einer größer werdenden Zahl amerikanischer Familien, die nun über ein jährliches Familieneinkommen von 10.000 Dollar und mehr verfügten. 1968 gehörten dazu dann etwa ein Drittel aller Familien, während die Zahl der Familien am unteren Rand der Einkommensskala zurückging. Der Anteil der Einkommensbezieher von 3000 Dollar jährlich und weniger sank im gleichen Zeitraum zwischen 1947 und 1968 nämlich von 34 Prozent auf 19 Prozent.

In einigen Lebensbereichen war der gestiegene Lebensstandard der Mehrheit der Amerikaner für die Nachkriegszeit besonders auffällig. Dies galt für die *Wohnungssituation.* Der Wohnungsbau im allgemeinen und besonders der Bau von kostengünstigen Einfamilienhäusern – vielfach uniformen Zuschnitts und standardisierter Ausstattung – machte große Fortschritte. Bahnbrechend für die Errichtung billiger Einfamilienhäuser in den Suburbs, den Vorstädten, war der Unternehmer William J. Levitt (* 1907), der nach dem Zweiten Weltkrieg damit begann, zehn Meilen außerhalb von New York City auf einem Kartoffel-

4 *Ein Reihenhaus in Levittown Anfang der fünfziger Jahre.*

acker Long Islands 2000 Einfamilienhäuser zu bauen, um sie dann zu einer günstigen Monatsmiete oder auf einer langfristigen Kreditbasis an verheiratete Weltkriegsveteranen zu vermieten oder zu verkaufen. Jedes Haus hatte zwei Schlafzimmer, ein Bad, eine Küche mit Kühlschrank, Herd, Waschmaschine und Wäschetrockner, ein Mansardenzimmer, Wohnzimmer mit Kamin und Fernseher. Es gab strenge Auflagen für die Bewohner. So mußte der Rasen einmal in der Woche gemäht werden. Wäsche durfte an Wochenenden oder an Feiertagen nicht im Freien getrocknet werden. Levitt, der schließlich 17.000 dieser Einheitshäuser baute, wurde für den Bau und Verkauf von Einfamilienhäusern das, was Henry Ford oder General Motors für die Herstellung und den Verkauf von Automobilen waren. Kritiker beklagten die Monotonie der in der Regel nur anderthalbstöckigen Häuser in Levittown [Abb. 4] und den uniformen Lebensstil ihrer Bewohner. Mit der Zeit jedoch erweiterten die Bewohner ihre Häuschen, bauten Garagen, Terrassen, sorgten für neuen, farbigen Anstrich, pflanzten in den kleinen Gärten Bäume, Sträucher und Blumen und nahmen weitere Verbesserungen vor. 30 Jahre nach der Gründung lebten in Levittown über 65.000 Menschen, in Levittown Pennsylvania sogar schon 80.000. Heute haben die Häuser, die damals unter 7000 Dollar kosteten, einen Wert von einer Viertel Million. In anderen Teilen der USA entstanden ähnliche neue Wohnviertel [Abb. 5], deren Häuser ebenfalls meist verkauft wurden. Günstige Baukredite der Bundesregierung förderten diese Entwicklung noch. Der Kauf der Einfamilienhäuser in den Vororten wurde mancherorts billiger als die Miete einer Appartementwohnung in der Stadt. Die Häuser in Levittown, New York,

5 *Teilansicht von Irvine, einer jungen Stadt in Kalifornien, wo in den 1960er Jahren der Bau von Einfamilienhäusern einsetzte. Die Stadt – zwischen Los Angeles und San Diego gelegen – wurde zum Vorbild moderner Städteplanung im Westen der USA.*

kosteten bei Ratenzahlung innerhalb von 30 Jahren monatlich nicht mehr als 65 Dollar. Die Miete einer durchschnittlichen Stadtwohnung betrug dagegen 93 Dollar.

Die Vororte der Großstädte dehnten sich rapide aus. Verbesserungen im städtischen Nahverkehr brachten die meist weißen, männlichen Bewohner der Suburbs morgens zur Arbeit und abends zurück in ihr Heim [Abb. 6]. Ende der 1950er Jahre verfügten ca. 60 Prozent aller amerikanischer Familien über ein eigenes Heim. 1970 lebten mehr Amerikaner (76 Millionen) in Suburbs als in den städtischen Zentren (64 Millionen). 95 Prozent der Vorstadtbewohner waren Weiße. Die Mietverträge für Levittown, Long Island, schlossen Mitglieder anderer Rassen als der weißen Rasse ausdrücklich als Mieter oder Käufer aus. Andererseits galten solide Wohnverhältnisse vielen Amerikanern als ein wichtiges Element sozialer Ordnung. Der Bürgermeister von St. Louis erklärte seinem Stadtrat 1951: „Niemand in den Vereinigten Staaten muß sich heute über die Gefahr des Kommunismus in diesem Land Sorgen machen. Kommunisten lieben die amerikanischen Slums. Unsere Sanierung dieser Slums und die Schaffung angemessener Wohnungen ist eine der effektivsten Antworten, die wir auf lokaler Ebene dem Kommunismus erteilen können.“[138]

Zwischen 1947 und 1953 vergrößerte sich die Einwohnerzahl in den Suburbs um 43 Prozent, bei einem generellen Wachstum der Bevölkerung um lediglich elf Prozent. Eine Folge der Ausbreitung der Suburbs in der Nachkriegszeit war die Verlagerung der Einkaufsmöglichkeiten und -gewohnheiten vieler Amerikaner von den Geschäften im Stadtzentrum zu den Shoppingcentern und den Malls am Stadtrand, in der Nachbarschaft der

6 *Pendler auf dem Weg von der Arbeit in Chicago nach Hause in den Vorort Park Forest. Überwiegend sind es Männer, die offenbar gerade aus dem Vorortzug gestiegen sind.*

Städte oder an verkehrsgünstig gelegenen Stellen der Highways. Die ersten Shoppingcenter waren in Amerika seit den zwanziger Jahren – beginnend in Kansas City (1925) – entstanden. Aber sie blieben längere Zeit Einzelerscheinungen in der amerikanischen Einkaufswelt. 1946 bestanden erst acht Shoppingcenter im Land, u. a. in West Philadelphia, am Rand von Dallas, in St. Louis, Arlington bei Washington, D. C., und in Seattle. Nun breitete sich diese neue Form des Einzelhandels lawinenartig über das ganze Land aus. Mitte der 1950er Jahre gab es etwa zwei Dutzend regionale Shoppingcenter und eine weit größere Zahl örtlicher Einkaufszentren überall in den USA. Dann begann ein wahrer Boom im Bau dieser Handelsform. 1970 waren es bereits 13.000 Shoppingcenter, überwiegend seit der

7 *Als erste amerikanische Mall eröffnete 1956 das Southdale Shoppingcenter nahe Minneapolis seine Pforten. Zwei Etagen überdachter Passagen luden zum Flanieren und Einkaufen ein.*

Mitte der 1950er Jahre entstanden. „1992 gab es 38.966 Shoppingcenter in den Vereinigten Staaten, 1835 von ihnen waren große regionale Malls, und in zunehmendem Umfang boten sie die gleichen Produkte, die gleichen Geschäfte und die gleiche keimfreie Umgebung."[139] Die Historiker machen für diesen Siegeszug drei Gründe verantwortlich: vor allem natürlich das enorme Wachstum der Suburbs, wo nun die Mehrheit der kaufkräftigen Amerikaner lebte. Ferner überließ man bei der Flucht in die Vorstadt die Innenstädte zunehmend den schwarzen, weniger gutgestellten Landsleuten. Angesichts der wachsenden Konzentration armer Schwarzer in den Stadtzentren sahen die meisten weißen Amerikaner nun die Shoppingcenter und Shopping Malls außerhalb der Städte als eine sichere Zuflucht an, als

8 *Ein Chevrolet Bel Air convertible von 1956. Der Preis betrug 2344 $.*

einen Hafen der Ruhe, in dem man unbesorgt einen großen Teil der Freizeit mit der Familie verbringen konnte. Die erste amerikanische Mall, ein Komplex von zwei Warenhäusern, 139 Geschäften, einer Parkfläche für 5200 Autos und einer zweistöckigen Passage, auf der die Kunden bei Tageslicht flanieren konnten, wurde 1956 mit Erfolg von einem österreichischen Emigranten in einem Vorort von Minneapolis eröffnet [Abb. 7]. In Bloomington, Minnesota, befindet sich mit der Mall of America heute der größte derartige Einkaufs- und Unterhaltungskomplex des Landes mit über 400 Geschäften, einem Vergnügungspark und weiteren Attraktionen. Speziell die großzügige Ausstattung der Malls, ihre überdachten, klimatisierten Geschäftsstraßen und Passagen mit den Springbrunnen, Grünanlagen und Cafés, die auch am Samstag und Sonntag bis in die Abendstunden geöffnet haben, zog die Käufer in Scharen an. Außerdem ermöglichte natürlich die weiter fortschreitende Verbreitung des Autos und der verstärkte Bau von Highways – seit dem Interstate Highway Act von 1956 – die Verlagerung des Schwerpunktes im Einzelhandel von den Stadtzentren in die Shoppingcenter der Suburbs. Als Folge dieser Entwicklung geriet der Einzelhandel in der Innenstadt teilweise in eine kritische Lage, Geschäfte wurden geschlossen, Schaufenster verödeten.

Auffallend am Kaufverhalten vieler Amerikaner war in der Nachkriegszeit die relative Zunahme der Ausgaben für Heim, Erholung und für das Auto. Diese Ausgaben beanspruchten im Familienbudget jetzt – im Vergleich mit dem Jahrzehnt der Great Depression – einen erheblich größeren Platz. „In den vier Jahren, die auf das Ende des Krieges folgten, kauften die Amerikaner 21,4 Millionen Autos, 20 Millionen Kühlschränke, 5,5 Millionen Küchenherde und 11,6 Millionen Fernsehgeräte. Sie zogen in jedem Jahr in über eine Million neue Wohnungen ein. Das gleiche Muster setzte sich in den 1950er Jahren fort, in einem Jahrzehnt, in dem die Prosperität sich weiter ausbreitete.“[140]

Ein Symbol des neuen Wohlstands und der Konsumentenkultur war das *Auto*, größer, farbiger und chromglitzernder als in der Vergangenheit [Abb. 8]. In den fünfziger Jahren wurden weitere 21 Millionen Autos neu zugelassen. Am Ende des Jahrzehnts besaßen 75 Prozent aller amerikanischen Familien ein Auto. Die Einfamilienhäuser in den Suburbs

9 *Dorothea Lange: Trans-continental Highway, St. George, Utah, 1953.*

wurden in der Regel mit Garagen für zwei Wagen ausgestattet. Mitte der fünfziger Jahre wurden jährlich acht Millionen Autos hergestellt. Die amerikanische „Autokultur", die seit den 1920er Jahren im Entstehen war, setzte sich bei der neuen Dimension in der Verbreitung des Autos und der Massenhaftigkeit des Autoverkehrs weiter durch. Der Bedarf an Straßen wuchs rapide. Der Bau von Highways [Abb. 9] wurde mit Bundesmitteln großzügig gefördert. Die amerikanischen Städte rückten durch den Bau der Highways enger zusammen. Die Suburbs waren bequemer von der City aus zu erreichen und umgekehrt. Ein großer Teil der Amerikaner war am Wochenende oder im Urlaub mit dem Auto unterwegs. Der Schriftsteller Jack Kerouac (1922–1969), einer der Hauptvertreter der „Beat generation", schilderte in dem zwischen 1949 und 1951 entstandenen Roman „On the Road“ (1957 erschienen) das Freiheitsempfinden auf den Straßen, den Rausch der Unabhängigkeit [Abb. 10] unterwegs bei einigen Trips, die von New York in den Westen und Süden des Landes führten. Er verband diese Schilderung mit einer Kritik am materialistischen und militaristischen Amerika jener Blütezeit des Kalten Krieges.

10 *Robert Frank (*1924): „Newburgh, New York“ – Motorradfans Mitte der fünfziger Jahre. Der gebürtige Schweizer Frank lebt seit 1947 in den Vereinigten Staaten.*

Parallel zur allgemeinen Motorisierung des Lebens hatten Motels, Tankstellen und Fast-food-Restaurants Hochkonjunktur. Vor dem Krieg waren größere Motels noch in der Minderzahl gewesen. Die Bezeichnung stammt aus dem Jahr 1925, als ein Geschäftsmann in Kalifornien den Begriff „motel“ benutzte, um Autofahrer anzuziehen. In der Nachkriegszeit breiteten sich die Motels entlang den großen Highways aus, dann siedelten sie sich an den Stadträndern und in den Erholungsgebieten an, und schließlich – während der 1960er Jahre – kamen sie auch in die Innenstädte, die bis dahin eine Domäne der Hotels gewesen waren. Mitte der 1960er Jahre gab es dann landesweit bereits fast 4800 Motels. Auch die Schnellrestaurants der McDonald‘s-Kette mit ihren standardisierten Schnellgerichten setzten sich Mitte der fünfziger Jahre überall durch, nachdem bis dahin die McDonald-Brüder einige wenige kleine, aber erfolgreiche Hamburger-Kioske in Kalifornien und Arizona betrieben hatten. Die Kehrseite der Medaille dieser expandierenden Autokultur waren verstopfte Straßen in den Städten, eine wachsende Zahl von Verkehrstoten (1960 starben trotz der Geschwindigkeitsbegrenzung auf den Highways, die zwischen 70 und 55 Meilen schwankten, 38.000 Amerikaner bei Autounfällen), die Zunahme der Luftverschmutzung und ein rasant ansteigender Benzinverbrauch.

Seit 1948 erfolgte der Durchbruch in der Verbreitung des *Fernsehens* in Amerika. Damals besaßen 172.000 Haushalte ein Fernsehgerät, dagegen 37,6 Millionen Haushalte ein Radio. 1951 wurde bei Fernsehgeräten die Zehnmillionengrenze überschritten. Mitte der 1960er Jahre verfügte mit 55 Millionen Geräten annähernd jeder der 57 Millionen Haushalte in Amerika über einen Fernseher. Die Zahl der Fernsehsender nahm ebenfalls explosionsartig zu und lag 1960 bei über 600, die Mehrzahl davon waren kommerziell betriebene Stationen. „TV Guide“ war die meistverbreitete Zeitschrift der 1950er Jahre mit schließlich sieben Millionen Abonnenten. Der Durchschnittsamerikaner verbrachte 1950 rund viereinhalb Stunden vor dem Fernsehgerät, zehn Jahre später bereits fünf Stunden, 1970 fast sechs Stunden. In der Anfangszeit seiner Entwicklung zeigte das Fernsehprogramm häufig Talent und Kreativität. Qualitativ anspruchsvolle Shows, Opernaufführungen,

11 *Ein in der Fernsehwerbung 1954 empfohlenes Turkey-Fertiggericht.*

Dokumentarserien wurden zur Hauptsendezeit ausgestrahlt. Der Konkurrenzdruck der Einnahmen aus der Werbung, der hohe Einschaltquoten verlangte, und die nivellierende Wirkung des McCarthyismus, der Experimente als „unamerikanisch" ablehnte, sorgten schließlich für Konformität und angepaßtes Konsumverhalten. Das *Fernsehprogramm* entsprach der Lebensweise im Konsumentenzeitalter, es wurde „klassenlos, homogen und familienorientiert".[141] Populäre Fernsehserien fehlten in keinem Wohnzimmer der Amerikaner zu jener Zeit. Einen Spitzenplatz der Beliebtheit erreichte in den fünfziger Jahren die vom Sender CBS produzierte Familienserie „I love Lucy", eine der erfolgreichsten Serien überhaupt. Im Mittelpunkt standen Lucy Ricardo, eine Hausfrau und Mutter in New York, und ihr Mann Ricky, ein kubanischer Bandleader, der sich um eine Karriere im Showgeschäft bemühte.

Das Fernsehen verband mit seinen Informationen, seinen Familienserien, Western und Gangsterfilmen, mit Shows oder Kinderserien wie der „Sesame Street" und mit seinen Werbespots die Amerikaner im Denken, Fühlen und Wollen. Es hatte eine eminent einigende Wirkung auf Land und Leute. Nach der frustrierenden Erfahrung des Jahrzehnts der Great Depression versorgte es im Nachkriegsamerika die Zuschauer mit dem Optimismus und Lebensmut, der für das Funktionieren der Konsumentengesellschaft erforderlich war. Fernsehen verringerte die Unterschiede zwischen Stadt und Land und beeinflußte die Lebens-, Essens- und Liebesgewohnheiten der amerikanischen Familien [Abb. 11]. Überliefert ist die Äußerung einer Hausfrau: „Bevor wir den Fernseher anschafften, dachte ich, mein Mann habe das Kuscheln vergessen."[142]

Sehr erheblich wurde auch die politische Ausstrahlungskraft des Fernsehens. Präsident Harry S. Truman nutzte 1947 erstmals das Fernsehen für eine politische Rede. Die Fernsehübertragung des Demokratischen Nationalkonvents im Sommer 1948 beeinflußte erkennbar das Wählerverhalten. Vier Jahre später verteidigte sich der damalige republikanische Vizepräsidentschaftskandidat Richard Nixon mit einem Fernsehauftritt wirkungsvoll gegen den Vorwurf der Bestechlichkeit. 1960 kam es zum ersten Mal zu einem Fernsehduell zwischen beiden Präsidentschaftskandidaten, bei dem der weniger sicher wirkende Nixon gegenüber dem telegeneren John F. Kennedy schlechter abschnitt.

Der angesehene Fernsehjournalist Walter Cronkite (* 1916) vermittelte und interpretierte von 1962 bis 1986 regelmäßig in den Abendnachrichten von CBS die Tagesereignisse einem nach Millionen zählenden Publikum. 1980 begann der Kabelsender CNN mit der

Ausstrahlung seiner halbstündigen Nachrichtensendungen rund um die Uhr, die den Amerikanern das Weltgeschehen hautnah und aktuell vermittelten.

Zu den bemerkenswerten Veränderungen dieser Zeit, in denen sich eine verbesserte Lebensqualität insbesondere der Angehörigen der breiten Mittelschichten ausdrückte, gehört die rasante *Zunahme des Hochschulstudiums.* Vor dem Zweiten Weltkrieg (1938) studierten an den Universitäten und Hochschulen des Landes knapp 1,4 Millionen junge Leute, das waren reichlich acht Prozent der Altersgruppe von 18 bis 24 Jahren. Unter den Hochschulabsolventen befanden sich deutlich mehr Männer als Frauen. Beim Bachelor-Examen lag das Verhältnis noch etwa 3 : 2 zugunsten der männlichen Studenten, beim Masters-Examen sah es schon etwas ungünstiger für die Studentinnen aus, und beim Doktor-Examen waren Frauen mit 1 : 6 eindeutig in der Minderzahl.

Während des Zweiten Weltkrieges hatten die Studentenzahlen nur unwesentlich zugenommen, da die jungen Männer zur Armee, viele junge Frauen in kriegswichtige Betriebe gingen. Nach dem Ende des Zweiten Weltkrieges stiegen dann die Studentenzahlen sprunghaft und explosionsartig an, auch dank der großzügigen Vergabe von Stipendien an die Soldaten des Weltkrieges seitens der Bundesregierung. Mehr als doppelt so viele Amerikaner (497.000) wie 1940 (216.500) erhielten im Studienjahr 1949/50 einen akademischen Abschluß, die Mehrheit davon stellten wiederum Männer (329.000). Die „GI Bill of Rights“, auf deren Grundlage Millionen Amerikaner in der Nachkriegszeit studieren konnten, führte zu einer „höchst bemerkenswerten Entwicklung in der modernen Geschichte der amerikanischen Erziehung“[143], zu einer spürbaren Verbreiterung von Bildung und beruflicher Qualifizierung. 1960, also 15 Jahre nach dem Ende des Zweiten Weltkrieges, studierten 3,6 Millionen Amerikaner. 1970 waren es mit über sieben Millionen Studenten und Studentinnen nun fünfmal so viele Amerikaner wie 1940. Insgesamt 40 Prozent ihrer Altersgruppe hatten jetzt ein Studium aufgenommen. Auch der Anteil der Studentinnen war gestiegen, nun kamen auf 4,5 Studenten drei Studentinnen. Das Studium sollte durch die Erweiterung der Bildung der Verbesserung der Lebenssituation der jungen Menschen dienen. Ziel des Studiums waren jetzt in erster Linie ein verbesserter sozialer Status und die Selbstverwirklichung des einzelnen, weniger die Hingabe an ein wissenschaftliches Ziel. Die Studentengeneration der späten vierziger und der fünfziger Jahre wird als konservativ, konformistisch und karrieristisch beschrieben (Paul Boyer), als „schweigende Generation“, die eher an Sicherheit und Komfort interessiert war, als daran, sich öffentlich auszuzeichnen. Das akademische Klima entsprach der saturierten Stimmung einer Zeit, in welcher der materielle Überfluß und die Hexenjagd auf Andersdenkende die Stimmung der Gesellschaft dominierten. Dies sollte sich im folgenden Jahrzehnt kraß ändern, als eine neue Studentengeneration eine kritische Einstellung zu ihrer Umwelt artikulierte.

Der *Glanz der Konsumentenkultur* prägte auf diese Weise das äußere Erscheinungsbild und das Alltagsleben der späten vierziger und fünfziger Jahre mit. Die Arbeitszeit vieler Amerikaner war kürzer als vor dem Krieg und betrug in der Industrie jetzt annähernd 40 Stunden. Bezahlter Urlaub, den es in der Zwischenkriegszeit für Arbeiter noch nicht gegeben hatte, wurde allgemein üblich. Er dauerte in den sechziger Jahren in der Regel zwei Wochen. Der „coffee break“, die Kaffeepause, setzte sich verbreitet während der Arbeit durch. Höhere Einkommen, längere Freizeit und Verbesserungen im Flugverkehr ermöglichten es den Mittelklasse-Amerikanern, wie nie zuvor, ins Ausland zu reisen. Sie waren seitdem in großer Zahl in Europa ebenso anzutreffen wie in der Karibik, in Mittelamerika

12 *Ben Shahn: „Bergarbeiterfrauen" (1948) – anders als in den dreißiger Jahren bildete im Nachkriegsamerika die kritische Auseinandersetzung mit sozialen Gegebenheiten – wie auf diesem Bild – eher die Ausnahme.*

und an anderen beliebten Reisezielen. Wiederum erweiterte sich der Horizont vieler Amerikaner. Ein Beobachter vermerkte Ende der sechziger Jahre: „Vor 30 Jahren hat der durchschnittliche Bewohner des Mittleren Westens noch nie etwas von Pizza, Sukiyaki oder südafrikanischen Krebsschwänzen gehört. Er hatte nie Gelegenheit, ein ausländisches Auto, einen Vietnamesen oder eine Reproduktion der *Sonnenblumen* von Van Gogh zu sehen. Es hätte ihn überrascht, im Wohnzimmer des Nachbarn eine Holztäfelung anzutreffen, ganz zu schweigen von afrikanischen Stammesmasken an den Wänden oder Seidenvorhängen aus Thailand an den Fenstern. Heute sind solche früheren Exotika selbstverständlich."[144]

Ein gehobener Lebensstandard war nun nicht mehr ausschließlich das Privileg der oberen Schichten. Daß es dennoch auch damals bei vielen Amerikanern eine ausgeprägte *Armut* gab, nahm die Öffentlichkeit weitgehend nicht zur Kenntnis. Nur selten setzte sich noch ein Künstler wie Ben Shahn (1898–1969), der aus Litauen stammende sozialkritische Maler [Abb. 12], mit den Schattenseiten der amerikanischen Gesellschaft auseinander. Die Erscheinungen der Armut wie schlechte Wohnverhältnisse, unzureichende Ernährung, fehlende Bildung, Analphabetentum und mangelhafte ärztliche Betreuung bei zahlreichen alten Menschen, bei einer großen Zahl der schwarzen Amerikaner [Abb. 13] oder der amerikanischen Indianer, bei vielen Landarbeitern oder Langzeitarbeitslosen, bei den Bewohnern der zahlreichen Notstandsgebiete wurde von den meisten ihrer bessergestellten Mitbürger kaum wahrgenommen. Ein Politiker wie John F. Kennedy wurde erst im Präsidentschaftswahlkampf mit dem Phänomen der Armut in seinem Land konfrontiert. Sein Mitarbeiter Theodor C. Sorensen (* 1928) erinnerte sich: „Aber als wir 1960 durch West Virginia reisten, stieg er, nachdem er die Hütte eines arbeitslosen Bergarbeiters gesehen hatte, sichtlich bewegt in seinen Wagen, schüttelte den Kopf und sagte nichts."[145]

1962 erregte Michael Harringtons (1928–1989) „The Other America" mit der realistischen Darstellung der lange ignorierten Armut in den USA das Aufsehen der Öffentlichkeit und der liberalen Politiker. Harrington stellte fest, daß 40 bis 50 Millionen Amerikaner, 20 bis 25 Prozent der Bevölkerung arm seien, daß sie weder zulängliche Wohnung noch Medizin, weder genügend Nahrung noch die Möglichkeit aufzusteigen besaßen. Er erklärte auch die Tatsache, warum die Armut in Amerika so wenig sichtbar war, so wenig wahrgenommen wurde. Die Armut in Amerika liegt häufig abseits der vielbegangenen Wege. Die armen Bewohner der Mietskasernen in den Städten leben unter sich, ohne Kontakt zu den Angehörigen des Mittelstandes, deren Sicht sie entrückt sind. Auch an ihrer Kleidung – so

13 *Gordon Parks: „Harlem Gang Wars" (1948). Eine Folge der sozialen Lage vieler Bewohner des New Yorker Schwarzenviertels Harlem war die überdurchschnittlich hohe Kriminalität.*

Harrington – könne man die Armen Amerikas nicht mehr erkennen. Amerika habe die bestgekleidete Armut, welche die Welt je gesehen habe. Schließlich seien die Armen auch politisch nicht wahrzunehmen, sie haben keine Interessenverbände, keine Gewerkschaften, keine Lobbies. Harringtons Buch, das eine ausführliche und lobende Besprechung im angesehenen Wochenmagazin „The New Yorker" erfuhr, rückte das Problem der Armut wieder in den Blickpunkt der politischen Aufmerksamkeit. Regierungsstellen berechneten für 1964 die „Armutsgrenze" einer vierköpfigen Familie mit einem Jahreseinkommen von 3130 Dollar, für den einzelnen lag sie bei etwa 1500 Dollar. Nach diesem offiziellen Standard waren 40 Millionen Amerikaner zu den Armen zu rechnen, 21 Prozent der Gesamtbevölkerung. Einige Bevölkerungsgruppen waren von dieser Lage besonders betroffen. So zählten mehr als die Hälfte der schwarzen Amerikaner, die Hälfte aller Angehörigen, die in Familien lebten, denen der Vater fehlte, und ein Drittel der alten Leute über 65 Jahre zur Kategorie der Armen. Kennedys Nachfolger als Präsident, Lyndon Johnson, eröffnete 1964 seinen „Kampf gegen die Armut", ein weitreichendes Bündel staatlicher Programme und Hilfen, um „der Armut in Amerika den bedingungslosen Krieg zu erklären". Nach einigen Hoffnung erweckenden Anfängen fehlten der Regierung aber bald – infolge der Ausweitung des Vietnamkrieges – die finanziellen Mittel, um diesen Kurs erfolgreich fortsetzen zu können.

Hand in Hand mit den materiellen Fortschritten der Nachkriegszeit beschleunigte sich damals das *Bevölkerungswachstum* der USA, vor allem auf der Grundlage des berühmten *Babybooms*. Der Babyboom, dessen Vorläufer sich schon während des Krieges gezeigt hatten, setzte 1946 mit ganzer Stärke ein. In diesem Jahr wurden 3,4 Millionen Babys geboren, 20 Prozent mehr als ein Jahr zuvor. Die Geburtenhäufigkeit hielt in den folgenden Jahren und bis Anfang der sechziger Jahre an. Zwischen 1954 und 1964 kamen Jahr für Jahr in Amerika über vier Millionen Kinder zur Welt. Entsprechend hoch war die Geburtenrate. Der Nachkriegsrekord wurde mit 26,6 Geburten auf 1000 Einwohner 1947 erreicht. Damals lag die Geburtenrate auf dem höchsten Punkt seit 1921. Erst Anfang der 1960er Jahre normalisierte sich die Geburtenrate wieder und erreichte dann den Wert der 1930er Jahre. Zwischen 1946 und 1964 wurden über 76 Millionen Kinder in Amerika geboren, das entsprach zwei Fünfteln der Gesamtbevölkerung, die 1964 im Land lebte. Historiker sehen im Babyboom den möglicherweise überraschendsten sozialen Trend im Nachkriegsamerika. Man hatte ihn nach den Erfahrungen der Zwischenkriegszeit nicht erwartet. Es gibt verschiedene Erklärungsversuche für das unerwartete Phänomen, wie den Wunsch der Amerikaner nach „Sicherheit" in der Nachkriegszeit, nach Geborgenheit vor der Bedrohung des Kalten Krieges und des Atomzeitalters u. a. m. Jedenfalls hatte die junge Generation in dieser Zeit bessere Zukunftserwartungen in einem Klima prosperierender Wirtschaft, niedriger Arbeitslosigkeit und steigender Einkommen. Es ging ihr besser als ihren Eltern, wenn sie sich entschloß, zu heiraten, eine Familie zu gründen, Kinder großzuziehen. Tatsächlich heirateten junge Leute [Abb. 14] jetzt mehr und früher als vor dem Krieg und hatten häufiger und früher einen Kinderwunsch als in der Vergangenheit. Die Rate der Eheschließungen erreichte 1946 einen Rekord und blieb bis Anfang der 1950er Jahre hoch. Das Durchschnittsalter der Frauen zur Zeit der Eheschließung ging auf etwa 20 Jahre herunter, der Anteil kinderloser Familien sank auf bloße acht Prozent. Die allgemeine Wertschätzung der Familie und des Familienlebens, frühe Eheschließung, frühzeitiger Kindersegen und eine große Familie waren verbreitete Leitbilder im Nachkriegsamerika. „Im Dutzend billiger" („Cheaper by the Dozen") hieß ein Bestseller der 1950er Jahre, der in heiterer Form die Vorteile kinderreicher Familien schilderte. Zum großen Verkaufserfolg wurde ein 1946 veröffentlichtes Buch des Kinderarztes Dr. Benjamin Stock (* 1903) über „Baby and Child Care", das den jungen Müttern Ratschläge zur Kinderpflege erteilte und ihnen eine warmherzige und intime Atmosphäre für die Betreuung ihrer Kinder empfahl. Das Stillen der Kinder kam wieder in Mode. Die Wünsche der Kinder waren häufig das unumstößliche Gebot für ihre Eltern.

Die Folgen des Babybooms waren vielfältiger Art. Natürlich gab es eine Verjüngung der Gesellschaft, die jetzt in ihrer Bevölkerungszahl wieder schneller zunahm als in den Jahrzehnten zuvor. Familienleben und Kinderreichtum der Mittelklasse, zu der sich im Nachkriegsamerika 80 Prozent der Amerikaner selbst rechneten, trugen zur Stimulierung der Wirtschaft bei, indem sie wesentlich höhere Aufwendungen für Wohnung, Haushaltsgeräte, für Schulen und Kindereinrichtungen, für Kinderkleidung und Kinderspielzeug nach sich zogen. Der „*Rückzug in die Privatsphäre*", der wenigstens teilweise mit der hohen Wertschätzung von Familie, Mutterschaft und Kinderreichtum verbunden war, begünstigte seinerseits die Leitbilder der Konsumentengesellschaft in einer Zeit, in welcher

14 *Robert Frank: „City Hall, Reno, Nevada" – ein junges Paar, das in Reno getraut wurde. Das Foto stammt aus der berühmten Serie „The Americans", die Frank Mitte der fünfziger Jahre auf einer ausgedehnten Reise durch das Land schuf.*

der Supermarkt und das Shoppingcenter zum Inbegriff demokratischer Lebenskultur geworden waren.

Die *Lebenserwartung der Amerikaner* stieg dank günstigerer materieller Verhältnisse und eines verbesserten Gesundheitswesens weiter kontinuierlich an. 1940 betrugen die entsprechenden Daten für Männer eine Lebenserwartung von 60,8 Jahren, für Frauen von 65,2 Jahren. Schwarze Männer hatten allerdings nur eine Lebenserwartung von 51,5 Jahren, schwarze Frauen von 54,9 Jahren. Mitte der 1960er Jahre hatten Amerikaner inzwischen eine Lebenserwartung von 66,8 Jahren, Amerikanerinnen von 73,7 Jahren. Bei schwarzen Amerikanern waren die Lebenserwartungen weiterhin kürzer, sie betrugen nun 61,1 Jahre für Männer und 67,4 Jahre für Frauen.

Medizinische Fortschritte hatten Anteil an dieser Entwicklung. Englische und amerikanische Wissenschaftler stellten mit der Entdeckung der Antibiotika wirkungsvolle Arzneimittel zur Bekämpfung von Infektionskrankheiten und Entzündungen zur Verfügung. Das von dem britischen Bakteriologen Alexander Fleming (1881–1955) entdeckte Penicillin wurde seit 1941 in der Medizin praktisch genutzt. Der amerikanische Bakteriologe Selman A. Waksman (1888–1973) entdeckte gegen Kriegsende das Streptomycin. Die amerikanischen Wissenschaftler Jonas E. Salk (1914–1995) und Albert B. Sabin (* 1906) entwickelten in den 1950er Jahren einen Impfstoff gegen die gefürchtete Kinderlähmung [Abb. 15]. Allerdings lehnte dann Präsident Eisenhowers Gesundheitsministerin Oveta C. Hobby (1905–1995), die zweite Frau in einem amerikanischen Kabinett, die kostenlose Einführung der Impfung

15 *Andrew Wyeth (* 1917) „Christina's World" (1948) zeigt die Welt eines durch Kinderlähmung gelähmten Mädchens mit ihren Wünschen und ihrer Sehnsucht.*

von Schulkindern gegen Kinderlähmung ab, da dies ihrer Meinung nach die Einführung des Sozialismus durch die Hintertür bedeutet hätte. Mitte der fünfziger Jahre setzte sich – angesichts eines gestärkten Gesundheitsbewußtseins bei den Rauchern – auch in Amerika die Filterzigarette durch, die, zuerst in Westeuropa hergestellt, nun auch in Amerika üblich wurde.

Eine Revolution ergab sich in den 1950er Jahren bei der *Geburtenkontrolle*, für deren Anliegen Amerikanerinnen wie Margaret Sanger seit Jahrzehnten eingetreten waren. Amerikanische Ärzte und Biologen wie Gregory Pincus (1903–1967) entwickelten die Antibabypille als empfängnisverhütendes Mittel und konnten sie Mitte der fünfziger Jahre erfolgreich klinisch erproben. Seit Anfang der sechziger Jahre kam die „Pille" mit Genehmigung der U. S. Food and Drug Administration auf den Markt und ermöglichte nun eine völlig neue Dimension der Familienplanung und Geburtenkontrolle. Frauen konnten in früher nicht gekanntem Grad am Arbeitsleben teilnehmen. Ungewünschte Folgen des intimen Verkehrs konnten vermieden werden. Kondome kamen aus dem Gebrauch in einer Zeit, als AIDS noch ein unbekanntes Wort war. Schrittweise setzte seit 1966 das Oberste Gericht ältere Gesetze außer Kraft, welche die Empfängnisverhütung Unverheirateten untersagt hatten. Lediglich die katholische Kirche mit ihren über 45 Millionen Gläubigen in Amerika und einige andere Religionsgemeinschaften sprachen sich gegen die Anwendung künstlicher Mittel zur Empfängnisverhütung aus. Umfragen ergaben allerdings, daß bis zu 70 Prozent der amerikanischen Katholiken einer Empfängnisverhütung zustimmten.

15a *David Douglas Duncan (* 1916), „Korea“ (1950) dokumentiert den Einsatz von amerikanischen Soldaten im Koreakrieg.*

16 *Der Film „The Beginning or the End" schilderte zum ersten Mal die Drohung des nuklearen Krieges im Leben junger amerikanischer Liebespaare.*

Auf sehr charakteristische Weise wurde das *Alltagsleben der Nachkriegsjahrzehnte* von den *Konsequenzen des Kalten Krieges* geprägt. Diese Jahre standen im Zeichen eines beschleunigten Wettrüstens. Im Land entstand eine „anscheinend permanente Kriegswirtschaft" (C. Wright Mills), in der das Wohl und Wehe der amerikanischen Wirtschaft zu einem erheblichen Teil von der Fortsetzung der Rüstung und der Existenz eines gewaltigen Rüstungsetats abhing. Mehrmals, wie während der Blockade Berlins (1948), in der Zeit des Koreakrieges (1950–1953) [Abb. 15a] und angesichts der Kubakrise (1962), schien die Möglichkeit eines Dritten Weltkrieges unmittelbar vor der Tür zu stehen. Der Kalte Krieg, die Konfrontation auf allen Gebieten im Ost-West-Verhältnis, die Feindseligkeit der Beziehungen zwischen den Vereinigten Staaten und der UdSSR unterhalb der Schwelle eines heißen Krieges, hatten weitreichende Folgen für das Leben der Amerikaner. Seit Hiroshima und Nagasaki lag der Schatten der Atombombe über dem Land. Die Furcht, selbst zum Opfer eines atomaren Krieges werden zu können [Abb. 16], wuchs noch an, seit im Herbst 1949 bekannt wurde, daß auch die UdSSR über diese Massenvernichtungswaffen verfügte. Zur Furcht vor den schrecklichen Folgen einer nationalen Katastrophe gesellte sich in den späten 1940er Jahren die Überzeugung, daß atomare Waffen zum Schutz der eigenen Sicherheit erforderlich seien. Viele Amerikaner bereiteten sich auf den Ernstfall vor und beschäftigten sich mit Maßnahmen des Zivilschutzes im Falle eines Atomkrieges. Die Öffentlichkeit wurde auf verschiedene Weise darüber aufgeklärt, wie man sich bei einem atomaren Angriff verhalten sollte. Schulkinder übten auf Kommando ihres Lehrers das Verhalten bei einem plötzlichen atomaren Angriff. Sie mußten sich unter ihren Tischen ducken, die Augen schließen, um beim atomaren Blitz nicht zu erblinden, und die Hände um den Kopf legen, um ihn zu schützen. Frauen erhielten Ratschläge, welche Vorräte an abgekochtem Wasser, Konserven und Medikamenten sie für den Notfall bereithalten sollten. Von staatlicher Seite und durch individuelle Initiative begann man mit der Anlage von Atombunkern. Findige Geschäftsleute boten den Einbau von Unterständen und Atombunkern an, die von einfachen Erdlöchern zum Preis von 13.50 Dollar bis zu Bunkern der Luxusklasse mit Telefon (!), Toilette und Geigerzähler für die stattliche Summe von 5000 Dollar zu haben waren. Man schätzt, daß es schließlich etwa 200.000 private Bunker gab. Besonders häufig waren sie in Kalifornien anzutreffen. 1959 berichtete das Magazin „Life" über ein jungverheiratetes Paar, das seine Flitterwochen 14 Tage lang im eigenen neuen Atombunker verbracht hatte.

Anfang der 1950er Jahre setzte eine verstärkte Nachfrage nach Grundstücken in ländlichen Teilen Amerikas ein, möglichst weit entfernt von einer größeren Stadt, dem möglichen Ziel eines atomaren Angriffs. Handbücher, die Ratschläge zum Überleben im Falle eines Atomkrieges gaben, warnten vor Panik und Stadtflucht: „Panik ist der größte Feind im Falle eines Atomangriffs. Es ist eine verrückte Idee, daß irgend jemand aus den Städten herauskommen könnte. Wohin sollte man gehen? Was sollte man für seinen Lebensunterhalt tun? Wer würde die großen Industrien versorgen und all die Güter verfrachten, wenn alle die Stadt verlassen haben? Jede allgemeine Flucht aus unseren Städten würde uns den Krieg verlieren lassen, bevor er begonnen hat."[146]

Die Sorge vieler Menschen vor einem atomaren Krieg war auch am Ende der 1950er Jahre noch so verbreitet, daß damals zwei Drittel der Amerikaner in der Möglichkeit eines Atomkriegs das dringendste nationale Problem sahen. Der kritische Soziologe C. Wright Mills (1916–1962) zog 1958 aus der atomaren Bedrohung den Schluß: „Der einzig realistische militärische Standpunkt ist der Standpunkt, daß Krieg und nicht Rußland heute der Feind ist."[147]

Zeitweilig erlebte man im Nachkriegsamerika eine Art von Vorkriegsstimmung. Dem Klima des Kalten Krieges entsprach ein neues Feindbild, das sich bald nach Kriegsende gegenüber dem früheren Verbündeten der Kriegsjahre, der UdSSR unter Stalin, herausbildete. Der internationale Kommunismus war ebenso wie die Machtstellung der UdSSR im Ergebnis des Zweiten Weltkriegs gestärkt worden. In der kommunistischen Bedrohung sahen nun bald die maßgeblichen amerikanischen Politiker, die tonangebenden Stimmen in der amerikanischen Öffentlichkeit und eine wachsende Zahl amerikanischer Bürger das eigentliche Problem der Nachkriegszeit, aus dem sich die inneren und äußeren Schwierigkeiten und Probleme des Landes ergaben. Der Konflikt zwischen Demokratie und Diktatur, Kapitalismus und Sozialismus, amerikanischer Lebensweise und kommunistischer Herrschaft rückte nach Kriegsende in den Mittelpunkt des öffentlichen Lebens.

Die Auseinandersetzung mit der kommunistischen Herausforderung nahm in den späten 1940er und frühen 1950er Jahren zeitweilig den Charakter eines schwer kontrollierbaren Kreuzzuges an. Deutlichster Ausdruck dessen war die um 1947/48 einsetzende Kommunistenverfolgung, die einige Zeit später im *McCarthyismus* gipfelte. Senator Joseph McCarthy (1908–1957), ein 1946 gewählter republikanischer Neuling im Senat, entfachte 1950 mit der Beschuldigung, die Regierung von Präsident Truman sei von Kommunisten unterwandert, eine großangelegte antikommunistische Hexenjagd im ganzen Land. Sie richtete sich nicht nur gegen Kommunisten und linke Radikale, sondern mehr und mehr auch gegen liberale oder kritische Politiker, Wissenschaftler, Künstler und Schriftsteller, die wie der Atomwissenschaftler Robert Oppenheimer (1904–1967), der „Vater der Atombombe", nun als „Sicherheitsrisiko" eingestuft und damit kaltgestellt wurden. McCarthy instrumentalisierte die Kommunistenfurcht seiner Zeit und seiner Landsleute, bediente sich skrupelloser Rufmordpraktiken und nährte in der Öffentlichkeit eine Stimmung der Intoleranz und des Mißtrauens gegenüber Andersdenkenden. Der Begriff „McCarthyism", bereits 1950 geprägt, wurde gleichbedeutend mit der öffentlichen Beschuldigung der Unloyalität, ungeachtet des Wahrheitsgehalts dieser Behauptung.

Der *„Zweite Red Scare"* – nach der antikommunistischen Hysterie des ersten „Red Scare" von 1919 und 1920 – beeinflußte tiefgreifend sowohl die Handlungen der Truman- und Eisenhower-Regierung als auch das Verhalten der einfachen Amerikaner. Viele von ihnen mußten einen Loyalitätseid auf die Verfassung ablegen, seitdem Truman 1947 dies für alle Bundesangestellten gefordert hatte, oder sie wurden einer Sicherheitsprüfung unterzogen. Betroffen vom Loyalitätsprogramm waren nicht nur Bundesangestellte und Bewerber um eine entsprechende Stelle, sondern auch Gewerkschaftsfunktionäre, Schul- und Universitätslehrer, Filmschaffende oder Radio-, Fernseh- sowie Pressejournalisten. Die antikommunistische Hysterie der Nachkriegszeit – die in keinem Verhältnis zum tatsächlichen Einfluß der Kommunisten in Amerika stand – entzog mit ihren Rufmordkampagnen, ihren Berufsverboten und ihren Spionage- und Aufruhrprozessen nicht nur der traditionellen Linken jede Wirkungsmöglichkeit, sie diskreditierte darüber hinaus viele Liberale der Roosevelt-Zeit als kommunistische „Mitläufer", zähmte die kämpferischen Gewerkschaften des Congress of Industrial Organizations und schuf ein Klima allgemeiner Verdächtigung. Bitter verglich der Dramatiker Arthur Miller (* 1915) in seinem Theaterstück „The Crucible" (1953) die antikommunistische Hexenjagd seiner Zeit mit den Hexenprozessen in Salem, Massachusetts, während der Kolonialzeit (vgl. Kap. 1). Als der Autor ein Jahr nach der Uraufführung seines Stücks zu einem Besuch nach Belgien eingeladen wurde, um an einer dortigen Aufführung der „Hexenjagd" teilzunehmen, verweigerte ihm das State Department den Paß wegen Millers Verbindung mit der Linken in der Vergangenheit.

Mit besonderem Eifer bedienten sich damals rechtskonservative Republikaner der Jagd auf Kommunisten, um die eigene politische Karriere zu befördern. Der junge republikanische Abgeordnete Richard Nixon begründete damit seine politische Laufbahn. 1948 schuf er sich im House Committee on Un-American Activities, einem Ausschuß des Repräsentantenhauses, einen nationalen Ruf als „Kommunistenjäger". Nixon beschuldigte den früheren prominenten Mitarbeiter im State Department, Alger Hiss (1904–1996), einen liberalen Gefolgsmann Roosevelts, der Verbindung mit der Kommunistischen Partei der Vereinigten Staaten und der Spionage zugunsten der Sowjetunion. Gestützt auf die Aussagen eines Kronzeugen beschuldigte Nixon Hiss vor dem Ausschuß des Repräsentantenhauses, in den 1930er Jahren streng vertrauliches Material des State Department an den sowjetischen Geheimdienst weitergegeben zu haben. Der Fall Hiss erregte wegen der Prominenz des Beschuldigten ungeheures Aufsehen. In einem ersten Gerichtsprozeß fanden 1949 der Schuldspruch wegen Falschaussage unter Eid und der Vorwurf der Spionage nicht die erforderliche Mehrheit der Geschworenen. In einem zweiten Prozeß – der ein Jahr später stattfand – wurde Hiss wegen Meineids zu fünf Jahren Gefängnis verurteilt. Er hatte bei den Befragungen im Ausschuß unter Eid jede Beziehung zur Kommunistischen Partei in der Vergangenheit abgestritten, was nach Meinung des Gerichts nicht den Tatsachen entsprach. Hiss, von dessen Schuldlosigkeit selbst der damalige Außenminister Dean Acheson (1893–1971) überzeugt war, bestritt damals und später den Vorwurf der Spionage. Ob er tatsächlich ein sowjetischer Spion war, ist nach wie vor umstritten.

Zu Recht oder Unrecht wurden auch andere prominente oder weniger prominente Amerikaner damals beschuldigt, kommunistische Agenten zu sein. Ganz besonders trug der Prozeß gegen Julius Rosenberg (1918–1953) und seine Ehefrau Ethel Rosenberg (1915 bis 1953), der 1951 mit dem Todesurteil gegen beide Angeklagten wegen Atomspionage während des Zweiten Weltkrieges zugunsten der UdSSR endete, dazu bei, den Eindruck zu verstärken, daß jeder Kommunist ein Spion sein könne. Das Ehepaar Rosenberg stammte aus jüdischen Einwandererfamilien. Beide waren Linke. Beide standen im Verdacht, Kommunisten zu sein. Beide wurden beschuldigt, die Sowjetunion in den Kriegsjahren mit Informationen über die Entwicklung der amerikanischen Atombombe in den Forschungslabors von Los Alamos, New Mexico, wo der Schwager von Julius Rosenberg gearbeitet hatte, versorgt zu haben. Das Urteil stützte sich auf die Aussagen des Schwagers sowie auf Indizien. Die beiden Rosenbergs beteuerten vor Gericht ihre Unschuld und hielten bis zuletzt daran fest. Ungewöhnlich genug für einen Spionagefall in Friedenszeiten wurde das Todesurteil 1953 trotz internationaler Proteste vollstreckt. Auch dieser Fall aus der Zeit des Kalten Krieges ist bis heute nicht eindeutig geklärt, wenngleich nach neueren sowjetischen Quellen Stalin intern seine Dankbarkeit gegenüber den Rosenbergs geäußert haben soll.

Ein besonders frühes Beispiel der Rufmord- und Berufsverbot-Kampagne dieser Jahre war das Schicksal der sogenannten „Hollywood Ten". Es handelte sich bei ihnen um zehn Drehbuchautoren und Filmregisseure aus Hollywood, die 1947 zu einer einjährigen Haftstrafe verurteilt wurden, weil sie sich vor dem House Committee unter Berufung auf den ersten Verfassungszusatz geweigert hatten, auszusagen und Namen von kommunistischen Sympathisanten im Filmbetrieb zu nennen. Auch in Hollywood herrschte damals Kreuzzugsstimmung. Zu den antikommunistischen Wortführern gehörten der Westernheld John Wayne (1907–1979) und der Schauspieler und Filmgewerkschafter Ronald Reagan, der in der Filmschauspielergewerkschaft den Loyalitätseid einführte. Die Säuberung Hollywoods von Kommunisten und anderen Linken, die man dazu rechnete, wurde radikal zu Ende geführt. Die Filmschauspielerin Kim Hunter (* 1922), 1951 noch für ihre Rolle in dem Film „A Streetcar Named Desire" mit dem Oscar geehrt, erhielt anschließend drei Jahre hindurch keine Rollenangebote, nachdem bekannt wurde, daß sie sich für die „Hollywood Ten" eingesetzt und auch an anderen Veranstaltungen der Linken in der Öffentlichkeit teilgenommen hatte.

Zwischen 1948 und 1954 wurden in Hollywood über 40 antikommunistische Spielfilme gedreht, die Titel hatten wie „The Red Menace", „I Married a Communist" oder „I Was a Communist for the FBI". Die Kommunistenfurcht schürte auch der erfolgreichste Prediger im Nachkriegsamerika, Billy Graham (* 1918), der seit seinen religiösen Erweckungsveranstaltungen in Los Angeles im Herbst 1949 überall im Land viele tausend Menschen in seinen Bann zog, denen er die persönliche Errettung von Sünde und Höllenstrafen in Aussicht stellte. Graham warnte seine Landsleute in beschwörenden Worten vor dem Kommunismus, der Gott, Christus, der Bibel und allen Religionen den Krieg erklärt habe. Schließlich behauptete er in seinen Massenveranstaltungen, es gebe über 1100 sozial klingende Organisationen in Amerika, die kommunistisch oder kommunistisch gesteuert seien. Die antikommunistischen Anhörungen und Beschuldigungen des House Committee on Un-American Activities, die Ängste und Stimmungen des anschwellenden Kalten Krieges, die Spionageprozesse und Loyalitätsbekundungen der Nachkriegszeit waren der Mutterboden, auf dem dann auch der *McCarthyismus* aufblühen konnte. Zwischen 1950 und 1954 terrorisierte Senator McCarthy die amerikanische Öffentlichkeit, erhob Anklagen wegen kommunistischer Betätigung oder Gesinnung, verhörte „Verdächtige" vor dem von ihm geleiteten Senatsausschuß für Regierungsangelegenheiten, säuberte Bibliotheken von „subversiver Literatur", zu denen er auch Autoren wie Ralph Waldo Emerson (1803–1882), Henry D. Thoreau (1817–1862) und Mark Twain (1835–1910) rechnete, und heizte die antikommunistische Hexenjagd weiter an. Mitte der 1950er Jahre hatte der Demagoge, der sich sogar mit der Armee angelegt hatte, der er vorwarf, kommunistische Spione zu beschäftigen, den Bogen überspannt. In einer Zeit, als international eine gewisse Entspannung sichtbar wurde, sprach der Senat im Dezember 1954 McCarthy mit 67 : 22 Stimmen einen förmlichen Tadel aus, weil er mit seinen Untersuchungen der Ehre und dem Ansehen des Senats geschadet hätte. Seitdem war der Senator ein politisch geschlagener Mann, den jetzt auch seine früheren republikanischen Parteifreunde fallen ließen. McCarthy trank noch mehr als zuvor und starb 1957 – noch keine 50 Jahre alt – an den Folgen eines Leberschadens.

Die antikommunistische Kampagne hielt allerdings während der 1950er Jahre noch weiter an. Der Ausschuß zur Untersuchung unamerikanischer Betätigung setzte seine Befragungen verdächtiger Radikaler fort. 39 Bundesstaaten verfügten inzwischen über Gesetze gegen Subversion und zur Wahrung der Loyalität der Bürger. Von den Lehrern staatlicher und lokaler Schulen wurde weiterhin ein Loyalitätseid verlangt.

Allerdings änderte sich das Klima des Kalten Krieges seit der Mitte der 1950er Jahre. Es wurde nun wieder durchlässiger für neue Ideen und für eine kritische und liberale Diskussion der politischen Probleme. Symptomatisch für den langsam einsetzenden Stimmungsumschwung waren der Film „Dr. Strangelove“ mit Peter Sellers (1925–1980) aus dem Jahr 1964 und sein Erfolg beim Publikum. Der Film spielt in den Schaltstellen der Macht, im Weißen Haus, während ein geistig verwirrter Luftwaffengeneral in einem B-52-Bomber auf eigene Faust den Atomkrieg gegen die Sowjetunion eröffnen will. Der Film gab auf satirische Weise die paranoide Kommunistenfurcht und das superpatriotische Gebaren des Kalten Krieges dem Gelächter preis.

Neben diesen Veränderungen im wirtschaftlich-materiellen Bereich des Alltags und im politisch-ideologischen Klima zeigte auch die *geistig-kulturelle Entwicklung der Nachkriegsjahre* ein Nebeneinander von Konformitätsdruck im Sinne der Denkmuster des Kalten Krieges einerseits und von unabhängigen, kritischen Leistungen in Wissenschaft und Kultur andererseits. Film und Fernsehen, Radio und Zeitungen trugen zur Verbreitung des Weltbildes des Kalten Krieges im Alltagsdenken bei. In den Sozialwissenschaften, in der Soziologie und Politikwissenschaft, in der Geschichte und Pädagogik dominierten zeitweilig – im Unterschied zu den kritischen Fragestellungen und Methoden der Zwischenkriegszeit – eher konservative Erklärungsmuster. Dennoch machten auch in dieser Zeit des alles beherrschenden Kalten Krieges beachtenswerte nicht angepaßte, kritische Stimmen in Wissenschaft, Kunst und Kultur auf sich aufmerksam. Die Erfahrungen amerikanischer Soldaten wurden in Büchern wie „The Naked and the Death“ (1948) von Norman Mailer (* 1923) und in den verfilmten Romanen von James Jones (1921–1977) „From Here to Eternity“ (1951) und von Herman Wouk (* 1915) „The Caine Mutinity“ (1951) kritisch reflektiert. Das Lebensgefühl der nach dem Krieg aufwachsenden Jugend, der „Beatniks“, später der „Beat Generation“, wurde in vielgelesenen Romanen ausgedrückt und gestaltet. Der „Catcher in the Rye“ von J. D. Salinger (* 1919) erschien 1951 und wurde zum Kultbuch der jungen Generation in den 1960er Jahren. Der 16jährige Held des Romans erlebt die falschen, trostlosen und unmenschlichen Seiten seiner Heimatstadt New York und beschließt desillusioniert, nach Westen zu fliehen. Schließlich hält ihn die Verantwortung gegenüber seiner kleinen Schwester zurück. Die Schwierigkeit des Erwachsenwerdens und die Welt der Erwachsenen sind einfühlsam aus den Erfahrungen und der Optik eines Schülers nachvollzogen, wobei vom Autor auch der Schülerjargon treffend benutzt wird. Das Theaterleben wurde nach dem Krieg von Tennessee Williams (1911–1983) bereichert. Sein Schauspiel „A Streetcar Named Desire“ (1947) schildert in bedrückender Lebensnähe das Schicksal einer neuroti-

17 *Dorothea Lange: Passanten in der Kleinstadt St. George, Utah, 1953.*

schen Frau, die in New Orleans ihre mit einem Arbeiter verheiratete Schwester besucht und an ihrer eigenen Schuld und der brutalen Umwelt zerbricht.

In einigen nicht literarischen Veröffentlichungen der Nachkriegszeit spiegeln sich die *geistigen Tendenzen* des Zeitalters auf ihre Weise deutlich wider. Eine dieser Tendenzen war die Revolte gegen die Ideologie. Sie zeigte sich in populärer Form 1947 in John Gunthers Bestseller „Inside U. S. A.". John Gunther (1901–1970) war ein populärer Journalist und Schriftsteller, dessen Interpretation der Weltereignisse durch Zeitungsartikel, Radiosendungen und mehrere berühmte Bücher über die „Innenseite" Europas, Asiens und Lateinamerikas Millionen seiner Landsleute erreichte, seitdem er 1936 mit „Inside Europe" auf sich aufmerksam gemacht hatte. Sein Buch „Inside U. S. A." wollte auf die gleiche unbefangene, sachbezogene Art, mit der Gunther zuvor fremde Länder beschrieben hatte, die Innenseite Amerikas schildern [Abb. 17 und 18]. Er hatte zuvor das Land von Kalifornien bis Florida, von Maine bis Texas kreuz und quer bereist, viele hundert Gespräche geführt, Städte kennengelernt, die er vorher nie gesehen hatte, und schrieb nun darüber, über die Eigentümlichkeiten Amerikas, seine Bewohner und seine Sehenswürdigkeiten. Sein Blick bemühte sich um eine „faire Balance zwischen Republikanern und Demokraten, Ost und West, Nord und Süd, Feinden Rußlands und Liebhabern Rußlands, Feinden Englands und Liebhabern Englands, Industriellen und Gewerkschaftsführern, Konservativen und Progressiven". Er sprach mit allen, die „ehrlich waren und einen Standpunkt hatten", „egal,

18 *Robert Frank (*1924): „Trolley – New Orleans“ (1955/56). Auch dieses Foto Franks dokumentiert die alltägliche Seite Amerikas – jenseits der Glitzerwelt von Reklame und Fernsehwerbung.*

welchem Lager sie angehörten, vorausgesetzt, daß sie etwas von Bedeutung wußten. Mein Ideal war es, den Morgen in der First National Bank zu verbringen und den Nachmittag mit der CIO-(Gewerkschaft, d. Vf.) oder den Lunch mit einem Mitglied der republikanischen Führung eines Bundesstaates einzunehmen und das Dinner mit einem Angehörigen des demokratischen Nationalkomitees.“[148] Der Bericht, den Gunther 1944/45 recherchiert und 1946/47 verfaßt hat, zeigte die USA und seine Bewohner als ein Land voller Widersprüche und Paradoxe. Er sah die nationale Einheit des Landes in seiner Mannigfaltigkeit, in den farbigen Bildern seiner einzelnen Bestandteile, die er ironisch beleuchtete.

Großes Aufsehen in der Öffentlichkeit erregte 1948 der „Kinsey-Report“, die erste, auf umfangreichen empirischen Forschungen und Daten beruhende rationalistische Untersuchung des *sexuellen Verhaltens der Amerikaner.* Der Zoologe und Sexualwissenschaftler an der University of Indiana in Bloomington, Alfred C. Kinsey (1894–1956), legte damals mit „Sexual Behavior in the Human Male“ das Ergebnis seiner jahrelangen Befragungen zum sexuellen Verhalten des Mannes vor. Einige Jahre danach (1953) folgte dann Kinseys Untersuchung des sexuellen Verhaltens der Frau: „Sexual Behavior in the Human Female“. Kinsey nahm seine detaillierten Befragungen von 5300 weißen Männern und 5490 weißen Frauen mit denselben Methoden und derselben kühlen Präzision vor, mit der er zuvor als Insektenforscher gearbeitet hatte. Die Befragung schwarzer Männer und Frauen war für eine weitere Studie vorgesehen, konnte aber nicht mehr ausgeführt werden.

19 *Robert Frank: „Public park – Ann Arbor, Michigan" (1955/56).*

Zu den Schwerpunkten der Befragungen gehörten Einzelheiten der sexuellen Aufklärung in der Kindheit und Jugend des Probanden sowie alle Formen der sexuellen Aktivität, von der Onanie und den vorehelichen Liebesspielen des Petting bis zum vorehelichen und ehelichen Geschlechtsverkehr. Ebenso waren die homosexuellen Beziehungen, die damals noch im Schatten des Unerlaubten lagen, Gegenstand der Untersuchung. Kinsey schokkierte die Öffentlichkeit mit seiner Feststellung, daß die männliche Sexualität äußerst vielseitig sei und daß vor- und außerehelicher Verkehr, Homosexualität oder Masturbation unter den Männern und Frauen Amerikas mehr verbreitet waren, als dies viele seiner Landsleute wahrhaben wollten. Der Kinsey-Report bemaß die sexuelle Aktivität vorwiegend im Begriff des Orgasmus und sah jeden Orgasmus, egal wie er zustande kam, als gleichberechtigt an. Soziale oder moralische Implikationen bzw. Interpretationen der sexuellen Beziehungen wurden von Kinsey strikt vermieden. Deswegen und wegen der schwierigen Problematik der Befragungsmethoden löste die Veröffentlichung des Kinsey-Reports seinerzeit lebhafte Kontroversen aus, und bis heute sind seine Ergebnisse nicht unbestritten. Besonders die konservativen Tugendwächter waren empört über die Feststellung, daß 95 Prozent aller männlichen Amerikaner irgendwann einmal sexuell gegen die herrschenden Moralauffassungen verstoßen haben sollten. Ein prominenter Theologe erklärte, die Untersuchungen Kinseys würden einen fortschreitenden Niedergang der amerikanischen Moral zeigen, vergleichbar der wüsten Dekadenz des Römischen Reiches. Die *New York Times* weigerte sich, den ersten Kinsey-Report, der sogleich ein Bestseller wurde, zu rezensieren oder auch nur anzuzeigen. Das Magazin *Life* wertete das Buch als Angriff auf die Familie und Negation der Moral. *Reader's Digest* forderte seine Leser auf, in sexuellen Dingen fest und treu zu den anerkannten Idealen der Tugend zu stehen. Andere Kritiker warfen Kinsey vor, mit seinen Angaben über die Verbreitung außerehelichen Geschlechtsverkehrs dem Kommunismus den Weg zu bahnen.

In seiner zweiten Untersuchung, dem Buch über das sexuelle Verhalten der Frau, konnte Kinsey nachweisen, daß ein Viertel aller weißen Frauen der Mittelklasse im Alter über 40 Jahren irgendeinmal Ehebruch begangen hatte und daß die Hälfte von ihnen bereits vor der Ehe sexuellen Verkehr hatte. Dies wurde von Kinsey zu einer Zeit festgestellt, als selbst ausgesprochen liberal eingestellte Ärztinnen den jungen Menschen empfahlen, vorehelichen Verkehr zu unterlassen. Ungeachtet der Häufigkeit vorehelichen Verkehrs bei Männern und Frauen und auch der Zunahme des Petting, einer Zärtlichkeit, bei der die Partner eine letzte Grenze nicht überschritten [Abb. 19], blieb die Ehe der legitime Rahmen sexueller Beziehungen, und besonders bei Frauen folgte sie häufig rasch auf die ersten sexuellen Erfahrungen.

Auf einem anderen Gebiet lagen die Untersuchungen eines amerikanischen Soziologen, der 1950 ein viel beachtetes Buch über *Mentalität und Charakter der Amerikaner* in der Nachkriegsgesellschaft vorlegte. Es handelt sich um David Riesmans (* 1909) „The Lonely Crowd", eine Studie über Einsamkeit und Konformismus des modernen Amerikaners. Riesman war Soziologe an der University of Chicago und hatte zuvor auch als Jurist Erfahrungen sammeln können. Seine soziologische Untersuchung der Verhältnisse im Nachkriegsamerika kam zu einigen bemerkenswerten Ergebnissen. Riesman unterschied die „innengerichtete" amerikanische Gesellschaft des 19. Jahrhunderts von der „außengerichteten" Gesellschaft seiner Zeit. Die erstere habe unter dem alles beherrschenden Druck der Tradition gestanden.

Der ihr entsprechende nationale Charaktertyp sei zupackend, unternehmungsfreudig, selbstmotiviert gewesen und habe der freien Marktwirtschaft des vergangenen Jahrhunderts entsprochen. Die Antriebe dieser Persönlichkeit seien von innen gekommen, aus ihr selbst, aus ihrem Charakter, ihrer Familie, ihrer engsten Umwelt. Dagegen sei in der „Überflußgesellschaft" der amerikanischen Gegenwart der außengerichtete Charaktertypus dominant verbreitet. Der Amerikaner der Gegenwart sei eine Art menschliches Radargerät, der alle äußeren Einflüsse der Gesellschaft sensibel aufnehme und in ein konformes Verhalten verwandle. Der außengerichtete Typ sei offen für die Meinungen seinesgleichen in der Gesellschaft und besser als sein innengerichteter Vorgänger zur Teilnahme an einer Wirtschaft der Konsumtion und des Vergnügens sowie zur Arbeit in der modernen Bürokratie geeignet. Das Verhalten des mittelständischen, bürgerlichen Amerikaners werde heute wesentlich vom Normierungsdruck der Gemeinde, Schule und Universität geprägt, von seiner Nachbarschaft, seinen Klubs, den Massenmedien und anderen Einflüssen. Für Riesman, der selbst in der liberalen Tradition seines Landes stand, dominierte im Unterschied zu der bei Rechten und Linken verbreiteten Ansicht der Liberalismus nicht die amerikanische Gesellschaft und Kultur. Vielmehr sei der Liberalismus gegenüber einem historisch gewachsenen, unideologischen Konservatismus in der Minderheit.

Schließlich hob Riesman bei der Beschreibung des Amerikaners im Nachkriegsamerika die große Bedeutung hervor, die das Konsum- und Freizeitverhalten inzwischen für den modernen Menschen und seine Gesellschaft erreicht hatte. Seiner Auffassung nach war die Verbraucherhaltung zur dominanten Reaktionsform des zeitgenössischen Amerikaners geworden, eine Haltung, die vor allem in der Freizeit zum Tragen kommt, beim Hören von

20 *O. Winston Link, Autokino in West Virginia, 1956.*

Schlagermusik, im Kino oder beim Fernsehen, bei Sport, Erholung, Geselligkeit und in anderen Formen des Freizeitverhaltens [Abb. 20].

Der *amerikanische Alltag in den 1960er Jahren* wurde von so turbulenten Ereignissen wie den Auswirkungen des Vietnamkrieges auf die amerikanische Gesellschaft, der Protestbewegung der Studenten, der Bürgerrechtsbewegung der Afroamerikaner und den Rassenunruhen in zahlreichen Städten am Ende der Dekade geprägt. Es waren bewegte Jahre für die Amerikaner, in deren Verlauf verschiedene kulturelle und soziale Veränderungen um sich griffen. In der Politik der Präsidenten Kennedy und Johnson wurde ein neuer Reformansatz versucht. Gegen Ende des Zeitraums zeigte sich eine deutliche Kluft zwischen den Befürwortern einer Erneuerung des amerikanischen Lebens einerseits und der „schweigenden Mehrheit" der Amerikaner andererseits, die nur wenig von der Rebellion der Jugend hielt. Das konservative, vermögende oder ländliche Amerika wählte schließlich 1968 mehrheitlich den Republikaner Richard Nixon zum Präsidenten, der im Wahlkampf die Beendigung des Vietnamkrieges durch Verhandlungen und die Wiederherstellung von „Law and Order" im Land versprochen hatte.

Nach dem Ende einer vorübergehenden Depression in den Jahren 1960 und 1961, als zeitweilig mit 4,8 Millionen Arbeitslosen eine neue Rekordmarke seit 1941 erreicht wurde, gab es in Amerika einen starken und anhaltenden *wirtschaftlichen Aufschwung*, die längste ununterbrochene Aufschwungperiode seit Menschengedenken. Jährliche industrielle Wachstumsraten von durchschnittlich sechs Prozent, ein erheblicher Zuwachs des realen Pro-

21 *Astronaut Aldrin, jr. am 20. Juli 1969 neben der amerikanischen Flagge auf dem Mond. Die Fußabdrücke von Armstrong und Aldrin, der ersten Menschen, die den Mond betraten, sind deutlich zu erkennen.*

Kopf-Einkommens um 41 Prozent während dieser Dekade, eine relativ niedrige Arbeitslosigkeit von schließlich 3,5 Prozent und zunächst auch stabile Preise prägten seitdem und bis zum Ende der Dekade das wirtschaftliche Bild des Landes. Neuinvestitionen im Gefolge des wissenschaftlichen und technischen Fortschritts, Steuersenkungen, umfangreiche staatliche Ausgaben sowohl im Rüstungssektor wie zunächst auch im sozialen Bereich, staatliche Arbeitsprogramme und ein wachsender innerer Verbrauch bei steigenden Reallöhnen wirkten stimulierend auf die Wirtschaft ein.

Der *wissenschaftlich-technische Fortschritt* des Zeitalters erwies sich – im Wettstreit mit der UdSSR – spektakulär in der Weltraumforschung und -technologie. 1961 – kurz nach der Erdumkreisung des Russen Jurij Gagarin (1934–1968) – gelang der erste bemannte Weltraumflug eines Amerikaners, der für 15 Minuten im All weilte. Ein Jahr später wurde der erste amerikanische Nachrichtensatellit „Telstar" zur Telefon- und Fernsehübertragung im Weltraum stationiert. Die von Kennedy beträchtlich beschleunigten Anstrengungen und Vorbereitungen für eine amerikanische Mondlandung führten schließlich im Rahmen des Apollo-Programms 1969 zum Ziel, als die Astronauten Neil Armstrong (* 1930) und Edwin Aldrin, jr. (* 1930) als erste Menschen den Mond betraten [Abb. 21].

Den weiter bestehenden sozialen Problemen, der Armut und der Verwahrlosung der Städte, den Sorgen der Alten und sozial Schwachen, der „rassischen Ungerechtigkeit", also der Diskriminierung der Afroamerikaner, suchte die Politik unter den Demokraten Kennedy und vor allem unter seinem Nachfolger Johnson mit zahlreichen Reformgesetzen im

„Kampf gegen die Armut" und zur Errichtung der *„Großen Gesellschaft"* Herr zu werden. Maßnahmen zur Wiedereingliederung der Arbeitslosen in das Berufsleben, Programme zur Unterstützung der etwa 100 wirtschaftlichen Notstandsgebiete im Land, die Gesundheitsfürsorge für alte Menschen („Medicare"), der soziale Wohnungsbau oder die Förderung des städtischen Nahverkehrs sowie weitere Projekte waren Teil eines weitreichenden Reformprogramms der Johnson-Administration in der Mitte der 1960er Jahre. Parallel dazu kam es jedoch seit 1964/65 zu einer enormen Ausweitung des Vietnamkrieges, in deren Ergebnis schließlich über 500.000 amerikanische Soldaten in Vietnam eingesetzt wurden. Die Kosten und Folgen dieses Krieges entzogen dem Reformprogramm bald die notwendigen Mittel. Die von Senator J. William Fulbright (1905–1995) als „Schadenstreuung" des Vietnamkrieges bezeichneten negativen Folgen für Amerika waren gravierend. „Lyndon Johnson war im Begriff, sich mit seiner Vision der Great Society in der Geschichte einen Platz als einer der großen Präsidenten zu sichern; doch von Trostgesten abgesehen, ist die Great Society heute tot. Das Ringen um gleiche Chancen für den Neger, der Krieg gegen die Armut, der Kampf für die Rettung unserer Städte, die Verbesserung unserer Schulen – das alles muß um Vietnams willen darniederliegen. Außerdem bringt der Krieg häßliche Nebenerscheinungen mit sich: Inflation, Frustration, Empörung, Protest, Panik, erbitterte Gegensätze in der Nation, warnende Vorzeichen eines neuen McCarthyismus", schrieb der Historiker und frühere Mitarbeiter John F. Kennedys, Arthur M. Schlesinger, jr., damals in einer kritischen Studie zum Vietnamkrieg.[149]

Zu den zentralen, ungelösten Fragen der Zeit gehörte die Lage der annähernd 20 Millionen Afroamerikaner, die in einem *neuen Stadium ihrer Bürgerrechtsbewegung* ein Ende der politischen, wirtschaftlichen und sozialen Diskriminierung der schwarzen Amerikaner forderten. Seitdem 1954 das Oberste Gericht der Vereinigten Staaten die noch immer übliche Rassentrennung an den Schulen des Landes für verfassungswidrig erklärt hatte, formierte sich in der Mitte der 1950er Jahre die Massenbewegung der Afroamerikaner unter Führung von Pfarrer Martin Luther King (1929–1968) auf wirkungsvolle neue Weise. Mit einem einjährigen Busboykott in Montgomery, Alabama, reagierten King und seine Bewegung darauf, daß ein weiblicher schwarzer Fahrgast, Rosa Parks (* 1913), in dieser Stadt verhaftet worden war, nachdem sie sich geweigert hatte, einen für weiße Fahrgäste reservierten Sitz im Bus freizumachen [Abb. 22]. Diese und andere Protestaktionen rückten die Forderungen der Bürgerrechtsbewegung in den Mittelpunkt der öffentlichen Aufmerksamkeit. Die von amerikanischen Gerichten als ungesetzlich verbotene Rassentrennung im Schul- und Hochschulwesen, in Parks, auf Spielplätzen und in ähnlichen öffentlichen Anlagen konnte nur gegen den erbitterten Widerstand der weißen Rassisten im Süden Schritt um Schritt und in einem mühsamen und opfervollen Kampf überwunden werden. Wiederholt mußte die Bundesregierung im Süden Militär einsetzen, um die Einhaltung der Gesetze zu erzwingen oder Unruhen zu beenden. 1964 verabschiedete der Kongreß im Ergebnis dieser Anstrengungen das wichtige Bürgerrechtsgesetz, das die Rassentrennung und Rassendiskriminierung an der Wahlurne, im Schulwesen, in Betrieben und in der Öffentlichkeit (Hotels, Restaurants, Filmtheater usw.) überwinden sollte. Dieser Civil Rights Act war ein Erfolg der Bürgerrechtler, um seine Durchsetzung mußte jedoch weitergestritten werden. Trotz des Gesetzes blieb die wirtschaftliche und soziale Diskriminierung vieler schwarzer Amerikaner weiterhin eine Grundtatsache des amerikanischen Alltags. Die häufig elenden und zur Verzweiflung Anlaß gebenden Lebensbedingungen in den Wohnvierteln der

Schwarzen, ihre angestauten Frustrationen führten Mitte der 1960er Jahre zu einer ganzen Kette von gewaltsamen Rassenunruhen in Los Angeles, in Newark, Detroit, Chicago und vielen anderen Städten. Diese schwersten Rassenunruhen des Jahrhunderts in den USA forderten zahlreiche Menschenleben, verwüsteten ganze Straßenzüge und alarmierten die Öffentlichkeit [Abb. 23]. Eine von Präsident Johnson zur Untersuchung der Ursachen dieser Unruhen eingesetzte Kommission traf in ihrem Bericht die Feststellung, die Vereinigten Staaten würden sich in Richtung auf zwei Gesellschaften hinbewegen, die eine schwarz, die andere weiß – getrennt und ungleich.

22 *„Rosa Parks" (1983). Sie wurde in Montgomery, Alabama, am 1. Dezember 1955 verhaftet, weil sie sich weigerte, einen Sitz im Bus freizumachen, der für Weiße reserviert war. Die bemalte Plastik stammt von Marshall D. Rumbaugh (* 1948).*

An den *Universitäten und Hochschulen* äußerte sich in den 1960er Jahren eine studentische Protestbewegung von bis dahin unbekannten Ausmaßen und zeitweiliger neuer Radikalität. Ihren aktivsten und radikalsten Kern bildete die studentische und intellektuelle New Left um die an der University of Michigan gebildete *Organisation Students for a Democratic Society* (SDS). Knapp zehn Jahre später war diese radikale Studentenorganisation an 350 Universitäten und Colleges vertreten und zählte 100.000 Mitglieder. Die „Neue Linke" verfügte insgesamt über 150.000 aktive Teilnehmer, die sich an den verschiedenen Protestbewegungen beteiligten. Über eine Million junger Leute sympathisierten zeitweilig mit ihren Forderungen nach Veränderung und Demokratisierung Amerikas. In seiner ersten Phase bis zur Mitte der 1960er Jahre war der studentische Protest vor allem durch die Unterstützung der Bürgerrechtsbewegung der Afroamerikaner geprägt. Mit Sit-ins in Imbißstuben und öffentlichen Einrichtungen und durch „freedom rides", Busfahrten in Städte des Südens, um dort gegen die Rassentrennung zu demonstrieren, protestierten Studenten aus dem Norden im Süden gegen das Weiterbestehen der Rassentrennung. Sie riskierten dabei angesichts brutaler, gewaltsamer Übergriffe weißer Rassisten häufig Gesundheit oder das Leben.

In seiner zweiten Phase – parallel zur Eskalation des Vietnamkrieges – bildete die Ablehnung der amerikanischen Kriegführung in Vietnam den zentralen Punkt der studentischen Proteste. Auf vielfältige, oft medienwirksame Weise, durch Demonstrationen, Teach-ins oder pazifistische Kundgebungen im Campus sowie auf den Straßen von Washington, New York City, Chicago und anderen Städten nahmen Studenten – zum Teil unterstützt von Angehörigen des Lehrkörpers – gegen den Vietnamkrieg Stellung. Eine besondere Form des Widerstands wurde die Weigerung zahlreicher Studenten, der Einberufung zum Militärdienst, d. h. zum Einsatz in Vietnam, zu folgen. Im Herbst 1964 kam es an der University

23 *Charles Moore: Polizeieinsatz in Birmingham, Alabama, im April 1963 gegen eine von Martin Luther King geführte Aktion schwarzer Bürgerrechtler.*

of California in Berkeley mit ihren 26.000 Studenten zu anhaltenden Zusammenstößen zwischen radikalen Studenten und der Universitätsverwaltung, die mehrfach die Polizei auf den Campus rief, um die Lage unter Kontrolle zu bringen. In Berkeley ging es den protestierenden Studenten hauptsächlich um eine Demokratisierung der Universität, um ein uneingeschränktes freies Rederecht ihrer Sprecher auf dem Campus. Mit dem folgenden Jahr wandte sich dann die Bewegung gegen den Vietnamkrieg und griff auf eine große Zahl anderer Universitäten und Hochschulen über. Wiederholt kam es zu spektakulären Aktionen. An der Columbia University in New York zog die Studentenrevolte 1968 die Verhaftung einiger hundert Studenten nach sich, was einen Sympathiestreik der Studenten auslöste, in dessen Ergebnis es zur vorzeitigen Beendigung des Semesters kam. Zeitweilig nahm in diesem Jahr der Protest das Ausmaß einer studentischen Revolte an. Im Mai 1970 forderte das Vorgehen der Nationalgarde gegen demonstrierende Studenten an der Kent State University in Ohio vier Tote und mehrere Verwundete unter den Studenten.

1964 begannen junge Leute, meist Studenten, damit, in der Öffentlichkeit ihre Einberufungsbefehle zum Militärdienst zu verbrennen. Sie setzten dies auch fort, nachdem der Kongreß die Vernichtung der Einberufungskarten verboten hatte. Wehrdienstverweigerung aus religiösen und moralischen Gründen hatte es auch in früheren Kriegen in Amerika gegeben. Diesmal richtete sich der Protest ausdrücklich gegen die Einberufung zum Vietnamkrieg, der von den Wehrdienstverweigerern für ungerecht und unmoralisch gehalten wurde. Bis Anfang der 1970er Jahre wurden 5000 Einberufungsbefehle öffentlich abgelehnt. 10.000 Wehrpflichtige entzogen sich dem Militärdienst durch die Flucht. 172.000 Wehrpflichtige setzten die Anerkennung ihrer Verweigerung des Wehrdienstes aus Gewissensgründen durch. Über 200.000 junge Leute wurden eines Verstoßes gegen das Einberufungsgesetz beschuldigt, knapp 9000 von ihnen kamen vor Gericht, 4000 Verweigerer machten mit dem Gefängnis Bekanntschaft. Einige Zeit später amnestierte Präsident Jimmy Carter (1977–1981) alle Wehrdienstverweigerer aus der Zeit des Vietnamkrieges.

Gegen Ende der 1960er Jahre zerfiel die „Neue Linke“ in Dutzende kleiner Gruppen mit unterschiedlichen oder gegensätzlichen Standpunkten und Forderungen. Der studentische Protest kam mit den frühen siebziger Jahren zum Erliegen. Die Beendigung des Vietnamkrieges seit dem Waffenstillstandsabkommen von 1973 nahm der Protestbewegung ihren wichtigsten Angriffspunkt. Der Zerfall der Neuen Linken und das harte Vorgehen der Nationalgarde in Kent und anderswo waren weitere Gründe für den Niedergang der Bewegung. Nichtsdestoweniger hatte die Studentenbewegung für einige Zeit das konservative Amerika in Atem gehalten und beunruhigt. Im Ergebnis der studentischen Revolte wurde das Mitspracherecht der Studenten hinsichtlich der akademischen Lehrpläne und der Regeln des Lebens auf dem Campus erweitert. Die studentischen Proteste hatten erheblichen Anteil daran, die Stimmung der amerikanischen Öffentlichkeit gegen die Eskalation und Fortführung des Vietnamkrieges zu beeinflussen. Sie unterstützten die Beendigung des Krieges. Schließlich geriet auch das kulturelle Verhalten nicht nur der studentischen Jugend in dieser Zeit in Bewegung, ein freieres Lebensgefühl drückte sich aus, neue Formen des Zusammenlebens traten in Erscheinung. Es kam zur Entstehung einer *„Counter culture“*, zu einer kulturellen Rebellion, die sich bewußt und radikal gegen die etablierten Lebensformen der Gesellschaft und gegen ihren kulturellen Ausdruck wandte. Lange Haare und abgetragene, zerrissene Jeans wurden zum Erkennungszeichen dieser Gegenkultur. Wohngemeinschaften junger Leute waren ein anderer Ausdruck dieser Einstellung. Die Respektabilität des Lebens der Mittelklasseamerikaner und ihrer Konsumentenkultur wurden abgelehnt. Ein freierer Umgang mit der Sexualität war erkennbar. Nach der Meinung eines Historikers (William L. O'Neill) schritt die Sexualisierung des Alltagslebens voran. Die „Hippies“ erschreckten die Amerikaner der Mittelklasse mit ihrer sexuellen Promiskuität und ihrer Vorliebe für Drogen wie LSD und Mescalin. Die Hippies hatten in den späten sechziger Jahren ihren Ursprung in Kalifornien, von wo aus sich ihr Einfluß in den Osten des Landes ausbreitete. Ihre Protagonisten suchten mit LSD und Meditation einen neuen Lebensstil zu finden. Sie wollten in Harmonie mit der Welt leben, experimentierten mit dem Zusammenleben in der Gemeinschaft, ernährten sich vegetarisch und versuchten kooperative geschäftliche Unternehmungen ohne Profit zu begründen. Obgleich der Höhepunkt der Hippie-Kultur in den sechziger und siebziger Jahren lag, blieb der Einfluß ihrer Lebensauffassung unter jungen Leuten bis heute erheblich.

Neue Trends der Popmusik begleiteten und förderten die kulturellen Veränderungen unter der Jugend. Die Songs von Joan Baez (* 1941) und Bob Dylan (* 1941) protestierten gegen Rassenunterdrückung, Ungerechtigkeit und Krieg. 1962 schrieb Dylan „Blowin' in the Wind“, um seine Unterstützung der Bürgerrechtsbewegung auszudrücken. Joan Baez sang anläßlich der Studentendemonstrationen „We Shall Overcome“. Seit Mitte der sechziger Jahre kannte die Begeisterung für die Beatles keine Grenzen. Im Sommer 1969 erlebten mehrere hunderttausend junge Menschen ihre Vision von Freiheit und Harmonie beim Woodstock Music and Art Festival vor einer ländlichen Kulisse in der Nähe von Bethel, 70 Meilen nordwestlich von New York City. Das wohl berühmteste Popkonzert dieses Jahr-

24 *Andy Warhol (1928–1987) machte mit „Big Torn Campbell's Soup Can (Vegetable Beef)" 1962 die Überreste der Konsumentenkultur zum Thema seines künstlerischen Schaffens.*

25 *Andy Warhol „Twenty-Five Colored Marilyns" (1962) zeigte das Filmidol Marilyn Monroe (1926–1962) in der verfremdenden Technik einer unendlichen Reihe gleicher Paßfotos.*

hunderts dauerte drei Tage. Am Konzert in Woodstock beteiligten sich Joan Baez, Janis Joplin (1943–1970), Jimi Hendrix (1942–1970), The Who, The Band, Creedence Clearwater Revival, Blood, Sweat and Tears, Joe Cocker, Carlos Santana und viele andere Berühmtheiten der Popmusik. Die Veranstalter hatten nicht mit derart vielen Besuchern gerechnet. Man schätzt ihre Zahl auf 300.000 bis 500.000, die meisten von ihnen waren im Alter von 16 bis 30 Jahren. Es gab nicht genug Essen und Getränke, und die sanitären Einrichtungen reichten nicht aus. Aber die Veranstaltung ging friedlich und ohne Zwischenfälle zu Ende. Längst Gegenstand von Legenden und ein Kultobjekt besonderer Art bot Woodstock den enthusiastischen jungen Amerikanern, die diese drei Tage erlebten, das unvergeßliche Gefühl, nicht allein zu sein. Man hatte ein neues Gemeinschaftserlebnis, spürte den Hauch einer neuen Welt. Für die etablierte New York Times bedeutete Woodstock dagegen einen „Alptraum von Schmutz und verstopften Straßen".[150]

Auf andere Art stellte die *Pop-Art* seit den 1960er Jahren die Formen und Muster der bisherigen modernen (abstrakten) Kunst in Frage. Ein Künstler wie Andy Warhol (1928–1987) machte die Waren der Supermarktwelt zum Thema seiner Bilder [Abb. 24], aber auch die Berühmtheiten des Tages wie Marilyn Monroe (1926–1962) [Abb. 25]. Warhol verkündete die Botschaft, in Zukunft könne jedermann für 15 Minuten weltberühmt werden. In dem Maße allerdings, in dem Warhol bei den Reichen und Mächtigen als Künstler an Ansehen gewann, in dem Maße verabschiedete er sich auch von den Grundsätzen der Counter Culture, zu der er sich eine Zeitlang bekannt hatte. Er benutzte nun sein malerisches Können auf geschäftsmäßige Weise hauptsächlich, um reich zu werden.

KAPITEL 14

Der American Dream in der Gegenwart – die amerikanische Gesellschaft von innen und außen gesehen

Auf die bewegten sechziger Jahre, auf den Vietnamkrieg und die Watergate-Affäre, die im Sommer 1974 zum Rücktritt Präsident Richard Nixons (1969–1974) geführt hatte, folgte in Amerika ein konservativer Rückschlag, eine *„konservative Revolution"*. Sie erreichte mit der Präsidentschaft Ronald Reagans (1981–1989) ihren Gipfelpunkt, ihre Wirkungen sind bis in die Gegenwart hinein anzutreffen. Die Trendwende zu einem konservativeren Amerika zeigte sich in der Öffentlichkeit, bei den Medien und in der Politik auch im Bekenntnis zu den „traditionellen amerikanischen Werten" [Abb. 1]. Familie, Religion und Moral bilden in dieser Sicht nun wieder die unverrückbaren Grundlagen des Privatlebens. Protestantische Fundamentalisten, katholische Gläubige und neokonservative Mitglieder der jüdischen Religionsgemeinschaft unterstützten den Ruf nach Law and Order und bekannten sich zu einem moralisch erneuerten Amerika. Religiöser Fundamentalismus und politischer Konservatismus gingen – wie schon oft in der amerikanischen Geschichte – ein Bündnis ein. Die Republikanische Partei nutzte diese Stimmung zur Rückkehr in das Weiße Haus und zur zeitweiligen Kontrolle des Kongresses. „Religiös-konservative Amerikaner ... sind inzwischen die einflußreichste Gruppierung innerhalb der Republikanischen Partei."[151] Zum Konzept der konservativen Revolution gehörte die Beschneidung der Rechte der Bundesregierung sowie die Verlagerung von deren Aufgaben auf die Einzelstaaten, Städte und Gemeinden. Staatliche Wohlfahrtspolitik und die Förderung bislang benachteiligter Minderheiten wurden eingeschränkt, die entsprechenden staatlichen Ausgaben wurden gekürzt. Mit massiven Steuersenkungen und dem Abbau hemmender Vorschriften für Investoren strebte die Regierung ein neues Wirtschaftswachstum an. Tatsächlich entstanden in den 1980er Jahren annähernd 15 Millionen neue Arbeitsplätze. In den letzten Jahren setzte sich der Prozeß der ökonomischen Modernisierung fort, weitere Millionen neuer Arbeitsplätze entstanden, und die Konjunktur hält an. Der amerikanische Vorsprung in der Hochtechnologie konnte ausgebaut werden. Grundlegend für diese Veränderungen wurde der Wandel von einer vorwiegend industriellen Gesellschaft zu einer Dienstleistungs- und Informationswirtschaft. In der Industrie arbeiten heute nur noch ca. 17 Prozent der außerhalb der Landwirtschaft beschäftigten Arbeitskräfte. Dagegen sind im Dienstleistungssektor (im weitesten Sinne verstanden) zwei Drittel der Arbeitskräfte beschäftigt. Auf diesen Bereich entfiel der Löwenanteil der neu geschaffenen Arbeitsplätze.

Die Arbeitslosenrate liegt heute unter fünf Prozent, was seit 1970 nicht mehr der Fall gewesen ist. Allerdings hat im gleichen Zeitraum der Anteil der Armen wieder zugenommen. Nach der offiziellen Statistik leben heute (*1993*) insgesamt 39,3 Millionen Amerika-

1 *Russel Lee (* 1903) „The Pledge of Allegiance at the ball field““ – Zuschauer eines Baseball-Spiels am Independence Day 1941 in der Kleinstadt Vale, Oregon.*

ner unterhalb der Armutsgrenze, das sind 15,1 Prozent der Bevölkerung des Landes. Mitte der 1970er Jahre waren es elf bis zwölf Prozent, die zu den Armen des Landes gehörten.

Mit dem *Ende des Kalten Krieges* und dem Zusammenbruch des Kommunismus in der UdSSR und in Osteuropa verblieben die USA als einzige atomare Supermacht im internationalen Geschehen. Ihre außenpolitische und militärstrategische Situation ist heute günstiger im Vergleich mit den Jahren des Ost-West-Konflikts, als mehrfach die Gefahr eines atomaren Weltkrieges bestand. Zwar sind die Strukturen einer „Neuen Weltordnung“, wie sie Präsident George Bush (1989–1993) vorschwebten, bis heute kaum zu erkennen, doch ist der vom Historiker Paul M. Kennedy (* 1945) vor einigen Jahren für sein Land beschworene „Niedergang der Weltmacht“ trotz mancher Krisenerscheinungen in Amerika und trotz der Instabilität des amerikanischen Einflusses in verschiedenen Teilen der Welt noch nicht so recht auszumachen. „Der Kalte Krieg ist vorbei, der Kommunismus ist untergegangen, der Kapitalismus blieb siegreich. In weiten Teilen der Welt gehört der Demokratie und der Marktwirtschaft die Zukunft. Dennoch empfinden sich viele Amerikaner als Verlierer. Offensichtlich hat der Zerfall der einen großen Ideologie auch die Wunden der anderen bloßgelegt; wachsender Zynismus, Entfremdung und eine generelle Unzufriedenheit mit dem politischen System und seinen Repräsentanten sind die Folge.“[152] So beschreibt der Korrespondent der „Zeit“ in den USA, Christian Tenbrock (* 1955), die gegenwärtige Lage des Landes. Der aus Australien stammende, seit fast dreißig Jahren in Amerika lebende Kunstkritiker Robert Hughes (* 1938) meint sogar, das Amerika der späten achtziger und frühen neunziger Jahre sei „ein Abbild des späten Rom, nicht der frühen Republik – derselbe ausgedehnte imperialistische Machtbereich, dieselbe Korruption und Geschwätzigkeit der Senatoren, dasselbe rückhaltlose Vertrauen in die kapitolinischen Gänse (die gefiederten Vorfahren unserer heutigen Meinungsforscher und Medienreferenten). ... Eine Kultur, in der der Mob nicht mehr durch Gladiatorenspiele beschwichtigt wird, sondern durch High-Tech-Kriege auf dem Fernsehschirm, die gewaltiges Blutvergießen verursachen und die mesopotamischen Satrapen dennoch im Vollbesitz ihrer Herrschermacht über ihre unglückseligen Untertanen belassen."[153] Hughes spielt hier natürlich auf den Golfkrieg von 1991 an.

Veränderungen im Gesicht der amerikanischen Bevölkerung

Gegenwärtig (*1998*) leben über 268 Millionen Menschen in den Vereinigten Staaten. Die USA sind nach China (1,3 Milliarden Einwohner) und Indien (936 Millionen) das nach der Einwohnerzahl drittgrößte Land der Welt. Nach den Beobachtungen des Bureau of the Census, des Amts für Statistik der Bundesregierung, zeichnen sich in der Zusammensetzung, in den Wohn- und Lebensverhältnissen der Amerikaner heute deutliche Veränderungen ab. Die ethnische und rassische Verschiedenheit der Amerikaner [Abb. 2] nimmt zu. Man zählt inzwischen neben den 193 Millionen (74 Prozent) Weißen „nichtspanischer" Herkunft (non-Hispanic white) 33 Millionen Afroamerikaner (13 Prozent), deren Anteil an der Bevölkerung im Vergleich mit der Zeit vor und nach dem Zweiten Weltkrieg gestiegen ist. Erheblich zugenommen haben in der Vergangenheit die Amerikaner spanischer bzw. lateinamerikanischer Herkunft (Hispanics). Es sind heute 27 Millionen (zehn Prozent der Bevölkerung der USA), die zur guten Hälfte aus Mexiko, ferner auch besonders aus dem amerikanischen Commonwealth Puerto Rico stammen. Nahezu eine Million Flüchtlinge aus Kuba gehören ebenfalls zu dieser ethnischen Gruppe. Hauptsächlich leben die Hispanics in Kalifornien, im Südwesten der USA, in Texas und Florida. Aber nicht wenige von ihnen wohnen auch in Chicago, in New York City, selbst in Hartford, Connecticut. Schließlich gehören zu den Amerikanern über neun Millionen Menschen, deren frühere Heimat Asien und der Pazifische Raum war, darunter zahlreiche Chinesen, Filipinos, Japaner, Koreaner, zunehmend auch Einwanderer aus Vietnam, Kambodscha und Laos, deren studentische Generation an den Hochschulen des Landes den Ruf genießt, besonders strebsam und leistungsstark zu sein. Nicht zuletzt führt die Volkszählung die 2,2 Millionen Amerikaner (ein Prozent) auf, die zu den nordamerikanischen Indianern bzw. zu den Eskimos gerechnet werden.

Parallel zu diesen Trends der Bevölkerungsentwicklung wächst wieder die Zahl der *Einwanderer*. Ihr Anteil an der Bevölkerung ist heutigentags höher als zu irgendeinem Zeitpunkt seit 1940. Die Einwanderungsgesetze wurden in den vergangenen Jahrzehnten (1965, 1980, 1986, 1990) mehrfach geändert und flexibler gehalten. Im vorletzten Jahr (1996) waren es 900.000 Menschen, die legal einwandern konnten. Zu zwei Dritteln stammten sie aus Mittelamerika und dem Karibischen Raum sowie aus Asien. Mexikaner, Filipinos, Kubaner, Inder, Vietnamesen und Chinesen, aber auch Einwanderer aus Kanada führen den neuen Strom der Einwanderung an. Dagegen kamen aus Europa nur noch 16 Prozent der Neueinwanderer. Die neuen Einwanderungsströme – über zehn Millionen legale Einwanderer zwischen 1971 und 1990 und eine ebenfalls nach Millionen zählende Anzahl illegaler Einwanderer – verstärken das multikulturelle Gesicht Amerikas und bringen eigene rassische, religiöse und kulturelle Komponenten in ihre neue amerikanische Heimat. Die sprachliche

2 *Das multikulturelle Gesicht der Amerikaner in der Gegenwart – das Gesicht der Menge zeigt heute – vor allem in den Städten – ein buntes Gemisch der Rassen und ethnischen Gruppen.*

und religiöse, musikalische oder kulinarische Vielfalt Amerikas verstärkt sich weiter. Angesichts dieser nationalen Vielfalt wird am Ausgang unseres Jahrhunderts die Frage diskutiert, ob in der künftigen Entwicklung der amerikanischen Gesellschaft auf dem Weg in das kommende Jahrhundert die Einheit des Landes gewahrt werden könne, ob die Kräfte und Bestrebungen, welche die Nation zusammenhalten, stärker sein werden als die zentrifugalen Kräfte der unterschiedlichen ethnischen oder rassischen Gruppen. Sicherlich werden künftig ethnische Herkunft und Traditionen der Amerikaner – wie schon in der Vergangenheit – ein vitaler Faktor im Leben des Landes bleiben. Ein Blick auf die Geschichte der ersten multikulturellen Gesellschaft in der Welt – wenn man hier einmal von der noch älteren, aber anders gelagerten Schweiz absieht –, bestätigt jedoch die Erwartung der Wissenschaftler, daß die wirtschaftlichen, politischen und kulturellen Gemeinsamkeiten Amerikas, das Netzwerk sozialer Verbindungen und gemeinsamer Informationen auch künftig eine stärkere Bindekraft haben werden als ethnische oder soziale Spannungen, vorausgesetzt, daß der Abstand zwischen arm und reich – von dem die ethnischen Minderheiten besonders betroffen sind – nicht weiter wächst und dramatische Dimensionen annimmt.

Die Amerikaner erreichen inzwischen ein höheres *Lebensalter* als früher [Abb. 3]. Der Anteil der über 65jährigen Amerikaner wächst rapide, während der Anteil der Kinder und Jugendlichen an der Gesamtbevölkerung zurückgeht. Dies hängt wohl auch mit einer rückläufigen Heiratsfreudigkeit der Amerikaner zusammen. Ehepaare bilden zwar immer noch mit 78 Prozent den größten Teil der amerikanischen Familien, aber ihr Anteil ist seit 1970

3 *Farmersfrau bei der Küchenarbeit in der Blue Ridge Region Virginias 1978.*

um fast zehn Prozent zurückgegangen. Im gleichen Zeitraum stieg der Anteil der Familien, in denen Frauen allein den Haushalt führten und die Kinder großzogen, auf 18 Prozent.

Zugenommen hat auch deutlich der Anteil berufstätiger Frauen. Fast 60 Prozent aller Mädchen und Frauen über 16 Jahre haben in der Gegenwart einen Arbeitsplatz. Die Kinder der arbeitenden Mütter werden zu einem Teil zu Hause von Verwandten oder Nachbarn betreut, während die Mutter bei der Arbeit weilt, oder sie sind in Kindergärten oder Kindertagesstätten untergebracht.

Eine wachsende Zahl der Amerikaner wohnt heute in Großstädten [Abb. 4] und in deren Umland. Es gibt inzwischen 40 metropole Großräume, also Großstädte mit ihrem Umland, die jeweils mindestens eine Million Einwohner aufweisen. Diese Großräume um New York City, Los Angeles, Chicago, Washington, D. C., San Francisco, Houston oder Philadelphia nehmen gegenwärtig die gute Hälfte aller Amerikaner auf. Von den Bewohnern der Großstädte wohnen wiederum annähernd zwei Drittel in den Suburbs außerhalb der Innenstädte.

Dem Besucher des Landes fallen neben den beeindruckenden Skylines der großen Städte immer noch die zahlreichen kleineren Städte und Gemeinden am Rand der Highways auf, in denen das Leben in den meist ein- oder zweistöckigen Häusern ruhiger und behaglicher abzulaufen scheint [Abb. 5] als im Getriebe der Großstadt. Auf dem Land, also in kleinen Gemeinden mit weniger als 2500 Einwohnern, lebt derzeit noch knapp ein Viertel aller Amerikaner.

Die *Wohnverhältnisse*, insbesondere die Ausstattung der Häuser und Wohnungen mit Einbauküchen, Bädern, Klimaanlagen usw., haben sich in den vergangenen Jahrzehnten sehr verbessert. Aber die Kosten für das eigene Haus bzw. für die Mietwohnung sind in den letzten beiden Jahrzehnten ebenfalls kräftig gestiegen. Wohn- bzw. Hauseigentum ist allgemein verbreitet anzutreffen, zwei Drittel der Wohneinheiten des Landes gehören zu dieser Kategorie. Mehr als die Hälfte davon ist mit einer Hypothek belastet. Die Ausgaben für die Wohnung nehmen in diesem Fall durchschnittlich 22 Prozent des Einkommens des Inhabers in Anspruch. Bei Mietwohnungen liegt dieser Anteil sogar bei 29 Prozent des Einkommens. Zugenommen haben auch die Kosten für gesundheitliche Betreuung, nicht zuletzt durch die steigenden Kosten der privaten Gesundheitsversicherung, die von 85 Prozent aller Amerikaner abgeschlossen wurde.

Schließlich läßt die Statistik auch – im Vergleich mit der vorangehenden Generation junger Amerikaner – eine Verbesserung oder zumindest Erweiterung der Schul- und Hochschulbildung erkennen. Danach haben heute vier von fünf Amerikanern im Alter über 25 Jahre eine High School besucht und einer von fünf Amerikanern verfügt über einen

4 *Seattle, Washington – die nordwestlichste Großstadt des Landes – mit gegenwärtig einer halben Million Einwohnern.*

5 *Die Mainstreet in Charlottesville, Virginia, in sonntäglicher Ruhe.*

6 *Obdachloser Jugendlicher in New York City, der bereits drei Jahre auf der Straße lebt. Die Aufnahme stammt aus dem Jahr 1990.*

Hochschulabschluß. Kinder aus einkommensschwachen Familien oder von Angehörigen einer Minderheit (Afroamerikaner, Hispanics) verlassen allerdings wesentlich häufiger als ihre übrigen Altersgenossen die High School vorzeitig. Ihre Bildungschancen sind entsprechend geringer.

Auf die fast 40 Millionen Amerikaner, die gegenwärtig unterhalb der offiziellen Armutsgrenze leben, wurde bereits hingewiesen. Besonders betroffen davon sind die schwarzen Amerikaner, von denen ein Drittel zu den Armen zählt, sowie die Amerikaner spanischer Abstammung, die mit 30 Prozent fast ebenso stark vertreten sind. Zum alltäglichen Erscheinungsbild amerikanischer Städte gehören die Obdachlosen, die Homeless [Abb. 6], die seit längerer Zeit zu einem gravierenden sozialen Problem geworden sind. Ihre Zahl wird auf ein bis drei Millionen geschätzt. Sie leben auf den Straßen und in den Anlagen der Großstädte, kampieren in leidlich vor der Kälte geschützten Eingängen der Untergrundbahnen, wohnen in den Tunneln unter der Stadt New York und anderswo. Hauptsächlich sind sie auf private oder kirchliche Hilfe angewiesen, ohne daß staatliche Maßnahmen zur Bekämpfung der Obdachlosigkeit bisher eine grundsätzliche Lösung dieses Problems erreicht hätten.

Der American Way of Life in der Gegenwart

Europäische Besucher und Kenner der amerikanischen Verhältnisse wie Fernseh- und Zeitungskorrespondenten, Politologen, Soziologen oder Historiker widmen der charakteristischen Lebensweise der Amerikaner in ihren Beobachtungen heute eine ähnliche Aufmerksamkeit wie die englischen, französischen oder deutschen Amerikareisenden des 19. Jahrhunderts (vgl. Kap. 5). Eine Gruppe junger deutscher Journalisten, die als Stipendiaten für einige Zeit in den USA weilte, gab ihren Impressionen von Land und Leuten den Titel „Den ‚American Way of Life' entlang". Im Geleitwort von Theo Sommer (* 1930), einem der Herausgeber der Wochenschrift „Die Zeit", hieß es: „Die Vereinigten Staaten sind das große Laboratorium menschlicher Möglichkeiten, gesellschaftlichen Zusammenlebens, politischen Gestaltens. Immer im Aufbruch; immer überzeugt, daß sich der Gründungsakt der Republik alle vier oder acht Jahre wiederholen ließe; immer auf der Suche nach dem Neuen Jerusalem, der hochgebauten Stadt."[154] Man ist sich der Vielfarbigkeit, Beweglichkeit und Widersprüchlichkeit des amerikanischen Alltags und der Lebensweise der Amerikaner bewußt, die sich schwer verallgemeinern lassen. Dieter Kronzucker (* 1936), der ZDF-Korrespondent in Washington während der ersten Hälfte der achtziger Jahre, schließt seine persönlichen Beobachtungen mit dem Satz eines Freundes: „Amerika ist so groß – was immer du sagst, stimmt. Und das Gegenteil vermutlich auch."[155]

Dennoch lassen sich einige Konturen nachzeichnen, die für das amerikanische Alltagsleben der Gegenwart charakteristisch zu sein scheinen.

Die *Einkommenssituation der Amerikaner* entwickelte sich in den letzten Jahren uneinheitlich. Die jährlichen Durchschnittseinkommen (Löhne und Gehälter) der Amerikaner betrugen Anfang der neunziger Jahre 23.227 Dollar. Große Einkommensunterschiede bestehen zwischen Amerikanern mit einem geringen Bildungsgrad (ohne High-School-Abschluß bzw. lediglich mit einem High-School-Abschluß) am unteren Ende der Skala, die über 12.800 bzw. 18.700 Dollar jährlich verfügen, und denjenigen, die ein Hochschulexamen abgelegt haben und zwischen 32.600 und 49.000 Dollar jährlich verdienen. Eine exakte

Aussage darüber, ob die Familieneinkommen in den letzten Jahrzehnten real gestiegen sind, ist schwer zu treffen. Der erhebliche nominelle Zugewinn ist durch die gleichzeitig erfolgte Geldentwertung nahezu ausgeglichen worden. Das Preisniveau wichtiger Konsumgüter und Dienstleistungen hat sich in den zwei Jahrzehnten bis zur Mitte der neunziger Jahre fast verdreifacht. Daher geht man häufig von einer Stagnation des Lebensstandards in den letzten 15 bis 20 Jahren aus. Allerdings gilt der Lebensstandard der amerikanischen Mittelschicht weiterhin als der höchste der Welt. Dies gilt insbesondere für die Wohnverhältnisse der Mehrzahl der Amerikaner, die heute – wie schon gesagt – zu zwei Dritteln in geräumigen Einfamilienhäusern wohnen, die meist ihr (oft mit Hypotheken belastetes) Eigentum sind und deren Ausstattung mit Badezimmern, elektrischen Geräten für die Küche, den Haushalt und die Freizeit beeindruckende Werte erreicht hat.

Die Aufwendungen eines durchschnittlichen amerikanischen Haushalts für die Wohnung sind mit ca. 30 Prozent des Familienbudgets in der Regel höher als in Deutschland. Dafür liegen die Aufwendungen für Nahrung (zwölf bis 13 Prozent) und Kleidung (drei bis vier Prozent) unter den deutschen Werten. Amerikaner und Amerikanerinnen kleiden sich – vor allem im Privatbereich – lässiger als in Deutschland. Weniger als ein Drittel der Amerikaner tragen regelmäßig eine Krawatte. „Wir wurden stetig zwangloser sowohl in der Kleidung als in den Manieren, und neue Moden entstanden in der Tendenz eher auf der Straße als innerhalb der Oberklasse. Dennoch läßt die Kleidung deutlich Klasse, Geschlecht und Status ihres Trägers erkennen. Heute, wo Frauen Hosen fast so oft wie Männer tragen und an der Seite von Männern in fast allen Berufen arbeiten, sind wir nicht länger sicher, wie Männer und Frauen in ihrer Kleidung unterschieden werden können.“[156]

Bei alldem bestehen weiterhin große *Unterschiede zwischen Reichtum und Armut* im Land. Die beiden oberen zwei Fünftel der Bezieher von Einkommen verfügen heute in Amerika über 70 Prozent aller Einkommen. Die obersten fünf Prozent der Einkommensbezieher realisieren allein 20 Prozent davon. Dagegen haben die beiden unteren Fünftel der Bezieher von Einkommen nur einen Gesamtanteil von 14 Prozent an den jährlichen Einkommen. Die Spannbreite zwischen Reichtum und Armut ist in Amerika in der letzten Zeit wieder größer geworden. Dadurch sind auch die zeitweiligen Tendenzen zu einer relativen Abschwächung der Einkommensunterschiede, wie sie in den vierziger Jahren verzeichnet werden konnten, wieder wettgemacht worden. Verantwortlich für die erneut krasser auftretenden Einkommensunterschiede ist die seither massenweise Beschäftigung von schlechtbezahlten Arbeitskräften, häufig sind es Frauen oder die neu auf den Arbeitsmarkt hinzukommende große Zahl der Kinder des Babybooms der Nachkriegszeit. Ferner wird die Kluft in den Einkommen der relativ kleinen Zahl von gut ausgebildeten Beschäftigten auf der einen Seite und der viel größeren Zahl der in dieser Hinsicht weniger gutgestellten Arbeitskräfte auf der anderen Seite wieder größer. 1990 mußten fast 15 Millionen Arbeiter und Arbeiterinnen, das waren 18 Prozent der voll arbeitenden Beschäftigten, mit Löhnen auskommen, die gerade an der Armutsgrenze oder sogar darunter lagen.

Die *Ausgaben für Gesundheit* belasten – um so mehr nach dem bisherigen Scheitern der von Präsident Clinton (seit 1993) angestrebten Gesundheitsreform – erheblich die privaten amerikanischen Haushalte. Mit Ausnahme von Medicare, der unter Präsident Johnson 1965 eingeführten Gesundheitsreform zugunsten alter Menschen, gibt es keine obligatorische gesetzliche Krankenversicherung. Die Mehrheit der Amerikaner verfügt über eine private Krankenversicherung. Dadurch sind in der Regel die Krankenhauskosten gedeckt, teilweise auch die Arztkosten, in geringerem Umfang die Zahnarztkosten und am wenigsten die Ausgaben für Medikamente. Neben den privat Versicherten gibt es um 30 Millionen Amerikaner unter 65 Jahren, die bisher keinen Versicherungsschutz genießen. Auch besteht in Amerika keine bundeseinheitliche Regelung für die Lohnfortzahlung im Krankheitsfall.

Im Laufe des 20. Jahrhunderts ist die *Sterblichkeitsrate* in den Vereinigten Staaten kontinuierlich gesunken und liegt heute (1994) bei 8,9 Todesfällen pro 1000 Einwohner im Jahr. Zu Beginn des Jahrhunderts lag diese Rate noch bei 17,2 Sterbefällen auf 1000 Einwohner. Die Lebenserwartung liegt in Amerika heute erheblich über den Werten am Beginn dieses Jahrhunderts und beträgt jetzt (1993) 72,1 Jahre für Männer und 78,9 Jahre für Frauen. 1900 schwankten die entsprechenden Werte um 47 Jahre. Damals starben Zehntausende an Tuberkulose, Typhus oder Lungenentzündung. Kinderkrankheiten nahmen oft einen bedrohlichen Verlauf mit tödlichem Ausgang. Die Kinderlähmung trat zeitweilig als Epidemie auf, tötete oder verkrüppelte Tausende Menschen. Fast ein Viertel aller Amerikaner (23 Prozent) erreichte am Beginn dieses Jahrhunderts nicht einmal das Alter von 20 Jahren. Heute sterben nur noch zwei Prozent der Amerikaner vor dem Erreichen des 20. Lebensjahres, fast drei Viertel aller Todesfälle ereignen sich in der Altersgruppe der über 64jährigen Amerikaner. Die mit Abstand häufigsten Todesursachen sind derzeit Herzkrankheiten (32,1 Prozent), Krebs (23,5 Prozent), Schlaganfälle (6,8 Prozent), chronische Lungenerkrankungen wie chronische Bronchitis (4,5 Prozent), Unfälle (3,9 Prozent, darunter Autounfälle 1,8 Prozent), Lungenentzündung und Grippe (3,6 Prozent), Diabetes (2,4 Prozent), AIDS (1,8 Prozent), Selbstmord (1,4 Prozent) und Lebererkrankungen (1,1 Prozent). Im Vergleich mit früheren Zeiten zeigt sich bei den Todesursachen ein charakteristischer Rückgang der traditionellen Infektionskrankheiten, die alle Altersgruppen, vor allem aber die jüngere Generation erfaßten. An deren Stelle traten als hauptsächliche Todesursachen chronische und/oder mit dem Altern verbundene Krankheiten, die in erster Linie die ältere Generation heimsuchen. Neu hinzugekommen ist die früher unbekannte Infektionskrankheit AIDS [siehe unten], die sich seit den 1980er Jahren hauptsächlich unter der jüngeren Generation rasch verbreitet hat und heute jährlich über 40.000 Opfer fordert.

Die im Laufe des Jahrhunderts bis heute erfolgten Veränderungen hinsichtlich der Sterbehäufigkeit, Lebenserwartung und Sterbeursachen haben einen spürbaren Einfluß auf das Leben der Amerikaner, auf ihre Altersstruktur und ihren Gesundheitszustand. Paradoxerweise kann man trotz sinkender Sterbezahlen, längerer Lebenserwartung, trotz der medizinischen Fortschritte und dem – in aller Regel feststellbaren – Rückgang der Infektionskrankheiten nicht einschränkungslos feststellen, daß die Amerikaner heute gesünder leben als in früheren Epochen in diesem Jahrhundert. Der Rückgang der Sterblichkeit und die verlängerte Lebenserwartung waren jedenfalls von einem steigenden Krankenstand und von wachsenden Ausgaben für die gesundheitliche Betreuung begleitet.

Die amerikanischen *Ernährungsgewohnheiten* werden nach wie vor durch die Vorliebe für Milchprodukte, Fleisch, Mehl und zuckerhaltige Nahrungsmittel bestimmt. Nur eine Minderheit der Amerikaner ernährt sich gesundheitsbewußt. Auffällig ist der hohe Prozentsatz übergewichtiger, vielfach junger Amerikaner. „Fast-Food"-Produkte der Restaurantketten von MacDonald's, Burger King, Pizza Hut, Diner [Abb. 7] oder Taco Bell bleiben sehr beliebt. Im statistischen Durchschnitt verzehrt jeder Amerikaner 92 „Hot Dogs" pro Jahr. Mitte der achtziger Jahre speiste ein Drittel der Amerikaner täglich außerhalb des

7 *Red Robin Diner an der Main Street in Johnson City, New York – die Diner-Kette gehört zu den klassischen Schnellrestaurants in Amerika.*

eigenen Haushalts. „Fast Food erneuerte die amerikanischen Essengewohnheiten. Der Verbrauch von Speiseöl und eingefrorenen Kartoffeln (Pommes frites) stieg sprunghaft an. Für diejenigen, die zu Hause blieben, boten verpackte Fertiggerichte eine preiswerte Zeitersparnis, besonders Erzeugnisse, die in der Mikrowelle heiß gemacht werden konnten. Die erste für den Haushalt bestimmte Mikrowelle, die Amana Radarange, kam 1967 auf den Markt. 1980 fand man Mikrowellen-Herde in 19 Prozent der amerikanischen Haushalte, acht Jahre später in 70 Prozent der Heime."[157] Nahrungsmittel sind in Amerika vergleichsweise im Überfluß und relativ billig vorhanden. „Amerikaner essen gern und viel. Wenn an nationalen Festtagen oder beim Reitturnier oder auf einem Freiluftkonzert die Picknickkörbe ausgepackt werden, stellen sich Vergleiche mit dem Schlaraffenland ein. Auf jedem Halt, den das Tourmobil einer großen Sightseeing-Agentur vor Washingtons Monumenten macht, versorgen sich die Touristen mit Jelly Beans und Hamburgers, mit Icecream und Doughnuts. Fast scheint es, als ob viele Amerikaner essen, um dem Hunger vorzubeugen, nicht um ihn zu stillen."[158]

Andererseits gibt es seit längerer Zeit Bemühungen, einer gesunden Lebensweise den Weg zu bahnen. Seit den sechziger Jahren wird in der Öffentlichkeit verstärkt vor den gesundheitlichen Schäden des Rauchens gewarnt. Die USA waren das erste Land, in dem die Zigarettenhersteller gezwungen wurden, bei ihren Erzeugnissen auf die Gefährlichkeit des Rauchens hinzuweisen. Immer mehr – ausgehend von der Westküste – verbreiten sich Einschränkungen, die das Rauchen in Betrieben, in öffentlichen Gebäuden und in ähnlichen

Einrichtungen einschränken oder ganz verbieten. Der Konsum von Zigaretten und von Spirituosen soll in den vergangenen 20 Jahren leicht zurückgegangen sein.

Die Freizeit der Amerikaner verfügt heute – in Abhängigkeit von der Verkürzung der Wochenarbeitszeit – über ein größeres Zeitbudget als in der Vergangenheit. Die durchschnittliche Arbeitszeit in Bergbau und Industrie, Handel und Dienstleistungen liegt heute (1994) bei 35 Stunden in der Woche. In den USA wurde frühzeitig mit dem *Fair Labor Standards Act* (1938) die Vierzigstundenwoche eingeführt, in deren Konsequenz ein zweitägiges Wochenende für die Berufstätigen möglich wurde. Freizeit und Muße nahmen in früheren Jahrhunderten einen wichtigen Platz vor allem im Leben der wohlhabenderen Amerikaner ein. Dagegen ließen damals der lange Arbeitstag der Farmer auf dem Land oder der Arbeiter in der Fabrik und der Umfang der Hausarbeit ihrer Ehefrauen beim Kochen, Waschen und in der Kindererziehung – wenn sie nicht gar mitarbeiteten – für die Freizeit und Muße der Mehrheit der Amerikaner wenig Zeit übrig. Im 20. Jahrhundert wurde die Freizeit dann auffallend demokratisiert: „Im Kampf um Freizeit haben die amerikanischen Arbeiter des 20. Jahrhunderts einen ihrer größten Erfolge erreicht. In der Tat hat sich die Freizeit im 20. Jahrhundert tiefgreifend und gründlich verändert."[159] Was den bezahlten Urlaub betrifft, ist allerdings ein auf zwei Wochen beschränkter Urlaubszeitraum weiterhin die verbreitete Regel. Dennoch erlauben es die gestiegenen Löhne und Gehälter, das verlängerte Wochenende und der bezahlte Urlaub den Arbeitern und Angestellten inzwischen, sich Freizeitbeschäftigungen zu widmen, die früher den Reichen vorbehalten waren. Dennoch bestehen weiter soziale Grenzen. Ein Stahlarbeiter wird in der Regel nicht einem Jachtklub angehören. Schwarze, jüdische oder katholische Amerikaner werden selten in den exklusiven Countryklubs der WASP, der weißen, angelsächsischen, protestantischen Amerikaner, zugelassen.

Die Freizeit kann auf sehr unterschiedliche Weise genutzt werden. Stunden der Erholung und Muße, Betätigung zum eigenen Vergnügen, Ausübung der verschiedenen Hobbys, Spiele, Geselligkeit, ein Kinobesuch gehören ebenso dazu wie das Familienleben, der Umgang mit Freunden und Verwandten, das Vereinsleben, Ausflüge, Reisen, Sport oder das allgemein beliebte Shopping, das Einkaufen, das für viele Amerikaner eine der schönsten Freizeitbeschäftigungen ist.

Von signifikanter Bedeutung sind im privaten Leben der Amerikaner die persönlichen Verbindungen und Kontakte mit Freunden im Rahmen der Freizeit. Ein wichtiger Bestandteil des privaten Lebens sind die Mitarbeit in kommunalen Vereinen, in den Elternräten der Schulen oder im kirchlichen Gemeindeleben.

Einen erheblichen Anteil an der Freizeitkultur hat das *Fernsehen.* Fernsehgeräte sind in 98 Prozent aller Haushalte zu finden. Inzwischen verfügen fast zwei Drittel (63,4 Prozent) der amerikanischen Haushalte über Kabelfernsehen. 85 Prozent der Haushalte besitzen einen Videorecorder. Widersprüchlich sind die Aussagen zum Anteil des Fernsehens am Freizeitverhalten der Amerikaner. Während ein Historiker (Paul Boyer) für 1990 eine durchschnittliche Zeitspanne von 7 Stunden 21 Minuten angibt, die jeder Amerikaner täglich vor dem Fernsehgerät verbringt, sprechen andere amerikanische Untersuchungen von durchschnittlich 4,5 Stunden, die Amerikaner (1985) vor den Fernsehgeräten geweilt hätten. Damit sind offenbar die Zeiten gemeint, in denen das Gerät eingeschaltet war *und* mindestens eine Person sich gleichzeitig im Raum befand. Reduziert man die Fernsehgewohnheiten auf die *reale* Zeitspanne, in der tatsächlich das Fernsehprogramm aufmerksam verfolgt wird, so ergeben sich niedrigere Durchschnittswerte. Sie sollen (1985) für Männer bei 132 Minuten pro Werktag und für Frauen bei 105 Minuten pro Werktag liegen, wobei die älteren Menschen, Männer und Frauen, die über 55 Jahre alt sind, die längste Zeit vor den Fernsehgeräten sitzen.

Es heißt, daß der Fernseher als erstes elektrisches Gerät in den amerikanischen Haushalten am Morgen angeschaltet und als letztes Gerät am Abend ausgeschaltet wird. Das Fernsehen dominiert die Informationen, welche die meisten Amerikaner beziehen, und ebenso die Interpretation dieser Informationen, seien dies nun Meldungen aus dem eigenen Land, Nachrichten vom Weltgeschehen oder Informationen aus der Sphäre des täglichen Lebens. Shows wie Seinfeld oder Home Improvement, Rate- und Gewinnspielsendungen wie Wheel of Fortune oder Jeopardy, Fernsehserien wie M*A*S*H (1983), Dallas (1980) oder Roots (1977) und Übertragungen des Super Bowl zwischen den beiden führenden Mannschaften im Football, aber auch Filmklassiker wie Gone With the Wind erfreuen sich besonderer Beliebtheit in der Gunst der amerikanischen Fernsehzuschauer. Einzelne Fernsehsender widmen sich ausschließlich einem Gebiet: ESPN (1979), der beliebteste Sender im Kabelfernsehen, dem Sport, MTV (1981) als reiner Musiksender der Popmusik, CNN (1980), der am meisten gesehene Nachrichtensender, den Tagesaktualitäten. An alldem hat die Werbung einen großen Anteil und ein enormes Gewicht. Ein großer Teil der Werbeausgaben – 30 Milliarden Dollar von insgesamt 55 Milliarden Dollar im Jahr 1994 – geht an die Fernsehsender bzw. fließt in das Fernsehen. Der Film- und Fernsehautor David Karp (* 1922) meinte bereits vor 30 Jahren: „TV ist nicht eine Kunstform oder ein Kulturkanal, es ist ein Medium der Werbung.“[160]

Durch den Einfluß des Fernsehens wurde der private, häusliche Anteil der Freizeit offensichtlich verstärkt. Noch mehr als das Radio – das nach wie vor nahezu in jeder Wohnung und in vielen Autos anzutreffen ist – hielt das Fernsehen die Amerikaner während ihrer Freizeit in den eigenen vier Wänden fest und brachte die Außenwelt in die private Sphäre. Nach einer aktuellen Studie widmet der Amerikaner ein Drittel seiner Freizeit an Arbeitstagen und ein Viertel der Zeit am Wochenende dem Fernsehen. Alle anderen hauptsächlichen Freizeitaktivitäten folgen mit deutlichem Abstand: geselliger Verkehr mit anderen liegt mit zehn Prozent des Zeitbudgets auf dem zweiten Platz, danach kommen Lesen (sechs Prozent), Shopping (drei Prozent) sowie Erholung und Muße außerhalb der eigenen vier Wände (2,5 Prozent).

Mit der Entwicklung der *Computertechnik*, die in den USA begründet wurde und wesentliche Impulse erhielt, steht auch der Freizeitbeschäftigung ein Medium mit wachsender Verbreitung zur Verfügung. Computerspiele sind nicht nur bei Kindern und Jugendlichen beliebt, die Benutzung einer kommerziellen Mailbox, wie zum Beispiel des bereits 1969 eingerichteten CompuServe, bietet Datenbanken, Informationen und Diskussionspartner für nahezu jedes Interessengebiet und verfügt zudem über ein elektronisches Kaufhaus, in dem man vom eigenen Schreibtisch aus einkaufen kann. Das Surfen im Internet, vor drei Jahrzehnten in den USA entstanden, ermöglicht den Zugang zu einem weltweiten „Information Superhighway“, zu einem Computernetzwerk, an dem bereits nahezu 160 Länder der Welt beteiligt sind. Etwa 35 Prozent aller amerikanischen Haushalte verfügen heute (1995) über einen Computer. Fast zwei Drittel (59 Prozent) der Kinder und Jugendlichen im Alter von drei bis 17 Jahren kennen sich mit Computern aus und nutzen sie auf verschiedene Weise. Die wachsende Verbreitung der Computer in den Unterrichtsräumen der Schulen und den Wohn- und Kinderzimmern der amerikanischen Haushalte zieht Konsequenzen für das Alltagsleben nach sich, die in ihrem Umfang noch gar nicht abzusehen sind. Begriffe wie „elektronische Revolution" und „Informationsgesellschaft" deuten an, daß mit der Sammlung, Verarbeitung und Weitergabe von Informationen mittels des Computers eine revolutionäre Veränderung auch im Alltagsleben vor sich geht.

Fernsehen und Computer ersetzen – vor allem bei Kindern und Jugendlichen – vielfach das Lesen. Soziologische Untersuchungen in der Tradition der berühmten Middletown-Studien der Lynds in Muncie, Indiana [vgl. Kap. 11], fanden gegen Ende der 1970er Jahre heraus, „daß Eltern sich darüber beklagten, das Fernsehen habe die Bücher vertrieben".[161] Andere Autoren widmen sich der Krise des amerikanischen Bildungswesens, die dazu führe, daß – nach einer Erhebung über die Ergebnisse der Schulbildung – 40 Prozent der 17jährigen keine Schlußfolgerungen aus schriftlichem Material ableiten können. Nur 25 Prozent der Probanden vermochten – nach dieser Untersuchung – einen zusammenhängenden Aufsatz zu schreiben. Wolf von Lojewski (* 1937), der ARD-Korrespondent in Washington zwischen 1987 und 1992, bestätigt die Kritik am amerikanischen Erziehungssystem. Es gebe in Amerika mehr und mehr Zweifel daran, ob es tatsächlich gut sei, den Alltag und vor allem die Erziehung der Jugend so stark zu automatisieren und auf die Nutzung des Computers abzustellen. „Eine Studie nach der anderen kommt bei Vergleichen des amerikanischen Erziehungssystems mit den Ausbildungswegen in anderen Ländern zu wenig schmeichelhaften Zensuren für die USA. Es werde zwar an Amerikas Schulen eine Menge an Grundwissen gepaukt. Doch vor zweistufige Aufgaben gestellt, beim Versuch, selbständig Schlußfolgerungen zu ziehen, mehrere Informationen miteinander zu verbinden, versage die computerverwöhnte Jugend Amerikas und lande bei allen internationalen Wettbewerben auf einem der unteren Plätze."[162] So ist es auch kein Zufall, daß Präsident Clinton in seiner zweiten Amtszeit die Reform der amerikanischen Bildung als eine zentrale Aufgabe ansieht.

Allerdings sollte man sich dennoch über eine Tatsache nicht täuschen: Bücher, Zeitschriften und Zeitungen haben in den Vereinigten Staaten heute durchaus Konjunktur. Etwa ein Drittel der 55 Milliarden Dollar jährlicher Aufwendungen für Werbung geht nach wie vor an Zeitungen und Zeitschriften. Die großen überregionalen Zeitungen „Wall Street Journal", „USA Today", „New York Times", „Los Angeles Times" haben Auflagen zwischen ein und zwei Millionen Zeitungen täglich, die „Washington Post" kommt auf 800.000 Exemplare. Die im Umsatz stärksten Zeitschriften wie *Modern Maturity* (21,7 Millionen Auflage), ein Magazin für die Amerikaner über Fünfzig, *Reader's Digest* (15 Millionen) oder *TV Guide* (14 Millionen) erreichen Auflagen zwischen 14 und 21 Millionen. Das vorzügliche *National Geographic Magazine* erreicht – mit seinen exzellenten Beiträgen und Bildern über die verschiedensten Länder der Welt – erstaunliche neun Millionen Exemplare. Anders als die Magazine haben allerdings die Zeitungen, deren Zahl und Auflagenhöhe langfristig abnimmt, am ehesten von den Druckmedien unter der Konkurrenz des Fernsehens zu leiden. Comic Books, die populären Bindeglieder zwischen Druckmedien und visuellen Medien, haben weiterhin einen großen Leserkreis, vor allem unter jugendlichen Amerikanern.

Die Ausgaben der Amerikaner für Bücher liegen erheblich über den – allerdings erschwinglichen – Ausgaben für Fernsehen, Videorecorder und Hi-Fi-Geräte. Jährlich erscheinen über 50.000 Bücher im Land, in erster Linie Sachbücher, aber auch Belletristik und Jugendbücher. Umfragen zeigen, daß die Hälfte der Amerikaner regelmäßig Bücher

8 *Footballspiel der Redskins. Washington, D.C. 1990.*

liest, am meisten die 16- bis 20jährigen. Nur eine kleine Minderheit der Bevölkerung liest überhaupt nicht, wobei auch von Einfluß ist, daß sich die Rate der Analphabeten unter den Erwachsenen in den amerikanischen Bundesstaaten zwischen sechs Prozent (Utah) und 16 Prozent (New York und Texas) bewegt.

Der *Sport* bietet eine weitere populäre Möglichkeit für die Nutzung der Freizeit. Millionen von Amerikanern betätigen sich regelmäßig in der einen oder anderen Sportart. Aerobic, Gymnastik, Jogging oder Laufwettbewerbe, Schwimmen, Volleyball, Golf, Tennis und zahlreiche Sportarten, die der Erholung und einer gesunden Lebensweise zugute kommen, sind überall im Land verbreitet. Sehr beliebt ist – an der Grenze zwischen Sport und Muße – das Fischen in Flüssen und Binnenseen bzw. auf dem offenen Meer. Das Angeln und Fischen ist überhaupt eine alte Leidenschaft vieler Amerikaner. Anders als in Deutschland ist nicht der Sportverein das Zentrum sportlicher Betätigung in der Leichtathletik, im Schwimmen oder bei den Ballspielen. Vielmehr sind in der Regel die Colleges oder kommerzielle Vereine die Träger der Sportmannschaften. Für die exklusiveren Sportarten der oberen Mittelklasse – Tennis und Golf – bieten die Countryklubs den gesellschaftlichen Rahmen.

Sport ist heute ein allgegenwärtiger Teil des täglichen Lebens. Populäre Sporthelden sind überall in der Werbung anzutreffen. Sportwettkämpfe werden laufend im Fernsehen übertragen. Der Sport, besonders der spektakuläre Sportwettkampf von Berufssportlern, zieht viele Zuschauer magnetisch an, die auf diese Weise, als Besucher in Sportstadien, einen Teil ihrer Freizeit verbringen. Die größte Beliebtheit unter den Zuschauern erreichen Sportarten mit einer länger zurückreichenden Tradition in Amerika wie Basketball, Football [Abb. 8], Baseball und Eishockey. Viele Millionen Zuschauer werden von Autorennen oder Pferderennen angezogen. Tennis und Boxen liegen ebenfalls in der Zuschauergunst auf einem vorderen Platz.

Seit dem Zweiten Weltkrieg haben *Erholungs- und Urlaubsreisen* der Amerikaner signifikant zugenommen. Mit der massenhaften Verbreitung des Autos, dem Ausbau der Highways und der Verbilligung von Flugreisen einerseits und der Verkürzung der Arbeitswoche und steigender Einkommen andererseits erweiterten sich gerade diese Freizeitmöglichkeiten. Die Reiseindustrie (Hotels, Motels, Fluggesellschaften u. ä.) hat seit langem Konjunktur und beschäftigte Mitte der achtziger Jahre fast neun Millionen Menschen. Millionen von Amerikanern verbrachten den Urlaub außerhalb der eigenen Landesgrenzen, in Europa, Mittel- und Südamerika oder in anderen Teilen der Welt. Die überwiegende Mehrheit der reisenden Amerikaner war allerdings in den Ferien oder am Wochenende im eigenen Land unterwegs. Anziehungspunkte dieser Inlandsreisen sind die natürlichen

9 *Der Bryce Canyon in Utah steht mit seinen bizarren Felsen und leuchtenden Farben seinem größeren Bruder – dem Grand Canyon – an Schönheit kaum nach.*

10 *Der Great Fall im Yosemite National Park ist der höchste Wasserfall des Landes.*

Attraktionen in den Nationalparks, überhaupt der Aufenthalt in der Natur, aber auch die Besichtigung der Sehenswürdigkeiten der großen und kleineren Städte des Landes mit ihren Museen, historischen Schauplätzen und Denkmalen, den Stätten der nationalen Tradition wie Washingtons Landsitz Mount Vernon oder Jeffersons Landgut Monticelli in Virginia. Dem europäischen Reisenden fällt bei einem Besuch dieser Anziehungspunkte in der Urlaubszeit auf, in welcher Zahl, mit welcher Aufmerksamkeit und welchem Interesse Amerikaner aller Altersstufen sowie aller Rassen und ethnischen Gruppen die Nationalparks, Museen und historischen Monumente bevölkern und erleben. Dazu kommen die (1994) 45 Millionen auswärtigen Gäste der USA, die vor allem aus Kanada, Mexiko, Japan, Großbritannien, Deutschland und anderen Ländern in Millionenzahl das Land besuchen. An der Spitze der Beliebtheit liegen als heimische Reiseziele Kalifornien, Florida, New York, Texas und Illinois. 1994 kamen in die vom National Park Service verwalteten Naturgebiete 269 Millionen Besucher. Hauptattraktionen sind dabei die Golden Gate National Recreation Area in Kalifornien, also das Gebiet um die Golden Gate Bridge, mit seiner einzigartigen Verbindung von Natur und Technik, wo allein 15 Millionen Besucher Entspannung und Erholung suchten. Noch mehr Besucher (17 Millionen) zog der in der Roosevelt-Ära geschaffene Blue Ridge Parkway zwischen Virginia und North Carolina an, diese einmalige Autostraße auf dem Kamm der Blue Ridge Mountains mit weiten Ausblikken in die Landschaft. Zu den spektakulärsten Attraktionen zählen natürlich der Grand Canyon National Park in Arizona und der Bryce Canyon in Utah [Abb. 9], ebenso wie auch

11 *Old Faithful – der viel bewunderte Geysir im Yellowstone National Park.*

der Yosemite National Park, Kalifornien, mit dem höchsten Wasserfall des Landes [Abb. 10] und der Yellowstone National Park in Wyoming, der älteste Nationalpark Amerikas, mit seinem berühmten Geysir „Old Faithful" [Abb. 11], den vielen heißen Quellen, Wasserfällen und eindrucksvollen Canyons. Zu den bestaunten Attraktionen dieses Nationalparks zählen Grizzly, Elch und Bison, die dort noch in der freien Natur vorkommen und – jedenfalls was Bison und Elch betrifft – eher zutraulich wirken. Die große Zahl weiterer Naturwunder [Abb. 12] ist gleichermaßen bei den Amerikanern von heute beliebt.

Erhebliche Veränderungen zeigten sich in den letzten Jahrzehnten im *Familienleben* und in den *Beziehungen der Geschlechter.* Im Nachkriegsamerika bestand bis in die 1960er Jahre hinein die typische amerikanische Familie in 70 Prozent aller Haushalte aus dem berufstätigen und Geld verdienenden Vater, sowie aus der an den Haushalt gebundenen Mutter und ihren Kindern. Heute findet man nur noch in weniger als 15 Prozent aller Haushalte diesen Familientyp, unter anderem auch deshalb, weil über die Hälfte der verheirateten Frauen und Mütter inzwischen berufstätig ist. Die Scheidungsrate, seit Mitte des 19. Jahrhunderts im Steigen begriffen, erreichte im Verlauf der 1970er Jahre einen neuen Höhepunkt und liegt auch heute weiterhin recht hoch. Parallel dazu vergrößerte sich die Zahl der Familien, in denen die Kinder nur bei einem Elternteil, in der Regel bei der Mutter, aufwachsen. Ungefähr ein Drittel aller Kinder wächst heute getrennt von ihrem Vater heran.

Auch andere traditionelle Familiennormen bestehen nicht mehr unangefochten weiter. Die Heiratsrate geht zurück, das durchschnittliche Heiratsalter steigt bei Männern wie Frauen wieder an und liegt heute bei 26,5 Jahren bei Männern und 24,5 Jahren bei Frauen. Die Schwangerschaft von Teenagern nimmt auffallend zu. Andererseits geht die durchschnittliche Kinderzahl der amerikanischen Mütter zurück. Sie hat seit 1950 um die Hälfte abgenommen. Auf jede Mutter entfallen heute im Durchschnitt weniger als zwei Kinder. Die natürliche Reproduktion der Bevölkerung wäre damit nicht mehr gesichert – ließe man die neuerdings wieder hohe Einwanderung außer acht. Erheblich zugenommen haben die nicht ehelichen Geburten. Die so heranwachsenden Kinder werden heute nicht mehr in gleicher Weise stigmatisiert und benachteiligt, wie noch vor einigen Jahrzehnten. In jedem Jahr wird gegen eine Million Teenager schwanger, die Hälfte von ihnen bringt ein Baby zur Welt. Die Rate der Mütter unter den Teenagern hat sich seit 1950 verfünffacht. Über diese Tatsache zeigte sich Präsident Clinton in einer seiner letzten Kongreßbotschaften über die Lage der Nation sehr besorgt und nannte sie „unser ernsthaftestes soziales Problem". Die

12 *Der Zion National Park in Utah verfügt über die schönsten Landschaftsbilder in dieser Region.*

Veränderungen im Familienleben spiegeln eine weitreichende Wandlung der Werte wider. In der Vergangenheit sah die überwältigende Mehrheit der Amerikaner die Ehe als Grundvoraussetzung für das eigene Wohlbefinden, für die eigene Stellung in der Gesellschaft und das eigene Erwachsensein an. Unverheiratete Männer oder Frauen wurden bedauert oder belächelt, kinderlose Paare galten als egoistisch. Im Verlauf der 1960er und 1970er Jahre änderte sich diese Einstellung zur Ehe. Die zuvor häufig anzutreffende gesellschaftliche Ablehnung der Scheidung, der Berufstätigkeit verheirateter Frauen und Mütter, der intimen Beziehungen vor der Ehe oder der Schwangerschaft bei unverheirateten Frauen schwächte sich – vor allem bei jüngeren Amerikanern – ab. Verantwortlich dafür waren die „sexuelle Revolution", verbesserte Arbeitsmöglichkeiten für Frauen, die neue Frauenbewegung und das Aufkommen neuer Werte wie „Selbstverwirklichung", „erfülltes Leben", nach denen eine wachsende Zahl junger Amerikaner inzwischen strebt.

Im Gefolge der *„Sexuellen Revolution"*, die in den sechziger Jahren, wenn nicht einsetzte, so doch auffällig wurde, veränderte sich die Einstellung der Amerikaner zur *Sexualität* und ebenso der Umgang mit ihr. Die Amerikaner der Gegenwart sind weit mehr als frühere Generationen gewillt, mit der Ehe zu warten, allein zu leben und sexuelle Beziehungen außerhalb des Ehebundes zu suchen. Über 80 Prozent aller heute befragten Frauen erklären, daß sie bereits vor der Ehe intime Beziehungen hatten. Die Zahl unverheirateter Paare, die zusammenleben, hat sich seit 1960 vervierfacht.

Dem unabhängigeren, freieren Lebensgefühl der jungen Generation, die massenhaft gegen den Vietnamkrieg protestiert hatte, entsprachen offenere, freier werdende Beziehungen zwischen den Geschlechtern. Seit der Einführung der Antibabypille konnten nun unverheiratete Mädchen und Frauen ohne Furcht vor unerwünschten Folgen intime Beziehungen haben. Ende der sechziger Jahre hielten noch drei Viertel der Amerikanerinnen sexuelle Beziehungen vor der Ehe für falsch, wenige Jahre später war nur noch etwa die Hälfte der Frauen dieser Meinung. Auf ähnliche Weise änderte sich die Einstellung zur Abtreibung. Mitte der sechziger Jahre hielt noch ein Viertel der Amerikaner eine Abtreibung für unstatthaft, selbst wenn die Gesundheit der Mutter durch die Geburt gefährdet war. Einige Zeit danach dachte nur noch eine kleine Minderheit so. Die veränderte Einstellung der Öffentlichkeit in dieser – in Amerika stets strittigen Frage – zeigte sich deutlich im Januar 1973 in einer Grundsatzentscheidung des Obersten Gerichts, als eine junge Frau gegen die in Texas bestehende gesetzliche Beschränkung der Abtreibung vor Gericht ging. Damals legalisierte das Gericht im Rechtsstreit Roe v. Wade mit 7 : 2 Stimmen die Abtreibung in den ersten drei Monaten einschränkungslos, und für die folgenden drei Monate erlaubte sie den Bundesstaaten lediglich die Regulierung, nicht jedoch das Verbot der Abtreibung. Damit wurden Verbote der Abtreibung, die noch auf die eine oder andere Weise in 46 Bundesstaaten bestanden, außer Kraft gesetzt.

Die größere Offenheit gegenüber den sexuellen Problemen zeigte sich auch in Büchern, Magazinen und Filmen. Es wurde für die Gerichte schwieriger, gegen „obszöne" oder „pornographische" Bücher, Filme oder Kunstwerke vorzugehen, seitdem das Oberste Gericht in verschiedenen Entscheidungen während der fünfziger Jahre die freimütigere Darstellung sexueller Themen in Büchern oder in den visuellen Medien erlaubt hatte. Jahrzehntelang in den USA als obszön verbotene Bücher wie „Lady Chatterley's Lover" von D. H. Lawrence oder „Tropic of Cancer" von Henry Miller (1891–1980) konnten nun auch in den USA erscheinen. Als indirekte Folge dieses weitgehenden Verschwindens einer offiziellen Zensur ließ sich nun Pornographie leichter verbreiten. Eine Anpassung des Geschmacks an vulgäre Standards war zu beobachten. Allerdings fällt dem Besucher des Landes auch heute noch auf, daß der nackte menschliche Körper dort – vielleicht auch infolge der puritanischen Traditionen – nicht mit der gleichen Hemmungslosigkeit in der Werbung oder von Zeitungen und Magazinen vermarktet und zur Schau gestellt wird wie in der Heimat des Verfassers.

Die veränderte Einstellung zur Sexualität und eine größere Toleranz kamen ebenfalls in der geänderten Haltung zur *Homosexualität* zum Ausdruck. Vor dem Zweiten Weltkrieg und noch eine ganze Zeit danach mußten sich Homosexuelle tarnen und die Natur ihrer intimen Beziehungen vor der Öffentlichkeit geheimhalten. In einer großen Zahl von Bundesstaaten war Homosexualität strafbar, zumindest aber führte sie – selbst bei prominenten Opfern – zu gravierenden Nachteilen im Beruf und in der Gesellschaft. In den 1950er Jahren entstanden erste Selbsthilfegruppen und Aktionsgemeinschaften, die wie die Mattachine Society in Los Angeles durch Aufklärung eine liberalere Haltung der Öffentlichkeit zu erreichen suchten. Mit der Bürgerrechts- und Studentenbewegung der 1960er Jahre formierte sich dann gegen Ende dieses Jahrzehnts die „Gay Liberation"-Bewegung [Abb. 13], die im Sommer 1969 in Greenwich Village, auf den Straßen New Yorks während fünftägiger Auseinandersetzungen mit der Polizei ins Leben gerufen wurde. Mit Kundgebungen, Demonstrationen, Sprechchören setzten sich amerikanische Schwule und bald auch Lesben vehement für ein Ende ihrer Diskriminierung und für die gleichberechtigte Anerkennung der von ihnen gewünschten Lebensform ein. Zahlreiche Homosexuelle wanderten in Großstädte wie New York und San Francisco, um der im kleinstädtischen und ländlichen Amerika weiterbestehenden Intoleranz zu entgehen. San Francisco wurde mit eigenen politischen Vereinen der Homosexuellen, mit entsprechenden Zeitungen, Berufsverbänden, Firmen, Kirchen, kulturellen Einrichtungen, Restaurants und Cafés zum bevorzugten Lebensraum Homosexueller. Ihr Anteil an der Bevölkerung der Stadt ist erheblich. Die Benachteiligung Homosexueller ist seit den siebziger Jahren, wie es scheint, zurückgegangen. Es gibt allerdings mehr Toleranz, weniger Akzeptanz ihrer Lebensweise im heutigen Amerika.

13 *„Gay Liberation" von George Segal (* 1924) erinnert in New Yorks Greenwich Village an den Beginn der Bewegung der Homosexuellen.*

Anfang der 1980er Jahre ergab sich unerwartet ein Rückschlag gegen die Unbekümmertheit der intimen Beziehungen, die seit der Antibabypille üblich geworden war. 1981 wurde in den USA zum ersten Mal *AIDS*, eine bislang nicht gekannte fatale Infektionskrankheit, diagnostiziert, die in erster Linie im sexuellen Verkehr oder im Kontakt der Drogenabhängigen verbreitet wurde und bald weltweit auftrat. Männer und Frauen infizierten sich mit AIDS. Homosexuelle Männer und Drogenabhängige sind überdurchschnittlich stark gefährdet, wie die amerikanische AIDS-Statistik erkennen läßt. In den ersten fünf Jahren, also bis 1986, registrierte man in den Vereinigten Staaten 21.500 Erkrankungen und 17.700 Todesfälle an AIDS. Inzwischen sind die Zahlen erschreckend angestiegen. 1993 überstieg die Zahl der Neuerkrankungen eines Jahres die Grenze von 100.000. Bis 1994 starben 284.249 Amerikaner und Amerikanerinnen an AIDS. Damit steht heute AIDS an achter Stelle der Todesursachen in den USA. Hoffnungen auf die baldige Entwicklung eines Impfstoffs gegen den HIV-Virus oder auf die erfolgreiche medizinische Bekämpfung der Krankheit erfüllten sich bisher allerdings nicht.

Parallel zu der „konservativen Revolution" der Reagan-Ära während der 1980er Jahre kam es vor allem bei konservativ oder religiös-fundamentalistisch eingestellten Amerikanern zu einer merklichen Wiederbelebung traditionalistischer Haltungen zur Sexualität. Homosexualität, vorehelicher Geschlechtsverkehr oder Abtreibung gelten in diesen Kreisen – wie in der Vergangenheit auch – als Sünde. Abtreibungsgegner demonstrieren in der Öffentlichkeit verstärkt gegen Kliniken, in denen ein Schwangerschaftsabbruch vorgenommen wird. Selbst im Obersten Gericht, das inzwischen konservativer geprägt ist als während der fünfziger und sechziger Jahre, wurden verschiedentlich im letzten Jahrzehnt die Legalisierung der Abtreibung in Frage gestellt und einzelstaatliche Beschränkungen der Abtreibung sanktioniert. Eine Anzahl von Einzelstaaten schränkte das Recht auf Abtreibung durch Vorschriften ein, die beim Wunsch der Abtreibung eine Zeit des Abwartens vorschrieben und im Fall von Minderjährigen die Benachrichtigung der Eltern bestimmten. Die Zahl der Abtreibungen ging in den letzten Jahren leicht zurück, lag aber Anfang der 1990er Jahre noch immer jährlich bei rund 1,5 Millionen Schwangerschaftsabbrüchen.

In der Stellung der *Frauen im amerikanischen Alltag* kam es seit den 1960er Jahren, als ein neuer und teilweise militanter Feminismus entstand, zu Fortschritten im Arbeitsleben, in der Rechtsstellung und in der öffentlichen Beachtung, die seitdem den Problemen und Forderungen von Frauen geschenkt wird. Andererseits bestehen weiterhin Benachteiligungen für Frauen im Beruf und in der Politik, in der Familie und im privaten Bereich. Die Aufgaben im familiären, häuslichen Bereich einerseits und der Wunsch nach einem beruflichen Vorankommen andererseits lassen sich für Frauen nach wie vor häufig nur mit großen Schwierigkeiten oder gar nicht vereinbaren. Den Anstoß zu einem neuen Feminismus in Amerika gab Betty Friedan (* 1921) mit „The Feminine Mystique" (1963), einer programmatischen Schrift der neuen Frauenbewegung. Ihrer Meinung nach war die moderne amerikanische Frau die Gefangene eines weitverbreiteten Glaubens, nach dem nämlich ihre einzig wünschenswerte Rolle die einer Ehefrau, Mutter und Hausfrau sei. „Ihr einziger Traum war der, eine perfekte Ehefrau und Mutter zu sein; ihr höchstes Ziel bestand darin, fünf Kinder und ein schönes Heim zu haben; ihr einziger Kampf ging darum, ihren Ehemann zu erobern und zu behalten."[163] Dieses verzerrte Rollenbild nehme das intellektuelle Vermögen der Frauen gefangen, bedrohe die häuslichen Beziehungen und ersticke die Möglichkeiten ihrer Persönlichkeit. Einige Jahre später (1966) schufen Friedan und gleichgesinnte Frauen die *National Organization for Women*, die ein Jahr später die Forderung nach einer „women's bill of rights" aufstellte. Namentlich ging es dabei um die Aufnahme eines *Equal Rights Amendment's* in die Verfassung, um das gesetzliche Verbot der sexuellen Diskriminierung in der Arbeitswelt, um das Recht auf Mutterschaftsurlaub im Beruf und eine entsprechende Unterstützungszahlung der Sozialfürsorge, um Steuererleichterungen für die Ausgaben im Haushalt und bei der Pflege der Kinder für arbeitende Eltern, um die Schaffung von Kindertagesstätten (child care centers), um eine gleichberechtigte Erziehung, gleichberechtigte Teilnahme an Umschulungsmaßnahmen im Beruf und um das Recht der Frauen, die Weitergabe ihres Lebens zu kontrollieren.

Die neue Frauenorganisation war überwiegend reformerisch eingestellt, bezog ihren Einfluß hauptsächlich aus den gebildeten weißen Mittelschichten und leistete eine effektive Öffentlichkeitsarbeit, nicht zuletzt durch Demonstrationen auf der Straße [Abb. 14]. Daneben entstanden militantere Frauengruppen, die nicht nur Gleichberechtigung, sondern „women's liberation", die grundsätzliche „Befreiung der Frau", und ein Ende der „sexuellen Ausbeutung" der Frauen forderten. In diesem Kreis trat man einige Zeit später auch besonders für die Rechte der Lesben ein.

Trotz ihrer unterschiedlichen Bestandteile und ihrer geringen Wirkung auf Arbeiterinnen oder Angehörige von Minderheiten begründete die neue Frauenbewegung, die in den sechziger Jahren entstand, ein dauerhaftes und einflußreiches Erbe. Insbesondere die rechtliche Stellung der Frauen besserte sich. Das Oberste Gericht definierte die rechtliche Stellung der Frauen neu. 1972 verabschiedete der Kongreß das von der Frauenbewegung geforderte Equal Rights Amendment, womit der Gleichheitsgrundsatz von Mann und Frau in die Verfassung aufgenommen werden sollte. Das Amendment, das schon in den 1920er

14 *Eine Frauendemonstration in Amerika 1978.*

Jahren von der National Women's Party gefordert worden war, verfügte, daß die gesetzliche Gleichheit der Rechte aufgrund des Geschlechts weder seitens der Vereinigten Staaten noch durch einen ihrer Staaten verweigert oder verkürzt werden dürfe. Die praktische Bedeutung des Amendments lag vor allem in der damit bewirkten Aufhebung von einzelstaatlichen Gesetzen, die diesem Grundsatz widersprachen. Dazu gehören z. B. bestimmte, inzwischen antiquierte Arbeitsschutzgesetze oder solche einzelstaatlichen Gesetze, die es Frauen erschwerten, einen Kredit aufzunehmen oder eine Wohnung zu mieten. Obgleich die Mehrheit der Bevölkerung sich in Befragungen für den Gleichheitsgrundsatz ausgesprochen hatte, erreichte die bis Mitte 1982 erforderlich werdende Ratifizierung des Amendments in dieser Zeit nicht die erforderliche Zustimmung von zwei Dritteln der Einzelstaatsparlamente. Nur 35 statt der notwendigen 38 Staaten gaben ihre Zustimmung. Dies spiegelte auch das inzwischen größer gewordene Gewicht konservativer und konservativ-religiöser Gruppen im Land und in verschiedenen Bundesstaaten wider, den Einfluß von Meinungen, die an der traditionellen Auffassung von der hauptsächlichen Rolle der Frau als Hausfrau und Mutter festhalten wollten. Die Niederlage der Frauenbewegung wurde allerdings durch einige wichtige Rechtsentscheidungen des Obersten Gerichts in den Jahren 1973 und 1975 – zumindest teilweise – kompensiert, nach denen die Diskriminierung der Frau in bestimmten Bereichen – wie bei der Zulassung zum Studium, im öffentlichen Dienst oder im Rahmen der Streitkräfte, in denen nahezu 100.000 Frauen Dienst taten – im Widerspruch zur Verfassung steht. Auch bekräftigte das Oberste Gericht den nicht allerorts befolgten Grundsatz, daß Frauen gleichberechtigt als Geschworene heranzuziehen waren. Der Kongreß verabschiedete überdies während der siebziger Jahre verschiedene Gesetze, welche die Gleichstellung der Frauen im Beruf fördern sollen. Auch in den Einzelstaaten wurden Gesetze angenommen, welche die Diskriminierung aufgrund des Geschlechts bei der Arbeit, beim Wohnen, bei der Kreditvergabe oder in der Erziehung verbieten.

Im *politischen Bereich* war das Ergebnis des feministischen Eintretens für mehr Frauenrechte auf lange Sicht eher enttäuschend. Bei den Kongreßwahlen von 1978 gewannen beispielsweise nur 16 der 45 Kandidatinnen einen Sitz im Kongreß. Nur eine Frau, die Republikanerin Nancy L. Kassebaum aus Kansas (* 1932), wurde in den Senat gewählt. Auf der Ebene der Einzelstaaten und im lokalen Bereich schnitten Frauen bei Wahlen damals besser ab. Sie erreichten 1978 insgesamt 770 Sitze in den Parlamenten der Einzelstaaten, was 10,2 Prozent der nationalen Gesamtheit entsprach. Damals waren sechs Frauen im Amt des stellvertretenden Gouverneurs. Zum ersten Mal wurde eine Frau Bürgermeisterin von Chicago. 1981 wurde mit Sandra Day O'Connor (* 1930) erstmalig eine Frau als Richterin an das Oberste Gericht der Vereinigten Staaten berufen. 1984 kandidierte erstmals mit Geraldine Ferraro (* 1935) eine Frau für das Amt des Vizepräsidenten, gemeinsam mit dem Demokraten Walter F. Mondale (* 1928), der sich damals – ohne Erfolg – um das Präsidentenamt bewarb. 1990 wurde mit Sharon Pratt Dixon (* 1944) eine Frau Bürgermeisterin der Bundeshauptstadt Washington. In der Gegenwart sind Frauen im Kongreß, besonders im Senat, oder im Amt als Gouverneur des Einzelstaates weiterhin nur ausnahmsweise anzutreffen.

Anders ist dies im *Berufsleben*. Heute sind erheblich mehr Amerikanerinnen außerhalb des eigenen Haushalts berufstätig als in vergangenen Jahrzehnten. 1994 waren 56,6 Millionen amerikanische Frauen – gegenüber 66,5 Millionen Männern – berufstätig, das entspricht einem Anteil von 46 Prozent aller Arbeitskräfte. Einerseits stieg der Anteil von Frauen an gutbezahlten Berufen in Management und Verwaltung der Wirtschaft, ihre Zahl nahm unter Anwälten, Ärzten, Computerspezialisten oder Hochschullehrern deutlich zu. Auffallend ist auch die Tatsache, daß man heute Frauen in großer Zahl in Berufen wie dem der Busfahrerin oder im Reparaturdienst der Telefongesellschaften findet, also in Tätigkeiten, die ihnen noch vor kurzem verschlossen waren. Andererseits sind Frauen weiterhin bei schlechtbezahlten Jobs als Schreibkräfte, Verkäuferinnen, Krankenschwestern oder Hausgehilfinnen übermäßig repräsentiert. Frauen verdienen nach wie vor weniger als Männer, für jeden Dollar, den ein vollbeschäftigter Mann im Durchschnitt verdient, erhält eine Frau nur 76 Cents. Auf der einen Seite arbeiten am Ende des 20. Jahrhunderts mehr Frauen als in der Vergangenheit. Sie verdienen mehr und haben eher Zugang als früher zu angesehenen und lukrativen Berufen. Auf der anderen Seite spielen die Unterschiede des Geschlechts im Arbeitsleben, bei der Bezahlung und beim Zugang zu besonders begehrten Stellen weiterhin keine unwesentliche Rolle.

Die *Rassenbeziehungen* und die Verhältnisse, in denen *ethnische Minderheiten* leben, gehören weiterhin zu den sensiblen Problemen im heutigen Amerika. Die Zugehörigkeit zur eigenen ethnischen Gruppe oder Rasse mit ihren sprachlichen und kulturellen Ausdrucksformen, Sitten und Gebräuchen hat großes Gewicht im Leben vieler Amerikaner. Sie prägt das eigene Selbstverständnis als Amerikaner mit aus. Im Zusammenleben der ethnischen Gruppen Amerikas bestehen neben verbindenden Komponenten und gemeinsamen Erfahrungen ebenso auch Züge sozialer Fremdheit und Distanz, die sich darin zeigen, daß Angehörige einer rassischen Gruppe in der Regel eher untereinander heiraten, daß sie häufig lieber mit den Mitgliedern der eigenen ethnischen Gruppe zusammen wohnen oder arbeiten wollen als mit den Angehörigen einer fremden Gruppe und daß es neben dem

Überlegenheitsgefühl mancher weißer Amerikaner in letzter Zeit auch Spannungen zwischen ethnischen und rassischen Minderheiten, zwischen Schwarzen, Latinos, Asiaten, gibt, um nur diese Gruppen zu nennen.

Die in der Vergangenheit übliche unverhüllte und offizielle Diskriminierung oder Benachteiligung der Native Americans, der Afroamerikaner, der Chicanos und Latinos mit ihrer lateinamerikanischen Herkunft oder der Amerikaner chinesischer oder japanischer Abstammung, heute auch der Zuwanderer aus anderen asiatischen Herkunftsländern, ist seit den Bürgerrechtsgesetzen der sechziger Jahre in der Politik und Öffentlichkeit des Landes weniger sichtbar.

Unter den Afroamerikanern ist die Mittelschicht in letzter Zeit breiter geworden und verfügt heute über größeren wirtschaftlichen und politischen Einfluß als früher. Der Anteil schwarzer High-School-Absolventen, die ein Hochschulstudium aufnehmen, hat sich vergrößert. Über 7300 Afroamerikaner bekleiden (1990) öffentliche Ämter, fast sechsmal soviel wie 20 Jahre zuvor. Im kulturellen Leben, im Sport oder in der Popmusik stellen sie zahlreiche Idole des heutigen Amerika. Andererseits leben fast elf Millionen Schwarze, ein Drittel der Afroamerikaner, unterhalb der Armutsgrenze. Betroffen sind in hohem Maß Frauen und Kinder. Für diesen – meist in den Slums der Millionenstädte zusammengedrängt lebenden – Teil der Afroamerikaner gibt es nur geringe Bildungschancen und wenig Arbeit. Frustration, Drogenkonsum und die Bereitschaft zu krimineller Gewalt sind dort alltägliche Begleiterscheinungen ihres Lebens.

In einer ähnlichen Lage wie die Afroamerikaner befinden sich die 22 Millionen Hispanics, die Amerikaner lateinamerikanischer Herkunft. Auch ihre Mittelschicht, darunter viele kleinere Geschäftsleute, konnte ihre Stellung in den letzten Jahrzehnten verbessern. Ihre Angehörigen bekleiden, insbesondere in Kalifornien, heute Tausende offizieller Ämter. Auf der andern Seite ist in dieser ethnischen Gruppe die Armut ebenfalls überdurchschnittlich stark verbreitet.

Ein mehrtägiger Ausbruch der Gewalt zeigte Ende April, Anfang Mai 1992 in Los Angeles das weiterhin bestehende Ausmaß an Unzufriedenheit und Frustration unter den armen schwarzen Amerikanern. Diese Rassenunruhen wurden durch den Freispruch eines Geschworenengerichts in Los Angeles im Prozeß gegen vier weiße Polizisten, die einen Schwarzen brutal zusammengeschlagen hatten, ausgelöst. Die Unruhen forderten 52 Todesopfer und richteten einen Sachschaden von einer Milliarde Dollar an.

Die *Native Americans, die nordamerikanischen Indianer,* formierten sich während der sechziger und siebziger Jahre in einer Bewegung für die eigenen Rechte. Ihr militanter Ausdruck, das *American Indian Movement*, verstand es durch einige spektakuläre Aktionen wie die monatelange Besetzung der Gefängnisinsel Alcatraz vor San Francisco (1969), die Besetzung des Bureau of Indian Affairs in Washington, D. C. (1972), oder die wochenlange bewaffnete Protestaktion in Wounded Knee, South Dakota (1975) – dem Ort des Massakers an Sioux-Indianern im Jahr 1890 –, die Öffentlichkeit und Politik auf die Lage dieser Minderheit und auf ihre Forderungen aufmerksam zu machen.

1970 lebten 764.000 Indianer in den USA, die zur Hälfte noch in Reservationen wohnten und einen erschreckend hohen Grad an Armut und Krankheiten, die niedrigste Lebenserwartung, den schlechtesten Bildungsstand und die elendsten Wohnverhältnisse aller ethnischen Gruppen aufwiesen. Die Bewegung der Native Americans suchte den Stolz auf das eigene kulturelle Erbe und die Selbstachtung der Indianer zu wecken. Sie forderte

Arbeitsplätze, bessere Bildungs- und Studienmöglichkeiten und Wiedergutmachung für das den Indianern in der Vergangenheit im Widerspruch zu geschlossenen Verträgen geraubte Land. Ein Gesetz, der *Indian Self-Determination Act* (1974), gab den Stämmen in den Reservationen das Recht, die ihnen gewährten Bundesmittel zu kontrollieren und die eigenen Schulen zu beaufsichtigen. Die neue Selbstachtung der Native Americans führte dazu, daß sich in letzter Zeit mehr Amerikaner als früher zu ihrer indianischen Identität bekannten. Wenn heute in den Vereinigten Staaten 1,878.000 Native Americans in 552 Stämmen und Gruppen leben, so ist dies nicht nur lediglich auf den natürlichen Zuwachs der Bevölkerung zurückzuführen, sondern auch darauf, daß sich heute bei der Volkszählung mehr Amerikaner als Indianer bekennen.

In den letzten zwei Jahrzehnten gab es Fortschritte im Leben der Stämme und in der wirtschaftlichen Lage eines Teils von ihnen. In einigen Fällen konnten erfolgreich alte Wiedergutmachungsansprüche eingefordert werden. Dennoch sind Arbeitslosigkeit, Alkoholismus und Krankheiten unter der indianischen Bevölkerung weiterhin stark verbreitet.

Ungelöste Probleme des Landes wie *Drogenabhängigkeit* und *Kriminalität* berühren den Alltag der Amerikaner aller Rassen und ethnischen Gruppen. Besonders betroffen sind davon die ärmeren Schichten der schwarzen Amerikaner und der Hispanics, die in den großen Städten und Ballungsgebieten wohnen. Nach den Schätzungen der zuständigen Gesundheitsbehörde gibt es unter Amerikanern heute etwa vier Millionen Personen, die gelegentlich (mindestens einmal im Jahr) Kokain oder Crack nehmen. Beunruhigend hoch ist der Konsum von Drogen, insbesondere von Marihuana und LSD, bei Teenagern. 7532 Amerikaner starben 1992 an Drogen. Gewaltverbrechen, Mord, Vergewaltigung, Raubüberfälle haben weiterhin ein großes Ausmaß, vor allem in den überfüllten Städten. 1993 ereigneten sich fast 25.000 Fälle von Mord und Totschlag, 105.000 Fälle von Vergewaltigung und 660.000 Raubüberfälle. Im Jahr darauf erreichte die Zahl der Gefängnisinsassen mit über einer Million Strafgefangenen einen neuen Rekord. Zwischen 1977 und 1993 wurde in 226 Fällen die Todesstrafe vollzogen, die noch in 36 Bundesstaaten verhängt werden kann. 1993 kam es zu 38 Hinrichtungen, überwiegend in den Staaten des Südens.

Terroristische Anschläge – die nun auch in den USA selbst um sich griffen – beunruhigten und erschütterten in den letzten Jahren zunehmend das Land. Über längere Zeit hielt seit 1978 ein Serientäter, der „Unabomber", die Öffentlichkeit in Atem, bis er schließlich im April 1996 verhaftet werden konnte. Der frühere Mathematikprofessor lebte jahrelang zurückgezogen in den Wäldern im Nordwesten des Landes. Seine insgesamt 16 Mordanschläge galten mittels Briefbomben zumeist Persönlichkeiten des akademischen Lebens und der Konzernwelt, mit denen er die moderne Technik und Technologie zu treffen suchte.

1993 war das World Trade Center in New York City das Ziel eines Bombenanschlags, bei dem sechs Menschen getötet und über 1000 Personen verletzt wurden. Der Anschlag war das Werk islamischer Extremisten, die inzwischen zu langjährigen Gefängnisstrafen verurteilt wurden. Der folgenreichste Bombenanschlag in der Geschichte der USA ereignete sich am 19. April 1995 in Oklahoma City [Abb. 15]. Damals wurde eine Autobombe vor dem Federal Building zur Explosion gebracht. 169 Menschen, darunter 19 Kinder, starben an den Folgen des Anschlags, viele Menschen wurden verletzt. Der Täter hatte Verbindungen zu den rechtsextremen Milizen. Dies sind paramilitärische Gruppen, die sich in letzter Zeit über das ganze Land ausbreiten. Mit ihren bewaffneten Aktionen gegen die Bundesregierung, gegen die „Tyrannei des Staates", sind sie zu einer beunruhigenden

15 *Bombenattentat auf das Federal Building in Oklahoma City am 19. 4. 1995, bei dem 169 Menschen getötet wurden.*

Gefahr für die amerikanische Demokratie geworden. Schließlich kam es im Sommer 1996 während der Olympischen Spiele in Atlanta, Georgia, zu einem Bombenanschlag im Centennial Olympic Park der Stadt, der einen Toten und über 100 Verletzte forderte. Seine Hintergründe konnten bis heute nicht geklärt werden.

Am *Ausgang unseres Jahrhunderts* steht die Gesellschaft vor alten und neuen Herausforderungen, welche den Bestand der amerikanischen Demokratie und die Zukunft des „American Dream" bedrohen. Die Ungleichheit der Rassen ist heute vor allem ein soziales Problem. Seine Lösung hängt zu einem guten Teil davon ab, daß die Arbeits- und Bildungschancen der Jugend unter den Afroamerikanern, den Hispanics und Native Americans grundlegend verändert werden. Die offenen Fragen im Verhältnis der Geschlechter, die mangelnde Gleichberechtigung der Frauen in Wirtschaft oder Politik werden auch künftig das Land beschäftigen. Die Zerstörung der natürlichen Umwelt, diese Erblast des 20. Jahrhunderts, gehört zu den elementaren Herausforderungen unserer Zeit ebenso wie die gesundheitlichen Probleme durch Drogen und AIDS oder die Kriminalität in den Städten.

Am Beginn seiner zweiten Amtszeit [Abb. 16] im Januar 1997 beschäftigte sich Präsident Clinton in seiner Antrittsrede mit diesen Herausforderungen, vor denen das Land im nächsten Jahrhundert stehen wird. Clinton stellte seiner neuen Regierung die übergeordnete Aufgabe, „allen Amerikanern eine Chance zu bieten – keine Garantie, aber eine echte Chance –, ein besseres Leben aufzubauen". Reale Veränderungen sollen im Alltag der Amerikaner durch die Schaffung weiterer Arbeitsplätze, durch eine Reform der Bildung und durch die Schaffung einer staatlichen Gesundheitsvorsorge erfolgen. Vorgesehen sind Maßnahmen gegen den Drogenkonsum, das Bandenunwesen und die Kriminalität. Clinton sprach die Trennung der Rassen an, „den ewigen Fluch Amerikas", ebenso die Vorurteile gegen

16 *Zweite Amtseinführung Präsident Bill Clintons am 20. 1. 1997 in Washington, D.C.*

17 *Das Franklin-Delano-Roosevelt Memorial in der Bundeshauptstadt, das im Frühjahr 1997 eingeweiht wurde. Es ist neben den Monumenten für Washington, Jefferson und Lincoln das vierte Denkmal dieser Art in der Bundeshauptstadt.*

18 *Franklin-Delano-Roosevelt Memorial. Dieser Präsident nimmt infolge der sozialen Wärme seiner Politik einen besonderen Platz im Gedächtnis der Amerikaner ein.*

neue Einwanderer, und er nannte das „Gefüge rassischer, religiöser und politischer Vielfalt" ein „Gottesgeschenk". Sein Land müsse den Traum Martin Luther Kings von einer wahren Gleichberechtigung aller Amerikaner erfüllen. Offenbar will der Präsident das Thema der Rassenbeziehungen zu einem Hauptanliegen seiner zweiten Amtszeit machen. Ein weiteres Hauptanliegen bildet die Reform der Bildung mit der Absicht, „Bildung zum höchsten Gut jedes Bürgers zu machen", indem „die Türen zu höherer Bildung für alle offen stehen".[164] Das Ziel der ehrgeizigen Bildungsreform umschrieb Clinton mit den Worten: „Jeder Achtjährige muß lesen können, jeder Zwölfjährige muß fähig sein, sich ins Internet einzuloggen, jeder 18jährige muß ein College besuchen können, und jeder erwachsene Amerikaner muß in der Lage sein, ein Leben lang zu lernen."[165]

Anfang Mai 1997 wurde in Washington auf der Mall, der zentralen Blickachse der Bundeshauptstadt zwischen Kapitol und Lincoln Memorial, das Franklin-Delano-Roosevelt Memorial eingeweiht [Abb. 17 und 18]. Das Mahnmal erinnert an einen Präsidenten, dessen Reformen maßgeblich die Alltagsverhältnisse Amerikas in diesem Jahrhundert – das von selbstbewußten Amerikanern das „amerikanische Jahrhundert" genannt worden ist – geprägt haben. Es ist eine optimistisch stimmende Botschaft, die von seiner Person und seiner Politik den Amerikanern des neuen Jahrhunderts übermittelt wird.

LEXIKON DER BEGRIFFE

Abolitionismus
Bewegung zur Abschaffung der Sklaverei in den USA, die zwischen 1830 und 1860 verstärkt publizistisch und organisatorisch wirksam wurde.

Achsenmächte
Die „Achse Berlin-Rom" wurde 1936 als Verhältnis enger außenpolitischer Zusammenarbeit gebildet. Mit dem Dreimächtevertrag von 1940 schloß sich Japan den „Achsenmächten" Deutschland und Italien an.

Acre
Flächenmaß, es entspricht 40, 467 Ar.

AIDS
Acquired Immune Deficiency syndrome: durch sexuelle Kontakte und intravenösen Drogenkonsum übertragene Infektionskrankheit, die Anfang der 1980er Jahre erstmals identifiziert wurde. 1995 wurden 1,17 Mill. AIDS-Erkrankungen von der Weltgesundheitsorganisation registriert.

Algonkin
Der Algonkin-Stamm lebte im Einzugsbereich des Ottawa Rivers in Kanada. Die Algonkin-Sprache gehört zu den verbreitetsten Sprachen der nordamerikanischen Indianer.

Alleghanies, Appalachen
Gebirgszug im Osten der USA zwischen dem nördlichen Alabama und dem Hudson, das Gebirge bildet die Wasserscheide zwischen Atlantik und Mississippi.

Alter Süden
Bezeichnung für den Süden der USA vor dem Bürgerkrieg, als das Plantagensystem und die Sklaverei die gesellschaftliche Grundlage im Süden bildeten.

American Dream
Die von den Idealen der Unabhängigkeitserklärung – Freiheit, Gleichheit und Streben nach Glück – geprägten Wünsche und Zukunftserwartungen einer verglichen mit dem alten Europa besseren Welt, in dem jeder Bürger gleiche Chancen besitzt.

American Expeditionary Force
Bezeichnung der amerikanischen Streitkräfte, die seit dem Kriegseintritt der USA im April 1917 am Ersten Weltkrieg in Europa teilnahmen.

American Federation of Labor
1886 gegründeter Dachverband der Facharbeitergewerkschaften in den USA.

American Indian Movement
Eine 1968 gegründete militante Organisation der amerikanischen Indianer, die für volle Rechte und eine Wiedergutmachung zugunsten der Native Americans eintritt.

American Party
Nationalistische, fremdenfeindliche Partei, die 1848 gegründet wurde und in den 1850er Jahren aktiv war. Ihr Spitzname war „Know-Nothing party".

Amerikanische Meile
Eine Meile entspricht 1609,33 m.

Amerikanische Revolution
Bezeichnung für den Unabhängigkeitskrieg der Vereinigten Staaten 1776 bis 1783.

Amerikanisches Jahrhundert
Durch den Zeitungsherausgeber Henry R. Luce 1941 geprägter Begriff, nach dem das 20. Jahrhundert durch die Weltmachtstellung der USA bestimmt wird.

Amish
Konservativ eingestellte religiöse Gemeinschaft von Mennoniten [—›], die sich ursprünglich in Pennsylvania niederließen.

Anglikaner, Anglikanische Kirche
Die Church of England entstand im 16. Jahrhundert im Rahmen der Reformation durch die Trennung von Rom als selbständige Kirche. Alle südlichen Kolonien, mit Ausnahme von Maryland, wurden von Mitgliedern der Church of England begründet.

Annexion von Texas
Texas, ursprünglich ein Teil von Mexiko, erklärte 1836 seine Unabhängigkeit. 1845 wurde Texas durch einen gemeinsamen Beschluß beider Häuser des Kongresses Teil der Vereinigten Staaten.

Anti-Saloon League
1893 in Oberlin, Ohio gegründet, setzte sich die Anti-Saloon League für ein vollständiges Alkoholverbot in den USA ein.

Anti-Sklavereigesellschaft
Die 1833 gegründete American Anti-Slavery Society war eine Organisation der Gegner der Sklaverei.

Ära Jackson
Bezeichnung für die Regierungsjahre Präsident Andrew Jacksons – 1829 bis 1837.

Arapaho
Einer der in den Great Plains (Dakotas, Wyoming) lebenden indianischen Stämme aus der Sprachgruppe der Algonkin [—›].

Armutsgrenze
Von der Regierung ermittelte Einkommenshöhe, die mindestens für einen angemessenen, wenn auch bescheidenen Lebensstandard, in Amerika erforderlich ist.

Assiniboin
Ursprünglich in den nördlichen Plains (Montana und Saskatchewan) lebender indianischer Stamm aus der Sprachfamilie der Sioux [—›].

Babyboom
Zwischen dem Ende des Zweiten Weltkriegs und den 1950er Jahren kam es in den USA zu einer überdurchschnittlichen Zunahme der Geburten.

Bachelor Examen
Mit diesem Examen wird der niedrigste akademische Grad an der Universität, der Bachelor of Arts, vergeben.

Bacon's Rebellion
Eine Revolte gegen den königlichen Gouverneur in Virginia im Jahre 1676.

Badischer Aufstand
Teil der bewaffneten Kämpfe während der Revolution von 1848 in Südwestdeutschland.

Ballyhoo
Aufdringliche Werbung.

Baltimore & Ohio Railroad
Älteste Eisenbahngesellschaft in den USA, die 1830 einen Streckenabschnitt von Baltimore nach Ellicot's Mill (13 Meilen) eröffnete.

Baptisten
Protestantische kirchliche Gemeinschaft, die ihren Ursprung im englischen Puritanismus hatte und die sich in den Kolonien seit dem 17. Jahrhundert verbreitete.

Bay Psalm Book
Das älteste in den Kolonien gedruckte Buch (1639/40), eine Sammlung von Psalmen.

Beat Generation
Bewegung der amerikanischen Gegenkultur (Counterculture [—›]) in der 2. Hälfte der 1950er Jahre, welche die konventionellen Werte der amerikanischen Gesellschaft ablehnte.

Beatniks
Angehörige der amerikanischen Nachkriegsjugend, die von der Beat Generation [—›] beeinflußt waren.

Bill of Rights
Erklärung der Rechte in der Verfassung von Virginia 1776, ebenso wie die ersten zehn Zusatzartikel zur Verfassung von 1787 garantieren sie die Menschen- und Bürgerrechte.

Black Feet
Ein einflußreicher indianischer Stamm in den nordwestlichen Plains (Montana).

Black Hawk War
Bewaffneter Konflikt der Regierung der Vereinigten Staaten mit den Sauk und Fox Indianern [—›] unter ihrem Häuptling Black Hawk (1767–1838) in Illinois und Wisconsin 1832.

Bloomers
Bloomer Dress bezeichnete eine alternative Frauenkleidung in den 1850er Jahren, die durch die Frauenrechtlerin Amelia Bloomer (1818–1894) popularisiert wurde.

Bonus Armee
Ein Zusammenschluß arbeitsloser Veteranen des Ersten Weltkriegs, die 1932 in Washington, D.C., eine vorzeitige Auszahlung der versprochenen Entschädigung (Bonus) forderten.

Bootlegging
Alkoholschmuggel in der Zeit der Prohibition [—›].

Boston Massaker
Zusammenstoß zwischen Kolonisten und britischen Soldaten 1770 in Boston, wobei drei Kolonisten getötet, zwei weitere lebensgefährlich verletzt wurden.

Boy Scouts of America
Jugendorganisation, die nach englischem Vorbild 1910 in den USA gegründet wurde.

Bozeman Trail
Mitte der 1860er Jahre geschaffene Überlandverbindung zu den Goldvorkommen in Virginia City (Montana).

Brook Farm
In den 1840er Jahren bestehende sozial-utopische Genossenschaft in der Nähe von Boston.

Büro für Indianerangelegenheiten
Das Bureau of Indian Affairs wurde 1824 gegründet. Es gehörte bis 1849 zum Kriegsministerium, danach zum Home Department, dem späteren Innenministerium. Das BIA war die maßgebliche Regierungsbehörde für die Indianerangelegenheiten. Zeitweilig hieß das Büro Office of Indian Affairs bzw. Indian Service.

Camp-Meeting
Im Rahmen der evangelischen Erweckungsbewegung unter freiem Himmel stattfindende religiöse Veranstaltungen.

Carpetbagger
Abfällige Bezeichnung für die während der Reconstruction [—›] im Süden aktiv werdenden Nordstaatler, die, als sie dort eintrafen, ihre ganze Habe in einer Reisetasche (carpetbag) mit sich führten.

Cherokee
Einer der „Five Civilized Tribes“: Die Cherokee wurden nach 1830 gewaltsam aus ihrer Heimat in Tennessee und North Carolina in das „Indian Territory“ [—›], das heutige Oklahoma, westlich des Mississippi, umgesiedelt.

Chesapeake Bay
Die größte Meeresbucht der Vereinigten Staaten an der Atlantikküste. Sie hat eine Länge von 300 km und eine Breite bis zu 60 km.

Cheyenne
Die Cheyenne gehören zu den Prärie-Indianern, die ursprünglich in South Dakota, Montana und Wyoming lebten, sich von dort aus aber noch weiter ausbreiteten.

Chicanos
Bezeichnung für die Amerikaner mexikanischer Herkunft.

Chickasaw
Die Chickasaw wurden wie die Cherokee [—›] nach 1830 aus ihrer Heimat in Gebiete westlich des Mississippi umgesiedelt.

Choctaw
Die Choctaw erlitten in den 1830er Jahren dasselbe Schicksal der Umsiedlung wie die Cherokee [—›] und die Chickasaw [—›].

Civil Rights Act von 1964
Das Bürgerrechtsgesetz von 1964 erklärte die Diskriminierung der Afroamerikaner bei Wahlen, im Schulwesen, im Wirtschaftsleben und in Einrichtungen der Öffentlichkeit für ungesetzlich.

Civilian Conservation Corps
Im Rahmen des New Deal [—›] 1933 geschaffener freiwilliger Arbeitsdienst für arbeitslose junge Männer, die im Forst, zur Bodenkultivierung und bei ähnlichen Aufgaben eingesetzt wurden.

Clayton-Gesetz
Das Clayton Antitrustgesetz von 1914 gehört zu den wichtigsten Reformen der Wilson-Zeit. Es richtete sich gegen die zunehmende Tendenz zur Monopolisierung in der Wirtschaft.

CNN
Cable News Network, der erste Nachrichtensender, der 24 Stunden rund um die Uhr sendet, begann 1980 seine Arbeit.

Colonial Williamsburg
Durch die Unterstützung seitens John D. Rockefeller, jr. begann 1926 die Erhaltung bzw. Restaurierung von aus dem 18. Jahrhundert stammenden Gebäuden der alten Hauptstadt Virginias.

Color Line
Die unsichtbare, imaginäre Linie, welche die Rassen in den USA, insbesondere schwarze und weiße Amerikaner trennt. Wird als Synonym für die Segregation [—›], die Rassentrennung im Süden gebraucht.

Comic Books
Bücher mit erzählenden Bildfolgen. Die ersten Comics mit Publikumswirkung erschienen seit dem Ende des 19. Jahrhunderts in den USA.

Committee for Industrial Organization, seit 1938 Congress of Industrial Organizations
Der Dachverband der amerikanischen Industriegewerkschaften entstand 1935. Seit 1955 sind CIO und AFL [—›] in einer gemeinsamen Dachorganisation zusammengeschlossen. Heute über 13 Millionen Mitglieder.

Commonwealth of Puerto Rico
Das vormals spanische Puerto Rico gehört seit 1898 zu den Vereinigten Staaten. Als Commonwealth ist es ein sich selbst regierender Teil der USA, der jedoch nicht an den nationalen Wahlen teilhat.

CompuServe
Eine amerikanische Mailbox zur Datenübertragung im Internet [—›], die 1969 entstand und heute mehr als 1, 5 Millionen Nutzer in aller Welt hat.

Congress of Racial Equality (CORE)
1942 nach dem Vorbild des von Gandhi in Indien geführten „gewaltlosen Widerstands" gegründete Organisation zur Überwindung der Segregation [—›], der Rassentrennung in den USA.

Copperheads
Befürworter einer Verhandlungslösung im Bürgerkrieg (1861–1865) innerhalb der Demokratischen Partei im Norden. Der Name Copperhead kommt von einer Giftschlange.

Counter Culture
Alternative Kultur und Lebensweise, welche die traditionellen Werte und Lebensformen der amerikanischen Gesellschaft ablehnt und um eine eigene, u. a. vom Zen-Buddhismus beeinflußte Lebensweise bemüht ist. Entstand in Amerika während der 1950er Jahre.

Countryclub
Privater exklusiver Freizeitklub, in dessen Mittelpunkt in der Regel Golfplatz und Klubhaus stehen.

County
Aus dem britischen Mutterland übernommene untere Verwaltungseinheit, von denen es heute über 3000 gibt.

Creek
Die Creek gehören zu den „Five Civilized Tribes", die nach 1830 aus ihrer Heimat im Süden der USA (Alabama, Georgia) in Gebiete westlich des Mississippi umgesiedelt wurden.

Cumberland Road
Eine wichtige Verbindungsstraße in den Westen, die seit 1811 mit Mitteln des Bundes als Nationalstraße gebaut wurde. Sie führte ursprünglich von Cumberland, Maryland, nach Zanesville, Ohio.

Dakota
Gruppe von Prärieindianern, die zur Sprachfamilie der Sioux [—›] zählen. Ihre Heimat war das westliche Minnesota, North und South Dakota, das östliche Montana und Wyoming.

Daughters of the American Revolution
Eine 1890 gegründete patriotische Gesellschaft, deren Mitglieder auf Vorfahren zurückblicken können, die während der Amerikanischen Revolution ein ziviles oder militärisches Amt bekleidet hatten.

Deismus
Glaubensrichtung, die von einem Gott ausgeht, der keinen Einfluß mehr auf die Welt nimmt und sich ihr auch nicht mehr offenbart.

Delaware
Indianerstamm, der in New Jersey, im westlichen Long Island sowie auf Staten und Manhattan Island lebte. Seine Reste befinden sich heute in Oklahoma.

Demokratische Partei
Sie entstand vor 1828 als Koalition der Anhänger von Andrew Jackson und hatte ihren Schwerpunkt zunächst im agrarischen Westen und Süden sowie in New York. Mit der später entstandenen Republikanischen Partei [—>] wurde sie zu einer der beiden Parteien im Zweiparteiensystem der USA.

Deutsche Reformierte
Protestantische Kirchen unter dem Einfluß von Calvin, die besonders in westdeutschen Territorien verbreitet waren.

District of Columbia, D.C.
Das Gebiet der Bundeshauptstadt, das 1790 durch ein Gesetz bestimmt wurde. 1793 legte Washington hier den Grundstein zum Kapitol. 1800 wurde die Hauptstadt nach Washington, D.C. verlegt. Der Name erinnert an Columbus.

Dollar
Der Dollar ist seit dem Unabhängigkeitskrieg die Währungseinheit des Landes. Das Münzgesetz von 1792 führte den Gold- und den Silberdollar als Währungsstandard ein und regelte die Prägung von Münzen.

Dollar-a-year-men
Bezeichnung für diejenigen Kaufleute, Unternehmer oder Bankiers, die als Experten während des Ersten Weltkrieges in Regierungsämter eintraten und sich mit einem symbolischen Gehalt von 1 $ im Jahr begnügten.

Dritte Partei
Bezeichnung für kleinere Parteien, die zu verschiedenen Zeiten im 19. und 20. Jahrhundert neben den beiden großen Parteien des amerikanischen Parteiensystems, den Demokraten und Republikanern, bestanden.

El Dorado
Bezeichnung für das sagenhafte Goldland, das in der frühen Neuzeit in Amerika vermutet wurde.

Ellis Island
Die Einwanderungsstation der Vereinigten Staaten im Hafen von New York von 1892–1954. Über 16 Millionen Einwanderer kamen über Ellis Island in das Land.

Englische Revolution von 1640
Konflikt zwischen Parlament und Krone, in dessen Ergebnis es zum Bürgerkrieg, zur Hinrichtung des Königs Karl I. und zur Umwandlung Englands in eine Republik (Commonwealth) unter Cromwell kam.

Equal Rights Amendment von 1972
Verfassungszusatz über die Gleichberechtigung der Frau, der 1972 vom Kongreß verabschiedet wurde, dann aber bis 1982 nicht die erforderliche Zahl der Ratifizierungen durch die Einzelstaaten erreichte und daher nicht in Kraft trat.

Equal Rights Party
Kleine Partei, die in der Zeit nach dem Bürgerkrieg für die Gleichberechtigung der Frau eintrat.

Erie Kanal
1825 eröffneter Kanal, der die Großen Seen mit dem Hudson River verband und eine enorme wirtschaftliche Bedeutung für Städte und Landschaften in seinem Einzugsbereich gewann.

Eugenik
Lehre von der Vererbung „guter" Erbanlagen mit dem Ziel, das „Erbgut" einer Bevölkerung zu verbessern bzw. vor „schädlichen" Einflüssen zu bewahren.

Fair Labor Standards Act
Das Gesetz von 1938 begrenzte die Arbeitszeit stufenweise auf 40 Stunden, setzte Mindestlöhne fest und verbot die Kinderarbeit.

Farmblock
Die Interessen der Farmer wurden Anfang der 1920er Jahre im Kongreß von einer Gruppe von Abgeordneten und Senatoren aus beiden großen Parteien wahrgenommen. Diesem Farmblock gehörten zeitweilig 95 Abgeordnete und 25 Senatoren an.

Farmer's Holiday Association
Während der Great Depression [—›] schlossen sich unzufriedene Farmer im Mittleren Westen zur FHA zusammen, die durch Farmerstreiks, d. h. durch die Einstellung der Lieferung agrarischer Erzeugnisse in die Städte, auf die akute Notlage der Farmer aufmerksam machte.

Fireside Chats
Von Präsident Roosevelt im März 1933 eingeführte Radioansprachen, in denen der Präsident im Plauderton seine politischen Absichten und Maßnahmen erläuterte.

Fox
Die Fox, ein kleinerer indianischer Stamm, lebten ursprünglich in Wisconsin, später in Iowa, wo sie gemeinsam mit ihren Verbündeten, den Sauk [—›], 1832 in den Black Hawk War [—›] verwickelt wurden.

Freedmen's Bureau
Am Ende des Bürgerkrieges 1865 geschaffen sollte das Freedmen's Bureau die Bemühungen der befreiten Sklaven um eine unabhängige Existenz unterstützen. Seine hauptsächliche Leistung lag im Bereich der Schul- und Hochschulbildung.

Freedom Rides
Anfang der 1960er Jahre wurden Busfahrten schwarzer und weißer Bürgerrechtler nach Alabama und Mississippi organisiert, um dort gegen die noch bestehende Rassentrennung zu protestieren.

Freimaurer, Freimaurerei
Das Freimaurertum breitete sich, vom Mutterland ausgehend, seit den 1730er Jahren in Amerika aus. Es bildete eine internationale Gemeinschaft aufgeklärt-humanistischer und kosmopolitisch eingestellter Gesinnungsgenossen.

French and Indian War
Der von 1754 bis 1763 von England und Frankreich um die Herrschaft in Nordamerika geführte Krieg, der mit dem Sieg Englands endete.

Frieden von Gent
Dieser Frieden beendete 1814 den Krieg von 1812 [—›] zwischen den Vereinigten Staaten und Großbritannien. Er bestätigte den territorialen Status quo, ließ aber einige strittige maritime und andere Fragen ungeklärt.

Frieden von Paris 1783
Der Frieden von Paris zwischen den USA und Großbritannien beendete den Unabhängigkeitskrieg und bestätigte die Unabhängigkeit der USA. Gleichzeitig damit schloß Großbritannien in Paris auch Frieden mit Frankreich und Spanien und trat Florida an Spanien ab.

Frontier
Die Siedlungsgrenze in Amerika: die Linie, welche das von Amerikanern besiedelte Gebiet von demjenigen trennte, das noch nicht erobert war, also vom Indianerland.

Gay Liberation
Die in den 1960er Jahren einsetzende Bewegung der Schwulen, bzw. dann auch der Lesben, für die gleichberechtigte Anerkennung ihrer Lebensform.

Gentry
Der Landadel in England.

Gettysburg-Rede
Lincolns Rede anläßlich der Einweihung eines Soldatenfriedhofs in Gettysburg, mit der er die demokratischen Grundsätze der Union bekräftigte.

Gewaltentrennung
Begriff des Staats- und Verfassungsrechts, meint die Trennung der staatlichen Gewalten, also der legislativen (Kongreß), der exekutiven (Präsident) und der richterlichen Gewalt (Oberstes Gericht).

Ghost Dance
Geistertanz: eine nativistische, messianische Bewegung, ursprünglich der Paiute Indianer in Nevada, die eine Wiederherstellung der Lebenswelt der Indianer – wie sie vor der Herrschaft des Weißen Mannes bestand – ankündigte. Um 1889 unter einigen Stämmen der Plains neuerlich verbreitet.

GI
Bezeichnung der amerikanischen Soldaten im Zweiten Weltkrieg, abgeleitet von „government issue“ auf Uniformen und Ausrüstungen der Armee.

GI Bill of Rights
Eigentlich Servicemen's Readjustment Act (1944), der den amerikanischen Soldaten, die am Zweiten Weltkrieg teilnahmen, finanzielle Unterstützung für die Zeit der Rückkehr ins zivile Leben in Aussicht stellte.

Gilded Age
Bezeichnung für die Korruption und Spekulation in den Jahren nach dem Bürgerkrieg. Der Begriff ist der Titel eines Romans von Mark Twain und Charles D. Warner von 1873.

Glorreiche Revolution
Beendigung des Restaurationsregimes der Stuarts, Einführung der konstitutionellen Monarchie in England unter Wilhelm von Oranien in den Jahren 1688/89.

God's Own Country
Der Kongreßabgeordnete Clement Vallandhigam (1820–1871) aus Ohio beschrieb seine Heimat in einer Rede vor dem Repräsentantenhaus 1859 als “God's own country“.

Golfkrieg
Von den USA im Auftrag der Vereinten Nationen 1991 geführter Krieg zur Befreiung Kuweits, das im Jahr zuvor Opfer einer irakischen Aggression geworden war.

Grammar School
Ursprünglich Schulen, in denen Latein Hauptunterrichtsfach war. Im 19. Jahrhundert dann gleichbedeutend mit Elementarschulen.

Granger-Bewegung
Ursprünglich seit 1867 Farmerverbände zur Popularisierung neuer landwirtschaftlicher Anbaumethoden. Später, in den 1870er Jahren, war die Bewegung auch politisch aktiv und trat für staatliche Kontrolle der Eisenbahnen und Getreidespeicher ein.

Great Awakening
Christliche Erweckungsbewegung in den Kolonien während der späten dreißiger und vierziger Jahre des 18. Jahrhunderts.

Great Depression
Die in den USA beginnende und dort besonders schwerwiegende Ausmaße annehmende Weltwirtschaftskrise von 1929 bis 1933.

Great Society
Das von Präsident Lyndon B. Johnson 1964 formulierte Programm sozialer Reformen zur Abschaffung der Armut, zu einer großzügigen Erweiterung der Bildungsmöglichkeiten und zur Überwindung rassischer Ungerechtigkeit.

Greenbacks
Volkstümliche Bezeichnung für die während des Bürgerkriegs ausgegebenen Banknoten. Nach dem Ende des Bürgerkriegs setzten sich verschuldete Farmer in der Greenback-Be-

wegung für die dauernde Ausgabe von Greenbacks ein, um durch die dann zu erwartende Steigerung auch der Preise für landwirtschaftliche Erzeugnisse ihre Schulden tilgen zu können.

Gregorianischer Kalender
Papst Gregor XIII. (1503–1585) führte 1582 durch eine Kalenderreform den heute allgemein üblichen Kalender ein, der den Julianischen Kalender [—›] ablöste. Die Differenz der beiden Kalender betrug bis 1700 zehn Tage, bis 1800 elf Tage, bis 1900 zwölf Tage und in unserem Jahrhundert 13 Tage. In England wurde der Gregorianische Kalender 1752 eingeführt.

Grenzstaaten (border states)
Dazu gehören diejenigen Staaten, in denen die Sklaverei bestand, welche an den sklavenfreien Norden grenzten, nämlich: Delaware, Maryland, Virginia, Kentucky und Missouri. Mit Ausnahme von Virginia hielten sie im Bürgerkrieg zur Union.

Große Gesellschaft, siehe Great Society

Großvaterklausel
Die Grandfather Clause schloß in einigen Staaten des Südens nach dem Vorbild von Louisiana (1898) diejenigen von Wahlen aus, deren Väter oder Großväter vor 1867 nicht Wähler gewesen waren. Dies entzog den schwarzen Amerikanern das Wahlrecht. Das Oberste Gericht erklärte 1915 diese Bestimmung als verfassungswidrig.

Habeas Corpus Acte
Kernstück der bürgerlichen Freiheitsrechte, gewährt Sicherheit der Person vor willkürlicher Verhaftung. Im englischen Recht seit der Magna Charta (1215), war dies in den Kolonien Teil des Gewohnheitsrechts.

Heimstättengesetz, Homestead Act
Die alte Forderung der Farmer und Siedler nach billigem Regierungsland wurde 1862 mit dem Homestead Act erfüllt. Das Gesetz gewährte jedem Farmer, vorausgesetzt, er bebaute den Boden fünf Jahre hindurch, 160 acres öffentliches Land gegen eine geringe Registrierungsgebühr.

Heller-Budget
Das Heller-Committee zur Untersuchung sozialökonomischer Fragen an der Universität von Kalifornien, Berkeley, berechnete seit 1929 das Familienbudget der Familie eines Lohnempfängers, das für eine gesunde, angemessene Lebensweise erforderlich war.

Hispanics
Bezeichnung für die Amerikaner spanischer, d. h. insbesondere (spanisch-) lateinamerikanischer Abstammung. Gleichbedeutend mit Latinos [—›].

Holländisch Reformierte
Glaubensanhänger der von Calvin geprägten reformierten Kirchen der Niederlande.

Hollywood Ten
Eine Gruppe von Drehbuchautoren, Produzenten und Filmdirektoren in Hollywood, die sich 1947 vor dem Ausschuß zur Untersuchung unamerikanischer Betätigung des Reprä-

sentantenhauses unter Berufung auf den 1. Verfassungszusatz [—›] geweigert hatten, Aussagen zu ihrer Verbindung mit der Kommunistischen Partei zu machen und die daraufhin zu Gefängnisstrafen verurteilt wurden.

Hull House
Ein von Jane Adams 1889 in Chicago eingerichtetes Nachbarschaftszentrum zur sozialen, kulturellen und bildungsmäßigen Unterstützung der sozial benachteiligten Bewohner dieses Viertels.

Impressment
Von der britischen Flotte zwischen 1790 und 1815 praktizierte zwangsweise Verpflichtung amerikanischer Seeleute bzw. britischer Matrosen auf amerikanischen Schiffen zum Dienst auf britischen Schiffen.

Indentured Servants
Im kolonialen Amerika waren dies erwachsene weiße Personen, die als Gegenleistung für die Bezahlung der Überfahrt nach Amerika oder aus anderen Gründen für eine festgelegte Zeitspanne zur Zwangsarbeit für ihren Besitzer verpflichtet waren.

Indian Removal Act
Während der Präsidentschaft von Andrew Jackson bestimmte dieses Gesetz im Jahre 1830 die Umsiedlung der noch östlich des Mississippi lebenden Indianer in Gebiete westlich des Mississippi. In den folgenden zwei Jahrzehnten wurden die davon betroffenen indianischen Stämme teils durch Abmachungen teils durch Gewalt in ihre neue Heimat, das Indian Territory [—›], das spätere Oklahoma, verbracht.

Indian Reorganization Act
Gesetz von 1934 im Rahmen des New Deal [—›], mit dem die Landverteilung in den Reservationen zugunsten der indianischen Stämme neu geregelt, ihre finanzielle Unterstützung erweitert und Maßnahmen zugunsten der indianischen Selbstverwaltung getroffen wurden.

Indian Service, siehe Büro für Indianerangelegenheiten

Indian Territory
Ein nach 1830 festgelegtes Gebiet westlich des Mississippi, zu dem das heutige Oklahoma gehört. Dorthin wurden die Indianer des Ostens umgesiedelt. Das Gebiet wurde mehrfach verkleinert und schließlich (1907) dem Bundesstaat Oklahoma angegliedert.

Industrial Workers of the World
1905 in Chicago gegründete militante und radikale Gewerkschaftsorganisation.

Industrielle Revolution
Durch Einführung von Maschinen (Textilmaschinen, Dampfmaschine) und das Fabriksystem (Industrieproletariat) bestimmte Umwälzung, die Grundlage der Industrialisierung bildet. In England Mitte des 18. Jahrhunderts einsetzend, in Amerika nach dem Krieg von 1812 in größerem Maße beginnend.

Internet
Die internationale Vernetzung der Computer, ein „Information Highway" des weltweiten Zugangs zu Daten und anderen Informationen, an dem heute (1995) 20 bis 30 Millionen Computer-Nutzer teilhaben.

Iowa
Zur Sprachfamilie der Sioux gehörender Stamm der Prärieindianer, der im Gebiet des heutigen Iowa lebte.

Irokesen
Indianische Gemeinschaft der Fünf [später der Sechs] Nationen (Seneca, Cayuga, Oneida, Onondaga und Mohawk, sowie der Tuscarora), die im Gebiet der Großen Seen und im nördlichen, zentralen New York lebte und über eine fest organisierte Form einer Konföderation verfügte. Nach dem Unabhängigkeitskrieg nahm ihre Bedeutung ab. In der Gegenwart leben um 9000 Irokesen in sechs Reservationen im Staat New York.

Jazz-Age
Bezeichnung für die u. a. durch den Siegeszug des Jazz geprägten Jahre nach dem Ersten Weltkrieg. Der Begriff taucht als Titel eines Bandes von Erzählungen von F. Scott Fitzgerald 1922 auf.

Julianischer Kalender
Von C. Julius Cäsar eingeführter Kalender, der bis zur Einführung des Gregorianischen Kalenders [—›] üblich war.

Julirevolution von 1830
Politische Umwälzung in Frankreich, die zum Sturz des Restaurationsregimes der Bourbonen und zur Schaffung des Bürgerkönigtums führte.

King George's War
Krieg zwischen England und Frankreich in Nordamerika 1744–1748.

King Philip's War
Blutiger Indianerkrieg in Neuengland 1675–1676.

Kirche Jesu Christi der Heiligen der letzten Tage (Mormonen)
Diese kirchliche Gemeinschaft wurde 1830 in Fayette, New York, von Joseph Smith (1805–1844) gegründet. 1847 wanderten 15.000 Mormonen zum Großen Salzsee und begründeten dort ein mormonisches Gemeinwesen, das heutige Utah.

Kompromiß von 1850
Der von Senator Henry Clay (1777–1852) im Kongreß initiierte Kompromiß zwischen den Wünschen der sklavenfreien und der Sklavenstaaten, der aber die Gegensätze zwischen beiden Seiten auf Dauer nicht abschwächen konnte.

Konföderationsartikel
Die erste Verfassung der Vereinigten Staaten aus dem Jahre 1777, die eine lockere Union mit schwacher Zentralgewalt vorsah.

Konföderierte Staaten von Amerika
Nach der Wahl des Republikaners Lincoln traten South Carolina und weitere Staaten des Südens aus der Union aus und bildeten die Confederate States of America, der schließlich elf Staaten des Südens angehörten.

Kongregationalisten
Kirchliche Gemeinschaft der kalvinistischen Puritaner [—›] in Neuengland.

Konservative Revolution
Seit den 1980er Jahren – und der Präsidentschaft Reagans – an Einfluß gewinnende konservative Forderungen in den USA, die eine Rückkehr zu den traditionellen amerikanischen Werten der Familie, der Religion und einer patriotischen Haltung gegenüber dem Land anstreben.

Kontinentalarmee
Die zu Beginn des Unabhängigkeitskrieges vom Kontinentalkongreß [—›] aufgestellten Streitkräfte der jungen Vereinigten Staaten unter dem Oberbefehl George Washingtons.

Kontinentalkongreß
Die Vertretung der britischen Kolonien in Nordamerika, deren Delegierte 1774 und erneut seit Mai 1775 in Philadelphia zusammenkamen, um den Widerstand gegen die britische Krone zu beraten. Am 4. Juli 1776 beschloß der Kontinentalkongreß die Unabhängigkeit der USA und verkündete die Unabhängigkeitserklärung [—›].

Koreakrieg
Von den USA und anderen Staaten zwischen 1950 und 1953 geführter Krieg zur Unterstützung Südkoreas gegen den im Juni 1950 erfolgten Angriff Nordkoreas.

Krieg gegen Mexiko
Zwischen 1846 und 1848 von den USA geführter Krieg gegen Mexiko. In seinem Ergebnis verzichtete Mexiko auf alle Ansprüche auf Texas und trat New Mexico und California an die Vereinigten Staaten ab.

Krieg von 1812
Krieg zwischen den USA und Großbritannien von 1812 bis 1814, in dessen wechselndem Verlauf Washington von den Briten eingenommen und niedergebrannt wurde. Der Krieg endete mit dem Frieden von Gent [—›].

Kristallpalast in London
Der Kristallpalast war der Mittelpunkt der Weltausstellung in London 1851.

Ku-Klux-Klan
Rassistische, terroristische Geheimorganisation im Süden der USA, die nach dem Ende des Bürgerkrieges (1866) in Tennessee gegründet wurde, um die „Vorherrschaft der Weißen" zu verteidigen. Während des Ersten Weltkrieges (1915) entstand der Ku-Klux-Klan neu.

Kubakrise von 1962
Veranlaßt durch die Stationierung sowjetischer Mittelstreckenraketen auf Kuba verhängte Präsident Kennedy im Oktober 1962 eine Seeblockade über Kuba, wodurch zeitweilig die Gefahr eines Dritten Weltkrieges akut wurde.

Lakota, Teton Lakota
Dakota-Dialekt, der von den Teton Lakota, der bedeutendsten Gruppe der Dakota gesprochen wird.

„Land der Unbegrenzten Möglichkeiten"
Der Begriff stammt von Ludwig Max Goldberger (1848–1913), der nach einer Studienreise durch die USA seine Beobachtungen über das dortige Wirtschaftsleben in einem Buch mit dem Titel „Das Land der unbegrenzten Möglichkeiten" (1903) veröffentlichte.

Land Grant Act
Der Land Grant College Act von 1862 übertrug jedem Staat eine bestimmte Fläche öffentlichen Landes zur Schaffung und Förderung von landwirtschaftlichen und technischen Hochschulen.

Latinos
Bezeichnung für die Amerikaner spanischer bzw. (spanisch-) lateinamerikanischer Herkunft.

Lesetest, literacy test
1917 führte der Kongreß einen Lesetest für Einwanderer ein, um Analphabeten von der Einwanderung auszuschließen.

Lewis & Clark-Expedition
Von Präsident Jefferson veranlaßte Expedition zur Erkundung des bis dahin weitgehend unbekannten Westens der USA zwischen Missouri und Pazifischem Ozean. Die Expedition fand 1804–1806 unter Leitung von Meriwether Lewis (1774–1809) und William Clark (1770–1838) statt.

Liberty Bonds, Liberty Loans
Insgesamt fünfmal aufgelegte Kriegsanleihen der Vereinigten Staaten in den Jahren 1917 bis 1919.

„Life"
Vom Verleger Henry R. Luce (1898–1967) Anfang der 1930er Jahre begründetes Magazin.

Louisianakauf
1803 kaufte Jefferson von Frankreich das Louisiana-Gebiet zwischen Mississippi und Rocky Mountains für 15 Mill. $ und verdoppelte damit nahezu das Territorium der USA.

Loyalisten
Bezeichnung für die Parteigänger des britischen Königs im Unabhängigkeitskrieg.

Lutheraner
Lutherische Christen, die dem Bekenntnis Martin Luthers verpflichteten Protestanten.

Lynchen
Ungesetzliche Selbstjustiz, die besonders im Süden und Westen verbreitet war und im Laufe der Zeit mehrere Tausend Opfer forderte.

Mährische Brüder
Die Anhänger der von Nikolaus Ludwig Graf von Zinzendorf (1700–1760) begründeten Herrnhuter Brüdergemeinde, die anfangs aus mährischen Exulanten bestand.

Mailbox
Ein elektronischer Briefkasten, in dem man über Computer, Modem und Telefonanschluß Programme, Daten und Texte ablegen bzw. empfangen kann.

Mandan
Kleinerer Indianerstamm am Missouri (im heutigen North und South Dakota), der durch eine Pockenepidemie im 19. Jahrhundert weitgehend dezimiert wurde.

Manifest Destiny
Ein von John L. O'Sullivan (1813–1895), einem Zeitungsherausgeber, 1845 geprägter Begriff, nach dem es die manifeste Bestimmung der Amerikaner sei, sich über den ganzen Kontinent zu verbreiten.

Maria-Montessori-Vorschulen
Von der italienischen Ärztin und Pädagogin Maria Montessori (1870–1952) geschaffene Vorschulen für drei- bis sechsjährige Kinder, in denen die Selbsttätigkeit der Kinder gefördert wurde.

Mayflower
Dreimaster, mit dem 1620 die „Pilgerväter", die puritanischen Siedler nach Neuengland gebracht wurden.

Mayflower Compact
Ein von den männlichen Passagieren auf der Mayflower [—>] noch während der Überfahrt getroffenes Abkommen, das die lokale Verwaltung in der neuen Heimat nach dem Willen der Mehrheit zu regeln bestimmte.

McCarthyismus
Durch den republikanischen Senator Joseph McCarthy [1908–1957] geschürte und instrumentalisierte antikommunistische Hexenjagd in den USA , deren Höhepunkt in den frühen 1950er Jahren lag. Der Begriff wurde erstmals im März 1950 in der Washington Post verwendet.

Medicare
Von Präsident Lyndon Johnson 1965 eingeführte staatliche Gesundheitsfürsorge für alte Menschen.

Medizin (indianisch)
Das „Geheimnis". Der Medizinbeutel ist ein ritueller Talisman mit magischer Schutzfunktion und enthält das für die Persönlichkeit des indianischen Besitzers unersetzliche Geheimnis.

Medizinmann
Unter den Indianern der Arzt und Schamane, eine angesehene Person innerhalb der ethnischen Gruppe im Besitz übernatürlicher, magischer Kräfte.

Mennoniten
Protestantische Freikirche, die ersten Mennoniten kamen 1683 aus Krefeld nach Pennsylvania.

Mescalero Apachen
Stamm der im Südwesten der USA ansässigen Apachen, der in Arizona und New Mexico lebt.

Methodisten
Mitglieder der Evangelisch-methodistischen Kirche, einer im 18. Jahrhundert in England entstandenen Freikirche, die ihre Frömmigkeit methodisch zu pflegen sucht.

Militärisch-Industrieller-Komplex
Im Zusammenhang mit dem seit dem Zweiten Weltkrieg und während des Kalten Krieges verstärkten Gewicht der Rüstungsindustrie entstandene Verbindung zwischen Rüstung, Wirtschaft und Militär.

Milizen [rechtsextreme]
Paramilitärische rechtsextreme Gruppen in den USA, die in jüngster Zeit den bewaffneten Selbstschutz gegen Staat und Regierung propagieren.

Milizsystem
In den Kolonien beruhte das Milizsystem auf dem Grundsatz, daß jeder waffenfähige Mann zum militärischen Dienst verpflichtet war. Nach dem Unabhängigkeitskrieg regelte der Militia Act von 1792 die Verpflichtung aller erwachsenen weißen Männer im Alter von 18 bis 45 Jahre zum Dienst in den lokalen Milizen.

Mingo
Indianerstamm im Ohiotal, Bezeichnung für Irokesen [—›], die fern von ihrer Heimat als Söldner kämpften.

Minuteman
Bezeichnung für die Miliz in Massachusetts – und einigen weiteren Staaten – vor und während der Amerikanischen Revolution [—›], deren Mitglieder in minutenschnelle einsatzbereit waren.

Missouri-Kompromiß
Vom Kongreß getroffener Kompromiß im Jahre 1820, um das Gleichgewicht im Senat zwischen freien Staaten und Staaten, in denen die Sklaverei bestand, aufrecht zu erhalten. Danach wurden Maine als sklavenfreier und Missouri als Staat, in dem die Sklaverei erlaubt war, in die Union aufgenommen. Künftig war die Sklaverei in den noch verbliebenen Gebieten des Louisiana-Kaufs [—›] nördlich der Breite von 36° 30‘ verboten.

Mittlere Kolonien
Darunter versteht man die drei Kolonien New York, New Jersey und Pennsylvania, die zwischen Neuengland und den südlichen Kolonien lagen.

Monkey Trial
Ein 1925 in Tennessee geführter Prozeß gegen einen Biologielehrer, der entgegen den Bestimmungen eines Gesetzes dieses Staates im Unterricht Darwins Entwicklungslehre behandelt hatte.

Mormonen, siehe Kirche Jesu Christi der Heiligen der letzten Tage

Muckraker
Bezeichnung für eine Gruppe von Journalisten und Schriftstellern, die nach der Jahrhundertwende kritisch über politische, wirtschaftliche und soziale Mißstände in Amerika berichteten. Ihnen warf Präsident Roosevelt 1906 vor, sie würden nur im Schmutz wühlen und könnten infolgedessen den Himmel nicht sehen.

„Nation"
1865 begründete kritische, linksliberale Wochenschrift, die heute noch erscheint.

National Association for the Advancement of Colored People (NAACP)
Die National Association for the Advancement of Colored People wurde 1909 als Bürgerrechtsorganisation im Kampf um die Gleichberechtigung und gegen die Rassendiskriminierung der schwarzen Amerikaner gegründet.

National Industrial Recovery Act
Kernstück der ersten New Deal [—›]- Maßnahmen. Das Gesetz aus dem Jahr 1933 sah für die Industriezweige die Vereinbarung von Codes über Preise, Löhne und Arbeitsbedingungen vor, um damit den unlauteren Wettbewerb zu bekämpfen.

National War Labor Board
Unter Präsident Wilson 1918 geschaffene Behörde zur Schlichtung von Arbeitskämpfen.

National Organization of Women
Mit dem neuen Feminismus 1966 entstandene Organisation von Frauen, die um ihre uneingeschränkte Gleichberechtigung im Beruf, in den sexuellen Beziehungen und im kulturellen Leben kämpften.

National Youth Administration
1935 gebildete Bundesbehörde zur Förderung von Ausbildung und Berufen für Jugendliche.

Native Americans
Seit den 1960er Jahren üblich werdende Bezeichnung für die nordamerikanischen Indianer, da die traditionell verwendete Bezeichnung Indianer eine auf einen Irrtum zurückgehende Fremdbezeichnung ist.

Nativismus
Eine Einstellung, welche die im Lande geborenen Bewohner gegen Einwanderer und Fremde begünstigt, Politik der Fremdenfeindlichkeit und der Rückkehr zu traditionellen Lebensformen.

Nat-Turner-Aufstand
Sklavenaufstand in Virgina 1831, die bedeutendste Rebellion der Sklaven in den USA.

Navajos
Ein großer Indianerstamm im Südwesten der USA (Arizona, New Mexico, Colorado, Utah), der seine kulturelle Überlieferung weitgehend erhalten konnte.

New Deal
Bezeichnung für die Reformpolitik Franklin D. Roosevelts seit 1933. R. benutzte den Begriff erstmals im Wahlkampf 1932 in dem Sinn, daß er den Amerikanern eine neue Chance geben wolle.

New England
Die nördlichen Kolonien bzw. Staaten von Maine bis Connecticut. Von Puritanern besiedelt unterschied sich Neuengland deutlich von den mittleren [—›] und südlichen Kolonien. Der Begriff entstand in den Anfängen der Besiedlung dieser Region.

New Freedom
Bezeichnung für die Reformpolitik Woodrow Wilsons seit 1913. Der Begriff wurde bereits in der Wahlkampagne 1912 zur Kennzeichnung der politischen Philosophie Wilsons verwendet.

New Left
In den 1960er Jahren zeitweilig unter Studenten, Bürgerrechtsaktivisten und Vietnamkriegsgegnern einflußreiche radikale Bewegung einer grundsätzlichen Kritik der kapitalistischen Strukturen und Politik der USA.

„New Republic"
1914 von Herbert Croly (1869–1930) begründete kritische, linksliberale Wochenzeitschrift, die noch heute erscheint.

Newfoundland
Neufundland. Seit der ersten Hälfte des 17. Jahrhunderts von England aus kolonisiert. Heute ein Teil von Kanada.

Niagara-Bewegung
Radikaler Flügel der Bürgerrechtsbewegung der Afroamerikaner zu Beginn des 20. Jahrhunderts, 1905 in Niagara Falls, Ontario, Kanada gegründet.

North-West Ordinance
Regelte 1787 die Verwaltung des Nord-West-Territoriums [—›] und die künftige Aufnahme der daraus entstehenden Staaten.

Nord-West-Territorium
Das „Territory Northwest of the River Ohio" wurde vom Kongreß 1787 geschaffen. Es umfaßte die späteren Staaten Ohio, Illinois, Michigan, Indiana und Wisconsin.

Nova Scotia
Neuschottland. Wurde seit 1621 von England aus kolonisiert, gehört zu Kanada.

Oberlin College
Das 1833 in Oberlin, Ohio, gegründete Oberlin College ließ auch Frauen und Schwarze zum Studium zu.

Office of Indian Affairs, siehe Büro für Indianerangelegenheiten

One-Hundred-Percent-Americanism
Bezeichnung für den besonders im und nach dem Ersten Weltkrieg zur Schau gestellten Superpatriotismus in Amerika.

Oregon Trail
Überland-Straßenverbindung vom Missouri zum Columbia River im Oregon Gebiet, die in den 1840er und 50er Jahren von Siedlern, die nach Oregon zogen, stark frequentiert wurde. Der Oregon Trail hatte eine Länge von über 2000 Meilen.

Oregon Vertrag
Vertrag von 1846 zwischen USA und Großbritannien, legte im Nordwesten der USA die bislang strittige Grenze zu Britisch-Kanada fest.

Palmer Raids
Die von Wilsons Justizminister A. Mitchell Palmer (1872–1936) 1919/20 veranlaßte Radikalenverfolgung, der „Red Scare" gegen Kommunisten, Anarchisten und andere Radikale mit zahlreichen Razzien, Verhaftungen und Deportationen.

Parteimaschine
Bezeichnung für den lokalen bzw. einzelstaatlichen Parteiapparat der Demokratischen bzw. Republikanischen Partei, dessen Aufgabe hauptsächlich darin bestand, bei den Wahlen die nötigen Stimmen zu beschaffen.

Pearl Harbor
Amerikanischer Flottenstützpunkt auf Hawaii, der am 7. 12. 1941 Ziel eines überraschenden japanischen Angriffs war, womit der Eintritt der USA in den Zweiten Weltkrieg erfolgte.

Ph. D.
Doctor of Philosophy, Dr. phil.

Pinte
Amerikanische P. = 0, 47 l.

Plessy v. Ferguson
Rechtsentscheidung des Obersten Gerichts von 1896, mit der die Rassentrennung legalisiert wurde. Erst 1954 wurde in der Gerichtsentscheidung Brown vom Board of Education of Topeka die Rassentrennung im Schulwesen für ungesetzlich erklärt.

Plymouth Kolonie
Ursprüngliche Bezeichnung der 1620 gegründeten ersten Kolonie in Neuengland [—>], ging 1691 in der Kolonie Massachusetts auf.

Pop Art
Kunstrichtung seit Ende der 1950er Jahre, die Objekte des Massenkonsums bzw. der Medienwelt direkt oder in künstlerischer Behandlung zum Gegenstand der Kunst machte.

Populismus
Agrarische Protestbewegung im letzten Drittel des 19. Jahrhunderts. Zu ihren Forderungen gehörte die freie und unbegrenzte Ausgabe von Silbergeld im Interesse steigender Preise für Agrarerzeugnisse. Ihr politischer Ausdruck war die 1892 gebildete Populist oder People's Party, die für umfangreiche Reformen eintrat.

Preparedness
Die Kampagne für eine Verstärkung der Streitkräfte der USA nach Ausbruch des Ersten Weltkriegs.

Presbyterianer
Auf Calvin zurückgehende reformierte Kirchen, bei denen die Presbyterialverfassung die Grundlage kirchlicher Ordnung bildete. Geistliche und Laien wirken darin gleichberechtigt zusammen.

Primaries, Vorwahlen
Vorwahlen zur Nominierung der Kandidaten einer Partei im Blick auf anstehende Wahlen, erstmals 1903 von Wisconsin eingeführt, später von zahlreichen weiteren Staaten übernommen.

Primogenitur
Das aus dem Mittelalter stammende Erbrecht, nach dem lediglich der älteste Sohn den väterlichen Besitz erbte. Es war in den Kolonien bis zur Amerikanischen Revolution [—›] verbreitet.

Progressive Era
Das Reformzeitalter zwischen 1901 und 1917 mit den Präsidentschaften von Theodore Roosevelt und Woodrow Wilson.

Progressive Movement
Mittelständische Reformbewegung in Amerika zu Beginn des 20. Jahrhunderts, die Anhänger in beiden großen Parteien hatte.

Progressive Party von 1912
Von Reformkräften der Republikanischen Partei anläßlich der Wahlen von 1912 gebildete Dritte Partei [—›], um die Wiederwahl von Präsident Taft zu verhindern. Ihr Präsidentschaftskandidat war der frühere Präsident Theodore Roosevelt.

Prohibition
Das Alkoholverbot, das in den USA am Ende des Ersten Weltkrieges beschlossen wurde und bis 1933 bestand.

Prosperity
Der ungewöhnlich lebhafte Wirtschaftsaufschwung während der 1920er Jahre, der von neuen Entwicklungen der Massenkonsumindustrie (Auto, Radio, elektrische Haushaltsgeräte) sowie reger Bautätigkeit mit getragen wurde.

Public School
Eine aus öffentlichen Mitteln finanzierte Schule in den USA.

Puritaner
Streng kalvinistisch eingestellte Gläubige in England und in den Kolonien, welche die Anglikanische Kirche [—›) von katholischen Bräuchen „reinigen“ wollten.

Quadroons
Aus dem Spanischen stammende Bezeichnung für Kinder eines Weißen und einer Frau, die zu einem Viertel afrikanische Vorfahren hatte.

Quäker
Von George Fox (1624–1691) in England um die Mitte des 17. Jahrhunderts gegründete christliche Sekte von einfacher, ernster Frömmigkeit und pazifistischer Haltung.

Queen Anne's War
Zwischen 1702 und 1713 parallel zum Spanischen Erbfolgekrieg in Europa in Nordamerika und Westindien geführter Krieg Englands mit Frankreich und Spanien.

Radikale Republikaner
Der radikale Flügel der Republikanischen Partei in und nach dem Bürgerkrieg, der für eine entschiedene Rekonstruktion im Süden und die Rechte der befreiten Sklaven eintrat.

Ragtime
Frühform des Jazz, breitete sich seit etwa 1870 in den USA aus.

Rationalismus
Überzeugung, daß die Welt vernunftgemäß beschaffen sei, die im 17. Jahrhundert entstehende Lehre vom Vorrang der Vernunft auf allen Gebieten.

Räuberbarone, siehe Robber barons

Reconstruction
Der Zeitabschnitt zwischen 1865 und 1877, in dem nach dem Sieg der Union im Bürgerkrieg der Süden wieder eingegliedert und umgestaltet wurde.

Red Scare, siehe Palmer Raids

Regionalisten
Bezeichnung für eine Gruppe amerikanischer Maler in den 1930er Jahren, deren künstlerisches Werk durch ihre Herkunft aus dem Mittleren Westen mit geprägt wurde. Dazu gehören die Maler Grant Wood (1891–1942), Thomas Hart Benton (1889–1975) und John Steuart Curry (1897–1946).

Relocation centers
Internierungslager der Armee in abgelegenen Landesteilen, in die 1942 die Amerikaner japanischer Herkunft verbracht wurden.

Republicanism
Die von den Ideen der Aufklärung geprägte Ideologie der Amerikanischen Revolution [—›].

Republikanische Partei
1854 gegründete Partei der Gegner der Sklaverei, deren Schwerpunkt im Norden und Westen des Landes unter Farmern und Arbeitern lag. Sie wurde – neben der Demokratischen Partei [—›]– zur zweiten großen Partei im amerikanischen Zweiparteiensystem.

Restauration in England 1660
Wiederherstellung der Stuart-Monarchie in England nach ihrer Beseitigung durch die Englische Revolution von 1640 [—›].

Reverbèren
Lampen mit reflektierendem Spiegel.

Roanoke Island
Insel vor North Carolina, auf der 1585 und 1587 ein nicht dauerhafter Versuch der britischen Kolonisierung unternommen wurde.

Robber barons
Im späten 19. Jahrhundert geläufige Bezeichnung für die amerikanischen Industriellen Geschäftsleute und Bankiers großen Stils.

Rocky Mountains
Gebirgszug zwischen Nordwest-Alaska und dem nördlichen Mexiko, der die kontinentale Wasserscheide bildet.

Russische Revolution
Die russische Revolution des Jahres 1917 begann in der Februarrevolution mit dem Sturz des Zaren und führte mit der Oktoberrevolution zur Entstehung Sowjetrußlands.

Saratoga, Schlacht von
Niederlage der britischen Truppen im Unabhängigkeitskrieg 1777 bei Saratoga, New York.

Sauk
Indianerstamm in (dem heutigen) Wisconsin und Iowa, der gemeinsam mit den Fox [—›] am Black Hawk War [—›] im Jahr 1832 beteiligt war.

Sechs Nationen der Irokesen, siehe Irokesen

Second Awakening
Eine zweite evangelische Erweckungsbewegung [—›Great Awakening], die in den ersten Jahrzehnten des 19. Jahrhunderts stattfand und besonders auch den Westen der USA ergriff.

Segregation
Rassentrennung – getrennte Einrichtungen für weiße und schwarze Amerikaner im Schulwesen, Verkehr, bei den Streitkräften, in der Öffentlichkeit.

Seminolen
Indianerstamm in Florida, gegen den im Ersten Seminolenkrieg 1816–1818 eine „Strafexpedition" der Vereinigten Staaten geführt wurde und der sich im Zweiten Seminolenkrieg 1835–1842 gegen die Umsiedlung in Gebiete westlich des Mississippi zur Wehr setzte.

Seneca Falls Convention
Der erste Frauenrechtskongreß, der 1848 in Seneca Falls, New York, stattfand.

Sexuelle Revolution
Bezeichnung für die besonders seit den 1960er Jahren freier werdenden Beziehungen der Geschlechter.

Sezession
Austritt, Auszug, Trennung von einer politischen Gemeinschaft.

Sezession der Südstaaten
Austritt von 11 Staaten des Südens, in denen die Sklaverei bestand, aus der Union, als Antwort auf die Wahl des Republikaners Lincoln zum Präsidenten der USA im November 1860.

Sharecropper
Teilpächter, ein Farmpächter, der in der Regel die Hälfte der Ernte als Pacht zahlen muß.

Shawnee
Ein Stamm der Algonkin [—›], der ursprünglich in Tennessee lebte, später (seit dem Ende des 17. Jahrhunderts) mehrfach neue Wohnsitze aufsuchte.

Shopping Center
Vor allem seit dem Ende des Zweiten Weltkrieges sich überall im Land verbreitende Einkaufszentren.

Shopping Mall
Großzügig angelegte, überdachte Einkaufspassagen, die seit den 1950er Jahren ihren Siegeszug im Handel antraten.

Sioux
Ursprünglich zwischen Mississippi und Rocky Mountains lebende große indianische Sprachfamilie, deren bedeutendste Vertreter die Dakota [—›] sind.

Sit-in
Während der Kämpfe um die Bürgerrechte wurde in den 1960er Jahren häufig die Taktik der Besetzung von Büros, Schulen oder Geschäften angewandt, um der Forderung nach Bürgerrechten Nachdruck zu verleihen.

Sklavenbefreiungsproklamation
Von Lincoln im Verlauf des Bürgerkriegs [—›] September 1862 verfügte Befreiung der Sklaven in allen Staaten, die gegen die Union Krieg führten.

Smithonian Institution
1846 vom Kongreß entsprechend dem Vermächtnis des Engländers James Smithon (1765–1829) in Washington, D.C. geschaffene Institution, die sich zum größten Museumskomplex der Welt entwickelte.

Social Security Act
Sozialreform von 1935, die Altersrenten, Blindengeld, später auch Unterstützungszahlungen für Behinderte einführte.

Son's of Liberty
Radikale Organisation der Gegner der britischen Kolonialpolitik vor und während der Amerikanischen Revolution [—›].

Spanisch-Amerikanischer Krieg von 1898
Unter Präsident McKinley geführter Krieg gegen Spanien, in dessen Ergebnis die USA Guam, Puerto Rico und die Philippinen erhielten und eine weitgehende Kontrolle über Kuba errichteten.

Speakeasies
In den Jahren der Prohibition Bezeichnung für Kneipen, die in Hinterzimmern illegal alkoholische Getränke ausschenkten.

Students for a Democratic Society
Radikale Studentenorganisation, gegründet 1960, die für eine Demokratisierung der Universitäten eintrat und seit 1965 landesweit den Vietnamkrieg bekämpfte.

Suffragetten
Frauen, die in der Öffentlichkeit aktiv für das Frauenwahlrecht eintraten.

Super Bowl
Seit 1967 ausgetragenes Endspiel der American Football League.

Surinam
Niederländisch Guayana. Holländische Kolonie seit 1667. Unabhängig seit 1975.

Sweetshop
„Schwitzbude", Bezeichnung für ungesunde Fabrikhallen und Werkstätten im späten 19. und frühen 20. Jahrhundert.

Teach-in
Abwandlung des Sit-in [—›], Form der Opposition an den Universitäten und Hochschulen gegen den Vietnamkrieg, offene Debatte von Studenten und Professoren über kontroverse Fragen der amerikanischen Außenpolitik in den 1960er Jahren.

„The New Yorker"
1925 gegründetes literarisches Wochenmagazin.

Tidewater-Plantagen
Zumeist in günstiger Verkehrslage gelegene Plantagen an oder in der Nähe der Flüsse, die noch im Bereich der Gezeiten des Atlantischen Ozeans lagen.

Tiefer Süden
Diejenigen Regionen im Süden der USA wie Alabama, Georgia, Louisiana und Mississippi, die besonders durch das Plantagensystem und die Sklaverei geprägt wurden.

Trust
Monopolistischer Zusammenschluß industrieller Konzerne, aber auch von Banken, Versorgungsbetrieben oder Eisenbahngesellschaften.

Turnpikes
Geschotterte, gebührenpflichtige Landstraßen Ende des 18. und in den ersten Jahrzehnten des 19. Jahrhunderts.

Tycoon
Bezeichnung für einen Industrie- oder Finanzmagnaten, Großindustrieller.

Überflußgesellschaft
Affluent Society, von dem Ökonomen John K. Galbraith (* 1908) in den 1950er Jahren geprägter Begriff für die materiellen Fortschritte im Nachkriegsamerika.

Umsiedlung der Indianer des Ostens, siehe: Indian Removal Act

Unabhängigkeitserklärung
Vom Kontinentalkongreß am 4. Juli 1776 verabschiedete, von Thomas Jefferson formulierte Erklärung über die Unabhängigkeit der Vereinigten Staaten und die ihr zugrunde liegenden Prinzipien.

Uncle Sam
Spitzname der Regierung der Vereinigten Staaten, der seit dem Krieg von 1812 schrittweise üblich wurde.

Uneingeschränkter U-Boot-Krieg
Im Ersten Weltkrieg von der Führung des Deutschen Reiches Anfang 1917 beschlossene Ausweitung des U-Boot-Krieges, der damit nicht an die Regeln des Kreuzerkrieges gebunden war.

Unitarier
In Nordamerika, besonders Neuengland, seit dem 18. Jahrhundert auftretende religiöse Bewegung, die eine liberale, tolerante Ausdeutung des Christentums anstrebte.

Universal Negro Improvement Association
Von Marcus Garvey (1887–1940) vor dem Ersten Weltkrieg gegründete Organisation, die für die „Rückkehr" der schwarzen Amerikaner nach Afrika eintrat.

Untergrund-Eisenbahn
In der Zeit vor dem Bürgerkrieg bestehendes informelles Netzwerk von Adressen, Stationen und Fluchtwegen, mit deren Hilfe flüchtige Sklaven vom Süden der USA nach Kanada gelangen konnten.

Valley Forge
Winterquartier der Kontinentalarmee [—›] während des Unabhängigkeitskrieges von Dezember 1777 bis Juni 1778 in Pennsylvania, 25 Meilen nordwestlich von Philadelphia.

Vaudeville Theater
Unterhaltsames (Musik-)Theater, in dem das Programm hauptsächlich mit Couplets bestritten wird.

Verfassung von 1787
Die zweite Verfassung der Vereinigten Staaten, die 1787 von den 55 Delegierten des Verfassungskonvents in Philadelphia beschlossen wurde und nach ihrer Ratifizierung 1789 in Kraft trat.

1. Verfassungszusatz
Garantiert die religiöse Freiheit sowie die Rede- und Pressefreiheit. 1791 in Kraft getreten.

13. Verfassungszusatz
Abschaffung der Sklaverei in den Vereinigten Staaten. 1865 in Kraft getreten.

14. Verfassungszusatz
Verlieh allen Personen, die in den Vereinigten Staaten geboren oder eingebürgert sind und ihrer Gesetzeshoheit unterstehen das Bürgerrecht. 1868 in Kraft getreten.

15. Verfassungszusatz
Wahlrecht für alle Bürger, ungeachtet ihrer Rasse, Hautfarbe oder des früheren Dienstbarkeitsverhältnisses. 1870 in Kraft getreten.

16. Verfassungszusatz
Einführung einer Einkommenssteuer auf Bundesebene. 1913 in Kraft getreten.

17. Verfassungszusatz
Bestimmte die Direktwahl der Senatoren. 1913 in Kraft getreten.

18. Verfassungszusatz
Führte das Alkoholverbot (Prohibition —›) ein. Es bestand 1920–1933.

19. Verfassungszusatz
Einführung des Frauenwahlrechts. 1920 in Kraft getreten.

21. Verfassungszusatz
Aufhebung des 18. Zusatzartikels. 1933 in Kraft getreten.

Viktorianisches Zeitalter
Gewöhnlich mit der Regierungszeit der Königin Victoria (1837–1901) zusammenfallendes Zeitalter einer nach außen ungebrochenen bürgerlichen Lebensweise und Moral.

V-J Day
Tag des Sieges über Japan im Zweiten Weltkrieg.

Voodoo-Kult
Magisch-religiöser Kult in Westindien.

Volstead Act
Gesetz von 1919, das die Einzelheiten der Prohibition [—›] regelte.

Wagner Act
National Labor Relations Act. Garantierte 1935 das gewerkschaftliche Koalitionsrecht und verbot gewerkschaftsfeindliche Praktiken.

Waltham System, Waltham Plan
In den Textilfabriken von Lowell, Massachusetts, nach 1814 geschaffene Modellbetriebe mit sozialen Gemeinschaftseinrichtungen für die Arbeiterinnen.

Wampum
Indianischer mit Muscheln besetzter Schmuckgürtel von ritueller Bedeutung, der Wohlstand und Status des Trägers symbolisiert.

War Industries Board
1917 – während des Ersten Weltkriegs – geschaffene Behörde zur Mobilisierung und Preiskontrolle der Kriegsindustrie.

Washington, D.C.
Bundeshauptstadt seit 1800.

Washingtons Abschiedsbotschaft
Vor dem bevorstehenden Ausscheiden aus dem Präsidentenamt übermittelte George Washington im September 1796 dem Kongreß eine Botschaft, in der er die Grundsätze seiner Politik erläuterte.

WASP
White Anglo-Saxon Protestants, Sammelbezeichnung für die ursprünglichen englischen bzw. angelsächsischen Einwanderer und deren Nachkommen, für die weißen, angelsächsischen und protestantischen Amerikaner.

Watergate Affäre
Krimineller Machtmißbrauch seitens der Nixon-Administration 1972 bis 1974, dessen Enthüllung durch die Presse schließlich zu Nixons Rücktritt als Präsident im August 1974 führte.

Weißes Haus
Erstmals 1800 von Präsident John Adams bezogener Präsidentensitz in Washington, D.C., der 1814 im Krieg mit England niedergebrannt, danach bis 1817 wieder aufgebaut und mit einem weißen Anstrich versehen wurde.

Whig Partei
Anfang der 1830er Jahre von Gegnern Präsident Andrew Jacksons gebildete Partei, deren politische Führung den etablierten Interessen der Wirtschaft nahe standen. Anfang der 1850er Jahre begann die Partei auseinanderzufallen.

Wilder Westen
Der amerikanische Westen zwischen der Mitte und dem Ende des 19. Jahrhunderts mit seinen Siedlern, Cowboys, Indianern, den Sheriffs und Soldaten, mit seiner Gewalt und Ungesetzlichkeit in der Verklärung durch Shows und später auch durch den Westernfilm. Die erste „Wild West Show“ fand 1883 in Omaha, Nebraska statt.

Workingmen's Party
Frühe amerikanische Arbeiterpartei, die 1828 in Philadelphia gegründet wurde und einige Jahre lang auch in anderen Städten aktiv war und für Reformen wie allgemeine Schulbildung eintrat.

Yankee Doodle
Mitte der 1750er Jahre in den Kolonien entstandenes populäres amerikanisches Marschlied.

Yorktown, Schlacht von
Niederlage der britischen Truppen im Unabhängigkeitskrieg 1781 bei Yorktown, Virginia.

Young America
Um 1850 aktive Gruppe meist jüngerer romantisch, nationalistisch und expansionistisch eingestellter Demokraten, die für Freihandel, eine subventionierte Handelsflotte, weitere Annexionen im Süden und die Unterstützung republikanischer Bewegungen in Europa eintraten.

Zensus
Seit 1790 alle zehn Jahre in den USA veranstaltete Volkszählung, für die seit Beginn des 20. Jahrhunderts das U. S. Bureau of the Census verantwortlich ist.

Zimmermann Depesche
Im Januar 1917 vom Staatssekretär im Auswärtigen Amt Arthur Zimmermann (1864–1940) an Mexiko übermitteltes deutsches Bündnisangebot.

Zuaven-Regiment, Zuaven
Nach dem Vorbild der von Frankreich 1831 in Algerien aufgestellten Truppeneinheiten gleichen Namens wurde zu Beginn des Bürgerkriegs in New York eine Zuaveneinheit mit ihren farbenfrohen Uniformen aufgestellt.

BIBLIOGRAPHISCHE HINWEISE – BENUTZTE QUELLEN UND LITERATUR

Darstellungen und Nachschlagewerke zur Geschichte der USA, zur Kultur-, Sozial- und Alltagsgeschichte

Bailyn, Bernard (u. a.), The Great Republic. A History of the American People, 3. Aufl., Lexington, Mass., 1985.

Blum, John M. (u. a.), The National Experience: A History of the United States, 8. Aufl., Fort Worth, Texas, 1993.

Boyer, Paul S. (u. a.), The Enduring Vision. A History of the American People. 2. Aufl., Lexington, Mass., 1993.

Guggisberg, Hans R., Geschichte der USA, 3. Aufl., Stuttgart 1993.

Heideking, Jürgen, Geschichte der USA, Tübingen 1996.

Henretta, James A. (u. a.), America‘s History, New York ^{2}1993.

Hofe, Harold v., Die Kultur der Vereinigten Staaten, in: Die Kultur der angelsächsischen Völker [Handbuch der Kulturgeschichte, hg. v. Eugen Thurnher], Konstanz 1963.

Keegan, John, Warpaths. Travels of a Military Historian in North America, London 1996.

Länderbericht USA, hg. v. Willi Paul Adams (u. a.), 2 Bde., 2. Aufl., Bonn 1992.

Nugent, Walter, Structures of American Social History, Bloomington, Ind., 1981.

Raeithel, Gert, Geschichte der nordamerikanischen Kultur, 3 Bde., Weinheim 1987–1989.

Sautter, Udo, Geschichte der Vereinigten Staaten, 4. Aufl., Stuttgart 1991.

Savelle, Max/Tremaine McDowell, Die Vereinigten Staaten von Amerika. Von der Kolonie zur Weltmacht, München 1969 [Kindlers Kulturgeschichte].

Tindall, George B./David E. Shi, America. A Narrative History, 2 Bde., 4. Aufl., New York 1995.

Die Vereinigten Staaten von Amerika, hg. v. Willi Paul Adams, Frankfurt/Main 1977 [Fischer Weltgeschichte].

Blevins, Winfred, Dictionary of the American West, New York 1993.

Dictionary of American History, hg. v. Harold W. Chase, Rev. Ed., 7 Bde. + Index, New York 1976. Eine einbändige Ausgabe erschien unter dem Titel: Concise Dictionary of American History, New York 1983.

Encyclopedia of Black America, hg. v. W. Augustus Low/Virgil A. Clift, New York 1981.

Encyclopedia of Multiculturalism, hg. v. Susan Auerbach, 7 Bde., New York 1994.

Encyclopedia of the United States in the Twentieth Century, hg. v. Stanley I. Kutler (u. a.), 4 Bde. + Index, New York 1996.

Harvard Encyclopedia of American Ethnic Groups, hg. v. Stephan Thernstrom (u. a.), Cambridge, Mass., 1980.

Indianer-Lexikon. Zur Geschichte und Gegenwart der Ureinwohner Nordamerikas, hg. v. Ulrich van der Heyden, Berlin 1992.

Kane, Joseph N., Facts about the States, New York 1989 [bietet Informationen zu allen Bundesstaaten].
Ders., Famous First Facts: a Record of First Happenings, Discoveries and Inventions in the United States, 4. Aufl., New York 1950.
Schomaekers, Günter, Daten zur Geschichte der USA, München 1983.
USA Lexikon. Schlüsselbegriffe zu Politik, Wirtschaft, Gesellschaft, Kultur, Geschichte und zu den deutsch-amerikanischen Beziehungen, hg. v. Rüdiger B. Wersich, Berlin 1995.
Weatherford, Doris, American Women's History [an A to Z of people, organizations, issues, and events], New York 1994.
Women's America. Refocusing the Past, hg. v. Linda K. Kerber/Jane De Hart Mathews, 3. Aufl., New York 1991.
Über den aktuellen Forschungsstand der Amerikastudien informiert die Zeitschrift „Amerikastudien – American Studies (Amst)", die 1997 im 42. Jahrgang erscheint.

Bildbände und Darstellungen zur amerikanischen Architektur, Fotografie und Malerei

Amerikanische Kunst im 20. Jahrhundert. Malerei und Plastik 1913–1933, hg. v. Christos M. Joachimides, Norman Rosenthal, München 1993.
Andrew, Wayne, Architecture, Ambition and Americans. A History of American Architecture, New York 1955.
The Britannica Encyclopedia of American Art, New York o. J.
Brown, Milton W. (u. a.), American Art: Painting. Sculpture. Architecture. Decorative Arts. Photography, New York 1986.
Brown, Milton W., One Hundred Masterpieces of American Painting from Public Collections in Washington, D. C., Washington 1983.
Deák, Gloria Gilda, Picturing America 1497–1899, 2 Bde., Princeton, N. J. 1988.
Documenting America, 1935–1943, hg. V. Carl Fleischhauer, Beverly W. Brannan, Berkeley, Cal. 1991.
Eliot, Alexander, Three Hundred Years of American Painting, New York 1957.
Frank, Robert, The Americans, Introduction by Jack Kerouac, New York 1978.
Fulton, Marianne, Eyes of Time. Photojournalism in America, Boston 1988.
Galassi, Peter, Amerikanische Photographie 1890–1965, München 1995.
Gleason, David King, Virginia Plantation Homes, Baton Rouge, La 1989
Goodrum, Charles A., Treasures of the Library of Congress, New York 1980.
Heyman, Therese Thau, Sandra S. Philipps, John Szarkowski: Dorothea Lange. American Photographs, San Francisco 1994.
Hughes, Robert, Bilder von Amerika. Die amerikanische Kunst von den Anfängen bis zur Gegenwart, München 1997.
Johns, Elizabeth, American Genre Painting. The Politics of Everyday Life, New Haven 1991.
Lubin, David M., Picturing a Nation. Art and Social Change in Nineteenth-Century America, New Haven 1994.
Lucie-Smith, Edward, American Realism., New York 1994.

Lynes, Russell, The Lively Audience. A Social History of the Visual and Performing Arts in America, 1890–1950, New York 1985.
Neumeyer, Alfred, Geschichte der amerikanischen Malerei, München 1974.
Picturing History: American Painting 1770–1930, hg. V. William Ayres, New York 1993.
Prown, Jules David, Barbara Rose, Amerikanische Malerei. Von der Kolonialzeit bis zur Gegenwart, Genf 1969.
Taylor, Joshua C., The Fine Arts in America, Chicago 1979.
Tyler, Ron, Visions of America. Pioneer Artists in a New Land, New York 1983.
Walker Evans, Introduction par Gilles Mora, Paris 1990.
Whiffen, Marcus, Frederick Koeper, American Architecture 1607–1976, London 1981.

Quellen und Literatur zu Kapitel 1: Anfänge der kolonialen Besiedlung und Entwicklung

Colonial American Travel Narratives, hg. v. Wendy Martin, New York 1994.
Deetz, James, In Small Things Forgotten: The Archaeology of Early American Life, Garden City, N. Y., 1977.
Gragg, Larger, The Salem Witch Crisis, New York 1992.
Hawke, David Freeman, Everyday Life in Early America, New York 1988 [The Everyday Life in America Series].
Holifield, E. Brooks, Era of Persuasion. American Thought and Culture, 1521–1680, Boston 1989 [Twayne's American Thought and Culture Series].
Hume, Ivor N., The Virginia Adventure. Roanoke to James Towne: An Archaeological and Historical Odyssey, New York 1994.
McFarlane, Anthony, The British in the Americas 1480–1815, London/New York 1994.
Middleton, Richard, Colonial America. A History 1607–1760, Cambridge, Mass., 1992, [2]1997.
Miller, Perry, The New England Mind. The Seventeenth Century, Cambridge, Mass., 1954.
Langdon, William Chauncy, Everyday Things in American Life 1607–1776, New York 1949.
Nash, Gary B., Red, White, and Black: The Peoples of Early America, Englewood Cliffs, N. J., 1974.
Savelle, Max, Seeds of Liberty. The Genesis of the American Mind, Seattle, Wa., 1965.
Simmons, R. C., The American Colonies. From Settlement to Independence, New York 1981.
Smith, Daniel Blake, Inside the Great House: Planter Family Life in Eighteenth Century Chesapeake Society, Ithaca, New York, 1980.
Smith, John, The Generall Historie of Virginia, New-England, and the Summer Isles, Ann Arbor, MI, 1966.
Ward, Harry M., Colonial America 1607–1763, Englewood Cliffs, N. J., 1991.
Wertenbaker, Thomas J., The First Americans 1607–1690, New York 1927 [History of American Life].
Wright, Louis B., The Cultural Life of the American Colonies, 1607–1763, London 1957.
The Chesapeake in the Seventeenth Century: Essays on Anglo-American Society, hg. v. Thad W. Tate/David L. Ammermann, Chapel Hill, N. C., 1979.
Zum neueren Forschungsstand informiert:
Forum: The Future of Early American History, in: William & Mary Quarterly, Third Series, Vol. L, No. 2, April 1993, S. 298 ff.

Quellen und Literatur zu den Kapiteln 2 und 3: Das Leben der Kolonien im 18. Jahrhundert – Der Alltag der Amerikanischen Revolution

Adam, James T., Provincial Society 1690–1763, New York 1927 [History of American Life].
Bonwick, Colin, The American Revolution, Charlottesville, Va., 1991.
The Chesapeake Bay in the American Revolution, hg. v. Ernest M. Eller, Centreville, Md., 1981.
Colonial British America: Essays in the New History of the Early Modern Era, hg. v. Jack P. Greene/Jack R. Pole, Baltimore 1984.
Crèvecœur, J. Hector St. John de, Letters From an American Farmer and Sketches of Eighteenth Century America, hg. v. Albert E. Stone, New York 1981.
Dippel, Horst, Die Amerikanische Revolution 1763–1787, Frankfurt/Main 1985.
The Encyclopedia of Colonial and Revolutionary America, hg. v. John M. Faragher, New York 1990.
Franklin, Benjamin, Autobiographie, hg. v. Heinz Förster, Leipzig/Weimar 1983.
Greene, Evarts B., The Revolutionary Generation, 1763–1790, New York 1943 [History of American Life].
Jefferson, Thomas, Notes on the State of Virginia, hg. v. William Peden, New York 1982 [dt. Ausgabe, hg. v. H. Wasser, Zürich 1989].
Nash, Gary B., Race, Class, and Politics. Essays on American Colonial and Revolutionary Society, Urbana/Chicago 1986.
Pole, Jack R., Foundations of American Independence, 1763–1817, Indianapolis/New York 1972.
Purvis, Thomas L., Revolutionary America 1763 to 1800, New York 1995 [Almanacs of American Life].
Schröder, Hans-Christoph, Die Amerikanische Revolution. Eine Einführung, München 1982.
Shalhope, Robert E., The Roots of Democracy. American Thought and Culture, 1760–1800, Boston 1990 [Twayne's American Thought and Culture Series].
Silverman, A., Cultural History of the American Revolution, New York 1987.
Vaughan, Alden T., America before the Revolution 1725–1775, Englewood Cliffs, N. J., 1967.
<u>Über den Forschungsstand zur Amerikanischen Revolution informiert:</u>
Forum: Rethinking the American Revolution, in: William & Mary Quarterly, Vol. LIII, No. 2, April 1996, S. 341–396.
Major Problems in the Era of the American Revolution 1760–1791. Documents and Essays, hg. v. Richard D. Brown, Lexington, Mass./Toronto 1992.

Quellen und Literatur zu Kapitel 4: Alltag in der frühen Republik

Domestic Manners of the Americans by Mrs. Trollope, Barre, Mass., 1969.
Elkins, Stanley/McKitrick, Eric, The Age of Federalism: The Early American Republic, 1788–1800, New York 1993.
Krout, John A./Fox, Dixon R., The Completion of Independence 1790–1830, New York 1944 [History of American Life].
Larkin, Jack, The Reshaping of Everyday Life 1790–1840, New York 1989 [The Everyday Life in America Series].

Martineau, Harriet, Society in America, hg. v. Seymour M. Lipset, Gloucester, Mass., 1968.
Matthews, Jean V., Toward a New Society. American Thought and Culture, 1800–1830, Boston 1991 [Twayne's American Thought and Culture Series].
North, Douglass C., The Economic Growth of the United States 1790–1860, NY 1966.
Risjord, Norman K., Jefferson's America, 1760–1815, Madison 1991.
Tocqueville, Alexis de, Über die Demokratie in Amerika, München 1976.
Wright, Frances, Views of Society and Manners in America, hg. v. Paul R. Baker, Cambridge, Mass., 1963.
Über den Forschungsstand informiert:
Major Problems in the Early Republic, 1787–1848. Documents and Essays, hg. v. Sean Wilentz, Lexington, Mass., 1992.

Quellen und Literatur zu Kapitel 5: Land und Leute im Urteil europäischer Reisender um 1830

Beaumont, G. v./Tocqueville, A. v., Amerika's Besserungs-System und dessen Anwendung auf Europa, Berlin 1833.
Bromme, Traugott, Reisen durch die Vereinigten Staaten und Ober-Canada, 2 Bde., Baltimore 1834.
Catlin, George, Die Indianer Nordamerikas und die während eines achtjährigen Aufenthalts unter den wildesten Stämmen erlebten Abenteuer und Schicksale, Leipzig 1982.
Chateaubriand's Travels in America, transl. by Richard Switzer, Lexington, Kentucky, 1969.
Dickens, Charles, Notizen aus Amerika, Berlin 1980.
Farkas, Sándor Bölöni, Von Transsylvanien bis Pennsylvanien. Reiseerlebnisse vor 150 Jahren, Budapest 1980.
Lieber, Francis, Letters to a Gentleman in Germany Written after a Trip from Philadelphia to Niagara, Philadelphia 1834.
Prinz zu Wied, Maximilian, Reise in das Innere Nord-America in den Jahren 1832 bis 1834, 2 Bde., Koblenz 1839. Mit 48 Kupferstichen von Karl Bodmer.
Paul Wilhelm, Herzog von Württemberg, Erste Reise nach dem nördlichen Amerika in den Jahren 1822 bis 1824, Stuttgart 1835.
Reise Sr. Hoheit des Herzogs Bernhard zu Sachsen-Weimar-Eisenach durch Nord-Amerika in den Jahren 1825 und 1826, hg. v. Heinrich Luden, 2 Bde., Weimar 1828.
Abroad in America: Visitors to the New Nation 1776–1914, hg. v. Marc Pachter, Reading, Mass., 1976.
The American Indian. Past and Present, hg. v. Roger L. Nichols, 4. Aufl., New York 1992.
Berger, Max, The British Traveller in America, 1836–1860, New York 1943.
Brenner, Peter J., Reisen in die Neue Welt. Die Erfahrung Nordamerikas in deutschen Reise- und Auswandererberichten des 19. Jahrhunderts, Tübingen 1991.
Mesick, Louise, The English Traveller in America 1785–1835, New York 1922.
Monaghan, Frank, French Travellers in the United States 1765–1932. A Bibliography, New York 1933.
Perry, Lewis, Boats Against the Current. American Culture Between Revolution and Modernity, 1820–1860, New York 1993.

Weeks, Philip, Farewell My Nation. The American Indian and the United States 1820–1890, Arlington Heights, Ill., 1990.
White, Jon Manchip White, Everyday Life of the North American Indian, New York 1979.

Quellen und Literatur zu Kapitel 6: Alltagsleben zwischen Jackson-Ära und Bürgerkrieg

Cole, Arthur Charles, The Irrepressible Conflict 1850–1865, New York 1934 [A History of American Life].
Fischer, Roger A., Tippecanoe and Trinkets Too. The Material Culture of American Presidential Campaigns 1828–1984, Urbana, Ill., 1988.
Fish, Carl Russel, The Rise of the Common Man 1830–1850, New York 1927 [A History of American Life].
Foner, Philip S., History of Black Americans. From the Emergence of the Cotton Kingdom to the Eve of the Compromise of 1850, Westport, CT, 1983.
Fox-Genovese, Elizabeth, Within the Plantation Household. Black and White Women of the Old South, Chapel Hill, N. C., 1988.
Franklin, John Hope, From Slavery to Freedom. A History of Negro Americans, 5. Aufl., New York 1980.
Genovese, Eugene D., Roll Jordan, Roll. The World the Slaves Made, New York 1974.
Lacour-Gayet, Robert, Everyday Life in the United States before the Civil War 1830–1860, New York 1969.
Meinig, D. W., The Shaping of America. A Geographical Perspective of 500 Years of History, Bd. 2: Continental America 1800–1867, New Haven, CT., 1993.
Möllhausen, Balduin von, Reisen in die Felsengebirge Nordamerikas, 2 Bde. München o. J.
Möllhausen, Balduin, Wanderungen durch die Prärien und Wüsten des westlichen Nordamerika vom Mississippi nach den Küsten der Südsee, München o. J.
Schlesinger, jr., Arthur M., The Age of Jackson, Boston 1953.
Stampp, Kenneth M., America in 1857: A Nation on the Brink, New York 1990.
Weld, Theodore D., American Slavery as it is. Testimony of a Thousand Witnesses, New York 1839.

Quellen und Literatur zu Kapitel 7: Der Alltag des Bürgerkrieges 1861–1865

Der Amerikanische Bürgerkrieg in Augenzeugenberichten, hg. v. Victor Austin, Düsseldorf 1963.
Boatner III, Mark M., The Civil War Dictionary, New York 1988.
Channing, Steven A., Confederate Ordeal. The Southern Home Front, Alexandria, Va., 1984 [The Civil War].
The Confederate Reader. How the South Saw the War, hg. v. Richard B. Harwell, New York 1989.
Divided Houses. Gender and the Civil War, hg. v. Catherine Clinton/Nina Silber, New York 1992.
Du Bois, W. E. B., Black Reconstruction in America, New York 1992.

Durril, Wayne K., War of Another Kind. A Southern Community in the Great Rebellion, New York 1990.
Encyclopedia of the Confederacy, hg. v. Richard N. Current, 4 Bde., New York 1993.
Foner, Eric, Reconstruction. America's Unfinished Revolution 1863–1867, New York 1984.
Foner, Eric/Mahoney, Olivia, A House Divided. America in the Age of Lincoln, New York 1991.
Foner, Eric/Mahoney, Olivia, America's Reconstruction: People and Politics after the Civil War, New York 1995.
Holzer, Harold/Neely, jr., Mark E., Mine Eyes Have Seen the Glory. The Civil War in Art, New York 1993.
Jackson, Donald D., Twenty Million Yankees. The Northern Home Front, Alexandria, Va., 1985 [The Civil War].
Mary Chesnut's Civil War, hg. v. C. Vann Woodward, New Haven 1981.
McPherson, James M., Battle Cry of Freedom. The Civil War Era, New York 1988. Dt. Ausg.: Für die Freiheit sterben. Die Geschichte des amerikanischen Bürgerkrieges, München/Leipzig o. J.
Nevins, Allan, The Emergence of Modern America 1865–1878, New York 1927 [History of American Life].
Paludan, Phillip S., The Presidency of Abraham Lincoln, Lawrence, Ka., 1994.
Schurz, Carl, Unter dem Sternenbanner. Lebenserinnerungen 1852–1869, Berlin 1977.
Stevenson, Louise L., The Victorian Homefront. American Thought and Culture, 1860–1880, New York 1991 [Twayne's American Thought and Culture Series].
Sutherland, Daniel E., The Expansion of Everyday Life 1860–1876, New York 1990 [The Everyday Life in America Series].
Über den Forschungsstand informiert die Zeitschrift: Civil War History. A Journal of the Middle Period [Kent, Ohio].

Quellen und Literatur zu Kapitel 8: Alltag und Lebensweise zwischen Bürgerkrieg und Jahrhundertwende

Bryce, James, The American Commonwealth, 3 Bde., London 1888.
Cotkin, George, Reluctant Modernism. American Thought and Culture, 1880–1900, New York 1992 [Twayne's American Thought and Culture Series].
Cronon, William, Nature's Metropolis. Chicago and the Great West, New York 1991.
DeSantis, Vincent P., The Shaping of Modern America: 1876–1916, Boston 1973.
Fohlen, Claude, La Vie Quotidienne Au Far-West (1860–1870), Paris 1974.
The Gilded Age. Essays in the Origins of Modern America, hg. v. Charles W. Calhoun, Wilmington, Del. 1996.
Schlereth, Thomas J., Victorian America. Transformations in Everyday Life, 1876–1915, New York 1991 [The Everyday Life in America Series].
Schlesinger, Arthur M., The Rise of the City 1878–1898, New York 1933 [History of American Life].
Schmidt, Alexander, Reisen in die Moderne. Der Amerika-Diskurs des deutschen Bürgertums vor dem Ersten Weltkrieg im europäischen Vergleich, Berlin 1997.
Shifflett, Crandall, Victorian America, 1876–1913, New York 1996 [Almanacs of American Life Series].
Sienkiewicz, Henryk, Briefe aus Amerika, Berlin 1980.

Tarbell, Ida M., The Nationalizing of Business 1878–1898, New York 1936 [History of American Life].

Quellen und Literatur zu Kapitel 9 und 10: Alltag in der Progressive Era und im Ersten Weltkrieg

Cashman, Sean D., America in the Age of the Titans. The Progressive Era and World War I, New York 1988.
Du Bois, W. E. B., Mein Weg, meine Welt, Berlin 1965.
Faulkner, Harold U., The Quest for Social Justice 1898–1914, New York 1931 [History of American Life].
Goldberger, Ludwig Max, Das Land der unbegrenzten Möglichkeiten: Beobachtungen über das Wirtschaftsleben der Vereinigten Staaten von Amerika, Berlin 1903.
Historical Dictionary of the Progressive Era, 1890–1920, hg. v. John D. Buenker/Edward R. Kantowicz, New York 1988.
Kennedy, David M., Over Here. The First World War and American Society, Oxford 1980.
Lewis, Sinclair, Main Street. The Story of Carol Kennicott, New York 1920.
Schneider, Dorothy/Schneider Carl J., American Women in the Progressive Era, 1900–1920, New York 1993.
Sinclair, Upton, The Jungle, New York 1906. Dt. Übersetzung: Der Dschungel, Berlin 1982.
Slosson, Preston W., The Great Crusade and After 1914–1928, New York 1931 [History of American Life].
Steffens, Lincoln, The Shame of the Cities, New York 1904.
The United States in the First World War: An Encyclopedia, hg. v. Anne C. Venzon, New York 1995.
World War I: America at War, hg. v. Peter I. Bosco/John Bowman, New York 1991.

Quellen und Literatur zu Kapitel 11 und 12: Alltag in den Jahren der Prosperity, der Great Depression, des New Deal und des Zweiten Weltkrieges

Allen, Frederick L., Only Yesterday. An Informal History of the Nineteen-Twenties, New York 1931.
Ders., Since Yesterday, The 1930s in America, New York 1940.
Bonn, M. J., Die Kultur der Vereinigten Staaten von Amerika, Berlin 1930.
Brown, Dorothy M., Setting a Course. American Women in the 1920s, Boston 1987.
Cashman, Sean Dennis, America in the Twenties and Thirties. The Olympian Age of Franklin Delano Roosevelt, New York 1989.
Cooney, Terry A., Balancing Acts. American Thought and Culture in the 1930s, New York 1995 [Twayne's American Thought and Culture Series].
Dumenil, Lynn, The Modern Temper. American Culture and Society in the 1920s, New York 1995.
Green, Harvey, The Uncerntainty of Everyday Life 1915–1945, New York 1992 [Everyday Life in America Series].
Gregory, Ross, Modern America 1914 to 1945, New York 1995 [Almanacs of American Life].
Hawley, Ellis W., The Great War and the Search for a Modern Order. A History of the American People and Their Institutions, 1917–1933, New York 1979.

Hirsch, Julius, Das Amerikanische Wirtschaftswunder, Berlin 1926.
Historical Dictionary of the New Deal. From Inauguration to Preparation for War, hg. v. James S. Olson, Westport, CT, 1985.
Kindleberger, Charles P., Die Weltwirtschaftskrise 1929–1939, München [3]1984.
Kurtz, Michael L., The Challenging of America: 1920–1945, Arlington Heights, Ill., 1986.
Leppmann, Wolfgang, Die Roaring Twenties: Amerikas wilde Jahre, München 1992.
Lindsey, Benjamin B./Evans, Wainwright, The Revolt of Modern Youth, New York 1925, dt. Übers.: Die Revolution der modernen Jugend, Berlin 1928.
Lynd, Robert S./ Lynd Helen M., Middletown. A Study in American Culture, New York 1929.
Dieselben, Middletown in Transition. A Study in Cultural Conflicts, New York 1937.
McElvaine, Roberts, The Great Depression, America 1929–1941, New York 1984.
Mencken, H. L., Americana 1926, London 1926.
Mitchell, Broadus, Depression Decade. From New Era through New Deal 1929–1941, New York 1947 [The Economic History of the United States].
Myrdal, Gunnar, An American Dilemma. The Negro Problem and Modern Democracy, New York 1944.
Nash, Gerald D., The Great Depression and World War II: Organizing America, 1933–1945, New York 1979.
Olson, James S., Historical Dictionary of the 1920s. From World War I to the New Deal 1919–1933, New York 1988.
Parrish, Michael E., Anxious Decades. America in Prosperity and Depression 1920–1941, New York 1992.
Recent Economic Changes in the United States. Report of the Committee on Recent Economic Changes, of the Presidents Conference on Unemployment, 2 Bde., New York 1929.
Soule, George, Prosperity Decade. From War to Depression: 1917–1929, New York 1947 [Economic History of the United States].
Wecter, Dixon, The Age of the Great Depression 1929–1941, New York 1948 [History of American Life].

Quellen und Literatur zu Kapitel 13: Alltag und Alltagskultur in der Nachkriegszeit

American Culture After World War II, hg. v. Karen L. Rood, Detroit 1993 [Dictionary of Twentieth Century Culture].
Boyer, Paul, By the Bomb's Early Light. American Thought and Culture at the Dawn of the Atomic Age, New York 1985.
Galbraith, John K., The Affluent Society, Boston 1958.
Gans, Herbert I., The Levittowners. Ways of Life and Politics in a New Suburban Community, New York 1982.
Graebner, William, The Age of Doubt. American Thought and Culture in the 1940s, Boston 1991 [Twayne's American Thought and Culture Series].
Gunther, John, Inside U. S. A., New York 1947.
Harrington, Michael, The Other America. Poverty in the United States, New York 1962.
Inglis, Fred, The Cruel Peace. Everyday Life and the Cold War, New York 1991.
Jezer, Marty, The Dark Ages. Life in the United States 1945–1960, Boston 1982.

Klingaman, William K., Encyclopedia of the McCarthy Era, New York 1996.
Langdon, Philip, A Better Place to Live. Reshaping the American Suburb, Amherst, Mass., 1994.
Leuchtenburg, A Troubled Feast. American Society Since 1945, Boston 1973.
Marling, Karel A., As Seen on TV. The Visual Culture of Everyday Life in the 1950s, Cambridge, Mass., 1994.
May, Elaine T., Homeward Bound. American Families in the Cold War Era, New York 1988.
Nadel, Alan, Containment Culture. American Narratives, Postmodernism, and the Atomic Age, Durham, N. C., 1995.
O'Neill, William L., Coming Apart. An Informal History of America in the 1960's, New York 1971.
Patterson, James T., Grand Expectations. The United States, 1945–1974, New York 1996 [The Oxford History of the United States].
Riesman, David/ Glazer, Nathan/Denney, Reuel, The Lonely Crowd. A Study of the Changing American Character, Garden City, New York, 1950.
Whitfield, Stephen J., The Culture of the Cold War, Baltimore 1991.
Einen speziellen Aspekt der Nachkriegsentwicklung beleuchtet das „AHR Forum: From Town Center to Shopping Center: The Reconfiguration of Community Marketplaces in Postwar America", in: American Historical Review, Vol. 101, No. 4, Oct. 1996, S. 1050–1121.

Quellen und Literatur zu Kapitel 14: Der American Dream in der Gegenwart

Den „American Way of Life" entlang. Berichte deutscher Journalismus-Stipendiaten des John-J.-McCloy-Austauschprogramms, hg. v. Erika J. Fischer/Heinz-D. Fischer, Berlin 1989.
Amerikanische Alltagskultur und Englischunterricht, hg. v. Helmut Sauer, Heidelberg 1987.
Caplow, Theodore (u. a.), Recent Social Trends in the United States 1960–1990, Frankfurt/Main 1991.
Greiner Ulrich, Gelobtes Land. Amerikanische Schriftsteller über Amerika, Reinbek bei Hamburg 1997.
Hughes, Robert, Nachrichten aus dem Jammertal. Wie sich die Amerikaner in political correctness verstrickt haben, München 1994.
Koeppen, Wolfgang, Amerikafahrt, Stuttgart 1959.
Kronzucker, Dieter, Unser Amerika, Reinbek b. Hamburg 1987.
Kronzucker, Dieter/Emmerich, Klaus, Das amerikanische Jahrhundert, Düsseldorf, 1989.
Leggewie, Claus, America first? Der Fall einer konservativen Revolution, Frankfurt/Main 1997.
Lodemann, Jürgen, Familien-Ferien im Wilden Westen, Zürich 1978.
Lojewski, Wolf v., Amerika. Der Traum vom neuen Leben, Hamburg 1991.
Lösche, Peter, Amerika in Perspektive. Politik und Gesellschaft der Vereinigten Staaten, Darmstadt 1989.
Tenbrock, Christian, Amerika – wohin? Stuttgart 1996.
The World Almanac and Book of Facts 1996, Mahwah, N. J., 1995.
Zahn, Peter v., Reporter der Windrose. Erinnerungen 1951–1964, Stuttgart 1994.

VERZEICHNIS DER ABBILDUNGEN

QUELLEN

Kapitel 1

Abb. 1 Atlas of American History, 2. Aufl., New York 1984.
Abb. 2 David King Gleason, Virginia Plantation Homes, Baton Rouge 1989.
Abb. 3 Jamestown Settlement – Williamsburg, Virginia (Faltblatt).
Abb. 4 De Bry, Amerika oder die Neue Welt, 1. Teil, Leipzig/Weimar 1977.
Abb. 5 Ebenda.
Abb. 6 Atlas American History.
Abb. 7 American Portraits 1995. National Portrait Gallery, Washington, D.C. 1995.
Abb. 8 Langston Hughes/Milton Meltzer/C. Eric Lincoln, A Pictorial History of Blackamericans, New York 1983.
Abb. 9 Atlas American History.
Abb. 10 Milton W. Brown (u. a.), American Art. Painting, Sculpture, Architecture, Decorative Arts, Photography, New York 1986.
Abb. 11 Ebenda.
Abb. 12 Picturing History. American Painting 1770–1930, hg. v. William Ayres, New York 1993.
Abb. 13 Ebenda.
Abb. 14 Brown, American Art.
Abb. 15 Atlas American History.
Abb. 16a Alfred Neumeyer, Geschichte der Amerikanischen Malerei, München 1974.
Abb. 16b Ebenda.
Abb. 17 The Portrait in Eighteenth-Century America, hg. v. Ellen G. Miles, Newark, Del. 1993.
Abb. 18a Maryland. A History 1632–1974, hg. v. Richard Walsh/William Lloyd Fox, Baltimore, Md., 1974.
Abb. 18b Ebenda.
Abb. 19 The Britannica Encyclopedia of American Art, New York, o. J.
Abb. 20a Brown, American Art.
Abb. 20b Encyclopedia of American Art.
Abb. 20c Brown, American Art.
Abb. 21 Gleason, Virginia Plantation Homes.

Kapitel 2

Abb. 1 Atlas American History.
Abb. 2 Brown, American Art.
Abb. 3 Postkarte National Gallery of Canada, Ottawa.
Abb. 4 Gleason, Virginia Plantation Homes.
Abb. 5 Ebenda.
Abb. 6 Barbara E. Lacey, Visual Images of Blacks in Early American Imprints, in: William & Mary Quarterly, Bd. LIII, No. 1, Jan. 1996, S. 141.
Abb. 7a Gleason, Virginia Plantation Homes.
Abb. 7b Ebenda.
Abb. 8 Ebenda.
Abb. 9 Ebenda.
Abb. 10 Ebenda.
Abb. 11 Atlas American History.
Abb. 12 Richard D. Brown, Knowledge is Power. The Diffusion of Information in Early America, 1700–1865, New York 1989.
Abb. 13 Brown, American Art.
Abb. 14 Ebenda.
Abb. 15 New Perspectives on Charles Willson Peale, hg. v. Lillian B. Miller/David C. Ward, Pittsburgh, Pa., 1991.
Abb. 16 Alfred Neumeyer, Geschichte der amerikanischen Malerei, München 1974.
Abb. 17 Richard H. Saunders/Ellen G. Miles, American Colonial Portraits. 1700–1776, Washington, D.C. 1987.
Abb. 18 Neumeyer, Geschichte der Amerikanischen Malerei.
Abb. 19 Marcus Whiffen/Frederick Koeper, American Architecture 1607–1976, London 1981.
Abb. 20 Dia der National Portrait Gallery, London.

Kapitel 3

Abb. 1 Brown, American Art.
Abb. 2 New Perspectives on Charles Willson Peale.

Abb. 3 John Walker/Jules D. Prown/Barbara Rose, Amerikanische Malerei. Von der Kolonialzeit bis zur Gegenwart, Genf 1969.
Abb. 4 Encyclopedia of American Art.
Abb. 5 Foto der Washington University Gallery of Art in St. Louis.
Abb. 6 Postcard Book National Portrait Gallery.
Abb. 7 Frank Freidel, Our Country's Presidents, Washington, D.C. 1977.
Abb. 8 American Portraits 1995 Calendar From The National Portrait Gallery, Washington, D.C.
Abb. 9 Thomas L. Purvis, Revolutionary America 1763 to 1800, New York 1995.
Abb. 10 Ebenda.
Abb. 11 Picturring History. American Painting 1770–1930, hg. v. William Ayres, New York 1993.
Abb. 12 New Perspectives on Charles Willson Peale.
Abb. 13 Ebenda.
Abb. 14 Neumeyer, Geschichte der amerikanischen Malerei.
Abb. 15 Amerikanische Malerei, Genf 1969.
Abb. 16 Ebenda.
Abb. 17 Ebenda.

Kapitel 4

Abb. 1 Historical Atlas.
Abb. 2 Amerikanische Malerei, Genf 1969.
Abb. 3 Historical Atlas.
Abb. 4 Ron Tyler, Visions of America. Pioneer Artists in a New Land, New York 1983.
Abb. 5 Whiffen/Koeper, American Architecture.
Abb. 6 Ebenda.
Abb. 7 Bruce I. Bustard, Washington Behind the Monuments, Washington, D.C. 1990.
Abb. 8 Wyatt Blassingame, The Look-It-Up Book of Presidents, New York 1990.
Abb. 9 D. W. Meinig, The Shaping of America, Bd. 2 Continental America 1800–1867, New Haven 1993.
Abb. 10 David M. Lubin, Picturing a Nation. Art and Social Change in Nineteenth-Century-America, New Haven 1994.
Abb. 11 Scott T. Swank, Arts of the Pennsylvania Germans, New York 1983.
Abb. 12 Encyclopedia of American Art.
Abb. 13 A Bibliography of the Writings of Noah Webster, hg. v. Edwin H. Carpenter, Jr., New York 1958.
Abb. 14 Johns, American Genre Painting.
Abb. 15 Gleason, Virginia Plantation Homes.
Abb. 16 Johns, American Genre Painting.
Abb. 17 Foto National Museum of American History.
Abb. 18 Alexander Eliot, Three Hundred Years of American Painting, New York 1957.
Abb. 19 Maximilian Prinz zu Wied, Reise in das Innere Nord-Amerika in den Jahren 1832 bis 1834, 2 Bde. und Abb. Koblenz 1839–1844.
Abb. 20 Foner/Mahoney, A House Divided.
Abb. 21 Historic Temple Square, Salt Lake City 1990.

Kapitel 5

Abb. 1 Maximilian Prinz zu Wied, Reise in das innere Nord-Amerika in den Jahren 1832 bis 1834, 2 Bde. mit 48 Kupferstichen, Koblenz 1839/1841.
Abb. 2 Reise Sr. Hoheit des Herzogs Bernhard zu Sachen-Weimar-Eisenach durch Nordamerika in den Jahren 1825 und 1826, hg. v. Heinrich Luden, Bd. 1, Weimar 1828.
Abb. 3 Wied, Reise in das innere Nord-Amerika.
Abb. 4 Wayne Andrews, Architecture, Ambition and Americans, New York 1955.
Abb. 5 Maximilian zu Wied.
Abb. 6 Reise Herzogs Bernhard, Bd. 1.
Abb. 7 Visions of America.
Abb. 8 Johns, American Genre Painting.
Abb. 9 Whiffen/Koeper, American Architecture.
Abb. 10 New Perspectives on Charles Willson Peale.
Abb. 11 Ebenda.
Abb. 12 Wayne Andrews, Architecture.
Abb. 13 Reise Herzogs Bernhard, Bd. 1.
Abb. 14 Visions of America.
Abb. 15 Ebenda.
Abb. 16 Maximilian zu Wied.
Abb. 17 Ebenda.
Abb. 18 Ebenda.
Abb. 19 Ebenda.
Abb. 20 Alexander Eliot, Three Hundred Years of American Painting, New York 1957.
Abb. 21 Maximilian zu Wied.
Abb. 22 Brown, One hundred masterpieces, 1983.
Abb. 23 Amerikanische Malerei, 1969.

Kapitel 6

Abb. 1 Johns, American Genre Painting.
Abb. 2 Ebenda.
Abb. 3 Neumeyer, Geschichte der amerikanischen Malerei.

Abb. 4 D. W. Meinig, The Shaping of America. A Geographical Perspective on 500 Years of History, Bd. 2, New Haven, CT. 1993.
Abb. 5 Encyclopedia of American Art.
Abb. 6 Three Hundred Years of American Painting.
Abb. 7 Charles A. Goodrum, Treasures of the Library of Congress, Washington, D.C. 1986.
Abb. 8 Postkarte National Portrait Gallery, Washington, D.C.
Abb. 9 Whiffen/Koeper, American Architecture.
Abb. 10 Washington Behind the Monuments, Washington, D.C. 1990.
Abb. 11 Mit freundlicher Erlaubnis von Daniel S. Mattern (Washington, D.C.).
Abb. 12 Prown, Amerikanische Malerei.
Abb. 13 Eliot, Three Hundred Years of American Painting.
Abb. 14 Milton W. Brown, One Hundred Masterpieces from Public Collections in Washington, D.C. 1983.
Abb. 15 Treasures of the Library of Congress.
Abb. 16 Johns, American Genre Painting.
Abb. 17 Prown, Amerikanische Malerei.
Abb. 18 Brown, One Hundred Masterpieces.
Abb. 19 Prown, Amerikanische Malerei.
Abb. 20 The American People. Creating a Nation and a Society, hg. v. Gary B. Nash (u. a.), Bd. 1, New York 1986.
Abb. 21 Johns, American Genre Painting.
Abb. 22 Eric Foner/Olivia Mahony, A House Divided. America in the Age of Lincoln, New York 1990.
Abb. 23 A House Divided.
Abb. 24 Ebenda.
Abb. 25 Ebenda.

Kapitel 7

Abb. 1 Atlas American History.
Abb. 2 Thomas C. Blaisdell, jr./Peter Selz, The American Presidency in Political Cartoons, Berkeley, Cal. 1976.
Abb. 3 Treasures of the Library of Congress
Abb. 4 William C. Davis, Brother Against Brother, Alexandria, VA 1983.
Abb. 5 Photographic History of the Civil War. Fort Sumter to Gettysburg, hg. v. William C. Davis/Bell I. Wiley, New York 1994.
Abb. 6 A House Divided.
Abb. 7 Prologue. Quarterly of the National Archives, Jg. 27, No 3, Fall 1995.
Abb. 8 A House Divided.
Abb. 9 Treasures Library Congress.
Abb. 10 National Portrait Gallery.
Abb. 11 Three Hundred Years of American Painting.
Abb. 12 A House Divided.
Abb. 13 Morton Keller, The Art and Politics of Thomas Nast, New York 1968.
Abb. 14 A House Divided.
Abb. 15 Ebenda.
Abb. 16 America's Reconstruction. People and Politics after the Civil War, hg. v. Eric Foner/Olivia Mahoney, New York 1995.
Abb. 17 Wyatt Blassingame, The Look-It-Up Book of Presidents, New York 1990.
Abb. 18 Der Amerikanische Bürgerkrieg in Augenzeugenberichten, hg. v. Victor Austin, Düsseldorf 1963.
Abb. 19 America's Reconstruction.
Abb. 20 Keller, Art and Politics of Thomas Nast.

Kapitel 8

Abb. 1 Clyde A. Milner II/Carol A. O'Connor/ Martha A. Sandweiss, The Oxford History of the American West, New York 1994.
Abb. 2 Crandall Shifflett, Victorian America 1876 to 1913, New York 1996.
Abb. 3 Russell Lynes, The Lively Audience. A Social History of the Visual and Performing Arts in America, 1890–1950, New York 1985.
Abb. 4 Leipziger Illustrierte Zeitung v. 28. 8. 1869.
Abb. 5 Siegfried Stölting, Auswanderer auf alter Zeitungsgraphik, Worpswede 1987.
Abb. 7 June Behrens, Miss Liberty. First Lady of the World, Chicago 1986.
Abb. 8 Shifflett, Victorian America.
Abb. 9 Art and Politics of Thomas Nast.
Abb. 10 Official Guide to the Smithonian, Washington, D.C. 1986.
Abb. 11 Washington Behind the Monuments.
Abb. 12 Johns, American Genre Painting.
Abb. 13 Postkarte.
Abb. 14 Postkarte.
Abb. 15 Postkarte.
Abb. 16 Whiffen/Koeper, American Architecture.
Abb. 17 Shifflett, Victorian America.
Abb. 18 Brown, One hundred masterpieces.
Abb. 19 Encyclopedia of American Art.
Abb. 20 Shifflett, Victorian America.
Abb. 21 Eliot, Three Hundred Years American Painting.

Abb. 22 Peter Galassi, Amerikanische Photographie 1890–1965, München 1995.
Abb. 23 Shifflett, Victorian America.
Abb. 24 Postkarte.
Abb. 25 Privatbesitz.
Abb. 26 Library of Congress.

Kapitel 9

Abb. 1 Historical Atlas.
Abb. 2 Cashman, Sean D., America in the Age of the Titans, New York 1988.
Abb. 3 Shifflett, Victorian America.
Abb. 4 Morison/Commager/Leuchtenburg, Growth of the American Republic, Bd. 2 (1980).
Abb. 5 Shifflett, Victorian America.
Abb. 6 Morison/Commager/Leuchtenburg, Growth of the American Republic.
Abb. 7 Oxford History of the American West.
Abb. 8 Aufnahme des Verfassers.
Abb. 9 Alfred Runte, National Parks. The American Experience, Lincoln, Nebraska 1987.
Abb. 10 Shifflett, Victorian America.
Abb. 11 Washington Behind the Monuments.
Abb. 12 Eric Froner, Reconstruction. America's Unfinished Revolution, 1863–1877. New-York Historical Society 1988.
Abb. 13 Morison/Commager/Leuchtenburg.
Abb. 14 Dictionary of Literary Biography, Bd. 91, Detroit 1990.
Abb. 15 Shifflett, Victorian America.
Abb. 16 H. Barbara Weinberg/Doreen Bolger/ David P. Curry, American Impressionism and Realism. The Painting of Modern Life, 1885-1915, New York 1994.
Abb. 17 The Bicentennial Almanac, hg. v. Calvin D. Linton, Nashville, Tenn. 1975.
Abb. 18 Treasures of the Library of Congress.
Abb. 19 Treasures of the Library of Congress.

Kapitel 10

Abb. 1 Postkarte der National Portrait Gallery.
Abb. 2 Preston W. Slosson, The Great Crusade and After 1914-1928, New York 1931.
Abb. 3 James H. Hutson, To Make All Laws. The Congress of the United States 1789-1989, Washington, D.C. 1989.
Abb. 4 Photo Montana Historical Society.
Abb. 5 Weinberg, Painting of Modern Life 1885–1915.
Abb. 6 The American People, hg. v. Gary B. Nash, Bd. 2, New York 1986.
Abb. 7 Ross Gregory, Modern America 1914 to 1945, New York 1995.
Abb. 8 Ebenda.
Abb. 9 The American People.
Abb. 10 An Album for Americans, hg. v. David H. Appel, New York 1983.
Abb. 11 Hutson, To Make All Laws.
Abb. 12 Gregory, Modern America.
Abb. 13 Album for Americans.
Abb. 14 Gregory, Modern America.
Abb. 15 Pictorial History of Blackamericans.
Abb. 16 Encyclopedia of American Art.

Kapitel 11

Abb. 1 Walker Evans, Paris 1990. Centre National de la Photographie, Paris.
Abb. 2 Ebenda.
Abb. 3 Sean D. Cashmann, America in the Age of the Titans, New York 1988.
Abb. 4 Walker Evans.
Abb. 5 Rolf Günter Renner, Edward Hopper, Köln 1990.
Abb. 6 Whiffen/Koeper, American Architecture.
Abb. 7 Ebenda.
Abb. 8 American Presidency in Political Cartoons, 1976.
Abb. 9 Philip Langdon, A Better Place to Live, Amherst, Mass. 1994.
Abb. 10 Gregory, Modern America.
Abb. 11 Peter Galassi, Amerikanische Photographie 1890-1965, München 1995.
Abb. 12 Dorothy M. Brown, Setting a Course. Boston 1987.
Abb. 13 Gregory, Modern America.
Abb. 14 Kansas Quarterly, Bd. 2, No 4, Fall 1970.
Abb. 15 Pictorial History of Blackamericans.
Abb. 16 Renner, Edward Hopper.
Abb. 17 Ebenda.
Abb. 18 Encyclopedia of American Art.
Abb. 19 Gregory, Modern America.
Abb. 20 Walker Evans.
Abb. 21 Blassingame, The Look-It-Up Book of the Presidents, New York 1990.

Kapitel 12

Abb. 1 Look-It-Up Book of Presidents.
Abb. 2 Ebenda.
Abb. 3 Therese Thau Heyman, Dorothea Lange. American Photographs, San Francisco 1994.
Abb. 4 Ebenda.
Abb. 5 Washington Behind the Monuments.

Abb. 6 Franklin D. Roosevelt. His Life and Time, Boston 1985.
Abb. 7 Edward Lucie-Smith, American Realism, New York 1994.
Abb. 8 Documenting America, 1935–1943, hg. v. Carl Fleischhauer/Beverly W. Brannan, Berkeley, Cal. 1988.
Abb. 9 Ebenda.
Abb. 10 Roosevelt, His Life and Time.
Abb. 11 Documenting America, 1935–1943.
Abb. 12 Heyman, Dorothea Lange.
Abb. 13 Documenting America, 1935–1943.
Abb. 14 Roosevelt. His Life and Times.
Abb. 15 Documenting America, 1935–1937.
Abb. 16 Gregory, Modern Amerika.
Abb. 17 Life. Special Edition. Fall 1990.
Abb. 18 Gregory, Modern America.
Abb. 19 Peter Galassi, Amerikanische Photographie 1890-1965, München 1995.
Abb. 20 Archiv Verlag Styria.
Abb. 21 Bicentennial Almanac.
Abb. 22 Gregory, Modern America.
Abb. 23 Gregory, Modern America.
Abb. 24 Documenting America, 1935–1943.
Abb. 25 Heyman, Dorothea Lange.
Abb. 26 Gregory, Modern America.
Abb. 27 Ebenda.
Abb. 28 Ebenda.
Abb. 29 Ebenda.
Abb. 30 Heyman, Dorothea Lange.
Abb. 31 Classic Moments. Special Edition Life. Fall 1990.

Kapitel 13

Abb. 1 Elaine T. May, Homeward Bound, New York 1988.
Abb. 2 Philip Langdon, A Better Place to Live, Amherst, Mass. 1994.
Abb. 3 William E. Leuchtenburg, A Troubled Feast, Boston 1973.
Abb. 4 Karal Ann Marling, As Seen on TV, Cambridge, Mass. 1994.
Abb. 5 Langdon, Better Place.
Abb. 6 Ebenda.
Abb. 7 The American Review, Vol. II, No. 2, May 1962.
Abb. 8 50 Years of American Automobiles, 1939–89, New York 1989.
Abb. 9 Heyman, Dorothea Lange.
Abb. 10 Robert Frank, The Americans, New York 1978.
Abb. 11 Marling, As Seen on TV.
Abb. 12 Encyclopedia of American Art.
Abb. 13 Galassi, Amerikanische Photographie.
Abb. 14 Frank, Americans.
Abb. 15 Encyclopedia of American Art.
Abb. 15a Galassi, Amerikanische Photographie.
Abb. 16 William Graebner, The Age of Doubt, Boston 1991.
Abb. 17 Heyman, Dorothea Lange.
Abb. 18 Frank, Americans.
Abb. 19 Ebenda.
Abb. 20 Galassi, Amerikanische Photographie.
Abb. 21 Postkarte National Air and Space Museum, Washington, D.C.
Abb. 22 National Portrait Gallery, Washington, D.C.
Abb. 23 Galassi, Amerikanische Photographie.
Abb. 24 American Art in the 20th Century. Painting and Sculpture 1913–1993, hg. v. Christos M. Joachimides/Norman Rosenthal, München 1993.
Abb. 25 Ebenda.

Kapitel 14

Abb. 1 Documenting America, 1935–1943.
Abb. 2 American Studies Newsletter No. 36 (May 1995).
Abb. 3 Quarterly Journal of the Library of Congress, Summer 1981.
Abb. 4 Foto des Verfassers.
Abb. 5 Foto des Verfassers.
Abb. 6 Life. Special Edition Fall 1990.
Abb. 7 America, 4/1996.
Abb. 8 The Capital Calendar 1991.
Abb. 9 Foto des Verfassers.
Abb. 10 Foto des Verfassers.
Abb. 11 Foto des Verfassers.
Abb. 12 Foto des Verfassers.
Abb. 13 Encyclopedia of the United States in the Twentieth Century, Bd. 4, New York 1996.
Abb. 14 Women's America, hg. v. Linda K. Kerber/Jane De Hart Mathews, New York 1982.
Abb. 15 Archiv Verlag Styria/Kleine Zeitung/Apa.
Abb. 16 Ebenda.
Abb. 17 Fotografie mit freundlicher Erlaubnis von Daniel S. Mattern (Washington, D.C.).
Abb. 18 Fotografie mit freundlicher Erlaubnis von Daniel S. Mattern (Washington, D.C.).

NACHWEIS

Kapitel 1

Abb. 1 Charles Scribner's Sons, New York
Abb. 2 Louisiana State University Press, Baton Rouge, Louisiana
Abb. 3 Colonial National Historical Park – Jamestown Island, Virginia
Abb. 4 Gustav Kiepenheuer Verlag, Leipzig und Weimar
Abb. 5 Ebenda
Abb. 6 Charles Scribner's Sons, New York
Abb. 7 National Portrait Gallery, Washington, D. C.
Abb. 8 Crown Publishers, Inc. New York
Abb. 9 Charles Scribner's Sons, New York
Abb. 10 Harry N. Abrams, Inc., Publishers, New York
Abb. 11 Ebenda
Abb. 12 New York Historical Society, New York
Abb. 13 Pennsylvania Academy of the Fine Arts, Philadelphia
Abb. 14 Museum of the City of New York, New York City
Abb. 15 Charles Scribner's Sons, New York
Abb. 16a National Park Service, Adams National Historic Site, Quincy, Massachusetts
Abb. 16b Charleston, Louisiana, Privatbesitz – Prestel-Verlag München
Abb. 17 Worcester Art Museum, Worcester, Massachusetts
Abb. 18a Maryland Historical Society, Baltimore, Maryland
Abb. 18b Ebenda
Abb. 19 Simon and Schuster, New York
Abb. 20a Harry N. Abrams, Inc., Publishers, New York
Abb. 20b Simon and Schusters, New York
Abb. 20c The Metropolitan Museum of Art, New York
Abb. 21 Louisiana State University Press, Baton Rouge, Louisiana

Kapitel 2

Abb. 1 Charles Scribner's Sons, New York
Abb. 2 The New York Historical Society
Abb. 3 National Gallery of Canada, Ottawa
Abb. 4 Louisiana State University Press, Baton Rouge, Louisiana
Abb. 5 Ebenda
Abb. 6 Institute of Early American History and Culture, Williamsburg, Virginia
Abb. 7a Louisiana State University Press, Baton Rouge, Louisiana
Abb. 7b Ebenda
Abb. 8 Ebenda
Abb. 9 Ebenda
Abb. 10 Ebenda
Abb. 11 Charles Scribner's Sons, New York
Abb. 12 Oxford University Press, New York/ Oxford
Abb. 13 Massachusetts Historical Society, Boston
Abb. 14 Harry N. Abrams, Inc., Publishers, New York
Abb. 15 Historical Society of Pennsylvania, Philadelphia
Abb. 16 Brookline Historical Society, Brookline, Massachusetts
Abb. 17 Privatbesitz. Verlag Smithonian Institution Press for the National Portrait Gallery, Washington, D. C.
Abb. 18 City Art Museum of St. Louis
Abb. 19 Routledge and Keegan Paul, London & Henley
Abb. 20 National Portrait Gallery, London

Kapitel 3

Abb. 1 Worcester Art Museum, Worcester, Massachusetts
Abb. 2 Pennsylvania Academy of the Fine Arts, Philadelphia
Abb. 3 Yale University Art Gallery, New Haven
Abb. 4 Metropolitan Museum of Art, New York
Abb. 5 Washington University Gallery of Art, St. Louis
Abb. 6 National Portrait Gallery, Washington, D. C.
Abb. 7 National Gallery of Art, Washington, D.C.
Abb. 8 National Portrait Gallery, Washington, D. C.
Abb. 9 Facts On File, Inc. New York
Abb. 10 Ebenda
Abb. 11 Triangle Publications, Inc. New York – oder Betsy Ross House, Philadelphia
Abb. 12 Diplomatic Reception Rooms, United States Department of State, Washington, D. C.

Abb. 13 Independence National Historical Park Collection, Philadelphia
Abb. 14 The Metropolitan Museum of Art, New York
Abb. 15 Yale University Art Gallery, New Haven
Abb. 16 National Gallery of Art, Washington, D. C.
Abb. 17 Ebenda

Kapitel 4

Abb. 1 Charles Scribner's Sons, New York
Abb. 2 National Portrait Gallery, Washington, D. C.
Abb. 3 Charles Scribner's Sons, New York
Abb. 4 The New York State Historical Association, Cooperstown
Abb. 5 Routledge and Kegan Paul, London & Henley
Abb. 6 Ebenda
Abb. 7 National Archives, Washington, D. C.
Abb. 8 Random House, New York
Abb. 9 Yale University Press, New Haven
Abb. 10 Winterthur Museum, Winterthur, Delaware
Abb. 11 W. W. Norton & Company, New York
Abb. 12 Toledo Museum of Art, Ohio
Abb. 13 The New York Public Library, New York
Abb. 14 The Manoogian Collection
Abb. 15 Louisiana State University Press, Baton Rouge, Louisiana
Abb. 16 The Pennsylvania Academy of the Fine Arts, Philadelphia
Abb. 17 National Museum of American History, Washington, D. C.
Abb. 18 Museum of Fine Arts, Boston
Abb. 19 Reprint: Zentralantiquariat der DDR 1968
Abb. 20 W. W. Norton & Company, New York/ London
Abb. 21 Great Mountain Supply Salt Lake City Utah 84115

Kapitel 5

Abb. 1 Reprint: Zentralantiquariat der DDR 1968
Abb. 2 Herzogin Anna Amalia Bibliothek, Platz der Demokratie 1, D–99423 Weimar
Abb. 3 Verlag Lothar Borowsky, München
Abb. 4 Harper & Brothers, New York
Abb. 5 Reprint: Zentralantiquariat der DDR 1968
Abb. 6 Herzogin Anna Amalia Bibliothek, Weimar
Abb. 7 The New York Public Library
Abb. 8 The Brooklyn Museum
Abb. 9 Routledge & Kegan Paul, London and Henley
Abb. 10 Pennsylvania Academy of the Fine Arts, Philadelphia
Abb. 11 The Peale Museum, Baltimore
Abb. 12 Harper & Brothers, New York
Abb. 13 Herzogin Anna Amalia Bibliothek, Weimar.
Abb. 14 Cincinnati Historical Society
Abb. 15 Yale University Art Gallery
Abb. 16 Reprint: Zentralantiquariat der DDR 1968
Abb. 17 Ebenda
Abb. 18 Ebenda
Abb. 19 Ebenda
Abb. 20 National Museum of American Art, Washington, D. C.
Abb. 21 Reprint: Zentralantiquariat der DDR
Abb. 22 National Museum of American Art, Washington, D. C.
Abb. 23 National Gallery of Art, Washington, D. C.

Kapitel 6

Abb. 1 Art Collection of the Boatmen's National Bank, St. Louis
Abb. 2 The National Academy of Design, New York
Abb. 3 Smithonian Institution Washington, D. C.
Abb. 4 Yale University Press, New Haven
Abb. 5 Museum of Art, Carnegie Institute, Pittsburgh
Abb. 6 The University of Oklahoma Press, Norman, Oklahoma
Abb. 7 Library of Congress, Washington, D. C.
Abb. 8 National Portrait Gallery, Washington, D. C.
Abb. 9 Routledge and Kegan Paul, London & Henley
Abb. 10 National Archives (RG 66), Washington, D. C.
Abb. 11 Mit freundlicher Erlaubnis von Daniel S. Mattern (Washington, D. C.)
Abb. 12 New York Public Library
Abb. 13 Corcoran Gallery of Art, Washington, D. C.
Abb. 14 National Museum of American Art, Washington, D. C.
Abb. 15 Library of Congress, Washington, D. C.
Abb. 16 Museums at Stony Brook, Stony Brook, New York
Abb. 17 The Pennsylvania Academy of the Fine Arts
Abb. 18 National Gallery of Art, Washington, D.C.

Abb. 19 Metropolitan Museum of Art, New York
Abb. 20 Library of Congress, Washington, D. C.
Abb. 21 Privatsammlung Washington, D. C. Verlag: Yale University Press, New Haven
Abb. 22 Chicago Historical Society
Abb. 23 W. W. Norton & Company, New York/ London
Abb. 24 Ebenda
Abb. 25 Ebenda

Kapitel 7

Abb. 1 Charles Scribner's Sons, New York
Abb. 2 Boston Public Library, Print Department
Abb. 3 Library of Congress, Washington, D. C.
Abb. 4 South Carolina Library, University of South Carolina, Columbia, SC.
Abb. 5 Black Dog & Leventhal Publishers, N. Y.
Abb. 6 Chicago Historical Society
Abb. 7 Minnesota Historical Society, Weyerhouser Research Center
Abb. 8 Chicago Historical Society
Abb. 9 Library of Congress, Washington, D. C.
Abb. 10 National Portrait Gallery, Washington. D. C.
Abb. 11 Metropolitan Museum of Art, New York
Abb. 12 W. W. Norton & Company, New York/ London
Abb. 13 Oxford University Press, New York
Abb. 14 W. W. Norton & Company, New York/ London
Abb. 15 Ebenda
Abb. 16 Library of Congress, Washington, D. C.
Abb. 17 Random House, New York
Abb. 18 Library of Congress, Washington, D. C.
Abb. 19 Harper Collins Publisher, New York
Abb. 20 Oxford University Press, New York

Kapitel 8

Abb. 1 Gene Autry Western Heritage Museum, Los Angeles
Abb. 2 Library of Congress, Washington, D. C., Prints and Photographs Division
Abb. 3 Harper & Row, Publishers, New York
Abb. 4 Leipziger Illustrierte Zeitung vom 28. 08. 1869
Abb. 5 Worpsweder Verlag, Worpswede
Abb. 6 Illustrierte Chronik der Zeit 1897
Abb. 7 Childrens Press, Chicago
Abb. 8 Library of Congress
Abb. 9 Oxford University Press, New York
Abb. 10 Smithonian Institution Press, Washington, D. C.
Abb. 11 Martin Luther King Memorial Library (# 6893)
Abb. 12 Masco Collection
Abb. 13 Headquarters, Columbia Historical Society, Washington, D. C. 1307 New Hampshire Avenue, N. W., Washington, D. C. 20036
Abb. 14 Copper King Manison, Butte, Montana 219 W. Granite Street, Butte, Montana 59701
Abb. 15 Yale University Art Gallery, New Haven
Abb. 16 The Biltmore Company Asheville, North Carolina
Abb. 17 Library of Congress
Abb. 18 National Gallery of Art, Washington, D. C.
Abb. 19 The Fine Arts Museum of San Francisco
Abb. 20 Library of Congress
Abb. 21 Metropolitan Museum of Art, New York
Abb. 22 Schirmer/Mosel Verlag München
Abb. 23 Library of Congress
Abb. 24 Privatbesitz/Karte
Abb. 25 Prospekt
Abb. 26 Library of Congress

Kapitel 9

Abb. 1 Charles Scribner's Sons, New York
Abb. 2 Library of Congress
Abb. 3 National Archives
Abb. 4 Oxford University Press, New York
Abb. 5 Facts On File, Inc., New York
Abb. 6 Oxford University Press, New York
Abb. 7 National Museum of American Art, Washington, D. C.
Abb. 8 Aufnahme des Verfassers
Abb. 9 University of Nebraska Press, Lincoln, Nebraska
Abb. 10 Library of Congress
Abb. 11 Ebenda
Abb. 12 New York Historical Society
Abb. 13 Oxford University Press, New York
Abb. 14 Gale Research Inc., Detroit 835 Penobscot Bldg., Detroit, MI 48226-4094
Abb. 15 National Archives, Photo by A. L. Westgard
Abb. 16 Private Collection. Verlag: The Metropolitan Museum of Art, New York
Abb. 17 Thomas Nelson Inc., Publishers, Nashville, Tennessee
Abb. 18 Library of Congress
Abb. 19 Ebenda

Kapitel 10

Abb. 1 National Portrait Gallery, Washington, D. C.
Abb. 2 The Macmillan Company, New York
Abb. 3 Library of Congress
Abb. 4 Montana Historical Society
Abb. 5 National Gallery of Art, Washington, D. C.
Abb. 6 Harper & Row, New York
Abb. 7 National Archives
Abb. 8 Facts On File, Inc. New York
Abb. 9 Harper & Row
Abb. 10 Triangle Publications, Inc., New York
Abb. 11 Library of Congress, Manuscript Division
Abb. 12 Facts On File, Inc., New York
Abb. 13 Triangle Publications, Inc., New York
Abb. 14 Facts On File, Inc., New York
Abb. 15 Crown Publishers, Inc., New York
Abb. 16 Syracuse University, Syracuse, New York

Kapitel 11

Abb. 1 Centre National de la Photographie, Paris
Abb. 2 Ebenda
Abb. 3 Library of Congress
Abb. 4 Centre National de la Photographie, Paris
Abb. 5 The Phillips Collection, Washington, D. C.
Abb. 6 Routledge and Keagan Paul, London and Henley
Abb. 7 Ebenda
Abb. 8 University Art Museum, Berkeley, Cal.
Abb. 9 The University of Massachusetts Press, Amherst, Massachusetts
Abb. 10 Western Michigan University Archives and Regional History Collection
Abb. 11 Verlag Schirmer/Mosel, München
Abb. 12 Current History, Inc.
Abb. 13 Library of Congress
Abb. 14 Whitney Museum of American Art, New York
Abb. 15 Crown Publishers, Inc., New York
Abb. 16 Iowa, Des Moines Art Center
Abb. 17 Boston, Museum of Fine Arts
Abb. 18 Chicago Art Institute
Abb. 19 The Empire State Building
Abb. 20 Centre National de la Photographie
Abb. 21 Random House, New York

Kapitel 12

Abb. 1 Random House, New York
Abb. 2 Ebenda
Abb. 3 San Francisco Museum of Modern Art. Chronicle Books
Abb. 4 Ebenda
Abb. 5 National Archives
Abb. 6 National Portrait Gallery, Washington, D. C.
Abb. 7 Kansas State Capitol, Topeka, Kansas
Abb. 8 Library of Congress
Abb. 9 Ebenda
Abb. 10 Franklin D. Roosevelt Library, Hyde Park, New York
Abb. 11 Library of Congress
Abb. 12 Ebenda
Abb. 13 Ebenda
Abb. 14 National Archives
Abb. 15 Library of Congress
Abb. 16 Ebenda
Abb. 17 © 1990 The Time Inc. Magazine Company
Abb. 18 Library of Congress
Abb. 19 Verlag Schirmer/Mosel München
Abb. 20 Archiv Verlag Styria
Abb. 21 Thomas Nelson Inc., Publishers, Nashville, Tennessee
Abb. 22 Library of Congress
Abb. 23 Facts On File, Inc., New York
Abb. 24 Library of Congress
Abb. 25 San Francisco Museum of Modern Art, Chronicle Books
Abb. 26 Library of Congress
Abb. 27 Ebenda
Abb. 28 National Archives
Abb. 29 Museum of History and Industry, Seattle, Washington
Abb. 30 San Francisco Museum of Modern Art. Chronicle Books
Abb. 31 © 1990 The Time Inc. Magazine Company

Kapitel 13

Abb. 1 American Heritage Center, University of Wyoming, Laramie, WY
Abb. 2 The University of Massachusetts Press, Amherst, Massachusetts
Abb. 3 © 1951 Time, Inc.
Abb. 4 Harvard University Press, Cambridge, Massachusetts
Abb. 5 The University of Massachusetts Press, Amherst, Massachusetts
Abb. 6 Ebenda
Abb. 7 The American Review: Via Belmeloro, 11 Bologna, Italy

Abb. 8 Publishers International; Louis Walter, C. E. O. 7373 North Cicero Aven., Lincolnwood, ILL 60646
Abb. 9 San Francisco Museum of Modern Art. Chronicle Books
Abb. 10 Frost Brothers, Inc., New York
Abb. 11 Harvard University Press, Cambridge, Massachusetts
Abb. 12 Philadelphia Museum of Art
Abb. 13 Verlag Schirmer/Mosel München
Abb. 14 Frost Brothers, Inc., New York
Abb. 15 Museum of Modern Art, New York
Abb. 15a Verlag Schirmer/Mosel München
Abb. 16 © 1974 Metro-Goldwyn-Mayer Inc.
Abb. 17 San Francisco Museum of Modern Art. Chronicle Books
Abb. 18 Frost Brothers, Inc., New York
Abb. 19 Ebenda
Abb. 20 Verlag Schirmer/Mosel München
Abb. 21 National Air and Space Museum, Washington, D. C.
Abb. 22 National Portrait Gallery, Washington, D. C.
Abb. 23 Verlag Schirmer/Mosel München
Abb. 24 Kunsthaus Zürich
Abb. 25 Modern Art Museum of Forth Worth, Texas

Kapitel 14

Abb. 1 Library of Congress
Abb. 2 © US Information Service, American Embassy, Bonn
Abb. 3 Library of Congress
Abb. 4 Foto des Verfassers
Abb. 5 Ebenso
Abb. 6 © 1990 The Time Inc. Magazine Company
Abb. 7 Fotoquelle: Holger Hoetzel, Roadside, Ullstein Verlag, Berlin 1996
Abb. 8 Starwood Publishing, Inc., P. O. Box 40503, Washington, D. C. 20016
Abb. 9 Foto des Verfassers
Abb. 10 Ebenso
Abb. 11 Ebenso
Abb. 12 Ebenso
Abb. 13 Charles Scribner's Sons, New York
Abb. 14 © Diana Mara Henry 1978. Verlag: Oxford Universiy Press, New York
Abb. 15 Archiv Verlag Styria/Kleine Zeitung/Apa
Abb. 16 Ebenda
Abb. 17 Mit freundlicher Erlaubnis von Daniel S. Mattern (Washington, D. C.)
Abb. 18 Mit freundlicher Erlaubnis von Daniel S. Mattern (Washington, D. C.)

ANMERKUNGEN

[1] Dickens, Charles, Notizen aus Amerika, Berlin 1980, S. 372.
[2] Sienkiewicz, Henryk, Briefe aus Amerika, 3. Aufl., Berlin 1980, S. 140.
[3] Marsh, George P., The American Historical School, Troy, N. Y., 1847, S. 10.
[4] Smith, John, The Generall Historie of Virginia, New-England, and the Summer Isles (Reprint des Buches von 1624), Ann Arbor 1966, S. 29.
[5] Carroll, Peter N./David W. Noble: The Free and the Unfree. A New History of the United States, New York 1979, S. 37.
[6] Vor einigen Jahren wurde in Richmond, der Hauptstadt Virginias, eine Austellung Pocahontas: Her Life and Legend gezeigt, die den Platz sichtbar werden ließ, den Pocahontas in der amerikanischen Tradition bis heute einnimmt.
[7] Hawke, David Freeman, Everyday Life in Early America, New York 1988, S. 13.
[8] Degler, Carl N., Out of Our Past: The Forces That Shaped Modern America, New York [3]1984, S. 9.
[9] Tindall,George B./David E. Shi, America. A Narrative History, New York 1989, S. 43.
[10] Middleton, Richard, Colonial America. A History, 1607–1760, Cambridge, Mass., 1994, S. 230.
[11] Hawke, Everyday Life, S. 49.
[12] Franklin, Benjamin, Writings, New York 1987, S. 645.
[13] 1780 wurde Richmond die Hauptstadt Virginias, die Bedeutung von Williamsburg ging seitdem zurück.
[14] The Interest of the Merchants and Manufacturers of Great Britain, in the Present Contest with the Colonies, Stated and Considered, London 1774, S. 22–24.
[15] Jefferson, Thomas, Notes on the State of Virginia, hg. v. William Peden, New York 1982, S. 164 f.
[16] Nash, Gary B., The Urban Crucible. Social Change, Political Consciousness, and the Origins of the American Revolution, Cambridge, Mass., 1979, S. VII.
[17] Smith, Billy G., The Material Lives of Laboring Philadelphians, 1750 to 1800, in: The William & Mary Quarterly, Vol. XXXVIII, No. 2, April 1981, S. 181.
[18] 1815 verkaufte Jefferson seine 6487 Bücher zählende Bibliothek für knapp 24.000 $ der Kongreß-Bibliothek, deren Buchbestand beim Brand der Stadt während der Besetzung Washingtons durch die Engländer 1814 zerstört worden war.
[19] Savelle, Max, Seeds of Liberty. The Genesis of American Mind, Seattle 1965, S. 562.
[20] Franklin, Benjamin, Autobiographie, Leipzig 1983, S. 117.
[21] Gentz, Friedrich, Der Ursprung und die Grundsätze der Amerikanischen Revoluzion, verglichen mit dem Ursprunge und den Grundsätzen der Französischen, in: Historisches Journal, Berlin 1800, 2. Jg., 2. Bd., S. 3.
[22] Goldman, Maureen, Thomas Paine, in: Dictionary of Literary Biography [DLB], Bd. 31, Detroit 1984, S. 190.
[23] Shalhope, Robert E., The Roots of Democracy. American Thought and Culture, 1760–1800, Boston 1990, S. XI.
[24] Die Amerikanische Revolution und die Verfassung 1754–1791, hg. v. Angela und Willi Paul Adams, München 1987, S. 259.
[25] Ebenda, S. 214.
[26] The Enduring Vision: A History of the American People, hg. v. Paul S. Boyer u. a., Lexington, Mass., [2]1993, S. 183 f.
[27] DLB 31, S. 191.
[28] Major Problems in the Era of the American Revolution 1760–1791, hg. v. Richard D. Brown, Lexington 1992, S. 302 f.
[29] Ebenda, S. 259.
[30] The Works of John Adams, hg. v. Charles F. Adams, Bd. I, Boston 1856, S. 66.

[31] Crèvecœur, J. Hector St. John de, Letters from an American Farmer and Scetches of Eighteenth-Century America, hg. v. Albert E. Stone, New York 1986, S. 69 f.
[32] Alle Zitate nach: Jefferson, Thomas, Notes on the State of Virginia, hg. v. William Peden, New York 1982.
[33] Krout, John A./Dixon R. Fox, The Completion of Independence 1790–1830, New York 1944, S. 1.
[34] Von 1785 bis 1790 war New York der Sitz des Kongresses und der Bundesregierung.
[35] Ohne die Städte Georgetown und Alexandria.
[36] Allgemeine Auswanderungs-Zeitung, Rudolstadt, 1. Jg. 1847, Nr. 31 v. 3. 5. 1847, S. 231.
[37] Eine negative Bewertung erfuhr das Wort Yankee erst im Bürgerkrieg, als es nun im Süden für alle Nordstaatler gebraucht wurde.
[38] In Deutschland liegt die Geburtenrate heute, in der Mitte der 1990er Jahre, um 9,5 pro 1000 Einwohner.
[39] Diese Reise fand im Jahr 1800 statt. Jack Larkin, The Reshaping of Everyday Life 1790–1840, New York 1989, S. 10.
[40] Lieber, Francis, Letters to a Gentleman in Germany After a Trip from Philadelphia to Niagara, Philadelphia 1834, S. 69.
[41] Martineau, Harriet, Society in America [1837], hg. v. Seymour Martin Lipset, Gloucester, Mass., 1968, S. 291.
[42] Lieber, Letters, S. 280.
[43] Prinz zu Wied, Maximilian, Reise in das Innere Nord-Amerika in den Jahren 1832 bis 1834, 1. Bd., Koblenz 1839, S. 11 f.
[44] Adams, Henry, History of the United States of America During the Administration of James Madison, Bd. III, New York 1962 (Reprint), S. 220.
[45] Tocqueville, Alexis de, Über die Demokratie in Amerika, München 1976, S. 336.
[46] Reise Sr. Hoheit des Herzogs Bernhard zu Sachsen-Weimar-Eisenach durch Nordamerika in den Jahren 1825 und 1826, hg. v. Heinrich Luden, Bd. 1, Weimar 1828, S. 77.
[47] Lieber, Letters (1834), S. 287.
[48] Larkin, Jack, The Reshaping of Everyday Life 1790–1840, New York 1989, S. 204.
[49] Martineau, Society in America (1837), S. 57.
[50] Dickens, Charles, Notizen aus Amerika, Berlin 1980, S. 99 f.
[51] Maximilian Prinz zu Wied, Reise (1839), Bd. 1, S. 10.
[52] Reise des Herzogs Bernhard, S. 190.
[53] Ebenda, S. 206.
[54] Bromme, Traugott, Reisen durch die Vereinigten Staaten und Ober-Canada, Bd. 1, Baltimore 1834, S. 164.
[55] Ebenda, S. 108.
[56] Wright, Frances, Views of Society and Manners in America, hg. v. Paul R. Baker, Cambridge, Mass., 1963, S. 261.
[57] Reise des Herzogs Bernhard, S. 261.
[58] Dickens, Notizen aus Amerika, S. 184.
[59] Bromme, Reisen durch die Vereinigten Staaten, Bd. 2, S. 198 f.
[60] Farkas, Sándor Bölöni, Von Transsylvanien bis Pennsylvanien. Reiseerlebnisse vor 150 Jahren, Budapest 1980, S. 345.
[61] Domestic Manners of the Americans by Mrs. Trollope, Bd. 2, London 1832, S. 104 f.
[62] Reise des Herzogs Bernhard, Bd. 2, S. 2.
[63] Bromme, Reisen durch die Vereinigten Staaten, Bd. 2, S. 291.
[64] Trollope, Frances, Domestic Manners of the Americans, 5. Aufl., London 1839, S. 5.
[65] Maximilian Prinz zu Wied, Reise, Bd. 1, S. 232.
[66] Beaumont, G. v./A. v. Tocqueville, Amerika's Besserungs-System und dessen Anwendung auf Europa, hg. v. H. Julius, Berlin 1833, S. 33.
[67] Martineau, Society in America, S. 220.
[68] Maximilian Prinz zu Wied, Reise, Bd. 1, S. 241.
[69] Ebenda, Bd. 2, S. 130.
[70] White, Jon Manchip, Everyday Life of the North American Indian, New York 1979, S. 142.
[71] Maximilian Prinz zu Wied, Reise, Bd. 1, S. 345 f.
[72] Lacour-Gayet, Robert, Everyday Life in the United States before the Civil War 1830–1860, New York 1869, S. 116.

[73] Allgemeine Auswanderungs-Zeitung, Rudolstadt, Nr. 14, Februar 1850, S. 55.
[74] Morison, Samuel E./Henry S. Commager. The Growth of the American Republic, 3. Aufl., Bd. 1, New York 1942, S. 471.
[75] American Political Terms. A Historical Dictionary, hg. v. Hans Sperber/Travis Trittschuh, Detroit 1964, S. 171.
[76] Dickens, Notizen aus Amerika, S. 104.
[77] Tindall, George B./David E. Shi, America. A Narrative History, 2. Aufl., New York 1989, S. 329.
[78] McPherson, James M., Battle Cry of Freedom. The Civil War Era, New York 1988, S. 565.
[79] The Enduring Vision. A History of the American People, hg. von Paul S. Boyer (u. a.), 2. Aufl., Lexington, Mass., 1993, S. 478.
[80] Im Fronteinsatz war die weitere Struktur der Streitkräfte: die Brigade (vier Regimenter), die Division (drei oder vier Brigaden), das Korps (2 oder mehr Divisionen) und die Armee (zwei oder mehr Korps).
[81] Sutherland, Daniel E. The Expansion of Everyday Life 1860–1876, New York 1989, S. 5.
[82] General Jackson erhielt den Namen „Stonewall" in der ersten Schlacht bei Bull Run, als die von ihm kommandierte virginische Brigade wie ein Steinwall dem gegnerischen Angriff standhielt.
[83] Sutherland, Expansion of Everyday Life, S. 21.
[84] Cole, Arthur C., The Irrepressible Conflict 1850–1865, New York 1934, S. 364.
[85] Great Issues in American History. From the Revolution to the Civil War, 1765–1865, hg. v. Richard Hofstadter, New York 1958, S. 411.
[86] Cole, Irrepressible Conflict, S. 391.
[87] Tindall, George B./David E. Shi, America. A Narrative History, 2. Aufl., New York 1989, S. 423.
[88] Nugent, Walter, Structures of American Social History, Bloomington, Ind., 1981, S. 109.
[89] Faulkner, Harold U., Geschichte der Amerikanischen Wirtschaft, Düsseldorf 1957, S. 378.
[90] Nugent, Structures, S. 95.
[91] Sienkiewicz, Henryk, Briefe aus Amerika, Berlin 1980, S. 42.
[92] Heute befinden sich die Schaustücke der Ausstellung im Washingtoner Arts & Industries Building, dem zweitältesten Gebäude der Smithonian-Institution, das 1881 errichtet wurde, um die Exponate der Ausstellung aufzunehmen.
[93] Briggs, Asa, Victorian People. A Reassessment of Persons and Themes 1851–1867, Chicago 1972, S. 1.
[94] Sienkiewicz, Briefe, S. 60.
[95] The Enduring Vision. A History of the American People, hg. v. Paul S. Boyer (u. a.), 2. Aufl. Lexington, Mass. 1993, S. 664.
[96] Schlereth, Thomas J., Victorian America. Transformations in Everyday Life, 1876–1915, New York 1992, S. 231.
[97] Boyer, Enduring Vision, S. 673.
[98] 1995 wurde der Boston Marathon in zwei Stunden, neun Minuten und 22 Sekunden bewältigt.
[99] Roosevelt, Theodore, Aus meinem Leben, Leipzig 1914, S. 51 f.
[100] Schlesinger, Arthur M., The Rise of the City 1878–1898, New York 1940, S. 286.
[101] Bartlett, John, Familiar Quotations, 13. Aufl., Boston 1956, S. 653. Häufig wird diese Äußerung auch anders wiedergegeben, sie lautet dann: „Der einzige gute Indianer ist ein toter Indianer."
[102] Readings in Money and Banking, hg. v. Chester A. Phillips, New York 1922, S. 606.
[103] Wilson, Woodrow, Die Neue Freiheit. Ein Aufruf zur Befreiung der edlen Kräfte eines Volkes, München 1919, S. 55.
[104] Steffens, Lincoln, The Shame of the Cities, New York 1960, S. 8.
[105] The Enduring Vision. A History of the American People, Boyer, Paul S. (u. a.), 2. Aufl., Lexington, Mass., 1993, S. 731.
[106] Cashman, Sean D., America in the Age of the Titans. The Progressive Era and World War I, New York 1988, S. 262.
[107] Ihde, Horst, Von der Plantage zum schwarzen Ghetto. Geschichte und Kultur der Afroamerikaner in den USA, Leipzig 1975, S. 48.
[108] Du Bois, W. E. B., The Souls of Black Folk, New York 1989, S. 3.
[109] Faulkner, Harold U., The Quest for Social Justice 1898–1914, New York 1931, S. 133.
[110] Schlereth, Thomas J., Victorian America. Transformations in Everyday Life, 1876–1915, New York 1991, S. 296.

[111] Ebenda, S. 304.
[112] The Public Papers of Woodrow Wilson, The New Democracy, hg. v. Ray S. Baker/William E. Dodd, Bd. 1, London 1927, S. 39 f.
[113] Houston, David F., Eight Years with Wilson's Cabinet 1913 to 1920, Bd. 1, Garden City, N. Y., 1926, S. 236.
[114] The Papers of Woodrow Wilson, hg. v. Arthur S. Link, Bd. 41, Princeton, N. J., 1983, S. 525.
[115] Kennedy, David M., Over Here. The First World War and American Society, Oxford 1980, S. 187.
[116] Boyer, Enduring Vision, S. 781.
[117] The New Republic, 21. Januar 1920, S. 232.
[118] Mencken, H. L., Americana 1926, London 1926, S. 17.
[119] Hawley, Ellis W., The Great War and the Search for a Modern Order, New York 1979, S. VI.
[120] Olson, James S., Historical Dictionary of the 1920s, New York 1988, S. 273.
[121] Lynd, Robert S./Helen M. Lynd, Middletown. A Study in American Culture, San Diego 1957, S. 255 f.
[122] Galbraith, John K., Tabus in Wirtschaft und Politik der USA, Reinbek 1964, S. 78 f.
[123] Brown, Dorothy M., Setting a Course. American Women in the 1920s, Boston 1987, S. 80.
[124] Boller, Paul F., jr., Presidential Campaigns, New York 1985, S. 225.
[125] Halfeld, Adolf, Amerika und der Amerikanismus, Jena 1927, S. 21.
[126] Lynd, Middletown, S. 265.
[127] Allen, Frederick L., Only Yesterday. An Informal History of the Nineteen-Twenties, New York 1950, S. 211.
[128] Maurois, André, Amerika. Neubau oder Chaos, Paris 1933, S. 8.
[129] Schlesinger, Arthur M., jr., The Age of Roosevelt. Bd. 1: The Crisis of the Old Order, 1919–1933, Boston 1957, S. 167 f.
[130] Green, Harvey, The Uncertainty of Everyday Life 1915–1945, New York 1993, S. 79.
[131] Ebenda, S. 52.
[132] Franklin D. Roosevelt. His Life and Times. An Encyclopedic View, hg. v. Otis L. Graham, jr./Meghan R. Wander, Boston 1985, S. 278.
[133] McElvaine, Robert S., The Great Depression. America, 1929–1941, New York 1984, S. 187.
[134] Schaber, Will, B. F. Dolbin. Der Zeichner als Reporter, München 1976, S. 110 f.
[135] Boyer, Enduring Vision, S. 885.
[136] Franklin D. Roosevelt, 1882–1945, hg. v. Howard F. Bremer, Dobbs Ferry, N. Y., 1971, S. 136 f.
[137] Lindbergh, Anne Morrow, Welt ohne Frieden. Tagebücher und Briefe 1939–1944, München 1988, S. 69.
[138] May, Elaine T., Homeward Bound. American Families in the Cold War Era, New York 1988, S. 165.
[139] Jackson, Kenneth T., All the World's a Mall: Reflections on the Social and Economic Consequences of the American Shopping Center, in: American Historical Review, Vol. 101, No. 4, Oct. 1996, S. 1111.
[140] Mai, Homeward Bound, S. 166.
[141] Ebenda, S. 172.
[142] Tindall/Shi, America, S. 818.
[143] Patterson, James T., Grand Expectations. The United States, 1945–1974, New York 1996, S. 69.
[144] Leuchtenburg, William E., A Troubled Feast. American Society Since 1945, Boston 1973, S. 61.
[145] Sorensen, Theodore C., Kennedy, München 1966, S. 37.
[146] What to Do in Case of an Atomic Bomb Attack, in: The World Almanac and Book of Facts 1951, New York 1951, S. 2.
[147] Mills, C. Wright, The Causes of World War Three, New York 1958, S. 101.
[148] Gunther, John, Inside U. S. A., New York 1947, S. XIII f.
[149] Schlesinger, Arthur M., Das bittere Erbe. Vietnam – Prüfstein der Demokratie, Bern 1967, S. 64.
[150] Jane & Michael Stern's Encyclopedia of Pop Culture, New York 1992, S. 569.
[151] Tenbrock, Christian, Amerika – wohin? Stuttgart 1996, S. 45.
[152] Ebenda, S. 28.
[153] Hughes, Robert, Nachrichten aus dem Jammertal, München 1994, S. 15.
[154] Den ‚American Way of Life' entlang, hg. v. Erika J. Fischer/Heinz-D. Fischer, Berlin 1989, S. 9.
[155] Kronzucker, Dieter, Unser Amerika, Reinbek bei Hamburg 1987, S. 327.
[156] Rexford, Clothing and Appearance, in: Encyclopedia of The United States in the Twentieth Century, hg. v. Stanley I. Kutler (u. a.), New York 1996, Bd. 4, S. 1785.
[157] Strasser, Susan, Consumption, in: ebenda, Bd. 3, S. 1033.

[158] Kronzucker, Unser Amerika, S. 312.
[159] Roberts, Randy, Leisure and Recreation, in: Encyclopedia of The United States in the Twentieth Century, Bd. 4, S. 1743.
[160] Ebenda, S. 1757.
[161] Länderbericht USA, hg. v. Willi Paul Adams (u. a.), Bd. 2, Bonn ²1992, S. 494.
[162] Lojewski, Wolf v., Amerika. Der Traum vom neuen Leben, Hamburg 1991, S. 108.
[163] Betty Friedan, The Feminine Mystique, in: Women's America. Refocusing the Past, hg. v. Linda K. Kerber/ Jane De Hart Mathews, New York 1982, S. 396.
[164] Alle Zitate aus der 2. Antrittsbotschaft Clintons vom 20. 1. 1997 nach: Archiv der Gegenwart, 67. Jg. 1997, H. 1, S. 41731–41734.
[165] State of the Union Address vom 4. 2. 1997, White House Press Release, Remarks by the President in State of the Union Address, S. 3.

PERSONENREGISTER